JN429356

제10판

현대 영어학 개론

CENGAGE
Learning®

An Introduction to Language
10th Edition

Victoria Fromkin
Robert Rodman
Nina Hyams

© 2017 Cengage Learning Korea Ltd.

Original edition © 2014 Wadsworth, a part of Cengage Learning.
An Introduction to Language, International Edition 10th Edition by
Victoria Fromkin, Robert Rodman, Nina Hyams.
ISBN: 9781285079806.

This edition is translated by license from Wadsworth, a part of Cengage Learning, for sale in Korea only.

ALL RIGHTS RESERVED. No part of this work covered by the copyright herein may be reproduced, transmitted, stored or used in any form or by any means graphic, electronic, or mechanical, including but not limited to photocopying, recording, scanning, digitalizing, taping, Web distribution, information networks, or information storage and retrieval systems, without the prior written permission of the publisher.

For permission to use material from this text or product, email to
asia.infokorea@cengage.com

ISBN-13: 978-89-6218-388-7

Cengage Learning Korea Ltd.
14F, YTN Newsquare
76 Sangamsan-ro, Mapo-gu
Seoul, 03926, Korea, South
Tel: (82) 2 330 7000
Fax: (82) 2 330 7001

Cengage Learning is a leading provider of customized learning solutions with office locations around the globe, including Singapore, the United Kingdom, Australia, Mexico, Brazil, and Japan. Locate your local office at:
www.cengage.com/global

Cengage Learning products are represented in Canada by Nelson Education, Ltd.

For product information, visit www.cengageasia.com

Printed in Korea
1 2 3 4 20 19 18 17

제10판

현대 영어학 개론

황규홍 · 정용길 · 김용명 옮김

AN INTRODUCTION TO LANGUAGE

Victoria Fromkin
Robert Rodman
Nina Hyams

CENGAGE Learning

Andover • Melbourne • Mexico City • Stamford, CT • Toronto • Hong Kong • New Delhi • Seoul • Singapore • Tokyo

옮긴이 소개

황규홍

동아대학교 영어영문학과를 졸업하고, 캘리포니아주립대학교(CSU, Fresno) 대학원에서 언어학 석사학위를 취득한 후, 워싱턴대학교(Univ. of Washington) 대학원에서 언어학 박사학위를 취득했다. 현재 동아대학교 인문과학대학 영어영문학과 교수로 재직 중이다.

정용길

서울대학교 영어영문학과를 졸업하고, 동 대학원에서 문학 석사학위를 취득한 후, 워싱턴대학교(Univ. of Washington) 대학원에서 언어학 박사학위를 취득했다. 현재 서울여자대학교 인문대학 영어영문학과 교수로 재직 중이다.

김용명

한국외국어대학교 영어과를 졸업하고, 서울대학교 대학원(영어교육학과)에서 교육학 석사학위와 교육학 박사학위를 취득했다. 현재 안동대학교 사범대학 영어교육학과 교수로 재직 중이다.

현대영어학개론 -제10판-

An Introduction to Language, 10TH Edition

제10판 1쇄 인쇄 | 2017년 3월 21일
제10판 1쇄 발행 | 2017년 3월 27일

지은이 | Victoria Fromkin, Robert Rodman, Nina Hyams
옮긴이 | 황규홍, 정용길, 김용명
발행인 | 송성헌
발행처 | 센게이지러닝코리아㈜
등록번호 | 제313-2007-000074호(2007.3.19.)
주　소 | 서울시 마포구 상암산로 76 YTN 뉴스퀘어 14층
전　화 | 02) 330-7000
이메일 | asia.infokorea@cengage.com
홈페이지 | www.cengage.co.kr

ISBN-13: 978-89-6218-388-7

공급처 | 경문사
주　소 | 서울시 마포구 와우산로 174(동교동)
도서안내 및 주문 | TEL 02) 332-2004 FAX 02) 336-5193
홈페이지 | www.kyungmoon.com

정가 36,000원

옮긴이의 글

우리가 매일 밥을 먹고 잠을 자는 것을 당연히 여기는 것처럼 우리는 일상에서 언어를 무의식적으로 언제나 사용한다. 언어는 인간의 삶 속에서 자연스럽게 함께하며 긴 세월 동안 이어지고 발전해 왔다. 인류의 역사를 되짚어 볼 때 인간과 언어는 떼려야 뗄 수 없는 관계였으며 언어를 배제한 인류의 발전과 변화는 상상할 수도 없다.

인간은 언어를 통하여 소통을 하고 감정을 표현하며 지식을 축적하고 지적 수준도 향상시킬 수 있다. 또한 인간은 언어를 통해 존재할 수 없는 것들마저도 상상할 수 있게 만드는 능력을 가지고 있기 때문에 인간과 동물이 크게 다르다는 것을 보여준다. 물론 동물들도 다양한 방식으로 의사소통을 하지만, 이들의 의사소통 수단은 일반적으로 생존과 관련된 자극에 대한 단순한 본능적인 반응에 불과하며, 시공간적인 면에서는 '지금, 여기'로 그 쓰임이 국한된다. 그러나 동물들의 이러한 수단과는 달리 인간의 언어는 고도로 발달된 신호체계로서 자의적이며, 유한한 신호집합으로 무한한 문장을 생성해낼 수 있는 창조성을 가지고 있다. 이런 점에서 오로지 인간만이 진정한 의미에서 언어를 가지고 있고, 언어는 인간과 동물을 구분 짓는 중요한 요소가 된다. 따라서 인간의 언어에 대한 연구, 즉 언어학은 결국 인간과 인간 본질에 대한 이해와 발견이라고 말할 수 있으며, 그 중요성은 아무리 강조해도 지나치지 않다.

언어가 인간의 삶 속에서 늘 함께하듯이 언어학이라는 학문도 우리들의 일상에 밀착되어 있다. 언어학은 전통적으로 철학, 문학, 역사학, 사회학, 법학, 심리학 등과 밀접한 관련이 있으며, 과학의 발달과 더불어 관련된 인접학문의 범위가 확대되어 최근에는 컴퓨터공학, 뇌생리학, 인지학 등의 분야에서도 중요한 위치를 차지하고 있다. 언어학은 또한 인문학에 속하지만 분석 방법이나 접근 방법에 있어 매우 과학적인 학문이며, 이것은 인문학의 여러 분야 중 언어학만이 갖는 특징이라 할 수 있다. 그리고 최근 들어 언어학의 연구 주제는 보다 광범위해지고 있고 연구 내용은 점점 더 심오해지고 있으며 앞으로도 무궁무진하게 발굴할 것이 많은 분야이다.

점점 증가하는 언어학의 중요성과 연구 영역의 확대는 이 책의 제1판부터 최근판인 제10판까지의 목차와 내용을 살펴보더라도 자명하다. 이 번역서의 원서인 *An Introduction to Language*는 1974년에 처음 출간된 이후 2014년 출간된 제10판에 이르기까지 40년 이상을 가장 권위 있는 언어학의 길라잡이로 자리매김해 왔다. 과거와 현재의 수많은 언어학자들이 이 책으로 언어학에 입문하였으며, 본인을 비롯한 두 역자도 이 책의 영향을 받아 현재 언어학을 가르치고 있다. 따라서 우리 역자 모두는 *An Introduction to Language* 제10판을 번역하게 된 것을 의미 있는 일이라 여기며 영광스럽게 생각하고 있다.

이 책의 원서는 원래 전체 12장으로 구성되어 있다. 그러나 그 분량이 너무나 방대하고 다루는 내용이 심오한 부분이 있어, 처음 언어학을 접하는 독자들에게는 부담을 줄 수도 있다는 우려와 한 학기의 강의에 이 책의 전체 내용을 다루기가 어렵다는 현장의 목소리를 수용하여 Cengage Learning Korea(주)와 협의하여 이번에 11장과 12장을 제외한 번역서를 내놓게 되었다. 1장에서 4장은 본인이, 5장, 6장, 8장은 정용길 교수가, 7장, 9장, 10장은 김용명 교수가 각각 맡아 번역하였다. 번역하는 과정에서 원서의 소제목 아래 수록된 많은 인용문들은 본문의 내용을 이해하는 데 문제가 없는 범위에서 원문을 생략하였으며, 원문을 수록한 경우에도 명확한 내용 전달을 위해 번역하지 않았다. 가능한 한 원문에 충실하여 번역하였으며 꼭 필요한 경우에만 의역을 하여 의미 전달을 명확하게 하려고 애썼다. 그러나 여전히 내용에 대한 이해 부족이나 번역의 한계 때문에 미흡한 부분이 있음을 인정하며, 이는 다음 번역 때 여러 독자들의 의견을 반영하여 개선할 것을 약속드린다.

원서의 마지막 부분에 수록된 용어 해설의 경우 분량 등의 이유로 이 번역서에는 수록하지 못해 매우 아쉽게 생각한다. 이 점 독자들에게 양해를 구하며, 동시에 원서의 보조 자료로서 이 번역서를 사용하는 독자들은 원서의 용어 해설을 참고하고 그렇지 않은 독자들은 이 책의 본문에 기술되어 있는 각 용어에 대한 설명을 참고하기 바란다.

끝으로 이 책의 번역을 기꺼이 허락해 준 저자와 번역과 출판의 기회를 주신 Cengage Learning Korea(주) 관계자 분들께 깊이 감사드린다. 그리고 이 책이 계속해서 언어학의 길라잡이 역할을 하고 앞으로도 독자들의 많은 사랑을 받기를 기대한다.

2017년 2월

황규홍

머리글

내가 지금 쓰고 있는 이 부분은 도입부라 할 수 있는데, 실제로 이 책의 요지이다. 나는 독자를 놀라게 하지 않기 위해서 그리고 꼭 필요하기 때문에 이 부분을 넣었다. 아주 현명한 필자 중에는 이 부분을 넣지 않는 것이 훨씬 쉽다고 말하는 이도 있지만 나의 의견은 다르다. 나는 이 도입부를 넣지 않는 것보다 차라리 이 책의 나머지 부분을 쓰지 않는 편이 더 낫다고 생각한다.

A.A. MILNE, *Now We Are Six*, 1927

책을 집필하면서 우리가 가장 어려워하는 것은 첫 부분에 무엇을 쓰는가 하는 것이다.

BLAISE PASCAL(1623–1662)

*An Introduction to Language*의 10판은 우리의 친구이자, 동료이자, 스승이자, 공저자인 Victoria Fromkin의 정신을 이어간다. 그녀는 언어를 사랑했고 언어에 대해 사람들에게 말하는 것을 좋아했다. 그녀는 언어학이 즐겁고 매력적이라고 생각하며, 모든 학생들과 모든 교수들이 그렇게 생각하기를 원했다. 비록 명료성을 향상시키고 좀 더 최신의 흐름을 반영하기 위해서 10판을 완전히 다시 썼지만, 우리는 유명 작가들의 재치 있는 명언을 포함시키고 복잡한 주제에 대한 Victoria의 유쾌하고 개인적인 접근방식을 보전하였다. (A.A. Milne은 그녀가 좋아하는 작가들 중 한 명이다.) 우리는 언어학을 가르치는 것을 사랑했던 그녀의 마음이 이 책 속에 생생하게 살아 있기를 희망한다.

*An Introduction to Language*의 1판에서 9판까지 우리는 헌신적인 교수들의 도움 덕분에 수만 명의 학생들에게 인간 언어의 본질을 소개하는 데 성공했다. 이 책은 학생들이 좋아하고 이해할 수 있는 책인 동시에, 교수들이 가르치기에 효과적이며 빈틈이 없다고 생각하는 책이다. 언어학 전공자들이 이 책의 쉬우면서도 광범위한 내용으로부터 많은 것을 얻었을 뿐만 아니라, 제2언어로의 영어교육, 외국어 연구, 일반 교육학, 인지와 신경과학, 심리학, 사회학, 그리고 인류학과 같은 다양한 분야들의 전공자들 역시 이 책을 통해서 언어에 관해서 재미있게 배웠다.

10판의 하이라이트

10판에는 더 폭넓은 층의 독자를 끌어당길 언어학과 관련 분야의 새로운 내용이 포함되어 있다. 이러한 내용의 상당 부분은 학생들로 하여금 전국적인 매체에 등장하는 언어학적 쟁점과 논쟁에 대한 통찰력과 이해를 얻을 수 있게 할 것이고, 교수와 학생이 중요한 언어학 연구의 흐름을 따라갈 수 있도록 도와줄 것이다. 우리는 또한 이번 판이 언어와 언어사용에 대해 사람들이 공통적으로 가지고 있는 오해들을 없애 주기를 희망한다.

연습문제(250) 이번 판에 학생들이 특정 주제에 대해서 더 심층적으로 탐구하기를 기대하는 교수들을 위해 더 많은 연구 지향적 연습문제가 추가되었다. 이 연습문제의 상당수는 300회 이상의 과제를 낼 수 있을 정도로 여러 부분으로 구성되어 있어, 교수들은 교재내용에 대한 학생들의 이해도를 측정할 수 있다. 언어학 공부의 초보 과정에서 통상적으로 기대되는 범위를 뛰어 넘는 문제의 경우에는 연습문제에 '도전문제'라고 표시해놓았다.

1장 언어란 무엇인가?는 언어에 대한 일반적인 연구를 간결하게 소개한다. 이 장은 학생들로 하여금 언어학 공부를 하도록 이끄는 많은 흥미로운 주제를 포함한다. 예를 들어 Sapir-Whorf의 가설을 다루는 '언어와 사고', 청각 장애인들의 수화를 포함하는 언어의 보편적인 속성들, 동물 언어에 대한 고찰 등이다. 그리고 분리 부정사와 전치사로 종결된 문장을 용납할 수 없는 불쾌한 것으로 여기는, 자칭 '올바른' 문법전문가들이 때때로 드러내는 어리석음도 포함한다.

2장 형태론: 언어의 단어는 문법에 대한 연구를 형태론으로 시작한다. 형태론은 단어형성을 연구하는 분야인데 대부분의 학생들에게 가장 친숙한 문법영역이 바로 이것이기 때문이다. 이 주제는 영어가 아닌 언어들의 간단한 실례를 활용하여 명료하게 다뤄진다. 이는 파생형태론과 굴절형태론, 자립형태소와 의존형태소, 단어의 계층적 구조 등의 본질적 속성들을 포함하는 단어 구조의 보편성을 강조하기 위함이다.

3장 통사론: 언어의 문장 유형은 이전 판들과 비교할 때 가장 많이 수정된 단원이다. 성분성, 통사적 범주(품사), 구 구조 수형도, 구조적 중의성 그리고 언어의 무한성을 먼저 소개한 후에, 이 장에서는 현재 거의 보편적으로 수용되는 핵계층 구조에 관해서 철저히 살펴본다. 이 핵계층 구조는 영어와 다른 언어들의 더 심층적이고, 더 미묘한 통사구조를 기술할 수 있다. 정보를 정확하게 제공하기 위해서 그리고 학생들이 많은 새로운 정보에 당황하지 않도록 하기 위해서, 이 주제는 차근차근 그리고 면밀하게 전개시킨다. 특히, 이분지, 핵과 보충어, C-선택과 S-선택, 그리고 핵계층 이론의 틀 내에서 변형분석에 관한 최근의 관점을 세심하게 설명한다. 형식적 기술은 최대한 줄이고 명료성을 높이기 위해서 꼭 필요한 만큼만 사용한다. 이 책 전체에서 그러하듯이 이 장에도 영어가 아닌 예들이 아주 많다. 그리고 통찰력이 돋보이는 예시와 설명을 제시하고, 더불어 인용문, 시, 만화, 유머를 추가함으로써 이론의 무거운 요소들을 가볍고 쉽게 설명한다.

4장 언어의 의미는 의미론을 다루는데, 의미라는 복잡한 주제에 관한 어려운 문제들을 더 작은 단위로 나누어 독자들이 좀 더 쉽게 이해할 수 있도록 더욱더 세밀하게 조직되었다. "어떤 언어를 안다고 할 때 당신은 의미에 대해 무엇을 아는가?"라는 주제를 중심으로 학생들에게 먼저 진리조건 의미론과 합성성의 원리를 소개한다. 이어서 관용어, 은유, 변칙문과 같이 합성성의 원리가 적용되지 않을 경우에 대한 논의가 뒤따른다. 어휘의미론은 지시와 의의, 의미 자질, 논항 구조, 의미역에 대한 개념들을 포함하여 단어 의미에 관한 다양한 접근방식을 다룬다. 이 단원에서 가장 두드러지게 개선된 부분은 새롭게 늘어나고 최근 경향이 반영된 화용론 부분이다. 여기에서 우리는 상황적 맥락과 언어적 맥락이 발화의 의사소통 내용에 미치는 영향, 이해에 있어서 함의의 중요성, Grice의 대화 격률, 전제, 그리고 J.L. Austin의 화행을 자세히 논의하고 예시한다.

5장 음성학: 언어의 음은 이전 형식을 유지하고 있으며, 현 추세에 맞춰 영어에 대해 국제음성협회(IPA) 표기를 채택하고 있다. 유일한 예외로 영어를 예시할 때 기술적으로 올바르고/정확한 /ɹ/ 대신 /r/을 사용한다. 또한 학생들이 다른 출판물에서 접할 수 있는 다른 표기도 계속 언급한다.

6장 음운론: 언어의 음체계는 히브리어의 음위전환과 같은 몇몇 복잡한 예들을 연습문제에 포함시켜 본문의 내용을 간소화였다. 교수는 학생들이 고급 수준의 자료를 다룰 수 있다고 판단할 때 이 연습문제를 선택적으로 사용할 수 있다. 이 장은 소수의 잘 설명된 형식적 기술과 함께 언어자료를 통해서 얻는 통찰력에 초점을 두어 제시하였다. 그래서 학생들은 부담스럽고 자세한 내용을 경험하지 않고서도 형식적 이론의 필요성을 이해할 수 있다.

7장 사회언어학: 사회 속의 언어는 언어학의 주요 하위 분야로 점점 커지고 있는 중요성을 강조하기 위해 10판에서는 책의 앞부분으로 옮겨졌다. 9판이 나온 이후 불과 몇 년 동안에 이루어진 이 분야에 대한 연구의 성장은 천문학적이었다. 사회언어학의 이미 확립된 사실과 원리들을 제시하려고 노력하였다. 동시에 금지된 언어(이는 여전히 나타나고 있음), 사멸한 언어와 사멸하고 있는 언어(역시 여전히 나타나고 있음), 성에 따른 차이, 히스패닉 영어와 같은 소수 방언, 언어학적으로 다양한 지역에서 발견될 수 있는 피진, 크레올, 공통어와 같은 교섭의 언어들, 사회언어학적 분석에서의 컴퓨터 사용, 제2언어 교수, 그리고 이중언어 교육과 같은 주제들을 최신 자료로 꾸몄다.

8장 언어 변화: 시간의 분절은 어족, 언어 관련성, 언어유형론에 관한 최근의 연구를 반영하여 새롭게 만들었다. 또한 검토자들의 요청을 수용하여 이 장에 내적 재구성, 즉 조어를 재구성하기 위해서 비교연구방법을 동시대 2개의 방언에 적용하는 실례를 포함하였다.

9장 언어습득은 9판 이후로 명료성을 높이기 위해 완전히 새로 재구성하여 다시 썼다. 그리고 제2언어 습득(성인의 외국어 학습)에 대해서 그 동안 밝혀진 많은 내용들이 이 장에 들어있다. 이와 더불어 계승어, 즉 자신의 모국어가 사용되지 않는 나라로 이주한 후 집에서 가족 간에 사용하는 언어(예를 들어, 러시아에서 이주해 온 유대인의 Yiddish)를 다루는 부분을 완전히 새롭게 추가하였다.

10장 언어 처리와 인간의 뇌는 '심리언어학과 신경언어학'으로 제목을 붙일 수 있었지만 그렇게 하면 주제가 너무 무겁고 어려워 보일 수도 있어서 그렇게 하지 않았다. 이 장에서 심리언어학(언어를 사용하는 동안 마음이 무엇을 하는지에 관한 연구)과 신경언어학(화자의 뇌가 무엇을 하는지에 관한 연구)을 연결하는 여러 가지 논점을 직접적으로 논의한다. 언어를 처리할 때 뇌의 역할을 이해하는 데 있어서 놀라운 발전이 거의 매일 일어나고 있다. 이는 신경언어학자들이 아주 정확한 위치에서 일어나는 뇌 활동을 놀라울 만큼 정밀하게 측정할 수 있는 가능성이 빠르게 커지고 있기 때문이다. 이 장에서는 이러한 기법들과 언어 및 뇌와 관련하여 파생된 결과를 다룬다. 이 단원의 심리언어학 부분은 9판의 9장 처음 절반에 제시된 내용이고, 그 외 뒷부분은 9판과 그 이전 판들의 2단원을 확장하고 새로운 연구결과를 반영한 것이다.

2장부터 6장까지의 배열순서가 전통적이지 않다고 생각한 적도 있다. 이 책의 이전 판들을 통한 경험과 전 세계 동료들의 권고에 힘입어 우리는 초보자들이 처음에 형태론(가장 친숙한 언어의 단위인 단어의 구조)을 먼저 살펴보고 언어의 구조적 측면을 접근하는 것이 더 쉬울 것이라 확신한다. 형태론 다음에 많은 학생들에게 역시 친숙한 통사론(문장의 구조)과 여러 가지 의미 개념들이 소개된다. 그 다음에 학생들이 생소하고 쉽지 않다고 생각하는 음성학과 음운론으로 이어진다. 그러나 이 책은 교수 각자가 원한다면 자신의 취향에 따라 혼동 없이 음성학, 음운론, 형태론, 통사론, 의미론의 전통적 순서(5장, 6장, 2장, 3장, 4장)로 수업을 진행할 수 있도록 썼다.

이전 판들에서와 마찬가지로 10판에서도 상세한 설명보다는 기본적인 개념 소개에 초점을 두었다. 이 책은 독자가 언어학에 관한 사전 지식을 가지고 있지 않다고 가정한다. 한 주제를 좀 더 깊이 연구하고자 하는 독자들을 위해 각 장의 끝에 최신의 참고문헌을 수록했다. 또한 각 장의 끝에 본문의 내용에 대한 학생들의 흥미와 이해를 높이기 위해 요약과 연습문제를 포함시켰다.

저자들에 대해서

VICTORIA FROMKIN은 1944년에 Berkeley에 있는 University of California에서 경제학 학사학위를 받았다. 그리고 Los Angeles에 있는 University of California에서 1963년에 언어학 석사학위를, 1965년에 언어학박사 학위를 받았다. 1966년부터 세상을 떠난 2000년까지 UCLA 언어학과 교수를 역임하였으며, 1972년부터 1976년까지 학과장을 맡았다. 1979년부터 1989년까지 UCLA 대학원 원장과 대학원 과정의 부총장을 맡았다. 또 University of Stockholm, University of Cambridge, 그리고 University of Oxford에서 객원교수를 역임했다. 1985년에 미국언어학회 회장을, 1988년에 대학원 연합회 회장을, 그리고 Academy of Aphasia 운영위원회 위원장을 맡았다. UCLA Distinguished Teaching Award와 Professional Achievement Award를 수상했고, Executive Committee of the International Permanent Committee of Linguistics(CIPL)의 미국 대표이자 일원으로 활동했다. 그리고 American Academy of Arts and Sciences, American Association for the Advancement of Science, New York Academy of Science, American Psychological Society, Acoustical Society of America의 선임연구원이었다. 1996년에는 National Academy of Science의 회원으로 선출되었다. 음성학, 음운론, 성조 언어, 아프리카 언어, 발화오류, 처리모형, 실어증 그리고 뇌/사고/언어 인터페이스 등, 자신이 연구한 모든 분야의 주제에 관해 100권 이상의 저서, 단행본, 논문을 출간했다. 2000년 1월 19일에 76세의 나이로 세상을 떠났다.

ROBERT RODMAN은 Los Angeles에 있는 University of California에서 1961년에 수학 학사학위를 받았고, 1965년 수학 석사학위를, 1971년에 언어학 석사학위를, 그리고 1973년에 언어학 박사학위를 받았다. 그는 Santa Cruz에 있는 University of California, Chapel Hill에 있는 University of North Carolina, 일본에 있는 Kyoto Industrial College에서 교수를 역임하였고, 현재 North Carolina State University의 컴퓨터학과 교수로 재직 중이다. 주요 연구 분야는 법언어학과 컴퓨터 음성처리이다. Robert는 두 마리의 구조된 그레이하운드 Gracie, Shelby-Sue와 함께 North Carolina주의 Raleigh에 살고 있다.

NINA HYAMS는 1973년에 Boston University에서 언론학 학사학위를 받았고, City University of New York의 Graduate Center에서 1981년에 언어학 석사학위를, 1983년에 언어학 박사학위를 받았다. 1983년에 Los Angeles에 있는 University of California의 교수로 부임하였고 현재 그곳에서 언어학과 교수로 재직하고 있다. 주요 연구 분야는 유아 언어발달과 통사론이다. 1986년 D.Reidel 출판사에서 출간한 *Language Acquisition and the Theory of*

*Parameters*의 저자로, 이 책은 언어습득 연구에 있어서 중요한 자료이다. 또한 유아들의 통사론, 형태론, 의미론 측면에 있어서의 발달에 대한 많은 논문을 게재했다. 네덜란드에 있는 University of Utrecht와 University of Leiden에서 객원연구원으로 활동한 적이 있고, 유럽과 일본에서 수많은 강의를 해왔다. Nina는 구조된 보더 콜리인 Spot과 그의 오래된 동반자이자 언제나 감정이 풍부한 잉글리쉬 불도그인 Nellie와 함께 Los Angeles에 살고 있다.

차례

10장 언어 처리와 인간의 뇌 495

1

언어란 무엇인가?

What Is Language?

함께 모여서 놀거나, 싸우거나, 사랑하거나, 자동차를 만들거나, 또 그 밖에 무엇을 하든 간에 사람들은 서로 말을 한다. 우리는 언어의 세상에서 살고 있다. 우리는 친구, 지인, 아내, 남편, 연인, 선생님, 부모, 경쟁자, 그리고 심지어는 적하고도 대화를 한다. 우리는 얼굴을 마주보면서 혹은 전화와 같은 전자 매체를 통해 대화를 나누고, 사람들은 더 많은 말로 응답한다. 우리가 깨어있는 어느 순간에도 말에서 벗어날 수 없으며 심지어 꿈속에서도 말을 주고받는다. 우리는 또한 대답해줄 사람이 없을 때에도 말을 한다. 어떤 사람들은 잠자는 중에도 소리를 내어 말을 한다. 우리는 애완동물에게 말을 거는가 하면 자기 자신과 대화할 때도 있다.

인간이 언어를 가지고 있다는 것은 그 어떤 다른 속성보다도 인간을 다른 동물과 더 확실히 구분해준다. 많은 신화와 종교에 표현된 철학에 따르면 언어는 인간의 삶과 힘의 원천이다. 아프리카 사람들에게 새로 태어난 아이는 'person'을 의미하는 *muntu*가 아니라 'thing'을 의미하는 *kintu*에 불과하다. 이 아이가 인간이 되는 유일한 방법은 언어를 배우는 것이다. 인간을 이해하기 위해서, 우리는 우리를 인간으로 만드는 언어의 본성에 대해 이해해야만 한다. 그것이 이 책의 목표이다. 이제 다음 질문으로 논의를 시작하자. 언어를 안다는 것은 무엇을 의미하는가?

언어지식 Linguistic Knowledge

한 언어를 안다는 것은 그 언어를 말할 수 있고 또 그 말을 다른 사람들이 이해할 수 있다는 것이다. 이는 곧 당신이 특정한 의미 있는 소리를 생성할 수 있고 타인이 낸 소리를 이해하거나 해석할 수 있음을 의미한다. 그러나 언어는 단순한 발화 이상의 의미를 가진다. 청각 장애인들은 마치 정상인들이 말을 하고 듣고 이해하는 것과 같이 수화를 하고 이해한다. 전 세계적으로 청각 장애인의 언어는 표현 양식에만 차이가 있을 뿐 구어와 동등하다.

대부분의 인간은 적어도 하나의 언어를 안다. 5세 아동은 자신의 부모처럼 능숙하게 말을 하고 이해한다. 그러나 가장 단순한 대화를 하는 데에도 대부분의 화자들이 인지하지 못하는 깊은 지식이 필요하다. 이는 알바니아어(Albanian)부터 줄루어(Zulu)에 이르기까지 모든 언어의 화자에게 적용된다. 영어 화자는 관계절이 무엇인지에 대해 알지 못하더라도 2개의 관계절을 가진 다음과 같은 문장을 만들 수 있다.

> My goddaughter who was born in Sweden and who now lives in Iowa is named Disa, after a Viking queen.

마찬가지로 아이는 몸의 균형을 잡고 유지해주는 원리나 이것을 가능하도록 하는 신경생리학적 통제 원리를 이해하거나 설명할 줄도 모르면서 걸을 수 있다. 우리가 무의식적으로 어떤 것을 알고 있다는 사실은 언어에만 국한되는 것이 아니다.

음체계에 대한 지식 Knowledge of the Sound System

언어를 안다는 것은 어떤 음(혹은 수화[1])이 그 언어에 속하는지 속하지 않는지를 구별하는 능력을 포함한다. 이러한 무의식적 지식은 어떤 언어의 사용자가 모국어가 아닌 다른 언어의 단어를 발음할 때 드러난다. 예를 들어, 만약 당신이 오직 영어만을 사용하는 화자라면, 당신은 프랑스어 *ménage à trois*와 같은 외국어 단어를 발음할 때 영어가 아닌 음을 영어 음으로 대체할지도 모른다. 만약 당신이 프랑스인과 같은 발음을 한다면 당신은 영어 음체계에 없는 음을 사용하고 있는 것이다.

영어를 사용하는 프랑스인은 종종 *this*와 *that* 같은 단어들을 *zis*, *zat*처럼 발음하기도 한다. 이 단어들의 첫 글자 *th*는 프랑스어의 음체계에는 없는 음이고, 잘못된 프랑스어식 발음은 이러한 사실에 대한 프랑스어 화자들의 무의식적인 지식을 보여준다.

한 언어의 음체계를 안다는 것은 음의 목록에 대한 단순한 지식 그 이상을 의미한다. 이는 어떤 음이 단어의 첫 음이나 끝 음이 될 수 있는지 또 어떤 음들이 연속할 수 있는지에 대한 지식도 포함한다. 가나(Ghana)의 전 대통령 이름인 *Nkrumah*의 첫 음은 영어 단어

[1] 청각 장애인의 수화는 이 책 전체를 통해 논의할 것이다. 말소리(speech sounds) 혹은 구어(spoken languages)라는 특정한 언급이 없다면, 앞으로의 '언어(language)'는 구어와 수화 둘 다를 포함한다.

*sink*의 마지막 음과 비슷하다. 이 음은 영어에 쓰이는 소리이지만 영어에 *nk* 음으로 시작하는 단어는 없다. (가나어 화자들의 기준으로 보면) 영어 화자들은 영어 음체계를 따라 짧은 모음 소리를 추가해 대통령의 이름을 *Nekrumah* 혹은 *Enkrumah*라고 잘못 발음한다. 가나의 아이가 가나어에서는 *nk*로 단어를 시작할 수 있다는 것을 알고 있듯이, 영어를 배우는 1세 아동은 영어에는 *nk*로 시작하는 단어가 없음을 알고 있다. 소리와 음체계에 대해서 5장과 6장에서 상세히 다룰 것이다.

단어에 대한 지식 Knowledge of Words

언어의 음과 음성체계에 대한 지식은 우리가 가진 언어지식의 한 부분에 불과하다. 언어지식 때문에 우리는 어떤 음의 연속이 특정 개념이나 의미를 나타낸다는 것을 안다. 영어 화자들은 *boy*가 무엇을 의미하는지 알고 또 이것이 *toy, girl* 혹은 *pterodactyl*과 의미가 다르다는 것도 안다. 우리는 또한 *toy*와 *boy*가 단어인 반면 *moy*는 단어가 아님을 알고 있다. 언어를 안다는 것은 그 언어의 단어를 안다는 것이다. 즉, 어떤 음의 연속이 특정 의미와 관련이 있는지 없는지를 안다.

형태와 의미의 자의적 관계 Arbitrary Relation of Form and Meaning

만약 당신이 어떤 언어를 모른다면 그 언어의 단어(그리고 문장)를 이해할 수 없을 것이다. 그 이유는 일반적으로 단어의 소리와 그 의미와의 관계는 자의적이기 때문이다. 당신이 언어를 습득할 때 *house*라는 글자가 나타내는 음이 의 개념을 나타낸다는 것을 배워야 한다. 만일 당신이 프랑스어를 알고 있다면 동일한 의미가 *maison*으로, 러시아어를 안다면 *dom*으로, 스페인어를 안다면 *casa*로 표현한다. 이와 비슷하게, 은 영어로 *hand*, 프랑스어로 *main*, Twi어로 *nsa*, 러시아어로는 *ruka*라고 각각 표현된다. 또한 동일한 순서의 음 연속체가 언어마다 다른 의미를 나타내기도 한다. 예를 들면, *bolna*라는 단어는 힌두-우르두어(Hindu-Urdu)에서는 '말하다(speak)'를 의미하고 러시아어에서는 '아픈(aching)'을 의미한다. *bis*는 우크라이나어(Ukrainian)에서는 '악마(devil)'를 의미하고, 라틴어에서는 '두 번(twice)'을 의미한다. 영어에서 *pet*은 가축을 일컫는 말인데, 이는 카탈로니아어(Catalan)에서 방귀(fart)를 의미한다. 또 *taka*는 일본어에서 '매(hawk)'를, 케추아어(Quechua)에서는 '주먹(fist)'을, 줄루어에서는 '작은 새(a small bird)'를, 벵골어(Bengali)에서는 '돈(money)'을 각각 의미한다.

이러한 예들은 특정 언어의 단어들이 오직 관습에 따라 의미를 갖게 된다는 것을 보여준다. Mark Twain의 풍자 소설 *Eve's Diary*에서 Eve가 우리 독자들에게 믿도록 했던 것에도 불구하고, *pterodactyl*(익룡)을 *ron, blick*, 혹은 *kerplunkity*라고 부를 수도 있었을 것이다.

HERMAN®/LaughingStock Licensing Inc., Ottawa, Canada

셰익스피어의 *Romeo and Juliet*에서 Juliet은 다음과 같이 말한다.

What's in a name? That which we call a rose
By any other name would smell as sweet;

이러한 단어의 **형태**(소리)와 **의미**(개념) 간의 **관습적**, 자의적인 관계는 수화에서도 그대로 적용된다. 만약 당신이 누군가 당신이 모르는 수화를 사용하는 것을 본다면, 오직 그 신호 혹은 손짓만으로 전달하고자 하는 의미를 이해할 수 있을지는 의문이다. 중국수화(CSL)를 알고 있는 사람이 미국수화(ASL)를 이해하기 어렵다고 생각할 것이며 반대의 경우도 역시 마찬가지이다.

많은 수화가 본래 무언극(miming)과 비슷하였는데 무언극의 형태와 의미 관계는 자의적이지 않다. 무언극에서와 마찬가지로 수화에서 'eating'을 의미하기 위해 손을 입에 갖다 대는 행위는 자의적이지 않다. 단어의 발음이 변화하였듯이, 시간이 흐름에 따라 수화 역시 바뀌었을 것이고, 모방효과(miming effect)도 사라졌다. 이러한 신호들은 관습화되었고 그 결과 손 모양이나 손 동작만으로는 수화의 손짓이 나타내는 의미를 알 수 없게 되었다.

언어에는 몇 가지 **음 상징**(sound symbolism)이 있다. 즉, 발음이 그 의미를 암시하는 단어가 존재한다. 대부분의 언어들은 *buzz*나 *murmur*와 같은 **의성어**(onomatopoeic)를 가지는데, 이는 지시하는 대상이나 동작과 관련된 소리를 흉내 낸 것이다. 그러나 이 의성어의 경우도 음이 언어마다 다르고 해당 언어의 특별한 음체계를 반영한다. 영어에서 *cock-a-doodle-doo*는 의성어로 수탉의 울음소리를 의미하는데, 핀란드어에서 수탉의 울음소리는 *kukkokiekuu*이다. 영어에서 칠면조 소리는 *gobble gobble*이지만 이스탄불에서는 칠면조가 이렇게 소리내지 않는다. 터키에서 칠면조 소리는 *glu-glu*이다.

때때로 특정한 음의 조합은 특정 개념과 관계가 있는 듯 보인다. 영어에는 *glare, glint, gleam, glitter, glossy, glaze, glance, glimmer, glimpse, glisten*과 같이 시야와 관련된 의미를 가진 *gl*로 시작하는 단어가 많이 있다. 그러나 *gl*로 시작하는 단어는 어떤 언어에서든 매우 작은 부분에 불과하고, *gl*이 다른 언어에서 '시야'의 의미와는 아무 관계가 없다. 그리고 심지어는 *gladiator, glucose, glory, glutton, globe* 등에서 알 수 있듯이 영어에서도 *gl*이 '시야'의 의미와는 관계가 없는 경우도 있다.

한 언어를 안다는 것은 그 언어의 단어를 꼭 알아야 한다는 것을 의미한다. 그러나 아무도 사전의 모든 단어를 알지 못하고, 누군가 안다 하더라도 그것이 언어를 알고 있음을 의미하지는 않는다. 사전을 사서 단어를 외우면서 외국어를 학습한다고 가정해보라. 아무리 많은 단어를 안다 할지라도 당신은 그 언어로 아주 간단한 구나 문장을 만들 수 없을 것이고, 원어민의 말을 이해할 수 없을 것이다. 아무도 개별 단어만을 사용하여 말하지 않는다. 그리고 "car—gas—where?"와 같이 당신이 여행자 사전에 있는 몇 개 단어만을 사용해 메시지를 전달할 수 있을지라도, 당신이 바랄 수 있는 최상의 답은 상대방이 주유소 방향을 가르쳐주는 것이다. 만약 당신이 한 문장의 답을 듣는다면, 당신은 어디서 한 단어가 시작하고 끝나는지 모르기 때문에 그 답을 듣고 제대로 이해할 수 있을지 혹은 그곳을 찾아갈 수 있을지 의문이다. 3장에서 단어가 어떻게 구와 문장을 형성하는지를 학습하고, 4장에서 단어와 문장의 의미를 살펴볼 것이다.

언어지식의 창조성 The Creativity of Linguistic Knowledge

한 언어에 대한 지식이 있다면 당신은 음을 결합해서 단어를 형성하고, 단어를 결합해서 구를 만들고, 구를 결합해서 문장을 만들 수 있다. 한 언어의 모든 문장이 들어있는 사전이나 구 수록집을 살 수는 없다. 어떤 사전도 한 언어의 모든 가능한 문장을 수록할 수 없는데, 이는 한 언어의 문장 수가 무한하기 때문이다. 언어를 안다는 것은 이전에 한 번도 들어보지 않았던 새로운 문장을 이해하거나 만들어 낼 수 있음을 의미한다. 이것을 언어의 **창조적 양상**(creative aspect)이라 한다. 누구나 대단한 문학작품을 창조할 수 있는 것은 아니지만 언어를 아는 사람이라면 누구나 새로운 문장을 만들고 이해할 수 있다.

이러한 언어의 창조적 양상을 예시하기는 꽤 용이하다. 만약 한 언어의 모든 문장을 더 긴 문장으로 만들 수 있다면, 문장의 수는 한계가 없다. 영어에서 예를 들어보자.

This is the house.

혹은

This is the house that Jack built.

혹은

This is the malt that lay in the house that Jack built.

혹은

This is the dog that worried the cat that killed the rat that ate the malt that lay in the house that Jack built.

이쯤에서 당신은 멈출 필요가 있다. 그렇다면 가장 긴 문장은 얼마나 긴가? 영어 화자는 이렇게 말할 수 있다.

The old man came.

혹은

The old, old, old, old, old man came.

'old'가 몇 개가 되어야 너무 많은 것인가? 일곱? 스물셋?

이런 문장이 길어질수록 그 문장을 듣거나 말할 수 있는 가능성이 더 적다. 'old'를 276번 사용한 문장은 말하기나 쓰기에서도, 심지어는 므두셀라(Methuselah)를 묘사하기 위해서도 거의 사용되지 않을 것 같다. 그러나 이러한 문장은 이론적으로 가능하다. 당신이 영어를 안다면, 무한 수의 형용사를 수식어로 명사에 첨가할 수 있고, 'the house that Jack built'에서와 같이 무한 수의 절을 포함하는 문장을 만들 수 있다.

모든 인간언어는 화자들이 이런 식으로 문장의 길이나 복잡성을 증가시킬 수 있도록 한다. 즉, 창조성은 인간언어의 보편적 속성인 것이다.

인간의 창조력은 우리가 말하는 것뿐 아니라 새로운 문장이나 소설을 이해하는 데에도 나타난다. "Daniel Boone decided to become a pioneer because he dreamed of pigeon-toed giraffes and cross-eyed elephants dancing in pink skirts and green berets on the wind-swept plains of the Midwest."라는 문장을 살펴보자. 이 문장을 믿지 않을 수도 있고 논리를 의심할 지도 모른다. 그러나 이 문장을 이전에 듣거나 읽어 본 적이 없을지라도 이해할 수 있다.

현대 언어학자의 아버지로 불리는 Noam Chomsky는 언어의 창조적 측면을 내세우며, 언어가 자극에 대한 학습된 반응이라는 주장을 설득력 있게 반박했다. 만약 누군가가 당신의 발을 밟는다면, 당신은 자동적으로 비명을 지르거나 신음소리를 내며 반응할지도 모른다. 그러나 이 소리는 언어의 일부분이 아니라 자기도 모르게 나오는 자극에 대한 비자발적인 반응이다. 반사적으로 외치고 난 뒤 우리는 이렇게 말할 수 있을 것이다. "내가 상피병(elephantiasis)에 걸렸는지 걱정했는데 발등을 밟았을 때 아픔을 느낄 수 있는 걸 보니 이 병에 걸리지 않은 것 같습니다. 제 발등을 밟아주셔서 고맙습니다." 아니면 또 우리가 생성하는 특정 문장이 자극에 의해 통제되는 것이 아니기 때문에 무한 수의 문장 중 하나의 문장을 말할 수도 있다.

자신도 모르게 튀어나오는 "아야!"와 같은 외침들조차 우리가 말하는 언어에 따라 바뀐다. 이탈리아어 화자는 발을 밟으면, *ahi*라고 외칠 것이다. 말문이 막힐 경우 프랑스어 화자라면 영어에는 없는 소리인 계란을 의미하는 *oeuf*의 초성 모음을 낼 것이다. 심지어 영어의 *er, uh, you know*와 같은 표현들조차 언어마다 다른 제약을 받는다.

인간의 언어 창조성에 대해 400년 전에 Huarte de San Juan(1530~1592)이 잘 설명한 바 있다. 그는 "정상적인 인간의 마음은 다른 사람의 도움 없이, 들어본 적이 없는 새로운 1,000개의 문장을 만들어 낼 수 있는데, 이것은 스승이나 타인으로부터 들어보지 못했던 문장을 만들어 말하는 것이다."라고 언급했다.

문장과 비문장에 대한 지식 Knowledge of Sentences and Nonsentences

우리의 언어지식 때문에 우리는 비록 우스꽝스럽고 비논리적일지라도 무한 수의 문법적인 문장을 생성하고 이해할 수 있으며, 또한 문법적인 문장과 비문법적인 문장을 구분할 수 있다. 이는 우리의 언어 창조성에 대한 또 다른 증거가 된다. 그 이유는 비문법적 문장은 새로운 문장이거나 비문법적이라서 우리가 이전에 듣거나 생성한 적이 없는 문장이기 때문이다.

다음 예를 살펴보자.

a. John kissed the little old lady who owned the shaggy dog.
b. Who owned the shaggy dog John kissed the little old lady.
c. John is difficult to love.
d. It is difficult to love John.
e. John is anxious to go.
f. It is anxious to go John.
g. John, who was a student, flunked his exams.
h. Exams his flunked student a was who John.

위에서 비문법적이거나 좋지 않아 보이는 예문 앞에 별표를 해야 한다면, 당신은 어떤 문장에 표시할 것인가? 영어에서 어떤 문장이 가능한지 가능하지 않은지에 대한 직관 때문에 우리는 b, f, h에 별표를 한다. 당신은 어떤 문장에 별 표시를 하였는가?

다음 문장의 문법성 판단에 당신은 동의하는가?

a. What he did was climb a tree.

b. *What he thought was want a sports car.[2]

c. Drink your beer and go home!

d. *What are drinking and go home?

e. I expect them to arrive a week from next Thursday.

f. *I expect a week from next Thursday to arrive them.

g. Linus lost his security blanket.

h. *Lost Linus security blanket his.

만약 별표가 있는 문장이 용인 불가능한 문장이라는 것을 안다면, 당신의 언어 창조성이 작동하고 있는 것이다.

또한 위의 문장들은 모든 일련의 낱말들이 항상 문법적인 문장을 형성하는 것은 아님을 보여준다. 문법적인 문장이란 단순히 한 단어 앞에 다른 단어를 아무렇게나 배열해서 만들어지는 것이 아니라, 그 언어의 문장 형성 규칙에 의해 단어를 배열함으로써 우리는 문법적인 문장을 만든다. 이러한 규칙은 길이와 수가 제한적인데, 이것은 우리의 유한한 뇌에 이 규칙을 저장하기 위한 것이다. 그러나 이 규칙 때문에 우리는 무한한 새로운 문장을 생성하고 이해할 수 있다. 또한 일련의 단어가 문법적인 문장을 형성하는지 그렇지 않은지를 판단할 수 있다. 이러한 규칙들은 판사나 입법기관이 결정하는 것도 아니고 심지어 문법 수업에서 배우는 것도 아니다. 이 규칙은 유년기에 언어를 배우면서 우리가 무의식적으로 습득하는 것이며 우리의 언어 창조성과 밀접한 관련이 있다. 언어학자들은 이러한 규칙들의 집합을 언어의 **문법**(grammar)이라 부른다.

이 장의 처음 시작에서 던졌던 질문으로 돌아가 보자. 언어를 안다는 것은 무엇을 의미하는가? 전부는 아닐지라도, 언어를 구성하는 많은 단어의 소리와 의미를 알고, 그것들의 결합 규칙, 즉 무한 수의 가능한 문장을 생성하는 문법을 안다는 것이다. 우리는 이 문법규칙에 대해 다음 장에서 좀 더 많이 논의를 할 것이다.

언어지식과 언어수행 Linguistic Knowledge and Performance

모든 언어의 화자들은 어떤 길이의 문장이든 이해하고 생성할 수 있는 지식을 가지고 있다. 다음은 어떤 연방법원 판사의 판결문에서 발췌한 예이다.

We invalidate the challenged lifetime ban because we hold as a matter of federal constitutional law that a state initiative measure cannot impose a severe limitation on the

2 이 별표는 화자가 비문법적인 문장으로 판단하는 문장 앞에 사용되었으며, 이 책에서 계속 사용될 것이다.

people's fundamental rights when the issue of whether to impose such a limitation on these rights is put to the voters in a measure that is ambiguous on its face and that fails to mention in its text, the proponent's ballot argument, or the state's official description, the severe limitation to be imposed.

이론상으로 문장의 길이는 제한이 없지만 실제로 너무 긴 문장은 자주 사용하지 않으므로 위의 장황한 판결문은 수용하기 어렵다. 한 언어의 문장을 만들고 이해하는 데 필요한 지식을 가지고 있는 것과 이 지식을 적용하는 것 사이에는 차이가 있다. 이것은 단어와 문법에 대한 지식인 **언어능력**(linguistic competence)과 실제 이 지식을 언어 사용과 이해에 적용하는 것, 즉 **언어수행**(linguistic performance) 간의 차이이다.

언어지식 때문에 우리는 문장과 구를 함께 결합하거나 명사에 수식어를 첨가하여 문장의 길이를 더 길게 만들 수 있다. 그러나 우리가 실제로 문장을 만들고 이해할 때, 형용사, 부사, 절 등의 수가 제한적인데 이는 생리적, 심리적 이유 때문이다. 화자는 숨이 차거나, 말했던 것을 잊거나, 말을 미처 끝내기도 전에 나이가 들어 죽을 수 있다. 청자들은 지치거나, 지겹거나, 혐오감을 느끼거나 혼란스러워 할 것이다.

말을 할 때 우리는 일반적으로 어떤 메시지를 전달하기를 원한다. 말을 하는 어떤 단계에서 우리는 생각을 일련의 단어로 체계적으로 전환해야 한다. 간혹 메시지가 왜곡되기도 한다. 우리는 더듬거나, 막히거나, 혹은 *speech production*를 *preach seduction*으로 잘못 말하는 경우처럼 말실수를 할 수도 있다.

문법이란 무엇인가? What is Grammar?

기술문법 Descriptive Grammars

우리가 *grammar*란 단어를 사용할 때 그 의미는 일반적으로 사용되는 의미와 다르다. 어떤 의미에서 *grammar*는 화자가 언어의 단위와 규칙에 대해 가지는 지식, 즉 음을 결합하여 단어를 만드는 규칙(음운론), 단어형성규칙(형태론), 단어를 결합해 구를 만들고 구를 결합해 문장을 만드는 규칙(통사론), 또 의미를 부여하는 규칙(의미론) 등을 가리킨다. 언어의 단어를 수록하고 있는 머릿속 사전(심적 어휘)과 함께 문법은 우리의 언어능력을 나타낸다. 언어의 본질을 이해하기 위해서 우리는 문법의 본질을 이해해야 한다.

한 언어를 말하는 사람은 누구나 그 언어의 문법을 안다. 언어학자가 어떤 언어를 기술하고자 할 때, 그들은 그 언어 화자의 마음속에 존재하는 문법규칙을 명시적으로 만든다. 화자들 간의 개인적 차이는 존재할 수 있으나 그들이 함께 공유하는 지식도 있다. 공유하는 지식, 즉 문법의 공통된 부분 덕분에 우리는 언어를 통해 의사소통을 할 수 있다. 한 언어에 대한 언어학자의 기술이 화자가 가지는 언어능력의 진정한 모형이 될 정도로 정확하다면 그 기술은 문법과 그 언어 자체를 잘 묘사한 것이다. 이러한 언어능력의 모형을 **기술문법**(descriptive grammar)이라 한다. 기술문법은 우리가 어떤 식으로 말을 해야 하는지를 규정하지 않고, 단지 우리의 기본적인 언어지식을 기술한다. 이 문법은 우리가 말하고 이해하는 것이 어떻게 가능하고 어떻게 우리가 문장의 문법성을 판단할 수 있는지 설명해주며, 언어의 소리, 단어, 구, 그리고 문장에 대한 우리의 지식을 말해준다.

우리가 어떤 문장이 **문법적**이라 말할 때, 그 문장이 언어학자에 의해 정의된 정신문법(mental grammar)의 규칙을 준수함을 뜻한다. 반면에 우리가 어떤 문장이 **비문법적**이라 할 때는, 그 문장은 어떤 식으로든 규칙을 벗어났음을 의미한다. 그러나 만일 우리가 영어 화자의 직관과 일치하지 않는 영어 규칙을 구상한다면, 우리가 기술하는 문법은 영어 화자의 언어능력을 나타내는 정신문법과는 다소 다르다. 즉 영어 화자의 언어는 우리가 기술하고 있는 그 언어가 아니다. 언어학적인 관점에서는 한 언어 혹은 한 방언이 다른 언어나 다른 방언에 비해 우월하거나 열등하지 않다. 모든 문법은 복잡성과 논리성에 있어서 동등하며 어떤 생각도 표현할 수 있는 무한한 수의 문장을 만들어 낼 수 있다. 만약 어떤 언어나 방언으로 무언가를 표현했다면, 다른 언어나 다른 방언으로도 그것을 표현할 수 있다. 표현 수단이나 단어는 다를 수 있지만 표현할 수는 있다. (방언에 대한 내용은 7장에서 좀 더 다룰 것이다.)

규범문법 Prescriptive Grammars

과거나 현재의 모든 문법학자들이 모든 문법은 동등하다는 견해를 가지는 것은 아니다. 각 시대의 언어 순수주의자들은 어떤 언어의 한 형태가 다른 형태보다 우월하고, 교육을 받은 사람들이 말하거나 글을 쓸 때 따라야 하는 '올바른' 형식이 있으며, 언어변화는 타락이라고 믿었다. 1세기 그리스의 알렉산드리아인들, 8세기 Basra의 아라비아 학자들, 그리고 18, 19세기의 많은 영어 문법학자들이 이러한 견해를 가지고 있었다. 그들은 문법규칙을 기술하기보다는 규정하려고 했으며, 그 결과 **규범문법**(prescriptive grammar)을 만들고 저술했다.

르네상스 시대에는 자식들이 상류층의 말을 사용하기를 원하는 중산층이 생겨났다. 이러한 중산층의 열망은 결국 많은 규범문법서의 출판으로 이어졌다. 1762년 Bishop Robert Lowth가 *A Short Introduction to English Grammar with Critical Notes*를 집필했다. Lowth는 영어문법의 많은 규칙을 규범화하였고, 이 중 상당수는 Lowth의 개인적 취향에 따른 것이었다. 이 책이 출판되기 이전 실제로 상류층, 중류층, 하류층 사람들 모두가 *I don't have none*, *You was wrong about that*과 같은 식으로 말하였다. 그러나 Lowth가 '2개의 부정은 긍정이기 때문에' *I don't have any*와 같이 말해야 하며, 심지어 you가 단수일 때조차 복수동사 *were*을 사용해야 한다고 말했다. 이러한 규범규칙의 대부분은 라틴문법에 근거한 것이어서 영어에 적용하면 부적절한 부분이 많았다. Lowth는 영향력이 있었으며, 신흥중산층이 '올바르게' 언어를 사용하고자 했기 때문에, 이러한 새로운 규칙들은 적어도 권력자들이 사용하던 **품격 방언**(prestige dialect)을 위해서 영어문법으로 규정되었다.

세계에 존재하는 다른 언어의 표준 방언과 비교해 보았을 때 이중부정을 사용하는 방언이 열등하다는 주장은 정당화될 수 없다. 예를 들어, 다음의 프랑스어와 이탈리어가 보여주듯이 로망스어에서는 이중부정을 사용한다.

프랑스어:	Je	ne	veux	parler	avec	personne.
	I	not	want	speak	with	no-one.
이탈리아어:	Non	voglio	parlare	con	nessuno.	
	not	I-want	speak	with	no-one.	
영어 번역:	"I don't want to speak with anyone."					

Lowth의 문법과 같은 규범문법은 우리가 논의하고 있는 기술문법과는 차이가 있다. 이 문법의 목표는 사람들이 알고 있는 규칙을 기술하는 것이 아니라 그들이 따라야 하는 규칙을 말해주는 것이다. 위대한 영국 수상인 Winston Churchill은 문장을 전치사로 끝내지 말라는 규칙에 반대하며, "This is the sort of nonsense up with which I will not put."이라고 말해서 신망을 얻었다.

오늘날 서점은 '영어를 지키기 위해' 노력하는 언어 순수주의자들의 책으로 넘쳐난다. 그들은 'monstrously evil'이 아니라 'enormous'를 의미하기 위해 *enormity*를 사용하는 사람들을 비판한다. 그러나 언어는 시간이 지나면서 변하기 마련이며 단어의 의미도 변한다. 8장에서 논의하겠지만 언어변화는 자연적인 과정이다. 시간이 흐르면서 *enormity*는 'enormous'를 의미하기 위해 점점 많이 사용되었다. 현대에 이르러 Barack Obama 대통령도 (2008년 11월 4일 당선 연설에서) *enormity*를 'enormous'의 의미로 사용하였고, 잘 알려진 *Harry Potter*와 *Deathly Hallows*의 작가 J. K. Rowling도 비슷한 의미로 사용하였기 때문에 *enormity*의 새로운 쓰임은 당위성을 얻을 것이다. 그러나 영어 '구원자(saviors)'들은 절대 사라지지 않을 것이다. 그들은 표준어 보존에 대한 실패에 대해 텔레비전, 학교, 그리고 전국영어교사회(National Council of Teachers of English)를 계속해서 비난할 것이고, 흑인영어(African American English: AAE)[3]와 다른 방언도 사용될 수 있는 완전한 언어라고 주장하는 사람들을 계속해서 폄하할 가능성이 많다.

모든 인간언어와 방언은 200년, 아니 2000년 전과 마찬가지로 완벽한 표현력이 있고, 완전하며 논리적이다. 바라건대, 이 책이 모든 언어와 방언은 그 화자가 돈이 있건 없건, 권

3 AAE는 African American Vernacular English(AAVE), Ebonics, 그리고 Black English(BE)라 부르기도 한다. 이 언어는 아프리카계 미국인 전체가 아니라 일부가 사용하는 방언이다. 이에 관해서는 7장에서 다룬다.

력이 강하든 약하든, 많이 배웠든 문맹이든 상관없이 규칙의 지배를 받는다는 것을 당신에게 확신시켜주기를 바란다. 특정 집단의 문법과 용법은 사회·정치적 이유로 우세해질 수는 있으나, 언어학적 (과학적) 관점에서는 특권층에 속하지 않는 사회구성원들의 문법이나 용법보다 우등하거나 열등하지 않다.

그럼에도 불구하고 특정한 일자리를 찾거나 사회적으로 우러러보는 직책에 오르고자 하는 사람들에게는 표준 방언이 정말로 더 좋은 방언이라는 것을 부인할 수 없다. 어투로 사람의 사회·경제적 지위를 결정짓고 소수 방언 화자들을 차별하는 사회에서는 사회변화를 기다리기보다는 특권층의 방언을 배우는 것이 필요하다. 그러나 언어학적으로는 특권층이 사용하는 방언이 더 좋은 문법을 가지는 것은 아니다.

마지막으로 지금까지 논의한 것은 모두 구어에 적용된다. 구어와 대조적으로 글은 문법, 용법, 그리고 문체의 규범규칙을 따라야 하며 방언 간의 차이에 거의 영향을 받지 않는다. 게다가 글은 구어와 달리 목표언어에 단순히 노출된다고 해서 자연적으로 습득할 수 있는 것이 아니라 배워야 한다.

교육문법 Teaching Grammars

한 언어의 기술문법은 그 언어 화자가 내재화한 규칙을 기술하려 한다. 이것은 다른 언어나 방언을 학습하는 데 사용되는 **교육문법**(teaching grammar)과는 다르다. 교육문법은 표준어나 특권층의 방언을 사용하지 않지만 그러한 언어를 사용하는 것이 사회·경제적으로 이익이 된다고 믿는 사람들에게는 도움이 된다. 교육문법은 학교에서 외국어 수업에 사용된다. 이런 종류의 문법은 단어와 그 발음을 알게 해주고 언어규칙을 명확하게 설명해주는데, 특히 교육할 때 사용하는 언어가 다를 때 더 그렇다.

꽤 오랜 기간 동안 목표언어가 사용되는 나라에서 살았을지라도, 성인이 공식적인 교육 없이 제2언어를 학습한다는 것은 어려운 일이다. (제2언어습득에 관해서는 9장에서 좀 더 다룬다.) 교육문법은 학생들이 이미 하나의 언어를 알고, 목표언어의 문법과 모국어의 문법을 비교한다고 가정한다. 한 단어의 의미는 **주해**(gloss), 예를 들어 프랑스어 maison 'house'처럼 학생들의 모국어에서 비슷한 의미의 단어를 제공하여 나타낸다. 학생은 주해로 주어진 'house'라는 단어의 의미를 알고 있고 그 결과 *maison*의 의미도 파악한다고 가정한다.

모국어에 존재하지 않는 목표언어의 음은 이미 알고 있는 음과 관련지어 기술한다. 즉, 프랑스어 단어 *tu*에 있는 *u*를 발음할 때 "tea의 모음 소리를 내면서 입술을 둥글게 하라."라는 교육을 통해 학생들의 발음습득을 도울 수 있다.

단어를 조합해서 문법적 문장을 만드는 규칙 역시 학습자 본인의 모국어 지식과 관련이 있다. 예를 들어, Sibusiso Nyembezi가 집필한 교육문법 교재 *Learn Zulu*에서는 "단수형과 복수형의 차이는 단어의 끝이 아니라 시작에 있다."고 말하며, "줄루어는 'a', 혹은 'the'와 같은 정관사와 부정관사가 존재하지 않는다."라고 주의시키고 있다. 이러한 내용은 학생들이 자신들의 모국어인 영어의 문법규칙을 알고 있다고 가정한다. 비록 이런 식의 문법 설명이 학생들에게 새로운 언어에서 어떤 것이 문법적으로 옳고 그른 구조인지를 가르치려고 한다는 점에서 규범적이라 할 수 있지만 이미 화자가 알고 있는 언어의 규칙과 용법을 바꾸려는 문법과는 목적이 다르다.

이 책은 규범문법이나 교육문법과 직접적인 관련은 없지만 이러한 종류의 문법은 7장에서 표준 방언과 비표준 방언을 논의할 때 다룰 것이다.

보편문법 Universal Grammar

영어, 아랍어, 줄루어와 같은 개별 언어에 적용되는 문법규칙이 있고, 또 모든 언어에 적용되는 문법규칙이 있다. 보편적 규칙은 매우 흥미로운데, 그 이유는 이 규칙은 우리가 특정 언어를 배우고, 사용할 수 있도록 해주는 '언어능력(faculty of language)'을 엿볼 수 있도록 해주기 때문이다.

언어 보편성에 관한 관심은 오래 전에 시작되었다. 초기 학자들은 대개 언어의 본질에 대해 연구하였고, 일반문법(general grammar)을 특수문법(special grammar)과 구분하였다. 일반문법은 모든 언어에서 공통적으로 나타나는 자질을 보여주는 것으로 생각되었다.

라틴어, 그리스어, 프랑스어, 스와힐리어를 제2언어로 배우는 학생들은 일반적으로 모국어와는 다른 목표언어의 특징에 너무 몰두해서 언어의 보편적인 규칙에 대해 회의적일지도 모른다. 그러나 새로운 언어를 배우기도 전에 모든 언어 학습자는 무의식적으로 알고 있는 것들이 있다. 목표언어에 어떤 체계에 따라 단어를 결합하는 음의 집합이 있고, 단어가 결합해서 다시 구와 문장을 만든다는 것을 학습자들은 알고 있다. 학습자는 목표언어에 언어의 보편적 문법범주인 동사와 명사가 있고, 부정문, 의문문, 명령문을 만드는 방법, 과거나 미래시제를 표현하는 방법이 있음을 안다. 또한 학습자는 목표언어에는 무한한 수의 문장을 만들어 내고 이해할 수 있도록 해주는 규칙의 체계가 있다는 것을 알 것이다.

언어학자들이 인간언어의 복잡성을 연구하면 할수록, 생물학적으로 인간이 타고난 언어능력의 한 부분인 **보편문법**(Universal Grammar: UG)이 존재한다는 Chomsky의 견해를 뒷받침하는 증거가 많이 나타난다. 우리는 보편문법을 모든 언어가 따르는 청사진이라고 생각할 수 있는데, 이 청사진은 아동의 생득적 언어능력의 한 요소이다. 보편문법은 문법의 다른 구성 요소와 요소들 간의 관계를 명시하며, 또 각 요소의 문법규칙이 어떻게 구성되어 있으며 서로 상호작용하는지를 명시해 준다. 이 보편문법의 본질을 찾는 것이 **언어학 이론**의 주된 목표이다.

언어학자들의 목표는 물리학자의 목표가 '우주의 법칙'을 찾아내는 것과 마찬가지로 '인간언어의 법칙'을 찾아내는 것이다. 언어의 복잡성은 이 목표가 의심할 여지없이 달성되지 못할 것임을 시사한다. 모든 과학이론은 불완전하고, 새로운 자료를 설명하기 위한 새로운 가설이 제시되어야 한다. 이론은 새로운 발견이 있을 때 마다 계속해서 변화한다. 아인슈타인의 상대성 이론으로 인해 물리학이 확대되었듯이, 보편문법 이론도 인간언어의 본질을 재조명하는 새로운 발견과 더불어 발전한다. 다른 언어들 간의 비교연구는 언어학에서 가장 중요한 부분이다.

문법의 발달 The Development of Grammar

언어이론은 성인 화자의 언어에 대한 지식뿐만 아니라 그 지식의 습득 방법도 함께 설명한다. 성장하고 있는 모든 정상적인 아이들은 큰 어려움 없이 상대적으로 짧은 기간 내에 언어를(적어도 하나) 습득한다. 아이들은 부모나 다른 보호자가 구체적인 언어 교육을 하지 않음에도 불구하고 언어를 습득한다. 실제로, 아이들은 그들 주변에서 말하는 것을 듣기만해도 해당 언어를 배운다는 주장이 있다. 성별, 가족의 재력, 성장 배경, 보육 장소 등과 무관하게 아이들은 언어학습의 대가라 할 수 있다. 이 요소 중 어떤 것도 아이들의 언어 발달에 근본적인 영향을 끼치지 않는다. 아이들은 영어, 네덜란드어, 프랑스어, 스와힐리어, 일본어를 막론하고 그들이 접하는 언어를 비교적 쉽게 습득할 수 있다. 그리고 이 언어들이 고유한 특징을 가지고 있지만 아이들은 모두가 같은 방법으로 각 언어를 습득한다. 예를 들어, 모든 아이들은 옹아리 단계를 겪는다. 옹아리는 점진적으로 단어로 발전하고, 아이들은 단어를 결합해 간단한 문장을 형성하고 점점 복잡한 문장을 만들어낸다. 신발 끈을 묶지 못하고 5 이상의 숫자를 세지 못하는 아이라도 언어의 복잡한 문법구조를 완전히 익히고 상당한 양의 어휘를 습득하게 된다.

아이들이 이토록 놀라운 인지발달을 이루어가는 방법은 언어학자들에게 흥미로운 주제이다. 아이들이 끊임없이 성인 언어지식을 축척해가는 과정과 언어습득의 통일성은 언어 발달의 생득적 요소의 존재, 즉 우리가 앞서 말한 보편문법을 암시한다. 아이들은 빠르고 쉽게 언어를 습득하는데, 그 이유는 특정 언어의 문법규칙들을 모두 찾아낼 필요가 없이 배우는 언어 특유의 규칙만 익히면 되기 때문이다. 언어의 보편적 속성, 즉 언어의 법칙은 아이들이 생물학적으로 타고난 능력에 속한다. 언어습득에 관해서는 9장에서 좀 더 상세히 다루기로 하자.

수화: 언어 보편성의 증거 Sign Languages: Evidence for Language Universals

청각 장애인들의 수화는 모든 언어가 똑같은 보편적 원리의 지배를 받는다는 시각을 뒷받침해주는 몇 가지 증거를 제공한다. 수화에 관한 최근 연구는 인간언어의 습득과 사용의 생물학적 토대를 이해하는 데 결정적 역할을 했다.

미국에서 청각 장애인 사회의 주된 언어는 **미국수화**(American Sign Language: ASL)이다. 미국수화는 프랑스에서 사용하던 수화에서 발전한 것으로 1817년 위대한 교육자 Thomas Hopkins Gallaudet에 의해 미국에 도입되었다.

미국수화와 타 수화들은 의미를 표현하기 위해 소리를 사용하지 않는다. 대신, 단어나 문법규칙을 나타내는 형식으로 손짓, 몸짓, 얼굴 표정을 이용하는 시각적인 동작 체계이다. 수화는 완전히 발달된 언어이고, 구어를 사용하는 사람들과 마찬가지로 수화자들은 셀 수 없이 많은 새로운 문장을 만들고 이해할 수 있다. 수화는 수화만의 문법규칙과 머릿속에 내재된 수화 어휘를 가지는데, 이는 모두 손짓 체계를 통해 암호화되어 있으며 그 외에는 구어와 동일하다. 수화자들은 구어 화자와 마찬가지로 수행적 요소에 영향을 받는다. 손짓의 실수는 발음 실수와 같다. 혀가 잘 돌지 않는 발음하기 힘든 말을 들었을 때 화자가 즐거운 것처럼, 손가락 더듬기를 보았을 때 수화자는 재미있어 한다. 여러 가지 언어 게임이 구어와 수화의 음체계의 특징을 이용한다.

수화에 노출된 청각 장애아들은 정상적인 아이들이 언어를 습득하듯이 옹알이 단계를 포함한 언어 발달단계를 거치면서 수화를 습득한다. 청각 장애아들은 정상아들이 성도를 이용해 옹알이를 하듯이 손을 이용해 옹알이를 한다. 신경학적인 연구에 따르면 시각적 표현 양식에도 불구하고 수화가 구어와 같은 방식으로 뇌에 조직되어 있다. 언어의 뇌 기저에 관한 이야기는 10장에서 다룰 것이다.

요약하자면, 수화는 구어와 모든 주요한 면에서 닮았다. 표현 양식과 관계없이 언어는 생물학적 기반을 가진 능력이기 때문에 이러한 보편성을 예측할 수 있다. 우리의 언어지식, 언어 사용, 언어습득은 단순히 소리를 만들어내고 듣는 능력에 달려있는 것이 아니라 훨씬 추상적인 인지능력에 달려있다.

인간언어가 아닌 것 What Is Not (Human) Language

모든 언어는 근본적인 자질을 공유하고 구어, 수화를 불문하고 아이들은 자연스럽게 언어를 습득한다. 인간은 인간언어를 사용하도록 고안된 존재이기 때문에 아이들은 이 두 가지 표현 양식을 차이 없이 수용할 수 있다. 그러나 다른 종의 언어는 어떨까? 다른 종의 언어는 인간언어와 비슷한가? 다른 종이 인간언어를 배울 수 있는가?

새와 벌 The Birds and the Bees

대부분의 동물은 그들만의 의사소통 체계를 가지고 있다. 인간 역시 고개를 끄덕이거나 얼굴 표정과 같은 언어 이외의 체계를 통해 의사소통을 한다. 문제는 다른 동물의 의사소통 체계가 창조성을 비롯한 다양한 언어 속성을 가진 인간언어와 비슷한가 하는 것이다.

많은 종들이 비음성적 의사소통 체계를 가진다. 거미들 사이에는 구애를 위한 복잡한 체계가 있다. 구애 대상에게 다가가기 전, 수컷 거미는 자신이 진짜 거미이고, 딱 맞는 짝이며, 빵 부스러기나 잡혀먹는 파리 따위가 아니라는 것을 말하기 위해 일련의 정교한 몸짓을 한다. 이러한 몸짓은 변하지 않는다. 그 구애 의식을 바꾸거나 무언가를 추가하는 창의적인 거미는 지금까지 발견된 적이 없다.

이와 비슷한 몸짓 언어를 농게 사이에서 찾아볼 수 있다. 농게는 약 40여 종이 있는데, 각 종마다 자신의 씨족(clan) 동료에게 신호하기 위해 고유한 집게발을 흔드는 동작을 한다. 시기, 동작, 자세는 변하지 않고 동일 종족에 속하는 게들 사이에는 언제나 동일하다. 그 신호가 무엇을 의미하든지 간에 고정되어 있고 오직 한 가지 의미만 전달 가능하다.

거미, 게, 그리고 다른 동물의 의사소통 체계와 공유되지 않는 인간언어의 본질적인 특징은 언어의 **불연속성**(discreteness)이다. 인간언어는 단순히 일련의 고정된 변하지 않는 신호들로 구성된 것이 아니다. 인간언어는 소리, 단어, 구와 같이 문법규칙에 따라 결합된 불연속적 단위로 구성되어 있다. 영어에서 *top*이라는 단어는 특정한 의미를 가지지만, 이 단어는 재배열하여 *pot*이나 *opt*와 같은 다른 의미를 지닌 단위를 만들 수 있는 개별 음을 가지고 있다. 이와 마찬가지로 *the cat on the mat*이라는 구는 *the mat on the cat*과는 다른 의미를 가진다. 우리는 언어의 단위를 배열, 재배열하여 무한한 표현을 만들 수 있다. 따라서 인간언어의 창조성은 불연속성에 의존하는 것이다.

게와 거미와는 대조적으로, 새는 소리를 이용해서 의사소통을 하며 새소리는 언제나 인간의 상상력을 자극해왔다. 음악가와 작곡가들은 새의 선율에 매료되어 때로는 이 선율을 작곡할 때 모방하거나, 음악에 직접 새소리를 포함시키기도 했다. 새소리는 Shelley의 *To a Skylark*에서와 같이 시인들에게도 많은 영감을 준다.

그러나 새는 우리의 즐거움을 위해 노래하는 것이 아니다. 새들의 지저귐과 신호는 자신의 종족이나 때로는 다른 동물들에게 중요한 정보를 전달한다. 1~2개의 짧은 음으로 구성된 **새의 지저귐**(birdcall)은 위험, 먹이 주기, 둥지 틀기, 무리 짓기 등의 의미를 전달한다. 반면에 더 복잡한 음조로 구성된 **새의 노래**(bird song)는 영역을 감시하거나 짝을 유혹하기 위해 사용되곤 한다. 그러나 게와 거미의 의사소통 수단과 마찬가지로, 새의 노래에 어떠한 내부구조가 있다는 증거는 없다. 인간언어는 단어, 구, 문장으로 분절이 가능하지만 새들의 노래는 독립된 의미 단위로 분절할 수 없고 다른 의미를 전달하기 위해 재배열할 수도 없다. 유럽산 울새는 자신의 영역 방어에 대한 강한 의지를 표현하기 위해 고음과 저음을 번갈아가며 낸다. 이 음조의 변화는 강도의 차이만 나타낼 뿐 그 이상의 의미는 없다. 울새는 같은 노래를 다른 방식으로 부르는 능력에 있어서는 창의적이지만, 의미가 다른 여러 메시지를 표현하기 위해 의사소통 체계의 같은 단위를 사용하는 능력에 있어서는 창의적이지 않다. 최근에 과학자들은 되새가 친숙한 노래의 단위가 재배열될 때 반응한다는 것을

Patrick McDonnell/King Features Syndicate

발견했다. 그러나 이 새들이 노래의 규칙이 파괴됨을 알아차리는 것인지, 아니면 그저 유형의 변화에 반응하는 것인지는 분명하지 않다.

새의 생존에 있어서는 중요하지만, 새의 노래와 지저귐이 전달하는 메시지는 제한적으로 오직 새의 즉각적인 환경과 필요와 관련해서 사용된다. 새는 아무리 아름답게 노래를 하더라도 우리에게 자신의 이야기를 해줄 수는 없다. 물론 인간언어는 다르다. 인간언어의 단어와 문장은 내적, 외적 자극에 대한 단순한 반응이 아니다. 만약 당신이 피곤해서 하품을 한다면, 당신은 "I'm tired," "I'm going to bed", 혹은 "I'm going to Starbucks for a double espresso."라고 말할지도 모른다. 분명히 당신은 침묵을 지킬 수 있는 권리가 있고, 또 날씨, 어젯밤에 본 영화, 주말 계획, 가장 재미있는 언어학 수업과 같이 당신의 육체적 상태와 전혀 관련 없는 것에 대해서 이야기 할 수도 있다.

언어학자들은 이러한 인간언어의 특징을 **초월성**(displacement), 즉 '지금'과 '여기'와 관련 없는 것을 말할 수 있는 기능이라 칭한다. 초월성과 불연속성은 인간언어를 새와 다른 동물의 의사소통 체계와 구분하는 두 가지 근본적인 속성이다.

새소리가 인간언어와 닮은 점은 그것의 발달에 있다. 아이가 언어를 배울 때와 마찬가지로 여러 종류의 새들은 몇 단계를 거치면서 완전히 성장한 새의 소리를 습득한다. 어린 새는 부화 직후에는 단순한 소리를 내고 그 후 어른 새의 노래를 들으면서 더 상세하고 복잡한 소리를 배운다. 그러나 어린 새는 부화 후 고정된 특정 기간 동안 어른 새의 소리를 들어야만 하는데, 이 기간은 종마다 차이가 있다. 이 시기를 놓치면 어린 새는 어른 새의 소리를 습득할 수 없다. 예를 들어, 푸른머리되새(chaffinch)는 태어난 지 10개월이 지나면 자세한 새소리의 구성요소를 더 이상 습득할 수 없다. 사육된 새끼 나이팅케일은 꼬리에 깃털이 나기 전 시기에만 교습자 역할을 하는 다른 나이팅케일을 통해 선율적으로 지저귀는 법을 배울 수 있다. 이 새들은 (9장과 10장에서 자세히 논의할) 인간언어 습득의 결정적 시기와 유사한 기간인 지저귐을 습득할 수 있는 **결정적 시기**(critical period)가 있음을 보여준다. 인간언어 습득과 마찬가지로, 이러한 종들의 지저귐의 발달은 학습된 구조와 생득적 구조 간의 상호작용과 모두 관련이 있다.

새의 일부 지저귐은 부분적으로 학습된다는 사실은 흥미로운 결과를 낳는데, 이는 곧 변이(variation)가 생길 수 있다는 것을 의미한다. 같은 종의 새들 간에도 지역 방언이 존재할 수 있는데, 이 방언은 인간의 경우처럼 어미에서 새끼에게로 전달된다. 실제로 연구자들은 새의 경우, 라디오나 TV에 의한 지역 발음이나 말투의 균질화가 없기 때문에 방언 차이가 인간언어에서보다는 새의 지저귐에서 더 잘 보존될 수 있다는 것을 발견했다. 인간언어의 방언에 관해서는 7장에서 다루기로 하자.

꿀벌은 특히 흥미로운 신호체계를 가진다. 먹이를 발견한 벌이 벌집으로 돌아오면, 이 벌은 벌집의 벽 위에서 먹이의 위치와 품질을 나타내는 춤을 추어 다른 벌들에게 먹이의 출처를 알려준다. 이탈리아의 꿀벌 중 한 종의 춤은, (먹이가 벌집에서 약 20피트 내에 있음을 나타내는) 원형 돌기, (먹이가 벌집에서 20~60피트 가량 떨어져 있음을 의미하는) 낫 모양 돌기, (먹이가 벌집에서 60피트 이상의 거리에 있음을 의미하는) 꼬리 흔들기 중 하나의 형태를 띤다. 꼬리 흔들기 춤에서 분당 반복되는 기본 동작의 수는 정확한 거리를 나타내는데, 반복 속도가 느릴수록 먹이는 멀리 있다. 벌이 원형 돌기 춤을 출 때 춤의 강도와 반복되는 수는 먹이의 풍부함을 나타내는데, 반복이 많고 더 활기찰수록 더 많은 먹이가 있다.

벌의 춤은 개별 부분으로 구성되어 있어 어떤 의미에서는 불연속적이고, 원칙적으로 인간언어처럼 무한히 많은 수의 메시지를 전달할 수 있다. 그러나 이 춤은 인간언어와는 달리 주제가 먹이로 국한되어 있어 항상 동일하며 초월성이 결여되어 있다. 벌이 먹이를 가지러 날아가는 게 아니라 걸어가게 한 실험에서, 먹이를 찾은 벌은 실제 먹이가 있는 위치보다 몇 배는 더 멀리 있는 거리를 나타내는 춤을 추었다. 벌은 특별한 상황을 전달할 수 있는 방법이 없다. 이러한 창조성의 부재는 벌의 춤이 인간언어와 질적으로 다르다는 것을 보여준다.

10장에서 다루겠지만, 인간의 언어능력은 인간의 뇌에 기반을 둔다. 인간언어와 마찬가지로, 각 종의 의사소통 체계는 그들의 생물학적 구조에 의해 결정된다. 이는 하나의 종이 다른 종의 언어를 습득하는 것이 가능한가라는 흥미로운 질문을 낳는다. 좀 더 구체적으로 말하면 동물은 인간의 언어를 배울 수 있는가 하는 것이다.

동물은 인간언어를 배울 수 있는가? Can Animals Learn Human Language?

말하는 동물에 대한 생각은 언어 그 자체만큼이나 오랫동안 인간사회에서 널리 퍼져 있다. 모든 문화에는 말하는 동물에 관한 전설이 있다. 서아프리카 전역에서 아이들은 거미인간이 영웅으로 등장하는 민담을 듣는다. 코요테는 많은 북미 원주민들의 이야기에 나오는 주인공이고, 유명한 이솝 우화에서 많은 동물들이 주인공으로 등장한다. 벅스 버니, 미키마우스, 도널드 덕은 미국문화의 아이콘이다. Assisi의 St. Francis처럼 허구적 인물인 Doctor Doolittle은 거대한 달팽이에서부터 작은 참새에 이르기까지 모든 동물과 의사소통을 한다.

실제로, 많은 종의 동물들이 인간언어를 흉내 내는 것 같은 능력을 보여준다. 앵무새와 구관조와 같이 말하는 새들은 단어나 구를 정확하게 되풀이하도록 훈련시킬 수 있지만, 이것은 이 새들이 인간언어를 습득했다는 것을 의미하는 것은 아니다. 시인 William Cowper가 말했듯이 "앵무새는 기계적으로 익힌 단어를 되풀이할 수는 있지만 말하는 것이 항상 대화하는 것은 아니다."

말하는 새는 그들이 모방한 음을 별개의 단위로 분절할 수 없다. 앵무새에게는 *Polly*와 *Molly*가 운을 이루지 않는다. 이 단어들은 앵무새에게 *hello*와 *good-bye* 만큼이나 다르다. 만약 *Polly*가 "Polly wants a cracker"와 "Polly wants a doughnut"란 말을 배우고, 또 *whiskey*와 *bagel*이란 단어를 배웠을지라도, Polly는 "Polly wants whiskey," "Polly wants a bagel," "Polly wants whiskey and a bagel."이라고 즉흥적으로 말하지는 못한다. 만약 이 앵무새가 *cat*과 *cats*, 그리고 *dog*와 *dogs*를 학습하고, 그 다음에 *parrot*이라는 단어까지 익혔을지라도, 이 앵무새는 아이들과 달리 *parrots*란 복수형을 만들어내지 못한다. 성장하는 아이들과는 달리 앵무새는 특정한 사례를 토대로 전체를 일반화하지 못하기 때문에 자신들이 직접 배우지 않은 문장은 말하지 못한다. 모방을 잘하는 앵무새일지라도 한정된 음을 가지고 무한한 문장이나 표현을 만들어내지는 못한다. 말하는 새가 모방한 말은 새에게 무의미하다. 즉, 이러한 말은 아무런 의사소통 기능을 하지 못한다. 단순히 연속된 음을 낼 줄 안다는 것은 언어를 안다는 것과 같은 의미가 아니라는 것이 분명하다. 그러나 단어의 의미를 아는 것처럼 보이는 동물은 어떤가? 그들은 인간언어를 배운 것인가?

개를 *heel*, *sit*, *fetch* 등과 같은 명령에 반응할 수 있도록 쉽게 훈련시킬 수 있다. 그리고 심지어 개는 *ball*과 *toy* 등과 같은 사물을 나타내는 단어를 이해하는 듯 보인다. 실제로 2004년에 독일의 심리학자가 200개의 단어(독일어 및 영어 단어 모두를 포함해서)를 습득한 콜리견인 Rico에 대해서 보고한 적이 있다. 많은 장난감 더미에서 특정한 장난감의 이름을 부르며 "가서 가져와!"라는 명령을 내렸을 때, Rico는 90% 이상 해당 장난감을 가지고 왔다. Rico가 이전에 학습하지 못한 장난감의 이름을 말하며 "가서 가져와!"라고 명령했을 때, Rico는 친숙한 장난감 더미에서 새로운 장난감과 처음 듣는 장난감의 이름을 약 70% 정도 연결시켰다. 이는 아이들을 대상으로 한 실험의 결과와 비슷한 비율이다. 최근에, South Carolina에 살고 있는 Chaser란 이름을 가진 콜리견이 1022개의 장난감 이름을 안다고 보고되었다. Chaser는 장난감의 이름을 3년 이상 학습했다. 그리고 Rico와 마찬가지로 Chaser는 이미 이름을 알고 있는 장난감 더미에서 새로운 장난감과 처음 듣는 장난감 이름을 서로 짝을 맞출 수 있다.

Rico와 Chaser는 분명 똑똑한 개이고, 이들의 이름 인지능력은 놀랍다. 그러나 Rico나 Chaser(또는 Spot 혹은 Rover)가 단어의 의미를 이해하고 아이들처럼 상징적 체계를 습득한 것 같지는 않다. 오히려, 이들은 특정한 연속음을 사물이나 행동과 관련짓는 것을 배운다. 예를 들어, Chaser와 Rico에게 'Sponge Bob'은 지금까지 이들이 학습한 것처럼, "Sponge Bob, 가서 가져와!"와 같은 의미일 것이다. 'Sponge Bob'이란 이름을 배운 어린 아이는 그 이름이 게임이나 문맥과 관계없이 특정한 장난감이나 TV 캐릭터를 지칭한다는 것을 안다. 철학자 Bertrand Russell은 "아무리 능숙하게 짖더라도 개는 자신의 부모가 비록 가난했지만 정직했다고 당신에게 말해줄 수 없다."라고 말하며 통찰력 있게 개의 경우를 간단히 설명했다.

침팬지, 고릴라, 그리고 인간이 아닌 다른 영장류들은 그들의 자연 서식지에서 시각, 청각, 후각, 그리고 촉각 신호를 통해 서로 의사소통한다. 이 신호들 중 상당수는 동물의 직접적인 환경과 감정 상태와 관련된 의미를 가지는 것으로 보인다. 이 동물들은 위험 신호를 보낼 수 있고 공격이나 복종의 메시지를 전달할 수 있다. 그러나 모든 비인간 영장류가 내는 자연적인 소리와 몸짓은 그들이 전달하는 메시지의 유형과 수에 있어서 매우 정형화되어 있고 제한적이다. 이들의 신호는 개별 단위로 분절될 수 없고 새로운 의미를 만들기 위해 재배열될 수도 없다. 또한 초월성의 속성도 결여되어 있다. 이 동물들이 똑똑할지라도 자신들이 어제 느꼈던 분노나 내일의 기대를 표현 할 방법이 없다.

영장류의 의사소통 체계가 꽤 제한적일지라도, 많은 사람들은 이들이 인간언어와 비슷한 복잡한 언어체계를 습득할 수 있는 잠재적 능력을 가지고 있는지에 대해 관심을 가져왔다. 20세기 후반 내내 비인간 영장류가 단어(혹은 신호)와 단어를 결합하는 문법규칙을 포함한 인간언어를 배울 수 있을지를 검증해보기 위해 고안된 연구가 많이 있었다.

초기 실험에서 연구자들은 아이가 언어를 습득하는 자연적인 환경을 조성하기 위해 침팬지를 자신의 집에 데리고 와서 아이들과 함께 키웠다. 그러나 침팬지들은 많은 개별 단어를 이해하는 능력은 가지게 되었지만 돌보는 이들의 노력에도 불구하고 단어를 소리 내어 말하지는 못했다. 성도 때문에 침팬지는 많은 음을 발음하지 못한다. 그러나 손재주가 좋기 때문에 수화는 그들의 언어 인지능력을 실험해 보는 매력적인 대안이었다. Washoe라는 침팬지를 시작으로, 몇 년에 걸쳐 Koko라는 고릴라, 그리고 반어적으로 명명된 Nim Chimpsky(Noam Chomsky의 이름을 따랐고, 2011년 8월에 출시된 영화 *Project Nim*의 주인공)라는 다른 침팬지에게 혼신의 노력을 다해 미국수화를 가르쳤다. 영장류들은 2개의 신호를 함께 결합하는 정도의 능력이나 때때로 번뜩이는 창의성을 보이기도 했지만, 질적으로 아이들의 언어능력과는 거리가 멀었다.

인간언어와 여러 면에서 비슷하게 고안된 인공 언어(artificial language)를 영장류에게 가르치는 시도에서도 역시 비슷한 결과가 나왔다. Sarah, Lana, Sherman, Austin, 그리고 최근 수컷 난쟁이 침팬지(혹은 피그미 침팬지)인 Kanzi는 인공 언어를 학습했는데, 이 언어에서는 모든 단어가 플라스틱 조각이나 키보드의 자판이고 이들을 재배열하여 문장을 만드는 것이 가능했다. 연구자들은 이러한 추상적 기호를 이용한 영장류의 의사소통 능력에 특별한 관심이 있었다.

이러한 실험은 세밀히 실시되었다. Sarah, Lana, Kanzi가 그들의 상징물 조종을 통해 어떤 지식을 보여주고 있는 것인지, 그리고 실험자가 주는 신호에 무심코 답하는 것은 어느 정도인지에 대한 의문이 생겼다. 프로젝트에 직접적으로 참여한 사람들을 포함한 많은 과학자들이 인간언어의 대부분을 차지하는 창조적 능력은 침팬지의 인공 언어 사용에서는 찾기 힘들다고 결론 내렸다. 과학에서 종종 일어나듯이, 어떤 한 질문에 대한 해답을 찾기 위한 연구는 다른 질문에 대한 대답을 가져다준다. 영장류를 대상으로 한 언어실험은 영장류의 인지능력에 대한 우리의 이해에 큰 진전을 가져왔다. 연구자들은 인과율과 같은 침팬지의 다른 능력을 조사해오고 있다. 이러한 연구는 단 몇 년 만에 명시적인 가르침 없이, 또 개인적 상황과 관계없이 모든 아이들이 한 번도 말하거나 들어보지 못한 새롭고 복잡한 문장을 창조할 수 있다는 것이 얼마나 놀라운 일인지를 보여준다.

언어와 사고 Language and Thought

많은 사람들이 언어가 사고와 어떻게 관련이 있는지에 대한 질문에 매료된다. 언어만큼 인간 본성에 강력하고 근본적인 것이 있다면 이것이 우리가 주변 세계에 대해 생각하고 인지하는 방식에 영향을 미칠 것이라고 상상하는 것은 자연스럽다. 수년에 걸쳐 언어와 사고의 관계에 대한 많은 주장들이 제기되었다. 언어구조가 화자가 주변 세계를 인지하는 방식에 영향을 끼친다는 주장은 언어학자 Edward Sapir와 그의 제자 Benjamin Whorf와 밀접한 관련이 있다. 그래서 이러한 주장을 **Sapir-Whorf 가설**이라 칭한다. 1929년 Sapir는 다음과 같이 썼다.

> 인간은 객관적인 세계에만 사는 것도 아니고 일반적으로 이해할 수 있는 사회활동의 세계에서만 사는 것도 아니다. 그러나 그들 사회의 표현 수단이 되어버린 특별한 언어에 의해 좌우된다. 우리 사회의 언어습관은 어떤 이해의 선택을 강요하기 때문에 지금처럼 우리는 보고, 듣고 그리고 다른 방법으로 많이 경험한다.[4]

이어서 Whorf는 다음과 같이 말하며 더욱 강한 주장을 한다.

> 각 언어의 배경체계, 즉 문법은 생각을 소리로 표현하는 재생 도구이고 그 자체가 사고의 틀이며, 또 개인의 정신활동, 인상의 분석, 정신적 필요수단의 합성을 위한 프로그램이고 안내서이다. 우리는 모국어에 의해 정해진 선을 따라 세상을 재단한다.[5]

4 Sapir, E. 1929. *Language*. New York : Harcourt, Brace & World, p. 207.

5 Whorf, B., and J. B. Carroll. 1956. *Language, thought, and reality: Selected writings*. Cambridge, MA: MIT Press.

Sapir-Whorf 가설의 가장 강력한 형태는 우리가 말하는 언어가 우리가 세상에 대해 생각하고 인식하는 방식을 결정한다고 주장하기 때문에 **언어결정론**(linguistic determinism)이라 일컫는다. 이 견해에 따르면 언어는 현실에 대한 필터와 같은 역할을 한다. Whorf의 언어결정론에서 가장 잘 알려진 주장 중 하나는 호피(Hopi) 원주민들은 유럽의 언어를 사용하는 화자들과 같은 방식으로 시간을 인식하지 않는다는 것인데, 그 이유는 영어에서는 *did, will, shall, -s, -ed, -ing*과 같은 단어나 어미를 사용하여 시제의 문법적 구분을 하지만 Hopi 어에서는 시제의 문법적 구분을 하지 않기 때문이다.

Sapir-Whorf 가설의 좀 더 약한 형태는 **언어상대론**(linguistic relativism)인데, 이는 언어마다 다른 범주를 부호화하고 다른 언어를 사용하는 화자는 다른 세계관을 가진다는 이론이다. 예를 들어, 언어마다 색상의 스펙트럼을 다르게 나눈다. Navaho어에서는 파란색과 초록색은 하나의 단어이다. 러시아어는 짙은 파란색(siniy)과 옅은 파란색(goluboy)을 다른 단어로 표현하는 반면에 영어에서는 그 색깔의 차이를 설명하기 위해 *dark*나 *light*를 기존 단어에 붙인다. 아메리카 인디언의 언어인 Zuni어는 노란색과 오렌지색을 구분하지 않는다.

언어는 또한 위치를 표현하는 방식에 있어서도 서로 다르다. 예를 들어, "자전거를 타다"라고 할 때 영어에서는 *ride* 'on' a *bicycle*이라 표현하지만 이탈리아에서는 *ride* 'in' *a bicycle*로 표현한다. 그리고 "어떤 나라로 가다"라고 할 때는 영어에서는 *go 'to' a country*로, 이탈리아어에서는 *go 'in' a country*로 각각 표현한다. 영어에서 반지를 끼고 있다는 표현은 *a ring is placed* 'on' *a finger* 그리고 *a finger is placed* 'in' *the ring*이다. 그러나 한국어에서는 이 두 가지 상황을 '끼다'라는 한 단어로 표현하는데, 이는 두 사물 사이에 꽉 끼어 있는 관계를 나타낸다. 스페인어에는 모서리의 안쪽(*rincón*)과 모서리의 바깥쪽(*esquina*)을 표현하는 두 단어가 있다.

언어가 어휘와 문법에 있어 차이를 보인다는 것은 분명하다. 우리는 이에 대한 더 많은 예시를 이후의 장에서 볼 것이다. 문제는 이러한 언어적 차이가 어느 정도로 언어 사용자의 사고와 인식을 결정하거나 영향을 미치느냐는 것이다. Sapir-Whorf 가설은 논란의 여지가 있지만 이들의 가장 강한 주장은 분명히 잘못된 것이다. 사람의 사고와 인식은 자신들이 사용하는 언어의 단어와 구조에 의해 결정되지 않는다. 우리는 언어적 체계에 갇힌 죄수가 아니다. 만약 화자가 자신의 언어에 특정 대상을 지칭하는 단어가 없어서 그것에 대해서 생각하지 못한다면, 제2언어를 배우는 것과 마찬가지로 번역이 불가능할 것이다. 영어는 모서리의 안쪽과 바깥쪽을 구분하는 단어는 없지만 우리는 그 개념을 두 단어 이상을 사용해 완벽하게 표현할 수 있다. 사실, 우리는 그렇게 해 왔다. 만약 우리가 지칭하는 단어가 없는 것에 대해서는 생각할 수 없다면, 갓난아기는 어떻게 첫 마디를 배우며, 더군다나 언어는 어떻게 배우겠는가?

언어결정론의 많은 주장들이 잘못되었다는 사실은 계속 입증되어 왔다. 예를 들어,

Hopi어에는 특정 시제를 표현하는 단어나 어미가 없지만, 요일, 하루의 때(아침, 점심, 저녁), 어제와 내일, 음력, 계절 등과 같이 시간을 나타내는 다른 표현들이 존재한다. Hopi 사람들은 해시계를 기반으로 다양한 종류의 달력과 시간기록 장치를 사용한다. 분명히, 그들은 모국어에 시제 체계가 없음에도 불구하고 정교한 시간 개념을 가지고 있다.

브라질의 아마존의 토착민인 Munduruku족은 원을 제외한 삼각형, 사각형, 직사각형, 그리고 다른 기하학적 개념을 나타내는 단어가 없다. 방향을 나타내는 유일한 단어는 상류, 하류, 일출, 일몰을 나타내는 단어뿐이다. 그러나 Munduruku의 아이들은 기하와 공간에 관한 단어가 풍부한 영어를 말하는 미국 아이들만큼 기하학의 원리를 잘 이해한다.

비록 색을 나타내는 단어가 언어별로 다를지라도, 화자는 자신들의 언어에 이름 없는 색깔을 쉽게 인지할 수 있다. Grand Valley Dani어는 뉴기니에서 사용되는 언어로 이 언어에는 흰색(짙은 색과 옅은 색)과 검은색을 나타내는 2개의 색상 단어만 있다. 그러나 실험적 연구에서, Grand Valley Dani 화자들은 빨간색을 알아보았고, 이들은 일반 빨간색보다 소방차의 빨간색을 더 잘 구분했다. 만약 그들의 색깔 인식이 그들의 언어에 의해 고정되었다면, 이것은 불가능했을 것이다. 우리의 색깔 인식은 언어구조가 아니라 우리 눈의 구조에 의해 결정된다. 놀라운 언어적 창조성의 원천은 *soft pumpkin*, *Durango dust*, *lavender lipstick*과 같이 수천 개의 색깔 이름이 사용된 동네 페인트 가게에서 찾아볼 수 있다.

우리에게 가장 익숙한 Whorf의 주장은 눈과 관련된 단어를 에스키모 언어인 Inuit어가 영어보다 훨씬 많이 가졌고, 이것이 Inuit 사람들의 세계관에 영향을 끼친다라는 것이다. 그러나 인류학자들은 Inuit어에서 눈과 관련된 단어가 영어에서보다 많지 않음을 알아냈는데, 영어에는 *sleet*, *blizzard*, *slush*, *flurry*를 포함해서 약 12개 정도 그런 단어가 있다. 그러나 설사 눈과 관련된 단어가 Inuit어에 훨씬 많다고 해도, 그것이 Inuit 사람들의 세상경험을 좌우한다는 것을 보여주지는 않는 것 같다. 오히려 특별한 세상의 경험이 어떤 단어의 필요성을 유발한다는 것을 입증한다. 이런 측면에서 Inuit어 화자는 인터넷과 관련한 전문용어를 사용하는 컴퓨터 프로그래머나 언어와 관련한 많은 전문용어를 아는 언어학자와

by Jim Toomey

CLOSE ✕

SHERMAN'S LAGOON © 2011 JIM TOOMEY

크게 다르지 않다. 이 책에서 앞으로 많은 새로운 용어와 언어학적 개념을 소개할 것인데, 여러분은 분명히 그것을 배우게 될 것이다. 그러나 여러분의 언어에 대한 생각이 현재 알고 있는 언어학적 용어에 의해 결정된다면 이는 불가능할 것이다.

세상을 이해하는 데 있어서, 우리는 Sapir가 암시한 것과 같이 '우리가 사용하는 언어에 의해 좌우되는' 것은 아니다. 그러나 우리가 사용하는 언어가 우리의 인지에 어떤 식으로든 영향을 끼치는지 질문을 던질 수 있다. 예를 들어, 색상을 구분하는 영역에서 빨간색을 나타내는 단어가 없다면, 그 언어 화자가 빨간색 물체를 재식별하는 데 더욱 어려움을 겪는다는 것이 밝혀졌다. 다시 말해, 명칭을 가지는 것은 기억 속에 정보를 저장하거나 이용하는 것을 더욱 용이하게 해주는 것 같다. 마찬가지로, 러시아 사람들은 옅은 파란색(*goluboy*) 물체와 짙은 파랑색(*siniy*) 물체를 구분하는 데 있어서 영어 화자보다 더 잘 구별하는 것으로 실험 결과가 나왔다. 이는 영어에는 옅은 파란색과 짙은 파랑색을 구분하는 개별 단어가 없기 때문이다. 이러한 결과는 색상구분 영역에서 단어가 단순한 인지적 과업에 영향을 미칠 수 있다는 것을 보여준다. 생각해보면 이는 그리 놀라운 발견은 아닐지 모른다. 색깔은 연속선상에 있으며 이러한 스펙트럼을 따라 임의적인 지점에서 우리는 다른 색깔로 구분한다. 이러한 구분에는 어떤 물리적 동기도 없기 때문에 이것은 언어의 영향이 나타날 수 있는 상황일지도 모른다.

사람들이 사물에 대해 생각하는 방식에 문법적 성(gender)이 끼칠 수 있는 영향에 관한 의문이 제기되었다. 스페인어와 독일어 같은 많은 언어가 명사를 남성과 여성으로 구분한다. 스페인어로 'key'는 *la llave*(여성)이고 'bridge'는 *el puente*(남성)이다. 어떤 심리학자들은 성을 표시하는 언어의 화자는 사물이 인간이나 동물처럼 성을 가진다고 생각한다고 주장했다. 한 연구에서, 독일어와 스페인어 화자들에게 영어 형용사를 사용해 다양한 사물을 묘사하도록 했다. (실험 대상자들은 모두 영어에 능숙했다.) 대체적으로 그들은 자신들의 모국어에서 문법적으로 남성인 사물을 묘사하기 위해 남성형용사를 많이 사용했다. 예를 들어, 스페인어 화자는 다리(*el puente*)를 *big*, *dangerous*, *long*, *strong*, *sturdy*를 사용해 묘사했다. 독일어에서 다리를 의미하는 단어(die Brücke)는 여성인데, 독일어 화자는 *beautiful*, *elegant*, *fragile*, *peaceful*, *pretty*, *slender*와 같이 여성형용사를 좀 더 많이 사용하여 다리를 묘사했다. 흥미로운 것은 영어의 보통명사에는 문법성이 없음에도 불구하고, 영어 화자들 역시 특정 사물의 성(배를 'she'라고 표현)에 대해 일관된 판단을 내린다는 것이 알려졌다. 그렇다면, 언어와 상관없이 인간은 사물을 인격화하는 경향이 있고, 이러한 경향은 언어가 문법성을 가지고 있다면 다소 강화된다. 아직 확실한 결론을 내리기에는 이르지만, 이러한 연구와 유사한 연구의 결과들은 약한 형태의 언어상대론을 뒷받침하는 것 같다.

정치인과 시장 상인들은 언어가 우리의 사고와 가치에 영향을 끼칠 수 있다고 믿는다. 한 정당에서 상속세를 '부동산세(estate tax)'라고 칭하는 반면에 다른 정당에서는 이를 '사망세(death tax)'라고 부른다. 낙태와 관련한 토론에서, 어떤 사람들은 '선택의 권리(right to choose)'라 말하고, 어떤 사람들은 '생명에 대한 권리(right to life)'라고 말한다. 이러한 용어들은 서로 다른 이데올로기를 반영하지만 표현의 선택은 주로 여론을 흔들기 위한 것이다. 정치적으로 올바른 언어도 역시 언어가 사고에 영향을 끼칠 수 있다는 생각을 반영한다. 많은 사람들이 자신이 말하는 방식을 바꿔서 생각하는 방식을 바꿀 수 있다고 생각한다. 즉, 우리가 인종 차별적인 용어와 성 차별적인 용어를 우리의 언어에서 제거하면 우리 사회는 인종 차별과 성 차별이 줄어들 것이라는 것이다. 7장에서 논의하겠지만 언어 자체가 인종 차별주의자나 성 차별주의자가 아니라 사람들이 그렇게 될 수 있다는 것이다. 그리고 이 차별 때문에 특정한 단어들이 부정적인 의미를 가지는 것이다. 심리학자인 Steven Pinker는 자신의 책 *The Language Instinct*에서 부정적 단어를 대체하기 위해 만들어진 완곡표현이 어떻게 다시 원 단어들의 부정적인 연상을 띠는지를 기술하기 위해 *euphemism treadmill*이라는 표현을 사용한다. 예를 들어, *handicapped*는 과거 *crippled*라는 모욕적인 단어를 대체하기 위한 완곡어법이었고, *handicapped*라는 단어가 정치적으로 부적절해지자, 이 단어는 *disabled*라는 다른 완곡어법으로 대체되었다. 그리고 우리가 글을 쓸 때, *disabled*는 논란을 불러일으켜서 지금은 흔히 *challenged*라는 다른 완곡어법으로 대체된다. 그럼에도 불구하고 이 모든 경우에 언어의 변화가 화자의 세계관을 바꾸지는 않는다.

언어가 사회를 통제하는 데 어떻게 사용될 수 있는가에 대해 Orwell은 선견지명이 있었지만, 그는 언어와 사고의 관계에 대해서는 보다 신중을 기하였다. 그는 '적어도 사고가 단어에 의존하는 한(at least so far as thought is dependent on words)'이란 어구를 사용하여 자신의 생각을 조심스럽게 표현했다. 최근 연구는 우리가 세상에 대해 생각하고 인식하는 방법은 언어에 의해 결정되지 않는다는 것을 보여준다. 앞으로는 언어가 기억이나 범주화와 같은 다른 인지영역에 어느 정도 영향을 끼칠 것인가에 대한 연구가 이루어져야 할 것이다.

요약

우리는 모두 적어도 하나의 언어, 즉 자신의 모국어에 매우 친숙하다. 그러나 우리가 한 언어를 안다고 할 때, 무엇을 아는지에 대해서 생각해 본 사람은 거의 없다. 영어나 러시아어나 줄루어를 모두 포함하는 책은 없으며, 그런 책이 있을 수도 없다. 한 언어의 단어는 사전에 수록될 수 있지만 그 언어의 모든 문장이 수록될 수는 없다. 화자는 무한 수의 문장을 생성하고 이해하기 위해서 유한한 규칙을 사용한다.

이러한 규칙들이 한 언어의 **문법**을 구성한다. 이 문법은 우리가 언어를 습득할 때 발달하며, 음체계(**음운론**), 단어의 구조와 속성(**형태론과 어휘**), 단어가 구와 문장으로 결합되는 방식(**통사론**), 그리고 음과 의미가 연관되는 방법(**의미론**)을 포함한다. 각 단어의 음과 의미의 관계는 **자의적**이다. 만약 당신이 *syntax*라는 단어를 이전에 한 번도 들어본 적이 없다면,

당신은 이 단어의 음만 가지고 이 단어의 의미를 알지 못할 것이다. 수화자들이 사용하는 몸짓 역시 그 의미와 자의적 관계이다. 그렇다면 언어는 음(혹은 손짓이나 몸짓)을 의미와 연결해주는 체계이다. 당신이 언어를 안다는 것은 바로 이 체계를 알고 있다는 말이다.

이 지식(**언어능력**)은 행위(**언어수행**)와 다르다. 당신은 백만 단어로 이루어진 문장을 만들 수 있는 언어능력이 있지만 기억이나 인내력과 같은 언어수행 제약 때문에 실제로는 그러한 문장을 생성하지 않는다. 문법에는 몇 가지 종류가 있다. 한 언어의 기술문법은 그 화자의 무의식적 언어지식이나 능력을 나타낸다. 이 문법은 화자 모두가 가지고 있는 **정신문법**의 한 모형이다. 또한 이 문법은 언어의 규칙을 가르치려는 것이 아니라 우리가 이미 알고 있는 규칙을 기술한다. 언어를 사용할 때, 따라야 하는 규칙에 대해 제정한 문법을 **규범문법**이라 한다. 이 문법은 예외적인 경우를 제외하고 문법을 기술하는 것이 아니라 규범화한다. **교육문법**은 사람들이 자기 모국어의 방언이나 외국어를 학습하도록 도와주기 위한 문법이다.

점점 많은 언어학자들이 전 세계 수천 개의 언어를 조사하고 그들이 서로 어떻게 다른지에 대해 기술하면 할수록, 언어들 간의 차이는 제한적이라는 것을 좀 더 알게 될 것이다. 각 언어의 문법에는 공통적인 부문인 언어 보편성이 존재하는데, 이는 공통적인 부문이 서로 연관되는 방법과 규칙의 형태를 말한다. 이러한 원리들이 **보편문법**을 구성하는데, 이 보편문법은 가능한 모든 인간언어의 문법의 청사진을 제공한다. 보편문법은 어린 아이들의 언어 발달을 가능하게 하는 인간 언어능력의 생득적 부문을 구성한다.

보편문법의 강력한 증거는 아이들의 언어습득 방식에서 찾을 수 있다. 아이들은 특정 언어에 노출됨으로써 그 언어를 배운다. 비록 부모들이 아이에게 말하는 방법이나 수화하는 방법을 가르치는 것을 좋아할지도 모르지만, 아이들이 언어를 습득할 때 의도적으로 교습을 받을 필요는 없다. 아이들은 자신들이 노출된 인간언어는 모두 배울 수 있고, 매우 어린 나이를 시작으로 체계적 단계를 거치면서 언어를 배운다.

청각 장애아동이 **수화**를 학습할 수 있다는 사실은 음을 듣거나 만들어내는 능력이 언어습득에 있어 선행 조건이 아님을 보여준다. 전 세계의 모든 수화는 구어만큼 완전히 발달하고 구조적으로 복잡한 시각적 몸짓 체계라 할 수 있다. 미국에서 주로 사용하는 수화는 **미국수화**이다. 언어를 습득하고, 알고, 사용하는 인간의 능력은 생물학적으로 타고난 능력으로, 인간의 뇌 구조에 근간을 두고 있으며 말이나 손짓과 같이 다른 형식으로 표현된다.

만약 언어를 단순히 의사소통 체계나 음을 만들어내는 능력으로 정의한다면, 인간만이 언어를 가지는 것은 아니다. 그러나 다른 종의 의사소통 체계에서는 찾아볼 수 없는 인간언어의 특징들이 있다. 인간언어의 기본적인 속성은 언어의 **창조성**이다. 이 창조성은 무한 수의 문법적 문장을 만들기 위해 단어나 구를 결합하는 화자의 능력인데, 이렇게 만들어진 문장은 대부분은 새로운 것으로, 이전에 말했거나 들어본 적 없는 것이다. 인간언어는 언어의 문법규칙에 따라 결합하는 분절 단위로 이루어져 있다. 또한 인간언어는 시간과 공간적으로 현재의 환경이나 정신적·물리적 상태와 관련이 없는 것들에 대해서 이야기 할 수 있도록 해준다. 이러한 속성은 **불연속성**과 **초월성**인데, 이 둘은 다른 종들의 언어와 인간의 언어를 구분하는 특징이다.

수년 동안 연구자들은 언어가 인간 고유의 능력인지 아닌지에 대해 흥미를 가졌다. 비인간 영장류에게 수화나 인간언어와 닮은 상징적 체계를 사용하여 의사소통을 할 수 있도록 가르치려는 시도가 있었다. 전반적으로 결과는 실망스러웠다. 몇몇 침팬지에게 상당한 양의 상징물과 신호를 가르쳤다. 그러나 다양한 신호로 표현된 그들의 발화를 면밀히 검토한 결과, 침팬지는 어린아이와는 달리 창조성이나 자발성을 거의 보여주지 않는 것으로 드러났다. 침팬지들의 발화는 매우 모방적(반향적)이고 통사구조는 거의 없는 것으로 드러났다. 매우 지능적인 몇몇 개들 역시 많은 단어들을 배웠지만, 그들의 학습은 특정한 상황에만 적용되는 한계가 있고, 개에게 이 단어들의 의미는 아이들이 배우는 상징적 의미와 지시적 의미와 차이가 있어 보였다.

Sapir-Whorf 가설은 우리가 말하는 특정한 언어가 세계에 대한 우리의 사고와 인식을 결정하거나 영향을 끼친다고 주장했다. 이 가설을 지지하는 많은 증거들이 세월의 시련을 견디지 못하였다. 좀 더 최근의 실험적 연구는 한 언어의 단어와 문법이 기억력이나 범주화와 같은 인지적 측면에 영향을 미칠 수도 있음을 시사한다.

참고문헌

Anderson, S. R. 2008. The logical structure of linguistic theory. *Language* (December): 795-814.

Bickerton, D. 1990. *Language and species*. Chicago: Chicago University Press.

Chomsky, N. 1986. *Knowledge of language: Its nature, origin, and use*. New York and London: Praeger.

______.1975. *Reflections on language*. New York: Pantheon Books.

______.1972. *Languages and mind*. Enlarged ed. New York : Harcourt Brace Jovanovich.

Crystal, D. 2010. *Cambridge encyclopedia of language*. Cambridge, UK: Cambridge University Press.

Gentner, D., and S. Goldin-Meadow. 2003. *Language in mind*. Cambridge, MA: MIT Press.

Hall, R.A. 1950. *Leave your language alone*. Ithaca, NY: Linguistica.

Jackendoff, R. 1997. *The architecture of the language faculty*. Cambridge, MA: MIT Press.

______.1994. *Patterns in the mind: Language and human nature*. New York: Basic Books.

Klima, E. S., and U. Bellugi. 1979. *The signs of language*. Cambridge, MA: Harvard University Press.

Lane, H. 1989. *When the mind hears: A history of the deaf.* New York: Vintage Books (Random House).

Miroy, J., and L. Milroy. 1998. *Authority in language: Investigating standard English*, 3rd ed. New York : Routledge.

Napoli, D. J. 2003. *Languages matters: A guide to everyday thinking about language*. New York: Oxford University Press.

Pinker, S. 1999. *Words and rules: The ingredients of languages*. New York: HarperCollins.

_____.1994. *The language instinct*. New York: William Morrow.

Premack, A. J., and D.Premack. 1972. Teaching language to an ape. *Scientific American* (October): 92-99

Terrace, H. S. 1979. *Nim: A chimpanzee who learned sign language*. New York: Knopf.

Stam, J. 1976 *Inquiries into the origin of language: The fate of a question*. New York: Harper & Row.

Stokoe, W. 1960. *Sign language structure: An outline of the visual communication system of the American deaf.* Silver Spring, MD: Linstok Press.

연습문제

1. 영어 화자의 지식에는 영어 음의 연속에 대한 지식도 포함되어 있다. 새로운 상품을 시장에 내놓을 때, 제조업자는 허용되는 음의 연속으로 이루어진 상품의 이름을 만들어 내야 한다. 당신이 비누 제조업자에게 고용되어 다섯 가지 신제품의 이름을 만들어내야 한다고 가정해보라. 어떤 이름이 떠오르는가? 떠오르는 것들을 나열해 보라.

우리는 그 제품의 이름을 어떻게 발음할 것인지 궁금하다. 그러므로 당신이 나열한 제품에 붙인 이름의 발음 방식을 기술해보라. 예를 들어, 당신이 어떤 세제의 이름을 *Blick*라 붙였다고 가정해보자. 당신은 다음과 같은 방식으로 발음 방법을 기술할 수 있다.

bl as in *blood*, *i* as in *pit*, *ck* as in *stick*
bli as in *bliss*, *ck* as in *tick*
b as in *boy*, *lick* as in *lick*

2. 다음 문장들을 잘 살펴보고 당신의 문법규칙을 따르지 않는 문장, 즉 비문법적 문장 앞에 별표(*)를 하라. 가능하다면, 왜 그 문장이 비문법적이라 생각되는지에 대한 이유도 서술하라.

a. Robin forced the sheriff go.
b. Napoleon forced Josephine to go.
c. The devil made Faust go.
d. He passed by a large pile of money.
e. He drove by my house.
f. He drove my house by.
g. Did in a corner little Jack Horner sit?
h. Elizabeth is resembled by Charles.
i. Nancy is eager to please.
j. It is easy to frighten Emily.
k. It is eager to love a kitten.
l. That birds can fly flabbergasts.
m. The fact that you are late to class is surprising.
n. Has the nurse slept the baby yet?
o. I was surprised for you to get married.
p. I wonder who and Mary went swimming.
q. Myself bit John.

r. What did Alice eat the toadstool with?
s. What did Alice eat the toadstool and?

3. 이 장에서 어떤 언어에서든지 소수의 단어들은 의성어이고, 이 의성어의 음은 그 지시 대상을 흉내 낸 소리임을 언급하였다. *ding-dong, tick-tock, bang, zing, swish, plop*과 같은 단어들이 영어에서 의성어에 해당한다. 이러한 의성어를 10개 나열해보라. 그리고 이 의성어의 음과 의미의 관계가 비자의적 혹은 도상적인지 5명의 친구들을 대상으로 시험해 보라.

4. 비록 모든 언어의 단어들은 대부분 음과 의미가 자의적으로 관련되어 있지만 어떤 '기호'가 그것의 의미를 분명히 나타내는 몇 가지 의사소통 체계가 있다.
a. 의미를 직접적으로 나타내는 기호 다섯 가지를 기술하거나 그려라.
예: S자 곡선을 나타내는 도로 표지판
b. 언어처럼 자의적 부호로 구성된 의사소통 체계를 기술하라.
예: 빨간색은 정지를 의미하고, 파란색은 통과를 의미하는 신호등

5. 다음 두 문장을 보라.

I learned a new word today. I learned a new sentence today.

당신이 생각하기에 이 두 문장 모두 가능한 문장인가? 그렇지 않다면, 그에 대한 이유를 서술하라.

6. 30년간 실험 대상이었던 Alex라는 회색 앵무새는 150개 단어의 의미를 배웠다고 보고되었다. 인터넷에는 Alex의 놀라운 능력에 대한 보고가 많다. 많은 과학자들이 주장하듯이 이 Alex의 의사소통이 고전적인 조작적 조건화의 결과인지 아니면 이 앵무새가 진정한 언어적 창조성을 보여준 것인지에 대해 이 장에서 다루었던 증거나 인터넷 자료를 참고해서 논하라.

7. 늑대는 귀, 입술, 그리고 꼬리의 위치를 바꾸어 감정의 미묘한 변화를 표현할 수 있다. 늑대는 자신감, 확실한 위협, 긴장 부족, 불확실한 위협, 우울, 방어, 적극적인 굴복, 완전한 굴복 등을 표현하는 열한 가지 꼬리 자세를 가지고 있다. 이러한 체계는 매우 복잡해 보인다. 늑대가 이런 방식으로 표현할 수 있는 천 가지의 감정이 있다고 가정해보자. 그러면 늑대가 인간의 언어와 유사한 언어를 가지고 있다고 할 수 있는가? 그렇지 않다면, 그 이유는 무엇인가?

8. 당신이 개에게 *heel, sit up, roll over, play dead, stay, jump, bark*라는 말로 명령하여 개를 가르쳤다고 가정해보라. 당신이 언어를 가르치고 있는 것인가? 왜 그런가? 혹은 왜 그렇지 않은가?

9. 당신이 학습한 문법 중에서 올바르게 말하기 위해 준수해야 하는 규칙이지만 실제로 말할 때 사용하지 않는 몇 가지의 문법규칙을 말해보라. 예를 들어, 당신은 *It's me*는 틀린 말이고 *It's I*가 올바른 형태라는 것을 들어보았을 것이다. 그럼에도 불구하고, 당신은 항상 이와 같은 문장에서 *me*를 사용하고, 당신 친구 역시 마찬가지이다. 사실 *It's I*는 당신에게 이상하게 들린다.

   당신이 말하는 것이 틀렸다고 하는 사람에 대해 반박하는 짧은 글을 써보라. 이 견해 차이가 기술문법과 규범문법의 차이를 어떻게 보여주는지 설명하라.

10. Noam Chomsky는 다음과 같이 말한 것으로 인용되었다.

> 원숭이가 언어능력을 가졌다고 입증하려는 것은 사람들이 나는 법을 가르쳐 주기를 기다리는, 날지 못하는 새들이 있는 섬이 어딘가 존재하는 것과 비슷하다.

이 장에서 제시된 증거에 입각해서 아니면 인터넷 검색을 토대로 Chomsky의 말을 평가하라. 당신은 Chomsky의 말에 동의하는가 아니면 동의하지 않는가? 혹은 그 증거가 확정적이지 않다고 생각하는가?

11. 문법적으로 맞지 않는 노래 제목 중에서 문법에 맞게 수정하면 그 효과가 줄어들 노래 제목을 생각해보라. 예를 들면, 1929년의 "Fats" Waller classic 제목인 "Ain't Misbehavin"은 "I am not misbehaving."보다 훨씬 더 좋다. 그러한 노래 제목 5개나 10개를 생각해보라.

12. 언어능력에 대한 기술문법을 집필하려 했던 언어학자들은 어려운 과제에 직면했다. 그들은 희귀하고 때로는 간혹 부정확한 자료를 토대로 심오하고 복잡한 체계를 이해해야만 한다. (말을 배우는 아이들도 역시 같은 어려움에 직면한다.) Albert Einstein과 Leopold Infeld는 그들이 1938년에 발표한 저서 *The Evolution of Physics*에서 그 어려움의 본질을 다음과 같이 포착했다.

> 현실을 이해하려고 노력하는 우리는 마치 폐쇄된 시계의 내부 구조를 이해하려고 애쓰는 사람과 다소 비슷하다. 그 사람은 시계 정면과 움직이는 바늘을 보고 심지어는 똑딱거리는 소리도 듣지만, 시계를 여는 방법은 모른다. 그가 똑똑하다면, 그가 관찰한 모든 것을 가능하게 하는 시계의 내부 구조를 그릴 것이다. 그러나 그는

자신의 그림이 그가 관찰한 모든 것을 설명해주는 유일한 것임을 전혀 모른다. 그는 자신의 그림을 실제 시계 내부 구조와 비교할 수 없을 것이며 심지어 그런 비교가 유의미하다는 것조차 상상하지 못한다.

어떤 사람이 말하는 것과 수화하는 것, 즉 말로 하지 않는 것(얼굴이나 몸짓)을 관찰하여 언어학자들이 그 사람의 문법(폐쇄된 시계)의 실제를 어떻게 이해하는지에 관한 짧은 글을 써라. 예를 들어, 절대 *sixth sheik's sixth sheep is sick as a dog*와 같은 말은 하지 않을 것이다. 그러나 문법은 *Came the messenger on time*이 비문법적이라는 것을 명시해야 하는 것처럼 앞의 문장은 문법적인 문장이라는 사실을 명시해야 한다.

13. (George Bernard Shaw의 희곡 *Pygmalion*을 개작한) 영화 *My Fair Lady*를 보아라. 등장인물 Eliza Doolittle에게 문법(발음, 단어 선택, 통사론)을 가르치려는 모든 시도를 적어보라. 이것이 교육문법의 실례이다.

14. 많은 사람들이 이중언어 사용자나 다중 언어 사용자로 구조가 아주 다른 언어를 2개 혹은 그 이상 말한다.

a. 이중언어 사용이 언어와 사고에 관한 논의와 관련하여 어떤 의미를 가지는가?
b. 이 책의 많은 독자들이 제2언어에 관한 지식을 가지고 있다. 제2언어에는 존재하지 않는 언어구조나 단어를 떠올리고, 어떻게 이것들이 2개의 언어를 사용할 때 당신의 사고에 영향을 끼치는지 혹은 끼치지 않는지 논하라. (만약 당신이 하나의 언어만 알고 있다면, 주위의 이중언어 사용자에게 물어보아라.)
c. 당신이 말하는 언어로 번역이 불가능한 단어나 구조의 예를 찾을 수 있는가?

15. 남아메리카의 토착어인 Pirahã어에는 2 이상의 수와 색깔을 구분하는 단어가 없다고 알려져 있다. 인터넷을 이용하여 Pirahã어를 조사해 보고 이 언어가 언어결정론과 언어상대론 둘 다 혹은 둘 중 하나만 뒷받침하는지, 아니면 뒷받침하지 않는지 설명하라.

16. 영어(특히 영국영어)에는 숲과 삼림에 관한 단어가 아주 많이 있다. 여기 몇 가지 예가 있다.

woodlot, carr, fen, firth, grove, heath, holt, lea, moor, shaw, weald, wold, coppice, scrub, spinney, copse, brush, bush, bosquet, bosky, stand, forest, timberland, thicket

a. 이 중 몇 개의 단어를 알고 있는가?
b. 위 단어 중 몇 개를 사전에서 찾아보고 의미의 차이에 대해 논해보라. 이 단어들 중 많은 단어가 더 이상 사용되지 않기 때문에, 사전에 단어가 없다면 인터넷을 이

용하라.

c. 영어 화자가 삼림과 관련된 단어가 적은 언어의 화자보다 더 풍부한 삼림의 개념을 가지고 있다고 생각하는가? 왜 그렇게 생각하는가? 혹은 왜 그렇게 생각하지 않는가?

17. 철자 *dge*가 들어 있는 영어 단어(*trudge*, *edgy*)는 주로 호의적이지 않거나 부정적인 의미를 함축하고 있다. 이 주장을 가능한 많은 *dge*를 포함하는 단어들을 모아서 그 의미가 호의적이지 않은 것(*sludge*) 혹은 중립적인 것(*bridge*)으로 구분하여 위의 주장을 연구해 보라. *budget*에 대해서는 어떻게 생각하는가? 호의적인 것인가 아니면 그렇지 않은 것인가? 문제가 될 만한 다른 단어가 있는가?

18. 완곡어법 트레드밀(euphemism treadmill)에 관해 생각해보라. 완곡표현이 나쁜 의미를 가지게 되어 다시 이 표현을 대체할 다른 완곡표현이 필요한 세 가지 상황을 떠올려 보라. **힌트**: sex, race, bodily functions가 좋은 출발점이다.

19. 연구문제

온라인에 있는 Cratylus Dialogue를 읽어보라. 이름이 관습적(즉, 자의적)인지 아니면 자연적(natural)인지에 대한 토론(혹은 대화)이 그 속에 나온다. 언어의 형태와 의미의 관계는 자의적이라는 본 장의 주장을 뒷받침할 만큼 소크라테스의 견해가 논리적이라 생각하는가? 어느 방향이든 당신의 생각을 짧게 (원하면 길게) 써보라.

20. 연구문제

(연습문제 15번과 비교) 브라질 토착어인 Pirahã어가 언어학자들이 가정하는 몇 가지 보편원리를 위반한다는 주장이 제기되고 있다. 어떤 원리를 말하는 것인가? 그 증거가 설득력이 있는가? 결정적인가? 추측성인가? (**힌트**: 학술지 *Current Anthropology*, Volume 46, Number 4, August-October 2005와 학술지 *Language*, Volume 85, Number 2, June 2009를 참고하라.)

21. 최근 무삭제 사전에 의하면 오늘날의 영어에는 대략 50만 개의 단어가 사용되고 있다. 그러나 인쇄기의 도입 시절로 돌아가 대량의 출판된 영어 서적을 검토해 보면, 지금은 더 이상 사용되지 않는 악기 이름인 *slethem*과 같은 단어들이 50만 개쯤 더 있다는 것을 알 수 있다. 이런 상황에서 영어 어휘는 100만 개 정도의 단어를 포함하고 있는 것으로 주장해야 할지 혹은 하지 말아야 할지에 관한 짧은 글을 써보라. 항상 그렇듯이 더 많은 정보를 위해 인터넷을 사용하라.

2

형태론: 언어의 단어

Morphology: The Words of Language

모든 언어의 화자는 수만 개의 단어를 알고 있다. 무삭제 영어 사전에는 거의 50만 개에 달하는 단어가 수록되어 있지만, 대부분의 원어민들은 이 단어 전부를 알지 못한다. 평균적으로 6세 아동은 13,000개 정도의 단어를 알고 고등학교 졸업생은 일반적으로 6만 개 정도의 단어를 알고 있다고 추정된다. 아마 대학졸업자는 그보다 더 많은 단어를 알고 있을 것이다. 그러나 우리는 교육 수준과 무관하게 여러분이 이 책에서 처음으로 배우게 될 많은 단어들과 같은 새로운 단어를 평생 배운다.

단어는 언어지식의 중요한 부분이면서도 정신문법의 주요한 구성 요소이다. 그러나 사람들이 한 언어의 수천 개의 단어를 익히고도 그 언어를 여전히 알지 못할 수도 있다. 단지 사전만을 이용하여 외국에서 의사소통을 시도해 본 적이 있는 사람이면 누구라도 이 말에 공감할 것이다. 반면, 단어 없이 언어를 통해 자신의 생각을 전달하거나 다른 사람의 생각을 이해할 수 없을 것이다.

영어를 모르는 사람이라면 *Thecatsatonthemat*와 같은 말을 듣고 어디서 한 단어가 시작되고 어디서 끝나는지 알지 못할 것이다. 우리는 글을 쓸 때 단어 사이를 띄우지만 말을 할 때는 단어 사이를 띄우지 않는다. 언어에 대한 지식 없이는 누구도 한 마디 말 속에 얼마나 많은 단어가 사용되었는지 알 수 없다. 단어를 안다는 것은 어떤 소리의 연속이 특정 의미와 밀접한 관련이 있음을 아는 것이다. 영어 화자는 *Thecatsatonthemat*이란 소리의 연속을 *the, cat, sat, on, the, mat*으로 분절하는 데 어려움이 없다. 그 이유는 각 단어들은 화자의 언어지식의 한 부분인 머릿속 사전 혹은 어휘 목록에 들어있기 때문이다. 마찬가지로 화자는 *uncharacteristically*가 *Thecatsatonthemat*보다 글자 수가 더 많지만 하나의 단어라는 것을 안다.

유머 작가들은 말을 할 때 단어 사이를 띄우지 않는 것에서 많은 소재를 얻었다. National Public Radio에서 방송되는 *Car Talk* 라는 진행자는 다음과 같은 등장인물의 이름과 더불어 그들의 기여를 언급하며 쇼를 마쳤다.

Copyeditor:	Adeline Moore (add a line more)
Accounts payable:	Ineeda Czech (I need a check)
Pollution control:	Maury Missions (more emissions)
Purchasing:	Lois Bidder (lowest bidder)
Statistician:	Marge Innovera (margin of error)
Russian chauffeur:	Picov Andropov (pick up and drop off)
Legal firm:	Dewey, Cheetham, and Howe (Do we cheat'em? And how!)[1]

여러분이 위 농담에 들어있는 유머를 이해하고 파악하기 위해서는 영어 단어에 대한 지식이 있어야 할 것이다. 동일한 음의 연속(Lois Bidder—lowest bidder)이 다르게 해석될 수 있다는 사실은 1장에서 이미 다루었듯이 소리와 의미의 관계가 자의적 결합이라는 것을 보여준다. 예를 들어, 프랑스어 *Un petit d'un petit*는 'a little one of a little one'을 의미하지만, 영어 화자에게는 이 음이 *Humpty Dumpty*처럼 들린다. 한 단어를 안다고 할 때, 당신은 그 단어의 음(발음)과 의미를 아는 것이다. 음과 의미의 관계는 자의적이기 때문에 발음은 같지만 의미가 다른 동음이의어(*bare*와 *bear*)와 의미는 같지만 발음이 다른 이음동의어(*sofa*와 *couch*)가 가능하다. 단어는 음-의미 단위이기 때문에 우리의 머릿속 사전에 들어 있는 각 단어는 발음을 결정하는 고유한 음운적 표기와 의미가 함께 등재되어 있어야 한다. 글을 읽고 쓸 수 있는 사람에게는 대부분의 단어의 철자, 즉 **정서법**(orthography)도 머릿속 사전에 포함되어 있다.

머릿속 사전에 들어있는 모든 단어는 명사인지, 대명사인지, 동사인지, 형용사인지, 부사인지, 전치사인지 혹은 접속사인지와 같은 다른 정보도 또한 포함하고 있다. 즉, 머릿속 사전은 단어의 **문법범주**(grammatical category), 즉 **통사부류**(syntactic class)도 명시한다. 영어 화자는 *love*라는 단어가 동사와 명사로 등재되어 있다는 사실을 모를 수 있다. 그러나 *I love you*나 *You are the love of my life*와 같은 문장에서 볼 수 있듯이 영어 화자는 그러한 지식을 무의식적으로 가지고 있다. 만약 그러한 정보가 머릿속 사전에 들어 있지 않다면, 우리는 문법적인 문장을 생성하는 방법도 모르고 문법적인 문장과 비문법적인 문장을 구별할 수도 없을 것이다.

[1] "Car Talk" credits from National Public Radio.™ Dewey, Cheetham & Howe, 2006, all rights reserved.

내용어와 기능어 Content Words and Function Words

어떤 언어이든 단어는 내용어와 기능어의 두 종류로 구분된다. 명사, 동사, 형용사, 부사가 **내용어**(content words)에 속한다. 이러한 단어는 *children, build, beautiful, seldom*과 같이 사물, 동작, 속성, 그리고 우리가 떠올릴 수 있는 생각과 같은 개념을 나타낸다. 우리는 *Facebook*(명사), *blog*(명사, 동사), *frack*(동사), *online*(형용사, 부사), *blingy*(형용사)와 같은 새로운 단어들을 주기적으로 내용어에 추가할 수 있는데, 이런 이유로 내용어를 **개방부류**(open class)라고 부른다. 접속사(and, or, but), 전치사(in, of), 관사(a/an), 대명사(it)를 포함한 다른 부류의 단어들은 연상되는 어휘적 의미나 분명한 개념을 가지고 있지 않다. 이런 단어들은 문법적 관계를 명시하고 의미가 (거의) 없기 때문에 **기능어**(function words)라고 부른다. 예를 들어, 관사는 *the boy*나 *a boy*에서처럼 명사가 한정적인지 비한정적인지를 나타낸다. 전치사 *of*는 'the book of yours'에서처럼 소유의 의미를 나타내지만 이 전치사는 다른 많은 종류의 관계도 나타낸다. *it's raining*과 *the archbishop found it advisable*에 있는 *it*은 오직 문법적 기능만 가지는 단어의 예이다. 즉, 통사적 규칙에 의해 필요하며 그 단어가 없으면 문법적인 문장을 만들 수 없다.

기능어는 때때로 **폐쇄부류**(closed class)라고 불리는데, 그 이유는 최근에 언어에 추가된 접속사, 전치사, 대명사는 없기 때문이다. *I, me, mine, he, she* 등과 같은 인칭대명사 일부가 이 부류에 속한다. 여성운동이 신장하면서, 중성 단수 대명사가 추가되어야 한다는 주장이 제기되어 왔다. 만약 그런 대명사가 존재한다면, 한 대학의 학과장이 "We will hire the best person for the job regardless of his sex"와 같이 앞뒤가 맞지 않는 말을 하도록 내버려두지는 않았을 것이다. 중성 단수 대명사로 'e'와 같은 다양한 대안이 제시되었지만, 폐쇄부류는 새로운 단어를 수용하지 않기 때문에 그 대안들이 받아들여질 가능성은 희박하다. 차라리 화자들은 "We will hire the best person for the job regardless of their sex"에서처럼 이미 존재하는 대명사인 *they*나 *their*와 같은 대명사를 성과 관계없이 사용하는 것을 선호한다. 흔히 작가들은 *If any student wishes to leave early, s/he must obtain special permission*에서처럼 "shee-hee"로 발음되는 s/he 또는 she/he를 사용하기도 한다.

다음 문제를 통해 내용어와 기능어의 차이점을 알 수 있다.

다음 글을 한 번만 읽고 F가 몇 번 나오는지 세어 보고, 각주[2]를 확인해 보아라.

FINISHED FILES ARE THE
RESULT OF YEARS OF SCIENTIFIC

2 대부분의 사람들은 3개라고 하는데 이것은 오답이다. 만약 6개 이하로 F를 찾았다면, 다시 한 번 세어보면서 기능어 *of*에 주목하라.

STUDY COMBINED WITH THE
EXPERIENCE OF YEARS

위와 같은 간단한 시험은 뇌가 내용어와 *of* 같은 기능어를 다르게 다루고 있음을 보여준다. 많은 심리적, 신경학적 증거가 이 주장을 뒷받침한다. 10장에서 논의하는 바와 같이, 뇌 손상을 입은 환자들과 특정한 언어 장애를 가진 사람들은 내용어보다 기능어를 사용하고, 이해하고, 읽는 데 더 큰 어려움을 겪는다. 몇몇 실어증 환자들은 *in*이나 *which*와 같은 기능어를 읽지 못하는 반면, 내용어인 *inn*이나 *witch*는 읽을 수 있다.

이 두 부류의 단어들은 일반적인 사람들이 범하는 **말실수**(slips of the tongue)에서도 다르게 기능하는 것 같다. 예를 들어, "the editor of the journal"을 "the journal of the editor"라고 잘못 말할 수 있다. 그러나 기능어를 바꾸어서 말하는 경우는 없다. 내용어와 기능어의 구분을 뒷받침하는 (9장에서 논의할) 언어습득과 관련된 증거도 있다. 언어 발달의 초기 단계에 아이들은 말을 할 때 "doggie barking"에서처럼 기능어를 종종 빠뜨린다.

이와 같은 증거들은 내용어와 기능어가 언어에서 다른 기능을 하고 있음을 시사한다. 내용어는 의미의 핵심이지만, 기능어는 내용어를 더 큰 문법의 틀과 연결시킨다.

형태소: 의미의 최소 단위 Morphemes: The Minimal Units of Meaning

"They gave it me", Humpty Dumpty continued, "for an un-birthday present."
"I beg your pardon?" Alice said with a puzzled air.
"I'm not offended," said Humpty Dumpty.
"I mean, what is an un-birthday present?"
"A present given when it isn't your birthday, of course."

Lewis Carroll, *Through the Looking-Glass*, 1871.

다음 단어 쌍에서도 볼 수 있듯이 위에서 Humpty Dumpty는 접두사 *un*-이 'not'을 의미한다는 것을 잘 알고 있다.

A	B
desirable	undesirable
likely	unlikely
inspired	uninspired
happy	unhappy
developed	undeveloped

sophisticated unsophisticated

수많은 영어 형용사가 *un*-으로 시작한다. 가장 기본적인 의미 단위가 단어라고 가정한다면, 고정적 의미를 가진 *un*-과 같은 단어의 일부분을 무엇이라 말할 수 있을까? B란에 있는 모든 단어에서 *un*-은 'not'을 의미한다. *undesirable*은 'not desirable'을 의미하고, *unlikely*는 'not likely'를 의미하며, 나머지 단어들 역시 마찬가지이다. B란의 단어들은 *un* + *desirable*, *un* + *likely*, *un* + *inspired* 등과 같이 적어도 2개의 의미 단위로 구성되어 있다.

위에 제시된 단어에서 *un*-이 동일한 의미를 가지는 것처럼, 다음 단어에서 *phon*- 역시 동일한 의미를 지니다. (여러분이 몇 단어의 의미는 모른다 해도 이 책을 끝낼 때에는 그 의미를 알게 될 것이다.)

phone	phonology	phoneme
phonetic	phonologist	phonemic
phonetics	phonological	allophone
phonetician	telephone	euphonious
phonic	telephonic	symphony

phon-은 더 이상 나눌 수 없다는 점에서 최소 형태라 할 수 있다. *ph*-는 아무 의미가 없고, *pho*는 *foe*처럼 발음될지 모르지만 *foe*의 의미와 무관하다. 그리고 *on*은 전치사 *on*이 아니다. 위에 있는 모든 단어에서 *phon*은 '소리와 연관된(pertaining to sound)'이라는 동일한 뜻을 가진다.

단어는 규칙의 지배를 받는 내부 구조를 가진다. *uneaten*, *undisputed*, *ungrammatical*은 (각각 'not eaten', 'not disputed', 'not grammatical'의 의미를 나타내는) 영어 단어이지만 **eatenun*, **disputedun*, **grammaticalun*은 모두 단어가 아니다. 그 이유는 우리는 접미사가 아닌 접두사 *un*-을 붙여서 단어의 부정어를 만들기 때문이다.

영화 제작의 선구자인 Samuel Goldwyn이 "In two words: im-possible"이라고 말했을 때, 그는 단어가 언어의 최소 의미 단위라는 일반적인 견해를 잘 보여주고 있다. 그러나 우리는 이것이 사실이 아님을 알 수 있는데 어떤 단어는 여러 개의 구분되는 의미 단위를 포함하고 있기 때문이다. 문법 형태의 가장 기본적인 단위를 나타내는 언어학적 용어는 **형태소**(morpheme)이다. 이 단어는 '형태'를 의미하는 그리스어 *morphe*에서 유래했다. 만일 Goldwyn이 언어학 강의를 수강했었다면, 그는 "In two morphemes: im-possible"이라고 좀 더 정확하게 말했을 것이다.

단어의 내부 구조와 단어 형성 규칙에 대해 연구하는 것을 **형태론**(morphology)이라 한다. 이 단어 자체가 *morph* + *ology*라는 2개의 형태소를 포함한다. 접미사 -*ology*는 'branch of knowledge'를 뜻하기 때문에 *morphology*의 의미는 'the branch of knowledge concerning (word) forms'이다. 형태론은 또한 단어와 관련된 우리의 내부 문법지식이며, 대부분의 언어 지식처럼 이 지식은 무의식적인 것이다.

하나의 단어는 하나 혹은 그 이상의 형태소로 구성되어 있다.

1개의 형태소	boy
	desire
	mediate
2개의 형태소	boy + ish
	desire + able
	mediate + tion
3개의 형태소	boy + ish + ness
	desire + able + ity
4개의 형태소	gentle + man + li + ness
	un + desire + able + ity
5개 이상의 형태소	un + gentle + man + li + ness
	anti + dis + establish + ment + ari + an + ism

형태소는 *amoral*과 *asexual*에서처럼 'without'을 의미하는 *a*-와 같은 단일 음이나, *child* + *ish*에서처럼 *child*나 *ish*와 같은 단일 음절일 수 있다. 또한 형태소는 하나 이상의 음절로 구성될 수 있는데, *camel*, *lady*, *water*와 같이 2음절, *Hackensack* 및 *crocodile*과 같은 3음절, *hallucinate*, *apothecary*, *helicopter*, *accelerate*와 같이 4음절 이상으로 구성될 수도 있다.

언어의 최소 단위인 형태소는 더 이상 쪼개질 수 없는 음과 의미(혹은 문법기능)의 자의적 결합이라 할 수 있다. 이 결합은 우리의 마음속에 아주 단단하게 접합되어 있어서 우리가 노력해도 이미 알고 있는 단어의 의미를 떠올리지 않고 그 단어를 듣거나 읽는 것은 불가능하다. 이러한 동전의 양면을 **언어부호**(linguistic sign)라 부르는데, 수화의 손짓이나 몸짓을 나타내는 sign과 혼동해서는 안 된다. 모든 언어에서 단어는 하나 혹은 그 이상의 형태소로 구성된다.

형태소의 구분 The Discreteness of Morphemes

인터넷 블로거들은 영어의 '모순'을 지적하는 것을 좋아한다. 그들은 'singer'가 'sing'을 하고 'flingers'가 'fling'을 하는 반면에 'fingers'가 'fing'을 하지는 못한다는 것을 주목하고 있다. 그러나 영어 화자들은 'finger'가 하나의 형태소, 즉 **단일형태소어**(monomorphemic word)라는 것을 알고 있다. 'finger'의 끝 음절 *-er*은 개별 형태소가 아닌데, 이는 'finger'가 'something

9 CHICKWEED LANE © 2011 Brooke McEldowney. Reprinted by permission of Universal Uclick for UFS. All rights reserved.

that fings'가 아니기 때문이다. 마찬가지로 'butter'는 염소 같은 행위를 나타내지 않을 때 단일형태소인 음식을 나타내고, 'buttress'도 분명히 'butt'의 여성형도 아니고 머리 타래와도 무관하다.

한 형태소의 의미는 불변해야 한다. 행위자를 나타내는 형태소인 *-er*은 *singer*, *painter*, *lover*, *worker*와 같은 단어에서는 'one who does'의 의미를 가지지만, *nicer*, *prettier*와 같은 단어에서는 *-er*이 'more'라는 의미를 가진 다른 형태소이다. 이 2개의 다른 형태소는 똑같이 발음된다. 동일한 형태일지라도 의미의 차이 때문에 다른 형태소이다. 같은 음이 다른 단어에서도 날 수 있지만, *finger*에서처럼 별도의 형태소를 나타내지 않을 수도 있다.

이와 반대로, 2개의 형태소 *-er*과 *-ster*는 형태는 다르지만 의미는 같다. *singer*와 *songster*는 둘 다 '노래하는 사람(one who sings)'을 의미한다. 그리고 *finger*의 *-er*과 마찬가지로 *monster*의 *-ster*는 형태소가 아니다. 이는 *youngster*가 *young*한 사람인 것과는 달리 *monster*가 *mon*하는 물건이나 *mon*한 사람이 아니기 때문이다. 이 모든 사실은 형태소가 음과 의미의 단위라는 개념에서 비롯된다.

단어를 형태소로 분해하다 보면 인간언어의 기본적인 속성 중 하나를 발견할 수 있다. 즉, 1장에서 언급된 인간언어와 동물언어 체계를 구별하는 불연속성(discreteness)을 발견할 수 있다. 모든 언어에서 음 단위가 결합하여 형태소를 만들고, 형태소가 결합하여 단어를 만들고, 단어가 결합하여 더 큰 단위인 구나 문장을 만든다.

불연속성은 언어의 창조성에 있어 중요한 부분이다. 뜻이 분명한 새로운 단어를 만들기 위해 우리는 누구나 형태소를 새로운 방법으로 결합할 수 있다. 만일 DVD에 'to write'한다는 것이 DVD에 정보를 저장한다는 의미라는 것을 안다면, 당신은 자동적으로 *writable* DVD는 정보를 저장할 수 있는 DVD이고, *rewritable* DVD는 원래 저장된 정보를 새로운 정보로 덮어씌우는 DVD라는 것을 안다. 그리고 *unrewritable* DVD는 사용자가 원래의 정보를 지우고 새로운 정보를 저장할 수 없는 DVD라는 것도 안다. 당신이 이 모든 단어의 의미를 아는 것은 당신이 가지고 있는 *write*, *re-*, *-able*, *un-*과 같은 개별 형태소에 대한 지식과 이 형태소를 결합하는 규칙에 대한 지식 때문이다.

의존형태소와 자립형태소 Bound and Free Morphemes

LUANN © (2005) GEC Inc. Reprinted by permission of Universal Uclick for UFS. All rights reserved.

우리가 가진 형태소 지식은 두 가지인데 개별 형태소에 대한 지식과 이 형태소를 결합하는 규칙에 대한 지식이다. 우리가 특정 형태소에 대해서 알고 있는 지식 중 하나는 그 형태소가 자립적으로 사용될 수 있는지 아니면 어떤 어기형태소(base morpheme)와 결합해야만 하느냐이다. *boy*, *desire*, *gentle*, *man*과 같은 형태소들은 그 자체로 단어가 될 수 있는데 이와 같은 형태소를 **자립형태소**(free morpheme)라 한다. 반면에 *-ish*, *-ness*, *-ly*, *pre-*, *trans-*, *un-*과 같은 형태소는 그 자체만으로는 단어가 될 수 없고, 항상 단어의 일부분이 된다. 이러한 **접사**(affix)를 **의존형태소**(bound morpheme)라고 한다. 이 형태소는 단어의 시작, 끝, 중간, 혹은 시작과 끝 모두에 붙을 수 있다. 만화에서 유머는 Brad가 의존형태소인 *un-*을 자유형태소처럼 사용하려는 시도에서 말을 더듬거려서 생기는 것이다.

접두사와 접미사 Prefixes and Suffixes

우리는 접사가 다른 형태소에 앞에 붙는지 아니면 뒤에 붙는지를 안다. 예를 들면 *un-*, *pre-*(*premeditate*, *prejudge*), *bi-*(*bipolar*, *bisexual*)가 접두사(prefixes)라는 것을 안다. 이 접두사는 형태소의 앞에 붙는다. 어떤 형태소는 오로지 접미사(suffixes)로만 사용되며 다른 형태소의 뒤에 온다. 영어의 대표적인 접미사 몇 가지를 예로 들면 *-ing*(*sleeping*, *eating*, *running*, *climbing*), *-er*(*singer*, *performer*, *reader*), *-ist*(*typist*, *pianist*, *novelist*, *linguist*), *-ly*(*manly*, *sickly*, *friendly*) 등이 있다.

많은 언어가 접두사와 접미사를 가지지만 이 형태소의 배치 방법은 언어마다 다르다. 어떤 언어에서 접두사인 형태소가 다른 언어에서는 접미사일 수도 있고, 그 반대의 경우도 있다. 영어에서 복수 형태소인 *-s*와 *-es*는 접미사이다(*boys*, *lasses*). 그러나 멕시코에서 사용되는 Isthmus Zapotec어에서는 복수 형태소 *ka*-가 접두사이다.

zigi	'chin'	kazigi	'chins'
zike	'shoulder'	kazike	'shoulders'
diaga	'ear'	kadiaga	'ears'

또한 접사를 붙여서 나타내는 의미는 언어마다 다르다. 영어에서 동사에 접사를 붙여서 명사를 만들지는 않는다. "I like to dance"에서처럼 동사 *dance*가 있고, "There's a dance or two in the old dame yet"에서처럼 명사 *dance*도 있다. 이 두 경우 단어의 형태는 동일하다. 터키어에서는 명사에 접사 -*ak*를 첨가하여 동사를 만든다. 다음 예를 살펴보자.

dur	'to stop'	durak	'stopping place'
bat	'to sink'	batak	'sinking place' or 'marsh/swamp'

영어에서는 'understand each other', 'love each other'처럼 상호작용을 표현하기 위해 *each other*라는 구를 사용한다. 반면에 터키어에서는 동사에 형태소를 첨가한다.

anla	'understand'	anlash	'understand each other'
sev	'love'	sevish	'love each other'

위 예에서 상호작용을 나타내는 접사는 모음 뒤에서는 *sh*로, 자음 뒤에서는 *ish*로 발음된다. 이는 영어에서 *a dog*처럼 자음으로 시작하는 명사 앞에서는 *a*를 사용하고, *an apple*처럼 모음으로 시작하는 명사 앞에서는 *an*을 사용하는 것과 유사하다. 하나의 형태소가 이렇듯 조금 다른 형태를 지닐 수도 있다(연습문제 6번을 보라). 형태소의 다양한 발음에 대해서는 6장에서 좀 더 자세히 다룰 것이다.

페루에서 사용되는 아라와카(Arawaka)어인 Piro에서는 단일 형태소 -*kaka*를 동사에 첨가하여 '~하게 하다'라는 의미를 표현한다.

cokoruha	'to harpoon'	cokoruhakaka	'cause to harpoon'
salwa	'to visit'	salwakaka	'cause to visit'

북서 태평양 연안에서 사용되는 북미 원주민 언어인 Karuk에서는 'in'을 의미하는 처소격 부사를 표현하기 위해 명사에 -*ak*를 첨가한다.

ikrivaam	'house'	ikrivaamak	'in a house'

터키어와 Karuk어에 같은 접미사 -*ak*가 있다는 것은 우연한 일이다. 형태가 동일하지만 이 접사의 의미는 다르다. 마찬가지로 터키어에서 상호작용의 의미를 나타내는 접미사 -*ish*는 영어의 *boyish*에 있는 접미사 -*ish*와 형태가 같다. 반대로 의미는 유사하지만 형태가

다른 경우도 있다. Karuk어에서 접미사 *-ara*는 영어의 *-y*와 같은 의미, 즉 'characterized by' (hairy는 'hair에 의해 특징 지어진'을 의미함)라는 의미이다.

aptiik	'branch'	aptikara	'branchy'

위 예에서도 언어기호의 자의성을 엿볼 수 있는데, 음과 의미 관계뿐 아니라 의존형태소와 자립형태소의 구분에서도 자의성이 존재함을 알 수 있다

접요사 Infixes

어떤 언어에는 형태소 사이에 삽입되는 형태소인 접요사(infixes)가 있다. 다음 예에서 알 수 있듯이, 필리핀에서 사용되는 Bontoc어가 바로 그런 언어이다.

명사/형용사		동사	
fikas	'strong'	fumikas	'to be strong'
kilad	'red'	kumilad	'to be red'
fusul	'enemy'	fumusul	'to be an enemy'

이 언어에서 접요사 *-um-*은 명사와 형용사의 첫 번째 자음 뒤에 삽입된다. 그래서 동사 *sneet*를 배우는 영어 화자가 *sneeter*가 'sneet하는 사람'이라는 것을 알 수 있듯이, *pusi*가 'poor'의 의미임을 알고 있는 Bontoc어 화자는 *pumusi*라는 단어를 처음 듣고도 이 단어가 'to be poor'의 뜻이라는 것을 알 것이다. 또, *ngumitad*가 'to be dark'를 의미한다는 것을 알고 있는 Bontoc어 화자라면 형용사 'dark'는 *ngitad*가 되어야 한다는 것도 알 것이다.

이상하게도, 영어에서 유일한 접요사는 완전한 단어로 주로 형용사나 부사에 삽입되는 외설적인 말이다. 미국에서 가장 흔한 접요사는 *fuckin*과 이런 의미의 완곡한 표현이 있는데, 예를 들면 *ri-fuckin-diculous*나 미시간 주의 도시 이름에 기초한 Kalama-flippin-zoo에서처럼 *friggin*, *freakin*, *flippin*, *fuggin*과 같은 것들이 있다. 영국에서 흔한 접요사는 외설적인 용어인 *bloody*와 이것의 완곡표현인 *bloomin*과 같은 것이 있다. *My Fair Lady*라는 영화와 뮤지컬에 *abso-bloomin-lutely*라는 단어가 Eliza Doolittle의 노래에 나온다.

외접사 Circumfixes

몇몇 언어에는 외접사(circumfixes)가 있는데, 이 외접사는 어기형태소의 앞과 뒤 모두에 첨가될 수 있다. 이 접사를 때로는 불연속형태소(discontinuous morphemes)라 부른다. 오클라호마에서 사용되는 Muskogean어인 Chickasaw어에서는 긍정형 앞에 *ik-*을, 뒤에는 *-o*를 붙여서 부정형을 만드는데, 이때 *ik-*과 *-o*는 단일 부정 형태소 역할을 한다. 그리고 부정 접미사 *-o*가 첨가되기 전에 긍정형의 끝 모음은 탈락된다. 다음은 외접사의 예이다.

긍정		부정	
chokma	'he is good'	ik + chokm + o	'he isn't good'
lakna	'it is yellow'	ik + lakn + o	'it isn't yellow'
palli	'it is hot'	ik + pall + o	'it isn't hot'
tiwwi	'he opens (it)'	ik + tiww + o	'he doesn't open (it)'

좀 더 친숙한 외접사의 예는 독일어에서 찾아볼 수 있다. 독일어에서 규칙동사의 과거분사를 만들 때, 동사 어근 앞에는 *ge*-를 붙이고, 뒤에는 -*t*를 붙인다. 예를 들면, 'love'를 의미하는 *lieb*라는 동사 어근에 이 외접사를 붙이면, 'loved'(형용사로 사용될 때는 'beloved')를 의미하는 ***ge**lieb**t***가 된다.

어근과 어간 Roots and Stems

여러 형태소를 가진 단어들은 하나의 **어근**(root)에 1개 이상의 접사들로 구성되어 있다. 예를 들어 *painter*의 *paint*, *reread*의 *read*, *conceive*의 *ceive*, *linguist*의 *ling* 등은 영어 어근이다. 어근은 한 단어로 독립적으로 사용될 수도 있고(paint, read), 그렇지 않은 경우도 있다(ceive, ling). 외접사가 있는 언어에서 외접사가 둘러싸고 있는 부분이 바로 어근이다. 예를 들어, Chickasaw어에서 *ikchokmo*('he isn't good')의 어근은 *chokm*이다. 접요사가 있는 언어에서는 접요사가 첨가되기 전의 형태가 어근인데, 예를 들어 Bontoc어에서 *fumikas*('to be strong')의 경우 *fikas*를 어근이라 할 수 있다. 히브리어나 아랍어와 같은 셈족 언어는 독특한 형태론적 체계를 가진다. 명사와 동사는 3개의 자음을 기초로 하여 만들고, 모음과 음절의 유형을 변화시켜 관련된 단어를 생성한다. 예를 들어, 이집트 아랍어에서 'write'를 뜻하는 어근은 *ktb*인데, 이 어근에 모음을 삽입하여 다음과 같은 단어를 파생시킨다.

katab	'he wrote'
kaatib	'writer'
kitáab	'book'
kútub	'books'

어근형태소가 접사와 결합하면 **어간**(stem)이 된다. 다음 예를 통해 알 수 있듯이, 어간에 다른 접사들을 붙이면 좀 더 복잡한 어간이 만들어진다.

어근	Chomsky	(고유) 명사
어간	Chomsky + ite	명사 + 접사
단어	Chomsky + ite + s	명사 + 접사 + 접미사
어근	believe	동사

어간	believe + able	동사 + 접사
단어	un + believe + able	접두사 + 동사 + 접미사
어근	system	명사
어간	system + atic	명사 +접사
어간	un + system + atic	접두사 + 명사 + 접미사
어간	un + system + atic + al	접두사 + 명사 + 접미사 + 접미사
단어	un + system + atic + al + ly	접두사 + 명사 + 접미사 + 접미사 + 접미사

새로운 접사가 첨가될 때마다 새로운 어간과 단어가 형성된다. 언어학자들은 때로는 접사가 붙는 어근이나 어간을 지칭하는 말로 어기(base)를 사용한다. 위의 예에서 *system, systematic, unsystematic, unsystematical*이 모두 어기이다.

의존어근 Bound Roots

의존어근은 따로 독립적으로 나타날 수 없으며, 다른 형태소와 결합되어 사용될 때만 의미를 가진다. 예를 들어, 라틴어에서 유래된 *receive, conceive, perceive, deceive*와 같은 단어에는 공통적으로 어근 *-ceive*가 들어있고, *remit, permit, commit, submit, transmit, admit* 등과 같은 단어에는 어근 *-mit*가 포함되어 있다. 라틴어 화자에게는 *ceive*와 *mit*에 상응하는 형태소는 분명한 의미를 가졌으나, 현대영어 화자에게는 이 라틴계 형태소는 독립적인 의미를 가지지 않는다. 이 형태소의 의미는 이들이 포함되어 있는 단어 전체에 의해 결정된다.

비슷한 단어 부류가 있는데 이 단어들은 의존어근 형태소에 접두사가 첨가되어 만들어진 것이다. 예를 들어, *ungainly, discern, nonplussed, downhearted*는 모두 가능하지만, **gainly, *cern, *plussed, *hearted*는 전부 불가능하다. 이 외에도 많은 단어들이 있다. *huckle*이라는 형태소가 *berry*와 결합할 때, 작고 둥근 자줏빛의 푸른색을 띠는 열매라는 의미를 가지지만, *luke*의 의미는 *warm*과 결합할 때 '약간, 다소(somewhat)'라는 의미이다. *huckle*과 *luke*를 비롯한 이들과 비슷한 유형의 형태소(*cran, boysen*)는 오직 다른 형태소와 결합할 때만 의미를 가지는 의존형태소이다.

단어형성 규칙 Rules of Word Formation

"I never heard of 'Ugification,'" Alice ventured to say. "What is it?" The Gryphon lifted up both its paws in surprise. "Never heard of uglifying!" it exclaimed. "You know what to beautify is, I suppose?" "Yes," said Alice doubtfully : "it means –to make– prettier." "Well, then," the

Gryphon went on, "if you don't know what to uglify is, you are a simpleton."

LEWIS CARROLL, *Alice's Adventures in Wonderland*, 1865

Mock Turtle이 Alice에게 산술 분야를 "Ambition, Distraction, Uglification, and Derision"이라고 열거했을 때, Alice는 매우 혼란스러웠다. Alice는 실제로 바보가 아니었다. 그 이유는 *uglification*은 Lewis Carrroll이 사용하기 전에는 영어에서 흔히 사용되는 단어가 아니었기 때문이다. 그러나 대부분의 영어 화자들은 *uglification*을 이전에 듣거나 사용해 본 적이 없을지라도, 어근 ugly와 접사 *-ify*와 *-cation*의 의미를 알기 때문에 이 단어의 의미를 바로 알 것이다.

앞에서 언급한 바와 같이, 형태론에 대한 지식은 개별 형태소, 그것의 발음과 의미에 대한 지식과 더불어 형태소를 결합하여 복잡한 단어를 형성하는 규칙에 대한 지식을 모두 포함한다. Mock Turtle은 형용사 *ugly*에 *-ify*를 붙여 동사를 만들었다. 영어에서 많은 동사가 이런 방식으로 형성되는데, *purify, amplify, simplify, falsify* 등이 대표적인 예이다. 또한 접미사 *-ify*는 *objectify, glorify, personify*와 같이 명사와 결합하여 동사를 만든다. Monk Turtle은 한 발 더 나아가 *uglify*에 접미사 *-cation*을 붙여 *glorification, simplification, falsification, purification*의 경우와 같이 *uglification*을 만들었다는 것을 주목하라. 영어의 **형태규칙**(morphological rules)을 사용하여 새로운 단어를 창조한 것이다. 그가 사용한 규칙은 다음과 같다.

형용사 + ify	→	동사	"형용사하게 만들다"
동사 + cation	→	명사	"형용사하게 만드는 과정"

파생형태론 Derivational Morphology

Macnelly/King Features Syndicate

*-ify, -cation, -arian*과 같은 의존형태소를 파생형태소라고 한다. 파생형태소가 어기와 결합하면 새로운 의미를 가진 단어가 파생된다. *pure*에 *-ify*를 붙이면 'to make pure'라는 의미를

가진 *purify*가 만들어지고, *purify*에 *-cation*을 결합한 *purification*은 'the process of making pure'의 뜻을 가진다. 만약 우리가 머리카락에서 생기는 정전기의 효과를 묘사하기 위해 *pouzy*라는 형용사를 만든다면, 당신은 "Walking on that carpet really pouzified my hair"와 "The best method of pouzification is to rub a ballon on your head"와 같은 문장을 바로 이해할 것이다. 이것은 머릿속 사전 속에 우리가 파생형태소의 목록과 어근이나 어간에 이 형태소를 붙이는 규칙을 가지고 있어야 한다는 것을 의미한다. 파생형태소의 결합으로 만들어지는 형태를 **파생어**(derived word)라 한다.

파생형태소는 분명한 의미를 가진다. 이런 점에서 파생형태소는 단어가 아니라는 것만 제외하면 내용어와 비슷하다. 앞에서 이미 논의한 바와 같이, 파생형태소가 어기에 첨가되면 의미도 함께 추가된다. *-able*과 *-ly*와 같은 접미사가 보여주듯이, 파생어는 원래 단어와는 다른 품사가 될 수도 있다. *desire + able*에서처럼, 동사에 접미사 *-able*이 붙으면 형용사가 된다. *dark + en*에서처럼 접미사 *-en*이 형용사에 붙으면 동사가 파생된다. *sweet + ie*에서처럼 형용사에서 명사를 만들 수도 있다. 예를 좀 더 살펴보면 다음과 같다.

명사에서 형용사

boy + -ish
virtu + -ous
Elizabeth + -an
pictur + -esque
affection + -ate
health + -ful
alcohol + -ic

동사에서 명사

acquitt + -al
clear + -ance
accus + -ation
sing + -er
conform + -ist
predict + -ion

형용사에서 부사

exact + -ly

명사에서 동사

moral + -ize
vaccin + -ate
hast + -en
im- + prison
be- + friend
en- + joy
in- + habit

형용사에서 동사

en + large
en + dear
en + rich

형용사에서 명사

tall + -ness
specific + -ity
feudal + -ism
free + -dom

동사에서 형용사

read + -able
creat + -ive
migrat + -ory
run(n) + -y

어떤 파생접사들은 품사의 변화를 초래하지 않는다.

명사에서 명사	동사에서 동사	형용사에서 형용사
friend + -ship	un- + do	pink + -ish
human + -ity	re- + cover	red + -like
king + -dom	dis- + believe	a- + moral
New Jersey + -ite	auto- + destruct	il- + legal
vicar + -age		in- + accurate
Paul + -ine		un- + happy
America + -n		semi- + annual
libr(ary) + -arian		dis- + agreeable
mono- + theism		sub- + minimal
dis- + advantage		
ex- + wife		
auto- + biography		
un- + employment		

형태규칙이 적용되어 새로운 단어가 사전에 추가되면 그 단어의 다른 복잡한 파생어의 생성을 막을 수 있다. 예를 들어, *Commun + ist*가 언어에 추가 되었을 때, *Commun + ite* (*Trotsky + ite*의 경우처럼)나 *Commun + ian*(*grammar + ian*의 경우처럼)과 같은 단어들은 필요 없었다. 그래서 그러한 단어들은 생성되지 않았다. 그러나 때로는 대체 형태가 공존하기도 한다. 예를 들면, *Chomskyan*과 *Chomskyist*, 그리고 심지어 *Chomskyite*(모두가 Chomsky 언어이론의 추종자를 의미함)와 같은 것들이다. *semanticist*와 *semantician* 둘 다 언어의 의미를 연구하는 언어학자를 일컫는 말이지만, 비슷한 단어인 *semantite*는 그렇지 않다.

마지막으로, 파생접사는 두 가지 부류로 분류할 수 있다. 한 부류에서는 접미사를 첨가하면 발음의 미묘한 변화가 초래된다. 예를 들어, 접사 *-ity*를 (k 음이 나는 'specifik'으로 발음되는) *specific*에 첨가하면, (s 음이 나는 'specifisity'로 발음되는) *specificity*라는 단어가 만들어진다. *Elizabeth*에서 *Elizabeth + -an*을 도출할 때 네 번째 모음의 소리가 *Beth*의 모음에서 *Pete*의 모음으로 바뀐다. *-y*, *-ive*, *-ize*와 같은 다른 접미사들도 비슷한 모음 변화를 야기하는데, *s**a**ne/s**a**nity*, *dedu**ce**/dedu**c**tive*, *criti**c**/criti**c**ize*의 발음에 잘 나타나 있다.

이와 반대로, *-er*, *-ful*, *-ish*, *-less*, *-ly*와 같은 접미사는 *baker*, *wishful*, *boyish*, *needless*, *sanely*, *fullness*에서처럼 발음에 영향을 미치지 않고 어근에 첨가된다. 게다가, 첫 번째 부류의 접사는 두 번째 부류의 접사를 포함하는 어간에 붙을 수 없다(**need + less + ity*, **moral + ize + ive*). 그러나 두 번째 부류의 접사는 *moral + iz(e) + er*, *need + less + ness*처럼

어간이 어느 부류의 접사를 포함하고 있든 간에 붙을 수 있다.

굴절형태론 Inflectional Morphology

Zits Partnership/King Features Syndicate

*to, it, be*와 같은 기능어는 자립형태소이다. 영어뿐만 아니라 많은 언어에는 오로지 문법적 기능만 하는 의존형태소도 있다. 의존형태소는 시제, 수, 인칭 등과 같은 속성을 나타낸다. 이러한 의존형태소를 **굴절형태소**(inflectional morphemes)라고 부른다. 파생형태소와는 달리 굴절형태소는 어간에 붙어도 어간의 품사는 변하지 않는다. 다음 예문에서 동사의 형태를 고려해 보라.

(1) I sail the ocean blue.
(2) He sails the ocean blue.
(3) John sailed the ocean blue.
(4) John has sailed the ocean blue.
(5) John is sailing the ocean blue.

문장 (2)에서 동사 끝에 있는 *-s*는 일치의 표시이다. 이것은 주어가 3인칭 단수이고, 시제가 현재임을 나타낸다. 그러나 *-s*가 어휘적 의미를 더하지는 않는다. *be*가 동사와 함께 쓰일 때 *-ing*을 필요로 하듯이 접미사 *-ed*는 과거 시제를 나타내고, 또 동사가 *have*와 함께 쓰일 때 통사규칙에 의해 이 접미사가 필요하다. 굴절형태소는 문장의 구성 요소들 간의 관계를 나타낸다. 예를 들어, *-s*는 3인칭 단수 주어와 동사의 관계를 나타내고, *-ed*는 발화 시점(예: 현재)과 사건의 시점(과거) 사이의 관계를 나타낸다. 만일에 "John danced"라고 말한다면, 접사 *-ed*는 발화 시점 이전에 춤추는 행위가 있었음을 뜻한다. 굴절형태론은 문장의 통사론 및 의미론과 밀접하게 관련되어 있다.

영어에는 *boy/boys, cat/cats*에서처럼 단수 명사에 첨가되는 복수형 접미사와 같은 다른 굴절 어미(endings)가 있다. 8장에서 언급하고 있듯이 고대영어와 중세영어는 굴절이 풍부한 굴절어였지만 현대영어에는 8개의 의존 굴절접사만 남아있다.

영어 굴절형태소		**예**
-s	3인칭 단수 현재	She wait-s at home.
-ed	과거시제	She wait-ed at home.
-ing	진행형	She is eat-ing the donut.
-en	과거분사	Mary has eat-en the donuts.
-s	복수	She ate the donut-s.
-'s	소유격	Disa's hair is short.
-er	비교급	Disa has short-er hair than Karin.
-est	최상급	Disa has the short-est hair.

영어의 굴절형태소는 단어 안에서 파생형태소를 뒤따른다. 그래서 파생적으로 복잡한 단어 *commit* + *ment*에 복수형 어미를 첨가하여 *commit* + *ment* + *s*를 형성할 수 있다. 그러나 접사의 첨가 순서를 바꾸어서 *commit* + *s* + *ment* = **commitsment*와 같은 단어를 만들지는 못한다.

굴절형태소와 파생형태소의 또 다른 차이점은 굴절형태소가 **생산적**(productive)이라는 것이다. 즉, 굴절형태소는 (**foots*가 아닌 *feet*와 같은 불규칙적인 단어는 제외하고) 거의 모든 어기에 자유롭게 붙을 수 있다. 거의 모든 명사에 굴절 접미사 -s를 붙여 복수형을 만들지만, 소수의 명사에 파생 접미사 *-ize*를 붙여 *idolize*와 같은 동사를 만든다. 그러나 **picturize*와 같은 동사는 불가능하다.

세계의 다른 언어들과 비교했을 때, 영어는 상대적으로 굴절형태소가 거의 없는 축에 속한다. 어떤 언어에는 굴절이 많이 일어난다. 아프리카의 동부 지역에서 사용되는 Swahili 어에서는 동사가 여러 형태소와 결합하여 굴절될 수 있다. 예를 들어, *kimeanguka*(ki + me + anguka)는 'it has fallen'을 의미하는데, 'fall'을 의미하는 동사의 어근 *anguka*는 2개의 굴절접두사, 즉 'it'을 의미하는 *ki-*와 'completed action'을 의미하는 *me*와 결합한다. 더 친숙한 유럽 언어들도 영어보다 더 많은 굴절 어미를 가진다. (라틴어에서 유래된) 로망스어에서는 문장의 주어에 따라 동사는 다른 굴절어미를 가진다. 'to speak'를 의미하는 이탈이아어 동사 *parlare*가 보여주듯이 동사는 인칭과 수에 있어서 주어와 일치하기 위해 굴절된다.

Io parl**o**	'I speak'	Noi parl**iamo**	'We speak'
Tu parl**i**	'You (singular) speak'	Voi parl**ate**	'You (plural) speak'
Lui/Lei parl**a**	'He/she speaks'	Loro parl**ano**	'They speak'

러시아어는 명사의 문법적 관계(주격, 목적격, 소유격 등)를 나타내는 굴절어미 체계를 가지는데 영어에서는 이 문법적 관계를 어순으로 나타낸다. 예를 들어, 영어에서 *Maxim defends Victor*는 *Victor defends Maxim*과 의미가 다르다. 단어의 순서가 중요하다. 그러나 러시아어에서는 다음 문장 모두가 'Maxim defend Victor'를 의미한다. *č*의 발음은 *cheese*의 *ch*와 같고, *š*의 발음은 *shoe*의 *sh*와 같고, *j*의 발음은 *yet*의 *y*와 같다.)

Maksim zašiščajt Viktora.

Maksim Viktora zašiščajet.

Viktora Maksim zašiščajet.

Viktora zašiščajet Maksim.

Viktor라는 이름에 굴절접미사 *-a*가 붙으면 Viktora가 파생되는데, 이는 Maxim이 아니라 Victor가 변호받음을 의미한다. *-a*는 어순과 무관하게 그 명사가 동사의 목적어임을 나타낸다.

문장 내에서 명사의 문법적 관계를 명사의 **격**(case)이라고 부른다. 격이 굴절형태소에 의해 표시될 때, 그 과정을 **격형태론**(case morphology)이라고 부른다. 러시아어는 다양한 격 형태를 가지지만 영어의 격 형태는 소유격 *-'s*와 대명사 체계에 국한된다. 러시아어에서 격 형태로 표시되는 많은 문법적 관계가 영어에서는 전치사에 의해 표현된다.

풍부하고 다양한 굴절 과정이 세계 언어에 존재한다. 앞에서 우리는 독일어에서 동사 어간을 굴절시켜 과거분사를 만들기 위해 어떻게 외접사를 사용하는지 살펴보았다. 즉, *lieb*에 외접사를 붙여서 ***ge**lieb**t***를 만드는데 이는 영어에서 동사에 *-ed*를 붙이는 것과 같다. 아랍어에서는 모음을 삽입하여 굴절시킨다. 예를 들면 *kitáab*은 'book'을 의미하는 반면에, *kútub*은 'books'를 의미한다. 연습문제 10번에서 볼 수 있듯이 사모아어에서는 단어 전체 혹은 일부를 반복함으로써 굴절시키는 **중첩**(reduplication)의 과정을 사용한다. *savali*는 'he travels'를 의미하지만, *savavali*는 'they travel'을 의미한다. 말레이어에서는 단어를 반복하여 굴절시킨다. 그래서 *orang*은 'person'을 의미하고 *orangorang*은 'people'을 의미한다. 또한 핀란드어와 같은 언어에는 아주 복잡한 격 형태가 사용되지만 북경 중국어(Mandarin Chinese)에는 격 형태가 전혀 존재하지 않는다.

굴절은 다양한 역할을 한다. 영어에서 *-s*가 첨가되어 굴절된 동사는 주어가 3인칭 단수임을 나타낸다. 핀란드어와 일본어에는 수많은 굴절 형태가 있어 '일시적 상태'(핀란드어 명사)에서 '강한 부정적 의도'(일본어 동사)에 이르기까지 온갖 의미를 전달한다. 8장에서 다루겠지만 1,000년 전의 영어는 현대영어보다 훨씬 많은 굴절형태소를 가지고 있었다.

현대영어에서 파생형태소와 굴절형태소를 구분할 때 그 차이를 다음과 같이 요약할 수 있다.

굴절형태소	파생형태소
문법기능을 가짐	어휘기능을 가짐
품사변화 없음	품사변화 가능
의미변화 거의 없음	의미변화 있음
문법규칙상 흔히 필요함	문법규칙과 무관함
단어에서 파생형태소 뒤에 옴	단어에서 굴절형태소 앞에 옴
생산적임	대부분 비생산적임

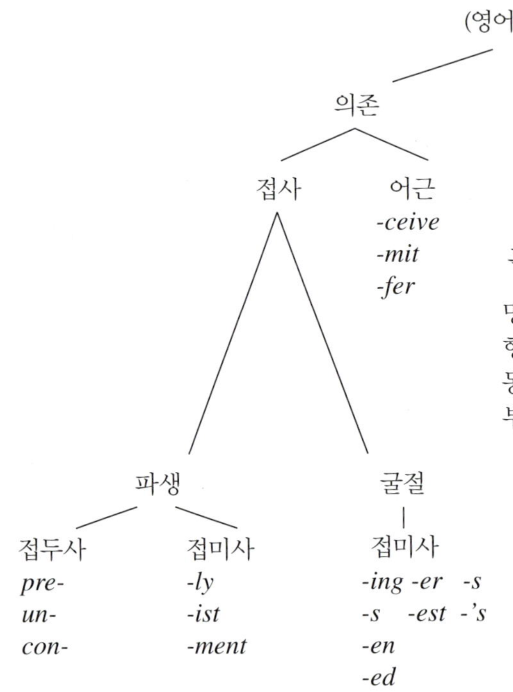

그림 2.1 | 영어 형태소의 분류

단어의 계층적 구조 The Hierarchical Structure of Words

우리는 위에서 형태소가 고정된 순서로 붙는다는 것을 보았다. 이 순서는 단어의 계층적 구조(hierarchical structure of the word)를 반영한다. 하나의 단어는 형태소의 단순한 배열이 아니다. 단어는 내부 구조를 가진다. 예를 들어, *unsystematic*은 *un-*, *system*, *-atic*이라는 3개의 형태소로 구성되어 있다. 어근은 명사인 *system*이라 할 수 있고, 여기에 접미사 *-atic*이 첨가되어 형용사인 *systematic*이 만들어진다. 이 형용사에 접두사 *un-*을 첨가하면 새로운 형용사인 *unsystematic*이 된다.

단어(와 문장)의 계층적 구조를 나타내기 위해, 언어학자들은 수형도(tree diagrams)를 사용한다. *unsystematic*의 수형도는 다음과 같다.

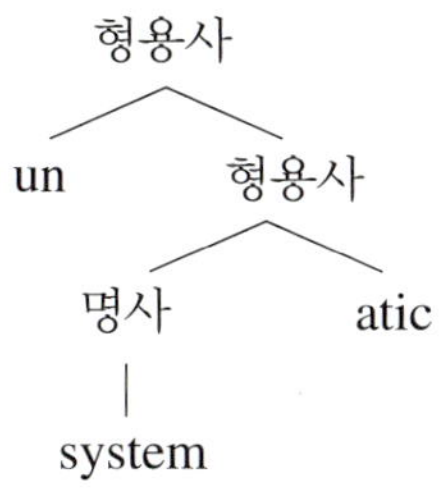

위의 수형도는 두 가지 형태규칙의 적용을 보여준다.

규칙 1. 명사 + atic → 형용사
규칙 2. un + 형용사 → 형용사

규칙 1은 어근명사에 파생접미사 *-atic*을 첨가하여 형용사를 만든다. 규칙 2는 규칙 1에 의해 만들어진 형용사에 파생 접두사 *un-*을 첨가한다. 위 수형도는 *unsystematic*이 형용사 *systematic*에 *un-*이 첨가되어 만들어진 형용사임을 보여준다. 형용사 *systematic*은 그 자체가 명사 *system*과 접미사 *-atic*의 결합에 의해 만들어진 것이다.

계층적 구조는 인간언어의 필수적 속성이다. 단어(와 문장)는 구성 요소를 가지는데, 이 요소들은 구체적이고 규칙 지배적인 방법으로 서로 관련된다. 비록 처음에는 순서를 제외하고 형태소 *un-*과 *-atic*이 어근 *system*에 똑같이 관련된 것처럼 보이지만 실제로는 그렇지 않다. 어근 *system*은 *un-*보다 *-atic*에 더 가깝고, *un-*은 사실 형용사 *systematic*에 첨가된 것이지, *system*에 직접 첨가된 것이 아니다. **unsystem*은 단어가 아니다.

위 구조에 형태규칙이 더 적용될 수 있다. 예를 들어, 영어에는 *egotistical*, *fantastical*, *astronomical*에서와 같이 파생접미사 *-al*이 있다. 이런 경우 *-al*은 형용사 *egotistic*, *fantastic*, *astronomic*과 결합하여 새로운 형용사를 만든다. *-al*에 대한 규칙은 다음과 같다.

규칙 3. 형용사 + al → 형용사

또 다른 접사 *-ly*는 부사 *happily*, *lazily*, *hopefully*를 만들기 위해 형용사 *happy*, *lazy*, *hopeful*에 붙는다. 다음은 부사 *-ly*에 대한 규칙이다.

규칙 4. 형용사 + ly → 부사

이 두 가지 규칙을 파생어 *unsystematic*에 적용하면, *unsystematically*에 대한 수형도를 다음과 같이 그릴 수 있다.

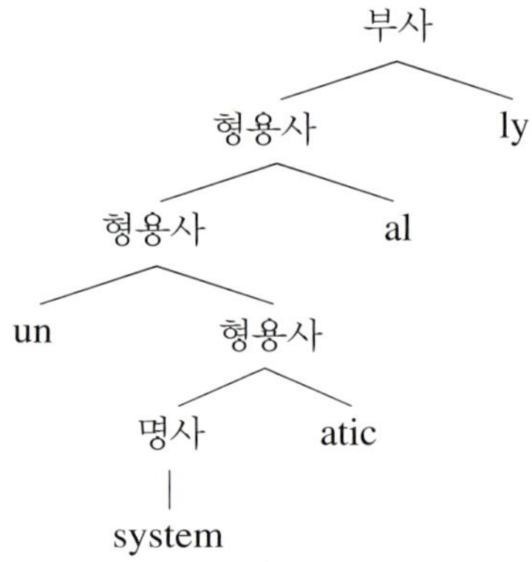

이 단어는 다소 복잡하게 이루어져 있다. 그럼에도 불구하고 언어의 형태규칙에 따라 만들어졌기 때문에 적합한 단어이다. 반면, 매우 단순한 단어가 비문법적일 수도 있다. 위의 예에서 어근 *system*에 *un-*을 먼저 결합한다고 가정해보라. 그러면 단어가 아닌 **unsystem*이 도출된다.

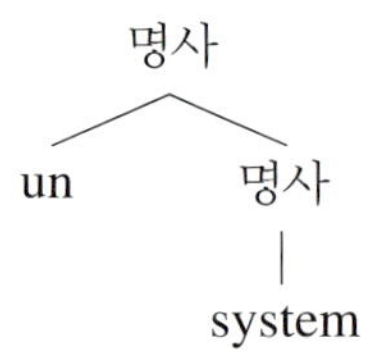

**unsystem*은 불가능한 단어이다. 그 이유는 *un-*을 명사에 붙이는 영어 규칙은 매우 제한적이라서 거의 적용되는 경우가 없고, *un + employment*, *un + acceptance*, *un + feasability*와 같이 *un-*은 이미 접사가 첨가된 명사와만 결합이 가능하기 때문이다. 광고를 통해 *Uncola*의 판촉에 성공한 한 대형 음료수 회사는 사람들의 시선을 사로잡기 위해 언어 규칙을 어겼다. 인간의 언어능력은 가능한 단어와 **unsystem*, **Uncola* 같은 불가능한 단어를 식별하는 능력을 포함한다. 가능한 단어는 규칙을 따르는 단어이며 불가능한 단어는 그렇지 않은 단어이다.

수형도는 화자가 형태적으로 복잡한 단어의 내부 구조를 나타내는 방법을 명시적으로 만든다. 말을 하거나 글을 쓸 때 우리는 *un + system + atic*처럼 형태소들이 차례대로 나열한다. 그러나 수형도가 보여주듯이 우리 머릿속의 단어 표시는 선형적일 뿐 아니라 계층적이다.

굴절형태소 또한 파생형태소와 마찬가지로 수형도에 잘 나타낼 수 있다. 다음 수형도는 *refinalizes*에서 일치를 나타내는 굴절형태소 *-s*가 파생형태소 *-ize*와 *re-* 다음에 첨가되는 것을 보여준다.

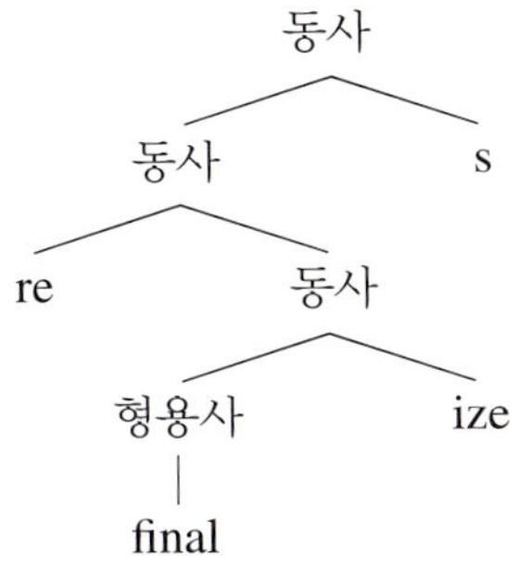

위의 수형도는 *refinal*은 단어가 아니기 때문에 *re*-는 *finalize*에 첨가되고 굴절형태소가 파생형태소 뒤에 따라오는 것을 잘 보여준다.

단어의 계층적 구조는 2개 이상의 구조를 가지기 때문에 2개 이상의 의미를 가지는 단어, 즉 구조적 중의성을 가진 단어들에 의해 더 분명하게 드러난다. *unlockable*을 예로 들어 보자. 당신이 방에 들어가 혼자 있고 싶어 한다고 상상해보라. 당신은 방의 문이 잠기지 않는다(*unlockable*: 'not able to be locked')는 사실을 알면 기분이 안 좋을 것이다. 이제 방문이 잠긴 방 안에서 당신이 나가려 한다고 상상해보라. 당신은 방의 문이 열린다(*unlockable:* 'able to be unlocked')는 사실을 알면 안심할 것이다. 이 두 가지 의미를 다음 2개의 수형도로 나타낼 수 있다.

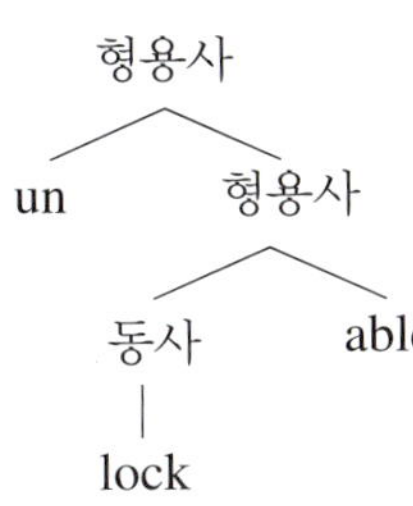

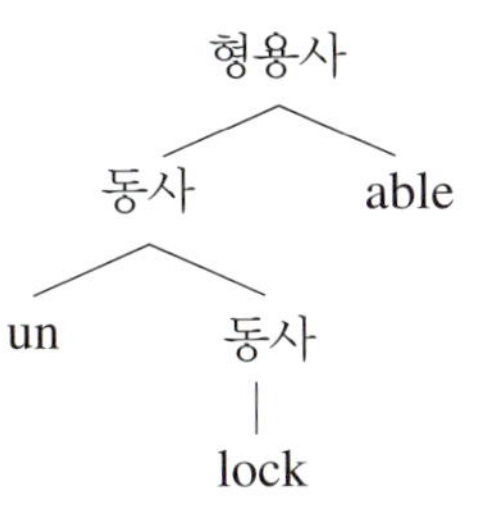

첫 번째 수형도에서 동사 *lock*에 접미사 *able*이 붙어서 형용사 *lockable*('able to be locked')이 만들어진다. 그 후 'not'을 의미하는 접두사 *un*-을 첨가하면 새로운 형용사 *unlockable*('not able to be locked')이 파생된다. 두 번째 수형도에서는 접두사 *un*-이 동사 *lock*과 먼저 결합하여 동사 *unlock*을 만든다. 그리고 *unlock*에 접미사 -*able*이 첨가되면 'able to be unlocked'의 의미를 가진 *unlockable*이 만들어진다.

영어의 모든 단어 부류는 이 규칙을 따른다. 예를 들면 *unbuttonable, unzipable, unlatchable* 등이 그러하다. 이 단어에는 중의성이 나타나는데 그 이유는 앞서 규칙 2에 예시된 바와 같이 접두사 *un*-이 형용사와 결합할 수도 있고, *undo, unstaple, unearth, unloosen*에서처럼 동사와 결합할 수도 있기 때문이다.

만약 단어가 어떠한 내부 구조 없는 단순한 형태소의 연속이라면, *unlockable*과 같은 단어의 중의성을 설명할 수 없을 것이다. 이러한 단어들은 또한 또 다른 중요한 핵심, 즉 구조가 의미를 결정하는 데 중요하다는 것을 보여준다. *unlockable*이 두 가지 의미 해석에 3개의 동일한 형태소가 나타나지만, 두 의미는 분명히 다르다. 이 의미 차이는 구조의 차이 때문에 생긴다.

규칙의 생산성 Rule Productivity

BABY BLUES © 2011 BABY BLUES PARTNERSHIP. KING FEATURES SYNDICATE

지금까지 몇몇 형태론적 과정들, 특히 굴절 규칙이 생산적이라는 것을 알아보았는데, 이는 자립형태소와 의존형태소에 이 규칙을 자유롭게 적용하여 새로운 단어를 만들 수 있음을 의미한다. 파생형태소 중 접미사 *-able*은 동사와 결합하여 그 동사의 의미와 'able to be'와 유사한 *-able*의 의미를 가지는 새로운 형용사를 파생한다. 예를 들면 *accept + able, laugh + able, pass + able, change + able, breathe + able, adapt + able* 등이 있다. 이러한 규칙의 생산성은 *downloadable, faxable*과 같은 새로운 동사에 *-able*이 붙을 수 있다는 사실을 통해서도 알 수 있다.

접두사 *un-*은 반대의 의미를 가지는 동일한 품사의 단어를 파생한다. 예를 들면 *unafraid, unfit, un-American* 등이다. 또한 *un-*은 형태론적 규칙에 의해 만들어진 파생형용사와 결합하여 *un + believe + able*이나 *un + pick + up + able*과 같은 완전한 단어를 생성한다.

그러나 *un-*이 완전히 생산적인 것은 아니다. *happy*와 *unhappy, cowardly*와 *uncowardly*는 가능하지만, *sad*와 **unsad, brave*와 **unbrave*, 그리고 *obvious*와 **unobvious*는 불가능하다. *unenlightened, unsimplified, uncharacterized, unauthorized, undistinguished* 등의 단어에서 볼 수 있듯이 'un-규칙'은 동사에서 파생된 형용사에 대해 가장 생산적인 것으로 보인다. 또한 *un-*으로 시작하는 대부분의 정상적인 단어들은 다음절 어간을 가지지만, *unfit, uncool, unread, unclean*과 같은 경우를 제외하면 *un-*은 단음절 어간과 결합하지 않아 **unbig, *ungreat, *unred, *unsad, *unsmall, *untall* 등은 불가능한 단어이다.

영어에서 동사에 -*er*를 붙여 '어떤 행위를 하는 사람'의 의미를 지닌 명사를 만드는 규칙은 거의 완벽히 생산적인 형태규칙이라서 *examiner, exam-taker, analyzer, lover, hunter* 그리고 만화에서 예시된 *girlplayerwither*와 같은 단어도 만든다. 그러나 'one who chairs'의 의미가 아닌 **chairer*와 같은 불가능한 단어도 만들기 때문에 이 규칙이 100% 생산적이지는 않다.

또한 *greedier*에서처럼 'more'를 뜻하는 접미사 -*er* 역시 **curiouser*라는 잘못된 단어에서 알 수 있듯이, 완벽히 생산적이지는 않다. 단어의 음절이 많으면 많을수록 -*er*이 단어와 결합할 가능성은 더 희박하여 *more*를 사용해야 할 필요가 있다. 예를 들어, *more beautiful*은 가능하지만 *nicer*나 *prettier*와는 달리 **beautifuler*는 불가능하다.

다른 파생형태소는 생산성이 더욱 떨어진다. 다음 단어를 고려해 보자.

sincere	*sincerity*
warm	*warmth*
moist	*moisten*

접미사 -*ity*는 *chastity, scarcity, curiosity*와 같이 영어의 많은 단어에서 나타나고, -*th*는 *health, wealth, depth, width, growth*에 나타난다. -*en*은 *sadden, ripen, redden, weaken, deepen* 등의 단어에서 찾아볼 수 있다. 그러나 "The tragicity of Hamlet"은 "I'm going to *heaten* the sauce"와 같이 다소 이상하게 들린다. 누군가가 *coolth*라고 말할 수 있겠지만 *tragicity, heaten, coolth*와 같은 단어가 사용될 때 이것은 말실수이거나 유머이다. 대부분의 형용사는 이러한 파생접미사와 결합하지 않는다. 또 *pig + let*과 *sap + ling*에서 축소형 접미사(diminutive suffix)와 같은 파생형태소는 거의 찾아볼 수 없을 정도로 덜 생산적이다.

지금까지 살펴 본 형태적으로 복잡한 단어에서는 대체로 단어를 구성하는 형태소의 의미를 근거로 단어의 의미를 예측할 수 있다. *unhappy*는 'not happy'를 의미하고, *acceptable*은 'fit to be accepted'를 의미한다. 그러나 우리가 형태소 그 자체를 안다고 해서 자립형태소와 파생형태소로부터 파생된 단어의 의미를 항상 알 수 있는 것은 아니다. *un*-을 포함하는 아래 단어는 예측 불가능한 의미를 가지고 있다.

unloosen	'풀다, 늦추다'
unrip	'찢다'
undo	'원상태로 돌리다'
untread	'온 길로 돌아가다, 되돌아가다'
unearth	'파내다, 발굴하다'
unfrock	'성위를 박탈하다, 제명하다'
unnerve	'용기를 잃게 하다, 무기력하게 하다'

의미를 예측할 수 없는, 형태적으로 복잡한 단어는 우리의 머릿속 사전 속에 개별적으로 수록되어야 한다. 그러나 그 형태론적 규칙도 역시 문법에 포함되어서 단어들 간의 관계를 나타내고 새로운 단어를 형성하는 수단을 제공해야 한다.

예외와 보충형 Exceptions and Suppletions

단수형 명사를 복수형 명사로 만드는 형태규칙은 *child, man, foot, mouse*와 같은 단어에는 적용되지 않는다. 이러한 단어들은 영어의 복수형을 만드는 굴절규칙의 예외들이다. 마찬가지로, *go, sing, bring, run, know*와 같은 동사는 영어에서 과거형 동사를 만드는 굴절규칙에 대해 예외적이다.

아이들이 영어를 배울 때, 일반적인 규칙을 먼저 배우고 이 규칙을 모든 형태에 적용한다. 그래서 우리는 아이들이 *mans*와 *goed*라고 말하는 것을 종종 듣는다. 그러나 차후의 습득과정에서, 아이들은 *men*과 *mice*와 같은 불규칙 복수형과 *came*과 *went*와 같은 불규칙 과거시제 형태를 명확하게 배운다. 이러한 아이들의 오류는 보편적인 규칙이 실질적으로 존재한다는 증거이다. 이에 대해서는 9장에서 더 깊이 다룰 것이다.

불규칙 형태, 즉 **보충형**(suppletive)은 문법에서 별도로 취급된다. 우리는 *child/children*과 같은 예외적인 단어에는 접사를 첨가하는 일반적인 규칙을 적용하지 못하고, 비굴절형 단어를 다른 형태의 단어로 대체해야만 한다. 규칙변화를 하는 명사에 대해서는 단수 형태만 머릿속에 저장하면 되는데, 그 이유는 우리는 굴절규칙을 사용하여 복수형을 만들 수 있기 때문이다. 그러나 예외적 단어는 이렇게 할 수 없어, *children, mice, feet*과 같은 단어들은 개별적으로 배워야만 한다. 보충형 과거 시제형과 비교급 형태도 마찬가지이다. *walked*나 *taller*처럼 대부분 접미사 *-ed, -er*을 붙여 과거형과 비교급 형을 만드는 일반적인 규칙이 있지만, *went*나 *worse*와 같은 단어들은 'goed', 'badder'의 의미로서 개별적으로 배워야 한다.

새로운 단어가 언어에 추가될 때, 대체적으로 규칙적인 굴절규칙이 적용된다. *facsimile*의 축약형으로 *fax*가 영어에 처음 등장했을 때 *fax*의 복수형이 *oxen*과 같이 **faxen*이 되기를 원하는 괴짜(geeks)들이 있었지만, *geek*이라는 단어가 처음 영어에 들어왔을 때, 이것의 복수형은 **geeken*이 아니라 *geeks*였다. 그러나 염려할 필요가 없다. *fax*의 복수형은 *faxes*이다. 하지만 외국어에서 '차용'된 단어인 경우는 일반적인 굴절규칙이 적용되지 않는다. 예를 들어, 라틴어 *datum*의 복수형은 *datums*가 아니라 항상 *data*였다. 그러나 요즘에는 많은 사람들이 과거에는 복수로 취급되었던 *data*를 *information*과 같이 단수로 사용하고 있다.

"Yesterday you hit the ball"에서 과거시제 동사인 *hit*과 "The sheep are in the meadow"에서 복수형 명사인 *sheep*을 보면 어떤 형태소는 음운적 형태를 전혀 가지지 않음을 알 수 있다. 위 문장에서 시간 부사 *yesterday* 때문에 *hit*이 *hit + past*라는 것을 알고, 복수 동사 형태 *are* 때문에 *sheep*이 *sheep + plural*의 음성형태라는 것을 안다.

동사가 명사에서 파생되면 비록 그것이 불규칙 동사와 동일하게 발음될지라도, 일반적인 굴절규칙이 적용된다. 그래서 *ring*이 '둘러싸다, 돌다'의 의미를 지닐 경우 *ring*은 명사 *ring*에서 파생되었고, 이 동사는 규칙변화를 한다. 즉, 우리는 "The police ringed the bank with armed men"이라고 말하지 "*rang the bank with armed men"이라고 말하지 않는다. 야구에서 우리는 타자가 *flied out*(뜬 공을 쳐서 잡혔다)라고 말하지 **flew out*이라고 말하지 않는데, 그 이유는 동사가 복합명사인 *fly ball*에서 왔기 때문이다.

사실은, 'cop(경찰관)'을 의미하는 *flatfoot*과 같이 명사가 복합명사에 사용되어 그 의미를 상실할 때, 그 명사의 복수형은 일반적인 굴절규칙을 따른다. 그래서 속어로 2명의 경찰관을 지칭할 때 우리는 *two flatfoots*라고 말하지 **two flatfeet*라 말하지 않는다. 이는 마치 명사가 이렇게 말하는 것과 같다. "만약 나로부터 의미를 파악하지 못한다면, 나의 특별한 복수 형태를 가져갈 수 없어요." 즉, 이것은 복합명사의 의미가 이 복합명사를 구성하는 명사의 뜻과 무관하면, 이 명사의 특별한 복수형을 복합명사에 사용하지 못한다는 말이다.

그러나 복합명사의 복수형을 만드는 것은 *girlfriends*나 *sheepdogs*처럼 항상 단순히 -s를 첨가하는 것은 아니다. 많은 화자에게 *mother-in-law*의 소유격의 형태는 *mother-in-law's*이고, 복수형은 *mother**s**-in-law*이며, *court-martial*의 복수형은 *courts-martial*이다. 그리고 *attorney general*의 복수형은 법조계에서는 *attorneys general*이지만, 대부분의 사람들은 *attorney generals*라고 생각한다. 그러나 복합명사의 제일 오른쪽에 있는 단어가 불규칙 형태를 취하면, 일반적으로 복합어 전체는 그 형태를 따른다. 그래서 *footman*의 복수형은 **footmans*, **feetman*, **feetmen*이 아닌 *footmen*이 된다.

어휘 공백 Lexical Gaps

United Feature Syndicate

*clunt, spleek, flig*과 같이 영어 단어가 될 수 있는 많은 철자 혹은 음의 연속체가 실제로는 영어 단어가 아니다. 이와 같은 현상은 *disobvious*나 *inobvious*와 같은 형태적 파생에서도 찾아볼 수 있다. 어형성 규칙을 준수하지만 실제로는 어휘의 일부가 아닌 단어들은 **우연한 공백**(accidental gaps) 혹은 **어휘 공백**(lexical gaps)이라 불린다. 즉, 우연한 공백은 규칙에 의하여 생성되었지만 실제로는 존재하지 않는 단어이다.

한 언어에서 사용되는 실제 단어는 가능한 단어들의 부분집합에 불과하다. 어휘사전에는 항상 공백이 존재하는데, 이들은 실제 존재하지는 않으나 추가될 수는 있다. 어떤 공백(*blick, slarm, krobe*)은 허용되는 음의 연속체이지만 의미가 없다는 사실에 기인한다. 그러나 음의 연속은 그 언어의 제약을 따라야 하는데, 영어에서는 *bn*으로 시작하는 단어가 없기 때문에 *bnick*은 공백이 아니다. 이 제약에 관해서는 6장에서 좀 더 자세히 다룰 것이다.

어떤 공백은 가능한 형태소의 결합이지만 실제로는 전혀 사용되지 않는 경우에 생긴다. 화자들은 **unsystem*이나 **needlessity*와 같이 불가능한 단어와 *magnificenter*나 *disobvious*와 같이 가능하지만 존재하지 않는 단어를 구분할 수 있다. 앞에서 살펴본 바와 같이, *more magnificent*와 *nonobvious*가 존재하기 때문에 *magnificenter*나 *disobvious*는 만들어지지 않는다. 이러한 구분을 가능하게 하는 능력은 우리 정신문법의 형태론 부문은 현존하는 단어의 목록인 사전뿐만 아니라 우리가 새로운 단어를 만들고 이해하고, 가능한 단어와 불가능한 단어를 식별할 수 있도록 해주는 규칙으로 이루어져 있다는 추가적인 증거이다.

기타 어형성 과정 Other Morphological Processes

지금까지 다뤄온 다양한 접사 결합들은 세계 언어에서 가장 보편적인 어형성 과정이다. 그러나 이 책에서 계속 강조하고 있듯이, 인간의 언어능력은 매우 창의적이고, 그 창의성은 접사를 이용하여 단어를 만들거나 변형하는 접사 결합 방법 이외의 방법에까지 확대된다.

역성어 Back-Formations

오해가 때로는 창조적일 수 있다. 9장에서 다루겠지만 이 세상에서 아이만큼 잘못 생각하면서 동시에 창의적인 존재는 없다. 새로운 단어가 잘못된 형태구조 분석 때문에 언어에 유입될 수 있다. 예를 들어, *peddle*은 *peddler*의 *-er*이 행위자를 나타내는 접미사(agentive suffix)라고 잘못 생각하여 생긴 단어이다. 이와 같은 단어를 **역성어**(back-formations)라 한다. 동사 *hawk, stoke, swindle, burgle, edit* 역시 모두 *hawker, stoker, swindler, burglar, editor*에서 역형성으로 만들어진 단어이다. *pea*는 *pease*가 복수형이라고 생각한 화자들에 의해 단수형 *pease*에서 파생되었다.

어떤 단어들은 고의적으로 왜곡된 역형성 과정을 통해 만들어진다. *bikini*라는 단어는 마샬군도(Marshall Islands)의 비키니 산호섬(Bikini atoll)에서 유래했다. 첫 음절 *bi-*

가 *bicycle*에서와 같이 'two'를 의미하는 형태소이기 때문에, 머리가 비상한 어떤 이는 상반신이 없는 수영복을 *monokini*라 부르고, 수영복 하의가 달린 여성 윗옷(tank top)을 *tankini*라 부르기도 한다. 역사적으로 많은 새로운 단어들이 이와 유사한 방법으로 영어 어휘가 되었는데, 가장 최근에 사용되는 단어로는 전통적인 마티니 술에 향을 내는 첨가물인 *appletini, chocotini, mintini, God-knows-what-else-tini*가 있다. *act/action, exempt/exemption, revise/revision*과 같은 쌍의 유추를 통해 *resurrect, preempt, televise*라는 단어가 이미 존재하는 *resurrection, preemption, television*에서 만들어졌다.

언어 순화주의자들은 때때로 역형성을 비난하며 (*enthusiasm*과 *liaison*에서 파생된) *enthuse*와 *liaise*를 언어 부패의 예로 거론한다. 그러나 언어는 부패하는 것이 아니라 적응하고 변화하는 것이다. 여러분의 생애에 'tidy'와 'concerned'를 의미하는 (*disheveled*와 *nonchalant*에서 유래된) *shevelled*와 *chalant*가 영어에 유입되어 사용되어도 놀라지 말라. 그리고 만약 실제로 그런 일이 일어나도 과잉 반응하지 말라. 모든 것이 괜찮을 것이다.

복합어 Compounds

2개 이상의 단어가 결합하여 새로운 단어인 복합어(compound words)를 만든다. 다음 복합어 도표가 보여주듯이 영어는 복합어의 조합에 있어서 매우 유연한 편에 속한다.

	형용사	명사	동사
형용사	bittersweet	poorhouse	whitewash
명사	headstrong	homework	spoonfeed
동사	feel-good	pickpocket	sleepwalk

비교적 최근에 영어에 유입된 복합어는 *facebook, linkedIn, android apps, m-commerce, crowdsourcing*(온라인을 통해 많은 사람들로부터 정보를 얻는 방식) 등이다.

두 단어가 같은 문법범주에 속하면 그 복합어의 문법범주도 두 단어와 동일하다. 즉, 명사 + 명사 = 명사가 되고 그 예는 *girlfriend, fighter-bomber, paper clip, elevator-operator, landlord, mailman* 등이며, 형용사 + 형용사 = 형용사가 되고, *icy-cold, red-hot, worldly wise*를 예로 들 수 있다. 영어에서 복합어의 제일 오른쪽 단어가 그 단어의 **핵**(head)이다. 핵은 단어나 구의 한 부분으로 단어나 구의 넓은 의미나 문법적 범주를 결정짓는 요소이다. 따라서 두 단어가 다른 범주에 속할 때, 복합어의 두 번째, 즉 마지막 단어가 그 복합어의 문법적 범주를 결정한다. 예를 들어, *headstrong*에서처럼 명사 + 형용사 = 형용사이고, *pick-pocket*의 경우처럼 동사 + 명사 = 명사이다. 반면에, 전치사와 결합된 복합어는 (to) *overtake*, (the) *sundown*처럼 전치사가 아닌 단어의 품사를 따른다. 이는 전치사가 새로운 전치사를 쉽게 허용하지 않는 폐쇄범주를 형성한다는 것을 보여주는 또 다른 증거이다.

비록 두 단어로 형성된 복합어가 영어에서 가장 흔할지라도, 상한선을 정하는 것은 어렵다. *three-time loser, four-dimensional space time, sergeant-at-arms, mother-of-pearl, man about town, master of ceremonies, daughter-in-law*를 보라. Seuss 박사는 "when tweetle beetles battle with paddles in a puddle, they call it a tweetle beetle puddle paddle battle"[3]을 설명할 때, 복합어 규칙을 사용하고 있다.

어떤 단어의 연속이 복합어를 구성하는지 철자만으로는 알 수 없다. *blackbird, six-pack, smoke screen*처럼 두 단어를 띄어 쓰든지, 하이픈으로 연결하든지 혹은 두 단어 사이를 전혀 띄우지 않는지는 복합어의 고유한 특성에 달려있다.

파생된 단어와 마찬가지로 복합어도 내부 구조를 가진다. 이는 *top* + *hat* + *rack*과 같은 복합어의 중의성을 보면 분명해진다. *top* + *hat* + *rack*은 다음의 수형도 (1)의 구조에 상응하는 'a rack for top hats'를 의미할 수도 있고, 수형도 (2)의 구조에 부합하는 'the highest hat rack'을 의미할 수 있다.

(1)

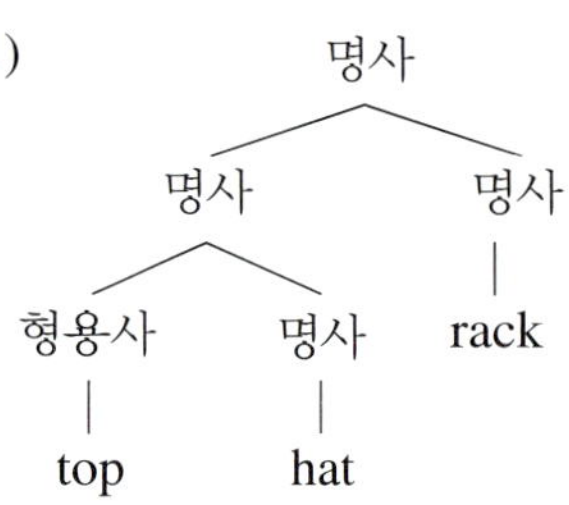

(2)

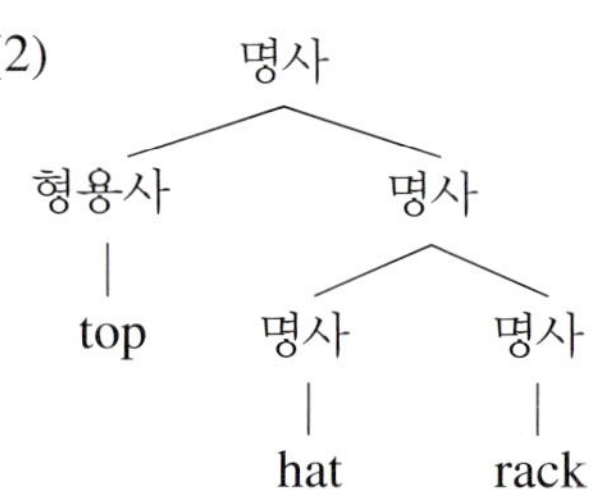

복합어의 의미 Meaning of Compounds

"No, it's my PENCILmanship!"

FAMILY CIRCUS © 2009 BIL KEANE, INC. KING FEATURES SYNDICATE

---

[3] From FOX IN SOCKS BY Dr. Seuss, Trademark™ & copyright by Dr. Seuss Enterprises, L.P., 1965, renewed 1993. Used by permission of Random House Children's Books, a division of Random House, Inc., International Creative Management, and HarperCollins Publishers, Ltd.,UK.

복합어의 의미는 반드시 복합어를 구성하는 개별 요소들의 의미의 총합은 아니다. *blackboard*가 초록색이거나 흰색일 수 있고, 빨간 코트를 입은 모든 사람이 모두 Redcoat(미국독립전쟁 중 영국군을 일컫던 속어)는 아니다. 1776년 미국에서 "She has a red coat in her closet"이라는 문장과 "She has a Redcoat in her closet"이라는 문장의 차이는 매우 중요했을 것이다.

어떤 복합어는 개별 요소 간의 다른 의미 관계를 나타내는데 이 의미 관계가 일관적이지는 않다. 그 이유는 많은 복합어가 관용적(4장 참조)이기 때문이다. *boathouse*는 *boat*를 위한 집이지만, *cathouse*는 고양이를 위한 집이 아니다(이것은 매춘부의 집이나 매음굴을 나타내는 속어이다). *jumping bean*은 말 그대로 튐콩을 의미하고, *falling star*는 떨어지는 것처럼 보이는 유성이고, *magnifying glass*는 확대경을 의미한다. 그러나 *looking glass*는 보는 유리가 아니고, *eating apple*도 먹는 사과가 아니며, *laughing gas*도 웃는다는 것을 의미하지는 않는다. *peanut oil*과 *olive oil*은 무언가로부터 만들어진 것이지만 *baby oil*은 어떤가? 또 "horse meat is dog meat"이라는 문장은 모순인가? 그렇지 않다. 그 이유는 *horse meat*는 말고기이고, *dog meat*는 개가 먹는 고기이기 때문이다.

지금까지의 예에서는 각 복합어의 의미에는 개별 요소의 의미가 적어도 부분적으로 내포되어 있다. 그러나 오늘날 많은 복합어는 개별 단어의 의미와 전혀 관계가 없어 보인다. *jack-in-a-box*는 열대 나무이고, *turncoat*는 배반자를 의미한다. *highbrow*(지식인)가 반드시 긴 눈썹을 가지는 것이 아니고, *bigwig*(중요한 인물, 거물)이 큰 가발을 꼭 쓰는 것이 아니며, 또한 *egghead*(지식인)가 실제 계란 모양의 머리를 가지지도 않는다.

접두사 *un-*을 포함한 단어들처럼, 많은 복합어의 의미는 전체를 하나의 개별 단어인 것처럼 익혀야 한다. 어떤 의미는 추정이 가능하지만 모든 의미가 그렇지는 않다. 만약 당신이 *hunchback*이라는 단어를 들은 적이 없다 하더라도, 그 단어의 의미를 짐작할 수 있을 것이다. 그러나 당신이 *flat-foot*이라는 단어를 들은 적이 없다면, 이 단어가 '탐정'이나 '경찰관'을 의미한다는 것을 알지 못할 것이다. 물론 일단 이 단어의 의미를 알고 나면 이 단어의 어원은 짐작할 수 있다.

영어 복합어의 발음은 복합어를 형성하지 않는 두 단어로 구성된 명사구의 발음과 다르다. 복합어에서는 첫 단어가 주로 강세를 받고(다소 크게, 높게 발음하고), 복합어가 아닌 구에서는 두 번째 단어가 강세를 가진다. 따라서 우리는 *Redcoat*에서는 *Red*에 강세를 두고, *red coat*에서는 *coat*에 강세를 둔다. (강세, 음조, 그리고 다른 유사한 자질들은 5장과 6장에서 다룰 것이다.)

복합어의 보편성 Universality of Compounding

프랑스어의 *cure-dent* '이쑤시개(toothpick)', 독일어의 *Panzerkraftwagen* '장갑차(armored car)', 러시아어의 *cetyrexetaznyi* '4층의(four-stored)', 스페인어의 *tocadiscos* '녹음기(record player)' 등의 예에서 볼 수 있듯이, 다른 언어에도 단어를 결합하여 복합어를 형성하는 규칙이 존재한다. 아메리카 원주민 언어인 Tohono O'odham에서 '물건(thing)'을 의미하는 단어는 *haʔichu*인데, 여기에 '생물(living creatures)'을 뜻하는 *doakam*을 결합하면 '동물 생태(animal life)'를 의미하는 복합어 *haʔichu doakam*이 된다.

Twi어에서는 '아들(son)'이나 '아이(child)'를 의미하는 *ɔba*와 '두목, 대장(chief)'을 의미하는 *ɔhene*을 결합하면 '왕자(prince)'를 의미하는 복합어 *ɔheneba*가 생성된다. *ɔhene*에 '집(house)'을 의미하는 *ofi*를 붙이면 '궁전(palace)'을 뜻하는 *ahemfi*가 만들어진다. Twi어의 복합어에서 발생하는 다른 변화는 그 언어의 음운규칙과 형태규칙에 기인한다.

태국어에서 '고양이'는 *mɛɛw*이고, '경계하다(watch)'는 *fâw*, '집(house)'은 *bâan*이다. (watchdog처럼) 'watch cat'에 해당되는 단어는 *mɛɛwfâwbâan*인데, 문자대로는 'catwatchhouse'인 것이다. 복합어를 만드는 것은 모든 언어에서 어휘를 확장시키는 일반적이고 흔한 과정이다.

재미있는 단어의 모음 Pullet Surprises

언어의 형태소와 형태론적 규칙에 대한 우리의 지식은 종종 우리가 저지르는 말실수에서 드러난다. 우리는 모르는 단어의 의미를 추측할 수도 있다. 때때로 이 추측은 틀릴 수도 있지만, 그럼에도 불구하고 빗나간 추측은 매우 '지능적'이다.

Amsel Greene은 어휘 만들기 수업에서 학생들이 범한 오류를 모아 *Pullet Surprises*[4]라는 책을 출판했다. 이 책의 제목은 실제 그녀의 고등학교 학생 중 1명이 "In 1957 Eugene O'Neill won a Pullet Surprise"라고 쓴 문장에서 따온 것이다. 이러한 오류에서 가장 흥미로운 점은 오류가 학생들의 영어 형태론에 대한 지식을 얼마나 많이 보여 주는가 하는 것이다. 이 학생들의 창의성은 다음의 예에 잘 나타나 있다.

단어	학생들의 정의
deciduous	'able to make up one's mind'
longevity	'being very tall'
fortuitous	'well protected'
gubernatorial	'to do with peanuts'
bibliography	'holy geography'
adamant	'pertaining to original sin'
diatribe	'food for the whole clan'
polyglot	'more than one glot'

[4] Greene, A. 1969. *Pullet surprises*. Glenview, IL : Scott, Foresman.

gullible 'to do with sea birds'
homogeneous 'devoted to home life'

*She tried many reducing diets, but remained indefatigable*이라는 문장에서 *indefatigable*을 사용한 학생은 분명히 형태론적 지식을 보여준다. 즉, *in*이 *ineffective*에서처럼 'not'을, *de*가 *decapitate*에서처럼 'off'를, *fat*은 'fat'을, *able*은 'able'을 각각 의미하며, 각 요소를 결합한 의미가 'not able to take the fat off'라는 것을 학생들은 안다. Greene이 수집한 오류 모음에 'a city-dwelling diminutive troll'을 뜻하는 *metronome*과 'a really stupid cow'를 뜻하는 *oxymoron* 등을 좀 더 추가할 수 있다.

수화형태론 Sign Language Morphology

수화는 형태론적 관점에서 매우 풍부한 언어이다. 수화에는 어근과 접사, 자립형태소와 의존형태소, 어휘형태소와 문법형태소, 파생형태소와 굴절형태소가 있고, 또 이 형태소를 결합하여 형태적으로 복잡한 신호를 만드는 형태규칙이 있다. 접사의 결합은 특정한 손동작 앞이나 뒤에 다른 손동작을 붙여서 이루어진다. '부정'을 의미하는 접미사는 *un-*, *non-*, 혹은 *dis-*와 매우 유사한데, 이 접미사는 부정되는 어근 동작 끝에 빠르게 손을 재빨리 뒤집어서 나타낸다. 예를 들어, 'want'는 양 손바닥을 위쪽으로 펼쳐서 나타내고, 'don't want'는 양 손바닥을 아래로 펼쳐서 나타낸다. 이러한 '방향 전환(reversal of orientation)' 접미사는 필요한 조정을 거쳐 많은 어근 동작에 적용된다.

수화에서는 많은 형태소 연결과정이 선형적이지 않다. 어간 동작이 동작 공간에서 다양한 동작과 위치에 끼어있어 손동작이 동시에 이루어진다. 그러나 이것은 구어에서는 불가능하다.

어근 굴절도 역시 미국수화와 다른 수화에 나타나는데, 손동작과 수화하는 사람의 신체 가까운 부분의 공간변화를 특이하게 조절한다. 예를 들면, 수화자의 몸에서부터 '청자' 쪽으로 가는 손의 움직임은 "I see you"에서와 같은 동사를 굴절시키는 반면, 청자로부터 수화자의 몸 쪽으로 향하는 움직임은 "You see me"에서와 같은 동사를 굴절시킨다.

형태소 분석: 형태소 식별 Morphological Analysis: Identifying Morphemes

사례연구 1

이 장에서 살펴 본 바와 같이, 한 언어의 화자들은 그 언어의 형태소를 알고 또 형태소를 결합하는 규칙을 알기 때문에 단어의 내부 구조에 대해서 알고 있다. 물론 이것은 무의식적인 지식이며, 이 지식을 언어의 기술문법의 한 부분으로, 명시적으로 만드는 데는 훈련된 언어학자가 필요하다. 여러분이 분석하는 언어가 심지어 모국어일 때에도 이 과업은 특히 어렵다. 그러나 어떤 한 언어를 말하는 언어학자는 그럼에도 불구하고 자신의 모국어가 아닌 다른 언어들도 분석한다.

당신이 Zorx라는 행성에서 온 언어학자로 영어를 분석하고자 한다고 가정해보자. 어떻게 영어의 형태소를 찾아낼 것인가? 영어 단어가 하나, 둘, 혹은 그 이상의 형태소를 가지고 있는지 어떻게 결정하겠는가? 또 그 형태소들이 무엇인지 어떻게 알아낼 것인가?

가장 처음 해야 할 일은 원어민에게 여러 다양한 단어를 어떻게 말하는지를 시켜보는 것이다. (Zorx어-영어 통역사를 데리고 다니면 도움이 될 것이다.) 당신이 따라 하기에 능하고, 다음과 같은 자료를 수집할 수 있다고 가정해 보라.

형용사	의미
ugly	'very unattractive'
uglier	'more ugly'
ugliest	'most ugly'
pretty	'nice looking'
prettier	'more nice looking'
prettiest	'most nice looking'
tall	'large in height'
taller	'more tall'
tallest	'most tall'

위 목록에서 어떤 형태소가 있는지를 결정하기 위해서, 현장 언어학자가 가장 먼저 해야 할 일은 어떤 형태가 다른 단어에서 동일한 의미를 가지는지, 즉 반복되는(recurring) 형태를 찾아내는 것이다. 우리는 이런 순환형태를 찾아낼 수 있다. 즉, *ugly*는 *ugly, uglier, ugliest*에 나타나는데, 모두 'very unattractive'라는 뜻으로 사용되었다. 또한 *prettier*와 *taller*에서 *-er*이 나타나고, 이것이 형용사에 첨가되어 원래 형용사에 'more'의 의미를 더한다는 것도 우리는 안다. 마찬가지로, *-est* 역시 형용사에 'most'의 의미를 더한다. 그리고 Zorx어-영어 통역사가 영어 원어민 화자에게 더 질문을 하게 하여, 우리는 *-er*과 *-est*가 'more'와 'most'의 뜻으로, 독립적으로 사용될 수 없다는 것도 알 수 있다. 따라서 우리는 다음과 같은 형태소가 영어에 나타난다고 결론지을 수 있다.

ugly	어근형태소
pretty	어근형태소

tall	어근형태소
-er	비교급 의존형태소
-est	최상급 의존형태소

논의를 계속하면, *-er*로 끝나는 단어임에도 불구하고 비교급의 의미를 가지지 않고 동사(*sing*, *love*, *bomb*, *write*, *teache*)에 첨가되면 '~하는 사람'으로 변화시키는 *singer*, *lover*, *bomber*, *writer*, *teacher*와 같은 단어들도 있다. 그래서 우리는 이 *-er*은 비교급 *-er*과 동일하게 발음되지만 다른 형태소라고 결론 내릴 수 있다. 우리는 계속해서 *number*, *somber*, *butter*, *member*뿐만 아니라 *-er*이 전혀 독립적인 의미를 가지지 않는 단어들도 찾을 수 있다. *somber*는 'somb하는 사람'의 의미가 아니고, *member*도 'memb하는 사람'을 뜻하지 않기 때문에 이 단어들은 모두 단일 형태소(monomorphemic)이다.

사례연구 2

일단 영어 형태론에 대해서 충분히 숙달하게 되면 당신은 아마 계속해서 다른 언어를 기술하고 싶을 것이다. Paku어는 1970년대 TV 연속극 *Land of the Lost*를 위해 언어학자 Victoria Fromkin이 만들었다. 이 연속극은 2009년 Will Farrell이 주연한 인기 영화의 원작이다. Paku어는 Pakuni라는 유인원들이 사용하던 언어이다. 당신이 이 낯선 곳에 와 있고, Paku어에 어떤 형태소가 있는지 알아내려 한다고 생각해보라. 아마 당신은 Paku어 원어민 화자로부터 자료를 수집하고, Zorx인이 영어를 분석한 것과 같은 방법으로 분석을 진행할 것이다. 다음 Paku어 자료를 살펴보라.

me	'I'	meni	'we'
ye	'you(단수)'	yeni	'you(복수)'
we	'he'	weni	'they(남성)'
wa	'she'	wani	'they(여성)'
abuma	'girl'	abumani	'girls'
adusa	'boy'	adusani	'boys'
abu	'child'	abuni	'children'
Paku	'one Paku'	Pakuni	'more than one Paku'

위 단어들을 조사해보면, 복수형은 *-ni*로 끝나고 단수형은 그렇지 않다는 것을 알 수 있다. 따라서 *-ni*가 개별 형태소로서 '복수'를 의미하고, 명사에 붙는 접미사라고 결론 내릴 수 있다.

사례연구 3

여기에 좀 더 어려운 예가 있다. 그러나 원리는 동일하다. 즉, 주어진 의미를 단서로 하여 단어의 같은 부분이 반복되거나 유사하게 반복되는 경우를 찾아라. 다음은 멕시코의 토착 언어인 Michoacan Aztec에서 발췌한 단어이다.

nokali	'my house'	mopelo	'your dog'
nokalimes	'my houses'	mopelomes	'your dogs'
mokali	'your house'	ikwahmili	'his cornfield'
ikali	'his house'	nokwahmili	'my cornfield'
nopelo	'my dog'	mokwahmili	'your cornfield'

위 단어에서 우리는 *house*, *dog*, *cornfield*라는 3개의 어간 의미가 있다는 것을 알 수 있다. *house*를 먼저 살펴보면, 'house'를 지칭하는 모든 단어에서 공통점을 찾을 수 있다. 이 단어들은 모두 *kali*를 포함하고 있어 정확한 추측이 가능하다. (우리와 당신이 처음에는 *kal*이라고 추측했을지 모르지만 결국 *nokali*와 *mokali*의 끝에 오는 *i*를 어떻게 처리해야 할지 모를 것이다.) *kali*가 'house'를 의미한다는 가정하에, 우리는 *no-*가 'my'를 뜻하는 접두사라고 추론할 수 있는데, 이는 *nopelo*가 'my dog'를 의미한다는 것을 보면 확실하다. 그리고 우리는 *pelo*가 'dog'를 의미한다고 추측하고, 이것을 토대로 계속해서 다른 추측을 해나간다. 만약 *pelo*가 'dog'이고, *mopelo*가 'your dog'라면, *mo*는 아마도 'your'를 나타내는 접두사일 것이다. 소유격 대명사가 접두사라고 생각하기 때문에, 우리는 *ikali*를 보면 *i*는 'his'를 의미한다고 추론할 수 있다. 접두사에 대한 우리의 추측이 옳다면, 우리는 'his cornfield'를 의미하는 *ikwahmili*에서 'cornfield'에 해당되는 단어 *kwahmili*를 분리해 낼 수 있다. 우리의 추측은 성공적이다. 그러나 아직 설명되지 않은 형태소가 하나 남아 있는데, 이것은 바로 '복수'를 의미하는 형태소이다. 위에서 *nokalimes*, *mopelomes*가 복수형의 예시인데, 우리는 이미 *no*, *kali*, *mo*, *pelo*를 알고 있기 때문에 접미사 *mes*를 복수형 형태소로 쉽게 식별할 수 있다.

우리 분석의 최종 결과는 다음과 같다.

kali	'house'
pelo	'dog'
kwahmili	'cornfield'
no-	'my'
mo-	'your'
i-	'his'
-mes	'plural'

사례연구 4

여기에 형태소 분석의 마지막 예가 있는데, 철자(발음)의 변화에 의해 좀 복잡하다. 즉, 부정관사를 자음 앞에서는 *a*를 사용하고 모음 앞에서는 *an*을 사용하는 것과 비슷한 경우이다. 일반적으로 당신이 수집하거나 녹음한 자료가 그러하듯이, 다음 슬라브어 예는 뒤죽박죽이다.

gledati	'to watch'	nazivaju	'they call'
diram	'I touch'	sviranje	'playing' (명사)
nazivanje	'calling' (명사)	gladujem	'I starve'
dirati	'to touch'	kupuju	'they buy'
kupovanje	'buying' (명사)	stanovati	'to live'
sviraju	'they play'	kupujem	'I buy'
gledam	'I watch'	diranje	'touching' (명사)
stanovanje	'living' (명사)	stanujem	'I live'
diraju	'they touch'	gladovanje	'starving' (명사)
nazivati	'to call'	stanuju	'they live'
kupovati	'to buy'	gledaju	'they watch'
gladuju	'they starve'	svirati	'to play'
gladovati	'to starve'	sviram	'I play'
gledanje	'watching' (명사)	nazivam	'I call'

첫 번째 해야 할 것은 공통점을 분류하면서 단순히 자료를 재정리하는 것이다. 자료를 면밀히 살펴보면 주어진 자료는 7개의 어간과 관련이 있고, 이 어간을 의미에 의해 분류할 수 있다는 것을 알 수 있다. 또한 각 어간에 정확히 4개의 형태(부정사, 1인칭 단수인 *I*, 3인칭 복수인 *they*, 명사형이나 동명사)가 존재하고, 그 어간을 재구성할 수 있다는 것을 우리는 안다. 자료의 순서를 강조하기 위해 심지어 알파벳순으로 정리한다. 그 결과 재정리한 자료는 덜 어려워 보인다.

	touch	**starve**	**watch**	**buy**	**call**	**live**	**play**
부정사	dirati	gladovati	gledati	kupovati	nazivati	stanovati	svirati
1인칭 단수	diram	gladujem	gledam	kupujem	nazivam	stanujem	sviram
3인칭 복수	diraju	gladuju	gledaju	kupuju	nazivaju	stanuju	sviraju
명사	diranje	gladovanje	gledanje	kupovanje	nazivanje	stanovanje	sviranje

이제 패턴이 좀 더 확실해진다. 첫 번째 세로줄에서 *dir-*는 'touch'를 의미하는 어간이고, 접미사 *-ati*가 부정사, 접미사 *-am*은 1인칭 단수형, 접미사 *-aju*는 3인칭 복수형임을 가정할 수 있으며, 접미사 *-anje*는 영어의 접미사 *-ing*처럼 명사를 만든다는 가설을 세울 수

있다. 우리는 이 가설을 검증할 필요가 있는데, 두 번째 세로줄은 원래의 가설이 옳지 않음을 시사한다. 그러나 계속해서 주어진 자료를 토대로 가설을 검증해보면 'watch', 'call', 'play'의 경우는 각각 어간이 *gled-*, *naziv-*, *svir-*라서 'touch'와 동일한 접사를 취하는 것을 알 수 있다.

그러나 'starve', 'buy', 'live'의 경우는 그렇지 않다. 이 동사들은 부정사(첫 번째 줄)와 명사 형성(네 번째 줄)에서는 'touch'와 같은 유형을 따르고, 각각 *gladov-*, *kupov-*, *stanov-*를 어간으로 가진다. 그러나 두 번째와 세 번째의 줄, 즉 1인칭 단수와 3인칭 복수의 경우는 다르다. 'I'를 의미하는 *-am* 대신 *-em*을 사용한다. (물론 'I'를 의미하는 형태소가 *-ujem* 혹은 *-jem*일 수 있지만, 우리는 *-am*과 가장 가까운 형태를 유력한 후보로 간주한다.) 그래서 'I'를 의미하는 접미사는 두 가지 형태 *am/em*인데, 이는 영어의 *a/an*의 교체와 유사하다.

그러나 'starve', 'buy', 'live'의 어간과 관련하여 문제가 있다. 하지만 이제 자료를 재배열한 우리의 노력이 도움이 된다. 문제가 되는 위 세 동사는 모두 *-ov*로 끝난다는 것을 알 수 있다. 만약 *-am/-em*이 'I'를 의미한다는 우리의 결정을 그대로 고수한다면, 영어에서 *democra**t**/democra**cy***의 경우처럼, *ov*로 끝나는 어간은 특정한 경우에 다르게 발음된다고 가정할 수 있다. 만약 이 가정을 수용하면, 3인칭 복수 형태소는 2개의 이형태인 *-aju/-u*를 가진다고 결론 내릴 수 있다.

지금까지의 분석을 다음과 같이 정리할 수 있다.

어간 *dir-*, *gled-*, *naziv-*, *svir-*는 접미사 *-ati*, *-am*, *-aju*, *-anje*를 취한다. *ov*로 끝나는 동사는 *-ati*와 결합하여 부정사형이 될 때와 *-anje*와 결합하여 명사형이 될 때는 *gladov-*, *kupov-*, *stanov-*를 어간으로 가진다. 그리고 이 동사들이 'I'의 뜻을 더하려면 *-em*과 결합하여 'I'를 의미하고, *u-*와 결합하여 'they'를 의미할 때는 *gladuj-*, *kupuj-*, *stanuj-*를 어간으로 취한다.

마지막으로 예를 들어 현장 연구에서 *razarati*가 'to destroy'를 의미한다는 것을 발견한다면, 'I destroy'는 *rezaram*, 'they destroy'는 *razaraju*, 'destruction'은 *razaranje*라는 것을 바로 알 수 있다. 혹은 만일 *darujem*이 'I gift'를 뜻한다면, 'gift'를 의미하는 명사는 *darovanje*이고, 부정사형 'to gift'는 *darovati*, 'they gift'는 *daruju*라는 것을 또한 추론할 수 있다.

6장에서 우리는 동일한 형태소가 왜 다른 환경에서 다르게 발음되고 다른 철자를 가지는지에 대해 알아볼 것이다. 또한 대부분의 문법과정들과 같이 이 변이(variation)는 규칙지배적(rule-governed)이라는 것을 살펴볼 것이다. 앞서 논의한 네 가지 사례 연구에서 논의된 분석 원칙을 따르면 여러분은 연습문제에 나오는 형태론 문제를 잘 풀 수 있을 것이다.

요약

언어를 안다는 것은 단어를 구성하는 요소인 그 언어의 형태소를 안다는 것이다. 예를 들어 *moralizers*는 *moral* + *ize* + *er* + *s*와 같이 4개의 형태소로 구성된 영어 단어이다. 단어나 형태소를 알 때, 여러분은 그것의 형태(음 또는 손동작)와 의미를 안다. 이 형태와 의미는 분리가 불가능한 언어부호의 요소들이다. 형태와 의미의 관계는 자의적이며, 이 둘 사이에는 어떠한 본질적인 연관성이 없다(즉, 모든 언어에서 단어와 형태소는 배워야만 한다).

형태소는 자립형이거나 의존형이다. 자립형태소는 *girl*이나 *the*처럼 단독으로 쓰일 수 있는데, 두 가지 종류가 있다. 하나는 언어의 내용어를 포함하는 개방부류이고, 또 다른 하나는 *the*나 *of*와 같이 기능어를 포함하는 폐쇄부류이다. 의존형태소는 접사나 *-ceive*와 같은 의존어근이다. 접사에는 접두사, 접미사, 외접사, 접요사 등이 있다. 접사에는 파생형과 굴절형이 있다. 파생접사는 새로운 단어를 파생하는 반면, 복수형 접사 *-s*와 같은 굴절접사는 단어의 문법적 변화를 가져온다. 형태적으로 복잡한 단어는 어근을 포함하는데, 이 어근 앞뒤로 접사가 붙어 어간이 만들어진다. 형태론의 규칙은 어떤 접사를 결합하면 *un* + *system* + *atic*과 같은 실제 단어를 만들 수 있고, 또 어떤 접사를 결합하면 **un* + *system*과 같은 불가능한 단어를 만드는지를 결정해준다.

*unlockable*과 같은 중의적인 단어를 통해 알 수 있듯이 단어는 계층적 구조를 가진다. 이 단어는 'unable to be locked'를 의미하는 *un* + *lockable*과 'able to be unlocked'를 뜻하는 *unlock* + *able*로 분석될 수 있다.

어떤 형태론 규칙은 생산적이라서, 해당되는 어간에 자유롭게 적용될 수 있다. 예를 들어, *re-*는 동사 어간에 자유롭게 붙어 *redo, rewash, repaint*와 같은 단어를 파생한다. 어떤 규칙은 조금 더 많은 제약이 있어 *young* + *ster*와 같은 단어는 만들지만, **smart* + *ster*와 같은 단어는 만들지 않는다. 굴절형태론 규칙은 매우 생산적이다. 그래서 복수형 *-s*는 실존하지 않는 무의미한 단어에도 자유롭게 붙는다. 보충형은 굴절형태론 규칙의 적용을 받지 않기 때문에, **mans*나 **bringed* 대신에 *men*과 *brought*가 사용된다.

접사결합 이외에도 새로운 단어를 생성하는 많은 다양한 방법이 존재한다. 복합어는 *homework*와 같이 2개 이상의 어근을 결합하여 만들어진다. 복합어의 핵, 즉 복합어를 형성하는 제일 오른쪽 단어가 복합어의 기본적 의미를 가진다, 예를 들어 *homework*는 '집에서 하는 일의 한 종류'를 의미한다. 그러나 때로 복합어의 의미는 예측이 불가능하여 *laughing gas*와 같이 하나의 어휘 항목으로 배워야만 한다. 역성어는 *-er*과 같이 원래 접사가 아닌 요소를 실제 접사로 오인하여 만들어진 단어이다. 예를 들어, 동사 *peddle*은 *peddler*가 *peddle* + *er*이라는 잘못된 추정에서 만들어진 단어이다.

수화의 문법에도 역시 어근, 파생 수화형태소, 굴절 수화형태소를 포함하는 형태부문과 형태소를 결합하는 규칙이 있다.

형태론적 분석은 사소한 발음 차이도 고려해서 언어의 형태-의미 단위를 식별하는 과정이다. 그래서 영어에서 *intolerable, impeccable*에 나타나는 접두사 *in-*과 *im-*은 같은 형태소의 변이형으로 간주된다. 이것은 마치 *democrat*과 *democrac*을 동일한 형태소의 어간 변이형으로 분석하는 것과 동일한데, *t*가 있는 전자는 *democratic*에 나타나고 *c*가 있는 후자는 *democracy*에 나타난다.

참고문헌

Anderson, S.R. 1992. *A-morphous morphology*. Cambridge, UK: Cambridge University Press.

Aronoff, M. 1976. *Word formation in generative grammar*. Cambridge, MA: MIT Press.

_____, and Fudeman, K. 2005. *What is morphology?* Malden: MA: Blackwell Publishing.

Bauer, L. 2003. *Introducing linguistic morphology*, 2nd ed. Washington, DC: George- town University Press.

Haspelmath, M. and Sims, A. 2010. *Understanding morphology, 2nd ed.* USA: Oxford University Press.

Jensen, J. T. 1990. *Morphology: Word structure in generative grammar*. Amsterdam/Philadelphia: John Benjamins Publishing.

Katamba, F. 2004. *Morphology: its relation to semantics and the lexicon*. Oxford, UK: Taylor and Francis.

Matthews, P.H. 1991. *Morphology: An introduction to the theory of word structure, 2nd ed.* Cambridge, UK: Cambridge University Press.

Pinker, S. 2000. *Words and rules: the ingredients of language*. New York: Harper Collins.

Stockwell, R., and D. Minkova. 2001. *English words : History and structure*. New York: Cambridge University Press.

Winchester, S. 2003. *The meaning of everything* (*The story of the Oxford English Dictionary*). Oxford, UK: Oxford University Press.

_____. 1999. *The professor and the madman*. New York: Harper Collins.

연습문제

1. 당신의 머릿속 사전 속에 존재하는 단어의 수를 산정하는 방법이 여기에 있다. 표준사전 어떤 것이라도 찾아보라. (인터넷 사전은 부적합할 수 있다.)

a. 한 페이지에 있는 단어 수를 세어라. 보통 단어는 굵은 글씨로 되어있다.

b. 페이지 당 단어의 수를 사전 페이지 수로 곱하라.

c. 임의로 사전에서 네 페이지, 예를 들어, 50, 75, 125, 303페이지를 선택하라. 그리고 이 네 페이지에 있는 단어 수를 세어라.

d. 이 단어들 중 당신은 몇 개를 아는가?

e. 네 페이지에 수록된 단어의 몇 퍼센트를 당신은 아는가?

f. 사전의 총 단어수를 (e)에서 얻은 백분율로 곱하라. 당신은 대략 그만큼의 영어 단어를 알고 있다.

2. 형태소 사이에 '+' 기호를 넣어 다음 각 단어들을 형태소로 나누어라. (어떤 단어는 단일 형태소라서 분리할 수 없다.)

예) replaces = re + place + s

a. retroactive
b. befriended
c. televise
d. margin
e. endearment
f. psychology
g. unpalatable
h. holiday
I. grandmother
j. morphemic
k. mistreatment
l. deactivation
m. saltpeter
n. airsickness
o. bureaucrat
p. democrat
q. aristocrat
r. plutocrat
s. democracy
t. democratic
u. democratically
v. democratization
w. democratize
x. democratizer
y. democratizing
z. democratized

3. A의 각 표현과 이 표현에 대한 올바른 설명을 B에서 찾아 연결하라.

A	B
a. noisy crow	(1) 복합명사

b. scarecrow (2) 어근형태소 + 파생접두사
c. the crow (3) 형용사 + 명사로 이루어진 구
d. crowlike (4) 어근형태소 + 굴절접사
e. crows (5) 어근형태소 + 파생접미사
(6) 문법형태소 + 어휘형태소

4. A에 있는 단어의 이탤릭체로 표시된 부분에 대한 설명을 B에서 찾아 연결하라.

A	B
a. terroriz*ed*	(1) 자립어근
b. un*civil*ized	(2) 의존어근
c. terroriz*e*	(3) 굴절접미사
d. *luke*warm	(4) 파생접미사
e. *im*possible	(5) 굴절접두사
	(6) 파생접두사
	(7) 굴절접요사
	(8) 파생접요사

5. A. 다음 줄루어의 명사를 살펴보고 반복되는 형태를 찾아보아라.

umfazi	'married woman'	abafazi	'married women'
umfani	'boy'	abafani	'boys'
umzali	'present'	abazali	'presents'
umfundisi	'teacher'	abafundisi	'teachers'
umbazi	'carver'	ababazi	'carvers'
umlimi	'farmer'	abalimi	'farmers'
umdlali	'player'	abadlali	'players'
umfundi	'reader'	abafundi	'readers'

a. 줄루어에서 '단수'를 의미하는 형태소는 무엇인가?
b. 줄루어에서 '복수'를 의미하는 형태소는 무엇인가?
c. 단수와 복수 형태소가 붙은 줄루어의 어간을 나열하고 그들의 의미를 말하라.

B. 다음 줄루어 동사는 명사 어간에 동사 접미사를 결합하여 파생된 것이다.

fundisa	'to teach'	funda	'to read'
lima	'to cultivate'	baza	'to carve'

d. 위 단어를 *umfundisi* 'teacher', *abafundisi* 'teachers', *fundisa* 'to teach'처럼 의미적으로 연관이 있는 A항의 단어와 비교하라. 동사 범주를 나타내는 파생접미사는 무엇인가?
e. 명사 접미사, 즉 명사를 만드는 접미사는 무엇인가?
f. 줄루어에서 명사를 만드는 규칙을 진술하라.
g. 'read'를 의미하는 어간형태소는 무엇인가?
h. 'carve'를 의미하는 어간형태소는 무엇인가?

6. 스웨덴은 세계적인 록그룹 ABBA와 Volvo 자동차, 위대한 영화감독 Ingmar Bergman을 세상에 배출했다. 스웨덴어에는 여러분이 이 장을 읽으면서 습득한 지식으로 분석할 수 있는 명사 형태소가 있다. 다음 스웨덴어의 명사 형태를 살펴보라.

en lampa	'a lamp'	en bil	'a car'
en stol	'a chair'	en soffa	'a sofa'
en matta	'a carpet'	en tratt	'a funnel'
lampor	'lamps'	bilar	'cars'
stolar	'chairs'	soffor	'sofas'
mattor	'carpets'	trattar	'funnels'
lampan	'the lamp'	bilen	'the car'
stolen	'the chair'	soffan	'the sofa'
mattan	'the carpet'	tratten	'the funnel'
lamporna	'the lamps'	bilarna	'the cars'
stolarna	'the chairs'	sofforna	'the sofas'
mattorna	'the carpets'	trattarna	'the funnels'

a. 스웨덴어에서 부정관사 *a/an*을 나타내는 단어는 무엇인가?
b. 위의 자료에서 복수형태소를 나타내는 두 가지 형태는 무엇인가? 어떤 복수형이 적용되는지 어떻게 알 수 있는가?
c. 위의 자료에서 단수 명사와 결합하는 형태소로서 영어의 정관사 *the*에 해당되는 두 가지 형태는 무엇인가? 어떤 형태소가 사용되는지 어떻게 알 수 있는가?
d. 복수 명사와 결합할 수 있는 정관사는 무엇인가?
e. 2개 이상의 접미사가 나타날 때, 그 순서는 무엇인가?
f. *en flicka*가 'a girl'을 의미한다면, 'girls', 'the girl', 'the girls'를 뜻하는 단어는 각각 무엇인가?
g. *bussarna*가 'the buses'를 의미한다면, 'buses', 'the bus'를 뜻하는 단어는 각각 무엇인가?

7. 다음은 필리핀어인 Cebuano의 명사이다.

sibwano	'a Cebuano'
ilokano	'an Ilocano'
tagalog	'a Tagalog person'
inglis	'an Englishman'
bisaja	'a Visayan'
binisaja	'the Visayan language'
ininglis	'the English language'
tinagalog	'the Tagalog language'
inilokano	'the Ilocano language'
sinibwano	'the Cebuano language'

a. 민족 이름에서 언어 명을 도출하는 정확한 규칙은 무엇인가?

b. 어떤 종류의 접사규칙이 여기에 나타나있는가?

c. *suwid*가 'a Swede'를, *italo*가 'an Italian'을 의미한다면, 스웨덴어와 이탈리아어를 의미하는 단어는 무엇인가?

d. *finuranso*가 'the French language'를 의미하고, *inunagari*가 'Hungarian language'를 의미한다면, 프랑스인과 헝가리인을 나타내는 단어는 무엇인가?

8. 네덜란드어에는 다음과 같이 동사 부정사와 과거분사가 있다.

어근	부정사	과거분사	
wandel	wandelen	gewandeld	'walk'
duw	duwen	geduwd	'push'
stofzuig	stofzuigen	gestofzuigd	'vacuum-clean'

이 장에서 다루었던 접두사, 접미사, 접요사, 외접사의 형태과정과 이와 관련한 특정 형태소와 관련하여 다음을 말해보라.

a. 네덜란드어에서 동사의 원형(혹은 부정사)을 만드는 형태소 규칙을 말하라.

b. 네덜란드어에서 과거분사를 만드는 형태소 규칙을 말하라.

9. 다음은 스와힐리어의 문장이다.

mtoto	amefika	'The child has arrived.'
mtoto	anafika	'The child is arriving.'
mtoto	atafika	'The child will arrive.'
watoto	wamefika	'The children have arrived.'

watoto	wanafika	'The children are arriving.'
watoto	watafika	'The children will arrive.'
mtu	amelala	'The person has slept.'
mtu	analala	'The person is sleeping.'
mtu	atalala	'The person will sleep.'
watu	wamelala	'The persons have slept.'
watu	wanalala	'The persons are sleeping.'
watu	watalala	'The persons will sleep.'
kisu	kimeanguka	'The knife has fallen.'
kisu	kinaanguka	'The knife is falling.'
kisu	kitaanguka	'The knife will fall.'
visu	vimeanguka	'The knives have fallen.'
visu	vinaanguka	'The knives are falling.'
visu	vitaanguka	'The knives will fall.'
kikapu	kimeanguka	'The basket has fallen.'
kikapu	kinaanguka	'The basket is falling.'
kikapu	kitaanguka	'The basket will fall.'
vikapu	vimeanguka	'The baskets have fallen.'
vikapu	vinaanguka	'The baskets are falling.'
vikapu	vitaanguka	'The baskets will fall.'

스와힐리어(와 일반적으로 반투어)의 특징 중 하나는 몇 가지 명사부류가 존재한다는 것이다. 각 부류에 사용되는 단수와 복수 접두사는 다르다. 이 접두사는 또한 주어와 동사의 일치를 나타내기 위해 사용된다. 위에 주어진 문장에는 이런 두 가지 부류가 포함되어 있다. (이 언어에는 이런 부류가 더 많이 존재한다.)

a. 찾을 수 있는 모든 형태소를 찾고, 그것의 의미를 말하라.

 보기: *-toto* 'child'

 m- Ⅰ부류의 단수 명사에 붙는 접두사

 a- 주어가 Ⅰ부류의 단수 명사일 때 동사에 붙는 접두사

 시제표시를 포함하여 다른 명사와 동사 표시를 더 찾아라.

b. 동사는 어떻게 만들어지는가? 즉, 어떤 종류의 형태소가 사용되고, 어떤 순서로 배열되는가?

c. 다음 문장을 스와힐리어로 말해보아라.

 (1) 'The child is falling.'

(2) 'The baskets have arrived.'

(3) 'The person will fall.'

10-1.

이 장에서 형태소의 중첩(reduplication), 즉 여러 언어에서 단어의 일부나 전체를 반복하여 새로운 단어를 형성하는 형태론적 과정에 대해 언급한 바 있다. 다음의 사모아어 예는 이런 종류의 형태소 규칙을 보여준다.

manao	'he wishes'	mananao	'they wish'
matua	'he is old'	matutua	'they are old'
malosi	'he is strong'	malolosi	'they are strong'
punou	'he bends'	punonou	'they bend'
atamaki	'he is wise'	atamamaki	'they are wise'
savali	'he travels'	pepese	'they sing'
laga	'he weaves'		

a. 다음을 사모아어로 표현해보라.
   (1) 'they weave'
   (2) 'they travel'
   (3) 'he sings'

b. 단수 동사를 복수 동사로 만드는 일반적인 형태소 규칙을 만들어라.

10-2.

다음은 베트남에서 사용되는 M'nong어의 자료인데, 연습문제를 위해 다소 단순화되었다. (ʔ은 성문 폐쇄음을 나타낸다.)

dang	'hard'	da dang	'a little hard'
kloh	'clean'	klo kloh	'a little clean'
ndreh	'green'	ndre ndreh	'light green'
guh	'red'	goʔ guh	'reddish'
duh	'hot'	doʔ duh	'luke warm'
kat	'cold'	ka kat	'chilly'

1. 형용사의 의미를 약화시키기 위해 사용되는 형태론적 과정은 무엇인가?
2. *thong*이 'light'를 의미한다면, M'nong어로 'kind of light'는 어떻게 표현할 수 있는가?
3. *khul*이 'evasive'를 의미한다면, M'nong어로 'a little shifty'는 어떻게 표현할 수 있는가?
4. *loʔ luq*가 'a little paunchy'를 의미한다면, M'nong어로 'fat'은 어떻게 표현할 수 있는가?

5. *kho khot*이 'a little crazy'를 의미한다면, M'nong어로 'crazy'는 무엇인가?
6. M'nong어 화자가 특정 종류의 형용사의 의미를 약화시키기 위해 사용하는 일반적인 형태소 규칙을 만들어라. 주어진 자료를 완벽하고 정확하게 설명하기 위해, 여러분은 단어의 철자(발음)를 고려해야 한다.

11. 다음은 단어와 각 단어의 잘못된(유머러스한) 정의를 나열해 놓은 것이다.

단어	정의
stalemate	'husband or wife no longer interested'
effusive	'able to be merged'
tenet	'a group of ten singers'
dermatology	'a study of derms'
ingenious	'not very smart'
finesse	'a female fish'
amphibious	'able to lie on both sea and land'
deceptionist	'secretary who covers up for his boss'
mathemagician	'Bernie Madoff's accountant'
sexcedrin	'medicine for mate who says, "Sorry, I have a headache"
testostoroni	'hormonal supplement administered as pasta'
aesthetominophen	'medicine to make you look beautiful'
histalavista	'say goodbye to those allergies'
aquapella	'singing in the shower'
melancholy	'dog that guards the cantaloupe patch'
plutocrat	'a dog that rules'

이런 우스꽝스런 정의의 원천에 대해서 가능한 몇 가지 이유를 말해보아라. 그리고 여러분이 제시한 이유에 대해 다른 단어나 형태소를 예로 들어 설명하라. 예를 들어, *stalemate*는 'having lost freshness'를 의미하는 *stale*과 'marriage partner'를 의미하는 *mate*에서 유래되었다. 배우자가 서로에 대한 신선한 마음을 상실할 때, 이전만큼 서로에게 호감을 가지지 않는다.

12. a. *construal, disappearances, irreplaceability, misconceive, indecipherable, redarken*의 수형도를 그려라.

b. *undarkenable*의 수형도를 그려서 'able to be less dark', 'unable to be made dark'의 두 가지 의미를 나타내라.

13. 어근형태소와 결합하여 단어를 만드는 접두사가 있는데, 이 접두사 없이는 단어가 될 수 없는 비대칭형이 영어에는 존재한다. 이러한 단어들이 이 장에서 많이 소개되었다.

a. 다음은 실제로 존재하지 않는 단어(즉, 비단어)의 어근이다. 각 어근에 접두사를 첨가해 현존하는 영어 단어로 만들어라.

단어	비단어
____________	*descript
____________	*cognito
____________	*beknownst
____________	*peccable
____________	*promptu
____________	*plussed
____________	*domitable
____________	*nomer
____________	*crat

b. 어근 형태소만으로는 단어가 되지 않는 다형태소 단어가 더 존재한다. 예를 5개 더 들어 보아라.

14. 우리는 종종 복합어를 구성하는 단어의 의미만으로는 복합어의 의미를 파악할 수 없다는 것을 살펴보았다. 십자말풀이(crossword puzzle), 수수께끼는 이것을 종종 이용하는데 복합어를 구성하는 두 요소의 의미를 주고 복합어의 의미를 묻는다. infielder = diminutive/cease가 그 예이다. 'diminutive'를 의미하는 단어와 'cease'를 의미하는 단어를 결합하여 'infielder'의 뜻을 가지는 단어를 묻는 것처럼 읽어 보아라. 정답은 *shortstop*이다. 다음도 정답을 맞힐 수 있는지 해보라.

a. sci-fi TV series = headliner/journey

b. campaign = farm building/tempest

c. at-home wear = tub of water/court attire

d. kind of pen = formal dance/sharp end

e. conservative = correct/part of an airplane

15. 다음에 제시한 학생인 아이와 부모 간의 대화를 읽어 보아라.

부모: When will you be done with your eight-page book report, dear?

아이: I haven't started it yet.

부모: But it's due tomorrow, you should have begun weeks ago. Why do you always wait until the last minute?

아이: I have more confidence in myself than you do.

부모: Say what?

아이: I mean, how long could it possibly take to read an eight-page book?

위 대화 속 유머는 *eight-page book report*라는 복합어의 중의성에서 나온다. 이 복합어의 중의성이 드러나도록 이 책에 나오는 *top hat rack*의 수형도와 비슷한 수형도를 2개 그려라.

16. 이탈리아어의 특징 중 하나는 관사와 형용사가 수식하는 명사와 성(과 수)의 일치를 나타내는 굴절어미를 가지는 것이다. 이 정보를 근거로, 다음 이탈리아어 표현 밑에 있는 물음에 답하라.

un uomo	'a man'
un uomo robusto	'a robust man'
un uomo robustissimo	'a very robust man'
una donna robusta	'a robust woman'
un vino rosso	'a red wine'
una faccia	'a face'
un vento secco	'a dry wind'

a. 'robust'를 뜻하는 어근 형태소는 무엇인가?

b. 'very'를 뜻하는 형태소는 무엇인가?

c. 다음을 이탈리아어로 표현해보라.

(1) 'a robust wine'

(2) 'a very red face'

(3) 'a very dry wine'

17. 다음은 터키어 단어들이다. 터키어에서는 관사와 위치를 나타내는 형태소가 명사에 붙는다.

deniz	'an ocean'	evden	'from a house'
denize	'to an ocean'	evimden	'from my house'
denizin	'of an ocean'	denizimde	'in my ocean'
eve	'to a house'	elde	'in a hand'

a. 'to'를 뜻하는 터키어 형태소는 무엇인가?

b. 영어의 전치사에 해당하는 터키어의 접사에는 어떤 종류가 있는가? (예: 접두사, 접미사, 접요사, 자립형태소)

c. 'from an ocean'을 뜻하는 터키어 단어는 무엇인가?

d. 터키어 단어 *denizimde*에는 몇 개의 형태소가 있는가?

18. 다음은 오클라호마 중남부 지역에 사는 Muskogean어족의 하나인 Chickasaw어의 몇 가지 동사 형태이다. 이 언어는 멸종의 위기에 처해있다. 현재 약 100명의 Chickasaw어 화자가 남아있으며, 이들 대부분은 70세 이상이다.

sachaaha	'I am tall'
chaaha	'he/she is tall'
chichaaha	'you are tall'
hoochaaha	'they are tall'
satikahbi	'I am tired'
chitikahbitok	'you were tired'
chichchokwa	'you are cold'
hopobatok	'he was hungry'
hoohopobatok	'they were hungry'
sahopoba	'I am hungry'

a. 다음 동사의 어근형태소는 무엇인가?

(1) 'to be tall' (2) 'to be hungry'

b. 다음을 의미하는 형태소는 무엇인가?

(1) 과거시제

(2) 'I'

(3) 'you'

(4) 'he/she'

c. Chickasaw어에서 'to be old'를 나타내는 어근이 *sipokni*라면, 다음을 Chickasaw어로 어떻게 말하겠는가?

(1) 'You are old'

(2) 'He was old'

(3) 'They are old'

19. 다음 자료는 Little-End Egglish어에서 발췌한 것인데, 이 언어의 출처는 8장 연습문제 14번에 소개되어 있다.

kul	'omelet'	zkulego	'my omelet'	zkulivo	'your omelet'
vet	'yolk (of egg)'	zvetego	'my yolk'	zvetivo	'your yolk'

rok	'egg'	zrokego	'my egg'	zrokivo	'your egg'
ver	'egg shell'	zverego	'my egg shell'	zverivo	'your egg shell'
gup	'soufflé'	zgupego	'my soufflé'	zgupivo	'your soufflé'

a. 소유격, 1인칭 단수, 2인칭을 나타내는 형태소를 찾아라. (2인칭인 경우 단수인지, 복수인지, 혹은 둘 다인지는 알 수 없다.) 그 접사가 접두사인지 접미사인지 밝혀라.

b. Little-End Egglish어에서 *vel*이 'egg white'의 의미라면, 이 언어의 화자는 'my egg white'를 어떻게 말하는가?

c. *zpeivo*가 'your hard-boiled egg'를 뜻한다면, 'hard boiled egg'를 뜻하는 단어는 무엇인가?

d. 만약 *zvetgogo*가 'our egg yolk'를 뜻한다는 것을 안다면 'our'를 의미하는 형태소는 무엇인가?

e. 만일 *borokego*가 'for my egg'를 뜻한다는 것을 안다면, 수혜자 의미를 지닌 'for'에 해당되는 형태소는 무엇인가?

20. 다음 자료는 멕시코 토착어인 Zoque어에서 온 것이다. (ʔ 기호는 성문폐쇄음을 나타낸다.) 힌트: 이 장 마지막 부분에 있는 슬라브어의 예처럼 자료를 재배열하라.

sohsu	'he/it cooked'	cicpa	'he/it tears'
witpa	'he/it walks'	kenu	'he/it looked'
sikpa	'he/it laughs'	cihcu	'he/it tore'
kaʔu	'he/it died'	sospa	'he/it cooks'
kenpa	'he/it looks'	wihtu	'he/it walked'
sihku	'he/it laughed'	kaʔpa	'he/it dies'

a. 과거시제 접미사는 무엇인가?

b. 현재시제 접미사는 무엇인가?

c. 위 언어에는 두 가지 형태의 동사 어간이 있다. 각 동사(혹은 어근 쌍)의 의미와 형태를 말하라.

d. 동사 어간이 두 가지 형태를 가질 때 어떤 형태가 나타나는지를 결정하는 형태적 환경은 무엇인가?

21. 연구문제

영어에서 *jack-o-lantern*의 *-o-*와 같은 '삽간사(interfixes)'를 무엇이라 부르는지 생각해 보라. 이것은 한 번에 두 형태소와 결합하는 의미 없는 형태소라 불린다. 이 개념에 대해 무엇을 배울 수 있는가? 영어 이외에 이런 삽간사를 가지는 언어가 있는가?

3

통사론: 언어의 문장 유형

Syntax: The Sentence Patterns of Language

어떤 언어의 화자라도 무한한 수의 문장을 생성하고 이해할 수 있다는 것은 놀라운 사실이다. 우리는 다음과 같은 예를 통해 이 사실을 아주 쉽게 보여줄 수 있다.

The kindhearted boy had many girlfriends.
The kindhearted, intelligent boy had many girlfriends.
The kindhearted, intelligent, handsome boy had many girlfriends.
.
.
.
John found a book in the library.
John found a book in the library in the stacks.
John found a book in the library in the stacks on the fourth floor.
.
.
.
The cat chased the mouse.
The cat chased the mouse that ate the cheese.
The cat chased the mouse that ate the cheese that came from the cow.
The cat chased the mouse that ate the cheese that came from the cow that grazed in the field.

각 경우에 화자는 또 하나의 형용사, 전치사구, 또는 관계절을 더하면서 문장을 계속 만들 수 있다. 이론적으로, 이는 영원히 계속될 수 있다. 모든 언어에는 무한 수의 문장을 만드는 이런 종류의 기제가 존재한다. 이 사실을 고려해 볼 때, 한 언어의 문장은 우리 머리에 사전 형태로 저장될 수 없다. 오히려, 문장은 규칙에 의해 결합되는 별개의 단위로 구성되어 있다. 이 규칙체계는 화자들이 어떻게 무한한 지식을 한정된 공간, 즉 우리의 두뇌에 저장할 수 있는지를 설명해 준다.

문장과 그 구조에 대한 화자의 지식을 나타내는 문법 부문을 통사론(syntax)이라 부른다. 이 장의 목표는 통사구조가 어떠한 것인지를 보여주고, 그 통사구조를 결정하는 몇 가지 규칙들을 소개하는 것이다. 대부분의 예문은 영어 구문이지만, 통사구조를 설명하는 원리는 보편적이다.

통사규칙의 역할 What the Syntax Rules Do

통사규칙(rules of syntax)들은 단어를 결합하여 구로, 구를 결합하여 문장으로 만들어준다. 특히, 그 규칙들은 언어의 올바른 어순을 결정지어 준다. 예를 들어, 영어는 주어-동사-목적어(SVO) 어순의 언어이다. (1)의 영어 문장은 단어들이 올바른 어순으로 나타나있기 때문에 문법적이다. (2)의 문장은 어순이 바르지 않기 때문에 비문법적이다. (문장 앞의 별표는 문법규칙에 따라 그 문장이 비문법적이거나 부적격함을 나타내는 언어학적 관습이라는 것을 기억하라.)

1. The President nominated a new Supreme Court justice.
2. *President the Supreme new justice Court a nominated.

통사론의 또 하나의 중요한 역할은 어떤 특정한 무리의 단어들의 의미와 그 단어들의 배열 사이의 관계를 기술하는 것이다. 예를 들어, 문장의 어순은 그 문장의 의미에 결정적인 역할을 한다. (3)과 (4)의 문장들은 같은 단어들을 포함하지만, 그 의미는 아주 다르다.

3. I mean what I say.
4. I say what I mean.

통사규칙은 또한 주어(subject)와 직접목적어(direct object)와 같은 문장의 문법관계(grammatical relations)를 명시한다. 다시 말해서, 이 규칙은 누가 누구에게 무엇을 하고 있는지에 대한 정보를 제공한다. 이 정보는 문장의 의미를 이해하는 데 결정적이다. 예를 들어, (5)와 (6)의 문법관계는 반대로 되어있다. 그래서 다른 것은 모두 동일한 이 두 문장의 의미는 매우 상이하다.

5. Your dog chased my cat.
6. My cat chased your dog.

(7)에서 비록 *ran up the hill*이라는 구와 *ran up the bill*이라는 구가 표면적으로 매우 유사하지만, 우리는 이 두 구가 다르게 행동한다는 것을 볼 수 있다. *ran up the hill*의 경우에는 통사규칙에 의해 (7a)와 (7c)의 어순은 가능하지만 (7b)의 어순은 불가능하다. 그에 반해 *ran up the bill*에서 통사규칙상 (7d)와 (7e)의 어순은 허용되지만 (7f)의 어순은 허용되지 않는다.

7. (a) Jack and Jill ran up the hill.
   (b) *Jack and Jill ran the hill up.
   (c) Up the hill ran Jack and Jill.
   (d) Jack and Jill ran up the bill.
   (e) Jack and Jill ran the bill up.
   (f) *Up the bill ran Jack and Jill.

(7)의 문장 형태를 보면 문장은 어떠한 체계도 없는, 단순한 단어들의 연쇄가 아니라는 것을 보여준다. 만약 문장이 단순한 단어들의 연쇄라면, *ran up the hill*이 *ran up the bill*과 다른 유형이라고 생각할 수 있는 근거가 없을 것이다. 이 구들은 각기 관련된 통사구조가 다르기 때문에 다르게 행동한다. *ran up the hill*에서 *up the hill*은 다음과 같이 하나의 단위를 형성한다.

He ran [up the hill].

이 단위 전체는 (7c)에서처럼 문장의 맨 앞으로 이동될 수 있다. 그러나 (7b)에서처럼 그 하위부분들을 재배열할 수는 없다. 반면에, *ran up the bill*에서는 *up the bill*이 하나의 자연스런 단위를 형성할 수 없어 함께 이동될 수 없다. 따라서 (7f)는 비문법적이다.

우리의 통사지식은 특히 단어들이 문장 안에서 어떻게 성분을 형성하는지, 즉 단어들이 계층적(hierarchically)으로 어떻게 배열되는지 말해주는 규칙들을 포함하고 있다. 다음 문장을 고려해 보라.

The captain ordered all old men and women off the sinking ship.

여기서 *old men and women*이라는 구는 중의적이다. 왜냐하면 늙은 남자들과 모든 연령의 여자들 또는 늙은 남자들과 늙은 여자들을 지칭하기 때문이다. *old men and women*이 두 가지 방식으로 무리 지어질 수 있기 때문에 이러한 중의성이 생긴다. 만약 그 단어들이 다음과 같이 무리 지어진다면, *old*는 *men*만을 수식한다. 그래서 여자들은 모든 연령에 해당될 수 있다.

[old men] and [women]

그러나 다음과 같이 무리 지을 때, 형용사 *old*는 *men*과 *women* 둘 다를 수식한다.

[old [men and women]]

통사규칙은 위의 단어들을 무리 짓는 두 방식 모두를 허용하기 때문에 이 표현이 중의적이다. **수형도**(tree diagrams)라고 불리는 다음의 계층적 도형은 같은 요지를 보여준다.

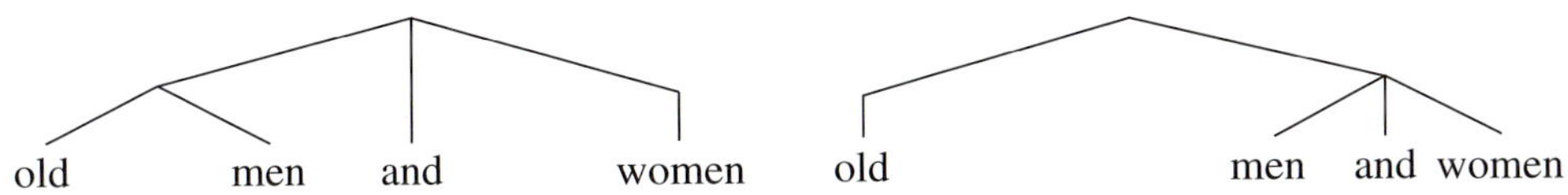

첫 번째 구조에서 *old*와 *men*은 같은 절점 밑에 있어서 *old*는 *men*을 수식한다. 두 번째 구조에서 *old*는 *men and women* 전체와 절점을 공유하므로 *men*과 *women* 둘 다를 수식한다.

이는 우리가 형태론에서 *unlockable*과 같은 중의적인 단어에 대해 발견했던 것과 유사하다. 즉, 2장에서 논의했던 것처럼, 두 가지 의미에 상응하는 2개의 구조를 가지고 있다.

많은 문장들은 이런 중의성을 가지고 있어 종종 우스운 결과를 초래한다. 안내 광고에 나타난 다음 두 문장을 고려해보라.

For sale: an antique desk suitable for lady with thick legs and large drawers.

We will oil your sewing machine and adjust tension in your home for $10.00.

첫 번째 광고에서는 본래 의도했던 [desk for lady]와 다리와 큰 서랍이 달려있다는 의미의 [with thick legs and large drawers]로 무리 짓지 않고, [desk]와 [for lady with thick legs and large drawers]로 무리 짓는 것에서 유머러스한 해석이 생긴다. 두 번째 경우도 비슷하다.

이러한 중의성은 각기 다른 구조의 결과이므로 **구조적 중의성**(structural ambiguity)의 예들이다.

위 문장들을 다음과 대조해보라.

This will make you smart.

이 문장이 두 가지로 해석되는 것은 *smart*의 두 가지 의미, 즉 'clever'와 'burning sensation' 때문이다. 구조적 중의성과 대조되는 이런 어휘적 중의성, 즉 단어 의미의 중의성은 4장에서 논의할 것이다.

상이한 구조와 이중적인 단어 의미의 결합은 다음 만화에서처럼 종종 중의성(그리고 유머)을 낳는다.

Hilary B. Price. King Features Syndicate

통사규칙들은 단어들의 순서와 계층적 조직뿐만 아니라 문장을 구성하는 단어들 간의 문법적 관계들을 보여준다. 이 규칙들은 또한 문장이나 구가 중의적일 때처럼 단어들의 무리가 그 의미에 어떻게 관련되는지를 보여준다. 게다가, 통사규칙들은 화자들이 이전에 한 번도 말했거나 듣지 못했던 무한수의 문장들을 생성하거나 이해하게 해준다. 즉 이는 언어지식의 창의적인 측면(creative aspect of linguistic knowledge)이다. 언어학의 주된 목표는 통사규칙을 사용하여 이 지식을 명료하고 명시적으로 설명하는 것이다. 문법이론은 화자들이 자신의 모국어에 대해 암시적으로 알고 있는 것을 완전하게 기술하는 것이다.

문법성의 근거가 아닌 것 What Grammaticality Is Not Based On

중요한 것은 우리의 문법성 판단 능력은 이전에 그 문장을 들어 보았는지에 달려있지 않는다는 것이다. 당신은 아마 다음 문장을 듣거나 읽어본 적이 없을 것이다.

Enormous crickets in pink socks danced at the prom.

그러나 당신의 통사지식은 이것이 문법적임을 말해준다. 우리가 이 장 첫 머리에서 보았듯이, 사람들은 전에 한 번도 들어본 적이 없는 무한한 범위의 문장들을 이해하고, 생성하며, 판단할 수 있다. 이 능력은 우리의 언어지식이 창의적임을 보여준다. 여기서 창의적이라는 것은 우리가 모두 뛰어난 시인이라는 말이 아니라, 우리들 중 누구도 고정된 표현들만 계속해서 사용하지 않는다는 점에서 창의적이라는 것이다. 오히려, 방대한 범위의 생각과 감정을 구현하는 무한수의 문장들을 생성하고 이해하기 위해 우리는 언어와 문법의 자원들을 활용할 수 있다.

우리는 문장의 구조가 그것의 의미에 기여한다는 것을 보여주었다. 그러나 다음 문장들에서 나타나듯이 문법성과 유의미함은 동일한 것은 아니다.

Colorless green ideas sleep furiously.

A verb crumpled the milk.

비록 이 문장들은 이치에 맞지는 않지만, 통사적으로는 문제가 없다. 이 문장들은 우습게 들리지만, 그 우스꽝스러움은 다음 일련의 단어들에서 발견하는 것과는 다르다.

*Furiously sleep ideas green colorless.

*Milk the crumpled verb a.

문장들이 통사규칙에 따라 잘 만들어져 있지 않더라도, 우리가 이해할 수 있는 문장들 또한 존재한다. 예를 들면, 대부분의 영어 화자들은 다음 문장의 어순이 틀렸다는 것을 알고 있지만 이 문장을 해석할 수 있을 것이다.

*The boy quickly in the house the ball found.

문장이 되기 위해서는 단어들이 반드시 그 언어의 통사규칙에 의해 결정된 특정 유형들을 따라야 한다.

몇몇 문장들은 이치에 맞지 않는 단어들, 즉 모두가 수긍하는 의미를 갖지 않은 단어들을 포함해서 해석하기가 어렵더라도 문법적이다. 이는 Lewis Carroll의 시 "Jabberwocky"에서 인용한 다음 행들에서 엿볼 수 있다.

'Twas brillig, and the slithy toves
Did gyre and gimble in the wabe

이 행들은 영어의 어순과 그 외의 여러 제약들을 지키고 있다는 언어적 측면에서 문법적이다. 이러한 말도 안 되는 시는 정확히 그 문장들이 통사규칙을 따르고 올바른 영어처럼 들리기 때문에 재미있다. 비문법적인 일련의 터무니없는 단어들은 흥미를 끌지 못한다.

*Toves slithy the and brillig 'twas
wabe the in gimble and gyre did

문법성은 또한 문장의 진리여부에 좌우되지 않는다. 만약 진리여부에 좌우된다면, 거짓말은 탐지하기 쉬울 것이다. 문법성은 또한 실제로 존재하는 것들에 관한 논의인지 또는 어떤 것이 실세계에서 가능한지에 의해서도 좌우되지 않는다. 허위의 문장들도, 일각수(unicorn)를 논하고 있는 문장들도, 임신한 아버지를 언급하고 있는 문장들도 문법적일 수 있다.

우리가 문장을 생성하고, 이해하고 그리고 문법성을 판단할 수 있게 해주는 통사규칙들은 모두 무의식적인 규칙들이다. 이러한 문법은 우리가 학교에서 배우는 규범적인 문법과는 다른 마음의 문법이다. 9장에서 보겠지만, 우리는 학교에 다니기 오래 전에 이러한 정신문법의 규칙들을 발달시킨다.

문장구조 Sentence Structure

우리가 영어 문장의 구조를 기술하는 모형, 더 정확하게 말하면 영어의 올바른 어순을 제공하는 모형을 만들기를 원한다고 가정해보자. 우리는 아마 다음과 같은 것을 생각해 낼 것이다.

Det—N—V—Det—N

이 모형은 한정사(예를 들어, *the* 또는 *a*와 같은 관사) 뒤에 명사가 오고, 그 뒤에 동사가 오는 것 등을 말한다. 이는 다음과 같은 영어 문장을 기술할 것이다.

The child found a puppy.
The professor wrote a book.
That runner won the race.

이러한 모형이 암시하는 바는 문장은 내적 구조 없이 특정한 문법범주(혹은 품사)에 속하는 단어들의 연쇄라는 것이다. 그러나 우리는 이러한 평면적 구조가 정확하지 않음을 안다. 앞서 보았듯이, 문장은 계층적 구조를 가지고 있다. 즉, 단어들은 자연적인 단위들로 무리 지어진다. 다음 문장 속 단어들은 [the child]와 [found a puppy]로 묶을 수 있는데, 이들은 문장의 주부와 술부에 해당된다.

The child found a puppy.

이는 나아가 [the child]와 [[found] [a puppy]]로 나눠 질 수 있고, 최종적으로 각 단어들, 즉 [[the] [child]]와 [[found] [[a] [puppy]]]로 나눠질 수 있다. 중의성을 나타내기 위해 앞에서 보았듯이, 문장의 성분과 하위성분을 수형도로 보는 것이 때때로 더 쉽다.

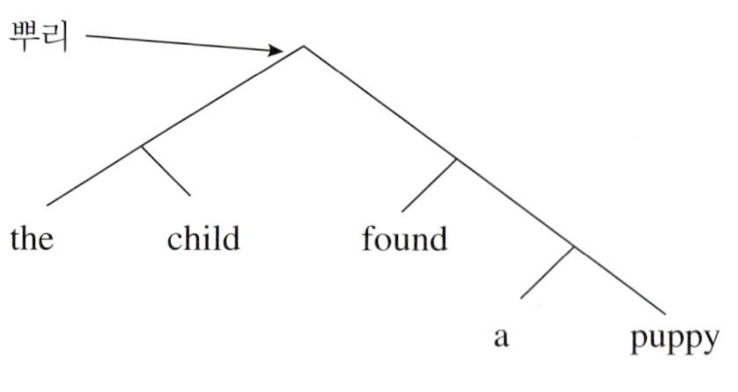

'나무'는 뒤집혀져 '뿌리'가 전체 문장인 *The child found a puppy*를 포괄하고, '잎들'은 개별

단어 *the*, *child*, *found*, *a*, *puppy*이다. 이 수형도는 포개진 대괄호 표기와 동일한 정보를 전달한다. 수형도의 계층적 구조는 문장을 구성하는 단어들의 집단들과 하위 집단들을 나타낸다.

수형도는 무엇보다도 *found a puppy*라는 구가 자연스럽게 2개의 가지들, 즉 동사 *found*와 직접목적어 *a puppy*로 나누어지는 것을 보여준다. 이와 달리 *found a*와 *puppy*로 나누는 것은 자연스럽지 않다.

성분과 성분성 검증 Constituents and Constituency Test

문장을 구성하는 자연스러운 집단들, 즉 부분들을 **성분**(constituents)이라 부른다. 다양한 언어적 검증들을 통해 문장을 구성하는 성분들을 밝혀낼 수 있다. 첫 번째 검증은 '자립성' 혹은 '홀로서기' 검증이다. 예를 들어 물음에 대한 대답처럼 만약 단어들의 집단이 홀로 나타날 수 있다면, 그 단어들은 하나의 성분을 형성한다. 그래서 "What did you find?"라는 질문에 화자는 *a puppy*라고 답할 수는 있어도 *found a*로 답할 수 는 없다. *a puppy*는 홀로 나타날 수 있지만 *found a*는 이것이 불가능하다. 우리는 이 두 대답 중 *a puppy*는 유의미한 단위이고, *found a*는 단순히 단어들의 목록이라는 명확한 직관을 가지고 있다.

두 번째 검증은 '대명사 대치'이다. 대명사는 자연스런 단위들을 대치할 수 있다. "Where did you find *a puppy?*"라는 질문에 "I found *him* in the park."라고 답할 수 있다. 또한 "John found a puppy and Bill *did* too."에서처럼 *do*(대명사 그 자체는 아니지만)와 같은 단어들이 전체 술부 *found a puppy*를 대신할 수 있다. 만약 단어들의 집단이 대명사나 *do*와 같은 단어로 대치될 수 있다면, 이 집단은 성분을 형성한다.

성분성의 세 번째 검증은 '단일 단위로서 이동' 검증이다. 하나의 단어 집단이 이동될 수 있다면 이 단어 집단은 하나의 성분을 형성한다. 예를 들어, 만약 "The child found a puppy"라는 문장과 다음 문장들을 비교한다면 우리는 특정 요소가 이동되었다는 것을 안다.

It was *a puppy* that *the child* found

A puppy was found by *the child*.

첫 번째 예문에서 성분 *a puppy*는 *found* 뒤로부터 이동되었고, 두 번째 예문에서 *a puppy*와 *the child*는 위치가 서로 바뀌어졌다. 이러한 모든 재배열과정에서 성분인 *a puppy*와 *the child*는 그대로 유지될 수 있다. 반면 *found a*는 그럴 수 없다. 이는 성분이 아니기 때문이다.

"The child found a puppy"에서 자연스러운 집단들, 즉 성분들은 주어 *the child*, 술부 *found a puppy*, 직접목적어 *a puppy*이다.

몇몇 문장들은 술부에 전치사구들을 가진다. 다음을 보라.

The puppy played in the garden.

우리는 *in the garden* 역시 하나의 성분이라는 것을 보여주기 위해 다음과 같이 검증들을 사용할 수 있다.

Where did the puppy play? *In the garden* (홀로 서기)
The puppy played *there*. (대명사와 같은 단어로 대치)
In the garden is where the puppy played. (단일 단위로서 이동)
It was *in the garden* that the puppy played. (단일 단위로서 이동)

앞에서처럼, 문장의 **성분구조**(constituent structure)에 대한 우리의 지식은 수형도에 의해 도식화 될 수 있다. "The puppy played in the garden"에 해당하는 수형도는 다음과 같다.

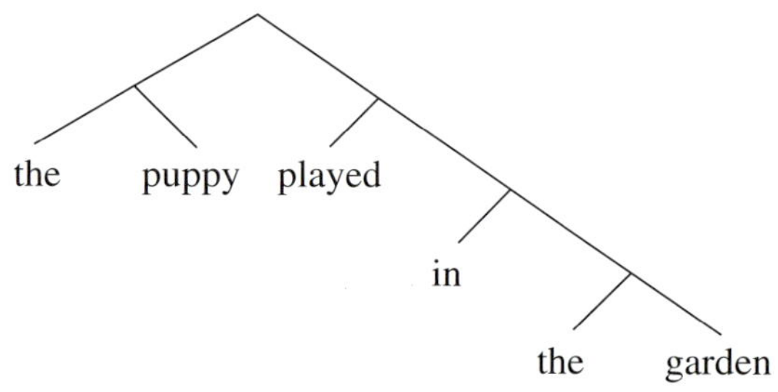

앞서 언급된 통사적 검증들과 더불어, 실험적 증거는 화자들이 마음속으로 문장을 일련의 단어들이 아니라 성분으로 나타내고 있다는 것을 보여준다. 이러한 실험에서, 실험 대상자들은 문장을 듣는데, 그 문장에는 중간 중간에 딸깍 소리가 삽입되어 있다. 몇몇 경우에는 딸깍 소리가 성분 경계에 나타나고, 다른 문장에서는 딸깍 소리가 성분의 중간에 삽입된다. 그리고 실험자는 실험 대상자들에게 어디에서 딸깍 소리가 나타났는지를 보고하도록 요청한다. 두 가지 중요한 결과들이 있었다. 첫째, 실험 대상자들은 딸깍 소리가 주요 성분 경계에서 나타날 때(예를 들어, 주어와 술어 사이) 그 소리를 알아차렸고 그 위치를 가장 잘 회상했다. 둘째, 성분 내부에서 나타나는 소리들은 성분과 성분 사이에서 나타났다고 실험 대상자들은 보고했다. 다른 말로 하자면, 실험 대상자들은 성분 내에 나타났던 소리들을 성분 경계로 옮긴 것이다. 이러한 결과들은 화자가 문장을 문법적 성분들에 상응하는 단위들로 인지한다는 것을 보여준다.

모든 문장은 하나 또는 그 이상의 성분구조와 연관되어 있다. 만약 한 문장이 둘 이상의 성분구조를 가진다면 이는 중의적이고, 각 수형도는 가능한 의미들 중 하나에 상응할 것이다. 예를 들어 *I bought an antique desk suitable for a lady with thick legs and large drawers*는 이 문장과 관련된 두 가지 구 구조 수형도를 가지고 있다. 하나의 구조에서는 [a lady with thick legs and large drawers] 구가 하나의 성분을 이룬다. 이는 질문 "Who did you buy an antique desk for?"에 대한 답으로 독립적으로 나타날 수 있다. 이 문장의 두 번째 의미에서, *thick legs and large drawers* 구는 [*desk for a lady*] 구를 수식할 수 있다. 이는 질문 "What did the desk have?"에 대한 답으로 독립적으로 나타날 수 있다.

통사범주 Syntactic Categories

"Very traditional. He's the noun. She's the adjective."

© The New Yorker Collection 2003 William Haefeli from cartoonbank.com All Rights Reserved.

"The child found a puppy"의 수형도에서 각 단위는 수많은 유사한 표현들의 한 예이다. 예를 들어, *the child*는 *the police officer, your neighbor, this yellow cat, he, John* 등 무수히 많은 표현들이 포함되어 있는 집단에 속한다. 우리는 이 집단에 속하는 다른 표현으로 문장의 문법성에 영향을 주지 않으면서 *the child*를 대치 할 수 있다. 물론 이때 의미는 달라진다.

A police officer found a puppy.
Your neighbor found a puppy.
This yellow cat found a puppy.

문장의 문법성을 훼손하지 않고 서로 대치할 수 있는 표현들의 집합을 **통사범주**(syntactic category)라 부른다.

the child, a police officer, John 등은 **명사구**(NP)인데, 이 범주는 영어와 모든 언어에서 몇 가지 통사범주들 중 하나이다. NP는 문장에서 주어나 목적어로 기능할 수 있다. NP는 종종 하나의 (*a*나 *the*와 같은) 한정사(determiner)와 하나의 명사를 포함한다. 그러나 NP는 또한 고유명사, 대명사, 한정사 없는 명사, 또는 심지어 하나의 절이나 문장으로 이루어질 수도 있다. 비록 *John*과 같은 고유명사와 *he*와 *him*과 같은 대명사는 단일 단어들이지만, 이들도 엄밀히 말하면 NP이다. 왜냐하면 이들은 주어나 목적어나 다른 NP 자리에 올 수 있

다는 점에서 NP와 같은 분포를 보이기 때문이다.

John found the puppy.
He found the puppy.
Boys love puppies.
The puppy loved him.
The puppy loved John.

NP는 다음 문장에서처럼 더 복잡해질 수 있다.

The girl that Professor Snape loved married the man of her dreams.

이 문장의 NP 주어는 *the girl that Professor Snape loved*이고 NP 목적어는 *the man of her dreams*이다.

통사범주는 화자의 통사적 지식의 일부이다. 즉, 영어 화자들은 이전에 명사구(noun phrase)라는 용어를 들어본 적이 없었어도 다음 목록에서 오직 (a), (b), (e), (f), (g)만이 NP라는 것을 안다.

1. (a) a bird
   (b) the red banjo
   (c) have a nice day
   (d) with a ballon
   (e) the woman who was laughing
   (f) it
   (g) John
   (h) went

당신은 다음 3개의 문맥들, 즉 *What/who I heard was ________*, *Who found ________*? 그리고 ________ *was seen by everyone*에 각 표현을 넣어서 이 주장을 검증할 수 있다. 예를 들어, *Who found <u>it</u>?*이나 *<u>John</u> was seen by everyone*과는 대조적으로 **Who found <u>with a balloon</u>?*과 **<u>Went</u> was seen by everyone*은 비문법적이다. 오직 NP만이 주어와 목적어로 기능할 수 있기 때문에 밑줄 친 부분에 들어갈 수 있다.

다른 통사범주도 존재한다. *found a puppy*라는 표현은 **동사구**(VP)이다. 동사구는 항상 **동사**(V)를 포함하고, 명사구와 **전치사구**(PP)와 같은 다른 범주들을 포함할 수 있다. 전치사구는 *in the park, on the roof, with a ballon*과 같이 전치사 다음에 명사구가 뒤따르는 표현이다. (2)에서 VP는 문장 "The child _____."을 완성시킬 수 있는 구이다.

2. (a) saw a clown
   (b) a bird
   (c) slept
   (d) smart
   (e) ate the cake
   (f) found the cake in the cupboard
   (g) realized that the Earth was round

(a), (c), (e), (f), (g)를 넣으면 문법적인 문장이 생성되지만 (b) 또는 (d)를 넣으면 비문법적인 문장이 된다. 그러므로 (a), (c), (e), (f), (g)가 동사구이다.

어휘범주와 기능범주 Lexical and Functional Categories

통사범주는 N, V, P, A, Adv와 같은 어휘범주뿐만 아니라 NP, VP, AP, PP, AdvP와 같은 구 범주들을 모두 포함한다. 각 어휘범주는 그에 상응하는 구 범주를 가진다. 다음은 구 범주와 어휘범주의 목록으로 각 유형의 몇 가지 예를 나타낸다.

구 범주

명사구(NP)	*men, the man, the man with a telescope*
동사구(VP)	*sees, always sees, rarely sees the man, often sees the man with a telescope*
형용사구(AP)	*happy, very happy, very happy about winning*
전치사구(PP)	*over, nearly over, nearly over the hill*
부사구(AdvP)	*brightly, more brightly, more brightly than the Sun*

어휘범주

명사(N)	*puppy, boy, man, soup, happiness, for, kiss, pillow*
동사(V)	*find, run, sleep, throw, realize, see, try, want, believe*
전치사(P)	*up, down, across, into, from, by, with, over*
형용사(A)	*red, big, happy, candid, hopeless, fair, idiotic, lucky*
부사(Adv)	*again, always, brightly, often, never, very, fairly*

이 범주들 대부분은 이미 당신에게 익숙할 것이다. 앞서 언급됐듯이, 이들 중 몇몇은 전통적으로 품사(parts of speech)라고 일컬어진다. 아마도 덜 익숙한 다른 범주로 **한정사 Det**(determiner)가 있는데, 한정사는 *this, that, these, those*와 같은 **지시사**(demonstratives)와 *each*와 *every*와 같은 양화사(quantifiers)뿐만 아니라 관사 *a*와 *the*를 포함한다.

또 다른 덜 익숙한 범주는 시제 T(tense)이다. 이것은 **서법**조동사(modal auxiliaries) *may, might, can, could, must, shall, should, will, would*와 아래에서 논의할 추상적인 시제 형태소

를 포함한다. T와 Det는 그 구성 요소들이 기술적 의미보다는 문법적 기능을 가지기 때문에 **기능범주**(functional categories)라고 불린다. 예를 들어, 한정사들은 명사가 분명히 정해진 것인지 아닌지를 명시하거나(예: *a boy*와 *the boy*) 또는 맥락에 대한 사람이나 사물의 근접성을 명시한다(예: *this boy*와 *that boy*). 시제는 현재(예: *John knows Mary*) 또는 과거(예: *John danced*)로 동사에 시간의 틀을 부여한다. 영어에서 T는 동사에 형태소(때때로 무 형태)로 표현된다. 미래시제의 경우는 예외인데 이 시제는 서법조동사 *will*로 표현된다. 서법조동사들은 또한 가능성(예: *John may dance*), 필요성(예: *John must dance*), 능력(예: *John can dance*) 등과 같은 개념들을 표현한다. 서법조동사들은 전통적으로 **조동사**(auxiliaries)라고 일컬어지는 더 큰 부류의 동사들 중 하나이다. 조동사에는 서법조동사뿐만 아니라 *John is dancing* 또는 *John has danced*에서처럼 *have*와 *be*도 포함된다.

각 어휘범주는 전형적으로 그와 관련된 특정한 종류의 의미를 가지고 있다. 예를 들면, 동사는 보통 동작, 사건, 상태를 나타낸다(*kick, marry, love*). 그리고 형용사는 자질이나 속성을 나타낸다(*lucky, old*). 보통명사는 일반적인 실체들을 나타내고(*dog, elephant, house*), 고유명사는 특정 개인(*Noam Chomsky*), 장소(*Dodger Stadium*) 또는 상품(*Coca-Cola, Viagra*)과 같이 사람들이 이름을 붙여주는 다른 사물들을 나타낸다.

그러나 문법범주와 의미 사이의 관계는 여기 몇 가지 예에서 보는 것보다 더 복잡하다. 예를 들어, 몇몇 명사들은 사건(*marriage, destruction*)을 나타내고 어떤 명사들은 상태(*happniess, lonelinees*)를 나타낸다. 우리는 자질과 속성을 나타내기 위해 형용사가 아닌 *honor*와 *beauty* 같은 추상명사를 사용할 수 있다. 문장 'Seeing is believing'에서 *seeing*과 *believing*은 명사이지만 실체는 아니다. 전치사는 장소와 관련한 두 실체 사이의 관계를 나타내기 위해 보통 사용되지만(예: *the boy is in the room, the cat is under the bed*) 항상 그런 것은 아니다. 전치사 *of, by, about, with*는 위치와 관련된 의미가 아닌 다른 의미를 가진다.

어휘범주들의 정확한 의미를 명시하는 것이 어렵기 때문에, 보통 우리는 의미의 관점에서 범주들을 정의하지 않는다. 그보다는 범주들이 문장 어디에 나타나는지, 그 범주들과 무슨 범주들이 함께 나타나는지, 그들의 형태론적 특징은 무엇인지를 근거로 범주들을 정의한다. 예를 들어, 우리는 명사를 한정사와 함께 나타날 수 있고(*the boy*) 복수 표지를 (대개는) 취할 수 있는(*boys*) 단어로 정의한다. 그리고 동사를 부사(*run fast*)나 서법조동사(*may go, will dance*)와 함께 나타날 수 있는 단어로 정의한다. 그리고 형용사를 정도어(*very hungry*)와 함께 나타나거나, 무엇보다도 형태론적 표지(*hungrier*)를 갖는 단어로 정의한다.

모든 언어는 N, V, NP와 같은 통사범주를 가지고 있다. 화자들은 비록 그들이 전문적 용어들을 알지 못하더라도 그들 언어의 통사범주들을 알고 있다. 통사범주에 대한 우리의 지식은 (1)과 (2)에서처럼 우리가 동일한 구로 대치할 때와 앞에서 논의한 다양한 통사적 검증들을 사용할 때 드러난다.

구 구조 수형도 Phrase Structure Trees

이제 당신은 성분구조와 문법범주들에 대해 어느 정도 알게 되었으므로 어떻게 한 언어의 구와 문장이 구성되는지 배울 준비가 되었다. 우리는 간단한 구의 수형도를 예시하면서 시작할 것이며, 점점 더 복잡한 구조를 살펴볼 것이다. 여기에서 그릴 수형도는 앞 절에서 보았던 것보다 더 상세한데, 그 이유는 수형도의 가지에 각 성분을 나타내 주는 범주 명칭이 붙어있기 때문이다.

위에서 논의된 다양한 구 범주들을 고려할 때 우리의 이목을 끄는 것 중 하나는 구 범주들이 비슷한 구조를 가지고 있다는 것이다. 다음 각 구 범주의 예를 고려해보라.

NP: *the mother* of James Whistler

VP: *sing* an aria

AP: *wary* of snakes

PP: *over* the hill

우리가 앞 절에서 보았듯이 이탤릭체로 쓰인 모든 구의 중심은 동일한 통사 유형의 어휘범주이다. 그리고 이 어휘범주는 그 구의 **핵**(head)이다. 예를 들어, 명사 *mother*는 NP *the mother of James Whistler*의 핵이며, 동사 *sing*은 VP *sing an aria*의 핵이고, 형용사 *wary*는 AP *wary of snakes*의 핵이며, 전치사 *over*는 PP *over the hill*의 핵이다. 대략적으로 말하자면, 전체 구는 핵이 지시하는 것을 나타낸다. 예를 들어, VP *sing an aria*는 노래 부르는 사건을 나타내며, NP *the mother of James Whistler*는 누군가의 어머니를 나타낸다.

보충어(complement)는 핵 다음에 나타날 수 있는 구 범주로 정의되며 오직 그 자리에서 핵의 의미를 보충해 준다. 위에서 보충어들은 밑줄 쳐져 있다. 예를 들어, 핵 N *mother*는 PP 보충어 *of James Whistler*를 취하고, 핵 V *sing*은 NP *an aria*를 취한다. 핵 A *wary*는 PP *of snakes*를 취하고, 핵 P *over*는 NP *the hill*을 보충어로 취한다.

나아가, 구는 핵을 선행하는 요소를 가질 수 있다. 이 요소는 **지정어**(specifier)라 부른다. 예를 들어, NP *the mother of James Whistler*에서 한정사 *the*는 NP의 지정어이다. *Nellie's ball*에서처럼 영어에서 소유격 또한 NP의 지정어가 될 수 있다. 마찬가지로, PP *just over the hill*에서 *just*는 지정어이다. NP *dogs with bones*나 PP *over the hill*에서처럼 지정어의 자리는 비어있을 수도 있다. 지정어는 순전히 구조적 개념이다. 영어에서 지정어가 존재한다면 이는 구의 처음에 나타나고, 최대 하나의 지정어만을 가질 수 있다. AP와 VP도 지정어 자리가 있고 다음에서처럼 이들의 지정어는 보통 그 구가 다른 문장 속에 매입될 때 나타난다.

a. Betty made [Jane wary of snakes].

b. I heard [Pavarotti sing an aria].

c. I saw [everyone at the stadium].

(a)에서 *Jane*은 AP *wary of snakes*의 지정어이며, (b)에서 *Pavarotti*는 VP *sing an aria*의 지정어이고, (c)의 *everyone*은 PP *at the stadium*의 지정어이다. 우리는 이 장 뒷부분에서 이런 종류의 매입된 구에 대해 좀 더 논의할 것이다.

이러한 관찰은 우리에게 모든 구 범주들, 즉 NP, VP, AP, PP는 다음과 같은 3개 층위로 된 유사한 구조를 가지고 있음을 보여준다.

NP:

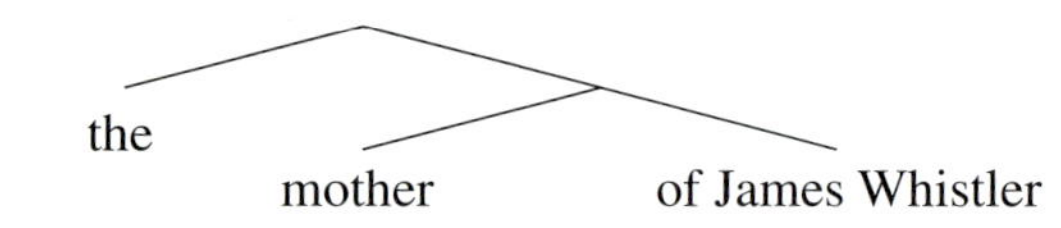

VP:

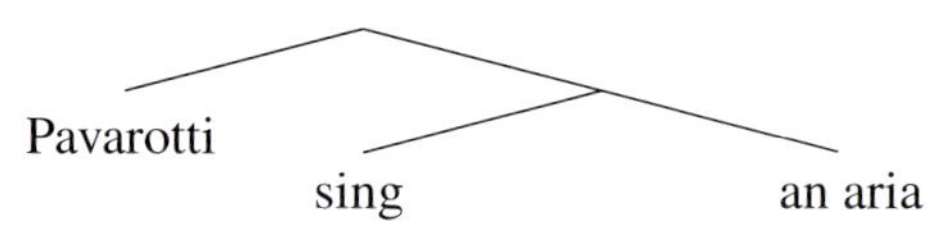

AP:

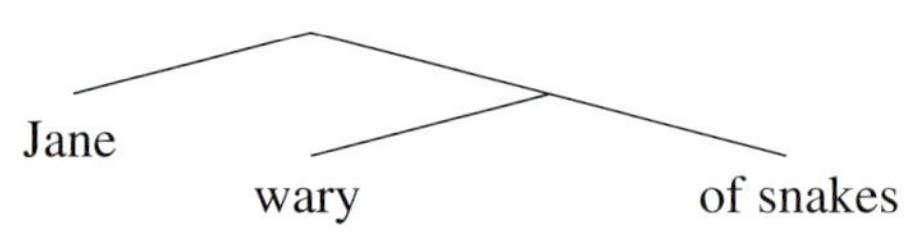

PP:

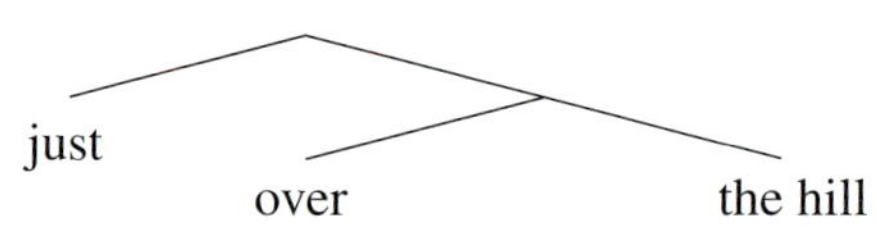

각각의 구에서 핵과 그 보충어는 같은 **절점**(node, 수형도 속 가지들이 접하는 점) 아래에 있다. 이는 보충어가 핵의 의미와 중요한 관계를 가지고 있다는 사실을 반영한다. 우리는 같은 절점 아래의 범주들을 **자매**(sister)라고 부른다. 그러므로 보충어는 핵의 자매로, 지정어는 핵 + 보충어로 된 복합체의 자매로 정의된다.

만약 우리가 지금 분지점, 즉 절점에 명칭을 붙인다면, 수형도는 다음과 같을 것이다.

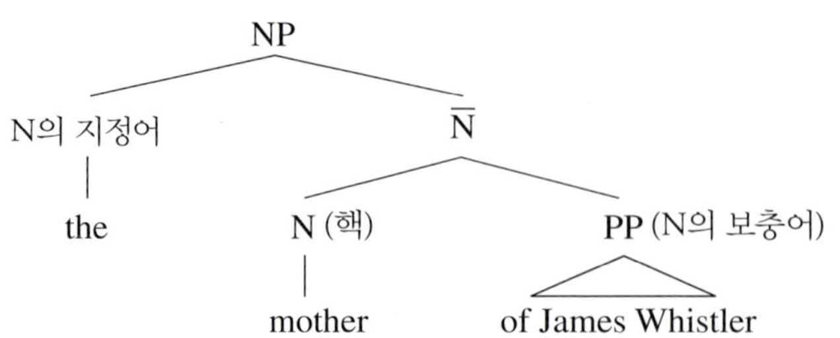

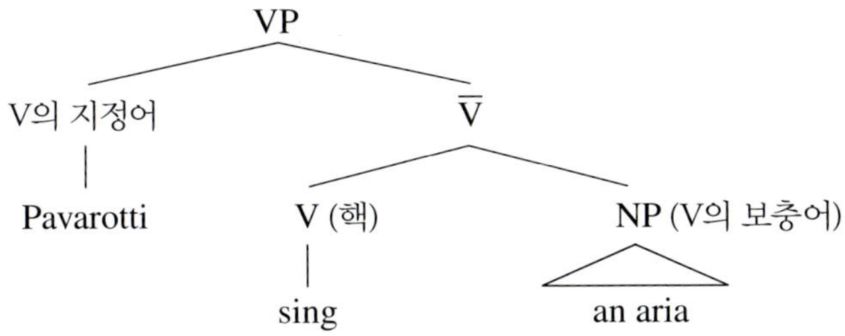

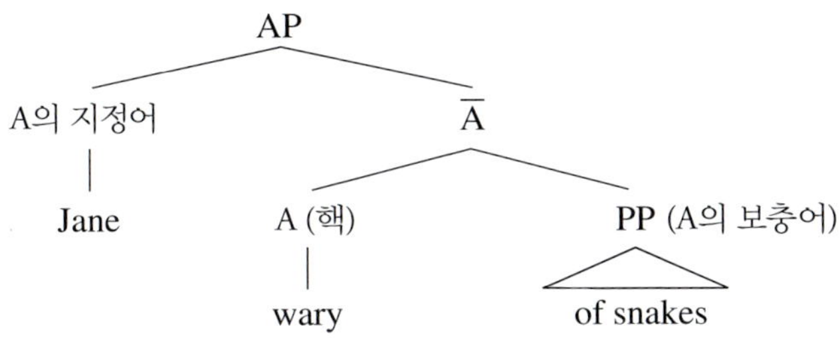

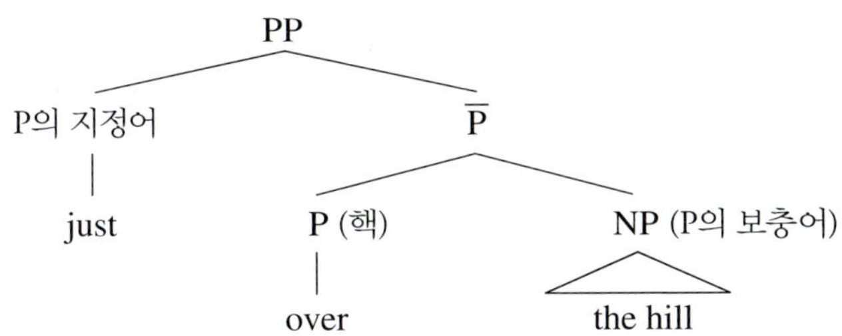

각 구 범주가 동일한 내부 구조를 가진다는 일반화를 포착하기 위해서 우리는 N, V, P, A를 X로 대치하면 다음 수형도를 도출한다.

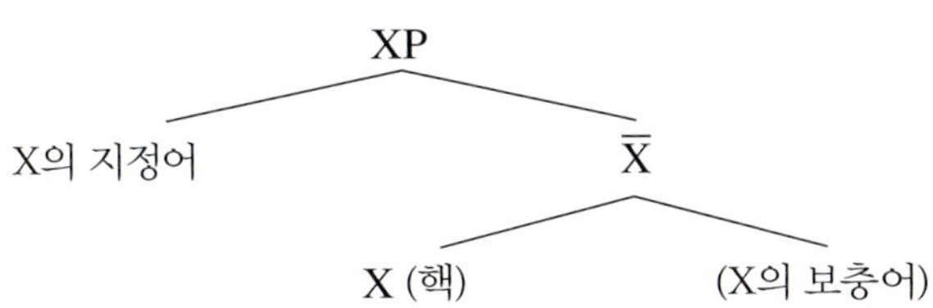

핵계층 도식(X-bar (X̄) schema)이라 일컬어지는 이 3개 층위의 구조는 한 언어의 구가 어떻게 구성되는지를 명시하는 모형 또는 청사진이다. 이 핵계층 도식은 위에 주어진 다양한 구 범주(그리고 나중에 우리가 볼 다른 것들)를 대표하는 것이다. 이 핵계층 이론은 모든 통사구에 적용된다.

'중간(bar)' 범주는 우리가 곧 보게 될 통사적 현상들을 설명하는 데 필수적인 중간 단계

범주이다. 위에서 지적한 바와 같이, NP의 지정어는 없을 수도 있고 한정사(또는 소유격)일 수도 있다. 보충어 역시 없거나 PP일 수 있고 또는 심지어 다른 하나의 구 범주일 수도 있다. 그러나 NP의 핵 N은 필수적이다. 그래서 가장 기본적인 NP는 오로지 명사로만 구성되어 있으며 다음 구조를 가진다.

다른 구 범주들도 이를 따른다. VP의 지정어는 없을 수 있고, 보충어도 마찬가지이다. 오직 핵만이 필수적이다. 그래서 우리는 다음과 같이 간단한 구조를 가질 수 있다.

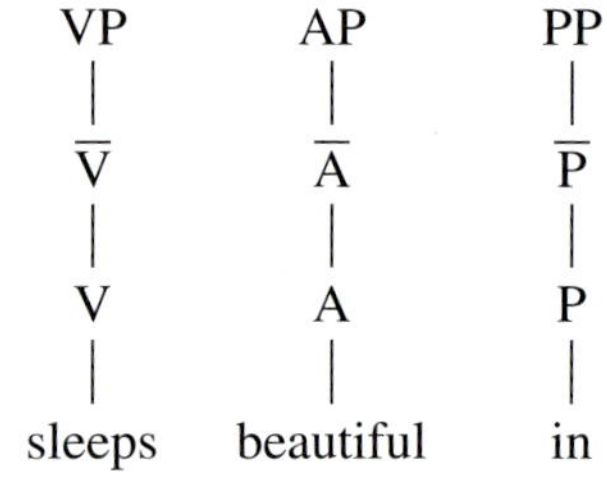

핵계층 이론은 보편문법의 일부로 가정된다. 따라서 모든 언어는 방금 기술된 것처럼 서로 연관된 핵, 지정어, 보충어로 구성된 구를 가진다. 그러나 핵과 보충어의 순서는 언어마다 다를 수 있다. 예를 들어, 영어에서는 핵이 먼저 오고 그 뒤에 보충어가 뒤따른다. 일본어에서는 다음 예에서 나타나듯 보충어가 핵을 선행한다.

Taro-ga	inu-o	mitsuketa.		
Taro-주어 표시	dog-목적어 표시	found	(Taro found a dog.)	
Inu-ga	niwa-de	asonde	iru.	
dog-주어 표시	garden-in	playing	is	(The dog is playing in the garden.)

첫 번째 문장에서 'dog'라는 뜻의 직접목적어 보충어 *inu-o*는 'found'라는 뜻의 동사 핵 *mitsuketa*를 선행한다. 두 번째 문장에서 'garden'을 뜻하는 NP 보충어 *niwa*은 'in'을 뜻하는 전치사 핵 *de*를 선행한다. 영어는 VO 언어이다. 즉 동사는 보통 그 목적어를 선행한다. 일본어는 OV 언어이다. 그리고 이런 차이점은 핵/보충어 어순에서 드러난다. 일본어에 해당되는 핵계층 도식은 다음과 같다.

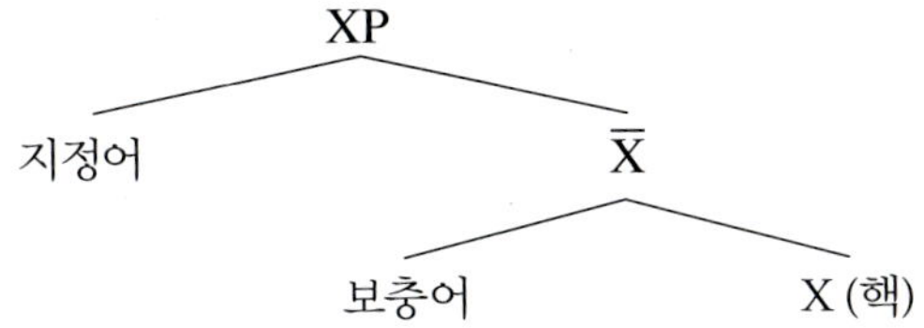

그래서 아래 $\bar{X}$를 갖는 영어 및 일반적인 VO 언어와 대조적이다.

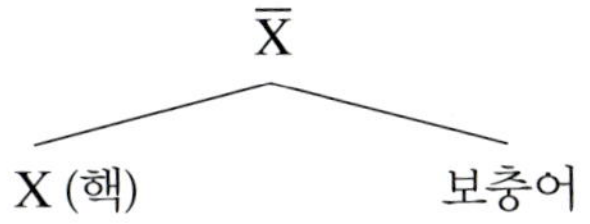

핵계층 이론은 방대한 양의 통사적 지식을 간결한 방식으로 포함한다. 만약 많은 언어학자들이 믿듯이 핵계층 이론이 나타내는 계층적 관계들이 (순서 상관없이) 보편적이라면, 이는 어떻게 아이들이 그들의 언어에서 구들과 관련된 추상적인 계층적 구조들을 빠르게 배울 수 있는지를 나타낸다(9장 참조). 핵계층 이론을 고려해 볼 때, 일본의 어린이는 *Taro-ga inu-o mitsuketa*(Taro dog finds)를 들으면 자동적으로 일본어에서 NP 보충어는 동사를 선행하는 것뿐만 아니라 모든 다른 보충어 역시 그러하다는 것을 안다. 예를 들어, *niwa-de* (garden in)에서처럼 NP는 전치사 핵을 선행한다.

이제 S 범주로 넘어가보자. 모든 것을 단순화하기 위해 핵계층 이론을 잠시 벗어나서 S를 다음 구조로 나타내보자.

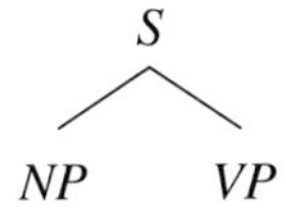

이것은 문장이 명사구(NP) 다음에 동사구(VP)가 뒤따르는 것임을 보여준다. 우리는 이제 S, NP, VP 구조에 대해 아는 바를 종합적으로 활용하여 *The child found a puppy*와 같은 완전한 문장의 명칭이 붙은 수형도를 그릴 수 있다.

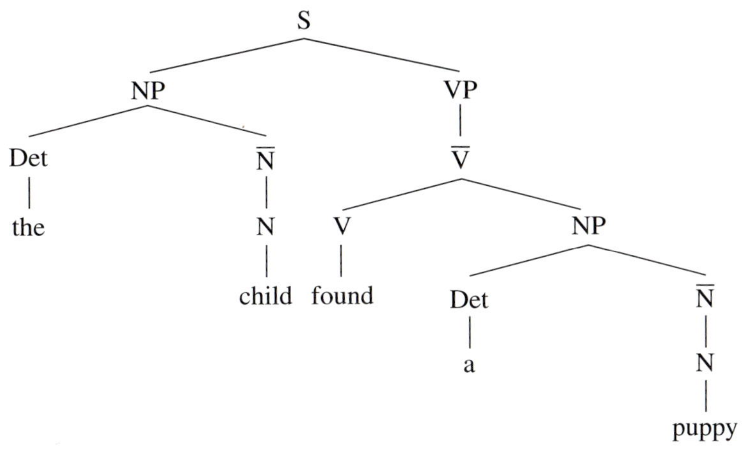

이 수형도는 문장 "The child found a puppy"의 각 성분에 대한 명칭을 제공한다. 이 명칭은 (S 절점이 모든 단어들을 포괄하기 때문에) 전체 문장이 S라는 통사범주에 속한다는 것을 보여준다. 이 수형도는 또한 *the child*와 *a puppy*는 NP 범주에 속한다는 것, 즉 이것들은 명사구임을 보여준다. 그리고 *found a puppy*는 VP 범주에 속함을, 즉 동사와 하나의 NP로 구성된 동사구라는 것을 나타낸다. 더불어 이 수형도는 문장 속 각 단어들의 통사범주를 보여준다.

2장에서 우리는 각 단어의 통사범주가 머릿속 사전에 들어있다는 사실을 논의했다. 이제 어떻게 이 정보가 통사론에 이용되는지를 볼 것이다. 단어들은 수형도에서 그들의 통사범주에 해당하는 명칭 아래에 나타난다. 명사는 N 아래에, 한정사는 Det 아래에, 동사는 V 아래에 위치한다. VP와 같은 더 큰 통사범주들은 수형도에서 이 범주의 절점 아래에 있는 모든 통사범주들과 단어들로 구성된다. 위의 수형도 속 VP는 통사범주 절점 V와 NP, 단어 *found, a, puppy*로 구성된다. *a puppy*가 수형도에서 상위 절점 NP에 속해 있기 때문에 이 성분은 명사구이다. *found*와 *a puppy*는 절점 VP에 속해 있기 때문에 이 성분은 동사구이다.

통사범주 정보를 가지고 있는 수형도는 **구 구조 수형도**(phrase structure tree: PS tree) 또는 **성분구조 수형도**(constituent structure tree)라 불린다. 이 구 구조 수형도는 문장 속 단어들의 자연스러운 묶음에 관한 화자의 직관을 반영하는 형식적 장치이다. 이는 문장이 단순히 단어들이 일렬로 줄지어진 것이 아니라, 구 안에 구를 가진 계층적 구조라는 것을 나타낸다.

구 구조 수형도는 화자의 통사적 지식의 세 가지 측면을 나타낸다.

1. 문장 속 단어들의 선형적 배열
2. 단어와 단어 무리들의 통사범주 식별
3. 핵계층 이론에 의해 결정된 통사범주의 계층적 구조

다양한 관계가 구 구조 수형도에서 정의될 수 있다. 모든 상위 절점은 그 아래에 놓이는 모든 범주들을 **관할**한다(dominate)고 한다. S는 모든 절점들을 관할한다. S 아래 NP는 Det, $\overline{\text{N}}$, N을 관할한다. (그러나 예를 들어 $\overline{\text{V}}$ 또는 V는 관할하지 않는다). VP는 그 아래 $\overline{\text{V}}$와 NP를 관할하며, 수형도 속 다른 절점들은 관할하지 않는다. 한 절점은 한 단계 아래 범주들을 **직접 관할**한다(immediately dominate)고 일컬어진다. $\overline{\text{V}}$는 이를 구성하고 있는 범주인 V와 NP만 직접 관할한다. 위에서 지적한 바와 같이, 같은 절점에 의해 직접 관할되는 범주들은 자매들이다. V와 NP는 "The child found a puppy"의 구 구조 수형도에서 자매들이다. 구 구조 수형도는 또한 다양한 문법 관계들을 엄밀하게 밝히는 데 유용하다. 예를 들어, 한 문장의 **주어**(subject)는 S에 직접 관할되는 NP이고 **직접목적어**(direct object)는$\overline{\text{V}}$에 직접 관할되는 NP이다.

선택 selection

우리는 보충어(와 지정어)는 구 구조에서 항상 존재하는 것은 아니라고 언급했다. 그것들은 선택적이며, 오직 핵만이 필수적이다. 아래 핵계층 도식에 포함된 괄호는 선택적임을 나타낸다.

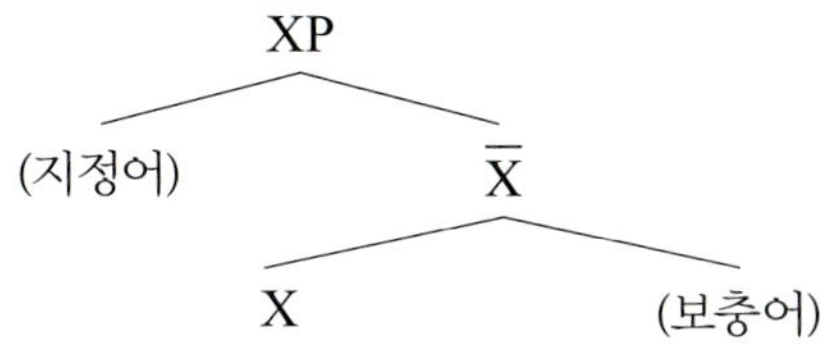

핵이 보충어를 가지는지의 여부는 핵의 속성에 달려있다. 예를 들어, 동사는 각기 다른 종류의 보충어를 선택한다. 즉 **The boy found*, 또는 **The boy found in the house*가 아니라 *The boy found the ball*에서처럼 *find*는 타동사이고 NP 보충어(직접목적어)를 필요로 한다. *eat*과 같은 몇몇 동사들은 자동사일 수도 있고 타동사일 수도 있다. *John ate*와 *John ate a sandwich*는 모두 문법적이다. *sleep*은 자동사(intransitive verb)이어서 NP 보충어를 가질 수 없다.

Michael slept.
*Michael slept their baby.

*think*와 같은 몇몇 동사들은 PP나 문장 보충어를 선택할 수 있다.

Let's think *about it.*
I think *a girl won the race.*

*tell*과 같은 동사들은 NP와 문장을 선택할 수 있다.

I told *the boy a girl won the race.*

그러나 *feel*과 같은 동사들은 AP나 문장 보충어를 선택한다.

Paul felt *strong as an ox.*
He feels *he can win.*

*see*와 *hear*와 같은 지각동사와 *make*와 같은 사역동사 중에서도 몇몇 동사들은 소절(small clause)이라 불리는 특별한 종류의 보충어를 가진다. 소절은 NP와 뒤따르는 중간범주로 구성된 XP이다. 예를 들면 아래 문장의 [John on the boat]는 다음과 같은 소절 구조를 가진다.

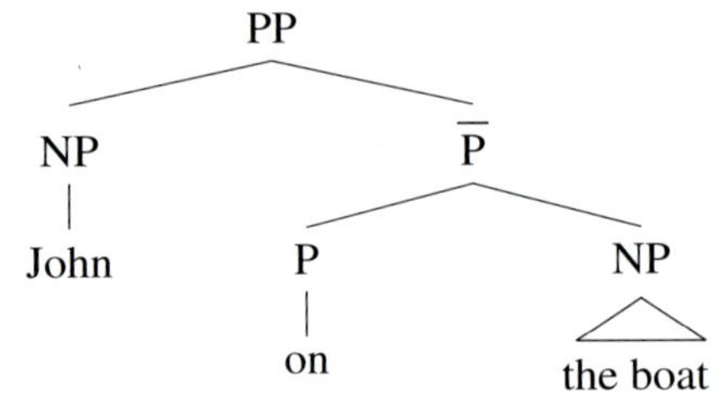

I saw [John on the boat].

이 문장은 동사 *see*가 소절 PP 보충어를 선택한다는 것을 보여준다. 마찬가지로 사역동사 *make*는 다음에서처럼 AP 또는 VP 소절 보충어를 선택한다.

The food made [John ill].

The wind made [the palm trees sway].

우리는 소절이 핵계층 이론을 완벽히 따른다는 것을 볼 수 있다. 여기서 NP는 지정어로 기능한다.

동사 이외의 범주도 역시 보충어를 선택한다. 예를 들어, 명사 *belief*는 PP나 문장을 보충어로 선택한다. 한편 명사 *sympathy*는 보충어로 PP를 선택하고 문장은 선택하지 않는다. 다음 예를 보라.

the belief *in freedom of speech*

the belief *that freedom of speech is a basic right*

their sympathy *for the victims*

*their sympathy that the victims are so poor

형용사 또한 보충어를 가질 수 있다. 예를 들어, 형용사 *tired*와 *proud*는 PP를 선택한다.

tired *of stale sandwiches*

proud *of her children*

특정 동사와 다른 어휘 항목에 의해 선택되는 보충어 유형에 대한 정보를 **범주 선택**(C-selection) 또는 **하위범주화**(subcategorization)라고 일컫는다. 이러한 정보는 우리의 머릿속 사전의 어휘 항목에 포함되어 있다. (C는 'categorial'을 나타낸다.)

동사는 또한 주어와 보충어의 통사범주를 선택하듯이 주어와 보충어가 지녀야 할 의미적 속성을 자신의 어휘 항목에 포함한다. 이런 종류의 선택을 **의미 선택**(S-selection)이라 일컫는다. (S는 'semantic'을 나타낸다.) 예를 들어, 동사 *murder*는 자신의 주어와 목적어가 유생성이기를 요한다. 한편 동사 *quaff*는 자신의 주어가 유생성이며 목적어는 액체이기를 요한다. *like*, *hate* 등의 동사들은 유생성 주어를 선택한다. 다음 문장들은 의미 선택을 어긴다. 그래서 이는 오직 은유적인 의미에서만 사용될 수 있다. (우리는 의미적 변칙을 나타내기 위해 '!' 기호를 사용할 것이다.)

!Golf plays John.

!The beer drank the student.

!The tree liked the boy.

이 장에서 일찍이 논의된 잘 알려진 문장 *Colorless green ideas sleep furiously*는 변칙적이다. 왜냐하면 (무엇보다도) 의미 선택이 위반되었다. (예를 들어, 동사 *sleep*은 유생성 주어를 요한다). 4장에서 우리는 동사와 그것의 주어, 목적어와의 의미적인 관계를 더욱 자세히 논의할 것이다.

구의 적형성은 적어도 두 요인, 즉 그 구가 핵계층 이론에 나타난 대로 언어의 구조적 제약을 따르는지와 그 구가 핵의 선택요건, 즉 통사적 요건(범주 선택), 의미적 요건(의미 선택) 둘 다를 따르는지에 좌우된다. 핵계층 이론은 모든 통사범주(XP)의 보충어를 허용하지만, 특정 구의 보충어 유형의 선택은 그 구의 핵이 가지는 어휘적 속성에 의해 결정된다.

구 구조 수형도 만들기 Building Phrase Structure Trees

핵계층 이론에 의해서 구 구조 수형도에 표현된 정보는 또 다른 형식적인 장치인 **구 구조규칙**(phrase structure (PS) rules)에 의해 전달될 수 있다. 구 구조규칙은 핵계층 이론의 원리를 실체화하고 구 구조 수형도를 그리는 데 지침으로 사용될 수 있다. S와 위에 주어진 몇 개의 구를 나타내기 위해 필요한 몇몇 구 구조규칙들은 다음과 같다.

1. S → NP VP
2. NP → Det $\overline{\text{N}}$
3. $\overline{\text{N}}$ → N
4. VP → $\overline{\text{V}}$
5. $\overline{\text{V}}$ → V NP

구 구조규칙은 특정 언어의 올바른 구조를 정확하고 간결하게 명시한다. 이 규칙은 어순과 단어를 통사범주로 묶는 화자의 지식을 명시적으로 드러내준다. 예를 들어, 영어에서 NP는 한정사(더 일반적으로는 지정어)와 뒤따르는 $\overline{\text{N}}$를 포함할 수 있다. 이때 $\overline{\text{N}}$ 그 자체는 단순히 하나의 명사일 수 있다. 이는 위의 규칙 2와 3에 나타나있다. 화살표의 왼편에는 관할하는 범주, 이 경우에는 NP가 있고, 이것이 직접 관할하는 또는 이를 구성하는 범주들, 이 경우에는 Det와 $\overline{\text{N}}$는 오른편에 나타나있다. 화살표의 오른편은 또한 이 성분들의 선형적 배열 순서를 보여준다.

구 구조규칙은 한 언어에 대한 일반적인 진술이며 어떤 특정 VP, V 또는 NP를 명시하는 것은 아니다. 이 규칙을 수형도로 그리는 데 몇 가지 규정이 있다. S는 수형도의 맨 위, 즉 '뿌리'에 위치한다. (수형도는 거꾸로 뒤집혀 있다는 것을 기억하라.) 그래서 우선 화살표 왼편에 S가 있는 규칙(규칙 1)을 찾고, 다음과 같이 화살표 오른편에 있는 범주들을 S 아래에 두어라.

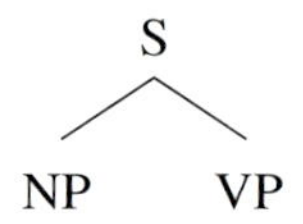

부분적으로 그려진 수형도의 밑에 있는 모든 통사범주를 구 구조규칙의 왼쪽에 있는 동일 범주와 맞춰보고, 그 규칙 오른쪽에 있는 범주들을 사용하여 수형도를 아래쪽으로 확장시켜라. 예를 들어, 다음을 만들기 위해 우리는 NP 규칙을 적용하여 수형도를 확장시킬 수 있다.

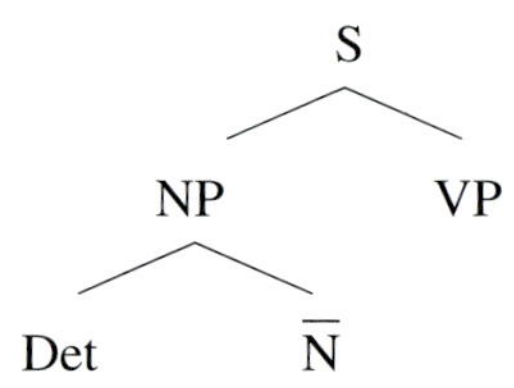

수형도에서 가장 아래에 있는 범주들은 Det, $\overline{N}$, 그리고 VP인데, $\overline{N}$와 VP는 규칙의 화살표 왼편에 나타난다. 우리는 둘 중 어느 것이라도 먼저 확장시킬 수 있으며, 순서는 중요하지 않다. 만약 우리가 VP를 선택한다면 수형도는 다음과 같아 보인다.

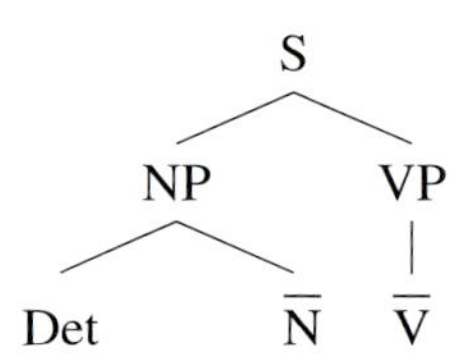

비록 우리의 다섯 가지 규칙에서 명시적으로 언급되지는 않았지만, 몇몇 동사들은 PP 보충어를 취한다. 핵계층 이론에 따르면 우리가 방금 기술한 규칙은 $\overline{V}$ → V PP로 쓰일 수 있다. $\overline{V}$를 확장시켜보자. 그리고 $\overline{N}$도 (규칙 3을 적용하여) 확장시키고 Det에는 어휘를 삽입하여 완성해 보자.

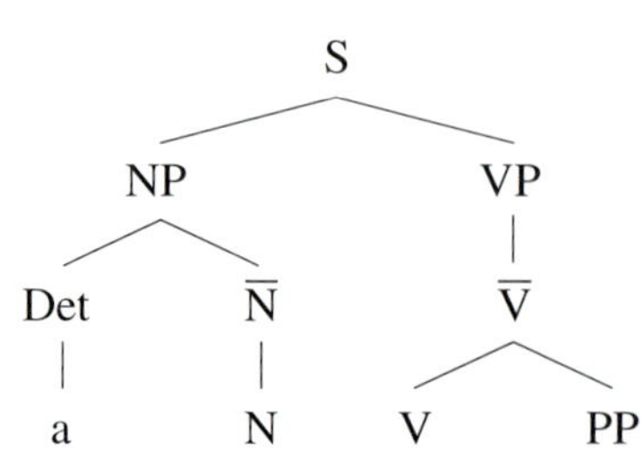

아직 확장되지 않고 그대로 남아있는 것은 PP이다. PP를 확장시키고 남아있는 어휘 항목들을 채우면 다음과 같은 수형도가 만들어진다.

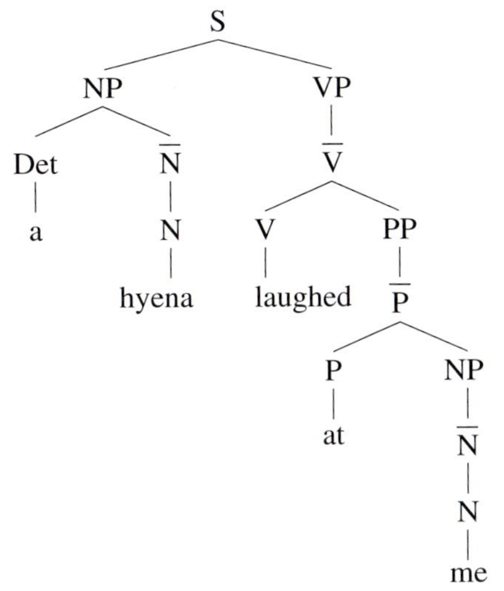

이러한 규약을 따름으로써 우리는 핵계층 이론과 특정 언어의 고유한 규칙에 부합하는 수형도, 즉 그 언어의 통사론을 준수하는 수형도만을 만든다. 함축적으로, 이런 방식으로 명시되지 않은 모든 수형도는 비문법적이다. 즉 통사론에 의해 허용되지 않는다. 수형도를 그리는 중에 수형도의 아랫부분에 구 구조규칙의 화살표 왼쪽에 있는 범주가 있는 한 그 규칙은 사용될 것이다. 구 구조규칙으로 다른 핵계층 선택들을 예시함으로써 우리는 실제 영어 문장과 관련된 모든 구조를 설명할 수 있다.

105쪽의 (1)~(5)의 규칙들이 분명히 핵계층 이론의 가능한 모든 유형들을 다 설명하는 것은 아니다. 핵계층 이론은 어떠한 XP든 핵의 보충어로 기능하게 한다는 것을 상기하라. *Every girl read some poetry*와 같은 아래 타동사 구조에서처럼 규칙 (4)와 (5)는 NP 보충어를 포함하도록 VP를 확장시킨다.

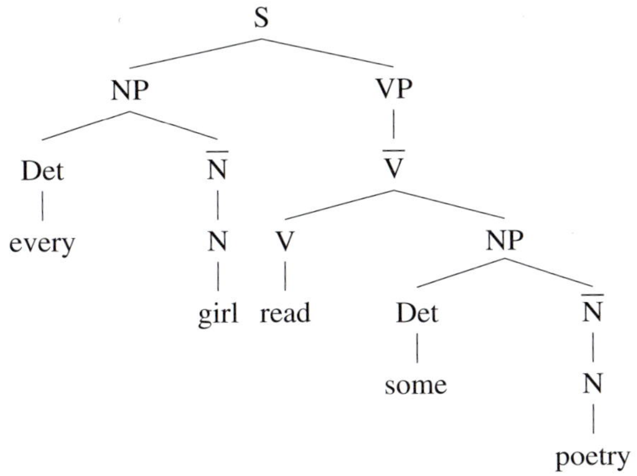

그러나 이미 보았듯이, 동사는 또한 PP 보충어를 허용한다(예: *The boy biked* <u>*to the store*</u>). 다음은 이를 잘 보여주고 있다.

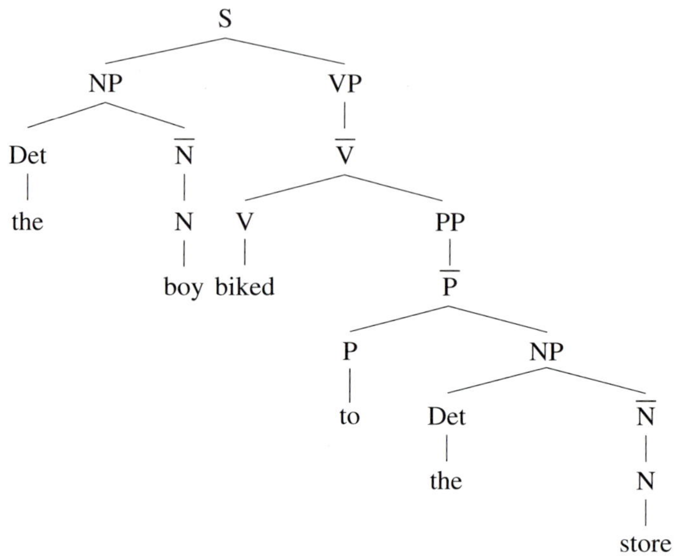

마찬가지로, 명사도 보충어를 가지는데, 다음에서 알 수 있듯이 그중에 PP 도 포함된다(예: *the father of the bride*).

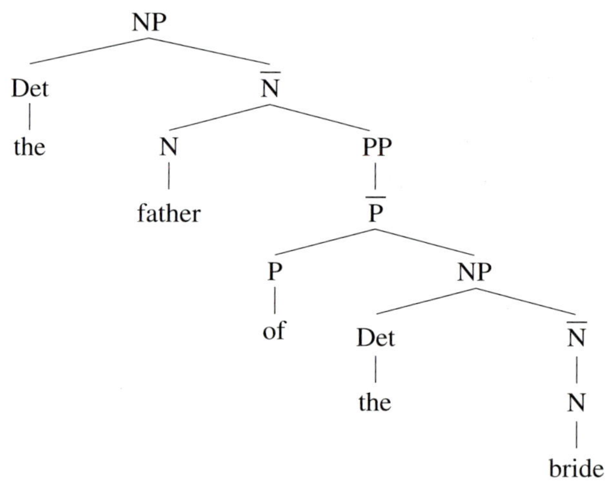

다음 추가적인 구 구조규칙(6~14)들은 위에서 예시한 다른 선택들을 나타낸다. (구 구조규칙 1~5도 편의를 위해 반복되어 있다.)

1. S → NP VP
2. NP → Det $\overline{\text{N}}$
3. $\overline{\text{N}}$ → N
4. VP → $\overline{\text{V}}$

8. $\overline{\text{N}}$ → N PP
9. PP → $\overline{\text{P}}$
10. $\overline{\text{P}}$ → P NP
11. AP → $\overline{\text{A}}$

5. $\bar{V} \rightarrow$ V NP
6. $\bar{V} \rightarrow$ V PP
7. $\bar{V} \rightarrow$ V AP
12. $\bar{A} \rightarrow$ A
13. $\bar{A} \rightarrow$ A PP

정해진 방식에 따라 이러한 규칙들을 적용함으로써 우리는 *The majority of the senate became afraid of the vice-president*와 같은 문장의 구 구조 수형도를 만들 수 있다. 이러한 수형도를 계속 만들어 나갈 때 '나누고 정복하라'의 전략이 적절하다. 우리는 우선 NP 주어의 하위 수형도를 그리고, 그런 다음 VP 술어의 하위 수형도를 그릴 것이다. 수형도의 각 층위는 적용되는 규칙 또는 규칙들(1~13 또는 LI, 즉 어휘 삽입)을 표시한다.

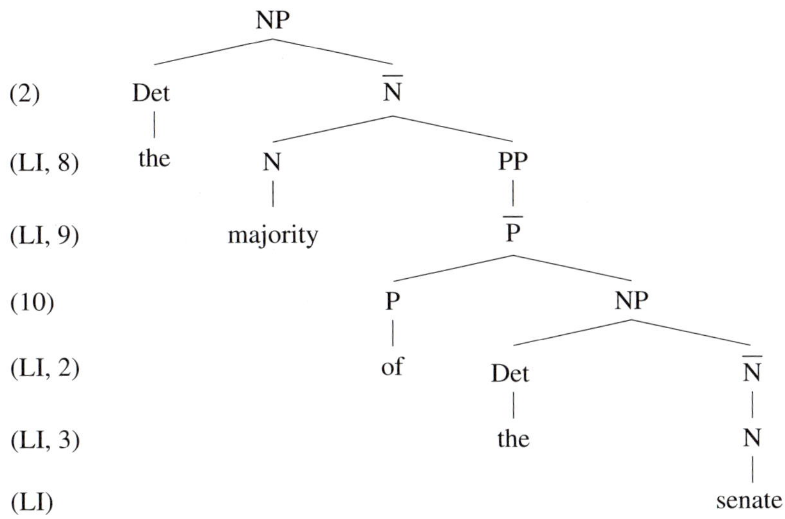

다음은 VP의 수형도이다.

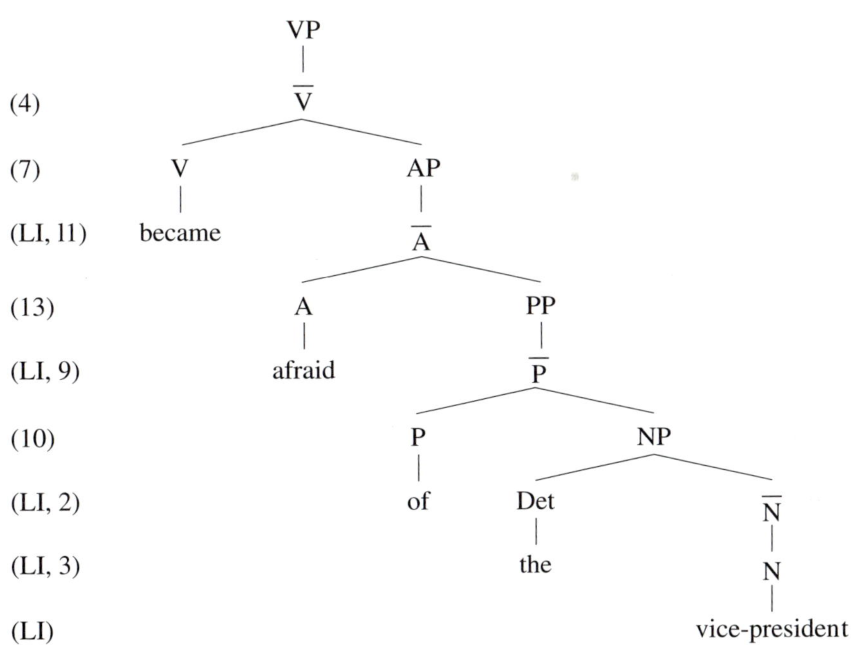

마지막 단계(기술적으로는 첫 번째 단계)는 규칙 1을 이용하여 첫 명칭 S를 NP와 VP로 확장하는 것이며, 여기에 위에서 구성한 NP와 VP가 삽입될 수 있다.

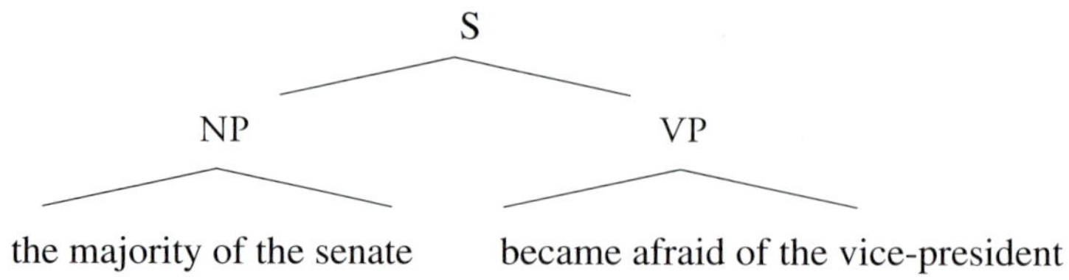

언어의 무한성: 순환 규칙 The Infinity of Language: Recursive Rules

이 장 첫머리에서 한 언어의 문장 수는 무한하고 언어에는 형용사나 전치사구를 더하는 것처럼 긴 문장을 만들 수 있는 다양한 방법이 있음을 주목했다.

예를 들어 NP는 *the kind-hearted, intelligent, handsome boy*에서처럼 얼마든지 많은 형용사를 포함할 수 있다. 우리는 이를 어떻게 설명할까? 여기에 언어학자가 추상적인 범주 $\overline{N}$를 가정하는 한 가지 이유가 있다. 잠재적으로 무한한 수의 형용사들을 설명하기 위해 우리는 $\overline{N}$가 $\overline{N}$를 포함하는 다음과 같은 **순환규칙**(recursive rule)이 필요하다.

14. $\overline{N} \rightarrow A\ \overline{N}$

이 규칙을 포함함으로써, 즉 이러한 구조의 확장을 허용함으로써, 우리는 논의하고 있는 NP의 구조를 쉽게 나타낼 수 있다.

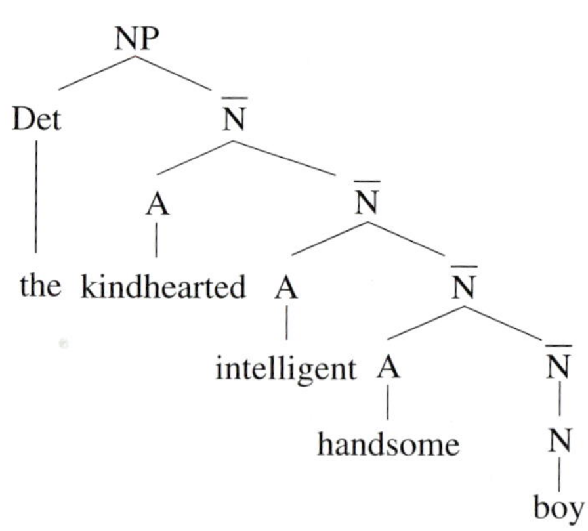

$\overline{N}$가 없다면 우리는 NP → A NP와 같이 NP에 순환 규칙을 적용해야 할 것이다. 그러나 비록 이것이 형용사의 순환성을 포착하지만 *kind-hearted, intelligent, the boy에서처럼 불가능한 위치에 Det가 나타나는 것을 허용하기 때문에 이 규칙은 불가능하다.

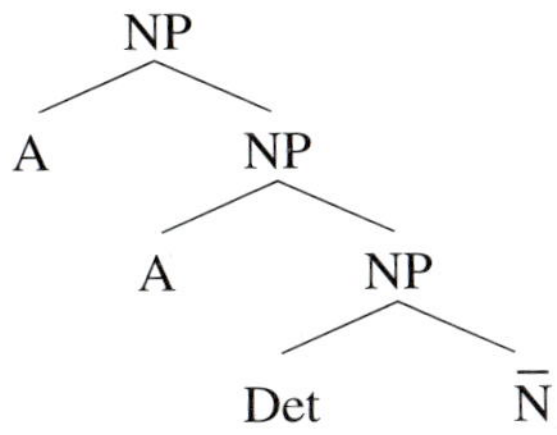

비슷한 종류의 순환이 다음 만화에서 나타난다.

Newspaper Enterprise Association/United Features Syndicate

영어 화자들이 이론상 무한한 크기의 구조를 '확장'시킬 수 있는 또 하나의 방법은 AP내에 강화사(intensifier: Int) 범주를 반복하는 것이다. (Int는 A의 지정어로 기능한다.) 이 순환 규칙은 다음과 같으며 위 만화에 등장하는 Hattie의 100자 수필을 다룰 뿐 아니라 비교적 평범한 표현인 *really very pretty*를 처리한다.

15. $\bar{A} \rightarrow Int\ \bar{A}$

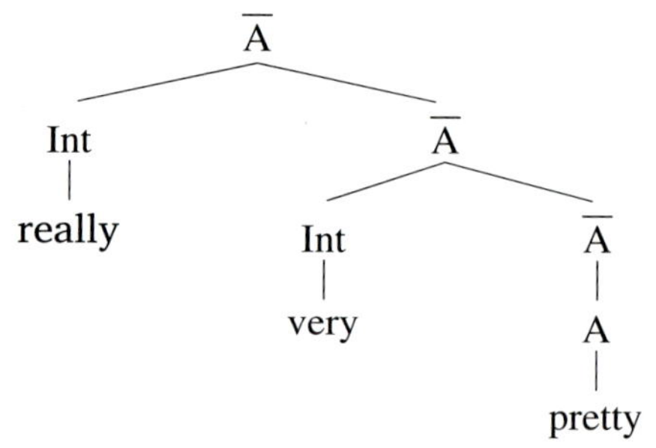

또한 *she went over the hills, through the woods, to the cave. . .* 에서처럼 이론상 무한한 길이의 문장을 허용하는 조금 다른 형태의 순환은 PP 순환과 관련된다. 이 경우 V에서 순환 규칙으로 반복되는 범주는 중간(bar) 범주의 오른쪽에 나타난다.

16. $\bar{V} \rightarrow \bar{V}$ PP

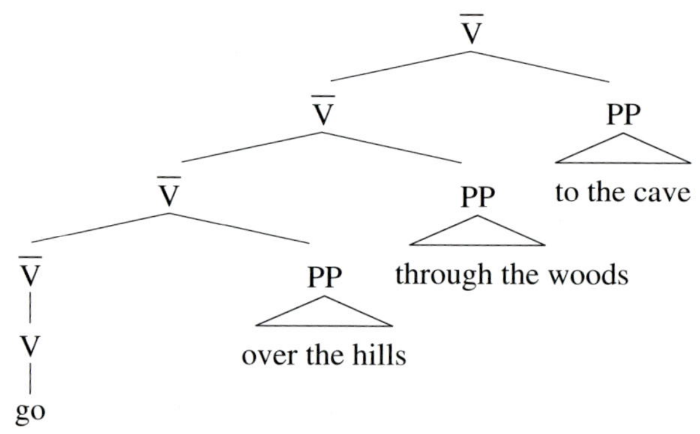

핵계층 이론은 화자가 가지는 통사지식의 중요한 측면을 포착하는 두 가지 방법을 제시한다. 이 두 가지 모두 $\bar{X}$ 범주의 순환인데, 본질적으로 다음 형태의 구조(구 구조규칙들)이다.

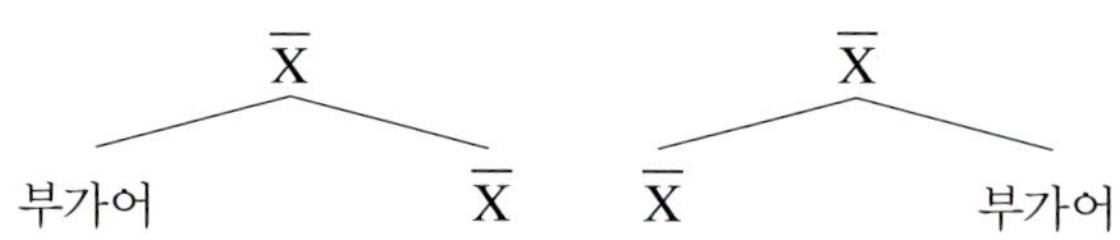

위 구조에서처럼 $\bar{X}$의 자매이고 상위 $\bar{X}$의 딸인 구 범주는 **부가어**(adjunct)라 불린다. 그리고 이는 우리가 보았듯이, 구조적으로 핵의 자매로 정의되는 **보충어**와 구별된다. 그리고 보충어처럼 부가어는 모든 유형의 구(XP)일 수 있다. 위에서 부가어 유형들 중 첫 번째는 형용사 및 강화사의 순환규칙 (15)에 나타나 있다. 규칙 (15)에서 부가어는 강화사이다. 이는 보다시피 우분지 구조를 만들어낸다. 두 번째 유형은 전치사구 순환규칙 (16)에 나타나 있는데, 여기서 부가어는 PP이고 좌분지 구조를 만들어낸다.

보충어와 부가어를 구별하는 것이 항상 간단한 것은 아니다. 구조적으로는 이들의 차이점은 모호하지 않다. 보충어는 X의 자매이고 부가어는 $\overline{X}$의 자매이다. 그러나 문장을 분석하는 데 있어서 핵에 더해진 것이 보충어인지 부가어인지가 항상 분명한 것은 아니다.

우리는 이 구별을 위해 2개의 '경험에 근거한 규칙들'을 제공할 것이다. 그러나 이 주제에 대한 심도있는 논의는 개론적인 내용을 다루는 이 책의 범위를 넘어선다.

NP 내부에 있는 PP가 만약 *of*를 핵으로 가지고 있다면 이 PP는 항상 보충어이다. 한편 *with*를 핵으로 가진 PP는 전형적으로 부가어이다. 그러므로 NP *a patient of the doctor*에서 *of the doctor*는 보충어이지만, *a patient with a broken arm*에서 *with a broken arm*은 부가어이다. 보충어와 부가어 둘 다 존재할 때, 보충어는 반드시 먼저 나온다. 그러므로 *a patient of the doctor with a broken arm*은 문법적이지만 **a patient with a broken arm of the doctor*는 비문법적이다. '*one* 대치'는 하나의 검증을 제공한다. 즉 *a patient with a broken arm and <u>one</u> with a broken leg*에서처럼 오직 부가어를 가지고 있는 명사만이 *one*으로 대치될 수 있다. 그러나 보충어를 가진 명사는 *one* 대치를 허용하지 않는다. 결국 **a patient of the doctor and one of the chiropractor*는 적형이 아니다. 여러 부가어들은 문법성을 유지하면서 순서가 바뀔 수 있다. 즉 *a patient of the doctor with a broken arm from Kalamazoo*와 *a patient of the doctor from Kalamazoo with a broken arm*은 모두 적형의 NP들이다.

동사구에서 직접목적어는 항상 보충어이며 그 외 더해진 거의 모든 것은 부가어이다. 우리가 보았듯이, *found the puppy*에서 *the puppy*는 보충어이지만, *found the puppy in the park*에서 *in the park*은 부가어이다. 보충어는 부가어를 선행한다. 그러므로 **found in the park a puppy*는 문법적이지 않다.

전치사구에서 전치사의 NP 목적어는 보충어이고, *jealous of Harry*에서처럼 형용사구(AP)에서 *of*로 시작되는 구는 보충어이다.

순환은 인간언어를 정의하는 특징들 중 하나이다. 핵계층 이론을 통해 표현된 부가와 보충은 순환의 근원이며, 우리가 이 책에서 강조해온 언어의 무한성/창의성의 근원이다. 다음 규칙을 보자.

17. $\overline{N} \rightarrow \overline{N}$ PP

*the boat in the ocean white with foam from the gale*에 해당하는 다음 구조는 NP와 PP 둘 다의 순환을 보여준다.

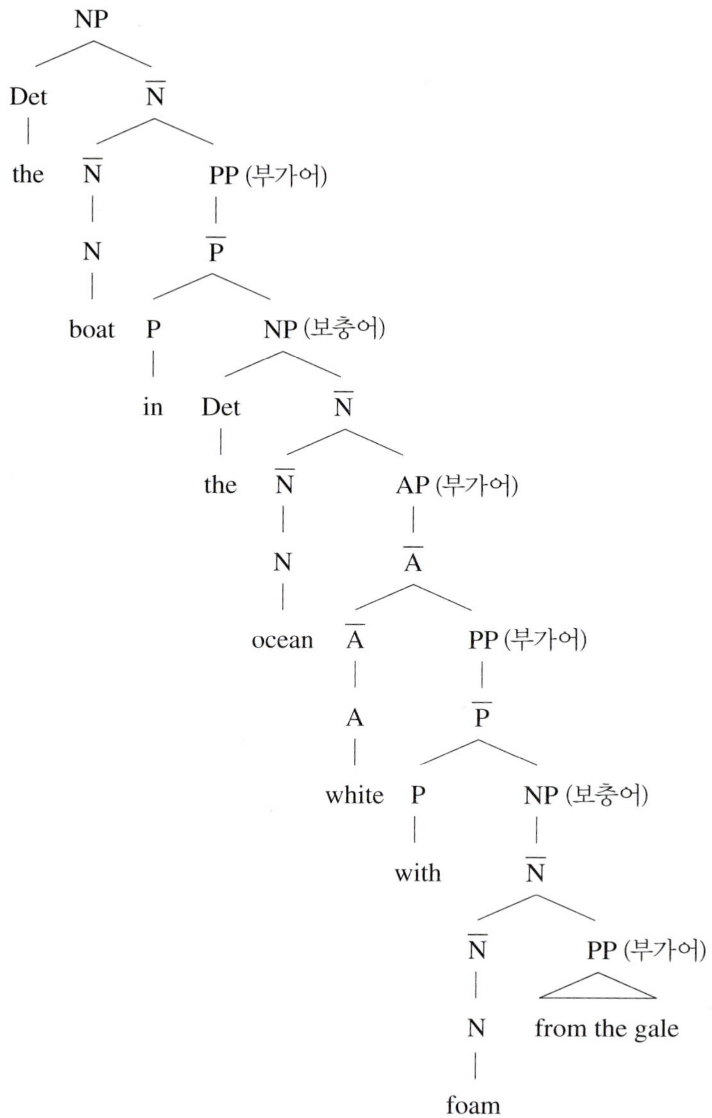

우리의 뇌 용량은 유한하기 때문에 오직 한정된 수의 범주들과 그 범주들을 결합하기 위한 규칙들만을 저장할 수 있다. 모든 언어에 공통적으로, 범주 내에 범주들을 매입하는 것은 우리가 무수한 문장을 마음대로 만들 수 있도록 해준다.

이러한 언어의 속성은 또한 1장에서 다룬 언어능력과 언어수행 간의 차이를 보여준다. 영어(와 다른 언어)의 모든 화자들은 그들의 언어능력, 즉 그들의 정신문법의 일부로서 구를 다른 구 안에 무한정으로 매입하는 능력을 가지고 있다. 그러나 구조가 길어질수록 그 구조를 생성하고 이해하기가 더 어려워진다. 이는 단기 기억의 한계, 근육 피로, 호흡곤란, 지루함, 또는 다른 많은 수행 요인들 때문일 수 있다. (우리는 10장에서 수행 요인들을 더 상세히 논의할 것이다.) 그럼에도 불구하고, 이러한 매우 긴 문장들도 문법규칙에 따라 적형일 수 있다.

문장의 핵 What Heads the Sentence

모든 구 범주의 구조는 핵계층 이론을 따른다. 우리가 이와 관련하여 아직 논의하지 않은 한 범주는 문장 (S)이다. 핵계층 이론이 제공하는 통사론에 대한 강력한 일반화를 유지하기 위해, 우리는 모든 구 범주들이 지정어, 핵, 보충어 그리고/또는 부가어로 구성된 3개 층위의 구조를 가지기 바란다. 그러나 S의 경우, 이것들이 무엇일까? 이 질문에 답하기 위해 우리는 우선 문장은 항상 '시제'를 가진다는 것을 관찰해야 한다. 시제는 동사에 의해 기술되는 사건이나 상태에 대한 시간의 틀을 제공한다. 영어에서 현재와 과거시제는 형태론적으로 동사에 표시 된다.

John dances. (현재)
John danced. (과거)

미래시제는 서법조동사 *will*로 표현된다 (예: *John* will *dance*). 서법조동사는 또한 가능성(예: *John* may *dacne*), 필연성(예: *John* must *dance*), 능력(예: *John* can *dance*) 등과 같은 개념들을 표현한다. *may*와 같은 서법조동사는 사건이 미래의 언젠가 일어날 가능성이 있다는 것을 말하고, *must*는 사건이 미래 언젠가 일어나야 할 필요가 있다는 것 등을 말한다. 영어의 서법조동사들은 다양한 시간 표현들과의 양립가능성에서 볼 수 있듯이 본질적으로 '시제'를 가진다.

John may/must/can win the race today/tomorrow.
*John may/must/can win the race yesterday.
John could/would have tantrums when he was a child.
John could leave the country tomorrow.

VP가 동사에 의해 기술되는 상황에 대한 것이듯, 즉 *eat ice cream*은 '먹는 것(eating)'에 관한 것인 것처럼, 문장도 마찬가지로 '어떤 시점에서 발생하는' 일에 대한 상황이나 사태에 대한 것이다. 그러므로 시제(Tense) 범주는 자연스럽게 S의 핵이 되는 범주이다.

이 통찰력을 이용하여 언어학자들은 문장을 핵계층 이론을 준수하는 다음 구조를 가진 시제구(Tense Phrase: TP)라고 일컫는다.

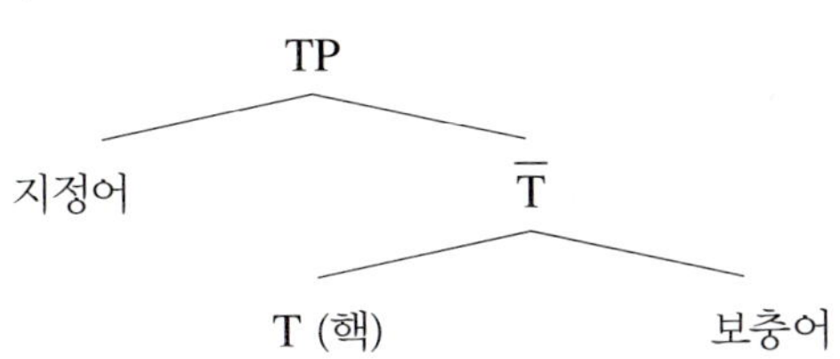

문장, 즉 TP에 있어서 지정어는 문장의 주어이고, TP의 보충어는 동사구, 즉 술어이므로 문장은 전통적으로 주어-술어 또는 NP VP 형태로 나뉜다. 마지막으로, 핵 T는 시제 (±pst)와 *can*, *would*와 같은 서법조동사를 포함한다. 그래서 결국 문장, 즉 TP는 다음과 같은 구조를 가진다.

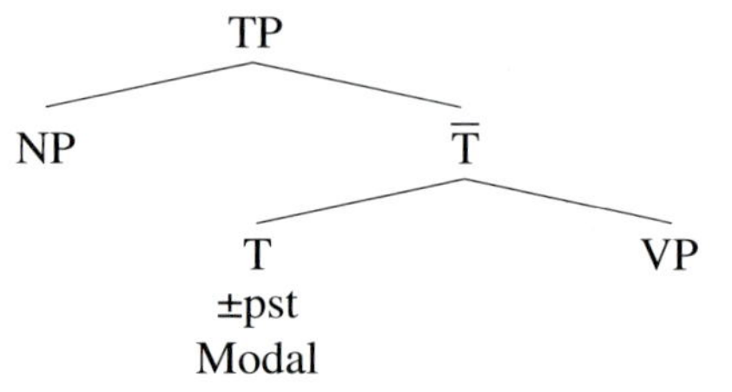

우리는 이제 *The girl may cry*와 *The child ate*과 같은 문장들의 구조를 나타낼 수 있다.

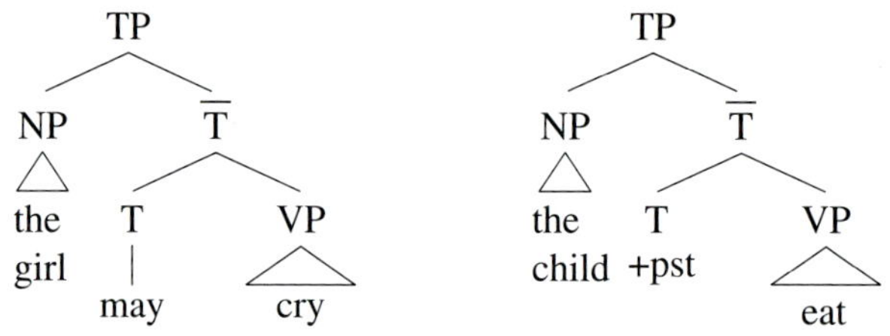

이러한 구조에서 +pst를 가진 T와 *eat*은 결국 *ate*로 발음된다. T 아래에 서법조동사가 없다면, 시제는 VP의 동사 핵에 나타난다.

시제가 표현되는 또 하나의 방법은 *John did not go*와 같은 부정문과 *Where did John go?*와 같은 의문문에 삽입되어 시제를 가지는 단어 *do*를 이용하는 것이다. 이 문장들에서 *did*는 과거시제를 나타낸다. 이 장의 후반부에서 우리는 *do*-삽입이 어떻게 작용하는지 볼 것이다.

구조적 중의성 Structural Ambiguities

앞서 언급했듯이, 몇몇 종류의 중의적인 문장들은 둘 이상의 구 구조 수형도를 가지며 각 수형도는 각기 다른 의미에 해당된다. *The boy saw the man with the telescope*라는 문장은 구조적으로 중의적이다. '소년이 망원경을 가진 남자를 보았다'라는 의미를 가질 때 *saw*의 보충어는 NP *the man with the telescope*이고 문장은 다음 구조를 가진다.

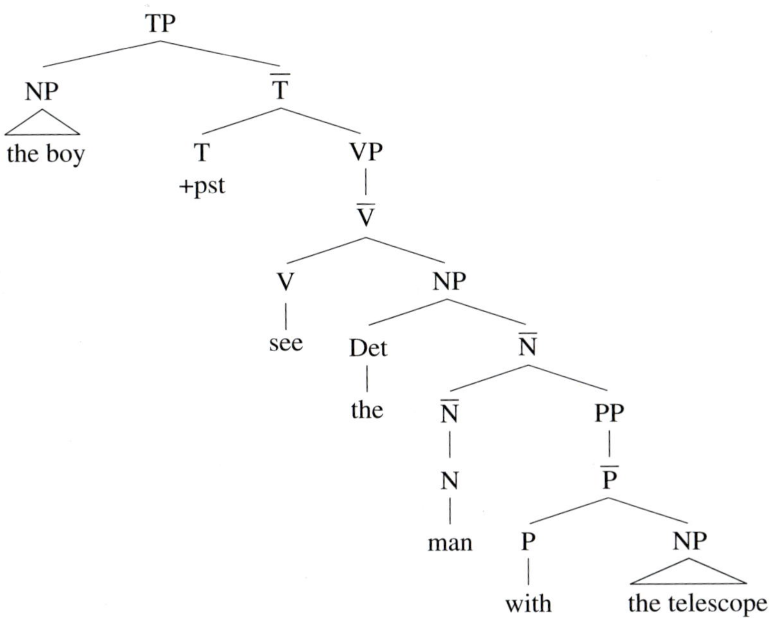

'소년이 망원경을 이용하여 남자를 보았다'는 의미를 가질 때 다음 (약간 축약된) 구조를 만들기 위해 순환 규칙 16, 즉 $\bar{V} \rightarrow \bar{V}$ PP를 활용할 필요가 있다.

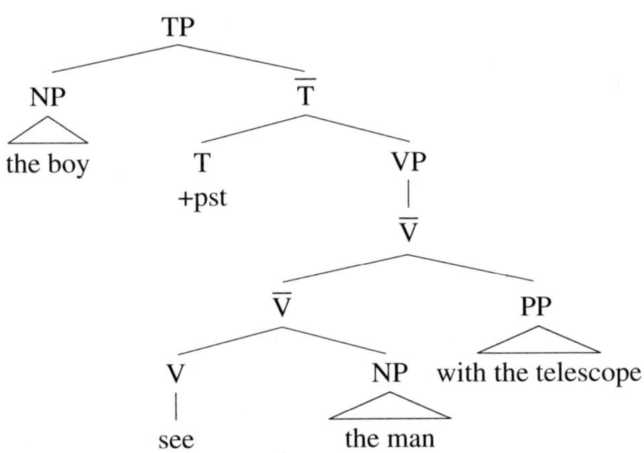

첫 번째 경우 PP *with the telescope*가 *man*의 자매이지만(그러므로 *man*을 수식한다), 두 번째 경우 이 PP가 $\bar{V}$ *see the man*의 자매이고 따라서 이를 수식한다. 따라서 통사규칙들은 동일한 선형적 배열을 가진 단어들에 각기 다른 구조를 허용하기 때문에 두 가지 해석이 가능하다.

기타 구조들 More Structures

MacNelly/King Features Syndicate

많은 다른 영어 문장 유형들은 핵계층 이론으로 자연스럽게 설명된다. 다음 예를 고려해 보라.

The dog completely destroyed the house.

부사는 사건이 어떻게 일어나는지(*quickly, slowly, completely*) 또는 언제 일어나는지(*yesterday, tomorrow, often*)를 명시할 수 있는 수식어이다. 우리가 규칙 14에서 보았듯이 형용사가 $\overline{N}$의 자매인 것처럼, 수식어로서 부사는 $\overline{V}$ 범주의 부가어(자매)이다. 이는 다음 규칙을 제시한다.

18. $\overline{V} \rightarrow$ AdvP $\overline{V}$

그리고 이 규칙은 다음 구조를 만든다.

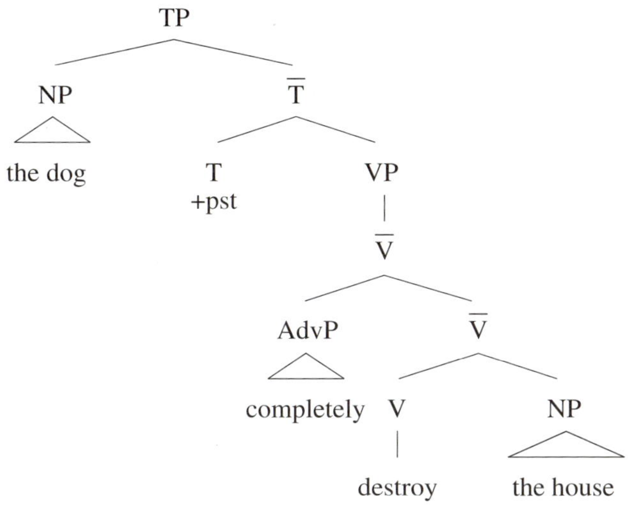

*The dog destroyed the house yesterday*와 같은 비슷한 문장의 구조는 달라져야 한다. 왜냐하면 **The dog yesterday destroyed the house*는 비문법적이기 때문이다. 우리는 이를 다음 구 구조규칙으로 설명할 수 있다. 즉 우리가 112쪽의 핵계층 이론에서 보았듯이 부가어는 중간범주의 양 측면에 나타날 수 있음을 나타낸다.

19. $\overline{\mathrm{V}} \rightarrow \overline{\mathrm{V}}$ AdvP

여기에서 형용사가 NP를 수식하는 경우와 마찬가지로 VP는 보다 더 깊은 층위의 구조를 가진다.

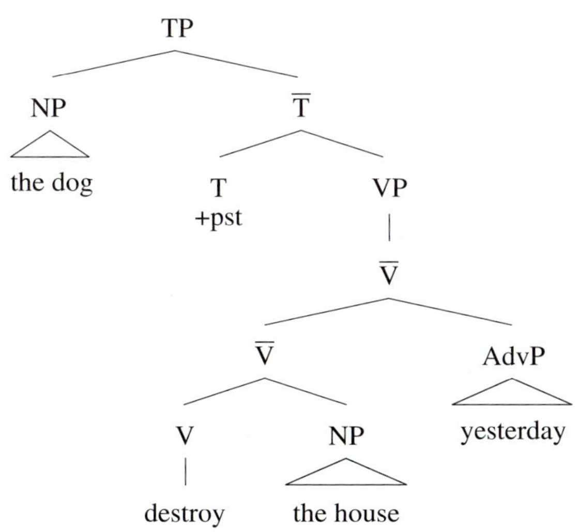

위 두 구조 중 첫 번째 구조에서 부사 *completely*는 파괴의 정도를 묘사함으로써 동사구를 수식한다. 두 번째 구조에서 부사 *yesterday*는 사건의 시간을 정함으로써 VP의 의미

에 정보를 더한다.

대부분의 부사들(예를 들어 *completely, often, suddenly*)은 규칙 18이나 규칙 19를 이용하여서 $\bar{V}$와 결합할 수 있다. 다시 말해, 이들은 $\bar{V}$를 선행하거나 뒤따를 수 있다. 동시에 몇몇 부사들(예를 들어 *no longer, just, never*)은 $\bar{V}$의 앞에만 위치할 수 있고, 몇몇 부사들(예를 들어 *yesterday, fast, well*)은 $\bar{V}$를 뒤따를 수만 있다. 이 모든 경우에 부사는 구 구조 규칙을 따르고 $\bar{V}$의 부가어(자매)이다.

118쪽 만화에서의 농담은 *curse*가 NP *the day you were born*을 보충어로 취할 수도 있고 때를 나타내는 수식어, 즉 ('cursed *on* the day'와 비슷하게) $\bar{V}$의 자매인 부가어로 취할 수도 있다는 사실에 기인한다. 이는 구조적 중의성으로 이어진다.

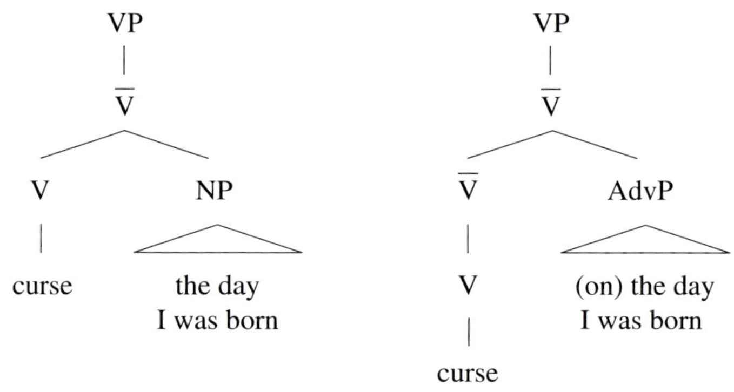

흥미롭게도, *I cursed the day I was born the day I was born*이라는 문장은 동사의 NP 보충어와 $\bar{V}$의 AdvP 부가어 둘 다를 가지며 문법적이면서 유의미하다. (연습문제 23a를 보라.)

변형 분석 Transformational Analysis

우리는 앞 절에서 개괄된 구 구조의 규약을 통해 무한한 수의 문장들을 특징지을 수 있다. 이러한 구 구조의 규약은 핵계층 이론과 어휘의 요건을 충족시키는 범주 선택(C-selection)과 의미 선택(S-selection)의 제약을 준수하면서 단어와 구들을 결합한다. 그럼에도 불구하고, 구 구조 원리만으로는 언어에서 다음 쌍과 같이 한 문장 유형이 다른 문장 유형과 체계적으로 관련되어 있다는 사실을 설명하지는 못한다.

The boy will dance. Will the boy dance?

이 두 문장은 같은 상황에 대한 것이다. 첫 문장은 한 소년이 춤추는 상황이 일어날 거라고 단언한다. 이러한 문장들을 **평서문**(declarative sentence)이라고 한다. 두 번째 문장은 소년이 춤추는 그러한 상황이 일어날지를 묻는다. 두 번째 종류의 문장을 ***yes-no* 의문문**(yes-no question)이라고 일컫는다. 이 두 문장 사이의 유일한 실제적 의미 차이는 전자는 정보를 단언하는 반면 후자는 그 정보를 요청한다는 것이다. 이러한 의미 요소는 상이한 어순으로 나타나는데, 이는 두 문장이 체계적인 방식으로 의미 차이에 상응하는 구조적 차이를 가지고 있다는 것을 보여준다. 언어의 문법은 이 사실을 설명해야 한다.

이러한 관계를 기술하는 표준적인 방법은 관련된 문장들이 동일한 기저구조로부터 나온다고 말하는 것이다. *yes-no* 의문문이 바로 이 경우로 평서문, 즉 핵계층 이론에서 TP로 시작된다. 다음 예를 고려해보자.

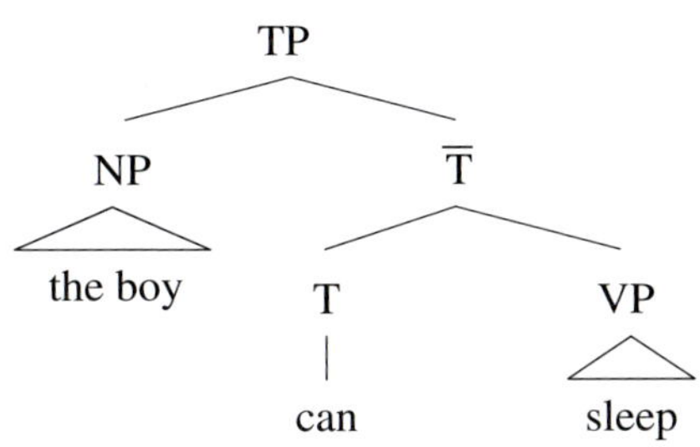

TP의 핵, 즉 T(이 예에서는 서법조동사 *can*)는 영어에서 다른 유형의 문장뿐만 아니라 *yes-no* 의문문을 형성하는 데 핵심이다. *yes-no* 의문문에서 서법조동사는 다른 위치, 즉 주어 앞에 나타난다. 여기에 몇 가지 예가 더 있다.

The boy will sleep.	Will the boy sleep?
The boy should sleep.	Should the boy sleep?

평서문과 *yes-no* 의문문 사이의 관계를 포착하는 한 가지 방법은 구 구조 원리를 이용하여 평서문의 기저구조를 활용하게 하는 것이다. **이동**(move)이라 불리는 형식적인 방법은 T에 있는 요소를 주어 NP 앞으로 재배치시키는 것이다. (이동은 또한 문장 간의 관련성에 대한 전통적인 접근에서 **변형규칙**(transformational rule)이라고도 불린다.) 예를 들어, 이동은 *The boy must sleep*이라는 문장에 적용되어 다음을 도출한다.

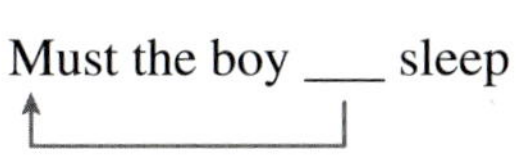

yes-no 의문문들은 그러므로 다음 두 단계로 생성된다.

1. 구 구조규칙은 핵계층 이론을 도구로 기본 구조를 생성한다.
2. 이동은 기본 구조에 적용되어 파생 구조를 생성한다.

심층구조(deep structure: d-structure)라 불리는 문장의 기본 구조는 핵계층 이론에 따른다. 기본 문장구조의 변이형들은 이동이라는 변형 작용을 통해 얻어진다. 위 두 단계로 의문문을 생성함으로써, 우리는 원칙에 입각한 구조적 관계가 의문문과 상응하는 평서문 사이에 존재한다고 주장하고 있다. 직관에 의해 우리는 이러한 문장들은 서로 관련된다는 것을 안다. 변형규칙은 이러한 지식을 나타내는 형식적인 방법이다.

이 파생된 구조들, 즉 변형규칙의 적용에 의해 생긴 구조는 **표층구조**(surface structure: s-structure)라고 불린다. 발음을 결정하는 언어의 규칙들은 표층구조에 적용된다. (6장을 보라.) 변형규칙이 적용되지 않는다면, 심층구조와 표층구조가 동일하다. 변형규칙이 적용된다면, 표층구조는 모든 변형의 영향을 받은 결과이다. 많은 문장 유형들은 변형에 의해 설명되는데, 이러한 변형들은 문장 요소들을 이동시키고 더하고 삭제하면서 구 구조 수형도들을 변경시킬 수 있다.

변형적으로 관련된 다른 문장 쌍으로는 다음과 같은 것이 있다.

능동문–수동문

The cat chased the mouse. → The mouse was chased by the cat.

***there* 문장**

There is a bear in your closet. → A bear is in your closet.

PP 전치

Tom Dooley stabbed her with his knife. → With his knife Tom Dooley stabbed her.

여기서 중요한 질문은 이동규칙이 적용된 후에 파생된 문장의 구조는 어떠한가? 우리가 통사론의 중요한 일반성을 유지하려 한다면 그 구조는 핵계층 이론을 반드시 따라야 한다. 그러기 위해서는 추가적인 층위의 구조가 필요하다. 이 장의 부록 A에서 우리는 어떻게 이 목적을 달성할 수 있을지 보여줄 것이다.

규칙의 구조 의존성 The Structure Dependency of Rules

이동변형은 구 구조 속에 포함된 특정 단어와 상관없이 구 구조에 작용한다. 즉 이동변형은 **구조 의존적**(structure dependent)이다. 이동이 PP를 전치시킬 때, *In the house, the puppy found the ball*이나 *With the telescope, the boy saw the man*에서처럼 PP가 $\overline{\text{V}}$의 부가어이면, 어떠한 PP든 옮길 수 있다.

변형이 구조 의존적이라는 증거는 *With a telescope, the boy saw the man*이 중의적이지 않다는 사실에서 찾을 수 있다. 이 문장은 오직 '소년이 남자를 보기 위해 망원경을 사용했다'는 의미만을 가진다. 이 의미는 PP가 $\overline{\text{V}}$에 직접 관할되는 117쪽에 있는 두 번째 구 구조에 해당한다. '소년이 망원경을 가진 남자를 보았다'는 다른 의미의 구조에서 PP는 117쪽 첫 번째 수형도에서처럼 NP 안에 있다. PP 전치와 같은 이동규칙은 $\overline{\text{N}}$-PP 구조가 아닌 $\overline{\text{V}}$-PP 구조에 적용된다.

일치 규칙 또한 구조 의존적이다. 영어를 포함한 많은 언어에서 동사는 반드시 주어와 일치해야 한다. (영어에서) 주어가 3인칭 단수일 때 동사가 –*s*로 표시되며, 그렇지 않으면 표시되지 않는다.

This guy seems kind of cute.

These guys seem kind of cute.

이제 다음 문장들을 고려해보라.

The *guy* we met at the party next door *seems* kind of cute.

The *guys* we met at the party next door *seem* kind of cute.

동사 *seem*은 반드시 주어 *guy* 또는 *guys*에 일치해야 한다. 비록 핵인 명사와 동사 사이에 다양한 단어들이 있다 하더라도, 동사는 항상 핵 명사와에 일치한다. 게다가, 다음 문장이 보여주듯이, 주어와 동사 사이에 끼어들 수 있는 단어의 수는 무제한적이며, 그 단어들이 단수인지 복수인지도 무관하다.

The *guys* (*guy*) we met at the party next door that lasted until 3 a.m. and was finally broken up by the cops who were called by the neighbors *seem* (*seems*) kind of cute.

이러한 문장의 (많이 축약된) 구 구조 수형도는 위의 언급한 내용이 왜 그러한지에 대해 설명해준다.

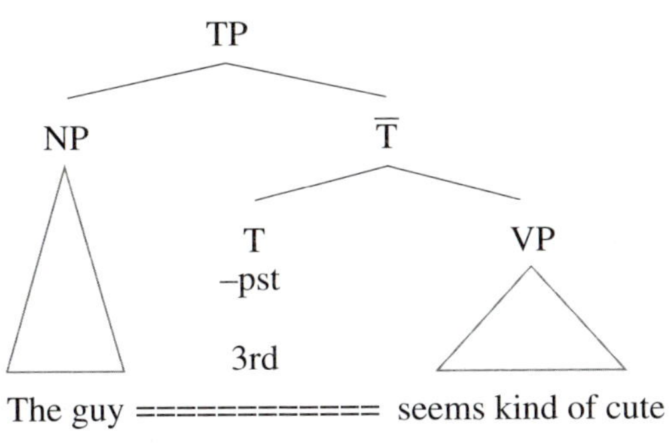

수형도에서 '= = = = = ='는 끼어드는 구조를 나타내며, 이는 원리상으로 무한히 길고 복잡할 수 있다. 영어(와 모든 다른 언어의) 화자들은 일치가 선형적인 어순이 아닌 문장 구조에 달려있다는 것을 알고 있다. 즉 일치는 주어와 본동사 사이에 이루어진다. 일치 규칙에 관한 한, 다른 모든 자료는 무시될 수 있다. (그런데 실제 수행에서는 만약 주어와 본동사와의 거리가 너무 멀면, 화자는 주어가 무엇이었는지 잊어버릴 수도 있다.)

구조 의존성의 추가적인 예시가 다음 평서문-의문문 쌍에서 발견된다. 다음을 보자.

The boy who can run fastest will win.

Will the boy who can run fastest win?

*Can the boy who run fastest will win?

위의 비문법적인 문장은 의문문을 형성하기 위해 이동변형이 문장에서 단순히 첫 번째 서법조동사가 아닌 뿌리 TP에 관할된 서법조동사에 적용됨을 보여주고 있다. 이는 많이 축약된 다음 구조에서 볼 수 있다. (자세한 것은 부록 A를 보라.)

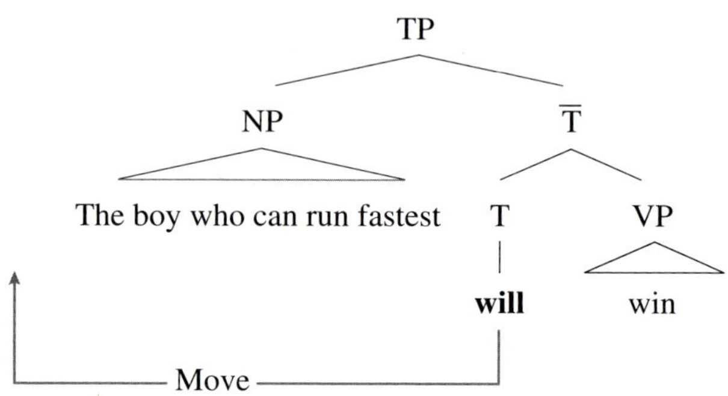

만약 이동 규칙이 첫 번째 서법조동사 *can*을 선택한다면 비문법적인 문장 *Can the boy who __ run fastest will win이 도출된다. 적형의 의문문을 도출하기 위해서는 이동규칙이 반드시 요소들의 선형적 순서가 아니라 구 구조를 따라야 한다.

구조 의존성은 보편문법의 원리라서 이는 모든 언어에서 나타난다. 예를 들어, 주어-동사 일치를 가지는 언어에서 의존성은 동사와 (가장 가까운 다른 NP가 아닌) 주어 사이에 존재하며, 이는 이탈리아어, 독일어, 스와힐리어, 영어의 예에 잘 나타나있다. (3인칭 단수 일치 접사는 동사에 굵은 글씨로 되어 있고, 이 접사는 밑줄 친 NP가 비록 본동사와 가장 가까울지라도 굵은 글씨로 된 NP에 의해 지배된다.)

La **madre** con tanti figli lavor**a** molto.

Die **Mutter** mit den vielen Kindern arbeite**t** viel.

Mama anao watoto wengi **a**najitahidi.

The **mother** with may children work**s** a lot.

기타 통사적 의존성 Further Syntactic Dependencies

문장은 두 가지 기본적인 원리에 따라 만들어지는데, 이 두 원리는 성분구조에서 도출된 핵계층 이론과 개별 단어의 어휘적 속성(범주 선택과 의미 선택)으로부터 도출된 통사적 의존성이다. 성분구조는 문장의 구성성분들의 계층적 구조를 나타내고 변형규칙은 이에 민감하다. 통사적 의존성은 특정 단어나 형태소의 존재가 한 문장의 다른 단어나 형태소의 존재에 따라 결정될 수 있음을 의미한다. 우리는 이미 적어도 두 가지 통사적 의존성의 예를 보았다. 범주 선택이 의존성의 한 가지 예이다. 예를 들어 한 문장에 직접목적어가 있는지의 여부는 동사가 타동사인지 자동사인지에 달려있다. 더 일반적으로 보충어는 그것이 속해 있는 구의 핵이 가지는 속성에 좌우된다. 주어-동사 일치는 주어 NP의 자질과 동사의 형태규칙 사이에 존재하는 또 다른 종류의 의존성이다.

Wh 의문문 *Wh* Questions

다음 ***wh* 의문문**(wh question)은 또 다른 종류의 의존성을 보여준다.

1. (a) What will Max chase?
   (b) Where should Pete put his dogbone?
   (c) Which toys does Pete like?

위 문장에는 몇 가지 흥미로운 점들이 있다. 첫째로, 문장 (a)에서 동사 *chase*는 타동사이지만 그 뒤에 따르는 직접목적어가 없다. 즉 직접목적어가 있어야 할 자리에 공백이 있다. 문장 (b)의 동사 *put*은 직접목적어와 전치사구를 하위범주화하지만 *his dogbone* 뒤에 PP가 없다. 마지막으로 문장 (c)에서 *does*는 복수 명사가 앞에 있어도 3인칭 단수 형태소 -*s*를 가진다.

만약 우리가 *wh* 구를 제거한다면 남아있는 문장은 비문법적일 것이다.

2. (a) *will Max chase ___?
   (b) *should Pete put his dogbone ___?
   (c) *does Pete like ___?

공백을 가지고 있는 문장의 문법성은 문두에 *wh* 구가 존재하는지에 의해 결정된다. (1)의 문장들은 문법적인데, 그 이유는 *wh* 구가 (a)와 (c)에서도 동사의 목적어처럼, (b)에서도 전치사구 목적어처럼 기능하고 있기 때문이다.

만약 각각의 경우에서 *wh* 구가 상응하는 평서문 구조의 문장에서 공백의 위치에서 비롯되었다고 가정한다면, 우리는 *wh* 구와 빠진 성분 사이의 의존성을 설명할 수 있다.

3. (a) Max will chase *what*?
   (b) Pete should put his dogbone *where*?
   (c) Pete likes *which* toys?

(3)에서 핵계층 이론과 타동사 *chase*의 선택 속성에 의해 요구되는 대로, 구 구조 원리는 보충어 자리에 *wh* 표현을 가진 기본적인 평서문 어순(좀 더 정확히 말하면 심층구조)을 생성한다. 여기서 세 가지 변형 작용이 일어난다. 즉 이동 규칙에 따라 먼저 *wh* 표현을 심층구조 자리에서 문두의 구조적 자리로 이동시킨다. 그리고 서법조동사를 NP 주어 앞으로 전치시

킨다. 그 후 *do*-삽입(*do*-insertion) 변형규칙에 의해 대역동사 *do*가 T에 삽입되어 시제자질을 가지며(*does*로 실현됨) 최종적으로 (1)의 표층구조가 만들어진다. 이 장의 부록 B가 이러한 복잡한 변형과정을 보여준다.

여기서 *wh* 의문문의 주목할 만한 속성은 필요한 경우 이동 규칙이 *wh* 구를 심층구조에서 이 구가 생성된 절의 바깥으로 옮길 수 있다는 것이다. 실제로 다음 문장이 보여주듯이 *wh* 구가 이동할 수 있는 거리는 제한이 없다. 줄을 친 곳은 *wh* 구가 이동하기 전 심층구조에서의 위치를 나타낸다.

Who did Helen say the senator wanted to hire __?

Who did Helen say the senator wanted the congressional representative to try to hire __?

Who did Helen say the senator wanted the congressional representative to try to convince the Speaker of the House to get the Vice President to hire __?

wh 이동에 의해 생기는 '장거리' 의존성은 인간언어의 근본적인 속성이다. 이러한 의존성은 문장이 단순히 일련의 단어 연쇄가 아니라 구 구조 수형도의 튼튼한 발판의 지원을 받는다는 추가적인 증거를 제공한다. 이러한 수형도는 언어에서 한 문장과 다른 문장들과의 관계뿐만 아니라 한 문장의 기저구조를 나타내고 항상 그렇듯 우리의 통사지식을 반영한다.

보편문법 원리와 매개변인 UG Principles and Parameters

이 장에서 우리는 주로 영어 통사론에 초점을 두어왔다. 그러나 우리가 영어에 관해 기술한 많은 문법구조들은 다른 언어에도 적용된다. 그 이유는 보편문법(Universal Grammar: UG)이 모든 인간언어에 기본적인 설계를 제공하고, 개별 언어는 이 기본 설계의 단순한 변형에 불과하기 때문이다. 새로운 주택 단지 개발을 상상해보라. 그 모든 집들은 동일한 평면도를 가지고 있지만 입주자들은 몇몇 선택권들을 가진다. 그들은 카펫이나 딱딱한 나무 바닥, 커튼이나 블라인드, 부엌 찬장과 조리대, 화장실 타일 등을 선택할 수 있다. 통사론이 작용하는 방식도 대충 이러하다. 언어는 기본 설계를 따르고, 그 다음에 선택이나 변형의 여지가 있다.

모든 언어는 핵계층 이론을 따르는 구조를 가진다. 구는 지정어, 핵, 그리고 보충어로 구성되어 있다. 중간 범주는 순환적 특성을 나타내며, 문장의 핵은 시제와 서법 같은 정보가 명시되는 T이다.

그러나 언어는 구와 문장 내에서의 각기 다른 어순을 가질 수 있다. 앞서 논의했듯이, 영어와 일본어의 어순의 차이는 보편적인 속성과 언어 고유의 속성들의 상호작용을 보여준다. 보편문법은 구의 구조를 명시한다. 구는 핵을 반드시 가져야 하고 어떤 유형의 보충어를 취할 수 있고 부가어들을 가질 수 있다. 그러나 각 언어는 그 자체로 이러한 성분들의 상대적인 순서를 규정한다. 즉 영어는 핵이 앞서고(head-initial), 일본어는 핵이 끝에 온다 (head-final). 우리는 이러한 변이 사항들을 **매개변인**(parameter)이라 부른다.

모든 언어는 의문문을 만들거나 특정 성분을 강조하는 것과 같은 어떤 목적을 위해 요소들의 순서를 바꾸는 이동과 같은 변형규칙들을 가지는 것 같다. 이동은 네덜란드어에서 발견되다. 예를 들어, 네덜란드어에서 (1)에서처럼 서법조동사가 있다면 서법조동사가 이동하고, 만약 그렇지 않으면 (2)에서처럼 본동사가 이동한다.

1. Zal Femke fietsen? (from "Femke zal fietsen.")
   will Femke bicycle ride
   (Will Femke ride her bicycle?)

2. Leest Meindert veel boeken? (from "Meindert leest veel boeken.")
   reads Meindert many books
   (Does Meindert read many books?)

표준 미국영어에서 본동사는 이동하지 않는다. 대신, *do*가 남겨진 시제와 일치자질을 문자화한다. (부록 B를 보라). 모든 언어는 *who*, *when*, *where*, *what*, *how*에 대한 정보를 요청하는 표현들을 가지고 있다. 비록 다른 언어에서 의문사가 꼭 'wh'로 시작하지는 않지만, 우리는 이러한 의문문을 *wh* 의문문이라고 부르겠다. 일본어와 스와힐리어와 같은 몇몇 언어에서 *wh* 구는 이동하지 않는다. 이는 원래의 심층구조 위치에 남아있다. 일본어에서 의문문은 의문 형태소인 *no*로 표시된다.

Taro-ga	nani-o	mitsuketa-no?
Taro	what	found

일본어 어순은 SOV이며 그래서 *wh* 구인 *nani*('what')가 목적어이고 동사 앞에 온다는 것을 상기하라.

스와힐리어에서 (우연의 일치로 일본어와 동일한) *wh* 구인 *nani*는 원래 위치에 그대로 남아있다.

Ulipatia	nani	kitabu?
you gave	who	a book

그러나 *wh* 이동(즉, 의문사구의 이동)을 가진 모든 언어에서 의문 요소는 보문소구 (CP)로 이동한다. (부록 B를 보라.) 이동된 구의 착지점은 보편문법에 의해 결정된다. *wh* 이동을 가진 언어들 중에서 약간의 변이가 있다. 이탈리아어와 같은 로망스어에서는 *wh*

구가 영어에서처럼 이동한다. 그러나 *wh* 구가 전치사의 목적어에 대한 물음이면, 그 전치사는 반드시 *wh* 구와 함께 이동해야 한다. 그에 반해, 영어에서 전치사는 '좌초될' 수 있다. 즉 원래 위치에 남겨져 있을 수 있다.

A chi hai dato il libro?
To whom (did) you give the book?
*Chi hai dato il libro a?
Who(m) did you give the book to?

독일어의 몇몇 방언에서 장거리의 *wh* 이동은 *wh* 구의 흔적을 남긴다. 다음이 그 예이다.

Mit	wem	glaubst	du	mit	wem	Hans	spricht?
With	whom	think	you	with	whom	Hans	talks

(Whom do you think Hans talks to?)

Wen	willst	Du	wen	Hans	anruft?
Whom	want	You	whom	Hans	call

(Whom do you want Hans to call?)

체코어에서 의문사구 'how much'는 그것이 수식하는 NP를 뒤에 남겨둔 채 이동될 수 있다.

Jak	velké	Václav	koupil	auto?
How	big	Václav	bought	car

(How big a car did Václav buy?)

이러한 차이에도 불구하고, *wh* 이동은 어떤 제약들을 지킨다. 비록 *what, who, which boy*와 같은 *wh* 구가 어떤 NP 자리에도 삽입될 수 있고 원리상 자유롭게 CP로 이동되지만, *wh* 이동이 불가능한 경우들이 있다. 예를 들어, *wh* 구는 (1b)에서처럼 *the senator that wanted to hire who*와 같은 관계사절 밖으로 이동할 수 없다. 이는 또한 (2c)와 (2d)에서처럼 *whether*나 *if*로 시작하는 절 밖으로 이동할 수 없다. (*wh* 구가 이동되기 전의 자리는 ___로 나타내는 것을 기억하라.)

1. (a) Emily paid a visit to the senator that wants to hire who?
   (b) *Who did Emily pay a visit to the senator that wants to hire ___?

2. (a) Miss Marple asked Sherlock whether Poirot had solved the crime.
   (b) Who did Miss Marple ask ___ whether Poirot had solved the crime?

(c) *Who did Miss Marple ask Sherlock whether __had solved the crime?

(d) *What did Miss Marple ask Sherlock whether Poirot had solved __?

문법적인 (2b)와 비문법적인 (2c), (2d) 사이의 유일한 차이점은 (2b)에서 *wh* 구는 본래 상위 절에서 시발된 반면, (2c)와 (2d)에서 *wh* 구는 *whether* 구 안에서부터 나온다는 것이다. 이는 이동을 막는 제약이 구조에 의해 좌우되는 것이지 문장의 길이에 의해 좌우되는 것이 아니라는 것을 나타낸다.

어떤 문장들은 매우 짧으나 *wh* 이동을 허용하지 않을 수 있다.

3. (a) Sam Spade insulted the fat man's henchman.
   (b) Who did Sam Spade insult?
   (c) Whose henchman did Sam Spade insult?
   (d) *Whose did Sam Spade insult henchman?

4. (a) John ate bologna and cheese.
   (b) John ate bologna with cheese.
   (c) *What did John eat bologna and?
   (d) What did John eat bologna with?

(3)의 문장들은 *wh* 구가 소유격 NP 안에서부터 빠져나올 수 없음을 보여준다. (3b)에서 직접목적어 전체를 물어보는 것은 괜찮다. (3c)에서 *wh* 구 전체가 이동된다면 소유격 NP의 일부를 물어보는 것도 괜찮다. 그러나 (3d)는 소유격 NP 밖으로 *wh* 단어만 이동시키는 것은 불가함을 보여준다.

문장 (4a)는 등위구조이고, 등위구조가 아닌 (4b)와 거의 동일한 의미를 가진다. (4c)에서 *wh* 구를 등위구조 밖으로 이동시키는 것은 비문법성을 야기한다. 반면, (4d)에서 *wh* 구를 PP의 밖으로 이동시키는 것은 괜찮다. 결국 (4c)의 비문법성은 그 문장의 구조와 관련 있는 것이지 의미와 관련되는 것이 아니다.

wh 이동의 제약들은 영어에만 특정적인 것은 아니다. *wh* 이동을 가진 모든 언어들은 *wh* 이동에 대한 제약들을 보인다. 구조 의존성 원리와 구 구조를 지배하는 원리들과 같이 *wh* 이동에 대한 제약들은 보편문법의 한 부분이다. 문법의 이러한 측면들은 학습할 필요는 없다. 이러한 것들은 어린이들이 언어를 습득하기 위해 사용하는 언어에 대한 타고난 청사진의 일부분이다. 어린이들이 배워야 할 것은 목표언어의 고유한 문법이다. 차이의 매개변인이 있는 경우, 어린이들은 그들의 언어에 알맞은 선택을 해야 한다. 일본 어린이들은 VP에서 동사가 목적어 뒤에 나타남을 결정해야 하고 영어를 사용하는 어린이는 동사가 목적어 앞에 온다고 결정해야 한다. 네덜란드어를 사용하는 어린이들은 의문문을 만들기 위해 동사를 이동시키는 규칙을 습득하는 반면 영어를 사용하는 어린이는 이 규칙을 조동사

에 국한시켜야 한다는 것을 배운다. 이탈리아, 영국, 체코의 어린이들은 의문문을 만들기 위해서는 *wh* 구가 이동하는 것을 배운다. 반면에 일본과 스와힐리의 어린이들은 자기 언어에서는 아무런 이동이 없다고 결정한다. 우리가 말할 수 있는 것은 어린이들은 이러한 매개변인들을 매우 빠르게 고정시킨다. 우리는 어린이들이 보편문법의 매개변인들을 어떻게 결정하는지 9장에서 더 살펴보겠다.

수화 통사론 Sign Language Syntax

모든 언어는 자세한 부분을 제외하면 우리가 보았던 통사규칙의 종류에 있어서 대체로 영어와 유사하며, 수화도 예외가 아니다. 수화에는 성분으로 계층적 구조를 만드는 어순을 명시하는 구 구조규칙을 가진다. 미국수화(American Sign Language: ASL)는 SVO 언어이다. ASL 사용자들은 다음의 첫 두 문장들은 ASL에서 문법적인 문장이고, 세 번째 문장은 문법적이지 않음을 알고 있다. (대문자로 된 단어들은 수화를 나타낸다.)

CAT CHASE DOG
'The cat chased the dog.'
DOG CHASE CAT
'The dog chased the cat.'
*CHASE CAT DOG

그러나 영어에서와는 달리 ASL에서 형용사는 스페인어와 다른 구어 언어에서처럼 핵인 명사를 뒤따를 수 있다.

구 구조규칙은 또한 주어와 목적어와 같은 문장의 문법기능을 규정한다. 그러므로 ASL 사용자는 처음 두 문장은 모두 문법적이지만 그것들은 누가 누구를 쫓고 있는지에 관해서 다르다는 것을 안다. 마지막으로, 수화의 구 구조규칙은 마치 구어 언어처럼 언어 특정적인 변이를 드러낸다. 위에서 주어진 ASL의 문법적인 문장들은 이탈리아 수화(Lingua dei Segni Italiana: LIS)를 쓰는 사람들에게는 문법적이지 않을 것이다. 왜냐하면 LIS는 SOV 언어이기 때문이다.

영어와 다른 구어 언어들에서처럼 ASL에서 기본적인 어순은 이동에 의해 바뀔 수 있다. 예를 들어 직접목적어나 때를 나타내는 부사와 같은 다른 성분은 화제화(topicalization)라 불리는 과정에서 문장의 첫머리로 이동될 수 있다. 이는 이 성분에 관심을 끌기 위해 행해진다.

BOOK, JOHN READ YESTERDAY

YESTERDAY, JOHN READ BOOK

다음과 같이 반복적으로 이동을 적용하여 이중의 화제화 구조를 만드는 것도 가능하다.

YESTERDAY, BOOK, JOHN READ

ASL의 화제화에서 눈썹을 올리고 고개를 위로 드는 것은 영어에서 억양이 하는 것처럼 특수한 어순임을 표시한다. 이러한 손을 쓰지 않는 표지들의 사용은 수화의 두드러진 자질이고, 수화가 구어 언어들과 구별되는 점이다. 구어 언어도 아마 표정과 손을 사용하지 않는 다른 표현들을 동반할 수 있다. 그러나 이러한 제스처들이 아무리 표현력 있고 정보적이더라도 그들은 수화에서만큼 구어 언어의 문법체계의 중요한 부분이 되지 못한다.

ASL에서 *wh* 의문문은 이동을 통해서 형성될 수도 있다. 영어와 대조적으로 여기서 이동은 선택적이다. ASL에서 *wh* 구는 일본어와 스와힐리어처럼 심층구조 위치에 남아있을 수 있다. ASL에서 *Who did Bill see yesterday?*와 *Bill saw who yesterday?*에 상응하는 문장들은 모두 문법적이다. 영어와 다른 구어 언어에서처럼 수화에서 *wh* 이동은 다양한 방식으로 제한된다. 예를 들어, ASL에서 등위구조에 속해 있는 한 구성요소를 물어보는 것은 불가능하다.

*WHO JOHN KISS MARY AND ____YESTERDAY?
*'Who did John kiss Mary and yesterday?'

비슷한 제약들이 화제화에서도 작용한다. 예를 들어, *wh* 구로 시작하는 절 밖으로 성분을 이동시킬 수 없다.

*MOTHER, I NOT-KNOW WHAT LIKE
*'(As for) Mother, I don't know what ____ likes.'

ASL에서 *wh* 의문문은 머리를 젖히고 눈살을 찌푸리는 얼굴 표정을 필수적으로 동반한다. 이러한 손동작이 없는 표지들은 많은 구어 언어에서 의문문을 나타내는 특수한 억양과 유사하다.

수화는 또한 시제, 서법, 부정과 같은 개념들을 나타내기 위해 복잡한 구조적 수단이 있다. 예를 들어, ASL에서는 영어에서처럼 NO, NOT, NONE, NEVER를 포함하는 부정의 형태들이 있고, 이들은 각기 다른 규칙을 따른다. 예를 들어 수화에서 NOT은 영어 단어 *not*과 아주 다르게 ASL 문장 끝에 올 수 있다. 또한 ASL에서 부정문을 만드는 구조규칙에 따르면 수화자가 부정문을 만드는 동안 자신의 머리를 흔들어야 한다. 그리고 이러한 규칙들은 심지어 수화자가 NOT이나 NEVER에 해당하는 실제 수화를 하지 않고 단지 머리를 흔들어 부정문을 만들 수 있도록 하여 부정문을 단축시키거나 줄여준다. 이는 영어 화자가 *not*을 *n't*로 단축시킬 수 있는 방법과 유사하다.

그러므로 ASL과 다른 수화들은 구어 언어처럼 보편성과 개별 언어 특유의 상호작용을 보여준다. 수화의 규칙들은 구조 의존적이고, 앞서 예시하였듯이 이동 규칙은 여러 가지 제약을 받는다. 손을 사용하지 않는 표지들과 공간의 사용과 같은 다른 속성들은 구어 언어가 아닌 수화의 문법에서 필수적인 부분이지만, 구어 문법에서는 그렇지 않다. 구어 언어가 적용받는 보편문법의 원리와 매개변인은 수화에도 똑같이 적용된다는 사실은 우리에게 인간의 뇌는 단순히 말이 아니라 언어를 습득하고 사용하도록 고안되어 있음을 보여준다.

부록 A

yes-no 의문문의 형성은 상응하는 평서문에서 T를 옮기는 이동변형으로부터 비롯된다.

The boy will sleep → will the boy ___ sleep

그러나 *will the boy sleep?*의 구조는 어떠한가? 핵계층 이론에 따라서, 언어학자들은 전체 TP는 실제로 보문소구(CP)라 불리는 구 범주의 하위 구성성분이라고 제안했다. 물론 CP도 핵계층 이론을 따른다.

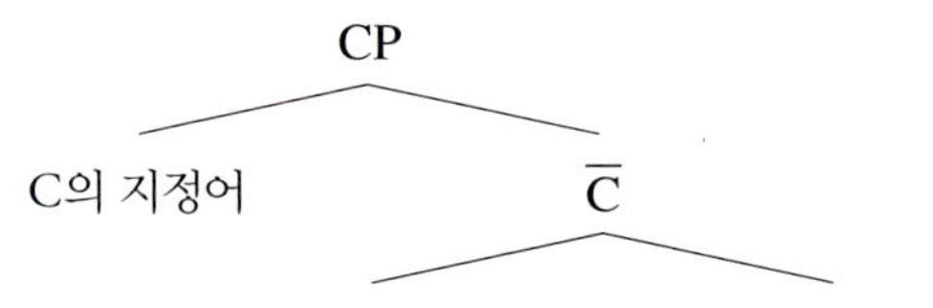

지정어는 잠시 제쳐두고, 우리는 TP가 다음 구조로 나타남을 알 수 있다.

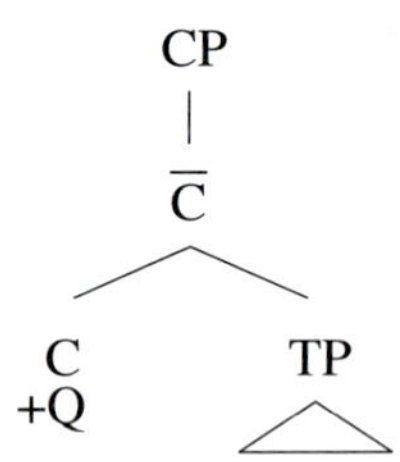

따라서 TP는 보문소구의 보충어이다. 한편 CP의 핵은 의문문인 경우 추상적인 요소 +Q 또는 평서문인 경우 –Q를 포함한다. 이러한 분석의 이점은 이동 규칙이 T를 이동시킬 때 C는 T의 자리를 제공한다는 것이다. 의문문에 해당하는 심층구조는 다음과 같다.

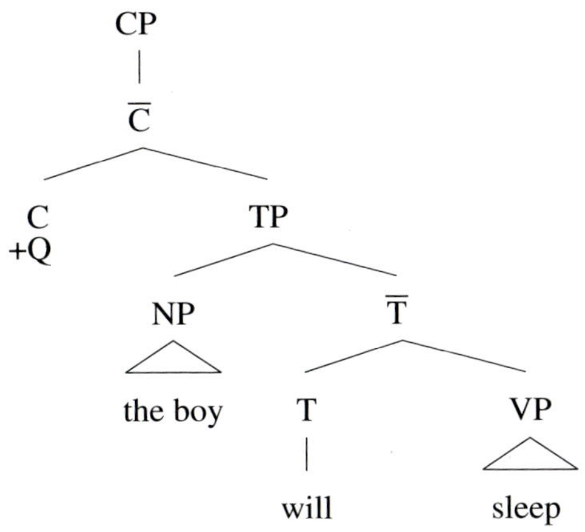

그리고 서법조동사는 시제구의 앞으로 이동된다.

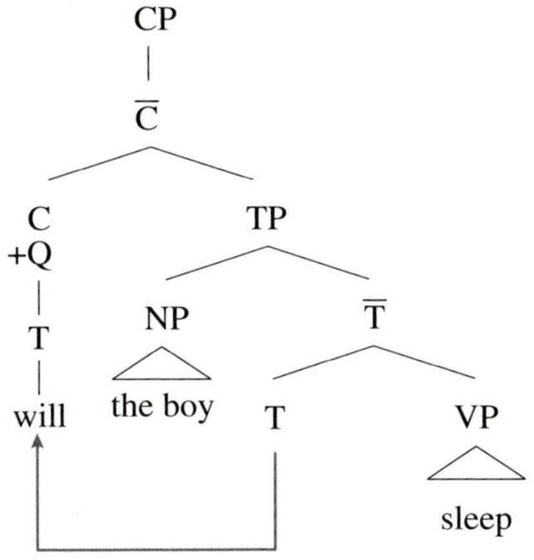

보문소구의 추가적인 필요성은 (밑줄 친) 문장(TP)을 보충어로 취하는 구 범주에서 찾을 수 있다.

belief <u>that iron floats</u> (NP 안의 보충어)

wonders <u>if iron floats</u> (VP 안의 보충어)

happy <u>that iron floats</u> (AP 안의 보충어)

about <u>whether iron will sink</u> (PP 안의 보충어)

단어 *that, if, whether*는 보문소들이고, 다음에서 보듯이 CP는 핵인 C 아래에 이러한 단어들을 위한 자리를 가진다.

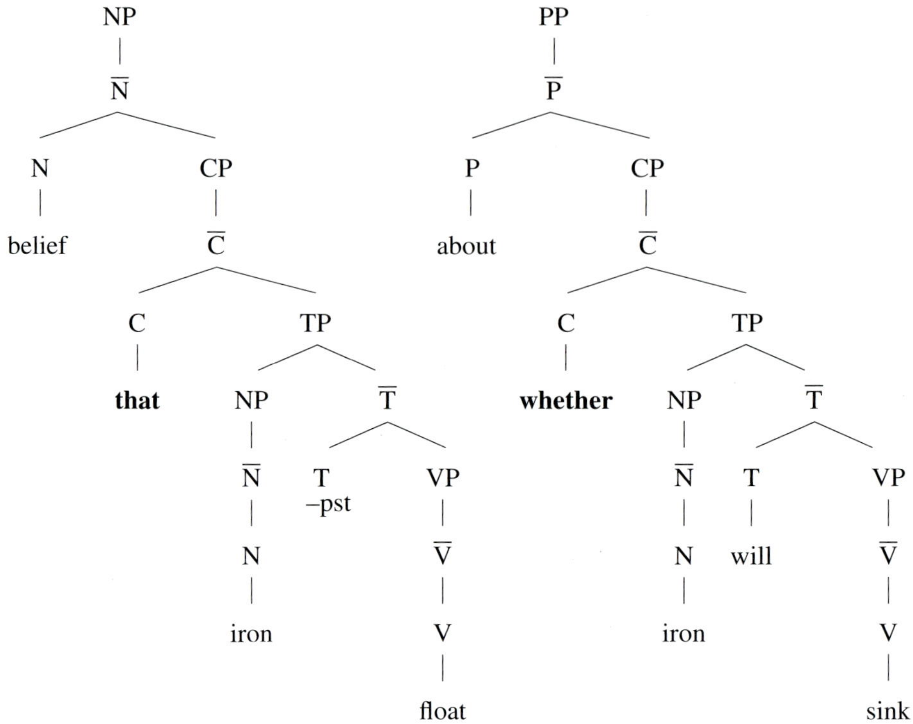

부록 B

*What will Max chase?*의 심층구조는 다음과 같다.

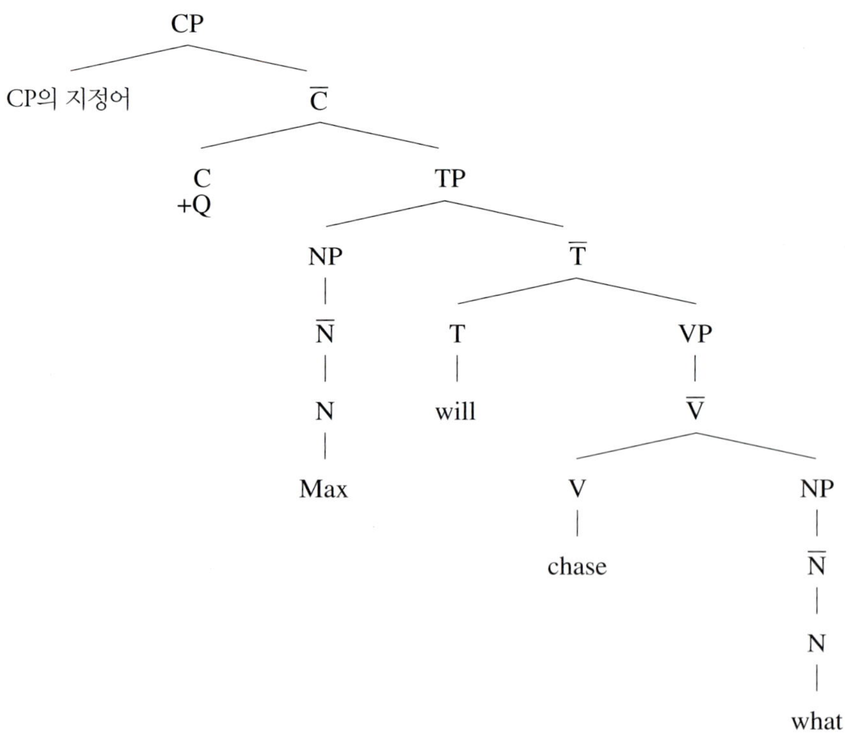

CP의 지정어는 *wh* 단어 *what*의 착지점이다. 한편 CP의 핵 C는 *yes-no* 의문문에서처럼 T를 취할 것이다. 두 가지 이동을 적용한 결과는 다음과 같다.

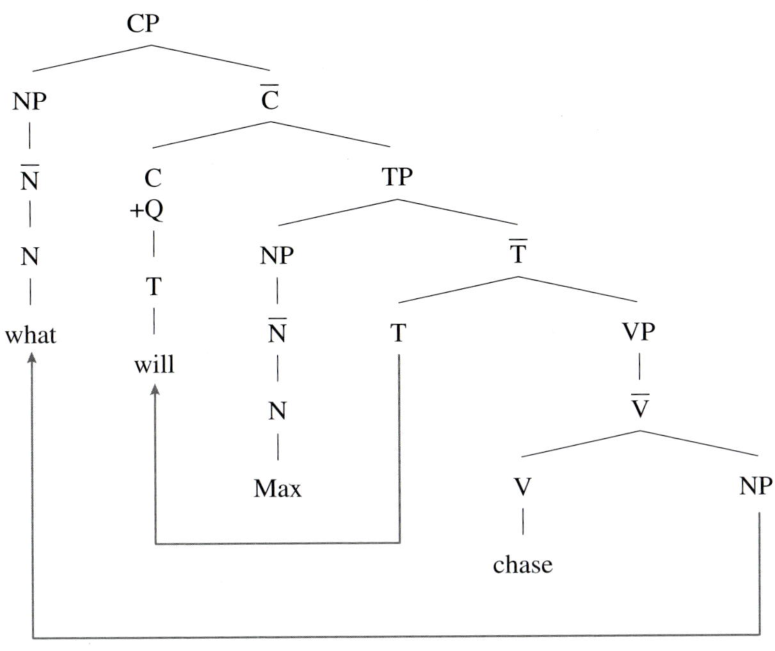

*Which toys does Pete like?*의 도출은 두 가지 추가적인 속성이 있다. 첫째, *which*는 *toys*의 한정사이다. 이러한 도출이 어휘 요소를 가지지 않고, NP에 의해 본동사로부터 분리된 T를 생성할 때 규칙에 의해 대역 동사 *do*를 삽입한다. 다음에 *Which toys does Pete like?*의 심층구조가 있다.

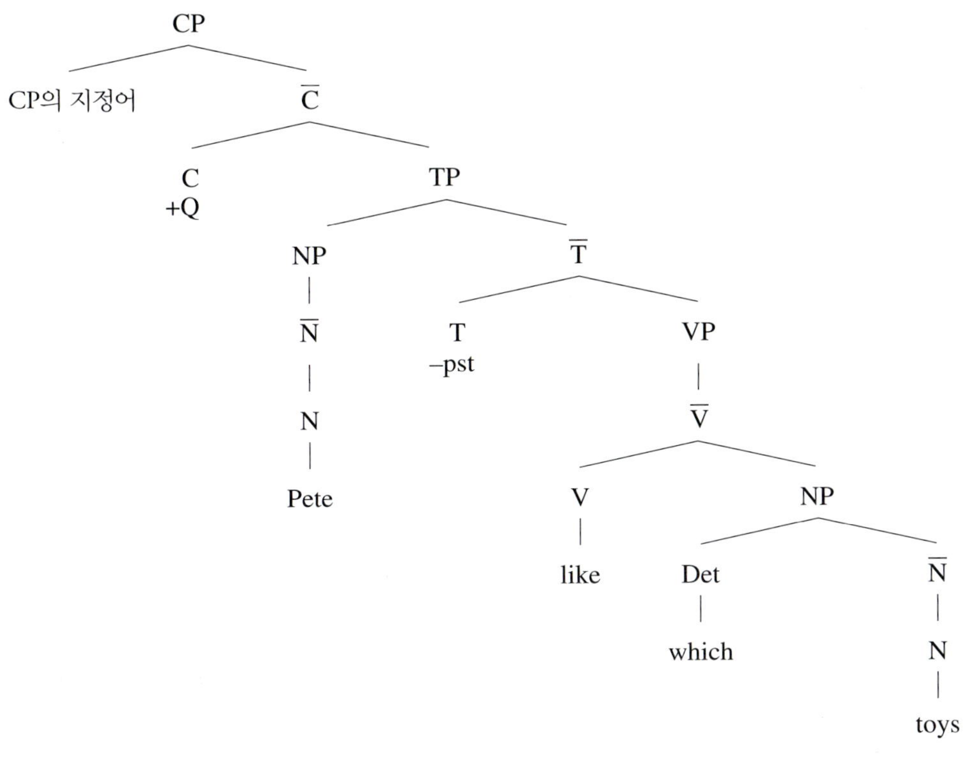

이동이 이루어진 후 우리는 다음과 같은 표층구조에 가까운 구조를 가진다.

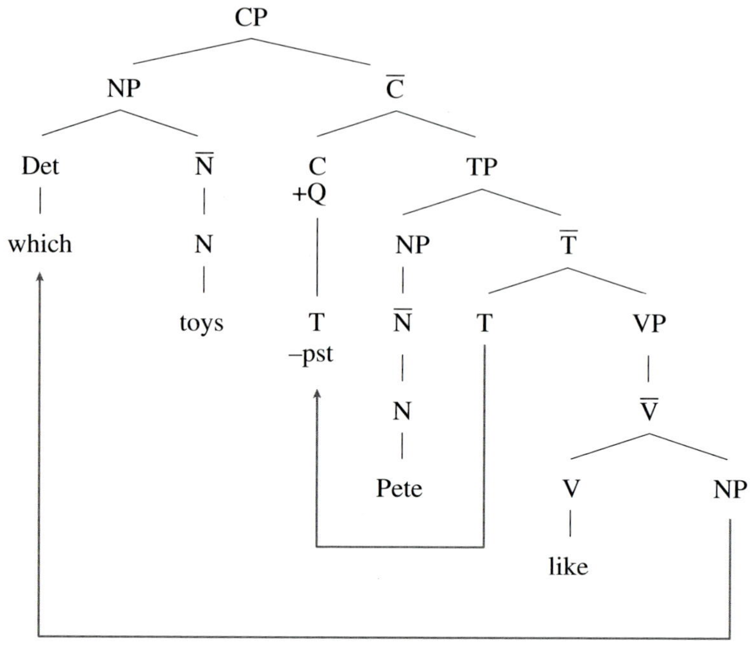

T가 어휘적 요소를 가지지 않고 오직 현재시제만을 가지고 있다 하더라도 이동 규칙은 T를 이동시킨다. 왜냐하면 이동은 단어의 유무에 좌우되는 것이 아니라 구조 의존적이기 때문이다. NP에 의해 T가 본동사로부터 분리되면서 어떤 것이 시제를 가질 필요가 있다. 그 요소가 대역 단어 *do*인데, 이 단어는 *do*-삽입이라는 변형규칙에 의해 삽입되고 최종적인 표층구조를 만들어 낸다.

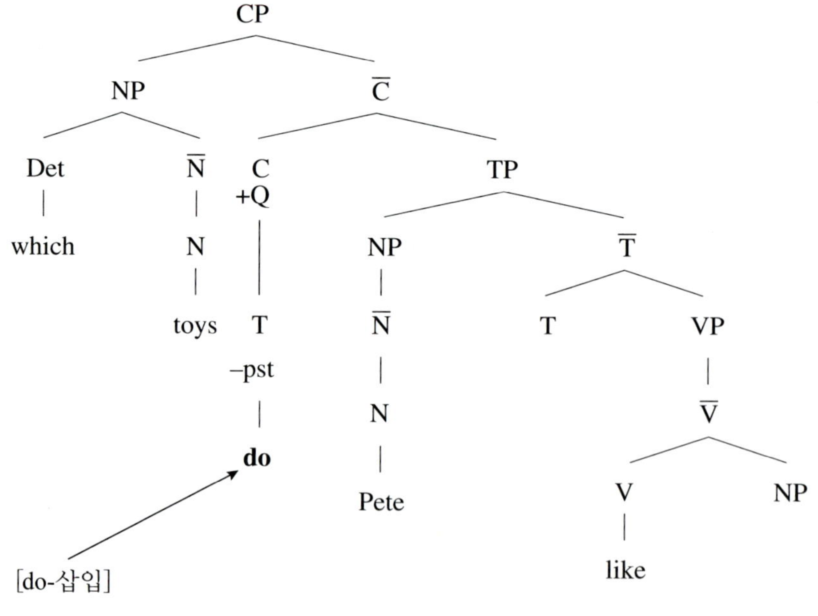

*do*는 [-pst]와 결합하여 현재시제인 *does*를 만들어 낸다. 과거시제 또는 3인칭 현재

시제와 같은 굴절자질들을 올바른 음운 형태로 전환하는 규칙을 **문자화 규칙**(spell-out rules)이라고 한다. 이러한 규칙들은 표층구조의 통사적 출력물에 적용된다.

마무리하기 전에 우리는 영어에서 의문문 형성에 관여하는 두 가지 다른 조동사들을 언급해야 한다. 이것들은 우리가 다음과 같은 문장에서 볼 수 있는 조동사 *have*와 *be*이다.

1. Spot has chased a squirrel.
2. Nellie is snoring.

서법조동사들처럼, 조동사 have와 *be*는 *yes-no* 의문문과 *wh* 의문문에서 주어 앞으로 이동된다.

Has Spot ___ chased a squirrel?
Is Nellie ___ snoring?
What has Spot ___ chased ___?

문제는 심층구조의 어디에서 *have*와 *be*가 비롯되는가이다. *have*와 *be*는 서법조동사와 함께 같은 문장에서 나타날 수 있음을 주목하라.

Nellie may be snoring.
Spot must have found a squirrel.

우리는 그러므로 이 두 가지 조동사들은 (서법조동사가 차지할 수 있는) T에서 비롯되지 않는다고 결론지을 수 있다. 그러나 영어에서 다른 동사들과 마찬가지로 *have*와 *be*는 시제(와 일치)에 의해 *am, is, are, was, were, have, has, had*로 굴절된다. 이러한 분석들을 토대로 우리는 *have/be*가 다음에서 보듯이 반복되는 $\bar{V}$ 구조의 V 아래에서 비롯됨을 결론지을 수 있다. (추가적인 규칙 20. $\bar{V} \rightarrow$ V VP가 규칙 5, 규칙 6, 규칙 7을 결합하여 동사의 구 보충어를 제공한다.)

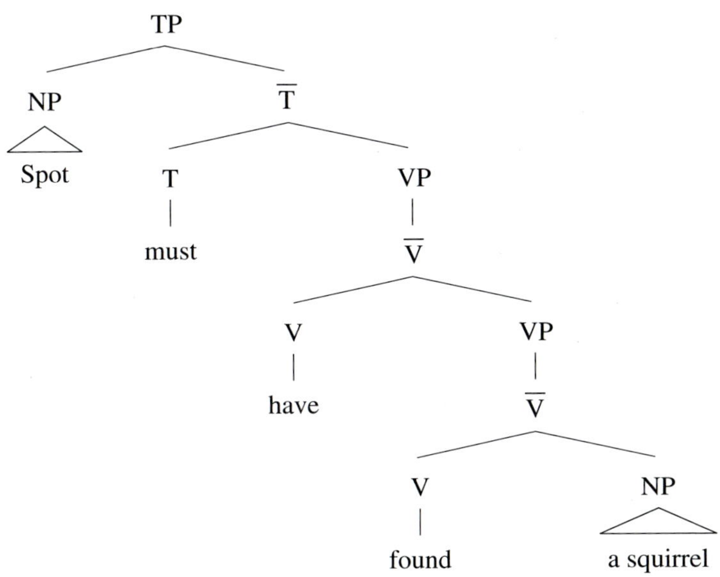

서법조동사가 없을 때 T는 시제자질이 차지하는데, 이 시제 자질은 *snore*와 같은 다른 동사들의 경우에서처럼 *have/be*에 실현된다.

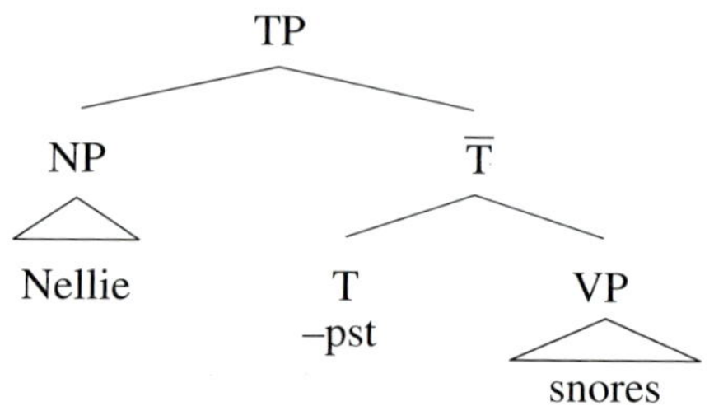

그러나 조동사 *have*와 *be*는 한 가지 중요한 점에서 특별하다. 이들은 다른 일반 동사들과 달리 이동을 할 수 있다. 즉 이들은 T로 상승할 수 있고, 이 T 위치에서 의문문을 만들기 위해 C로 두 번째 이동을 할 수 있다. 이 과정을 나타내기 위해 우리는 *What has Spot chased?*의 도출에 몇 가지 구조적 단계를 제공했다. 이 도출은 다음에 나타나 있다.

여기 심층구조(핵계층 이론으로부터 만들어진 구 구조규칙들)가 있다.

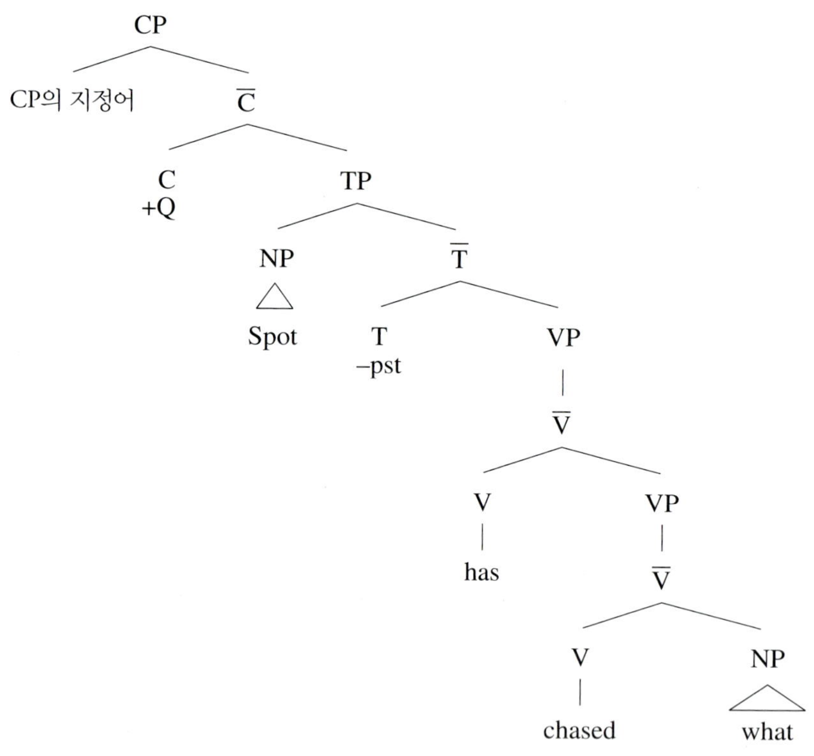

다음 수형도에서 보여주듯 T가 서법조동사로 채워져 있지 않고 *has*에 인접해 있으며(만약 *has*가 *is*라면 *What is Spot chasing?*이 도출될 것이다.), 다음 수형도에서 볼 수 있듯이 *has*가 T로 상승한다.

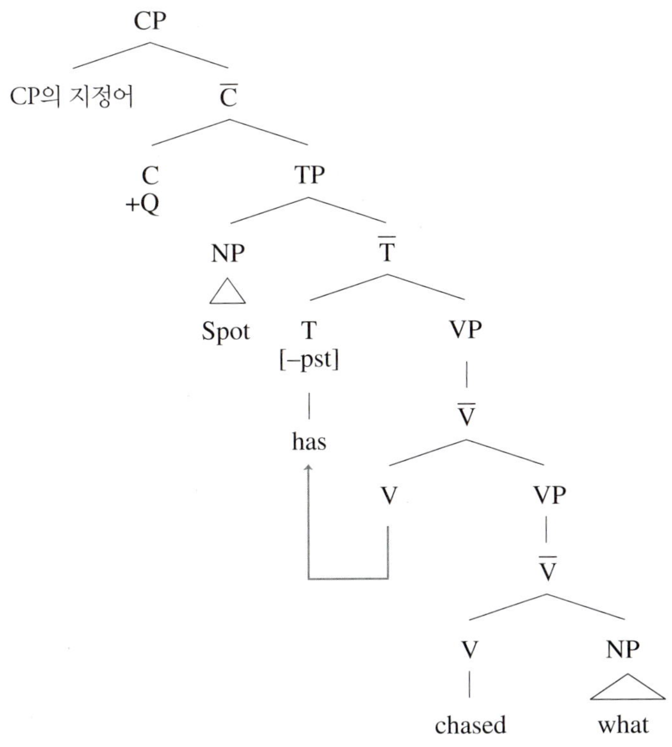

V가 *have*나 *be*일 때 V를 T로 상승시키는 변형규칙은 영어 의문문에서 *have/be*의 독특한 행동을 설명해준다. 의문문을 만드는 이러한 변형규칙은 이제 *has*를 문장의 앞부분에 있는 CP의 핵인 C로 이동시킨다.

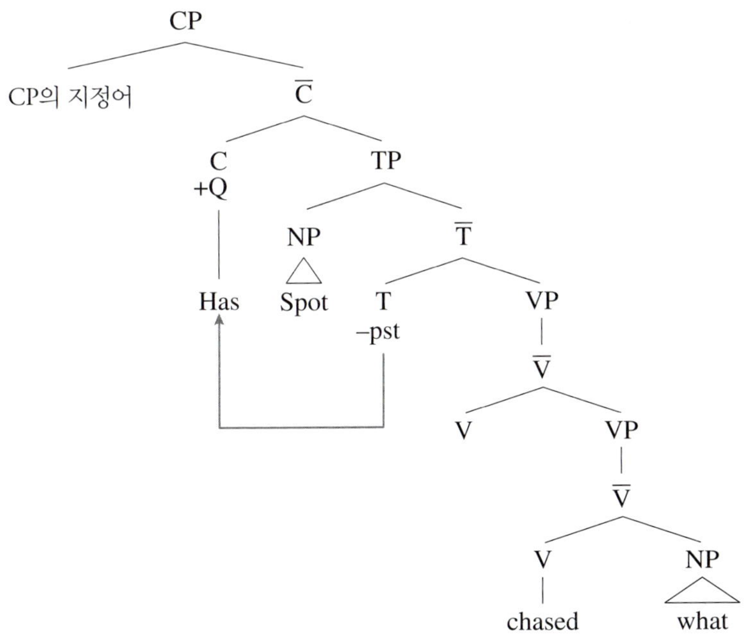

그리고 마지막으로 *wh* 이동은 *what*을 문장의 앞부분에 있는 CP의 지정어 자리로 이동시킨다.

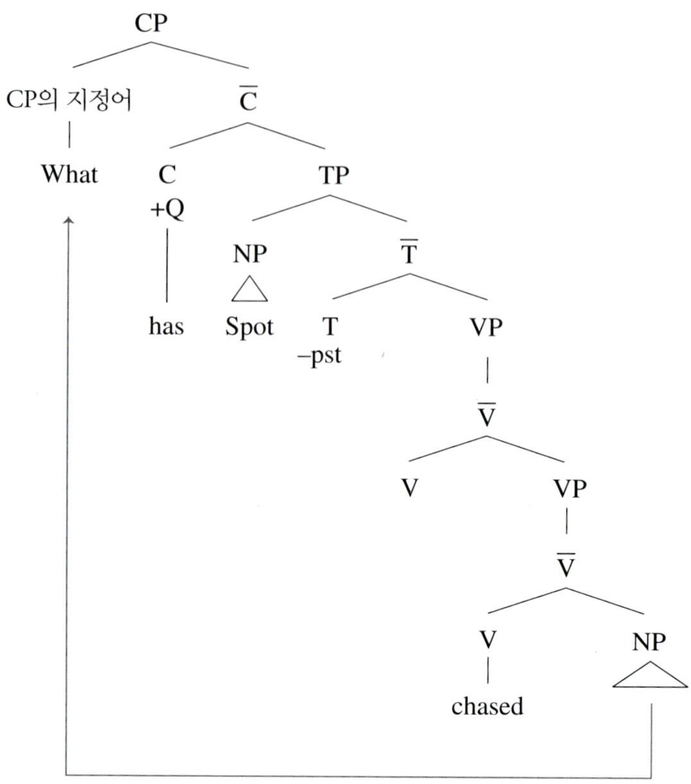

부록 C

이 부록은 이 장에서 사용된 구 구조규칙들을 포함하고 있는데, TP와 CP 핵계층 규칙들은 제외되어 있다. 이 규칙들을 우리는 수형도 구조를 통해 암시적으로 적용하고 있다.

1. S → NP VP
2. NP → Det $\overline{\text{N}}$
3. $\overline{\text{N}}$ → N
4. VP → $\overline{\text{V}}$
5. $\overline{\text{V}}$ → V NP
6. $\overline{\text{V}}$ → V PP
7. $\overline{\text{V}}$ → V AP
8. $\overline{\text{N}}$ → N PP
9. PP → $\overline{\text{P}}$
10. $\overline{\text{P}}$ → P NP
11. $\overline{\text{A}}$P → A
12. $\overline{\text{A}}$ → A

13. $\bar{A} \rightarrow$ A PP
14. $\bar{N} \rightarrow$ A $\bar{N}$
15. $\bar{A} \rightarrow$ Int $\bar{A}$
16. $\bar{V} \rightarrow \bar{V}$ PP
17. $\bar{N} \rightarrow \bar{N}$ PP
18. $\bar{V} \rightarrow$ AdvP $\bar{V}$
19. $\bar{V} \rightarrow \bar{V}$ AdvP
20. $\bar{V} \rightarrow$ V VP (부록 B에서)

요약

한 언어의 화자들은 자기 언어의 문법적인 문장을 알아보며, 문장 안의 단어들이 특정한 의미를 전달하기 위해 어떻게 배열되어 묶여야 하는지를 안다. 모든 화자들은 이전에 한 번도 말해 본 적 없고 들어 본 적 없는 무한한 수의 새로운 문장들을 생성하고 이해할 수 있다. 그들은 또한 중의성을 인지하고, 서로 다른 문장들이 언제 같은 의미를 가지는지를 알고 있고, 문장 안에서 주어와 직접목적어와 같은 문법관계들을 정확하게 이해한다. 이러한 종류의 지식은 그들이 가지고 있는 통사규칙에 대한 지식으로부터 비롯된다.

문장은 통사범주를 포함한 구 구조 수형도로 표현될 수 있는 구조를 가진다. 구 구조 수형도는 문장에 대한 화자의 심적 표상을 반영한다. 중의적인 문장은 둘 이상의 구 구조 수형도를 가질 수 있다

구 구조 수형도는 선형적 어순과 각 통사범주의 성분성을 보여준다. 각기 다른 종류의 통사범주들이 있다. 즉 NP와 VP 같은 구 범주는 다른 통사범주들로 구성되며, N과 V 같은 어휘범주와 Det와 T 같은 기능범주는 종종 개별 단어에 해당된다. 구 범주들의 계층적 구조는 보편적이고 지정어, 핵, 그리고 핵의 보충어와 부가어로 구성되는 핵계층 이론에 의해 표시된다. NP, VP 등은 명사, 동사 등이 핵을 이룬다. 문장(S 또는 TP)의 핵은 T이고 이 T는 시제와 서법 같은 정보를 지닌다.

구 내부에 있는 요소들의 순서는 언어 특정적인 변이를 따르고 각 언어의 구 구조규칙을 통해 표현될 수 있다. 이러한 구 구조규칙은 핵계층 이론을 따른다.

문법은 정신문법, 즉 화자의 언어능력에 대한 형식적으로 설명된 명시적인 기술이다. 머릿속 어휘 사전은 화자가 모국어의 어휘에 대해 가지는 지식을 나타낸다. 이 지식은 동사가 타동적인지 자동적인지와 같이 자신이 취할 수 있는 보충어들을 명시하는 특정 어휘 항목들의 하위범주화 또는 범주 선택뿐만 아니라 단어들의 통사범주도 포함한다. 어휘사전은 또한 의미 선택, 즉 의미적으로 논리에 맞게 주어와 목적어 기능을 할 수 있는

NP의 종류를 비롯한 의미 정보를 포함한다. 선택제약은 반드시 문장의 **심층구조** 표상에서 충족되어야 한다.

이동과 *do*-삽입과 같은 **변형규칙**은 *wh* 의문문을 비롯한 의문문과 평서문과 같은 문장들 간의 관계를 설명한다. 이동과 같은 변형은 성분을 이동시킬 수 있다. 변형규칙의 출력은 문장의 **표층구조**인데, 이 구조는 문장이 어떻게 발음될지(또는 수화로 표현될지)를 면밀히 결정한다. 시제와 같은 굴절 정보는 구 구조 수형도에서 추상적인 자질로 표현될 수 있다. 통사규칙이 적용된 후 이러한 자질은 때때로 *-ed*와 같은 접사나 *do*와 같은 기능어로 문자화된다.

언어의 기본적인 설계는 보편적이다. 보편문법은 통사규칙이 **구조 의존적**인 것과 이동 규칙이 특정 유형의 절과 같은 특정 구조 밖으로 구를 이동시킬 수 없다는 것을 명시한다. 이들 제약은 구어와 수화를 포함한 모든 언어에 존재하고 학습될 필요는 없다. 보편문법은 또한 핵과 보충어의 순서와 같은 변이의 매개변인들과 이동규칙의 차이와 같은 매개변인을 포함한다. 언어를 습득하는 어린이는 반드시 그 언어에 대한 보편문법의 매개변인들을 고정시켜야 한다.

참고문헌

Baker, M. C. 2001. *The atoms of language: The mind's hidden rules of grammar*. New York: Basic Books.

Carney, A. 2007. Syntax: *A generative introduction, 2nd ed*. Cambridge, MA: Blackwell.

Chomsky, N. 1995. The minimalist program. Cambridge, MA: MIT Press.

_____. 1972. *Language and mind, rev. ed*. New York: Harcourt Brace Jovanovich.

_____. 1965. *Aspects of the theory of syntax*. Cambridge. MA: MIT Press.

Jackendoff, R. S. 1994. *Patterns in the mind: Language and human nature*. New York: Basic Books.

Pinker, S. 1999. *Words and rules: The ingredients of language*. New York: HarperCollins.

Radford, A. 2009. *Analysing English sentences: A minimalist approach*. Cambridge, UK: Cambridge University Press.

_____. 2004. *English syntax: An introduction*. Cambridge, UK: Cambridge University Press.

연습문제

1. 문법적인 문장과 비문법적인 문장을 구별하는 것 외에 통사규칙들은 다음과 같은 다른 종류의 언어지식을 설명한다.
   a. 문장이 구조적으로 중의적일 때(예: *The boy saw the man with a telescope.*)
   b. 다른 구조를 가진 두 문장이 같은 것을 의미할 때(예: *The father wept silently*와 *The father silently wept.*)
   c. 평서문과 그에 상응하는 의문문 같이 두 문장 간의 형태와 의미의 체계적 관계(예: *The boy can sleep. Can the boy sleep?*)

   당신이 가지고 있는 영어에 대한 언어지식을 이용해서 이러한 각 경우를 보여주는 예를 만들어라. (이 장에 있는 예들과 다른 예들을 이용하라.) 왜 당신의 예가 각 경우를 보여주는지를 설명하라. 만약 당신이 영어 이외의 언어를 안다면, 가능한 경우 그 언어의 예를 제공하라.

2. 다음 문장들을 고려해보라.
   a. I hate war.
   b. You know that I hate war.
   c. He knows that you know that I hate war.
      i. 문장 (c)를 포함하는 또 하나의 문장을 써라.
      ii. 이들 문장은 언어의 본질에 대해 무엇을 보여주는가?
      iii. 인간언어의 이러한 특징은 언어능력과 언어수행 간의 차이와 어떤 관련이 있는가? (힌트: 1장에 있는 이 개념들을 다시 보라.)

3. 당신이 다음 문장에 내포된 중의성을 이해했다는 것을 보여주기 위해 다음 각 문장을 두 가지 방식으로 다른 말로 바꾸어 표현해보라.
   예: Smoking grass can be nauseating.
      i. Putting grass in a pipe and smoking it can make you sick.
      ii. Fumes from smoldering grass can make you sick.

   a. Dick finally decided on the boat.
   b. The professor's appointment was shocking.
   c. The design has big squares and circles.
   d. That sheepdog is too hairy to eat.

e. Could this be the invisible man's hair tonic?
f. The governor is a dirty street fighter.
g. I cannot recommend him too highly.
h. Terry loves his wife and so do I.
i. They said she would go yesterday.
j. No smoking section available.
k. We will dry clean your clothes in 24 hours.
l. I bought cologne for my boyfriend containing 25% alcohol.

4. i. 다음과 같이 야구와 관련된 (야구 지식이 요구되는) 농담을 생각해보라.

포수가 투수에게: "Watch out for this guy, he's a great fastball hitter."
투수가 포수에게: "No problem. There's no way I've got a great fastball."

유머를 풀어쓰거나 앞서 언급한 *old men and women*의 경우처럼 수형도를 그려서 설명해보라.

ii. The new magazine "has between one and two billion readers."라고 말하는 광고 책임자의 (정직한?) 주장을 위와 같은 방식으로 설명해보라.

5. 문장 *The magician touched the child with the wand*의 두 가지 의미를 나타내기 위해 2개의 구 구조 수형도를 그려라. 당신이 어느 수형도가 어느 의미를 나타내는지 분명히 밝혀라. (주의: 수형도는 핵계층 이론을 따라야 한다.) (힌트: *with the wand*는 보충어가 아니라 부가어이다.)

6. 다음 문장에서 이탤릭체로 되어있는 NP의 수형도를 그려라.
a. *Every mother* hopes for good health.
b. *A big black dog* is barking.
c. *Angry men in dark glasses* roamed the streets.
d. We saw *the destruction of the house*. (힌트: *. . . and the one of the garage)

7. 모든 언어에서 문장이 문장 속에 포함될 수 있다. 예를 들어, 연습문제 2에서 문장 (b)는 문장 (a)를 포함하고 문장 (c)는 문장 (b)를 포함한다. 다르게 말하면, 문장 (a)는 문장 (b)에 매입되어 있고 문장 (b)는 문장 (c)에 매입되어 있다. 때때로 매입된 문장들은 그들의 전형적인 형태와 약간 다를 수 있다. 그러나 여러분은 다음 예에 있는 매입된 문장을 찾아서

밑줄 칠 수 있어야 한다. 영어 문장이 아닌 경우(영어로 번역된 문장이 아니라) 원래 문장에 밑줄을 그어라(첫 번째 문장은 보기이다).

a. Yesterday I noticed <u>my accountant repairing the toilet</u>.

b. Becky said that Jake would play the piano.

c. I deplore the fact that bats have wings.

d. That Guinevere loves Lorian is known to all my friends.

e. Who promised the teacher that Maxine wouldn't be absent?

f. It's ridiculous that he washes his own Rolls-Royce.

g. The woman likes for the waiter to bring water when she sits down.

h. The person who answers this question will win $100.

i. The idea of Romeo marrying a 13-year-old is upsetting.

j. I gave my hat to the nurse who helped me cut my hair.

k. For your children to spend all your royalty payments on recreational drugs is a shame.

l. Give this fork to the person I'm getting the pie for.

m. khǎw chyâ waǎ khruu maa. (태국어)
He believe that teacher come
"He believes that the teacher is coming."

n. Je me demande quand il partira. (프랑스어)
I me ask when he will leave
"I wonder when he'll leave."

o. Jan zei dat Piet dit boek niet heeft gelezen. (네덜란드어)
Jan said that Piet this book not has read
"Jan said that Piet has not read this book."

8. 핵계층 이론을 고수하면서 다음 문장(TP)의 구 구조 수형도를 그려라. (힌트: 부사구의 내부구조는 신경 쓰지 말고 AdvP 바로 아래에 부사를 삽입하라. 또한 *my*와 *her* 같은 소유격은 한정사이고 '소절'이 없다고 가정해도 좋다.)

a. The puppy found the child.

b. A surly passenger insulted the attendant.

c. The house on the hill collapsed in the earthquake.

d. The ice melted quickly.

e. The hot sun melted the ice.

f. The old tree swayed in the wind.

g. My guitar gently weeps.

9. 6개, 7개, 8개, 9개, 10개의 단어로 이루어진 5개의 구 구조 수형도를 만들어보라. 수형도 바닥을 채우기 위해 당신의 머릿속 어휘 사전을 사용하라. (주의: 수형도는 핵계층 이론을 따라 그리고, 특히 부가어와 보충어를 구별하는 데 주의하라.)

10. 우리는 통사규칙이 그 언어의 모든 그리고 오직 문법적인 문장들을 명시한다고 말했다. "오직"이라고 말하는 것이 왜 중요한가? 모든 문법적인 문장과 몇몇 비문법적인 문장을 합쳐서 문법적인 문장이라고 명시하는 문법은 무엇이 잘못되었는가?

11. 이 장에서 핵계층 이론을 소개했는데, 이에 따르면 $\bar{X}$ 순환을 제외하고 각 구 범주는 3개의 층위를 가진다. 구 범주 NP에 해당하는 수형도를 그리고 네 가지의 가능한 예, 즉 핵만으로 구성된 것, 지정어와 핵으로만 구성된 것, 핵과 보충어로만 구성된 것, 그리고 지정어, 핵, 보충어로 구성된 것을 제시하라. (힌트: *one*-대치 검증으로 보충어는 부가어가 아님을 확인하라.)

12. 이 장에서 논의했던 둘 이상의 성분성 검증(즉 자립성, 단일 단위로서 이동, 대명사 대치, *one*-대치)을 사용하여 다음 문장에서 굵은 글씨로 된 부분들 중 어떤 것이 성분인지를 결정하라. 또한 그 성분의 문법범주를 제시하라.

a. Martha found **a lovely pillow** for the couch.

b. The **light in this room** is terrible.

c. I wonder **whether Bonnie has finished packing her books.**

d. Melissa slept **in her class.**

e. **Pete and Max** are fighting over the bone.

f. I gave a bone to Pete **and to Max** yesterday.

g. I gave a bone to **Pete and** to Max yesterday.

13. 다음 두 문장은 불변화사를 포함하고 있다.

i. He ran *up* the bill.

ii. He ran the bill *up*.

불변화사 *up*과 동사 *run*은 구동사 *run up*의 특유한 의미를 가지기 때문에 서로 의존적인 관계를 가진다. (*running up a bill*은 'running'의 의미도 위치적으로 'up'이라는 의미도 포함하지 않는다.) 우리는 앞서 이러한 경우 불변화사와 목적어는 성분을 형성하지 않아서 하나의 단위로 이동할 수 없다는 것을 설명했다.

iii. *Up the bill, John ran. (*Up the hill John ran*과 비교해보라.)

a. *completely*와 같은 부사를 사용해서 [*run up*] *the bill*에서 불변화사가 동사와 함께 성분을 형성하는 반면 *run* [*up the hill*]에서는 전치사와 NP 목적어가 성분을 형성함을 보여라.

b. 이제 다음 자료를 고려해보라.

   i. Michael ran up the hill and over the bridge.

   ii. *Michael ran up the bill and off his mouth.

   iii. Michael ran up the bill and ran off his mouth.

위의 자료를 사용해서 *up the bill*과 *off his mouth*와 같은 표현이 성분이 아님을 논증하라.

14. 범주 선택 제약의 관점에서 다음 문장이 왜 비문법적인지를 설명하라.

a. *The man located.

b. *Jesus wept the apostles.

c. *Robert is hopeful of his children.

d. *Robert is fond that his children love animals.

e. *The children laughed the man.

15. V의 보충어는 *find*의 경우처럼 단 하나의 NP 직접목적어일 수 있다. 영어에는 또한 이중타동사(ditransitive verbs)도 있다. 이들의 보충어는 *give*의 경우처럼 2개의 NP일 수 있다.

The emperor gave the vassal a castle.

영어에서 3개의 다른 이중타동사를 생각해내어 예문을 만들어 보라. (주의: 핵계층 이론에서 이중타동사의 분석은 논란이 많다. 연습문제 27을 보라.)

16. 타밀어는 인도에서 7천만 명 이상이 사용하는 언어이다. 타밀어의 PP를 영어로 글자 그대로 번역한 것을 보고 당신은 아니겠지만 다른 사람들은 인도 사람들은 말을 이상하게 한다고 여길 것이다.

영어 의미로 바꾼 타밀어

the bed on	'on the bed'
the village from	'from the village'

i. 이 자료들을 근거로 할 때 타밀어는 핵이 앞에 오는 언어인가 아니면 핵이 뒤에 오

Watoto		wanavunja			vikombe.	
wa-	toto	wa-	na-	vunja	vi-	kombe
집단 표시	child	they	현재시제	break	집단 표시	cup

'The children break the cup.'

d. 한국어

Kɨ	sonyɔn-iee		wɨyu-lɨl		masi-ass-ta.		
kɨ	sonyɔn-	iee	wɨyu-	lɨl	masi-	ass-	ta
the	boy	주어 표시	milk	목적어 표시	drink	과거시제	서술형

'The boy drank milk.'

Kɨ-nɨn		muɔs-ɨl		mɔk-ass-nɨnya.		
Kɨ	nɨn	muɔs-	ɨl	mɔk	ass-	nɨnya
he	주어 표시	what	목적어 표시	eat	과거시제	의문형

'What did he eat?'

e. 타갈로그어

Nakita	ni	Pedro-ng		puno	na	ang	bus.
nakita	ni	Pedro	-ng	puno	na	ang	bus
saw	관사	Pedro	that	full	already	화제 표시	bus

'Pedro saw that the bus was already full.'

21. 변형은 성분을 삭제할 수 있다. 예를 들어, 중의적인 문장 *George wants the presidency more than Martha*의 표층구조는 두 가지 가능한 심층구조로부터 도출될 수 있다.

a. George wants the presidency more than he wants Martha.

b. George wants the presidency more than Martha wants the presidency.

삭제 변형은 예문 (a)의 구조에서 *he wants*를 삭제하거나, 또는 예문 (b)의 구조에서 *wants the presidency*를 삭제한다. 이는 변형으로 유발된 중의성(transformationally induced ambiguity)의 경우이다. 즉 의미가 다른 2개의 다른 심층구조가 하나의 표층 구조로 변형되는 것이다.

다음 'two old married folks' 간의 익살스러운 대화에서 위에서 논의된 것과 비슷한 삭제 변형의 역할을 설명하라.

HE: Do you still love me as much as you used to?

SHE: As much as I used to what?

22. 도전문제: 다음 프랑스어 문장과 영어 문장을 비교하라.

프랑스어	영어
Jean boit toujours du vin.	John always drinks some wine.
Jean drinks always some wine	*John drinks always some wine
(*Jean toujours boit du vin)	
Marie lit jamais le journal.	Mary never reads the newspaper.
Marie reads never the newspaper	*Mary reads never the newspaper.
(*Marie jamais lit le journal)	
Pierre lave souvent ses chiens.	Peter often washes his dogs.
Pierre washes often his dogs	*Peter washes often his dogs.
(*Pierre souvent lave ses chiens.)	

a. 위의 자료들을 근거로 했을 때, 프랑스어와 영어에서 빈도 부사(예를 들면 *toujours, jamais, souvent, always, never, often*)와 그들이 수식하는 동사의 상대적인 위치에 관해 무엇을 가정할 수 있는가?

b. 아래의 수형도에서처럼 보편문법은 모든 언어에서 빈도 부사는 반드시 $\overline{V}$ 앞에 위치해야 함을 명시한다고 가정해보자. 당신은 프랑스어의 경우 올바른 표층 어순을 얻기 위해 무엇을 가정할 필요가 있는가? (힌트: 영어에서 조동사 *have*와 *be* 그리고 부록 B를 참고하면서 이들이 할 수 있는 이동들에 대해 생각해보라.)

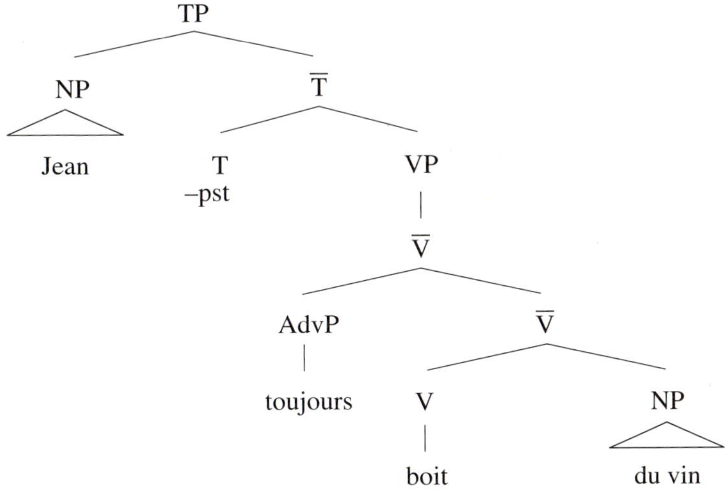

c. 영어와 프랑스어는 어떻게 비슷한가? 그리고 어떻게 다른가?

23. 120쪽에 있는 수형도를 참고하라.

a. VP *cursed the day I was born the day I was born*의 수형도를 그려라.

AdvP와 NP 중 어느 것이 먼저 와야 하는가? (AdvP 또는 NP의 내부 구조는 무시하라.)

b. *the extremely intelligent, happy-about-his-grade boy*와 같은 강화사를 가진 여러 형용사구를 포함하는 NP를 설명하기 위해 당신은 수형도 구조들을 어떻게 그릴 것인가? (즉, 구 구조규칙들을 어떻게 수정할 것인가?)

24. 성분성 검증(자립성, 단일 단위로서 이동, 대명사 대치)을 적용함으로써 매입된 CP(TP 내부의 CP)가 성분임을 보여라. 답을 준비하는 과정에서 다음 문장을 고려하라. 그리고 가능하다면 추가적인 예를 제시하라. (굵은 글씨로 된 부분이 CP이다.)

Sam asked **whether he could play soccer**.
I wonder **whether Michael walked the dog**.
Cher believes **that the students know the answer**.
It is a problem **that Sam broke his arm**.

25. 도전문제

a. *Which dog does Michael think loves bones?*의 심층구조 수형도를 그려라. (힌트: 보문소 *that*은 반드시 존재해야 한다.)

b. *What does Michael think that his dog loves?*의 심층구조 수형도를 그려라.

c. 다음 자료를 생각해보라.

i. *Which dog does Michael think that loves bones?
ii. What does Michael think his dog loves?

(ii)에서 보문소 삭제 규칙에 의해 *that*을 삭제했다. *that*이 있으나 없으나 이 문장은 문법적이기 때문에 이 규칙은 선택적이다. 그러나 (i)에서는 비문법적인 문장이 생성되는 것을 막기 위해 보문소는 반드시 삭제되어야 한다. 이 규칙의 수의성을 결정하는 요인은 무엇인가?

26. 네덜란드어와 독일어는 영어와 관련 있는 게르만어이다. 그리고 영어에서처럼 *wh* 의문문은 *wh* 구를 문장 앞으로 이동시켜서 만든다.

네덜란드어와 독일어의 의문문 형성 규칙이 영어의 규칙과 어떻게 다른가?

다음 자료에 근거하여 답하라.

독일어					네덜란드어			
i.	Was	hat	Karl	gekauft?	Wat	heeft	Wim	gekocht?
	what	has	Karl	bought	what	has	Wim	bought
	"What has Karl bought?"				"What has Wim bought?"			
ii.	Was	kauft	Karl?		Wat	koopt	Wim?	
	What	buys	Karl		what	buys	Wim	
	"What does Karl buy?"				"What does Wim buy?"			
iii.	Kauft	Karl	das	Buch?	Koopt	Wim	het	boek?
	buys	Karl	the	book	buys	Wim	the	book
	"Does Karl buy the book?"				"Does Wim buy the book?"			

27. **연구문제**: 핵계층 이론은 이분지를 요구하고 하나의 핵은 단지 하나의 보충어를 가질 수 있음을 요구한다. 그래서 *write*, *give* 등과 같은 이중타동사를 엄격한('지나치게 획일적'이라고 말할 수 있는) 핵계층 이론의 구조에 맞추는 데 있어서 문제가 발생한다. 연구과제는 이중타동사를 핵계층 이론에 수용하기 위해 지금까지 진행된 연구를 조사하는 것이다.

28. *one*-대치 검증은 명사들을 뒤따르는 표현이 보충어인지 부가어인지를 결정하는 뛰어난 방법이다. 다음은 네 가지 보충어의 예시와 네 가지 부가어의 예시이다. *one*-대치 검증을 적용하여 각각의 PP가 보충어인지 부가어인지를 결정하라.

a. the man with the golden arm
b. a voter for proposition eighteen
c. my cousin's arrival at his home
d. the construction of a retaining wall
e. the boat in the river
f. the ocean white with foam
g. the desecration of the temple
h. the betrayal of Julius Caesar

4

언어의 의미

The Meaning of Language

수천 년간 철학자들은 의미(meaning)의 의미를 숙고해왔다. 그런데 언어를 사용하는 화자들은 아무 어려움 없이 그들이 들은 것을 이해하고, 다른 화자들에게 유의미한 단어의 연쇄를 생성할 수 있다. 우리는 언어를 사용하여 다른 이에게 정보를 전달하고(*My new bike is pink*), 질문하고(*Who left the party early?*), 명령하고(*Stop lying!*), 소망을 표현한다(*May there be peace on Earth*).

어떤 언어를 안다고 할 때 의미에 대해서 무엇을 아는가? 우선 어떤 '단어(word)'가 의미가 있는지(*flick*) 혹은 의미가 없는지(*blick*)를 아는 것이다. 또한 문장이 의미가 있는지(*Jack swims*) 혹은 의미가 없는지를(*Swims metaphorical every*) 안다. 또한 한 단어(*bear*)에 두 가지 의미가 있는지와 어떤 문장(*Jack saw a man with a telescope*)이 두 가지 뜻을 담고 있는지도 안다. 두 단어(*sofa, couch*)가 같은 의미를 가지고 있다는 것도 알아야 하며 두 문장(*Jack put off the meeting, Jack put the meeting off*)이 같은 의미를 지녔다는 것도 알아야 한다. 그리고 단어(*alive/dead*)나 문장(*Jack swims/Jack doesn't swim*)의 반대 의미도 알아야 한다.

일반적으로 당신은 단어들이 지칭하는 실제 세계의 사물(*the chair in the corner*)을 알고 있다. 심지어 단어들이 실체가 없는 사물(*unicorn behind the bush*)을 지칭하더라도 무슨 의미인지에 대한 감각이 있다. 또한 어떤 특정 사물이 존재하게 된다면, 당신은 그 사물을 식별할 지식을 갖고 있을 것이다.

문장이 참 혹은 거짓일 때 당신은 그 사실을 알거나 혹은 알아낼 능력을 가지고 있다. 즉 만일 당신이 어떤 문장의 의미를 안다면 당신은 그 문장의 **진리조건**(truth condition)을 알고 있다. 진리조건이 명백하거나 예측이 가능한 경우가 있는가 하면(*all kings are* *male* [참], *all bachelors are married* [거짓]) 언어 외적인 지식을 필요로 하기도 한다(*Molybdenum conducts electricity*). 그러나 의미를 앎으로써 당신은 필요한 종류의 세상지식을 안다. 만일 당신이 한 문장이 참이라는 사실(*Nina bathed her dogs*)을 알고 있다면 보통 다른 문장 또한 참이라는 것을 추론할 수 있다(*Nina's dogs got wet*). 즉, 첫 번째 문장이 두 번째 문장을 **함의한다**(entail).

의미에 관련된 이러한 모든 지식은 마치 통사적 지식처럼 무한한 문장들의 집합으로 확장되며, 언어의 문법 중 한 부분을 차지한다. 언어학자들의 하나의 목표는 각 화자가 가진 의미에 관한 이 지식을 명료하게 밝혀내는 것이다.

형태소, 단어, 구, 문장의 언어적 의미에 관한 연구를 **의미론**(semantics)이라고 한다. 의미론의 하위분야로는 단어의 의미와 단어 간의 관계에 대해 연구하는 분야인 **어휘의미론**(lexical semantics)과 단어보다 큰 단위의 통사적 의미를 연구하는 **구 또는 문장의미론**(phrasal or sentential semantics)이 있다. 문맥이 의미에 끼치는 영향에 관한 것, 예를 들면 *It's cold in here*라는 문장이 특정 상황에서 'close the windows'라는 뜻으로 해석될 수 있음을 연구하는 것을 **화용론**(pragmatics)이라고 한다.

문장 의미에 관한 화자의 지식 What Speakers Know about Sentence Meaning

이 절에서는 한 문장이 다른 문장에 대해 참이나 거짓을 함축할 때, 어떤 문장이 참인지 거짓인지와 다중적인 의미가 있는지 없는지를 결정해주는 언어적 지식에 관해 논의한다. 이러한 언어적 지식은 문장의 각 단어들의 의미와 그 단어들이 통사적으로 결합되는 방식으로부터 그 뜻을 형성하는 의미규칙을 공식화함으로써 설명할 수 있다. 이는 화자의 진리조건 지식을 기반으로 두고 있기 때문에 이른바 **진리조건 의미론**(truth-conditional semantics)이라고 한다. 더 작은 단위의 의미들을 합해봄으로써 진리값을 계산하기 때문에 **합성의미론**(compositional semantics)이라고도 불린다. 우리는 이 논의를 *Jack swims*나 *Jack kissed Laura*와 같은 평서문으로 한정하려 하는데, 그 이유는 이러한 종류의 문장들은 참 또는 거짓으로 판단할 수 있기 때문이다. 적어도 문장들의 의미 중 일부는 그들의 **진리값**(truth value)이 된다.

진리 Truth

당신이 수영장 가에 있고 Jack이 수영을 하는 중이라고 가정해보자. *Jack swims*라는 문장을 들었을 때 당신은 그 문장의 의미를 알고 곧바로 그 문장이 참이라는 것을 알 수 있을 것이다. 반면에 만약 당신이 실내에 있고 Jack이 수영을 배운 적이 없다고 믿는다면, 당신은 위와 같이 *Jack swims*라는 똑같은 문장을 들었을 때 화자가 잘못 알았거나 혹은 거짓말을 하고 있다고 생각하며 그 문장을 거짓이라고 판단할 것이다. 더 일반적으로 말하면, 당신이 어떤 문장의 의미를 안다면 당신은 어떤 조건에서 그 문장이 참 혹은 거짓인지 판단할 수 있을 것이다.

문장의 의미를 파악하기 위해서 문장의 진위여부를 알아야 할 필요는 없다. 의미를 안다는 것은 어떻게 진리가치를 결정해야 하는지 알려준다. *Copper conducts electricity*라는 문장은 의미를 가지고 있고, 우리는 참 혹은 거짓 여부를 어떻게 결정해야 하는지를 알기 때문에 그 문장은 이해된다. 예를 들면 전압계의 사용을 통해서다. 또한, 램프의 구리선 사용을 주목함으로써 우리는 그 문장에 대해 이치에 맞게 논평할 수 있다. *Crumple-horned snorkacks incarnadine nargles*라는 문장이 있다고 가정할 때, 당신은 이 문장의 참 혹은 거짓 여부를 어떻게 결정해야 할지 전혀 감이 잡히지 않을 것이기 때문에 이 문장이 의미가 없다는 것을 발견할 것이다. 의미에 대한 의문을 진리가치에 대한 의문으로 축소시키는 것은 언어의 의미적 특성을 이해하는 데 상당히 유익하다고 증명되었다.

대부분의 문장은 항상 참이거나 항상 거짓이라고 단정 지어서는 안 된다. 앞서 살펴본 문장 *Jack swims*에서 볼 수 있듯이 주어진 상황에 따라 참 혹은 거짓이 된다. 그러나 상당히 제한적이지만 상황에 관계없이 항상 참인 문장들이 있다. 이런 문장들을 **항진명제**(tautologies)라고 한다. (**분석적**(analytic)이라는 용어도 항상 참인 문장들에 사용할 수 있다.) 항진명제의 예시로 *Circles are round*나 *A person who is single is not married* 같은 문장을 들 수 있다. 이러한 문장이 참임은 오직 부분들의 의미와 그 부분들이 합쳐지는 방식에 의하여 보장된다. 이와 유사하게 어떤 문장들은 항상 거짓이다. 이를 **모순문**(contradictions)이라고 한다. 모순문의 예로는 *Circles are square* 또는 *A bachelor is married*가 있다.

함의 및 관련 개념들 Entailment and Related Notions

우리가 아는 것의 대부분은 이 세상에 대한 우리의 관찰과 더불어 사람들이 말하는 것으로부터 추론된다. 종종 추론은 언어만을 토대로 이루어지기도 한다.

만약 *Jack swims beautifully*가 참이라는 것을 안다고 가정한다면 *Jack swims*도 참이라는 사실 역시 안다. 이러한 의미관계를 **함의**(entailment)라고 한다. 우리는 *Jack swims beautifully*는 *Jack swims*를 **함의한다**(entail)고 표현한다. 더 일반적으로 말해서 모든 있음직한 상황에서 첫 문장이 참일 때 두 번째 문장은 항상 참인 경우에 첫 문장이 두 번째 문장을 함의한다.

일반적으로 함의는 오직 한 방향으로 이루어진다. 따라서 *Jack swims beautifully*가 *Jack swims*라는 문장을 함의하지만, 그 역은 아니다. 단순히 *Jack swims*가 참이라고 해서 *Jack swims beautifully*가 반드시 참이 될 수는 없다. Jack이 수영에 서툴 수도 있기 때문이다. 반면 두 문장이 부정문으로 바뀌면 함의가 반전된다. *Jack doesn't swim*은 *Jack doesn't swim beautifully*를 함의한다.

함의의 개념은 다른 의미관계에 관해 갖고 있는 지식을 드러내기 위해 사용되기도 한다. 예를 들어 항진명제나 모순문을 제외하고, 같은 상황에서 두 문장 모두 참이거나 모두 거짓일 때, 이 두 문장은 **동의적**(synonymous)이거나 **바꿔쓰기**(paraphrases)이다. 즉 *Jack put off the meeting*이라는 문장과 *Jack postponed the meeting*은 동의적인 관계에 있다고 할 수 있는데, 하나가 참이면 다른 하나는 반드시 참이어야 하고 하나가 거짓일 때 다른 하나는 반드시 거짓이 되어야 하기 때문이다. 함의라는 개념을 통해 더욱 간결하게 이러한 유형을 설명할 수 있다.

서로를 함의하는 두 문장은 동의적이다.

따라서 문장 A가 문장 B를 함의하고 문장 B가 문장 A를 함의한다면, A가 참일 때 B도 참이고 B가 참일 때 A도 참이다. 비록 함의가 문장이 거짓인 경우에 대해 특별히 언급하고 있지 않지만, 문장 A가 문장B를 함의한다면 B가 거짓일 경우 A는 반드시 거짓이 된다. (A가 참이라면 B는 반드시 참이어야 한다.) B가 A를 함의한다면 A가 거짓일 경우 B 역시 거짓이어야 한다. 그래서 상호적 함의는 모든 상황에서 동일한 진리값을 보장하며, 이 경우 두 문장은 동의적 관계에 있다. 만약 한 문장이 참일 때 다른 문장이 언제나 거짓이거나 두 문장이 참 혹은 거짓일 수 없을 때, 이러한 두 문장은 **모순적**(contradictory)이다. 예를 들어 *Jack is alive*라는 문장과 *Jack is dead*라는 문장은 모순적이다. 왜냐하면 *Jack is alive*가 참이라면 *Jack is dead*는 거짓이고 그 역 또한 그렇기 때문이다. 다시 말해 *Jack is alive*와 *Jack is dead*는 상반된 진리값을 가진다. 동의성처럼 모순도 함의의 특별한 경우라고 할 수 있다.

한 문장이 다른 문장의 부정을 함의한다면 두 문장은 모순적이다.

예를 들어서 *Jack is alive*는 *Jack is dead*의 부정인 *Jack is not dead*를 함의한다. 마찬가지로 *Jack is dead*는 *Jack is alive*의 부정인 *Jack is not alive*를 함의한다.

두 문장이 모순적이면 이 두 문장을 접속사 *and*로 연결한 문장은 모순이라는 점에서 '모순(contradiction: 항상 거짓)'과 '모순되는(contradictory: 진리값의 반대)'의 개념은 관련성이 있다. 즉 *Jack is alive*와 *Jack is dead*는 어떠한 상황에도 동시에 참일 수 없으므로 모순문이다.

중의성 Ambiguity

우리의 의미적 지식은 단어나 구 또는 문장이 언제 2개 이상의 의미를 가지는지, 즉 언제 중의적인지를 알려준다. 3장에서 *The boy saw the man with a telescope*은 구조적 중의성의 예시임을 보았다. 이 문장은 소년이 남자를 망원경을 통해 본다는 의미와 소년이 망원경을 들고 있는 남자를 본다는 의미를 지니기 때문에 중의적이다. 이 문장은 서로 다른 의미를 가지는 2개의 구 구조와 관련되기 때문에 구조적으로 중의적이다. 두 구조를 살펴보자.

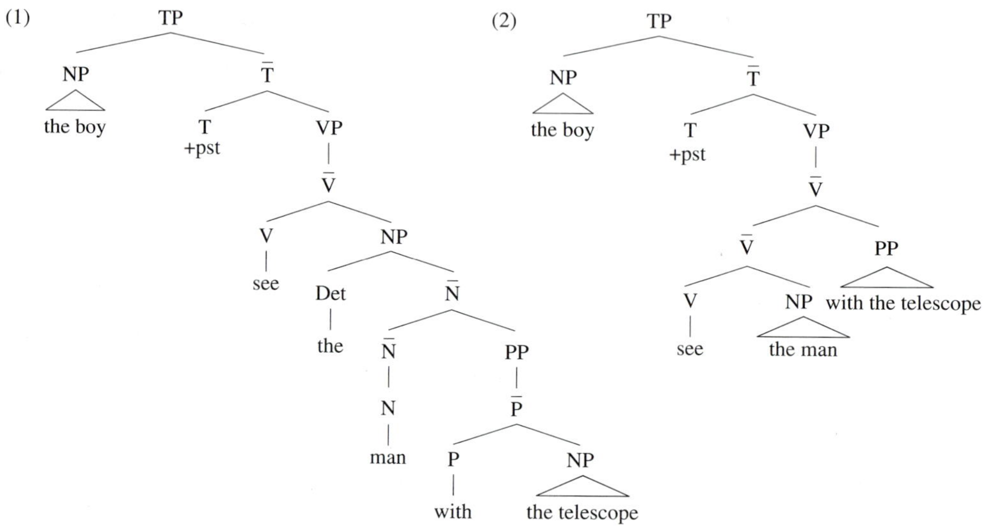

(1)에서 PP *with the telescope*는 N *man*을 수식하기 때문에 남자가 망원경을 가지고 있는 것으로 해석이 된다. (2)에서는 PP *with the telescope*가 $\bar{V}$, 즉 그 남자를 보는 행위를 수식하기 때문에 소년이 망원경으로 남자를 보고 있다는 의미가 된다.

어휘적 중의성은 구 안의 한 단어가 적어도 2개 이상의 의미를 가지고 있을 때 발생한다. 예를 들어 *This will make you smart*라는 문장에서 *smart*가 '똑똑한(clever)', '얼얼하다(feel a burning sensation)'라는 두 가지 의미를 가지기 때문에 중의적이다.

우리는 어떤 언어적 표현의 의미가 그 속에 포함된 단어나 통사적 구조를 기반으로 한다는 것을 어휘적·구조적 중의성에 관한 지식을 통해 알 수 있다. 어떤 표현의 의미는 그 부분들의 의미와 그 부분들이 구조적으로 결합되는 방식으로 구성된다는 개념을 **합성성 원리**(principle of composition)라고 한다.

합성의미론 Compositional Semantics

우리는 화자의 언어능력의 방대한 창조성뿐만 아니라 문법성, 성분 구조, 문장 간의 관계에 대한 지식을 설명하기 위해서 (3장에서) 문법이 반드시 통사규칙을 포함해야 한다는 결론을 내렸다. 우리가 수많은 표현들의 의미를 결정하는 능력뿐만 아니라 문장의 진리, 지시, 함의, 중의성에 관한 지식을 설명하기 위해서, 문법이 어휘를 유의미한 구와 문장이 되게끔 결합시키는 의미규칙을 포함한다는 것을 전제로 해야 한다.

의미규칙 Semantic Rules

*Jack swims*라는 문장에서 *Jack*이라는 단어는 **고유명사**(proper name)인데, 세상 속의 특정한 대상, 즉 **지시대상**(referent)을 지칭한다. 예를 들면 앞서 든 예시에서 *Jack*의 지시적 의미는 현재 수영장에서 행복하게 수영을 하고 있는 당신의 친구이고, 이것을 토대로 우리는 *Jack*이라는 이름의 의미는 그것이 지시하는 개인이라고 결론지을 수 있다.

*swim*이라는 동사의 의미는 어떠한가? 우선 *swim*과 같은 동사들은 고유명사처럼 세상 속에서 특정 대상을 골라내지는 못한다. 그러나 동사들(또한 형용사들과 *cake*와 같은 보통명사들)을 그들이 지시하는 바에 대한 관점에서 생각해 볼 수 있다. *Jack*의 지시대상은 세상 속 *Jack*의 존재유무와 *Jack*이 현재 수영장에서 수영하는지의 여부 등 세상에서 일어나는 일에 좌우되는 것처럼, *swim*의 지시대상도 세상에서 일어나는 일에 좌우된다. Gottlob Frege와 Bertrand Russell에 의해 행해진 초기 철학적 연구에 기반을 두고서 의미론자들은 동사, 형용사, 보통명사와 같은 **술어**(predicates)를 정의하는 가장 좋은 방법은 술어가 훌륭하게 기술하는 개체들을 꼽았다. 특히 *swim*의 의미를 가장 잘 특징짓는 최상의 방법이자 의미가 세상에 반영되는 방법은 수영을 하는 개체들의 집합(사람과 동물들)을 드러내는 것이다. 당신은 *swim*의 의미에 관한 이러한 사고방식이 우리에게 의미지식과 일치하는 방식으로 문장들을 이해할 수 있게 도와준다는 사실을 곧 알게 될 것이다.

의미규칙은 개개 어휘의 의미뿐만 아니라 어휘가 나타내는 구조에도 민감함이 틀림없다. *Jack swims*라는 간단한 문장을 예로 들어 의미규칙이 그 의미를 어떻게 산출해내는지 보자. 각 단어의 의미는 다음과 같이 요약되어있다.

단어	의미
Jack	개인 Jack을 지시(또는 의미)한다.
swims	수영하는 개인들의 집합을 지시(또는 의미)한다.

이 문장의 구 구조는 다음과 같다.

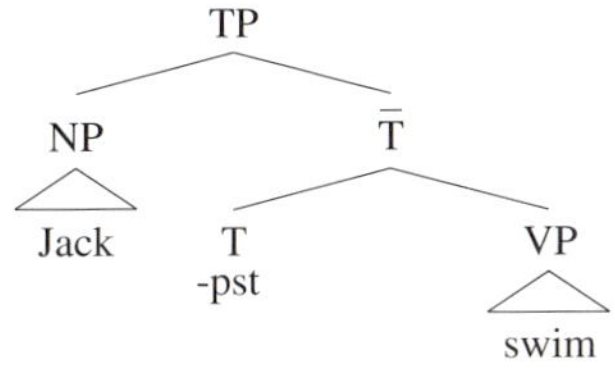

수형도는 통사적으로 NP *Jack*과 VP *swims*가 결합하여 문장(TP)을 만든다. 우리는 의미적 층위에까지 이러한 결합을 반영하고자 한다. 다시 말해 NP *Jack*(단일 개체)의 의미와 VP *swims*(개체들의 집합)의 의미를 결합하여 *Jack swims*라는 문장의 의미를 얻고자 한다. 이는 의미규칙 I로 수행된다.

의미규칙 I Semantic Rule I

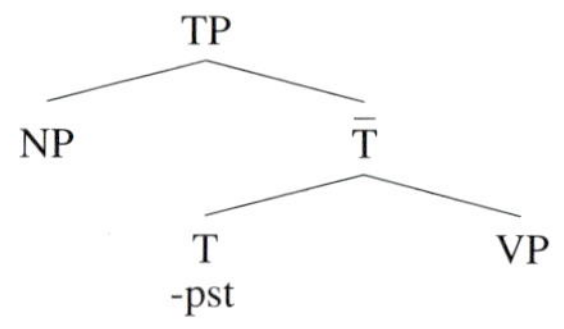

위 수형도의 의미는 다음과 같은 진리조건이다.

NP(단일 개체)의 의미가 VP(개체들의 집합)의 의미에 속한다면, 그 문장은 **참**이고 그렇지 않다면 **거짓**이다.

규칙 I에서는 주어 NP와 술어 VP로 구성된 문장의 경우, 주어 NP가 VP의 의미를 구성하는 집합들 중 하나의 개체를 지시한다면 그 문장은 참이라고 진술한다. 이 규칙은 완전히 일반적이며, 특정한 문장, 개체, 동사를 지시하는 것이 아니다. 이 규칙은 *Ellen sings*나 *Max barks*와 같은 문장에서도 동일하게 작용한다. 따라서 *Max barks*의 의미는 만약 *Max*가 지시하는 개인이 *barking*이라는 개체들의 집합 속에 속하면 이 문장이 참임을 진술하는 진리조건이다.

이제 조금 더 복잡한 *Jack kissed Laura*라는 문장을 살펴보자. 이 예문과 앞서 다룬 예문의 주요 통사적 차이점은 타동사를 사용했기 때문에 목적어 자리에 추가적인 NP가 필요하다는 점이다. 그렇지 않으면, 의미규칙은 첫 번째 예시와 동일한 기계적 절차를 사용하여 의미를 도출할 것이다. 우선 단어의 의미와 통사구조부터 살펴보자.

단어	**의미**
Jack	개인 Jack을 지시(또는 의미)한다.
Laura	개인 Laura를 지시(또는 의미)한다.
kissed	X가 Y에게 키스한 개인 X와 Y의 쌍의 집합을 지시(또는 의미)한다.

이 문장의 구 구조는 다음과 같다.

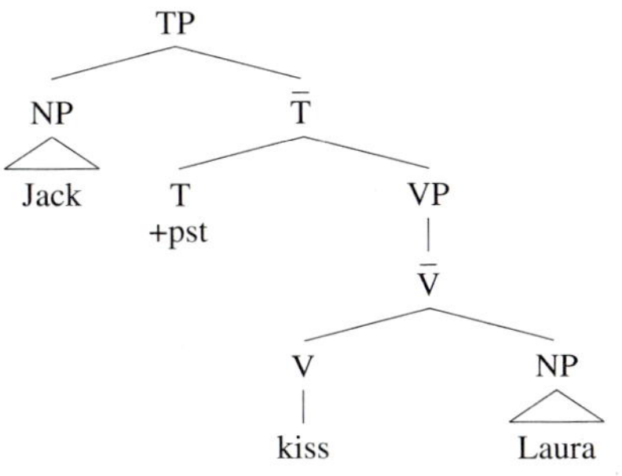

타동사 *kiss*의 의미는 여전히 하나의 집합이지만 이번 경우에는 개체들이 쌍을 이루는 집합이다. 하지만 그 VP의 의미는 여전히 단일 개체들의 집합, 즉 Laura에게 키스를 한 단일 개체들이다. 이는 다음 의미규칙 Ⅱ에 형식적으로 표현될 수 있다.

의미규칙 II Semantic Rule II

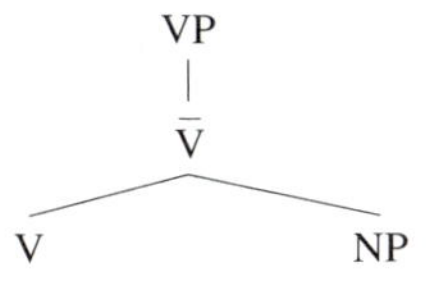

위 수형도의 의미는 개체들의 집합이 X일 경우에 X는 V의 의미에서 쌍의 첫 구성원이고 두 번째 구성원은 NP가 된다는 것이다.

문장의 의미는 의미규칙 Ⅱ에 의해 도출되는데, 의미규칙 Ⅱ는 동사구의 의미를 어떤 개체들의 집합, 즉 *Laura*에게 *kiss*한 개체들로 규정한다. 이제 의미규칙 Ⅰ은 이러니저러니 말할 것 없이 적용되고, Jack의 의미가 VP인 *kissed Laura* 의미의 집합 중 하나의 구성원일 때 그 문장의 의미는 참이 된다. 다시 말해 만일 *Jack*이 *Laura*에게 키스를 했다면 이 문장은 참이고 아니라면 거짓이다. 이 두 가지 의미규칙은 무한 수의 자동사 및 타동사 문장들을 다룬다.

마지막 예문은 함의에 관한 의미적 지식이 문법에서 어떻게 나타나는지를 설명할 것이다. *Jack swims beautifully*라는 문장에 대해 생각해보고 더 나아가 부사 *beautifully*의 의미에 대해 생각해보라. 이 문장의 의미는 분명 단일 개체도 개체들의 집합도 아니다. 오히려 *beautifully*의 의미는 동사구 의미들인 집합의 크기를 줄이는 작용을 한다. *swim*의 의미를 적용했을 때 이는 수영을 하는 개체들의 집합을 수영을 아름답게 하는 집합으로 축소시킨다. 우리는 이 규칙을 형식적으로 표현하지는 않지만 함의의 근원을 쉽게 볼 수 있다. 수영을 아름답게 하는 개체는 수영을 하는 개체들 중 일부이므로, *Jack swims beautifully*를 참으로 만드는 진리조건은 *Jack swims*를 참으로 만드는 진리조건에 비해 규모가 더 작다. 따라서 *Jack swims beautifully*가 참이 되게 하는 진리조건은 *Jack swims*를 반드시 참이 되게 한다. 그런 이유로 *Jack swims beautifully*는 *Jack swims*를 함의한다.

이러한 규칙 및 유사한 많은 규칙들은 단어의 의미를 취하고 문장의 통사구조에 따라 결합함으로써 문장의 진리값에 대한 우리의 지식을 설명해준다. 어떻게 중의적인 의미가 생성되는지는 이러한 예시들을 통해 알 수 있다. 문장의 의미는 계층적 구성을 기반으로 산출되기 때문에 *The boy saw the man with the telescope*와 같은 예문처럼 같은 단어를 사용한 문장에서도 수형도에서 어떻게 묶이느냐에 따라 다른 의미를 도출하는데, 이를 구조적 중의성이라 한다.

이와 유사하게 어휘적 중의성을 야기하는 중의적인 단어가 문장의 다른 요소들과 결합할 때 *She can't bear children*에서처럼 문장 전체가 중의적이 된다.

우리가 방금까지 기술한 문장의 의미에 관한 의미이론은 역설적 문장인 *This sentence is false*에서 볼 수 있듯이 유일한 이론도 아니며 불완전하다. 문장이 참이 아니라면 거짓이고, 거짓이 아니라면 참이다. 따라서 틀림없이 의미를 가지고 있음에도 불구하고 진리값을 가지지 않는다. 그럼에도 합성적 진리조건 의미론은 자연언어의 의미적 특징을 탐구하는데 아주 강력하고 유용한 도구로 판명되었다.

합성성이 예측에서 벗어날 때 When Compositionality Goes Awry

어떤 표현의 의미가 그 언어의 원어민에게조차도 항상 분명한 것은 아니다. 의미란 여러 가지로 모호할 수 있으며 의미파악을 위해 상상력이나 특정 지식을 필요로 할 때도 있다. 시인들, 전문가들, 심지어 교수들도 의미를 이해하기 힘든 경우가 있다.

앞 절에서 우리는 문장의 의미를 어휘의 의미와 어휘를 포함하는 통사구조를 기반으로 하여 의미규칙이 문장의 의미를 합성적으로 도출해내는 것을 보았다. 그러나 단어 혹은 의미규칙의 문제로 인하여 합성이 붕괴되는 흥미로운 경우들도 있다. 문장에서 하나 혹은 그 이상의 단어가 의미를 가지고 있지 않을 때, 우리는 분명히 그 전체 문장의 의미를 도출할 수 없을 것이다. 더욱이 각각의 단어가 의미를 지닐 때 그 단어들이 통사구조와 의미규칙의 필요에 따라 함께 결합될 수 없다면 우리는 그 의미에 도달하지 못할 것이다. 이러한 종류의 상황을 의미적 **변칙**(anomaly)이라고 한다. 아니면 의미 도출을 위해 높은 창의성과 상상력을 요하는 경우도 있다. **은유**(metaphor)가 바로 그런 경우이다. 마지막으로 **관용어**(idiom)라고 하는 표현들은 합성된 의미가 아니고 고정된 의미를 가진다. 관용어에 합성규칙을 적용시키면 우습거나 적절치 않은 의미가 생긴다.

변칙 Anomaly

단어의 의미적 특성은 어떤 다른 단어와 함께 사용될지를 결정한다. 3장에서 보았던 언어학자들에 의해 널리 사용되는 다음 문장은 이러한 사실을 보여준다.

Colorless green ideas sleep furiously.

이 문장은 영어의 모든 통사규칙을 따른다. 주어는 *colorless green ideas*이고 술부는 *sleep furiously*이다. 이 문장은 다음 문장과 같은 통사구조를 지녔지만 분명한 의미적 오류가 있다.

Dark green leaves rustle furiously.

*colorless*라는 의미는 '색이 없다'는 의미 자질을 포함하나, '색깔이 초록'이라는 자질을 가진 형용사 *green*과 함께 쓰였다. 어떻게 어떤 것이 '색이 없는' 동시에 '색깔이 초록'이 되겠는가? 의미적 위반이 이 문장에서 일어난 것이다. 이러한 문장들은 의미적으로 **변칙적**(anomalous)이다.

영어 문장이 뜻이 없는 단어들을 포함하여서 뜻이 통하지 않아 **해석 불가능한**(uninterpretable) 경우가 있다. 이러한 문장은 무의미한 단어에 대해 어떤 의미를 생각해 낼 때만 해석가능하다. Lewis Carroll의 "Jabberwocky"는 대부분의 단어가 의미도 없으며 사전에도 나오지 않는 단어들로 이루어진 가장 유명한 시이다. 그럼에도 시의 모든 문장들은 영어 문장인 것처럼 들린다.

'Twas brillig, and the slithy toves
Did gyre and gimble in the wabe;
All mimsy were the borogoves;
And the mome raths outgrabe.

. . .

He took his vorpal sword in hand;
Long time the manxome foe he sought—
So rested he by the Tumtum tree,
And stood awhile in thought.

*vorpal*의 의미를 모른다고 해도 당신은 *He took his vorpal sword in hand*의 의미가 *He took his sword, which was vorpal, in hand* 및 *It was in his hand that he took his vorpal sword*와 같다는 것을 알 수 있을 것이다.

이 언어를 알고 (동일한 소리가 사용되었기 때문에) *vorpal*이 위 세 문장에서 동일한 것을 의미한다는 것을 추정하면, 이 세 문장의 의미 및 진리조건이 동일하다고 단정 지을 수 있다. 다시 말해, 두 가지 의미 중 어느 하나의 의미를 모른다고 하더라도 두 문장이 같은 뜻이라는 것을 알 수 있다. 당신은 *vorpal*이 사용될 때마다 그 의미자질이 같다는 점을 추론하여 이러한 판단을 내린다.

Alice가 "Jabberwocky"를 읽었을 때 왜 다음과 같은 논평을 했는지를 이제 알 수 있다.

> "아주 좋았는데 이해하기가 좀 어렵네요!" (앨리스가 전혀 이해할 수 없다고 그녀 스스로에게조차 털어놓고 싶지 않아 한다는 것을 알 수 있다.) "하여튼 나에게 어떤 생각을 떠오르게 하는 것 같은데, 단지 내가 그것이 무엇인지 정확히 알 수 없군요. 그러나 누군가가 무엇을 죽였어요. 그것만은 분명해요."

시에서의 의미규칙의 위반은 Dylan Thomas의 *a grief ago*에서처럼 낯설지만 흥미로운 심미적 이미지를 창출한다. *ago*는 일반적으로 시간의 의미자질로 명시되는 단어와 함께 사용된다.

a week ago	*a table ago
an hour ago	*a dream ago
a month ago	*a mother ago
a century ago	

Thomas가 *grief*라는 단어를 *ago*와 함께 사용했을 때 그는 시적 효과를 위해 슬픔에 지속적인 특성을 더하였고, 명사구가 변칙적이지만 어떤 감정을 불러일으킨다.

E. E. Cummings의 시에서도 다음과 같은 구절이 있다.

the six subjunctive crumbs twitch
a man . . . wearing a round jeer for a hat
children building this rainman out of snow

비록 이 모든 구절들이 의미규칙을 위반했으나, 우리는 이 구절을 이해할 수 있다. 규칙위반은 요망되는 심상을 만들어낸다. 우리가 변칙적 표현을 이해할 수 있거나 적어도 해석할 수 있으며, 동시에 그들의 변칙적 본질을 인식할 수 있다는 사실은 언어의 의미체계와 의미적 특성에 대한 우리의 지식을 증명해준다.

은유 Metaphor

변칙으로 보이는 것일지라도 유의미한 개념의 관점에서 이해될 때, 이러한 표현이 은유가 된다. 변칙적 표현과 은유적 표현 사이에 명확히 선을 긋기는 힘들다. 엄밀히 따지자면 은유는 변칙이지만 변칙의 본질은 은유가 보통 가지는 중요한 의미를 만들어낸다. 변칙인 *A grief ago*는 아마 '슬픈 사건 다음의 불행한 시간'으로 해석될 수 있으며 따라서 이는 은유가 된다.

은유는 은유적 의미뿐만 아니라 문자적 의미도 갖기 때문에 어떤 의미에서는 중의적이다. 그러나 예를 들어 *Walls have ears*라는 문장에 의미규칙이 적용되었을 때, 문자적 의미는 있음직하지 않기 때문에 청자는 다른 해석을 위해 상상력을 동원한다. 합성성 원리는 아주 '탄력적'이며 수용가능한 문자적 의미를 만들어내지 못하면, 청자는 그 의미를 수용하고 확장하고자 한다. 이러한 수용은 의미적 특성을 기반으로 하는데, 이러한 의미적 특성은 추론되거나 유사성 혹은 유의미한 개념이 되는 비교를 제공한다.

그러나 이것은 어느 정도까지만 작용한다. *Our doubts are traitors*라는 문장의 개념적 의미는 '고귀한 믿음을 의심하는 행위는 자기배반행위이다'는 뜻으로 그럴 듯 해보이기는 하지만, 문자적 의미가 무엇인지는 명확하지 않다. 은유를 해석하기 위해서는 각각의 단어와 전체 표현의 문자적 의미, 세상에 관한 사실을 이해하고 있어야 한다.

Time is money.

위의 은유적인 문장을 이해하기 위해서는 우리가 사회에서 종종 시간당 혹은 일당 보수를 받는다는 사실을 알아야 한다. 사실 추상적인 개념인 '시간'은 여러 가지 은유의 대상이다. 우리는 '시간을 절약하거나(save time)', '시간을 낭비하거나(waste time)', '시간을 관리하거나(manage time)', 어떤 것들을 '되돌리거나(back in time)', '빌린 시간(borrowed time)으로 살거나', '모래시계(sands of time)의 시간'이 빠르게 흘러가는 것처럼 '시간의 피폐함(ravages of time)'을 겪는다. 사실상 은유는 시간이라는 추상적인 개념을 가치가 있는 구체적인 대상으로 취급한다.

은유는 문화적 요소가 강하다. 셰익스피어는 오늘날의 연극 관람자들에게는 상실된 은유를 많이 사용했다. "I am a man whom Fortune hath cruelly scratched"는 셰익스피어 시대의 사회에서 행운을 여자로 묘사한 은유로 아주 효과적이었다. 반면에 *There's a bug in my program*은 비록 *bug*를 가진다는 것이 문제라는 의미임을 나타내지만, 컴퓨터가 없는 문화권에서는 별 의미가 없다.

'the fall of the dollar'는 세계시장에서의 달러의 가치 감소를 뜻하는 것처럼, 현재 문자 그대로 받아들여지고 있는 많은 표현들이 은유에서 유래되었을 가능성이 있다. 많은 사람들은 시간 절약이나 낭비(saving or wasting time)라는 문자적 해석에 눈 하나 깜박이지 않는다(bat an eyelash는 은유적 표현이다). 언어의 은유적 사용은 언어 창의성이 최대에 달한 것이다. 그럼에도 불구하고 은유적 사용은 모든 화자가 갖고 있는 단어, 단어의 의미적 특성, 결합 가능성에 관한 평범한 언어지식에 기반을 둔다.

관용어 Idioms

언어의 단어(혹은 형태소)는 자의적이어서 규칙에 의해 예측되지 않기 때문에 반드시 머

ARGYLE SWEATER © 2010 Scott Hilburn. Dist. By UNIVERSAL UCLICK. Reprinted with permission. All rights reserved.

릿속 어휘사전에 수록되어야 한다. 사전은 문법적 특징과 의미를 대동한 단어(혹은 형태소)의 저장소이다. 반면에 형태적으로 복잡한 단어, 구, 문장의 의미는 합성적이며 규칙에 의해 도출된다. 우리는 2장에서 이를테면 복합어 같은 단어들은 예측하기 어렵기 때문에 반드시 어휘사전에 수록되어야 한다고 언급했다. 언어에는 개별 단어의 의미에 기반 해서는 그 의미를 예측할 수 없는 수많은 구들이 있다는 사실이 드러났다. 이러한 구들은 전형적으로 인기 있는 은유로 시작되어 자주 반복되다가 언어의 고정 표현이 된다. 이러한 표현을 관용어(idioms) 혹은 **관용구**(idiomatic phrases)라고 하며, 영어에서의 예시는 다음과 같다.

sell down the river
rake over the coals
drop the ball
let their hair down
put his foot in his mouth
throw her weight around
snap out of it
give a piece of your mind

위 예시는 의미를 결합해 주는 일반적인 의미규칙이 적용되지 않는 경우들이다. 이들 관용구는 해체될 수 없을 뿐만 아니라 학습해야만 하는 고정된 의미를 지닌다는 점에서, 단일 형태소와 같은 표현들로 인하여 합성성의 원리가 별 소용이 없다. 관용어는 형태가 고정되는 경향이 있다는 것과 어순 변경 규칙이나 성분 대치 규칙이 잘 적용되지 않는다는 것만 제외하면 일반 구와 구조상 비슷하다.

따라서 문장 (1)과 (2)는 같은 구조를 가진다.

1. She put her foot in her mouth.
2. She put her bracelet in her drawer.

그러나 문장 (3)과 (4)는 명백히 (2)와 관련이 있는 반면에, 문장 (5)와 (6)은 아마도 익살스러운 경우가 아니라면 (1)과 같은 관용적 의미를 갖고 있지 않다.

3. The drawer in which she put her bracelet was her own.
4. Her bracelet was put in her drawer.
5. The mouth in which she put her foot was her own.
6. Her foot was put in her mouth.

또한 (2)의 의미와 단어 *necklace*의 의미를 안다면 우리는 (7)을 곧바로 이해할 수 있다.

7. She put her necklace in the drawer.

그러나 (1)의 *foot*을 *hand*로, *hand*를 *hand*로 대치해본다면, 문자적 합성적 의미를 갖는 대신 관용적 의미는 사라진다.

그러나 몇몇 관용어들은 관용적 의미 변화 없이 일부분을 이동시킬 수 있다.

The FBI kept tabs on radicals.
Tabs were kept on radicals by the FBI.
Radicals were kept tabs on by the FBI.

은유처럼 관용어도 의미적 특성을 결합하는 규칙을 어길 수 있다. *eat*의 대상은 반드시 '먹을 수 있는' 의미자질을 가져야 하나, 다음과 같은 문장에서는 이러한 제약이 위반되었다.

He ate his hat.
Eat your heart out.

관용어는 종종 유머를 낳는다.

What did the doctor tell the vegetarian about his surgically implanted heart valve from a pig?
That it was okay as long as he didn't "eat his heart out."

관용어는 통사규칙도 위배하는데, 예를 들어 *deep six*라는 표현은 동사로서 결코 한 번도 사용되지 않는 부분들로 이루어졌지만 그 자체로 '계획 따위를 망치다'라는 의미의 동사이다. 따라서 또 하나의 관용어이다. 관용어의 끝이 과연 어디일까?

관용어는 약간의 상상력을 이용하여 역설로 보이는 것을 만들기 위해서 사용되기도 한다. New York의 Times Square와 같은 많은 장소에서 새해전야 자정에 *ball*이 *drop*된다.

만일 행사 담당자가 *ball*을 *drop*하지 않는다면 그는 'dropped the ball(책임진 일을 실수로 망치다)'한 것이다. 행사 담당자가 *ball*을 제대로 *drop*한다면 그는 'dropped the ball'하지 않은 것이다.

관용어는 의미적으로는 물론이고 문법적으로도 특별한 특징을 가진다. 관용어는 어휘사전, 즉 머릿속 사전에 명시된 의미와 함께 단일 항목으로서 수록되어야 하며, 화자도 문장에서 사용할 때 적용되는 특별한 제약을 학습해야 한다.

관용어는 어느 언어에나 있지만 한 언어에서 다른 언어로 번역할 때 좀처럼 단어 그대로 번역하지는 않는다. 대부분의 미국영어 화자들은 *kick the bucket*이라는 관용어를 'to die(죽는다)'의 의미로 이해한다. 똑같은 단어 조합(patear el cubo)이 스페인어에서는 문자 그대로 특정 양동이를 발로 강타하는 것을 뜻할 뿐이다. 반면에 스페인어에서 *estirar la pata*는 문자적으로 '다리를 쭉 뻗다'는 의미이지만 'to die(죽는다)'라는 관용적 의미를 갖고 있다.

어휘의미론: 단어 의미 Lexical Semantics(Word Meanings)

논의한 바와 같이, 구 또는 문장의 의미는 부분적으로 그것이 포함하는 단어들의 의미의 기능이다. 이와 유사하게 형태론적으로 복잡한 단어의 의미는 우리가 2장에서 보았듯이 구성요소 형태소들의 기능이다. 하지만 단어 의미와 문장 의미 사이에는 근본적인 차이가 있다. 어휘사전 속 항목들의 의미는 그것이 형태소든 단어든 관용어든 관습적이다. 즉, 언어 발화자는 암암리에 그 의미에 동의하며 언어를 습득하는 아이들은 단순히 그러한 의미를 모두 익힌다. 반면에 문장의 의미는 의미규칙의 적용으로 인해 구조화된다. 앞서 우리는 의미 합성의 규칙에 관해 논의한 바 있다. 이 절에서는 단어 의미와 단어와 형태소 사이에 존재하는 의미 관계에 관해 다룰 것이다.

비록 합의된 단어의 의미는 언어공동체 내에서 세월이 지남에 따라 변하지만, 우리 각 개인은 단어의 의미를 마음대로 바꾸지 못한다. 만일 마음대로 바꾼다면 우리는 서로 의사소통할 수가 없을 것이다. 어떤 언어의 모든 화자는 형태소와 단어의 소리와 의미, 즉 기본적인 어휘를 공유한다. 우리 모두는 수천 개의 단어 뜻을 안다. 이러한 지식 덕분에 우리의 생각을 표현하거나 다른 사람의 생각을 이해하기 위해서 단어를 사용할 수 있다. 단어 의미는 언어적 지식의 일부이다. 단어와 형태소에 관한 정보가 들어있는 당신의 머릿속 창고를 바로 어휘사전(lexicon)이라고 부른다.

단어 의미 이론 Theories of Word Meaning

사전은 단어로 가득 차있고, 기본적인 의미 단위의 관점에서라기보다는 다른 단어를 사용하여 어휘에 의미를 부여한다. 그런 의미에서 사전은 의미가 아니라 사실상 바꾸어 말하기

(paraphrases)를 제공한다고 할 수 있다. 그 정의들을 이해하는 것은 우리의 언어 지식에 달렸다. 어떻게 마음속에서 단어 의미가 표현되는지를 정확하게 명시하는 것은 언어학자들에게도 어렵지만, 우리의 머릿속 어휘사전의 단어와 연관된 의미는 평범한 사전에서 찾을 수 있는 것과 다르다.

한 단어의 의미가 사전의 기재사항과 다르다면 도대체 그 의미는 무엇인가? 이 의문은 수세기 동안 철학자들과 언어학자들에 의해 논의되었다. 한 제안으로 단어나 표현의 의미는 그것의 **지시**(reference), 즉 그것이 지칭하는 대상과의 연상이라고 주장되었다. 지시의 실체적 대상을 지시대상(referent)이라고 부른다.

지시 Reference

"There's nothing here under 'Superman'—is it possible you made the reservation under another name?"

Michael Maslin / The New Yorker Collection/Cartoonbank.com

우리는 이미 *Jack*과 같은 고유명사의 의미는 그것의 지시라고 규정하였다. 즉 *Jack*이라는 단어와 그 지시대상인 *Jack*이란 이름을 가진 사람 간의 연결이다. 고유명사는 명사구(NP)이고, 당신은 문장 내 어떤 NP 위치에도 고유명사를 넣어 문법성을 보존할 수 있다. 개체들을 가리킬 수 있는 또 다른 NP들도 있다. 예를 들어 *the happy swimmer*, *my friend*, *that guy*와 같은 NP들은 수영하는 *Jack*을 당신이 목격한 상황에서 *Jack*을 지칭하기 위해 사용할 수 있다. *I, you, him*과 같이 NP의 기능을 하는 대명사들도 마찬가지이다. 이러한 모든 경우에 특정 상황 속에서 특정 개체를 가리키는 NP의 지시는 그 NP의 의미의 일부라고 할 수 있다.

반면에 모든 NP가 개체를 지칭하는 것은 아니다. 예를 들어 *No baby swims*라는 문장은 NP인 *no baby*를 포함하고 있지만 당신은 언어적 지식을 통해 이 NP는 어떤 특정 개체를 지칭하는 것이 아니라는 것을 알고 있을 것이다. 만일 *no baby*가 지시는 없지만 의미가 없는 것이 아니라면, 지시를 넘어서는 의미에 관한 어떤 것이 존재함이 틀림없다.

허구 세계에서 *Superman*과 *Clark Kent*는 동일한 지시를 가진다. 즉 그들은 동일 인물이다. 그러나 그들의 이름에는 그것 이상의 의미가 있다. *Lois Lane is in love with Superman*이라는 문장에서 *Superman*을 *Clark Kent*로 대치한다면, 우리는 이 문장의 진리값을 참에서 거짓으로 바꾼다. 여기서도 단순한 지시를 넘어서는 의미의 차원이 존재한다는 것을 알 수 있다.

이와 유사하게 *Barack Obama*와 *the President*는 (이 글에서) 동일 지시이지만 NP인 *the President*의 경우 지시와는 별개이자 더욱 영구적인 의미인 '미합중국의 수장'이라는 의미가 추가된다.

의미 Sense

의미에는 지시를 넘어서는 어떤 것이 있음에 틀림없다. 이 점은 *hobbits, unicorns, Harry Potter*와 같이 현실세계에 그 지시대상이 없는 많은 단어들의 의미를 화자들은 알고 있다는 사실에 의해 제안되었다. 이와 유사하게 *of, by*와 같은 기능어 혹은 *will, may*와 같은 서법조동사가 실제 세계에서 어떤 실체를 지칭하는가?

이러한 추가적인 의미 요소들을 **의미**(sense)라고 하며, 앞서 언급되었던 부가적인 개념이다. *unicorns, hobbits, Harry Potter*는 의미는 가지고 있지만, 현실 속 실체와 관련된 지시는 갖지 않는다. 반대로, 고유명사는 전형적으로 지시만을 가진다. *Clem Kadiddlehopper* 같은 이름은 특정한 사람, 즉 그 지시대상을 지칭하지만, 그것을 넘어서는 언어적인 의미는 거의 갖고 있지 않다.

고대 그리스로 거슬러 올라가면 언어 철학자들은 단어 의미의 일부분을 떠오르는 심상이라고 제안했다. 이는 *unicorns, hobbits, Harry Potter*의 문제를 해결하는 데 도움을 준다. 우리는 책, 영화 등을 통해 이러한 개체들의 명료한 심상을 갖고 있으며, 그 연관성은 이러한 표현들의 지시를 제공해줄 것이다. 그러나 수많은 유의미한 표현들이 그 언어 사용자들 대부분이 동의하는 어떤 명백하고 고유한 심상과 연결되어 있는 것은 아니다. 그 예로 *very, if, every*라는 단어들이 불러일으키는 심상은 무엇인가? 이러한 표현들은 말로 표현하기는 어렵지만 의미는 분명히 갖고 있다. 질소와 구분되는 산소의 심상은 무엇인가? 질소와 산소 모두 색 없는 무취 기체인데 의미는 다르다. 요크셔테리어와 그레이트데인을 포함시키되 여우와 늑대는 배제시킬 만큼 충분히 일반적인 개의 심상은 무엇인가? *No man is an island*에서의 *no man*의 이미지는 논리적으로 답할 수 없을 만한 수수께끼이다.

수많은 단어들이 형상화를 유발하기 때문에 비록 단어 의미가 심상과 일치한다는 개념은 직관적이기는 하지만, 인간이 단어 의미에 관해 아는 바에 대한 일반적인 설명으로는 확실히 충분치 않다.

단어가 지시를 갖고 있을 경우에 단어 의미의 지시 부분은 그 지시대상과 관련이 있음을 주목하는 것이 아마도 우리가 할 수 있는 최선일 것이다. 그 단어 뜻의 의미 부분은 그 연상을 완전하게 하기 위해서, 또 지시대상이 실존하든 허상이든 간에 지시대상이 가질 특징들을 제시하기 위해서 필요한 정보를 담고 있다.

어휘 관계 Lexical Relations

비록 어떤 단어 의미 이론도 완전하지는 않지만 우리는 발화자가 머릿속 어휘사전에 여러 단어 사이의 의미관계에 관해 상당한 지식을 가지고 있음을 알고 있으며, 어떤 이론이든지 그 지식을 고려해야 한다.

단어는 다양한 방식을 통해서 의미적으로 연관되어 있다. 이러한 관련성을 기술하는 용어는 대개 의존형태소 *-nym*으로 끝난다. 가장 잘 알려진 어휘 관계는 동의어(synonym)와 그 반대인 반의어(antonym)가 있다. **동의어**는 일부 혹은 모든 맥락에서 같은 의미를 지니는 단어나 표현이다. 다음과 같은 항목들을 수백 개 담은 동의어 사전들도 있다.

apathetic/phlegmatic/passive/sluggish/indifferent
pedigree/ancestry/genealogy/descent/lineage

다음은 샌디에이고 동물원 야생 동물공원의 표지판에 적힌 문구이다.

Please do not annoy, torment, pester, plague, molest, worry, badger, harry, harass, heckle, persecute, irk, bullyrag, vex, disquiet, grate, beset, bother, tease, nettle, tantalize, or ruffle the animals.

완벽하게 똑같은 동의어는 존재하지 않는다고 알려져 왔다. 즉, 두 단어가 정확히 같은 의미일 수는 없다. 그러나 다음의 두 문장은 매우 유사한 의미를 가지고 있다.

He's sitting on the sofa. / He's sitting on the couch.

1066년에 시작된 프랑스 노르망디의 영국점령 시기 동안 많은 라틴 기원의 프랑스어 단어들이 영어로 들어왔다. 그 결과 영어에는 영어(혹은 게르만어)에 뿌리를 둔 단어들과 라틴어에 뿌리를 둔 단어들로 구성된 동의어의 짝이 많다.

영어	라틴어
manly	virile
heal	recuperate
send	transmit
go down	descend

의미가 반대인 단어들을 **반의어**(antonym)라고 한다. 반의어는 몇 가지 종류로 나뉜다. 다음은 **이분적 반의어**, 즉 상보적 반의어(complementary pairs)이다.

alive/dead present/absent awake/asleep

이 단어들은 'alive = not dead'이고, 'dead = not alive'라는 점에서 이분적이라고 할 수 있다.

다음은 **등급적 반의어**(gradable pairs)이다.

big/small hot/cold fast/slow happy/sad

등급적 반의어 쌍에서 형용사의 의미는 그것이 수식하는 대상과 관련이 있다. 이 단어는 절대적인 척도를 제공하지 않는다. 예를 들어 우리는 'a small elephant'가 'a large mouse'보다 훨씬 더 크다는 것을 안다. *fast*는 자동차보다 비행기에 적용되었을 때 더 빠르다.

등급적 쌍은 함축을 낳기 때문에 *An elephant is bigger than a mouse*는 *A mouse is smaller than an elephant*를 함축한다. 하지만 관용어를 주의해야 한다! 관용어인 *Blood is thicker than water*는 가족 간의 유대를 뜻하는 것이지 말도 안 되는 *Water is thinner than blood*를 함축하는 것은 아니다.

등급적 반의어의 또 다른 특징은 한 쌍에서 하나가 **유표적**(marked)이고 다른 하나는 **무표적**(unmarked)이라는 것이다. 무표항은 정도를 묻는 질문에서 사용된다. 우리는 보통 "How *high* is the mountain?"이라고 묻는다("How low is it?"이 아니다). 익살스럽게나 반어적으로 대답할 경우가 아니면 "Ten thousand feet low"라고 표현하지 않고 "Ten thousand feet high"라고 답한다. 따라서 *high*가 *high/low* 쌍에서의 무표항이 된다. 유사하게 *tall*은 *tall/short* 쌍에서 무표항이고, *fast/slow* 쌍에서는 *fast*가 무표항이다. 또 다른 반의어 쌍은 다음과 같다.

give/receive buy/sell teacher/pupil

이들은 의미가 대칭임을 보여주는 **관계적 반의어**(relational opposite)이다. 만약 X가 Y를 Z에게 준다면 Z는 Y를 X로부터 받는 것이 된다. 만약 X가 Y의 선생이라면 Y는 X의 학생이다. -*er*이나 –*ee*로 끝나는 단어 쌍은 대게 관계적 반의어다. Mary가 Bill의 고용주(employer)이면 Bill은 Mary의 종업원(employee)이다.

영어에는 반의어를 형성하는 몇 가지 방법이 있다. 먼저 접두사 *un*-을 붙여 반의어를 만들 수 있다.

likely/unlikely　　able/unable　　fortunate/unfortunate

혹은 접두사 *non*-을 붙이거나

entity/nonentity　　conformist/nonconformist

접두사 *in*-을 붙여서 만들 수도 있다.

tolerant/intolerant　　discreet/indiscreet　　decent/indecent

하지만 이러한 방법은 때때로 예상을 뒤엎기도 한다. *loosen*과 *unloosen*, *flammable*과 *inflammable*, *valuable*과 *invaluable* 같은 쌍들 이외에도 몇몇 단어 쌍은 반의어처럼 보이지만 똑같거나 혹은 거의 같은 의미를 가진다.

다른 어휘 관계에는 동음이의어(homonym), 다의성(polysemy), 하의어(hyponym)가 있다.

Hilary B. Price/King Features Syndicate

*bear*과 *bare* 같은 단어들을 **동음이의어**(homonym) 혹은 **동음어**(homophone)라고 한다. 동음이의어는 의미는 다르지만 발음이 같은 단어를 뜻하며 철자는 같을 수도 다를 수도 있다. ('감염된'을 의미하는 pussy와 '고양이'를 의미하는 *pussy*처럼, 철자는 같지만 발음이 다른 단어들을 **동형이의어**(homograph)라고 한다. 동형이의어는 동음이의어라기보다는 **동철이음어**(heteronym)라고 불린다.) 흡사 엉터리 문장같이 보이는 *Entre <u>nous</u>, the <u>new</u> <u>gnu</u> <u>knew</u> <u>nu</u> is a Greek letter*는 동음이의어로 우리를 놀린다. 위의 만화에서 강아지가 혼란스러워하는 것이 보여주듯이 동음이의어는 쉽게 중의성을 낳는다.

단어가 개념적, 역사적으로 연관된 여러 의미를 가질 때 **다의적**이라고 한다. 예를 들어 다의어인 *diamond*는 보석을 지칭하지만 농구코트를 가리키기도 한다. 영어에는 다의어인 단어들이 많으며, 다양한 뜻 때문에 사전에서 몇 가지 별개의 항목을 가진다.

영어 화자들은 *red, white, blue*와 같은 단어들이 색깔 어휘임을 안다. 유사하게 *lion, tiger, leopard, lynx*와 같은 단어들은 고양이과 동물이라는 것도 안다. **하의성**(hyponymy)이란 *color*처럼 더 포괄적인 용어와 *red*와 같이 특정한 단어들 사이의 관계를 뜻한다. 따라서 *red*는 *color*의 하의어이고 *lion*은 *feline*의 하의어이며, 동시에 *color*는 *red*를 하의어로 가지고 *feline*은 *lion*을 하의어로 가진다.

의미자질 Semantic Features

앞 절들에서 우리는 실제 세상 속 대상과 연관 지어 단어 의미에 대해 다루었고, 이로써 진리기반 의미론을 발달시킬 수 있었다. 또한 단어의 의미를 다른 단어들과 연관 지어 살펴보기도 했다. 하지만 단어 의미의 일부이자 단어가 의미하는 바에 대한 우리의 지식을 반영하는 보다 더 기본적인 **의미자질**(semantic features) 혹은 속성의 집합을 찾는 것도 가능하다.

단어 의미를 의미자질로 해체해보면 한 단어가 다른 단어와 어떻게 관련되는지를 설명할 수 있다. 예를 들어 반의어의 기본 특징은 하나의 의미자질을 제외한 나머지 의미자질을 동일하게 공유한다. 우리는 *big*과 *red*가 반의어가 아님을 알 수 있다. 이 둘의 공통되는 의미자질이 너무 적기 때문이다. 두 단어는 모두 형용사지만 *big*은 '크기에 관한' 의미자질을 지니는 반면, *red*는 '색에 관한' 의미자질을 가진다. 반면에 *buy/sell*은 관계적 반의어인데, 그 이유는 두 단어 모두 '소유의 변화'라는 의미자질을 갖고 오직 변화의 방향만 다르기 때문이다.

의미자질은 단어와 문장 의미의 일부분인 개념적 요소에 속한다. 다음 예문을 살펴보자.

The assassin killed Thwacklehurst.

*assassin*이라는 단어가 머릿속 사전에 존재한다고 가정할 때, 당신은 어떤 사람이 Thwacklehurst라는 주요 인사를 살해했다는 것을 알 것이다. 당신이 가진 *assassin*에 관한 언어지식은 동물이 살인을 하지 않았으며 Thwacklehurst는 평범한 시민이 아니라는 것을 알려 준다. *assassin*에 대한 지식은 그 단어가 지칭하는 개체는 인간이며 살인자이고, 어떤 중요한 사람을 살해했음을 아는 것을 포함한다. 이러한 정보들은 그 언어 화자들이 동의하는 단어의 의미자질 중에 속한다. 모든 내용어 즉, 명사, 동사, 형용사, 부사 심지어 *with, over*와 같은 기능어의 의미는 적어도 부분적으로는 이러한 속성들을 통해서 명시된다.

의미자질의 증거 Evidence for Semantic Features

의미적 속성은 직접적으로 관찰할 수 없다. 이들의 존재는 언어적 증거로부터 추론되어야 한다. 이러한 증거의 출처는 우리 모두가 저지르는 말실수, 즉 언어적 오류이다. 의도되지 않은 단어 대치가 실제로 발화된 다음 경우를 살펴보자.

의도된 발화	**실제 발화(오류)**
bridge of the nose	bridge of the neck
when my gums bled	when my tongues bled
he came too late	he came too early
Mary was young	Mary was early
the lady with the Dachshund	the lady with the Volkswagen
that's a horse of another color	that's a horse of another race
his ancestors were farmers	his descendants were farmers
he has to pay her alimony	he has to pay her rent

이러한 오류들과 지금까지 수집하고 정리한 수천 개의 다른 오류들을 통하여 잘못 대치된 단어들은 마구잡이식이 아니라 의도했던 단어들과 약간의 의미자질을 공유함을 볼 수 있다. *nose*, *neck*, *gums*, *tongues*는 모두 '신체의 일부'이거나 '머리의 일부'이다. *young*, *early*, *late*는 '시간'과 관련 있는 단어이다. *Dachshund*와 *Volkswagen*은 '독일'과 '작다'는 의미다. *color*와 *race*, *ancestor*와 *descendant*, 그리고 *alimony*와 *rent*의 공유된 의미자질이 뚜렷하게 보인다.

단어의 언어적 의미를 기술하는 의미적 속성은 물리적 속성과 같은 다른 비언어적 속성들과 혼동해서는 안 된다. 과학자들은 물이 수소와 산소로 구성되어있다는 것을 알지만 그러한 지식은 단어 의미의 일부가 아니다. 우리는 물이 레모네이드나 욕조에 필수적 준비물이라는 것을 알고 있다. 하지만 단어 *water*가 무엇을 의미하는지 알기 위해서, 그리고 문장에서 사용하고 이해하기 위해서 이러한 사실들을 알 필요는 없다.

의미자질과 문법 Semantic Features and Grammar

King Features Syndicate

단어가 더 작은 의미 조각들로 구성되어 있다는 추가적 증거는 의미자질이 형태론이나 통사론 같은 문법의 다른 측면과 상호작용한다는 것이다. 이러한 효과는 명사와 동사 모두에서 나타난다.

명사의 의미자질 Semantic Features of Nouns

많은 단어들이 동일한 의미자질을 가질 수 있다. 'female'은 하나의 의미자질로 때때로 접미사 *-ess*에 의해 표시되는데, 다음과 같이 명사 의미의 한 부분을 이룬다.

tigress	hen	aunt	maiden
doe	mare	debutante	widow
ewe	vixen	girl	woman

오른쪽 두 난의 단어들은 'human'이라는 의미자질을 가진 것으로 구분되며, 이 자질은 다음 예에서도 발견된다.

doctor	dean	professor	teenager
bachelor	parent	baby	child

*baby*와 *child*의 의미 중 또 다른 부분은 이들은 'young'하다는 것이다. (계속해서 단어는 이탤릭체로 쓸 것이고 의미자질은 인용부호로 표기할 것이다.) *father*라는 단어는 'male'과 'adult'라는 의미자질을 지니며, *uncle*과 *bachelor*도 같은 의미자질을 가진다.

영어에서는 아니지만 일부 언어에서는 명사의 의미적 부류를 나타내는 문법형태소인 **분류사**(classifier)가 명사와 함께 나타난다. 스와힐리어에서 'human'이라는 의미자질을 지닌 명사는 *mtoto*(child), *watoto*(children)에서 알 수 있듯이, 단수일 경우 *m-*, 복수일 경우 *wa-* 접두사가 앞에 붙는다. *bed, chair, knife*와 같이 '인간이 만든 가공품'이라는 의미자질을 지닌 명사는 단수일 경우 *ki*, 복수일 경우 *vi*로 접두사화 된다. 그래서 의자는 *kiti*, 의자들은 *viti*이다.

의미자질은 통사적, 의미적 효과도 가질 수 있다. 예를 들어 명사가 동반하는 한정사 종류들은 가산명사인지 질량명사인지에 따라 결정된다.

다음의 자료를 고려해보라.

I have two dogs.	*I have two rice(s).
I have a dog.	*I have a rice.
*I have dog.	I have rice.
He has many dogs.	*He has many rice(s).

*He has much dogs.   He has much rice.

가산명사(count noun)는 *one potato, two potatoes*처럼 셀 수 있고 복수 형태로 만들 수 있다. 가산명사 앞에는 부정한정사 *a*나 *many potatoes*에서처럼 *many* 같은 수량사가 올 수 있으나, **much potato*에서 볼 수 있듯이 *much*는 올 수 없다. 가산명사는 반드시 어떤 종류의 한정사와 함께 사용되어야 한다. *rice, water, milk*와 같은 셀 수 없고 복수 형태로 만들 수 없는 명사들을 **질량명사**(mass noun)라고 한다. 질량명사는 *a*나 *many*가 아예 올 수 없고 수량사 *much*와 함께 사용되거나 혹은 수량사 없이 사용된다. 위 만화의 유머는 *toast*의 중의성과 음식 *French toast*는 질량명사지만 연설이라는 의미로는 가산명사라는 사실에 기반을 두고 있다. 가산/질량의 구분은 화자가 각기 다른 명사들과 어떤 한정사 유형을 함께 사용할지 결정하는 그 특성을 알고 있다는 사실을 나타낸다. 이런 구별이 없다면 우리는 이 차이점을 기술할 수 없을 것이다.

일반적으로 가산/질량의 구분은 개별 물체와 동질 물질 사이의 차이와 일치한다. 그러나 같은 물체라 할지라도 언어에 따라 다르게 다룰 수 있으므로, 이러한 구분이 인간의 인식에 근거를 둔다고 할 수 없다. 예를 들어서 영어에서 *hair, furniture, spaghetti*는 질량명사이므로 우리는 *Some hair is curly, Much furniture is poorly made, John loves spaghetti*라고 말한다. 하지만 이탈리아어에서는 아래의 문장에서 예시되어 있듯이 이들은 가산명사이다.

Ivano ha mangiato molti spaghetti ieri sera.
Ivano ate many spaghettis last evening.
Piero ha comprato un mobile nuovo.
Piero bought a noew (piece of) furniture.
Luisella ha pettinato i suoi capelli.
Luisella combed her hairs.

이탈리아어 화자와 영어 화자가 머리카락, 가구, 스파게티에 대해 다른 인식을 가진다는 것을 단정 짓기 위해서 우리는 철저한 언어결정론을 가정해야 한다. (1장의 Sapir-Whorf 가설을 떠올려보라.) 언어는 동일한 지시대상을 가진 단어에 의미자질을 할당하는데, 그 언어의 화자들이 그 지시대상을 개념화하는 방식과는 다소 별개로, 할당하는 의미적 혹은 통사적 자질이 어느 정도 서로 다를 수 있다고 가정하는 것이 더 합리적이다. 어떤 특정 언어 내에서조차도 동일한 대상이나 물질을 기술하지만 가산/질량이 각기 다른 단어들이 있다. 예를 들어 영어에는 *shoes*(가산)와 *footwear*(질량), *coins*(가산)와 *change*(질량)가 있다.

동사의 의미자질 Semantic Features of Verbs

동사 또한 그 의미의 일부로서 의미자질을 가지고 있다. 예를 들어 *darken, kill, uglify* 등과 같은 동사의 의미자질은 'cause'이다.

darken	cause to become dark
kill	cause to die
uglify	cause to become ugly

'go'는 *swim, crawl, throw, fly, give, buy*와 같이 장소나 소유권의 변화를 의미하는 동사의 의미자질이다.

Jack swims.
The baby crawled under the table.
The boy threw the ball over the fence.
John gave Mary a beautiful engagement ring.

*swim*과 같은 단어들은 'in liquid'라는 부가적인 자질을 가지는 반면, *crawl*은 'close to a surface'라는 의미자질을 가진다.

'become'은 어떤 동사들의 행동이 종료된 상태를 나타내는 자질이다. 예를 들면 동사 *break*는 깨지게 하다('cause' to 'become' broken)라는 의미성분으로 분해될 수 있다.

명사의 의미자질처럼 동사의 의미자질도 통사적 결과를 가질 수도 있다. 예를 들어 동사는 *John kissed Mary/John ate oysters*에서처럼 사건(event)을 기술할 수 있고, *John knows Mary/John likes oysters*에서처럼 상태(state)를 기술할 수도 있다. 사건성과와 상태성의 차이는 통사체계에 반영된다. 사건성을 띤 문장은 수동화될 때, 진행형으로 표현될 때, 명령형으로 사용될 때, 몇몇 부사와 함께 사용될 때 여전히 자연스럽게 들린다.

사건

Mary was kissed by John.	Oysters were eaten by John.
John is kissing Mary.	John is eating oysters.
Kiss Mary!	Eat oysters!
John deliberately kissed Mary.	John deliberately ate oysters.

비문법적이거나 변칙적인 것은 아니지만, 상태성을 띤 문장은 위와 같은 형태로 사용되면 이상하게 보인다(문장 앞에 사용된 '?'는 이상함을 나타낸다).

상태

?Mary is known by John.	?Oysters are liked by John.

?John is knowing Mary. ?John is liking oysters.

?Know Mary! ?Like oysters!

?John deliberately knows Mary. ?John deliberately likes oysters.

부정은 몇몇 동사들의 의미에 있어 특히 흥미로운 요소이다. *ever, anymore, have a red cent*와 그 외에 많은 표현들은 단순 긍정문에서는 비문법적이지만, 그와 상응하는 부정문에서는 문법적이다.

*Mary will ever smile. (비교: Mary will not ever smile.)

*I can visit you anymore. (비교: I cannot visit you anymore.)

*It's worth a red cent. (비교: It's not worth a red cent.)

이러한 표현들은 **부정극어**(negative polarity item)라 불리는데, 그 이유는 이러한 표현들은 문장 내에 *not*과 같은 부정 요소를 필요로 하기 때문이다. 다음 자료를 고려해보자.

*John thinks that he'll ever fly a plane again.

*John hopes to ever fly a plane again.

John doubts that he'll ever fly a plane again.

John refuses to ever fly a plane again.

*think*나 *hope* 같은 동사는 아니지만 *doubt*나 *refuse* 같은 동사들은 의미자질로 '부정(negative)'을 가지고 있음을 암시한다. *doubt*는 'think that not'으로 *refuse*는 'intend not to'로 분석될 수 있다. 이 경우 동사의 부정적 자질 때문에 부정극어 *ever*가 *not*이 없이도 사용될 수 있어 문장이 문법적이다.

논항구조 Argument Structure

동사는 보충어 또는 부가어로 취할 수 있는 구의 수나 유형에 있어서 서로 다르다. 3장에서 주목했듯이 *find, hit, chase* 등의 타동사들은 직접목적어 보충어를 취하는 반면 *arrive, sleep*과 같은 자동사는 그렇지 않다. *give*나 *throw* 같은 이중타동사는 *John threw Mary a ball*에서처럼 2개의 목적어를 취한다. 또한 대부분의 동사는 주어를 가진다.

동사와 함께 나타나는 다양한 NP는 동사의 **논항**(argument)이다. 즉 자동사는 하나의 논항을 가지며, 그 논항은 주어이다. 타동사는 2개의 논항, 즉 주어와 직접목적어를 가진다. 이중타동사는 주어, 직접목적어, 간접목적어 기능을 하는 3개의 논항을 가진다. 동사의 **논항구조**(argument structure)는 그 의미의 일부이며 어휘 항목에 포함되어 있다.

동사는 문장 내의 논항의 수를 결정할 뿐만 아니라 주어와 목적어 모두의 의미적 속성도 한정한다. 예를 들어, *find*와 *sleep*은 유생성 주어를 필요로 한다. 잘 알려진 *Colorless green ideas sleep furiously*는 의미적으로 변칙적인데 그 이유는 색이 있든 없든 간에 생각(idea)이 유생성이 아니기 때문이다. 동사의 의미 요소는 취할 수 있는 논항의 선택과도 관련이 있다. 예를 들면 (1)과 (3)의 동사는 이중타동사로 2개의 목적어를 취할 수 있는 반면, (2)와 (4)의 동사는 그럴 수가 없다.

1. John threw/tossed/kicked/flung the boy the ball.
2. *John pushed/pulled/lifted/hauled the boy the ball.
3. Mary faxed/radioed/e-mailed/phoned Helen the news.
4. *Mary murmured/mumbled/muttered/shrieked Helen the news.

비록 문장 (1)과 (2)의 동사들은 모두 이동동사이지만 이동의 힘이 어떻게 적용되는가에 대해서는 차이가 있다. 문장 (1)의 동사는 단순한 빠른 동작을 포함하지만 (2)의 동사들은 지속적인 힘의 사용이란 의미를 포함한다. 이와 유사하게 문장 (3)과 (4)의 동사는 모두 의사소통에 관한 동사들이이지만, 메시지가 전달되는 방법에서 차이가 있다. 문장 (3)의 동사들은 외부 기구를 이용하는 반면 (4)의 동사들은 사용된 목소리의 유형과 관련된다. 끝으로 이중타동사는 '직접목적어를 간접목적어에게로 이전한다(transfer direct object to indirect object)'라는 의미를 가지고 있다. 문장 (1)에서 공은 소년에게 전달된다. 문장 (3)에서도 그 뉴스는 Helen에게 전달되거나 어쨌든 전해진다. *give, write, send, throw*와 같은 이중타동사는 모두 이러한 특징을 가지고 있다. 심지어 전이가 드러나지 않더라도 추론될 수 있다. *John baked Mary a cake*라는 문장에서 케이크가 John에서 Mary에게 이전되었다는 것이 함축되어있다. 의미의 미묘한 측면이 동사의 논항구조에 반영되며, 9장에서 논의하겠지만 형태와 의미 사이의 이런 관계는 아이들이 모국어의 통사규칙과 의미규칙을 습득하는 데 도움을 준다.

의미역 Thematic Roles

주어와 목적어 등 NP 논항들은 의미적으로 동사와 여러 가지로 관련되어 있다. 그 관련성은 특정 동사의 의미에 달려있다. 예를 들어 보자.

1. <u>The boy</u> rolled <u>a red ball</u>.
   행위자 대상

위 문장에서 *the boy*라는 NP는 굴리는 동작을 행하는 주체, 즉 **행위자**(agent)이다. NP인 *a red ball*은 굴리는 행위를 겪는 **대상**(theme)이다. 행위자와 대상과 같은 관계를 **의미역**(thematic role)이라고 한다. 의미역은 동사의 논항과 그 동사가 기술하는 상황의 유형 사이에 존재하는 관계를 나타낸다.

또 하나의 예문을 살펴보자.

2. The boy threw the red ball to the girl.
   행위자 대상 목표

여기서 the girl은 **목표**(goal)라는 의미역을 가지는데, 이는 장소나 소유권 변화의 종료지점이다. 이 동사구는 *throw*의 대상이 결국 목표 위치에서 끝난다는 의미로 해석된다.

또 다른 의미역인 **근원**(source)은 동작의 근원지를 나타내고, **도구**(instrument)는 동작을 성취하기 위해 사용되는 수단이며, **경험자**(experiencer)는 감각이나 지각 입력을 받은 자를 뜻한다. 다음 예를 보자.

Professor Snape awakened Harry Potter with his wand.
근원 경험자 도구

동사에 의해 할당되는 특정 의미역은 동사의 의미성분을 추적하면 알 수 있다. *throw*, *buy*, *fly*와 같은 동사들은 장소나 소유가 변함을 뜻하는 'go'의 의미자질을 가지고 있다. 'go'라는 의미자질은 대상, 근원, 목표라는 의미역의 존재와 연관성을 띤다. *awaken*이나 *frighten*과 같은 동사도 'affects mental state'라는 의미자질을 갖기 때문에, 이 동사의 논항 중 하나는 경험자 의미역을 취한다.

의미역 할당(theta assignment)은 통사구조와도 연결되어 있다. 문장 (2)에서 대상 의미역이 직접목적어인 *the ball*에, 그리고 목표 의미역이 간접목적어 *the girl*에 할당되었다. 짝을 이루는 *sell*과 *buy* 같은 동사는 모두 'go'라는 의미자질과 관련이 있다.

따라서 이들은 대상 의미역과 연관이 있는데, 이 의미역은 다음 문장에서처럼 직접목적어에 할당된다.

a. John sold the book to Mary.
   행위자 대상 목표

b. Mary bought the book from John.
   행위자 대상 근원

부가적으로 *sell*은 목표 의미역(수혜자 혹은 이전의 종착지)과 관련이 있고, *buy*는 근원 의미역(이동의 시발자)과 연관성이 있다. 따라서 *buy/sell*은 상반된 관계라고 볼 수 있는데, 그 이유는 간접목적어가 근원이든 목표이든 간에 두 동사 모두 'go'(물품이나 서비스의 이동)라는 의미자질을 지니고 있고 이동되는 방향만 다르기 때문이다. 의미역은 무작위로 논항에 할당되는 것이 아니다. 동사의 의미와 그 동사가 포함된 문장의 통사구조 사이에는 연관성이 있다.

동사에 관한 지식은 논항을 선택하는 동사의 통사적 범주와 그 논항에 할당하는 의미역을 포함한다.

문장을 바꿔 쓰기해도 의미역은 동일하다.

1. The dog bit the stick. / The stick was bitten by the dog.
2. The trainer gave the dog a treat. / The trainer gave a treat to the dog.

(1)의 두 문장에서 *the dog*은 행위자이고 *the sick*은 대상이다. 마찬가지로 (2)에서 *the treat*는 대상이고 *the dog*는 목표이다. 이는 예를 들어 *bit/bitten* 되는 것에 대상 의미역에 할당되듯이 특정 의미역이 반드시 같은 심층구조 위치에 할당되기 때문이다.

일반적으로 NP는 표층구조가 아니라 심층구조에서 의미역을 받는다. 통사규칙 때문에 표층구조가 심층구조와 달라질 때, 의미관계를 결정짓는 것은 심층구조이다. 따라서 *The stick was bitten by the dog*이라는 수동문에서 *the stick*은 통사규칙에 따라 반드시 심층구조의 목적어 위치에서 생성되어, 통사규칙에 의해 표층구조에서 주어자리로 이동된 것이다.

_____ was bitten the stick by the dog.	→	the stick was bitten _____ by the dog.
심층구조		표층구조

다음의 문장에서 볼 수 있듯이 의미역은 바꿔쓰기가 아닌 문장에서도 같을 수 있다.

3. The boy opened the door with the key.
4. The key opened the door.
5. The door opened.

위의 세 문장 모두에서 *the door*는 열리는 객체이며, 대상 의미역을 갖는다. 따라서 문장 (5)의 *the door*는 심층구조에서 *open*의 객체로서 생성되었고, 위 예시의 수동문처럼 이동규칙의 영향을 받는다.

_____ opened the door → The door opened _____

비록 (3)~(5)의 문장들이 엄밀한 의미에서 바꿔쓰기는 아니지만, 이 문장들은 유사한 심층구조 형상을 가지고 있다는 점에서 구조적으로나 의미적으로 관련성이 있다. 사실 문장 (3)은 (4)와 (5)를 함의하고 (4)는 (5)를 함의한다.

(3)과 (4)의 문장에서 *the key*는 위치가 다름에도 불구하고 도구 의미역을 가지는데, 이는 몇몇 의미역이 보다 큰 구조적 융통성이 있음을 암시한다. 이 세 문장의 의미는 동사

*open*의 의미와 의미역이 동사의 NP 논항에 어떻게 할당되는지를 규정하는 규칙에 의해 결정된다.

화용론 Pragmatics

우리는 앞에서 어휘의미론(단어의 문자적 의미)과 합성의미론(문장의 문자적 의미)에 대해 논의했다. 우리는 후자를 진리조건의 관점에서 설명하였다. 만일 문장이 참이 되기 위해서 현실세계가 어떻게 보여야 하는지를 안다면, 당신은 그 문장이 무슨 의미인지를 알고 있다는 것이 그 개념이다.

문자적 의미는 다른 사람과 의사소통하기 위해 언어를 사용할 때 우리가 사용하는 유일한 종류의 의미는 아니다. 어떤 의미는 **진리조건외적**(extra-truth-condition)인데, 이는 발화자가 대화나 **담화**(discourse)의 일부로서 문자적 의미를 사용하는 방식의 결과로 나타난다. 진리조건외적 의미에 관한 연구를 **화용론**(pragmatics)이라고 한다.

예술가들이 위의 스케치처럼 100% 뚜렷하지는 않은 그림으로 장면을 묘사하듯이 언어 사용자들도 100% 명시적이지는 않은 문장으로 상황을 기술한다. 또한 예술가가 장면을 묘사하기 위해서(사진 대신에) 스케치나 추상적인 기법을 사용하는 여러 이유가 있는 것처럼, 화자가 사건의 상황을 기술하기 위해서 특정 문장이나 담화를 고르는 것에도 많은 이유가 있다. 우리는 앞으로 화자가 문자적으로 표현하지 않고도 의미를 드러내는 여러 방법들에 대해 논의할 것이다.

대명사와 다른 직시어 Pronouns and Other Deictic Words

뜻이 불명확한 문장의 의미를 발화 맥락이 보충할 수 있는 한 가지 방법은 맥락과 화자의 입장을 통해 일부 의미를 알 수 있는 단어들을 사용하는 것이다. 이러한 단어를 **직시어**(deictic)라고 부르는데, 대명사(*she*, *it*, *I*), 지시사(*this*, *that*), 부사(*here*, *there*, *now*, *today*), 전치사(*behind*, *before*), 그리고 이런 단어가 포함된 복합적인 표현(*those towers over there*) 등을 포함한다.

2012년 12월 11일, Arnold Schwarzenegger가 베니스에서 말한 (1)의 연속되는 문장들의 두 집합을 생각해보자.

1. a. Arnold Schwarzenegger really likes it in Venice. On December 11, 2012, there was a boat parade in the canals in Venice. On December 12, 2012, an art festival will be held. The art festival on December 12, 2012 will be extremely fun.
   b. I really like it in Venice. Today, there was a boat parade in the canals here. Tomorrow an art festival will be held. It will be extremely fun.

(1a)와 (1b)의 차이점은 (1a)는 극히 명시적인 반면에 (1b)는 문장 의미의 일부를 결정하기 위해서 직시어에 의존한다는 것이다. 우리의 언어사용은 비교적 비명시적이기 때문에 우리는 이러한 용어들을 해석해내는 데 익숙하며, 따라서 (1b)는 아주 자연스럽게 들린다. 우리는 이렇게 줄여서 사용하는 것에 익숙하기 때문에 사실 (1a)보다 (1b)가 아마도 더 자연스럽게 들릴 것이다.

또한 이것은 대명사의 지시를 결정하기 위해 종종 문맥을 고려해야 한다는 사실에도 불구하고 그러하다. *December 12, 2012*와 *Arnold Schwarzenegger*와 같은 고유명사는 문맥에 상관없이 항상 같은 지시대상을 가져서 맥락 독립적 의미를 갖는 반면에, *here*나 *tomorrow*같이 발화 맥락에 의해 부분적으로 그 지시가 결정되는 맥락 의존적인 의미를 가진 단어들도 있다.

특정 직시어는 그 자체가 지시대상에 제한을 두기 때문에 우리는 '부분적'이라고 표현한다. *here*와 *there*는 장소를 지시대상으로 가지며, *then*과 *now*는 시간을, *he*와 *she*는 사람을 지시대상으로 갖는다. *I*는 지시대상이 극히 제한적이다. 즉 오직 발화자만을 지칭할 수 있다.

대명사의 지시대상은 어휘적으로 제한되지만, 우리는 대명사의 지시대상을 알아내기 위해서는 맥락을 고려해야 한다. 이러한 과정을 **지시 해결**(reference resolution)이라고 한다. 대명사의 해결에 관련되는 두 가지 유형의 맥락이 있는데, 하나는 **언어적**(linguistic) 맥락이고 다른 하나는 **상황적**(situational) 맥락이다. 언어적 맥락은 대명사가 사용되기 전의 담화나 대명사가 나타나는 담화에 언급된 어떤 것을 지칭한다. 상황적 맥락은 비언어적인 것이다.

대명사와 상황적 맥락 Pronouns and Situational Context

Hank Ketcham/North America Syndicate/King Features Syndicate

상황적 맥락은 *He went that way!*나 *Who IS that masked man?*에서처럼 종종 무언가를 가리키거나 고개를 끄덕이는 등의 몸짓의 형태를 취한다. 마찬가지로 *next day*는 오늘 발화되느냐 오늘로부터 한 달 후에 발화되느냐에 따라 다른 지시를 가진다. 만일 당신이 날짜가 적혀있지 않은 'BIG SALE NEXT WEEK'라는 문구를 봤을 경우, 당신은 그 세일이 이미 끝나버렸는지 아닌지를 모른다.

위의 만화는 직시어가 잘못 이해되었을 경우에 뒤따르는 우스움을 보여준다.

before/behind　　left/right　　front/back

위와 같은 방향 지시어들은 그들의 지시를 알기 위하여 대화 참여자들이 있는 공간에서의 방향을 알 필요가 있다는 점에서 직시적이다. 일본어에서 '오다'는 뜻의 동사 *kuru*는 오직 화자 방향으로의 이동에만 사용된다. 일본어 화자는 친구에게 전화하여 영어로 "May I come to your house?"를 다음과 같이 발화할 수 없을 것이다.

May I *kuru* to your house?

올바른 동사는 '가다'라는 뜻의 *iku*인데, 이 동사는 발화 장소에서 멀어지는 이동을 나타낸다. 일본어에서 이 두 동사는 그들의 의미에 직시적 측면을 갖는다. 영어에서 동사 *come*과

go도 다소 같은 효과를 가진다. 만일 어떤 이가 *A thief came into the house*와 *A thief went into the house*를 말했을 때, 첫 번째 경우에는 화자가 집 안에 있었고, 두 번째 경우에는 집 안에 없었다는 사실을 당신은 추정할 수 있을 것이다.

대명사와 언어적 맥락 Pronouns and Linguistic Context

King Features Syndicate

대명사의 지시가 언어적 맥락에 의해 해결될 수 있는 두 가지 방식이 있다. 하나는 문장 내에서, 다른 하나는 문장 밖에서이다. 재귀대명사를 통해 첫 번째 방식을 살펴보자.

재귀대명사(reflexive pronoun)는 언어적 맥락, 더 자세히 말하자면 문장 내부의 언어적 맥락을 통해 그 지시를 받는 대명사의 일종이다. 다시 말해 문장 내에 재귀대명사가 **동일지시**(co-refer)를 할 수 있는 다른 NP, 즉 **선행사**(antecedent)가 있어야 한다. 영어에서 재귀대명사는 *himself*나 *themselves*와 같이 *-self* 혹은 *-selves*로 끝난다. (2a)는 재귀대명사가 문장 내에서 선행사를 필요로 함을 보여준다. (2b)는 재귀대명사가 반드시 그 선행사의 인칭, 성, 수에서 일치해야 함을 보여준다.

2. a. *Herself left.
   b. *John wrote herself a letter.

흥미롭게도 재귀대명사의 제약은 (2)에서 볼 수 있는 것보다 더 엄격하고 강하다. 재귀대명사는 문장 내에서 일치하는 선행사를 가져야 할 뿐만 아니라 선행사는 반드시 동일지시적 재귀대명사와 관련해서 올바른 자리에 위치해야 한다. (3a)는 선행사가 반드시 재귀대명사보다 앞서야 함을 보여준다. (3b)는 재귀대명사와 선행사 사이에 또 다른 NP가 있어서는 안 됨을 보여준다.

3. a. *Himself washed John.
   b. *Jane said the boy bit herself.

따라서 당신이 영어를 안다고 할 때 알고 있는 것 중 하나는 대명사가 언어적 맥락에서 지시를 받을 수 있다는 사실이다. 재귀대명사와 같은 일부 대명사들은 특별히 까다롭다는 것 또한 숙지해야 한다. 재귀대명사의 지시는 오직 재귀대명사가 동일한 절 내에서 위에서 언급한 통사적 조건을 충족하는 선행사를 가질 경우에만 가능하다.

he, she, him, her, it 등 재귀대명사가 아닌 일반 대명사도 언어적 맥락을 통해 지시가 해결된다. 이 대명사들은 앞 문장에서 선행사를 가진다. 이는 (4)에 예시되어 있다.

4. Sue likes pizza. She thinks it is the perfect food.

더욱이 선행사는 같은 화자에 의해 발화된 문장에 있을 필요는 없다. (5)의 담화에서 Mary는 대명사인 *there*을 사용하는데, 그 선행사는 *Sue*의 발화 속에 있다.

5. SUE: I just got back from Rome.
   MARY: I've always wanted to go there!

맥락과 담화에 따라서는 선행사가 동일지시적 대명사로부터 심지어 몇 문장 떨어져 있을 수도 있다. 사실 언어 사용자들은 몇 개의 서로 다른 대명사들과 그 선행사들이 들어있는 문장들을 처리하는 것에 능숙하다. (6)의 담화를 보자.

6. JOHN: It seems that the man loves the woman.
   BILL: Many people think he loves her.

앞 대화에서 자연스러운 해석은 *he*가 *the man*을 동일지시 하고, *her*가 *the woman*을 동일지시 하는 것이다. 이것은 언어적 맥락을 통한 지시대상을 찾는 전형적인 예시이다.

그러나 이제 (6)에서의 *her*를 강조하여 Bill의 발화를 소리 내어 읽어보자. *her*가 강조되면 그 지시대상을 상황적 맥락으로부터 정하는 것이 더욱 자연스럽다. 다시 말해 만일 Bill이 *her*를 강조한다면 *her*가 비언어적 맥락에서 John이 마음속으로 생각한 여자와는 다른 어떤 여자를 동일지시 하는 것으로 보인다. *her*를 강조한 이 발화는 Bill이 방 건너편의 어떤 여자를 가리키고 있는 상황에서 더 자연스럽게 들릴 것이다.

언어 사용자들은 대명사의 지시대상이 명료한 언어적 혹은 상황적 맥락에서 개체들을 지칭하기 위해 대명사를 사용하는 경향이 있다. 대명사가 정확히 어떤 지시대상을 지칭하는지는 수많은 다른 요인들에 의해 제약을 받는다. 이 제약에는 대명사의 성과 수의 표시, 대명사가 재귀적인지 여부, 어떤 언어적, 상황적 맥락 속에서 대명사가 발화되는지 등이 포함된다.

함축 Implicature

대명사는 문장이 발화되는 맥락이 어떻게 그 문장의 의미를 확정짓는지에 관한 보기이다.

맥락이 의미와 관련하여 역할을 할 수 있는 다른 방법도 있는데, 이는 맥락이 문장의 의미를 보충해 줄 수 있다는 것이다. 이 장의 첫 머리에서 스케치 속 빈 칸들을 부가적인 세부 내용을 통해 채울 수 있었던 것처럼, 언어 사용자로서 당신은 의미에서의 빈 칸을 채울 수 있다. 그리고 그 스케치를 채우는 데에 옳고 그른 방법이 있듯이(Rembrandt가 아마 샌드위치를 그리려고 의도한 것은 아니겠지만) 의미 속에도 빈칸을 채우는 옳고 그른 방식이 있다.

예시를 들어 살펴보자.

LUANN © (2009) GEC Inc. Reprinted by permission of Universal Uclick for UFS. All rights reserved.

7. 아버지: Very nice girl. What do you think, Hon?
   어머니: The turkey sure was moist.

의미적 측면에서는 (7)은 매우 간명하다. 올바른 의미 이론을 이용하여 우리는 부모님 발화의 문자적 의미를 명확히 말할 수 있다. 이 의미 이론은 (7)을 문자 그대로 다음과 같이 요약할 것이다. 아버지가 엄마에게 그 소녀가 괜찮다고 생각하는지를 물었고 엄마는 칠면조 요리가 촉촉했다고 단언했다.

물론 이러한 요약은 이미 약간의 진리조건외적인 의미를 포함하고 있다. *girl*은 이전에 Toni에 대한 발화에서 지시를 얻은 것으로 보이고, *the turkey*에서 정관사는 참여자들이 알고 있는 칠면조요리를 지칭한다. 그러나 (7)의 의미에 고려할 것이 아직 남아있다. 여러 맥락에서 아버지(와 그 소녀)는 엄마의 발화를 통해 엄마가 그다지 Toni를 좋아하지 않는다는 것을 추론해 낼 것이다.

만일 이것이 옳다면 엄마의 대답은 사진이라기보다는 스케치에 가깝다고 할 수 있다. 엄마가 그 (수사)의문문에 가장 문자적으로 대답하는 방법은 "I do not like Toni."라고 말하는 것이다. 하지만 이렇게 단언하는 대신, 엄마는 함축적으로 말하는 것을 선택한다. 함축은 진리조건외적 의미의 훌륭한 예이다. 함축과 단언의 관계는 스케치와 사진의 관계와 같다.

어떤 것을 사진 찍는 대신 스케치를 하는 이유가 다양한 것처럼, 어떤 것을 단언하지 않고 함축적으로 말하는 데에는 수많은 이유가 있다. 아마 엄마는 예의를 중시하는 Miss Manners의 지지자이고 좋은 안주인으로서 손님을 헐뜯어서는 안 된다는 것을 알고 있다. 아버지가 이 사실을 안다면 질문과 직접적인 관련이 없어 보이는 *The turkey sure was moist* 라는 말을 듣고 엄마가 Toni를 좋아하지 않지만 공손해서 직접적으로 그렇게 말할 수 없다는 것을 추론할 것이다.

대화의 함축에 관한 몇 가지 다른 예시들을 더 살펴보자.

8. SUE: Does Mary have a boyfriend?
   BILL: She's been driving to Santa Barbara every weekend.

9. JOHN: Do you know how to change a tire?
   JANE: I know how to call a tow truck.

10. DANA: Do these slacks make my butt look big?
    JAMIE: You look great in chartreuse.

(8)에서 Bill은 Mary가 주말마다 Santa Barbara까지 드라이브 한다고 단언한다. 그러나 그는 Mary가 남자친구가 있으며 남자친구는 Santa Barbara에 산다는 것을 함축한다. (9)에서 Jane은 견인차를 어떻게 부르는지 안다고 단언한다. 그러나 그녀는 타이어를 어떻게 교체하는지 모른다는 것을 함축하고 있다. (10)의 경우는 여러분이 직접 생각해보라.

이런 담화는 꽤 자연스러워 보일 것이다. 그리고 여러분은 우리와 같은 함축을 도출했을 것 같다. 이는 언어학자들에게 흥미로운 점이다. 우리가 이 책을 통하여 형태론, 통사론, 의미론이 규칙에 지배된다는 것을 강조하듯 화용론(그리고 당연히, 함축)도 그러하다.

대화 격률 Maxims of Conversation

화용적 규칙을 공식화하기 위해 가장 눈에 띄는 노력을 한 사람은 영국 철학자 H. Paul Grice이다. 그는 우리가 대화 속에서 함축을 인지하는 방법을 안다고 할 때 무엇을 아는지를 공식화하려 했다. 그는 언어 사용자들은 함축 원리들을 모두가 따르기 때문에(또한 각 언어 사용자들은 다른 사람들도 내현적인 원리를 따른다고 추정할 수 있기 때문에) 함축을 이끌어 낼 수 있다고 결론지었다. Grice는 이러한 규칙들을 담화의 '격률(maxim)'이라고 칭하고, 이를 진리조건외적 의미 연구인 화용론의 토대로 사용하였다. 이제 격률을 열거하고, 각각의 예시를 들어보자.

질의 격률: 진실성

- 당신이 거짓이라고 믿는 것을 말하지 말라.
- 증거가 충분치 않은 것을 말하지 말라.

양의 격률: 정보

- 현재 대화의 목적에 필요한 만큼 정보를 제공하라.
- 필요 이상의 정보를 주지 말라.

관련성의 격률: 관련성

- 관련되는 말을 하라.

태도의 격률: 명료성

- 모호한 표현은 피하라.
- 중의성을 피하라.
- 간결하게 말하라.
- 논리정연하게 말하라.

이러한 격률들은 규범적인 규칙이라기보다는 대화 함축의 사용을 가능하게 만드는 언어 사용자 공동체가 사용하는 전략의 일부분이다. 격률들은 오직 비협력적인 사람들에 의해서만 위배되는 경향이 있다. (격률들은 때때로 통틀어서 Grice의 **협력원리**(cooperative principle)라고도 불린다.) 따라서 만약 John이 Mary를 거리에서 불러 세워 도서관 가는 방향을 묻고 Mary가 "세 블록 더 올라가서 왼쪽으로 도세요"라고 답한다면, 이는 Mary가 협조적이기 때문에 (그리고 Mary가 협조적이라고 John이 추정하기 때문에) 성공적인 담화라 할 수 있다. 특히 John은 Mary가 질의 격률을 따랐다고 추정할 것이다.

반면에 Polonius의 명언이 생기게 한 다음의 담화(*Hamlet*, 2막 2장)는 일관성이 없기 때문에 정상적으로 보이지 않는데, Grice의 격률은 그 이유를 설명할 수 있다.

POLONIUS: What do you read, my lord?
HAMLET: Words, words, words.
POLONIUS: What is the matter, my lord?
HAMLET: Between who?
POLONIUS: I mean, the matter that you read, my lord.
HAMLET: Slanders, sir: for the satirical rogue says here that old men have gray beards, that their faces are wrinkled, their eyes purging thick amber and plum-tree gum, and that they have a plentiful lack of wit, together with most weak hams: all which, sir, though I most powerfully and potently believe, yet I hold it not honesty to have it thus set down; for yourself, sir, should grow old as I am, if like a crab you could go backward.

정신이상을 가장하고 있는 Hamlet은 Polonius의 질문에 '성실하게' 답하기를 거부하고 있다. Hamlet은 화자가 더도 덜도 말고 대화에서 요구되는 만큼 정보를 주어야 한다는 양의 격률을 위반하였다. Hamlet은 양방향 모두에서 이 격률을 위반했다. 무엇을 읽고 있느냐는 질문에서 "Words, words, words"라고 대답한 것에서 그는 너무 적은 정보를 주었고, 마지막 발언에서는 너무 많은 정보를 주었다. (이는 태도의 격률을 위반한 것으로도 볼 수 있다.) Hamlet은 읽을거리에 대한 질문을 두 사람 사이의 문제라고 잘못 이해하여 **관련성의 격률**(maxim of relevance) 또한 위반하였다.

격률은 그 이유가 무엇이든 화자가 비협조적일 때 위반된다. 격률은 (11)에서처럼 함축이 없는 문자적 담화에서는 준수된다.

11. 아버지: Very nice girl. What do you think, Hon?
    어머니: Not really.

함축은 격률을 의도적으로 위반할 때 발생할 수 있다. 격률을 의도적으로 위반한다는 것은 어떤 것을 함축하기 위해서 격률을 따르지 않기로 하는 것이다. 위의 Hamlet의 담화에서 Hamlet은 제정신이 아닌 것처럼 보이기 위해서 격률을 위반하고 있다. 하지만 우리는 쉽게 약간 다른 맥락을 상상할 수 있는데, Polonius와 Hamlet은 거의 같은 대화를 가졌지만 Hamlet이 미친 척을 하고 있지 않는 그런 맥락이다.

POLONIUS: What do you read, my lord?
HAMLET: Words, words, words.

이 맥락에서 Hamlet은 Polonius의 질문에 충분한 대답을 하지 않았기 때문에 양의 격률을 따르지 않고 있다. 그러나 Hamlet은 그가 읽고 있는 것이 무엇인지 Polonius가 아는 것을 원치 않는다는 것을 함축하기 위해 격률을 의도적으로 위반하고 있다.

앞서 본 다음 (7)의 담화는 관련성의 격률이 의도적으로 위반된(flouted) 예이다.

7. 아버지: Very nice girl. What do you think, Hon?
   어머니: The turkey sure was moist.

엄마는 칠면조의 질이 'very nice girl'과 관련성이 없다는 사실을 알기 때문에, 그리고 아버지 역시 엄마가 그것을 알고 있다는 사실을 추정하고 있기 때문에 아버지는 엄마가 그 소녀를 좋아하지 않는다는 것을 함축하고 있음을 알아차릴 수 있다.

맥락 없이 만약 한 남자가 (진지하게) 다른 이에게 *I have never slept with your wife*라고 말한다면, 대화의 주제가 아주 불필요하고 양의 격률과 관련성의 격률을 위반했기 때문에 이는 도발적인 발화가 된다.

저녁식사 자리에서 신체가 건강한 사람에게 *Can you pass the salt?*라고 물었을 때, 만일 문자적으로 대답한다면 뻔한 대답을 요구한 것이기 때문에 이는 양의 격률을 위반한 것이다. 이를 피하기 위해서 질문을 받은 사람은 질문의 이유를 찾고 결국 질문자가 소금이 필요하다는 사실과 연관시킨다.

관련성의 격률은 *It's cold in here*라고 말하는 것이 어떻게 열려있는 창문 근처에 서있는 사람에게 창문을 닫아달라는 요청으로 해석되는지를 설명한다. 그렇지 않으면 애초에 어째서 그 특정인에게 그 말을 했겠는가?

함축은 하나 혹은 그 이상의 격률 위반으로 생기기 때문에, 추가로 명료하게 해주는 정보를 제공하면 쉽게 취소될 수 있다. 예시를 들어보자.

아버지: Very nice girl. What do you think, Hon?

어머니: The turkey sure was moist. *Toni basted it every ten minutes.*

부가적인 발화는 엄마가 Toni를 싫어한다는 함축을 취소, 혹은 적어도 약화시킨다.

함축은 함의와는 다르다. 함의는 취소될 수 없고 논리적으로 필요하다. *Jon killed Jim*이 참임은 Jim이 죽었고 그 무엇도 그를 부활시킬 수 없음을 함의한다. 그러나 함축은 추가적인 세상의 지식이나 말을 좀 더 명료하게 함으로써 취소될 수 있다.

전제 Presupposition

"Take some more tea," the March Hare said to Alice, very earnestly.
"I've had nothing yet," Alice replied in an offended tone, "so I can't take more."
"You mean you can't take less," said the Hatter: "It's very easy to take more than nothing."
LEWIS CARROLL, *Alice's Adventures in Wonderland*

관련성 격률의 다소 다른 결과는 *I am sorry that the team lost*와 같은 문장의 경우에 나타난다. 관련되기 위해서는, 즉 관련성 격률을 준수하기 위해서는 'the team lost'는 참이어야 한다. 아니라면 왜 그 말을 하는가? 발화가 적절하기 위해 반드시 존재해야만 하는 상황을 **전제**(presupposition)라고 한다. *Have you stopped hugging your border collie?* 같은 질문은 당신이 보더콜리를 안았다는 것을 전제로 하고, *The river Avon runs through Stratford*와 같은 진술은 그 강과 그 마을이 실존함을 전제로 한다. 전제는 관련성 격률의 위반을 방지한다. 전제가 무시되었을 때 우리는 Alice가 티파티에서 느꼈던 혼란을 갖게 된다. *Take some more tea* 혹은 *Have another beer*과 같은 발화는 상대가 이미 얼마간을 마셨음을 전제한다. March Hare는 언어의 이 측면을 인식하지 못하고 있는데, 거기에 대해 화난 Alice는 이 측면을 잘 알고 있다.

전제는 부정문에서도 유지된다. *I am NOT sorry that the team lost*에서 관련성 격률을 고수하기 위해서 그 팀은 져야 한다. 만일 화가 난 Mad Hatter가 *Do not take some more tea*

라고 해도, 앞서 차를 마셨다는 전제가 여전히 필요하다.

전제는 함축과는 다르다. 전제를 취소하는 것은, 즉 "아, 그 팀이 결국에는 지지 않았다(Oh, the team didn't lose after all)"고 말하는 것은 *I'm sorry that the team lost*를 부적절하게 만들고 또한 Grice의 격률을 위반하게 만든다. 함축이 취소될 때는 그러한 불일치는 일어나지 않는다.

그리고 전제는 협력 원리를 충실하게 지키는 화자들이 당연하게 받아들인다는 점에서 함의와 다르다. 함의와는 달리 전제는 부정문으로 바꾸어도 변함이 없다. *Jon killed Jim*은 *Jim died*를 함의하지만, *Jon did not kill Jim*은 *Jim died*를 함의하지 않는다.

화행 Speech Acts

ZITS © 1998 ZITS PARTNERSHIP, KING FEATURES SYNDICATE

어떤 일을 하기 위해 우리는 언어를 사용할 수 있다. 언어를 사용하여 약속을 하고, 내기를 걸고, 경고를 하고, 배 이름을 짓고, 직책에 지명하고, 축하를 하고, 증언을 할 수 있다. **화행**(speech act)이론은 이런 것들이 어떻게 이루어지는지를 기술한다.

*I warn you that there is a sheepdog in the closet*이라고 말함으로써 당신은 무언가 말할 뿐만 아니라 어떤 이에게 경고를 한다. *bet, promise, warn* 등의 동사들은 **수행동사**(performative verb)이다. 이러한 동사를 (1인칭, 현재시제) 문장 속에서 사용하는 것은 그 진술에 부가적인 어떤 것을 더하는 것이다.

모든 언어에는 수백 개의 수행동사가 있다. 다음 문장들은 수행동사들의 용례를 잘 보여주고 있다.

I *bet* you five dollars the Yankees win.

I *challenge* you to a match.

I *dare* you to step over this line.

I *fine* you $100 for possession of oregano.

I *move* that we adjourn.

I *nominate* Batman for mayor of Gotham City.

I *promise* to improve.

I *resign!*

I *pronounce* you husband and wife.

위의 모든 (1인칭으로 된) 문장에서 화자는 주어로서 그 문장을 말함으로써 일을 감행하거나, 누구를 지명하거나, 어떤 직책을 사임하는 등의 추가적인 행동을 행한다. 게다가 이 모든 문장은 긍정문이고 서술문이며 현재시제로 되어 있다. 이들은 전형적인 **수행문**(performative sentence)이다.

문장이 수행동사를 포함하고 있는지를 시험하는 비공식적인 방법은 *I hereby*로 문장을 시작하는 것이다. 이렇게 시작했을 때 오직 수행동사가 있는 경우에만 문장이 올바르게 들린다. *I hereby apologize to you*와 다소 이상한 *I hereby know you*를 비교해보라. 첫 문장은 일반적으로 사과의 행위로 여겨진다. 위의 모든 예시 문에서 *hereby*의 삽입이 가능하다.

화행 연구에서 맥락의 중요성은 분명하다. *Band practice, my house, 6 to 8*이 어떤 경우에는 상기시켜주는 정보가 될 수 있겠지만, 다른 맥락에서는 경고가 될 수 있다. 우리는 상기시키기, 경고, 약속, 위협, 등과 같은 발화의 근본적인 목적 혹은 의도를 화행의 **언표내적 힘**(illocutionary force)이라고 한다. 언표내적 힘은 명시적인 수행동사 없이도 발화에 수반될 수 있는데, 예를 들어 *I've got five bucks that says you're wrong*은 적절한 상황에서 내기 걸기라는 언표내적 힘을 갖는다. 화행의 언표내적 힘은 발화 맥락에 좌우되므로 화행이론은 화용론의 일부이다.

요약 Summary

언어를 안다는 것은 무한히 많은 문장들의 의미를 어떻게 도출하고 이해하는지를 안다는 것이다. 언어적 의미에 관한 연구를 **의미론**이라고 한다. **어휘의미론**은 형태소 및 단어의 의미와 관련이 있다. **합성의미론**은 구와 문장과 관련이 있다. 맥락이 의미에 미치는 영향에 관한 연구는 **화용론**이라고 한다.

화자가 문장의 의미를 안다는 것은 평서문의 **진리조건**을 아는 것, 언제 한 문장이 다른 문장을 함의하는지를 아는 것, 언제 두 문장이 **바꿔쓰기**이고 **모순문**인지를 아는 것, 언제 문장이 **항진명제**, **모순**, 혹은 **역설**인지 아는 것, 그리고 언제 문장들이 중의성을 갖는지를 아는 것을 포함한다. 합성의미론이란 의미규칙에 따라 작은 단위의 의미로부터 구 또는 문장의 의미를 만들어내는 것이다.

더 큰 단위의 의미가 그 성분들의 의미로부터 파악되지 않는 경우도 있다. *Colorless green ideas sleep furiously*와 같은 문장처럼 단어들이 의미적으로 이치에 맞지 않게 결합되는 경우를 변칙이라고 한다. 은유는 변칙적으로 보이나 *Time is money*처럼 유의미한 개념을 나타낼 수 있다. 관용어는 *kick the bucket*이 'to die'를 의미하듯 의미가 합성되는 것이 아니라 오히려 한 단위로 학습해야 하는 고정된 표현이다.

단어 의미의 일부는 그 단어가 지칭하는 대상과 관련성이 있는데, 이를 지시라고 한다. 그러나 종종 지시를 넘어선 부가적인 뜻이 있는데 이를 의미라고 한다. *the President*의 지시는 Barack Obama이고 이 표현의 의미는 'highest executive office'이다. 고유한 이름과 같은 몇몇 표현들은 지시는 가지지만 의미가 거의 없으며, *the present king of France*와 같이 의미는 가지지만 지시를 갖지 않는 경우도 있다.

단어는 다양한 방식으로 연관된다. 동의어와 등급적 반의어, 관계적 반의어와 같은 다양한 종류의 반의어, 그리고 *bare*와 *bear*처럼 발음은 같으나 의미는 다른 동음이의어도 있다.

단어 의미의 일부는 'female', 'young', 'cause', 'go'와 같은 의미자질에 의해 기술될 수 있다. 명사는 (one potato, two potatoes처럼) 셀 수 있는 '가산'이라는 자질 혹은 ('one glass' 혹은 'quart' 혹은 'portion of milk'를 뜻하는 *one milk, *two milks처럼) 숫자가 맥락적인 해석을 요하는 '질량'이라는 자질을 가지고 있다. 일부 동사들은 '사건적(eventive)'이라는 자질을 가지고, 어떤 동사들은 '상태적(stative)'이라는 자질을 가진다. 부정의 의미자질은 많은 단어에서 발견되며 부정극어의 출현에 의해 증명된다. (예를 들어 *John doubts that Mary gives a hoot*는 옳지만 **John thinks that Mary gives a hoot*는 비문이다.)

동사는 다양한 논항구조를 가지는데, 이는 특정 동사와 함께 나타나는 NP를 기술한다. 예를 들어, 자동사는 오직 주어 NP만을 취하는 반면 이중타동사는 주어 NP, 간접목적어 NP, 직접목적어 NP를 취한다. 의미역은 동사와 그 동사의 NP 논항들 사이의 의미적 관계를 기술한다. 의미역에는 동작의 주체인 행위자, 동작을 받는 자에 해당되는 대상, 목표, 근원, 도구, 경험자 등이 있다. 동사의 NP 논항에 대한 의미역 할당은 심층구조에서 일어난다. 그러나 NP 논항의 위치는 문장 성분을 이동시키는 통사규칙의 적용으로 표층구조에서 달라질 수 있다.

어떤 의미는 진리조건외적인데, 이것은 화자가 대화에서 문자적 의미를 어떻게 사용하는가의 결과로 발생하거나 아니면 담화의 일부로 생기는 것이다. 진리조건외적 의미에 관한 연구를 화용론이라고 한다.

언어사용자들은 일반적으로 사건의 상황을 100% 명시적인 문장으로 기술하는 것은 아니다. 맥락은 다양한 방식으로 언어적 의미를 보충하기 위해서 사용된다. 맥락은 이전에 발화되었거나 글로 쓰인 것, 즉 언어적일 수 있고, 발화의 상황 맥락이라고 불리는 것을 포함하는 이 세상 지식일 수도 있다.

많은 대명사들의 지시대상은 맥락에 의존한다. *himself, themselves*와 같은 재귀대명사는 동일한 문장 내에 있는 선행사를 필요로 한다. *he, she, him, her*과 같이 비재귀대명사, 즉 일반대명사는 다른 문장이나 이전 담화에서 선행사를 가진다. 심지어는 맥락에 의해 결정되는 선행사를 가진다. *you, there, now, the other side*와 같은 직시어는 그 지시대상을 식별하기 위해서는 발화 상황(대화 대상, 장소, 시간, 공간 방향)에 대한 지식을 필요로 한다.

모든 언어의 화자는 진지하게 의사소통하기 위해 대화 격률이라 불리는 다양한 협력 원리를 고수한다. "관련되는 말을 하라" 혹은 "담화상 필요한 만큼만 말하라" 등의 격률은 *It's cold in here*를 "창문을 닫아주세요" 혹은 "히터를 올려주세요"라고 해석할 수 있게 해준다. 함축은 의도적이든 의도적이지 않든 하나 혹은 그 이상의 격률이 위반되었을 때, 맥락 속의 발화로부터 추론되는 것이다. *Mary*가 *It's cold in here*라고 말했을 때, 많은 함축 중 하나는 'Mary가 자동 온도 조절기의 온도를 올리기를 원한다'가 될 수 있다. 함축은 진리값이 담화문에 의해 결정된다는 점에서 함의와 비슷하지만, 반드시 참이어야 하는 함의와는 달리 함축은 뒤에 덧붙여지는 정보에 의해 취소될 수도 있다. Mary는 히터에서 멀어지라고 당신에게 손짓하고, 그녀의 스웨터를 건네 달라고 부탁할지도 모른다. 전제는 발화를 적절하게 만들기 위해서 반드시 참이어야 하는 상황이다. 그래서 *Take some more tea*는 '이미 차를 얼마간 마셨다'라는 전제를 담고 있다.

화행이론은 내기 걸기, 경고하기, 후보자 지명하기와 같은 일을 하기 위해서 사람들이 언어를 사용한다는 것을 우리에게 말해준다. *I nominate Bill Smith*라는 말을 사용함으로써 당신은 Bill Smith가 어떤 직책에 출마하도록 하는 지명의 행위를 수행한다. '어떤 것을 하는' 동사를 수행동사라고 한다. 말을 할 때의 화자의 의도는 언표내적 힘이라고 한다. 수행동사의 경우 언표내적 힘은 명시적으로 언급된다. 다른 경우에는 맥락을 통해 결정되어야 한다.

참고문헌

Austin, J. L. 1962. *How to do things with words*. Cambridge, MA: Harvard University Press.

Chierchia, G., and S. McConnell-Ginet. 2000. *Meaning and Grammar, 2nd ed*. Cambridge, MA: MIT Press.

Davidson, D., and G. Harman, eds. 1972. *Semantics of natural languages*. Dordrecht, The Netherlands: Reidel.

Grice, H. P. 1989. Logic and conversation. Reprinted in *Studies in the way of words*. Cambridge, MA: Harvard University Press.

Jackendoff, R. 1993. *Patterns in the mind.* New York: HarperCollins.

______. 1983. *Semantics and cognition*. Cambridge, MA: MIT Press.

Lakoff, G. 1987. *Women, fire, and dangerous things: What categories reveal about the mind.* Chicago: University of Chicago Press.

Lakoff, G., and M. Johnson. 2003. *Metaphors we live by, 2nd ed.* Chicago: University of Chicago Press.

Levinson, S. C. 2000. *Presumptive meanings: The theory of generalized conversational implicature*. Cambridge, MA: The MIT Press.

Lyons, J. 1995. *Linguistic semantics: An introduction.* Cambridge, UK: Cambridge University Press.

Saeed, J. 2009. *Semantics*, 3rd ed. Oxford, UK: Wiley-Blackwell.

Searle, J. R. 1969. *Speech acts: An essay in the philosophy of language*. Cambridge, UK: Cambridge University Press.

연습문제

1. (이 연습문제는 기본적인 집합 이론의 지식을 요한다.)

A. *swim*의 지시(의미)가 Anna, Lu, Paul, Benjamin으로 구성된 개인들의 집합을 가리킨다고 가정하자. 다음 중 어떤 문장이 의미규칙 Ⅰ에 의해 생성된 진리조건을 충족시키는가?

ⅰ. Anna swims.

ⅱ. Jack swims.

ⅲ. Benjamin swims.

B. *loves*의 지시(의미)가 다음의 개인들의 쌍, 즉 <Anna, Paul>, <Paul, Benjamin>, <Benjamin, Benjamin>, <Paul, Anna>로 구성된 집단을 가리킨다고 가정하자. 의미규칙 Ⅱ에 따르면, 그 동사구의 의미는 무엇인가?

ⅰ. loves Paul

ⅱ. loves Benjamin

ⅲ. loves Jack

C. (B)의 정보가 주어진다면 의미규칙 Ⅰ에 의해 생성된 진리조건이 다음 중 어떤 문장을 충족하는가?

ⅰ. Paul loves Anna.

ⅱ. Benjamin loves Paul.

ⅲ. Benjamin loves himself.

ⅳ. Anna loves Jack.

D. **도전문제**: *Jack kissed Laura*라는 문장을 고려해보라. 다음 문장 (ⅰ)이 참이라면, 의미규칙 Ⅰ과 의미규칙 Ⅱ가 어떻게 위에서 주어진 문장이 거짓임을 결정하는가?

ⅰ. Nobody kissed Laura.

또한 다음 문장 (ⅱ)가 참이라면 어떻게 되는가?

ⅱ. Jack did not kiss Laura, although other men did.

2. 다음의 문장들은 각각 항진명제, 모순 혹은 상황에 따라 참 또는 거짓이 된다. 항진명제에는 T를, 모순에는 C를, 그 외의 문장에는 S를 써라.

a. Queens are monarchs.

b. Kings are female.

c. Kings are poor.

d. Queens are ugly.

e. Queens are mothers.

f. Kings are mothers.

g. Dogs are four-legged.

h. Cats are felines.

i. Cats are stupid.

j. Dogs are carnivores.

k. George Washington is George Washington.

l. George Washington is the first president.

m. George Washington is male.

n. Uncles are male.

o. My aunt is a man.

p. Witches are wicked.

q. My brother is a witch.

r. My sister is an only child.

s. The evening star isn't the evening star.

t. The evening star isn't Venus.

u. Babies are adults.

v. Babies can lift one ton.

w. Puppies are human.

x. My bachelor friends are all married.

y. My bachelor friends are all lonely.

z. Colorless ideas are green.

3. 다음은 *Alice's Adventures in Wonderland*로부터 발췌한 것이다.

"How is bread made?"

"I know *that*!" Alice cried eagerly.

"You take some flour—"

"Where do you pick the flower?" the White Queen asked. "In a garden, or in the hedges?"

"Well, it isn't *picked* at all," Alice explained; "it's ground—"

"How many acres of ground?" said the White Queen.

이 글귀의 유머는 어떤 종류의 단어 쌍에 기반을 두는가? 각 쌍을 찾아보라.

4. 문법의 의미 부문은 화자가 유의미한 표현을 말할 때마다 화자가 의미하는 바를 모두 설명해야 하는가? 당신의 관점을 주장해보라.

5-1. 다음 문장들은 어휘적 또는 구조적으로, 혹은 둘 다로 인해 중의성을 띤다. 당신이 모든 의미들을 이해하고 있다는 것을 보여주는 바꿔쓰기를 해보라.

예: I saw him walking by the bank.
의미 1: I saw him and he was walking by the bank of the river.
의미 2: I saw him and he was walking by the financial institution.
의미 3: I was walking by the bank of the river when I saw him.
의미 4: I was walking by the financial institution when I saw him.

a. We laughed at the colorful ball.
b. He was knocked over by the punch.
c. The police were urged to stop drinking by the fifth.
d. I said I would file it on Thursday.
e. I cannot recommend visiting professors too highly.
f. The license fee for pets owned by senior citizens who have not been altered is $1.50. (실제 공고문)
g. What looks better on a handsome man than a tux? Nothing!
h. Wanted: Man to take care of cow that does not smoke or drink. (실제 공고문)
i. For sale: Several old dresses from grandmother in beautiful condition. (실제 공고문)
j. Time flies like an arrow. (Hint: 여기에는 적어도 네 가지 바꿔쓰기가 있는데, 그중 몇몇은 상상력을 필요로 한다.)

5-2. 다음의 신문 헤드라인에 대해서도 위와 같이 해보라.

a. POLICE BEGIN CAMPAIGN TO RUN DOWN JAYWALKERS
b. DRUNK GETS NINE MONTHS IN VIOLIN CASE
c. FARMER BILL DIES IN HOUSE
d. STUD TIRES OUT
e. SQUAD HELPS DOG BITE VICTIM
f. LACK OF BRAINS HINDERS RESEARCH
g. MINERS REFUSE TO WORK AFTER DEATH
h. EYE DROPS OFF SHELF
i. JUVENILE COURT TO TRY SHOOTING DEFENDANT

j. QUEEN MARY HAVING BOTTOM SCRAPED

6. 다음 각 문장들의 의미적 중의성을 두 가지 이상의 바꿔쓰기로 설명해보라.

예: *She can't bear children*은 'She can't give birth to children'이나 'She can't tolerate children'을 의미할 수 있다.

a. He waited by the bank.

b. Is he really that kind?

c. The proprietor of the fish store was the sole owner.

d. The long drill was boring.

e. When he got the clear title to the land, it was a good deed.

f. It takes a good ruler to make a straight line.

g. He saw that gasoline can explode.

h. You should see her shop.

i. Every man loves a woman.

j. You get half off the cost of your hotel room if you make your own bed.

k. "It's his job to lose" (코치가 신입 선수에 대해 한 말).

l. "We will change your oil in 10 minutes" (자동차 정비소 앞 표지판).

m. **도전문제**: Bill wants to marry a Norwegian woman.

7. 관용어 찾기를 계속 해보자. 당신이 몇 시간 동안 대화하거나 남의 대화를 우연히 엿듣는 동안에 사용되는 모든 관용어를 적어보라. 원한다면 드라마 혹은 그와 유사한 것을 한 두 시간 시청하고 관용어를 적어보라. 부모님(혹은 누구든지)이 당신이 TV 시청하는 것을 보시면 이 책을 보여주며 당신은 지금 숙제를 하는 중이라고 말씀드려라.

8. 연습문제 7번이나 다른 곳에서 6개 정도의 관용어를 찾아 그 기원을 알아보라. 만약 찾을 수 없다면 창의적으로 그 기원에 대해 추측해보라. 예를 들어 *sell down the river*는 'betray'의 뜻으로, 미국 노예상인들이 미시시피 강을 따라 더 북쪽 주에서 온 노예들을 더 가혹한 남부 주로 팔아버리는 데서 유래했다. *snap out of it*은 'pay attention' 혹은 'get in a better mood'의 뜻으로, 행실이 나쁜 사람들은 한 때 걸쇠로 잠기는 수의에 감금되었다는 것과 *snap out of it*은 그 사람의 행실이 나아졌다는 것을 의미한다고 추정할 수 있다.

9. 다음에 제시된 각 집단의 단어에서 어떤 의미적 특성이 (a)의 단어군과 (b)의 단어군을 구분하는지 진술하라. 만일 필요하다면, (a)에 있는 단어들과 (b)에 있는 단어들이 공유하는 의미적 속성도 기술하라.

fast	slow	______
asleep	awake	______
husband	wife	______
rude	polite	______

12. 각 정의를 보고 첫 번째 빈칸에는 그 의미를 가진 단어를, 두 번째(그리고 세 번째 칸이 있다면 세 번째 칸)에 철자와 의미가 다른 동음이의어를 적어라. 각 단어의 첫 글자는 제시되어 있다.

예: 'a pair': t(*wo*) t(*oo*) t(*o*)

a. 'naked':	b________	b________	
b. 'base metal':	l________	l________	
c. 'worships':	p________	p________	p________
d. 'eight bits':	b________	b________	b________
e. 'one of five senses':	s________	s________	c________
f. 'several couples':	p________	p________	p________
g. 'not pretty':	p________	p________	
h. 'purity of gold unit':	k________	c________	
I. 'a horse's coiffure':	m________	m________	m________
j. 'sets loose':	f________	f________	f________

13. 다음은 미국 식당의 상호명칭이다. 각 상호명칭의 근거를 알아낼 수 있겠는가? (이것은 재미를 위한 것이니 점수는 매기지 마라.)

a. Mustard's Last Stand

b. Aunt Chilada's

c. Tony's Toe-Main Café (힌트: 'p'는 묵음)

d. Lion on the Beach

e. Wiener Take All

f. Pizza Paul and Mary

g. Franks for the Memories

h. Dressed to Grill

i. Deli Beloved

j. Gone with the Wings

k. Aunt Chovy's Pizza

l. Polly Esther's

m. Crepevine

n. Thai Me Up (사실 이것은 Edinburgh에 있다)

o. Romancing the Cone

p. Brew Ha Ha

q. C U Latte

r. Fish-cotheque

s. Franks a lot

t. Nincomsoup

u. Via Agra (런던에 있는 인도식 테이크아웃 식당)

14. 다음 문장들은 동사, 주어 명사구, 다양한 명사구들, 전치사구들로 구성되어 있다. 각 NP의 의미역을 찾아 명사 위에 *a*(행위자), *t*(대상), *i*(도구), *s*(근원), *g*(목표), *e*(경험자)를 적어라.

a t s i

예: The boy took the books from the cupboard with a handcart.

a. Mary found a ball.

b. The children ran from the playground to the wading pool.

c. One of the men unlocked all the doors with a paper clip.

d. John melted the ice with a blowtorch.

e. Helen looked for a cockroach.

f. Helen saw a cockroach.

g. Helen screamed.

h. The ice melted.

i. With a telescope, the boy saw the man.

j. The farmer loaded hay onto the truck.

k. The farmer loaded the hay with a pitchfork.

l. The hay was loaded on the truck by the farmer.

m. Helen heard music coming out of the speaker.

15. Lewis Carroll의 *Through the Looking-Glass*에 나오는 "The Jabberwocky"의 완본을 찾아라. 이는 인터넷에서 찾을 수 있을 것이다. (온라인에서도 찾을 수 있는) 좋은 사전에서 모든 넌센스 단어들을 찾아보고, 그 단어들 중 몇 개가 영어의 어휘 항목인지 알아보라. 그 단어들의 의미도 적어보라.

16. 스포츠와 게임에서 많은 표현들이 '수행적'이다. *You're out*이라고 외쳐서 1루심은 어떤 행위를 수행한다. 여섯 가지 정도 비슷한 예들을 생각해보고, 그 용도를 설명하라.

17. 수행문의 기준 중 하나는 *I hereby*로 시작할 수 있는가이다. 만일 당신이 문장(i)을 크게 말한다면 진실한 사과처럼 들릴 테지만, 문장(ii)를 크게 말하면 알려주는 행위를 의도적으로 수행할 수는 없기 때문에 우습게 들릴 것이다.

 i. I hereby apologize to you.

 ii. ?I hereby notice you.

 *hereby*를 삽입하여 자연스럽게 들리는지를 보고 다음 문장 중에서 수행문을 가려내라.

 a. I testify that she met the agent.
 b. I know that she met the agent.
 c. I suppose the Yankees will win.
 d. He bet her $2,500 that Romney would win.
 e. I dismiss the class.
 f. I teach the class.
 g. We promise to leave early.
 h. I owe the IRS $1 million.
 i. I bequeath $1 million to the IRS.
 j. I swore I didn't do it.
 k. I swear I didn't do it.

18. A. 어머니와 아이 사이의 다음 대화에서 유머나 이상한 점을 Grice의 격률로 설명하라. 아이는 어머니가 방에 들어올 때, 막 쿠키를 다 먹었다.

 어머니: What are these cookie crumbs doing in your bed?

 아이: Nothing, they're just lying there.

 B. 고양이 주인과 고양이 사이의 대화를 보고, 위와 같이 설명해보라.

 주인: If cats ruled the world, everyone would sleep on a pile of fresh laundry.

 고양이: Cats *don't* rule the world??

19. A. 사람들 간에 대화를, 원한다면 본인이 참여한 대화라도 좋으니 한두 시간 정도 관찰해보라. 의도한 의미가 Grice의 격률에 의해 전달된 다섯 가지(재미있다면 다섯 가지 이상) 발화를 기록하고, 관련된 격률들을 말해보라. 예를 들어 어떤 이가 'Please say it again' 혹은 'Please speak a little louder'라는 뜻으로 *I didn't quite catch that*이라는 말을 한다.

이 예시에서 우리는 관련성의 격률과 양의 격률을 언급할 수 있다.

B. 다음은 1945년 영화 *The Thin Man Goes Home*에서 발췌한 대화이다. 이 장면은 그림을 판매하는 가게 안이며, Nick Charles는 나가려 하고 있다.

NICK CHARLES: Well, thank you very much. Goodbye now.
SHOPKEEPER: I beg your pardon?
NICK CHARLES: I said, goodbye now.
SHOPKEEPER: "Goodbye now?" There's no sense to that! Obviously it's now! I mean, you wouldn't say "Goodbye tomorrow" or "Goodbye two hours ago!"
NICK CHARLES: You got hold of somethin' there, brother.
SHOPKEEPER: I've got hold of some. . . I haven't got hold of anything. . . And I'm not your brother!

재미있도록 만들어진 위 대화를 Grice의 격률의 관점에서 분석하라.

20. 다음 '사실들'을 생각한 후 질문에 대답하라. A는 통사규칙에 의해 문장의 일부가 삭제되었을 때 의미를 해석해내는 여러분의 능력을 보여줄 것이다. B는 여러분의 의미자질과 함의에 관한 지식을 보여줄 것이다.

A. Roses are red and bralkions are too.
Booth shot Lincoln and Czolgosz, McKinley.
Casca stabbed Caesar and so did Cinna.
Frodo was exhausted, as was Sam.

a. bralkions가 무슨 색인가?
b. Czolgosz는 McKinley에게 무엇을 했는가?
c. Cinna는 Caesar에게 무엇을 했는가?
d. Sam은 어떻게 느꼈는가?

B. 이제 다음 사실들을 생각해 보고 질문에 답하라.
Black Beauty was a stallion.
Mary is a widow.
John pretended to send Martha a birthday card.
Jane didn't remember to send Tom a birthday card.
Tina taught her daughter to swim.
My boss managed to give me a raise last year.
Flipper is walking.

(T = true; F = false)

a. Black Beauty was male. T______ F______

b. Mary was never married. T______ F______

c. John sent Martha a card. T______ F______

d. Jane sent Tom a card. T______ F______

e. Tina's daughter can swim. T______ F______

f. I didn't get a raise last year. T______ F______

g. Flipper has legs. T______ F______

21. 다음 문장들은 적절성을 보장할 어떤 전제를 가지고 있다. 그 전제는 무엇인가?

예: The minors promised the police to stop drinking.

전제: The minors were drinking.

a. We went to the ballpark again.

b. Valerie regretted not receiving a new T-bird for Labor Day.

c. That her pet turtle ran away made Emily very sad.

d. The administration forgot that the professors support the students.

e. It is an atrocity that the World Trade Center was attacked on September 11, 2001.

f. It isn't tolerable that the World Trade Center was attacked on September 11, 2001.

g. Disa wants more popcorn.

h. Mary drank one more beer before leaving.

i. Jack knows who discovered Pluto in 1930.

j. Mary was horrified to find a cockroach in her bed.

22. 대명사는 명사이기 때문에 대명사라고 불린다. 대명사는 명사처럼 개인을 지칭한다. 단어 '대용형'은 'she' 같은 단어를 범 범주적인 방식으로 기술한다. 대동사, 대형용사, 대부사로 기능을 하는 단어도 역시 있다. 각각의 예시를 영어 혹은 다른 언어에서 찾을 수 있겠는가?

23. Alex와 Bruce가 직장에서 Colleen에게 깜짝 파티를 열어주려고 계획한다고 가정하자. Colleen을 사무실에서 빼내오기 위해서 Alex는 그녀와 근처 식당에서 점심을 먹기로 했고, Bruce는 그녀가 떠나자마자 사무실을 꾸몄다. Alex는 Bruce에게 전화해서 "The eagle has landed"라고 말했다. Alex가 의도적으로 어긴 격률은 무엇인가? 그의 말이 함축하는 바는 무엇인가?

24. 다음 각 진술은 묘사된 상황 속에서 적어도 하나의 함축을 가지고 있다. 그것은 무엇인가?

a. 진술: You make a better door than a window.
   상황: Someone is blocking your view.

b. 진술: It's getting late.
   상황: You're at a party and it's 4 A.M.

c. 진술: The restaurants are open until midnight.
   상황: It's 10 o'clock and you haven't eaten dinner.

d. 진술: If you'd diet, this wouldn't hurt so badly.
   상황: Someone is standing on your toe.

e. 진술: I thought I saw a fan in the closet.
   상황: It's sweltering in the room.

f. 진술: Mr. Smith dresses neatly, is well-groomed, and is always on time to class.
   상황: The summary statement in a letter of recommendation to graduate school.

g. 진술: Most of the food is gone.
   상황: You arrived late at a cocktail party.

h. 진술: John or Mary made a mistake.
   상황: You're looking over some work done by John and Mary.

25. Jack과 Laura의 다음 대화에는 대화 함축이 있다. 무엇인가?

a. Jack: Did you make a doctor's appointment?
   Laura: Their line was busy.

b. Jack: Do you have the play tickets?
   Laura: Didn't I give them to you?

c. Jack: Does your grandmother have a live-in boyfriend?
   Laura: She's very traditional.

d. Jack: How did you like the string quartet?
   Laura: I thought the violist was swell.

e. Laura: What are Boston's chances of winning the World Series?
   Jack: Do bowling balls float?

f. Laura: Do you own a cat?
   Jack: I'm allergic to everything.

g. Laura: Did you mow the grass and wash the car like I told you to?
   Jack: I mowed the grass.

h. Laura: Do you want dessert?

Jack: Is the Pope Catholic?

26. A. *give a hoot* 혹은 *have a red cent*와 같은 부정극어 10개를 생각해보라.

B. **도전문제**: 그들의 사용을 '인허하는' 외현적 부정어가 없는 다른 맥락들을 생각해 낼 수 있는가? (힌트: 하나의 답은 본문에서 논의되었지만 다른 답들이 있다.)

.

27. **도전문제**: 본문에서 논의된 것과 반대로, 명사구 *no baby*가 *the baby*와 마찬가지로 어떤 개체를 지칭한다고 가정해보자. 이는 실제로 아기일 필요는 없고 우리가 ø라고 부르는 추상적인 '공(空)' 대상이다. 의미규칙 I을 적용하고 부사의 제한적인 본성을 고려하면(수영을 아름답게 하는 모든 사람은 수영을 한다), *no baby*에 대한 이러한 의미적 접근이 *No baby sleeps soundly*가 *No baby sleeps*를 함의함을 예측한다는 것을 보여주어라. 그리고 어째서 이것이 틀렸는지를 설명하라.

28. *The Little Prince*의 저자인 Antoine de Saint-Exupéry가 주장했던 "단어의 의미는 단어 그 자체에 존재하는 것이 아니라 단어를 향한 우리의 태도에 있다"는 말을 고려해보라. 이것이 참, 부분적으로 참, 혹은 거짓이라고 생각하는가? 필요하다면 예시를 들어 당신의 관점을 옹호해 보라.

29. 미국헌법의 2차 개정판은 다음과 같이 명시하고 있다.

A well-regulated Militia, being necessary to the security of a free State, the right of the people to keep and bear Arms, shall not be infringed.

미국 시민들은 이 개정된 헌법에 근거하여 총을 소유할 권리가 있다고 오랫동안 논쟁해왔다. Grice의 격률을 이 개정에 적용하여 찬성 혹은 반대를 해보라.

30. **도전문제: 연구과제.** 우리는 보통 재귀대명사의 선행사와 재귀대명사 사이에 NP가 올 수 없다는 것을 관찰했다. 이로 인해 **Jane said the boy bit herself*라는 예문은 문법적으로 틀렸다. 그러나 '재미난' 예외가 있는 것 같으며, 많은 영어 화자들은 다음 문장들을 용인 가능하다고 본다. *?Yvette said Marcle really loved that sketch of herself that Renoir drew* 또는 *?Clyde realized that Bonnie had seen a photo of himself on the wall in the post office*. 왜 그런지 혹은 무슨 현상이 진행되고 있는지 조사해보라.

5

음성학: 언어의 음

Phonetics: The Sounds of Language

어떤 언어를 안다는 것은 그 언어의 음들을 알고 그 음들을 결합하여 단어를 만드는 방법을 안다는 것이다. 예를 들어 당신이 영어를 안다면 글자 *b*, *s*, *u*가 나타내는 음들을 알고 그 음들을 결합하여 단어 *bus*와 *sub*를 만들 수 있다.

언어마다 각각 사용하는 음들이 동일하지는 않지만, 세계의 모든 언어에는 인간의 성도(vocal tract)가 생성할 수 있는 공통된 음들의 집합이 존재한다. 이 언어음들을 다루게 될 5장에서는 이들이 어떻게 생성되며 또한 어떻게 분류되는지 살펴본다.

분절음 Sound Segments

언어음을 연구하는 학문을 **음성학**(phonetics)이라고 한다. 언어음들을 기술하기 위해서는 각각의 개별음이 어떤 음인지, 그리고 다른 음들과는 어떻게 다른지 알아야 한다. 이는 생각만큼 쉬운 일이 아니다. 우리가 말을 할 때 여러 음들이 동시에 생성되고 따라서 어디서 한 음이 끝나고 다음 음이 시작되는지 분명하지 않기 때문이다. 그러나 우리가 특정 언어를 알면 그 언어의 개별음들을 우리의 '마음의 귀'로 듣게 되고 따라서 다음의 만화에 나오는 표지판 만드는 사람과 달리 그 개별음들을 들을 때 그 의미를 이해한다.

영어화자는 *bus*라는 단어에 3개의 음이 있다는 것을 안다. 그러나 물리적으로 볼 때 이 단어는 하나의 연속음일 뿐이다. 그런데 영어화자는 영어를 알고 있기 때문에 이 하나의 연속음을 3개의 개별음으로 **분절**(segment)할 수 있다. 그리고 영어화자는 그 분절음들이 다른 단어에 나타날 때도 그 음들을 인식한다. 예를 들어, *b*가 *bet*이나 *rob*에 나타나고, *u*가

"Keep out! Keep out! K-E-E-P O-U-T."

LaughingStock Licensing/Ottawa,Canada

*up*에 나타나고, *s*가 *sister*에 나타날 때도 이 음들을 인식한다.

언어음과 달리, 목청을 가다듬는 소리의 경우 연속된 개별단위들로 분절하는 것이 불가능하다. 이는 목청을 가다듬는 소리가 하나의 연속음이어서가 아니고, 그 소리가 언어가 아니며 따라서 언어음들로 분절될 수 없기 때문이다.

영어화자들은 영어를 알기 때문에 *keepout*을 *keep*과 *out*으로 분리할 수 있다. 말을 할 때 화자들이 두 단어 사이에 휴지(pause)를 둔다고 생각할 수도 있지만 (숨을 쉬기 위해서가 아니라면) 실제로는 보통 그렇지 않다. 언어를 배우는 아이들이 이 사실을 보여준다. 어떤 두 살 난 아이가 계단을 내려가다가 "hold on"이라는 엄마의 말을 듣자 그 아이는 "I'm holing don, I'm holing don."이라고 대답했다. 이는 단어와 단어 사이의 경계가 어디인지 그 아이가 모른다는 것을 말해준다. 사실 단어 사이의 경계에 대한 이러한 잘못된 인식 때문에 단어의 형태가 역사적으로 변화된 경우들이 있다. 지금의 단어 *apron*은 초기 단계에서는 *napron*이었다. 그런데 *a napron*이라는 구가 *an apron*으로 잘못 인식되는 경우가 빈번해지면서 *napron*의 첫 음인 *n*이 사라지게 되었다.

글로 인쇄될 때는 분명하게 구분이 되지만 말로 할 때는 모호해지는 구나 문장들이 있다. 다음 각 쌍의 표현들을 소리내어 읽어보면 이런 표현들을 들을 때 왜 오해가 생기는지 이해할 수 있을 것이다.

grade A	gray day
I scream	ice cream
the sun's rays meet	the sons raise meat

사람들은 말을 할 때 단어들 사이 그리고 개별음들 사이의 경계에 휴지를 두지 않는다. 그렇기 때문에 우리는 외국인들이 자신들의 언어를 말할 때 여러 단어들을 한꺼번에 통째로 말한다고 생각하기 쉽다. 우리 자신도 우리말을 할 때 단어들 사이를 떼지 않고 말한다는 사실을 인식하지 못한다. 화자가 말을 하는 것을 X-ray로 촬영해 보면 단어들 사이에 휴지가 없다는 사실이 분명해진다. 개별음들이 발음될 때 혀와 턱과 입술이 연속적으로 움직이는 것을 볼 수 있다.

그러나 우리가 만약 어떤 언어를 알고 있다면 연속된 음들을 분절하는 것이 전혀 어렵지 않다. 그 언어에 철자가 있는지 또는 청자가 글을 읽고 쓸 수 있는지와 상관없이 그 언어를 아는 사람은 누구나 문장을 단어로 분절하고, 단어를 개별음들로 분절할 수 있다. 분절할 수 있다는 것은 읽고 쓸 수 있느냐의 문제가 아니라 인간 본질의 일부분이다.

언어음의 정체성 Identity of Speech Sounds

언어신호의 연속성이라는 것을 고려해 볼 때 발화에 포함된 개별단어들을 이해할 수 있다는 것은 아주 놀라운 일이다. 그 어떤 화자들도 같은 단어를 완전히 동일하게 말하는 경우가 없다는 점을 고려해 보면 이 능력은 더 놀랍다. 어떤 화자가 *cat*이라는 단어를 말할 때 생성되는 언어신호, 즉 언어음은 다른 화자가 말하는 *cat*의 언어음과 동일하지 않다. 사람들의 체형, 나이, 성별 등이 동일하지 않기 때문이다. 심지어 같은 화자가 *cat*을 두 번 말할 때의 발화조차도 동일하지 않다.

우리의 언어능력은 물리적인 측면에서 차이가 나는 소리들을 들을 때 그것들이 같은 음인지 아닌지를 정확하게 판단한다. 우리는 발음의 어떤 측면이 언어학적으로 중요하고 어떤 측면이 그렇지 않은지를 안다. 예를 들어, 누군가가 "How (기침) are you?"를 말하는 중간에 기침을 할 경우 청자는 기침소리를 무시하고 "How are you?"로 이해한다. 말을 할 때 사람에 따라서 음의 높이가 다르고 말하는 속도도 다르고 어떤 경우에는 Darth Vader처럼 머리를 헬멧 속에 집어넣은 상태에서 말을 하기도 한다. 그렇지만 그러한 개인적인 차이들은 언어학적으로 볼 때 중요하지 않다.

우리는 언어능력이 있기 때문에 말을 할 때 비언어적인 차이들을 무시하는 것이 가능하다. 게다가 우리는 우리말의 언어음에 속하지 않는 소리들을 낼 수 있다. 영어화자들은 작가들이 때때로 *tsk*로 표기하는, 혀를 차는 소리(clicking sound)를 낼 수 있다. 이 소리는 영어의 단어에는 결코 나타나지 않는다. 그리고 이 혀를 차는 소리와 다른 음을 결합하는 것도 영어화자들에게는 아주 어려운 일이다. 그런데 이 혀를 차는 소리는, 영어에서 *k*와 *t*가 언어음인 것처럼, Xhosa, Zulu, Sosotho, 그리고 Khoikhoi 언어−남아프리카에서 사용되는 언어들−에서는 언어음이다. 이 언어의 화자들은 단어의 일부로서 혀를 차는 소리를 내는 데 아무런 어려움도 느끼지 않는다. 그러므로 *tsk*는 Xhosa어에서는 언어음이지만 영어에서는 언어음이 아니다. *think*라는 단어의 *th*로 표시되는 소리는 영어에서는 언어음이지만 프랑스어에서는 아니다. 일반적으로 단어를 구성하는 언어음들의 목록은 언어마다 어느 정도 차이가 있다.

음성학은 세계의 모든 언어에서 사용되는 모든 음들을 기술하려고 한다. **음향음성학**(acoustic phonetics)은 음들의 물리적인 속성에 초점을 맞추고, **청각음성학**(auditory phonetics)은 청자가 이 음들을 어떻게 인식하는지를 다루고, 본 장의 일차적 관심사인 **조음음성학**(articulatory phonetics)은 언어음들이 성도에서 생성되는 방식을 연구한다.

음성기호 Phonetic Alphabet

어떤 언어에서든 보통 '철자'라는 일반적인 용어로 알려진 **정서법**(orthography)이 반드시 언어음을 일관성 있게 나타내는 것은 아니다. 음성학이 과학적이기 위해서는(음성학은 과학이다) 같은 음을 언제나 동일한 철자로 나타내고, 같은 철자가 항상 동일한 음을 나타낼 수 있는 방법을 고안해야 한다.

로마자로 만든 영어의 철자법은 이런 일에 매우 부적절하다. 다음과 같은 문장들을 살펴보면 쉽게 알 수 있다.

Did h**e** bel**ie**ve that C**ae**sar could s**ee** the p**eo**ple s**ei**ze the s**ea**s?

The sill**y** am**oe**ba stole the k**ey** to the mach**i**ne.

동일한 음이 다양한 철자들, 즉 **e**, **ie**, **ae**, **ee**, **eo**, **ei**, **ea**, **y**, **oe**, **ey**, **i**로 표기된다.

이번에는 다음 문장을 살펴보라.

My f**a**ther w**a**nted m**a**ny **a** vill**a**ge d**a**me b**a**dly.

여기서는 **a**라는 철자가 *father*, *wanted*, *many* 등에서 각기 다른 음들을 나타낸다.

둘 이상의 철자가 결합하여 하나의 음을 나타낼 수도 있다는 사실은 영어의 철자체계를 더욱 혼란스럽게 만든다.

shoot	***ch***aracter	***Th***omas	***ph***ysics
ei***th***er	d***ea***l	rou***gh***	na***ti***on

c**oa**t	gla**ci**al	**th**eater	pl**ai**n

혹은 역으로 하나의 철자인 *x*는, *z*로 발음되지 않을 때, *sex*에서처럼 대체로 *ks*라는 두 음을 나타낸다. (*sex*가 seks로 발음되는 것을 확인하려면 큰소리로 말해 보아야 할 것이다.)

어떤 글자들은 어떤 경우에 아예 음가를 갖지 않는데 이들을 '묵음'(silent) 글자라고 부른다.

mnemonic	autum***n***	as***th***ma	cor***ps***
honest	***ch***thonic	hol***e***	Chris***t***mas
psychology	s***w***ord	de***b***t	***g***naw
bou***gh***	***ph***thalate	i***s***land	***k***not

또는 반대로 실제로는 존재하는 음을 나타내는 철자가 없는 경우도 있다. 많은 단어들에서 *u*라는 철자는 *u* 음 뒤에 오는 *y*라는 음을 나타낸다.

c***u***te	(k***y***ute으로 발음됨: c***oo***t와 비교)
f***u***me	(f***y***ume으로 발음됨: f***oo***l과 비교)
use	(***y***use로 발음됨: ***u***mlaut와 비교)

수세기에 걸쳐서 학자들은 영어의 철자개혁을 주장해 오고 있다. George Bernard Shaw는 영어의 철자가 너무 일관성이 없어서 *fish*를 *ghoti*로 쓸 수도 있다고 불평했다. (*tough*의 *gh*, *women*의 *o*, 그리고 *nation*의 *ti*를 결합하면 *fish*로 발음된다는 주장이다.) 그럼에도 불구하고 철자개혁가들은 영어화자들의 철자습관을 바꾸지 못했으며 음과 철자 사이의 절대적인 일대일대응을 보장하는 알파벳체계가 음성학자들에 의해서 만들어졌다. 인간의 언어에 존재하는 모든 음을 과학적으로 연구하기 위해서는 이 외에 다른 방법이 없었다.

1888년에 국제음성학회의 회원들은 모든 언어의 음들을 나타내는 **음성기호**(phonetic alphabet)체계를 개발했다. 그들은 일상적인 철자와 새로 고안된 기호들을 같이 사용했다. 이 음성기호체계에 속하는 각각의 기호는 전 세계 어느 언어에서든 오직 하나의 음만을 정확하게 나타낸다. 이 철자체계를 알고 있는 사람은 이 철자법으로 표기된 단어를 정확하게 읽을 수 있고, 어떤 단어를 듣게 될 경우 이 철자법을 사용해서 그 단어를 표기할 수 있을 것이다. 이 **국제음성기호**(International Phonetic Alphabet: IPA)의 발명자들은 모든 언어의 기본음을 나타낼 수 있는 정도의 기호만을 포함해야 한다는 것을 알고 있었다.

표 5.1은 영어의 음들을 나타내기 위해서 우리가 사용하게 될 음성기호의 목록이다. 이 기호들은 그것들이 상징하는 음들에 대한 모든 것을 보여주지는 않는다. 예를 들어 사람에 따라 그리고 단어에서 나타나는 위치에 따라서 달라질 수도 있는 모든 음들을 보여주지는 않는다. 이 기호들은 영어에 필요한 모든 음성기호는 아니다. 뒤에서 상세히 음을 다룰 때

표 5.1 영어발음의 음성기호

자음						모음			
p	pill	t	till	k	kill	i	beet	ɪ	bit
b	bill	d	dill	g	gill	e	bait	ɛ	bet
m	mill	n	nil	ŋ	ring	u	boot	ʊ	foot
f	feel	s	seal	h	heal	o	boat	ɔ	bore
v	veal	z	zeal	l	leaf	æ	bat	a	pot/bar
θ	thigh	tʃ	chill	r	reef	ʌ	butt	ə	sofa
ð	thy	dʒ	gin	j	you	aɪ	bite	aʊ	bout
ʃ	shill	ʍ	which	w	witch	ɔɪ	boy		
ʒ	measure								

필요한 기호들을 추가할 것이다. 이제부터는 일반 철자와 구별하기 위해서 음성기호를 대괄호 [ ]에 넣는다.

표 5.1의 오른쪽 아래 부분에 위치한 *sofa*의 [ə]는 *schwa*라고 불린다. 이 기호는 *general*, *about*, *reader* 등과 같은 단어를 말할 때 강세가 없고 발음시간이 짧은 음절에 속한 모음을 나타낸다. 표 5.1의 기호들 중에서 이 기호를 제외한 다른 모든 기호들은 강세가 있는 음절에 나타난다.

같은 단어를 지역에 따라 다르게 발음하는 경우가 있다. 예를 들어 어떤 사람들은 *which*와 *witch*를 동일하게 발음한다. 그럴 경우 두 단어의 첫 음은 표 5.1에서 [w]로 표기된다. 위의 두 단어를 다르게 발음하는 경우, *which*의 '숨소리가 섞이는(breathy)' *wh*는 [ʍ]로 표기된다.

어떤 영어화자들은 *bought*와 *pot*의 모음을 동일하게 발음하고 다른 화자들은 두 모음을 각각 *bore*와 *bar*의 모음처럼 발음한다. 그래서 표 5.1에 두 단어를 모두 포함시켰다. 영어의 음들의 모든 차이들을 나타내기 위해서 필요한 기호들을 모두 포함시키는 것은 어려운 일이다. 여러분이 실제로 말을 할 때 도표에 수록되지 않은 음들을 발음하기도 하고 반대로 도표에 수록되어 있지만 실제로 발음하지 않는 음들도 있다. 그렇지만 그것은 문제가 되지 않는다. 영어에는 많은 다양성이 존재한다. 영국, 호주, 아일랜드, 그리고 인도에서 사용되는 영어의 발음은 차이가 있다. 그리고 7장에서 다루겠지만, 미국영어 안에서도 방언들 사이에 음성적 차이가 존재한다.

표 5.1의 기호들은 IPA 기호들인데 하나의 작은 예외가 있다. 영어의 *r*음을 나타내기 위해서 IPA는 거꾸로 된 *r*, 즉 [ɹ]를 사용한다. 영어독자들을 위해서 책을 쓸 경우에 대부분의 저자들은 명료성을 위해서 바로 쓴 [r]을 선호한다. 이제 IPA 기호들을 사용해서 우리는 단어들의 발음을 분명하게 나타낼 수 있다. 예를 들어 아래 여섯 개 단어의 *ou*는 모두 구별되는, 다른 음들을 나타낸다. *gh*는 *rough*에서는 [f]로 발음되며 그 외의 단어에서는 묵음이다. *th*는 단일음인 [θ] 또는 [ð]를 나타내며 *would*의 *l*은 묵음이다. 철자와 달리 음성표기는 단

어들의 실제발음을 보여준다.

철자	발음
though	[ðo]
thought	[θɔt]
rough	[rʌf]
bough	[baʊ]
through	[θru]
would	[wʊd]

조음음성학 Articulatory Phonetics

어떤 음이든지 음을 만들어내는 과정에는 공기의 이동이 개입된다. 대부분의 언어음은 폐의 공기를 밀어 올려 성대를 통과하게 하고, 목구멍 위로, 입과 코 속으로, 그리고 마침내 신체 밖으로 공기를 내보냄으로써 만들어진다.

먼저 간단한 해부학적 구조에 대한 이해가 필요하다. 성대 사이에 열려있는 틈(opening)은 **성문**(glottis)이며 음성상자인 **후두**(larynx: *lair rinks*라고 발음됨)에 위치한다. 후두 위의 목구멍에는 관 모양의 **인두**(pharynx: *larynx*와 운이 맞음)가 위치한다. 일반인들이 '입'이라고 부르는 것을 언어학자들은 **구강**(oral cavity)이라고 부르며 비강(nasal cavity)과 구분한다. 비강은 코와, 코에서 목구멍까지 연결해주는 통로를 포함한다. 끝으로 혀와 입술이 있는데 이들은 신속한 움직임과 모양의 변화가 가능하다. 이 모든 것들이 합쳐져서 **성도**(vocal tract)를 이룬다. 성도에 위치한 여러 부분들을 움직임으로써 우리는 성도의 모양에 변화를 줄 수 있고 이로 인해서 다양한 언어음들이 생성된다. 그림 5.1은 이 설명을 더 분명하게 보여준다. (성대와 후두는 구체적으로 표시되어 있지 않다.)

자음 Consonants

모든 언어의 음들은 자음과 모음이라는 두 집단으로 분류된다. 자음은 폐에서 나오는 공기의 흐름이 성도의 어느 곳에선가 막히거나 방해를 받으면서 만들어지는 음이다. 음성학에서 자음과 모음이라는 용어는 음의 유형을 말하는 것이지 음을 나타내는 글자를 말하는 것이 아니다. 알파벳에 대해서 말할 때 우리는 *a*는 모음, *c*는 자음이라고 할 수 있다. 그러나 이는 모음을 나타내기 위해서 *a*라는 글자를, 자음을 나타내기 위해서 *c*라는 글자를 사용한다는 것을 의미할 뿐이다.

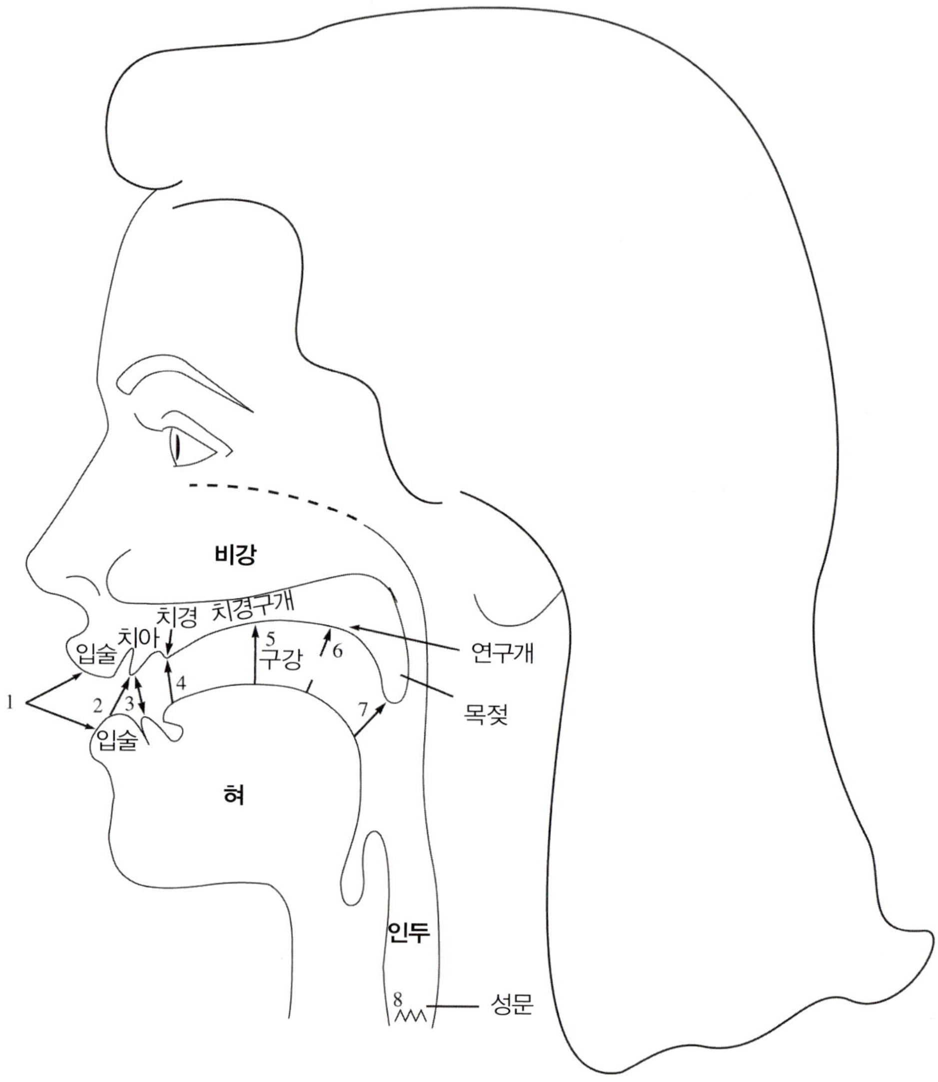

그림 5.1 성도. 조음위치: 1. 양순 2. 순치 3. 치간 4. 치경 5. (치경)구개 6. 연구개 7. 목젖 8. 성문

조음위치 Place of Articulation

기류의 장애가 성도의 어느 부분에서 발생하는지에 따라서, 즉 **조음위치**에 따라서 자음을 분류한다. 혀와 입술의 움직임에 의해 성도가 수축되고 다양한 방식으로 구강의 모양이 형성되면서 다양한 음들이 생성된다. 주요 조음위치들에 대해서 살펴보자. 각각의 음부류의 설명을 읽으면서 표 5.1을 참고하라. 표 5.1에는 그 음들을 포함하는 단어들이 수록되어 있다. 이 단어들을 발음해 보면서 어떤 조음기관들이 움직이는지 느껴 보라. (거울을 들여다보면 도움이 된다.) 용어에 대한 도움이 필요하면 그림 5.1을 살펴보라.

양순음(bilabials) [p] [b] [m] 이 음들은 윗입술과 아랫입술을 서로 포갬으로써 생성된다.

순치음(labiodentals) [f] [v] 이 음들의 생성에도 입술이 사용된다. 구체적으로 아랫입술이 윗니에 닿으면서 생성된다.

치간음(interdentals) [θ] [ð] 철자가 *th*인 이 두 음은 혀끝을 윗니와 아랫니 사이에 넣음으로써 생성된다. 그러나 일부 화자들의 경우에 혀가 치아의 뒤쪽을 살짝 칠 때 이 음들이 생성되는데 이런 방식으로 생성되는 음들은 정확하게 말하자면 치음(dental)이라고 해야 한다. 거울을 보고 *think*와 *these*를 말해 보고 혀끝이 어디로 향하는지 살펴보라.

치경음(alveolars) [t] [d] [n] [s] [z] [l] [r] 이 일곱 개의 음들은 다양한 방식으로 혀를 치경(alveolar ridge) 쪽으로 올리면서 생성된다.

- [t], [d], [n]의 경우, 혀끝을 올려 잇몸 또는 잇몸 약간 앞부분에 닿게 한다.
- [s], [z]의 경우, 혀 앞부분(전설)의 양 측면이 올라가며 혀끝은 내려가서 공기가 그 위로 빠져나간다.
- [l]의 경우, 혀끝만 올라가고 혀의 나머지 부분은 그대로 있으면서 공기가 혀의 양 측면을 통해서 빠져나간다. 그래서 [l]을 설측음(lateral)이라고 한다. *Lolita*의 *l*을 발음할 때 이것을 느낄 수 있다.
- [r]의 경우, 대부분의 영어화자들은 혀끝을 잇몸 바로 뒤로 말아 올리거나 혀의 윗부분을 잇몸 뒤쪽으로 뭉치게 한다. [l]과 달리 [r]의 경우에는 공기가 구강의 중간을 통과하며 빠져나간다. 그러므로 [r]은 중앙(central) 유음이다.

구개음(palatals) [ʃ] [ʒ] [ʧ] [ʤ] [j] *mission* [mɪ**ʃ**ən], *measure* [mɛ**ʒ**ər], *cheap* [**ʧ**ip], *judge* [**ʤ**ʌ**ʤ**], yoyo [**j**o**j**o]에서 각각 나타나는 이 음들을 생성할 때 혀의 앞부분이 구개 쪽으로 올라가면서 공기의 수축이 일어난다.

연구개음(velars) [k] [g] [ŋ] 혀의 뒷부분(후설)이 연구개(velum) 쪽으로 올라가면서 생성되는 또 다른 음부류가 있다. *kick* [kɪk]과 *gig* [gɪg]의 첫 음과 끝 음, 그리고 *back* [bæ**k**], *bag* [bæ**g**], *bang* [bæ**ŋ**]의 끝 음은 모두 구개음이다.

목젖음(uvulars) [R] [q] [G] 목구멍의 뒷부분에 매달려 있는 근육돌출부인 목젖(uvula)을 향해 혀의 뒷부분을 끌어올리면서 생성되는 음들이다. 프랑스어의 *r*은 종종 목젖전동음(trill)이며 [R]로 표기된다. 아랍어에는 목젖음 [q]와 [G]가 나타나는데 이들 음은 영어에는 나타나지 않는다.

성문음(glottals) [h] [ʔ] [h]음은 뒤에 오는 모음을 생성하려고 준비하는 동안 공기의 흐름

표 5.2 영어 자음의 조음위치

양순음	p	b	m				
순차음	f	v					
치간음	θ	ð					
치경음	t	d	n	s	z	l	r
구개음	ʃ	ʒ	tʃ	dʒ			
연구개음	k	g	ŋ				
성문음	h	ʔ					

이 열려 있는 성문(glottis)을 통과하여 혀와 입술을 지나면서 생성된다.

성대가 닫혀서 공기의 흐름이 성문에서 완전히 차단되었다가 성대가 다시 열리면서 생성되는 음이 성문폐쇄음(glottal stops) [ʔ]이다. 치과의사들이 종종 내는 귀에 거슬리는 소리인 *uh-oh*에는 성문폐쇄음이 2개 있으며 음성학적으로 [ʔʌʔo]로 표기된다. 고인이 된 가수 마이클 잭슨은 잘 알려진 자신의 많은 노래들을 부를 때 성문폐쇄음을 자유자재로 사용했다.

표 5.2는 조음위치에 따라 영어의 자음을 분류해 놓은 것이다.

조음방식 Manner of Articulation

이제까지 조음위치에 따라 몇몇 자음군들을 기술하였다. 그런데 아직 각각의 군에 있는 음들을 구분할 수는 없다. [p]와 [b]는 어떻게 다르고 [b]와 [m]은 어떻게 다른가? 이들은 모두 양순음이다. 그리고 치간음인 [t], [d], [n]은 어떻게 다른가?

폐에서 올라와 입과 코를 통과해서 빠져나가는 기류가 다양한 방식으로 영향을 받으면서 다양한 언어음들이 생성된다. 기류가 완전히 차단될 수도 있고 부분적으로 차단될 수도 있다. 성대가 진동할 수도 있고 진동하지 않을 수도 있다. 이런 것들을 조음방식이라고 한다.

유성음과 무성음 Voiced and Voiceless Sounds

성대가 떨어져 있어서 성문을 통해 공기가 자유롭게 빠져나가 구강 속으로 들어가면서 생성되는 음을 무성음이라고 한다. *super* [supər]의 [s]와 [p]가 그 예다.

성대가 붙어 있을 경우 기류가 그 사이를 뚫고 지나가면서 성대를 진동시킨다. 이렇게 생성되는 음을 유성음이라고 한다. *buzz* [bʌz]의 [b]와 [z]가 그 예다. 손가락으로 양쪽 귀를 막고 유성음 "z-z-z-z-z"을 발음해 보면 유성에 대한 느낌을 확인할 수 있다. 이번에는 무성음 "s-s-s-s-s"를 발음해 보라. 성대의 진동을 느낄 수 없을 것이다. 만약 귓속말로 속삭인다면 모든 음이 무성음이 된다. 시도해 보라. 귓속말로 "Sue"와 "zoo"를 속삭여 보라. 아무런 차이도 느끼지 못할 것이다.

영어에서 유성과 무성의 차이는 아주 중요하다. 이 음성자질은 다음과 같은 단어의 쌍을 구별해 준다.

rope/robe	fate/fade	rack/rag	wreath/wreathe
[rop]/[rob]	[fet]/[fed]	[ræk]/[ræg]	[riθ]/[rið]

각 쌍의 첫 단어는 무성음으로 끝나고 두 번째 단어는 유성음으로 끝난다. 각 쌍의 음들의 나머지 모든 속성들은 동일하다. 예를 들어 입술과 혀의 위치는 같다.

유성음과 무성음의 구별은 다음의 단어 쌍에서도 나타난다. 여기서 각 쌍의 첫 단어는 무성음으로 시작하고 둘째 단어는 유성음으로 시작한다.

fine/vine	seal/zeal	choke/joke
[faɪn]/[vaɪn]	[sil]/[zil]	[ʧok]/[ʤok]
peat/beat	tote/dote	kale/gale
[pit]/[bit]	[tot]/[dot]	[kel]/[gel]

[p]를 설명할 때, *pit*의 첫 음과 *spit*의 둘째 음을 구별하지는 않았다. 물론 이 두 무성폐쇄음에는 음성적 차이가 존재한다. 무성음을 생성할 때 성문은 열리고 공기는 성대 사이를 자유롭게 빠져나간다. 무성음에 이어 모음과 같은 유성음이 오면 성대가 닫히고 진동이 발생한다.

성대가 닫히는 시점에 따라 무성음은 두 가지로 분류된다. *pit*을 말할 때, 그 음을 내기 위해서 입술을 벌린 직후 짧은 순간 동안 성대는 열린 상태로 남게 된다. 이 경우 성대가 닫히기 전에 순간적으로 공기가 밖으로 분출되기 때문에 이와 같은 *p*를 기음(aspirated)이라고 한다.

이와 달리 *spit*의 *p*를 발음할 때에는 입술이 열리자마자 성대가 진동하기 시작한다. 이런 *p*를 무기음(unaspirated)이라고 한다. 손바닥을 입술에서 2인치 정도 떨어진 곳에 두고 *pit*을 말해 보라. 공기가 밖으로 분출되는 것을 느낄 수 있을 것이다. *spit*을 발음할 때는 그와 같은 공기의 분출을 느낄 수 없다. *tick*의 *t*와 *kin*의 *k*도 무성기식폐쇄음이며 *stick*의 *t*와 *skin*의 *k*는 무기음이다.

마지막으로 유성음 [b], [d], [g]를 발음할 때에는 입술이 닫혀 있는 동안 성대가 진동하고 입술이 열린 후 뒤따라오는 모음을 발음하는 동안에도 계속 진동한다.

다음 예에서 보는 것처럼 기음을 나타내기 위해서 위첨자 *h*를 사용한다.

pool	[pʰul]	spool	[spul]
tale	[tʰel]	stale	[stel]
kale	[kʰel]	scale	[skel]

그림 5.2는 성대의 상태와 관련된 입술폐쇄의 시점을 보여준다.

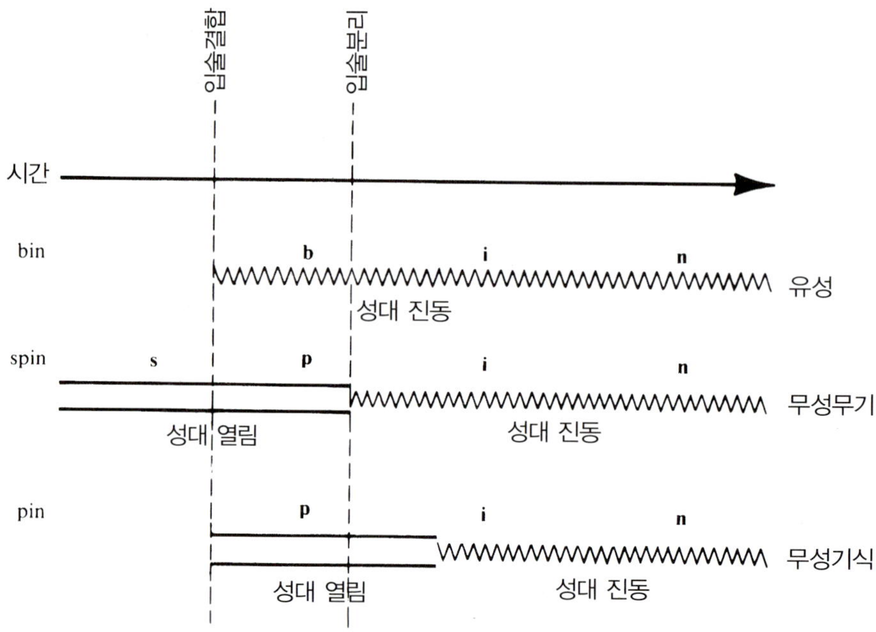

그림 5.2 유성기식음 [b], 무성무기음 [p], 무성기식음 [pʰ]의 입술폐쇄 시점과 성대의 진동

비음과 구강음 Nasal and Oral Sounds

양순음인 [b]와 [p]를 구별해 주는 것은 유·무성의 차이다. [m]도 역시 양순음이며 유성음이다. 그렇다면 [m]과 [b]의 차이는 무엇인가?

그림 5.1을 보면 입천장이 경구개와 연구개로 나누어진다. 경구개는 입의 앞쪽에 위치한 단단한 뼈 구조다. 엄지손가락으로 만져 느껴볼 수 있다. 손을 씻고 엄지손가락을 경구개를 따라서 목구멍까지 밀어 넣어보라. 그러면 부드럽고 유연한 부분을 느낄 수 있는데 이것이 연구개다. 연구개는 목젖에서 끝나는데 거울 앞에서 입을 크게 벌리고 "aaah"라고 말을 하면 목젖을 볼 수 있다. 연구개는 움직일 수 있다. 연구개를 목구멍 위의 뒷쪽에 닿을 만큼 올리면 코로 향하는 통로가 막히고 공기는 입을 통해서만 빠져나간다.

연구개를 올려서 공기가 코로 나가는 것을 막은 상태에서 생성되는 음은 **구강음**(oral sounds)이라고 한다. 공기가 구강을 통해서만 밖으로 나가기 때문이다. 모든 언어에서 대부분의 음들은 구강음이다. 연구개가 올라가지 않은 상태에서는 공기가 동시에 코와 입을 통해서 빠져 나간다. 이런 방식으로 생성되는 음을 **비음**(nasal sounds)이라고 한다. [m]은 비음이다. 이제 [m]과 [b]가 구별되는데 [m]은 비음이고 [b]는 구강음이다.

그림 5.3은 [m], [b], [p]가 생성될 때의 입술과 연구개의 위치를 보여준다. [m], [b], [p]는 입술에서 공기를 차단함으로써 만들어지는 음이다. [m]과 [b]는 유성음이며 무성음인 [p]와 구별되고, [m]은 비음이며 구강음인 [b]와 구별된다. (사람들이 감기에 걸렸을 때 왜 '코 먹은' 소리를 내는지 궁금해한 적이 있을 것이다. 그것은 과도하게 분비된 점액 때문에 말

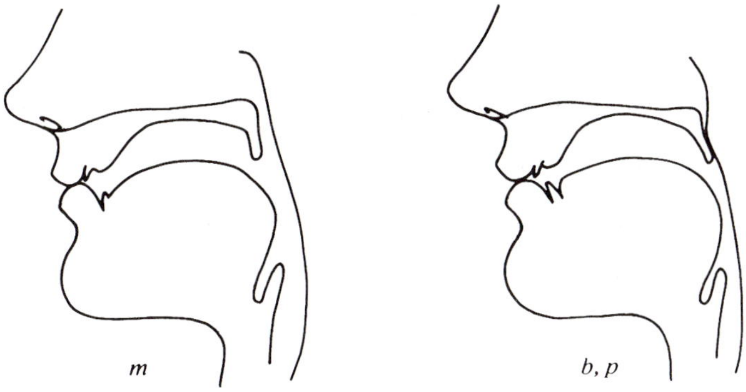

그림 5.3 *m*(입술 다물고 연구개 내림)과 *b, p*(입술 다물고 연구개 올림)의 발음을 위한 입술과 연구개의 위치

을 하는 동안 연구개를 제대로 닫을 수가 없기 때문이다.)

구강음/비음의 차이는 *raid*[re**d**]와 *rain*[re**n**], *rug*[rʌ**g**]와 *rung*[rʌ**ŋ**]에서도 나타난다. [d]와 [g]를 발음할 때는 연구개가 올라가서 공기가 코를 통해서 빠져 나갈 수 없고 반면에 [n]과 [ŋ]를 발음할 때는 연구개가 내려와 코로 향하는 통로가 열리게 되고, 구강 안에서 닫혔던 통로가 열리면서 공기가 입과 코를 통해서 빠져 나간다. 그러므로 [m], [n], [ŋ]은 비음이고 [b], [d], [g]는 구강음이다.

이런 **음성자질**(phonetic features)—비음과 유성음—의 유무 때문에 표 5.3과 같이 모든 언어음은 유성음, 무성음, 비음, 구강음이라는 네 가지 집단으로 분류된다.

이제까지 자음을 분류하는 세 가지 기준을 살펴보았다. 유·무성, 조음위치, 그리고 비음 여부다. 예를 들면, [p]는 무성양순구강음이며 [n]은 유성치경비음이다.

폐쇄음(stops) [p] [b] [m] [t] [d] [n] [k] [g] [ŋ] [ʧ] [ʤ] [ʔ] 이제 언어음들의 더 세밀한 차이를 살펴보자. [t]와 [s]는 둘 다 무성치경구강음이다. 그렇다면 이 둘의 차이는 무엇인가? 어쨌든 *tack*과 *sack*은 다른 단어다.

폐쇄음은 기류가 구강에서 순간적으로(100분의 1초 정도) 완전히 막히면서 만들어지는 음이다. 나머지 음은 모두 **지속음**(continuants)이다. [t]는 폐쇄음이며 [s]는 폐쇄음이 아니고 지속음이다. 두 음의 차이는 바로 이것이다.

표 5.3 언어음의 네 집단

	구강음	비음
유성음	b d g	m n ŋ
무성음	p t k	*

*영어의 비강자음은 대체로 유성음이다. 다른 언어에는 유성비음과 무성비음이 동시에 나타난다.

- [p], [b], [m]은 양순폐쇄음(bilabial stops)으로, 입술에 의해서 통로가 완전히 막히고 기류가 완전히 차단된다.
- [t], [d], [n]은 치경폐쇄음(alveolar stops)이며, 혀가 잇몸(치경)에 완전히 닿아 통로가 막히고 기류가 완전히 차단된다.
- [k], [g], [ŋ]은 연구개폐쇄음(velar stops)이고, 연구개에서 기류가 완전히 차단된다.
- [ʧ], [ʤ]는 구개파찰음(palatal affricates)으로, 기류의 통로가 완전히 차단된다. 이들은 뒤에서 더 설명하기로 한다.
- [ʔ]는 성문폐쇄음(glottal stops)이며, 공기가 성문에서 완전히 차단된다.

우리는 영어에 나오는 음들에 대해서 살펴보고 있다. 영어에는 없지만 다른 언어에는 나타나는 다양한 폐쇄음들이 있다. 예를 들어 볼리비아와 페루에서 사용되는 언어인 Quechua어에는 목젖폐쇄음이 발견되는데 이 음은 후설을 뒤쪽으로 올려 목젖에 완전히 닿게 하여 기류의 통로를 완전히 차단함으로써 생성된다. 음성기호 [q]는 이 무성목젖폐쇄음을 나타내는데 언어 Quechua의 첫 음이 바로 무성목젖폐쇄음이다. Quechua어에는 유성목젖폐쇄음 [G]도 나타난다.

마찰음(fricatives) [f] [v] [θ] [ð] [s] [z] [ʃ] [ʒ] [x] [ɣ] [h] 일부 지속음을 발음할 때 기류가 심하게 장애를 받아서 마찰을 일으키게 된다. 이렇게 생성되는 음은 **마찰음**이라고 불린다. 다음 각 쌍의 마찰음 중에서 첫 음은 무성음이고 둘째 음은 유성음이다.

- [f]와 [v]는 순치마찰음(labiodental fricatives)이다. 입술과 치아 사이의 좁은 통로를 통해서 공기가 빠져나갈 때 입술과 치아 사이에서 마찰이 일어난다.
- [θ]와 [ð]는 치간마찰음(interdental fricatives)이다. *thin*과 *then*의 *th*로 표기된다. 혀와 치아 사이의 틈에서 마찰이 일어난다.
- [s]와 [z]는 치경마찰음(alveolar fricatives)이다. 잇몸(치경)에서 마찰이 일어난다.
- [ʃ]와 [ʒ]는 구개마찰음(palatal fricatives)이다. *mission* [mɪʃən]과 *measure* [mɛʒər]와 같은 쌍에서 대조를 이룬다. 이들 음은 공기가 혀와 경구개 사이의 좁은 틈을 통과할 때 마찰이 발생한다. *genre*와 같은 외래어를 제외하면 영어에는 유성구개마찰음으로 시작되는 단어는 없다. *shoe* [ʃu]와 *sure* [ʃur]의 첫 음, 그리고 *rush* [rʌʃ]와 *push* [pʊʃ]의 끝 음이 무성구개마찰음이다.
- [x]와 [ɣ]는 연구개마찰음(velar fricatives)이다. 후설을 연구개 쪽으로 올리지만 닿지는 않는 상태에서 생성된다. 후설과 연구개 사이의 좁은 틈을 공기가 빠져나갈 때 마찰이 일어난다. 목청을 가다듬는 소리와는 다르다. 영어에는 보통 이 음들이 나타나지 않는다. 스코틀랜드의 어떤 영어 방언에서 '호수'를 의미하는 *loch*의 끝 음이 [x]다. *wagon*을 빨리 말할 대 g는 [ɣ]로 발음될 수 있다. 작곡가 J. S. Bach 이름의 끝 음도 또한 [x]인

데 이 음은 독일어에 흔히 나타난다.

- [h]는 성문마찰음(glottal fricative)이다. 열려 있는 성문과 후두를 공기가 통과해 나올 때 생성되는 비교적 약한 음이다.

모든 마찰음은 지속음이다. 기류가 구강을 통과할 때 장애를 받기는 하지만 완전히 차단되지는 않는다.

파찰음(affricates) [ʧ] [ʤ] 이 음들은 폐쇄음을 생성할 때처럼 기류의 통로가 완전히 막혔다가 곧이어 통로가 약간 열리고 기류가 그 통로를 빠져나올 때 마찰이 발생하면서 생성된다. *church*와 *judge*의 첫 음과 끝 음은 모두 구개음인데 *church*의 첫 음과 끝 음은 무성파찰음이고 *judge*의 첫 음과 끝 음은 유성파찰음이다. 파찰음은 초기에 공기가 완전히 차단되기 때문에 지속음이 아니다.

유음(liquids) [l] [r] 이 음들을 발음할 때 구강에서 기류가 어느 정도 장애를 받지만 수축이나 마찰을 일으킬 만큼은 아니다. 이 음들은 **유음**이다. 이 두 음은 앞서 치경 부분에서 설명한 것처럼 다른 방식으로 생성되지만 음향적으로 유사한 특성을 가지기 때문에 같은 집단으로 분류된다. 그 유사성 때문에 영어를 말하는 외국인들은 이 두 음을 혼동할 수 있고 두 음을 서로 바꾸어 말하기도 한다.

활음(glides) [j] [w] *you*와 *we*의 첫 음들인 [j]와 [w]는 기류가 거의 장애를 받지 않으면서 생성된다. 이 음들은 항상 모음 앞에 오며 단어의 끝에는 오지 않는다. (철자와 혼동하지 말라. *say*나 *saw*처럼 *y*나 *w*로 끝나는 단어들의 끝 음은 모음이다). [j] 또는 [w]를 발음한 후 혀는 뒤에 오는 모음을 발음하기 위한 위치로 미끄러지듯 이동한다. 그래서 이 음들을 **활음**이라고 한다.

활음 [j]는 구개음이다. 이 음을 발음할 때 *beat*의 [i] 모음을 발음할 때와 거의 마찬가지로 혀날(blade of the tongue: 혀끝을 제외한 혀의 앞부분)이 경구개 쪽을 향해서 올라간다. 활음 [w]는 입술을 둥글게 만들고 동시에 후설을 연구개 쪽으로 올림으로써 생성된다. 그래서 **(원)순연구개활음**이라고 한다. *which*와 *witch*를 다르게 발음하는 경우, 전자의 (원)순연구개활음은 무성음이며 (w를 거꾸로 쓴) [ʍ]로 표시된다. [w]를 발음할 때의 혀와 입술의 위치는 *suit*[sut]의 모음 [u]를 발음할 때의 위치와 비슷하다.

접근음(approximants) [w] [j] [r] [l] 음은 접근음이라고도 불린다. 그 이유는 이 음들을 발음할 때 실제로 마찰이 일어나지는 않지만 조음점들이 거의 마찰을 일으킬 정도로 서로 접근하기 때문이다. 첫 세 음은 중설접근음이며 [l]은 설측접근음이다.

본 장에서는 영어의 음들에 초점을 두지만 IPA는 세계 모든 언어의 모든 음의 기호들과 분류방법을 사용한다. 예를 들어 전동음(trill)이라는 음이 있는 언어들이 많이 있으며 혀차기음(click)이 언어음인 언어들도 있다. 이들에 대해서는 다음 항에서 다룬다.

전동음(trills)과 탄설음(flaps) 많은 언어의 *r*음은 영어의 [ɹ]과 다르다. **전동음** *r*은 조음점의 빠른 진동과 함께 생성된다. '개'를 의미하는 스페인어의 *perro*에서처럼 치경전동음은 혀끝을 치경(잇몸)에 진동시킴으로써 생성된다. 영어의 *r*음의 경우에도 [r]을 사용하지만, 이 치경전동음의 IPA 기호도 [r]이다. 많은 프랑스어 화자들에게 *rouge*의 첫 음은 목젖을 진동시키면서 발음하는 목젖전동음이다. 이 음의 IPA 기호는 [R]이다.

또 하나의 *r*음은 **탄설음**이다. 혀로 잇몸을 칠 때 생성된다. 이 음은 *d*음을 신속하게 발음하는 것처럼 들린다. '그러나'를 의미하는 스페인어 *pero*와 같은 단어에서 나타난다. 이 음은 영국영어에서 *very*와 같은 단어를 발음할 때도 나타난다. IPA 기호는 [ɾ]이다. 대부분의 미국사람들은 *writer*와 *rider*와 같은 단어에서 [t]나 [d] 대신 탄설음으로 발음한다. 이 경우 두 음은 같고 음성기호로는 [raɪɾər]로 표기한다.

혀차기음(clicks) 이 '이색적인' 음들은 다양한 조음점들 사이에서 입안의 공기를 움직이면서 생성되는 음이다. 보통 *tsk*로 표현되는, 불만을 나타내는 소리는 치경 **혀차기음**인데 Zulu어와 같은 남아프리카의 몇몇 언어에 나타난다. 말을 격려할 때 내는 소리와 비슷한 음인 설측혀차기음은 Xhosa어에 나타난다. 사실 Xhosa의 X가 바로 그 음이다.

미국영어 자음 음성기호 Phonetic Symbols for American English Consonants

이제 우리는 유·무성, 비음성, 조음위치, 조음방식의 속성에 따라 영어의 모든 자음을 구별할 수 있다. 예를 들어 [f]는 무성(구강)순치마찰음이며, [n]은 (유성)비강치경폐쇄음이다. 괄호 안의 속성들은 잉여적인 속성들이기 때문에 보통 언급되지 않는다. 예를 들어 어떤 음에 대해서 비음이라고 구체적으로 언급하지 않으면 그 음은 구강음이며, 영어의 모든 비음은 유성음이다.

표 5.4는 음성자질에 따라 자음을 열거해 놓은 표다. 세로는 조음방식을 나타내며 가로는 조음위치를 나타낸다. 표에 제시된 기호들만 있으면 영어의 모든 단어를 충분히 구별할 수 있다. 예를 들면 무성기식양순폐쇄음과 무성무기양순폐쇄음을 [p]로 나타내고 유성양순폐쇄음을 [b]로 나타내면, *pit*, *spit*, *bit* 세 단어를 충분히 구별할 수 있다. 이 단어들의 좀 더 세밀한 음성표기가 필요하다면 기음을 나타내기 위해서 [pʰ]를 사용하여 [pʰɪt], [spɪt], [bɪt]으로 나타낼 수 있다. 어떤 음의 '협의의 음성표기(narrow transcription)'란 그 음의 모든 속성을 다 보여주는 음성표기를 의미한다.

표 5.5에는 이 음들이 나타나는 단어들이 나열된다.

표 5.4 미국영어 자음의 음성기호

	양순음	순치음	치간음	치경음	구개음	연구개음	성문음
폐쇄음(구강)							
무성음	p			t		k	ʔ
유성음	b			d		g	
비강음(유성음)	m			n		ŋ	
마찰음							h
무성음		f	θ	s	ʃ		
유성음		v	ð	z	ʒ		
파찰음							
무성음					ʧ		
유성음					ʤ		
활음							
무성음	ʍ					ʍ	
유성음	w				j	w	
유음(유성음)							
(중앙음)				r			
(설측음)				l			

표 5.5 영어 단어에 나타나는 자음의 예

	양순음	순치음	치간음	치경음	구개음	연구개음	성문음
폐쇄음(구강음)							
무성음	**p**ie			**t**ie		**k**ite	(ʔ)uh-(ʔ)oh
유성음	**b**uy			**d**ie		**g**uy	
비강음(유성음)	**m**y			night		si**ng**	
마찰음							**h**igh
무성음		**f**ine	**th**igh	**s**ue	**sh**oe		
유성음		**v**ine	**th**y	**z**oo	mea**s**ure		
파찰음							
무성음					**ch**eese		
유성음					**j**ump		
활음							
무성음	**wh**ich					**wh**ich	
유성음	**w**ipe				**y**ou	**w**ipe	
유음(유성음)							
(중앙음)				**r**ye			
(설측음)				**l**ye			

모음 Vowels

모음은 폐에서 나오는 기류가 거의 장애를 받지 않고 입과 코로 빠져나가면서 생성된다. 모음의 자질은 공기가 빠져나갈 때의 성도의 모양에 따라 결정된다. 혀의 각 부분이 입 안에서 올라가거나 내려갈 수 있고 입술이 펴지거나 오므라들 수 있고 연구개가 올라가거나 내려갈 수 있다.

모음은 높이(pitch)와 세기(loudness)가 수반된다. 그러므로 모음으로 노래를 부를 수도 있고 큰 소리로 외칠 수도 있다. 또한 모음은 길이가 길 수도 있고 짧을 수도 있다. 모음은 자립할 수 있다. 다시 말해서 앞이나 뒤에 자음이 없어도 발음할 수 있다. 예를 들어 우리는 *beat* [bit], *bit* [bɪt], *boot* [but]의 모음을, 첫 음인 [b]나 끝 음인 [t] 없이도 발음할 수 있다. 그러나 반대로 모음 없이는 [b]나 [t]를 발음할 수 없다.

언어학자들은 모음을 음향학적으로 또는 전자적 방식으로 기술할 수 있다. 혀끝을 치경으로 올려 닿게 함으로써 [d]를 발음한다고 말하는 것처럼, 혓바닥을 경구개를 향해 들어올림으로써 [i]를 발음한다고 말한다. [b]를 발음할 때는 양 입술을 붙인다. *cat*의 모음인 [æ]를 발음할 때 입 안에서 혀는 내려가고 혀끝이 앞쪽으로 나와 앞니의 뒤에 위치한다.

말하는 동안 혀의 움직임을 얼굴의 측면에서 찍은 X-레이 (X-rated가 아니라 X-ray!) 비디오를 보면 혀의 다양한 부분들이 올라가거나 내려가는 것을 볼 수 있으며, 또한 혀가 입 안에서 앞뒤로 움직이는 것을 볼 수 있다. 이와 같은 방식으로 모음이 생성된다. 다음과 같은 세 가지 질문에 근거하여 모음을 분류한다.

1. 입 안에서 혀가 얼마나 높은 곳에 또는 낮은 곳에 위치하는가?
2. 입 안에서 혀가 얼마나 앞쪽에 또는 뒤쪽에 위치하는가?
3. 입술이 원순(둥근 모양)인가 평순(펴진 모양)인가?

혀의 위치 Tongue Position

(여기서는 표 5.1의 모음기호를 사용한다)

그림 5.4에서 위에 있는 2개의 그림은 *he* [hi]와 *who* [hu]의 모음을 생성할 때 입 안에서 혀의 위치가 높다는 것을 보여준다. *he*의 경우에 혀의 앞부분이 (혀끝이 아니고) 위로 올라가며 *who*의 경우에는 혀의 뒷부분이 올라간다. (이 단어들의 모음을 길게 발음하여 혀의 올라간 부분을 직접 느껴 보라.) 이 두 모음은 모두 고(high)모음이다. [i]는 전설고(high front) 모음이고 [u]는 후설고(high back)모음이다.

*hah*의 모음 [a]를 생성하기 위해서는 그림 5.4의 세 번째 그림이 보여주는 것처럼 입 안에서 혀의 위치가 낮다. (당신의 목을 검사하는 의사가 "ah" 하라고 말하는 이유는 그렇게 할 때 혀의 위치가 낮아서 들여다보기가 쉽기 때문이다)

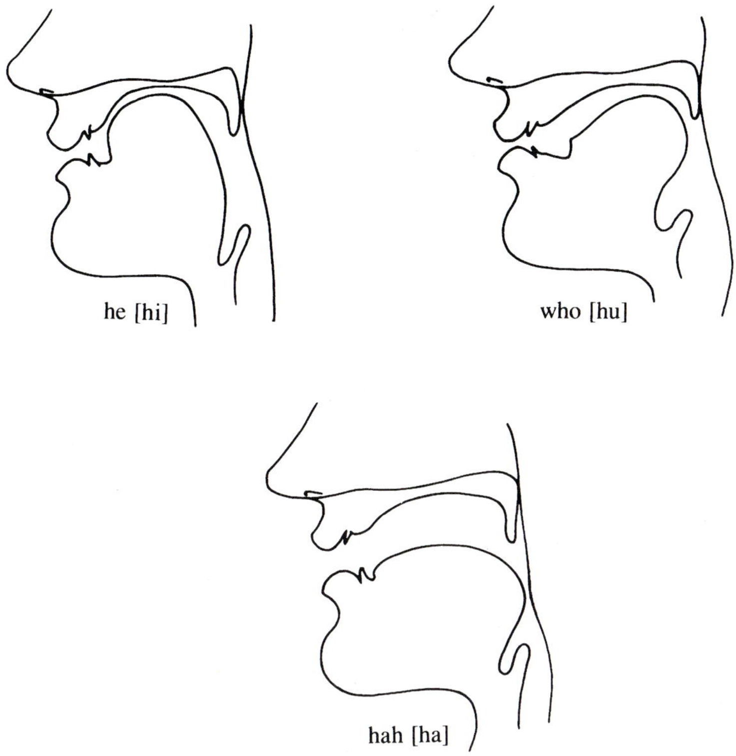

그림 5.4 *he*, *who*, *hah*의 모음을 발음할 때 혀의 위치

hit [hɪt], *put* [p^hʊt]의 모음인 [ɪ], [ʊ]는 *heat* [hit], *hoot* [hut]의 모음인 [i], [u]에 비해서 혀의 위치가 약간 내려간다는 점을 제외하면 [i], [u]와 비슷하다.

bait [bet], *boat* [bot]의 모음인 [e], [o]는 중모음(mid vowels)이며 혀의 위치가 높지도 않고 낮지도 않다. *bet* [bɛt]의 [ɛ] 역시 중모음이며 [e]에 비해서 혀의 위치가 약간 낮다. [e], [ɛ]는 전설(front)모음이며 [o]는 후설(back)모음이다.

hack [hæk]이나 *cat* [kæt]의 모음인 [æ]는 혀의 앞부분이 입 안에서 낮아지면서 생성된다. 따라서 [æ]는 전설저(low front)모음이다. *saw* [sɔ]의 [ɔ] 역시 저모음이지만 혀의 뒷부분이 낮아지면서 생성된다. 그러므로 [ɔ]는 후설저(low back)모음이다.

luck [lʌk]의 모음인 [ʌ]는 중설모음이며 혀의 위치가 낮기는 하지만 [a]를 발음할 때만큼 낮지는 않다. 마지막으로 *about* [əbaʊt]의 첫 음이나 *sofa* [sofə]의 끝 음인 [ə]는 혀가 고저의 중간, 전후의 중간지점에 위치한 상태에서 생성된다. [ə]는 주로 강세가 없는 모음을 나타낼 때 사용된다. (그림 5.5는 이와 같은 모음들의 '지형도'를 분명하게 보여준다.)

원순 Lip Rounding

입술의 모양이 둥근지 넓게 퍼지는지에 따라서 서로 다른 모음이 생성된다. (미국)영어의 **원순모음**(rounded vowels)은 *boot*, *put*, *boat*, *bawd*의 후설모음인 [u], [ʊ], [o], [ɔ]뿐이다. 이들은

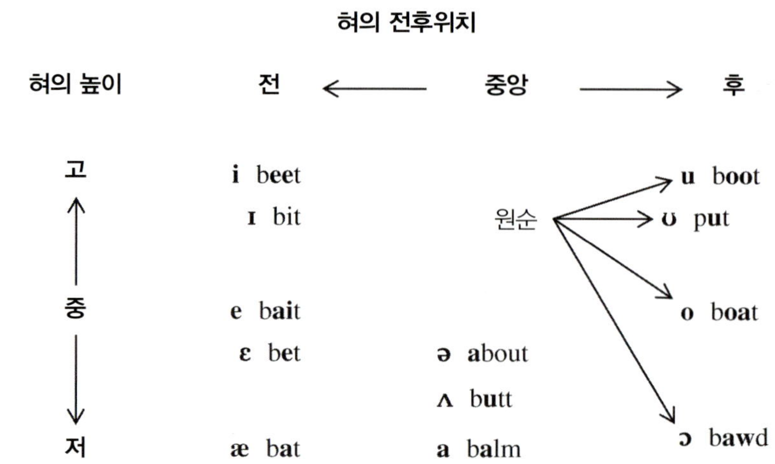

그림 5.5 미국영어 모음의 분류

입술을 오므려서, 즉 둥글게 해서 발음한다. *who*를 올빼미처럼 *whoooooooooo*라고 길게 발음해 보면 입술모양이 둥글게 된다는 것을 느낄 수 있다. 이번에는 카메라 앞에 자세를 취하고 *cheese*를 말하되 모음을 길게 하여 *cheeeeeeeeeeese*라고 해 보라. *cheese*의 전설고모음 [i]는 평순모음이며 미소를 지을 때의 입술모양과 같다. 거울을 보면 확인할 수 있다.

원순모음의 존재와 관련해서 언어마다 차이가 있을 수 있다. 예를 들어 프랑스어와 스웨덴어는 전설원순모음이 있지만 영어에는 전설원순모음이 없다. 영어에는 후설평순(unrounded)고모음이 없지만 북경어, 일본어, 카메룬어인 Feʔfeʔ에는 이 모음이 존재한다. 이 모음의 IPA 기호는 [*ɯ*]다. 원순과 평순의 차이는 중요하다. 북경어에서 평순 [sɯ]는 'four'를 의미하지만 원순 [su]는 (*sue*처럼 발음됨) 'speed'를 의미한다.

이중모음 Diphthongs

이중모음은 하나로 압축된 두 모음의 연속이다. 이중모음은 영어를 비롯한 많은 언어에 나타난다. 이제까지 우리가 살펴본 모음들은 단순한 모음, 즉 **단모음**(monophthongs)이다. 그러나 *bite* [baɪt]의 모음은 *father*의 [a]음 뒤에 신속하게 *fit*의 [ɪ]음이 따라 나와서 이중모음인 [*aɪ*]가 된다. 마찬가지로 *bout* [baʊt]의 모음은 [a]음 뒤에 바로 *put*의 [ʊ]음이 따라와 [aʊ]가 된다. 영어의 또 다른 이중모음은 *boy* [bɔɪ]의 모음이다. 이 모음은 *bore*의 [ɔ]음 뒤에 [ɪ]음이 와서 [ɔɪ]가 된다. 이중모음의 발음은 영어화자의 다양성 때문에 우리가 기술한 것과 달라질 수도 있다.

중모음인 [e]와 [o]는 미국영어에서 어느 정도 이중모음화 될 수 있지만 아일랜드 영어와 같은 다른 영어권에서는 이중모음으로 발음되지 않는다. 그래서 많은 언어학자들이 상세 음성표기를 할 경우에 이들 음을 [eɪ], [oʊ]로 표기하지만 이 책에서는 이 모음들을 [e], [o]로 표기한다.

모음의 비음화 Nasalization of Vowels

자음과 마찬가지로 모음도 연구개를 올려서 공기가 코로 나가는 것을 막으면서 발음할 수도 있고, 연구개를 내려서 공기가 비강을 통해서 빠져나가도록 허용하면서 발음할 수 있다. 비강으로 통하는 통로가 막히면 구강모음이 생성되고, 그 통로가 열리면 비강(nasal)모음이, 또는 비음화된(nasalized) 모음이 생성된다. 영어에서는 대체로 같은 음절에서 비강자음 앞에 오는 모음은 비강모음으로 발음되며 그 외에는 구강모음으로 발음된다.

*bean, bone, bingo, boom, bam, bang*은 비강모음이 들어있는 단어들이다. 비강모음을 상세음성표기로 나타내면 *bean* [bĩn], *bone* [bõn]처럼 모음 위에 **발음구별부호**(diacritic)라고 불리는 기호 '~'를 덧붙인다.

프랑스어, 폴란드어, 포르투갈어 등에서는 비강자음 없이 비강모음이 나올 수 있다. 'sound'를 의미하는 프랑스어 단어는 *son* [sõ]이다. 여기서 철자 *n*은 실제로 발음되지 않고 앞의 모음이 비음이라는 것을 알려주는 역할을 한다.

긴장모음과 이완모음 Tense and Lax Vowels

그림 5.5는 모음 [i]가 모음 [ɪ]보다 혀의 위치가 약간 더 높다는 것을 보여준다. [e]와 [ɛ] 그리고 [u]와 [ʊ]의 경우에도 마찬가지다. 각 쌍에서 첫째 모음은 일반적으로 둘째 모음에 비해서 혀의 근육이 더 긴장된 상태에서 생성되며 지속되는 길이에 있어서 보통 약간 더 길다. 이 모음들은 **긴장**(tense)과 **이완**(lax)이라는 자질들로 구별할 수 있다.

긴장		이완	
i	beat	ɪ	bit
e	bait	ɛ	bet
u	boot	ʊ	put
o	boat	ʌ	hut
ɔ	saw	æ	hat
a	pa	ə	about
aɪ	high		
aʊ	how		
ɔɪ	boy		

긴장모음은 단어의 끝에 나타날 수 있다. [si], [se], [su], [so], [sɔ], [pa], [saɪ], [haʊ], [sɔɪ]는 각각 영어의 *see, say, sue, sew, saw, pa, sigh, how, soy*를 나타낸다. 이완모음은 일반적으로 단어의 끝에 나타나지 않는다. [sɪ], [sɛ], [sʊ], [sʌ], [sæ], [sə]는 영어의 단어들이라고 볼 수 없다.

주요 음성부류 Major Phonetic Classes

생물학자들은 생물의 종류를 대부류와 소부류로 분류한다. 생물은 동물과 식물로 분류할 수 있고, 동물은 척추동물과 무척추동물로, 척추동물은 다시 포유류와 파충류로 분류할 수 있다.

언어학자들도 비슷한 방식으로 언어음을 기술한다. 모든 음은 자음 아니면 모음이다. 자음은 유성음 아니면 무성음이다. 본 장에서 기술한 모든 음부류는 더 큰, 더 일반적인 부류로 결합될 수 있으며, 이 음부류들은 세계의 언어에 존재하는 음들의 체계를 결정하는 데 아주 중요하다.

비지속음과 지속음 Noncontinuants and Continuants

폐쇄음과 파찰음은 **비지속음**이다. 구강(oral cavity)에서 기류가 완전히 차단된다. 비음의 경우에는 공기가 코를 통해서 지속적으로 빠져나가지만 (구강에서는 기류의 흐름이 완전히 차단되기 때문에) 비지속음으로 분류한다. 그 외의 자음과 모든 모음은 지속음이다. 기류가 입을 통해서 지속적으로 밖으로 빠져나간다.

저해음과 공명음 Obstruents and Sonorants

구강폐쇄음, 마찰음, 파찰음은 **저해음**이라는 주요 음부류를 형성한다. 구강폐쇄음과 파찰음의 경우에는 기류가 완전히 차단되어 장애를 받고, 마찰음의 경우에는 기류가 완전히 차단되지는 않아도 거의 완전하게 장애를 받는다.

저해음이 아닌 음들은 **공명음**이다. 모음, 비강폐쇄음 [m], [n], [ŋ], 유음 [l], [r], 활음 [j], [w]는 모두 공명음이다. 저해음과 비교해 볼 때 이들 공명음을 발음할 때 기류가 거의 장애를 받지 않으며 그 때문에 공기가 울리게 된다. 비강폐쇄음의 경우 구강에서는 기류가 차단되지만 비강에서는 지속적으로 공기의 울림이 유지되기 때문에 공명음이다.

자음성 음 Consonantal Sounds

저해음, 비강폐쇄음, 유음, 활음은 모두 자음이다. 이 음들을 조음할 때 어느 정도 기류의 장애가 있다. 그러나 활음 [j], [w]의 경우 기류의 장애는 아주 미미해서 자음 중에서 가장 모음에 가깝고 자음의 성격이 가장 약하다. 그래서 활음은 '반모음(semivowels)' 또는 '반자음(semi-consonants)'이라고 불리기도 한다. 이런 점을 인정하여 언어학자들은 저해음, 비강 폐쇄음, 유음을 **자음성**이라는, 자음의 하위부류로 분류한다. 활음은 이 부류에서 배제된다.

이 외에도 자음의 하위부류들이 더 있다. 이들이 전부는 아니며 상호배타적이지도 않다. (예를 들어 치간음은 2개의 하위부류에 속한다.) 독립적인 하나의 교과과목으로서의 음성학 수업이라면 여기서 다루지 않는 다른 추가적인 부류들도 다룰 것이다.

순음(labials) [p] [b] [m] [f] [v] [w] [ʍ] 순음은 입술이 개입되어 생성되는 음이다. 여기에는 양순음 [p], [b], [m], 순치음 [f], [v], 그리고 순연구개음 [w], [ʍ]가 포함된다.

설정음(coronals) [θ] [ð] [t] [d] [n] [s] [z] [ʃ] [ʒ] [ʧ] [ʤ] [l] [r] 설정음은 혀날을 올려서 생성하는 음이다. 설정음에는 치간음 [θ], [ð], 치경음 [t], [d], [n], [s], [z], 구개음 [ʃ], [ʒ], 파찰음 [ʧ], [ʤ], 유음 [l], [r]이 있다.

전방음(anteriors) [p] [b] [m] [f] [v] [θ] [ð] [t] [d] [n] [s] [z] 전방음은 입의 앞부분, 즉 치경과 치경 앞쪽에서 생성되는 음들이다. 순음, 치간음, 그리고 치경음이 포함된다.

치찰음(sibilants) [s] [z] [ʃ] [ʒ] [ʧ] [ʤ] 이 음부류는 조음상의 특성보다는 음향적 특성에 의해서 형성된다. 치찰음을 생성할 때 생기는 마찰은 고주파 음이 섞인 '쉿' 소리(hissing sound)를 낸다.

음절성 음 Syllabic Sounds

음절의 핵기능을 할 수 있는 음은 **음절성**이라는 자질을 가진다. 모음은 분명히 음절성 자질을 가지지만 음절을 형성해 주는 유일한 음은 아니다.

dazzle [dæzl̩], *faker* [fekr̩], *rhythm* [rɪðm̩], *wagon* [wægn̩] 등에서 볼 수 있는 것처럼 유음과 비음도 음절성 자질을 가질 수 있다. ([l̩], [r̩], [m̩], [n̩]에서 아래에 있는 발음구별부호는 음절성 자질을 나타내는 기호다.) 음절성 유음이나 비음 앞에 [ə]를 삽입하는 것 역시 이들이 별개의 음절이라는 것을 보여준다. 위의 네 단어는 각각 [dæzəl], [fekər], [rɪðəm], [wægən]로 표기될 수 있다. 이 책에서는 이런 표기를 사용한다. 마찬가지로 *bird, verb*와 같은 단어의 모음은 때때로 음절성 *r*로 표기된다. ([br̩d]/[vr̩b]) 일관성을 위해서 우리는 [ə]를 사용하여 이 단어들을 [bərd]/[vərb]로 표기한다. 이 단어들은 [ə]가 강세를 받는 유일한 경우다.

저해음과 활음은 결코 음절성 자질을 가질 수 없다. 이들은 항상 모음을 동반하고 그 모음이 음절의 핵기능을 한다.

운율자질 Prosodic Features

음의 길이(length), 높이(pitch), 강세(stress) (혹은 '악센트')는 **운율**자질, 즉 **초분절**

(suprasegmental) 자질이다. 이들은 조음위치나 조음방법과 같은 분절적 자질의 범위를 넘어서는 자질들이다. 그래서 *supra*-가 더해져 *suprasegmental*이라는 용어를 사용한다. 운율이라는 단어는 시에서 온 것으로 시의 운율구조를 가리킨다. 시의 본질적인 속성 중 하나는 특정 음절에 강세가 배치되는 것이고, 이러한 강세의 배치가 그 시의 시형을 결정해 준다.

조음위치나 조음방식의 측면에서 동일한 음이라도 (음이 지속되는) 길이에 있어서 다를 수 있다. 긴장모음은 이완모음보다 길이가 약간 길다. 그 차이는 겨우 1000분의 몇 초 사이다. 그러나 일부 언어에서는 어떤 모음의 길이가 정상적인 길이보다 두 배 정도 긴 경우가 있다. 이런 언어에서는 모음의 길이의 차이가 단어의 차이를 초래한다. 일본어에서는 정상적인 모음 *i*를 포함하는 *biru* [biru]는 'building'을 의미하지만 길이가 두 배인 모음을 포함하는 *biiru*는 음성표기로는 [biːru]로 표기되며 'beer'라는 의미를 갖게 된다. (콜론처럼 생긴 ː은 분절음의 길이 혹은 반복을 나타내는 IPA 기호다.) 일본어에서는 모음의 길이로 단어를 구별할 수 있다.

일본어를 비롯해서, 핀란드어, 이탈리아어 등과 같은 다른 많은 언어에서는 자음의 길이로 단어를 구별할 수 있다. 어떤 자음이 길어지거나 반복될 때 기류의 폐쇄상태나 장애를 받는 상태가 연장된다. 일본어에서 짧은 *k*가 있는 *saki* [saki]는 'ahead'를 의미하고, 연구개 폐쇄를 길게 하여 *sakki* [sakːi]가 되면 'before'를 의미한다. 사실상 기류의 폐쇄가 연장된다는 것은 무음상태가 연장되는 것을 의미하며 위의 언어들에서 이런 무음상태의 연장이 의미가 있다는 것을 말해 준다.

영어는 모음이나 자음의 길이에 따라 단어가 달라지는 언어가 아니다. 부탁을 강조하기 위해서 "puleeeeeze"라고 말할지 모르지만 그 단어는 여전히 *please*다. 또한 호텔방에 대한 실망감을 표현할 때, *t*-폐쇄를 연장하면서 "Whatttttt a dump!"라고 말할 수 있지만 *what*이란 단어는 변하지 않는다.

말을 할 때 우리는 목소리의 **음높이**(pitch)에 변화를 줄 수 있다. 음높이는 성대가 얼마나 빠르게 진동하느냐에 달려 있다. 빨리 진동할수록 음높이가 높아진다. 다른 것이 모두 같다는 조건에서, 만약 아이들의 경우처럼 후두가 작다면 짧은 성대는 더 빨리 진동하게

ZITS © 2011 ZITS PARTNERSHIP, KING FEATURES SYNDICATE

되고 음높이는 높아지게 된다. 반대로 성인의 경우처럼 후두가 상대적으로 크다면 긴 성대는 더 느리게 진동하고 음높이는 더 낮아진다. (일반적으로 덩치가 더 큰) 남자성인의 목소리가 가장 낮고, 아이들의 목소리가 가장 높고 여자성인의 목소리가 그 중간쯤에 해당되는 것이 바로 이 때문이다.

많은 언어에서 한 단어의 어떤 음절은 같은 단어의 다른 음절보다 더 세고, 음높이가 더 높고, 지속되는 길이가 더 길다. 이런 음절이 바로 **강세**(stressed)음절이다. 예를 들어 *digest*가 'summation of articles(논문의 요약)'을 의미하는 명사인 경우에는 첫음절이 강세를 받으며, 'to absorb food(음식을 흡수하다)'를 의미하는 동사인 경우에는 둘째 음절이 더 큰 강세를 받는다. 강세는 여러 가지 방법으로 표시할 수 있다. 예를 들면 *dígest*나 *digést*처럼 강세를 받는 음절의 모음 위에 강세표시를 할 수 있다.

영어는 '강세중심(stress-timed)' 언어다. 일반적으로 영어 단어에서 적어도 하나의 음절은 강세를 받는다. 프랑스어는 강세중심 언어가 아니다. 모든 음절의 세기, 길이, 높이가 거의 같다. 즉 프랑스어는 '음절중심(syllable-timed)' 언어다. 영어화자들이 프랑스어로 말할 때 종종 음절에 강세를 넣기 때문에 프랑스어 화자들은 '영어 말투'의 프랑스어를 듣게 된다. 반대로 프랑스어 화자들이 영어로 말할 때 영어화자가 강세를 넣는 곳에 강세를 빼기 때문에 '프랑스어 말투'의 영어가 나오게 된다.

성조와 억양 Tone and Intonation

동일한 분절자질을 가지는 음들이 길이와 강세에 따라서 어떻게 달라지는지 살펴보았다. 어떤 언어에서는 이러한 차이들이 단어의 차이를 초래한다. 영어의 두 *digest*처럼. 또한 어떤 언어에서는 단어나 음절을 말할 때 그 높이도 단어의 차이를 초래한다.

어떤 언어든 화자들이 말을 할 때 음성의 높이가 다양하다. 음의 높이가 음절에 미치는 영향은 언어마다 다르다. 영어에서는 *cat*을 음높이를 높여서 말하든 낮은 음으로 말하든 중요하지 않다. 어떻게 말하든 *cat*은 언제나 '고양이'를 의미한다. 그러나 (나이지리아에서 사용되는) Nupe어에서는 [ba]를 상대적으로 고음으로 말하면 'to be sour'라는 의미가 되고, [ba]를 상대적으로 저음으로 말하면 'to count'를 의미한다. 단어의 의미를 구별하기 위해서 개별모음이나 음절의 높이를 사용하는 언어를 **성조어**(tone language)라고 한다. 이 책에서는 음높이라는 용어보다는 성조라는 용어를 사용한다.

전 세계 언어들 중 절반 이상이 성조어다. 아프리카에만 천 개 이상의 성조어가 있다. 북경어, 미얀마어, 태국어 등 아시아의 많은 언어들 역시 성조어다. 예를 들어 태국어에서 [na:]라는 같은 분절음들의 연속이 저음, 중음, 고음, 하강음, 또는 상승음으로 발음하느냐에 따라 각각 의미가 달라진다. 태국어에는 다음과 같은 다섯 가지 성조가 있다.

(음성표기에는 서로 다른 성조를 나타내기 위해서 기호들을 사용한다)

[̀]	L	저음	[nà:]	'a nickname'
[̄]	M	중음	[nā:]	'rice paddy'
[́]	H	고음	[ná:]	'young maternal uncle or aunt'
[̂]	HL	하강음	[nâ:]	'face'
[̌]	LH	상승음	[nǎ:]	'thick'

성조에는 두 가지 종류가 있다. 음높이가 음절 전체에서 수평이면 **평조**(register tone)라고 한다. 음절 안에서 음높이가 변하면, 위에서 아래로든 아래서 위로든 상관없이, **변동조**(contour tone)라고 한다. 태국어에는 3개의 평조와 2개의 변동조가 있다. 성조어에는 보통 2~3개의 평조와 몇 개의 변동조가 있다.

성조어에서 중요한 것은 음절의 절대적인 음높이가 아니라 음절들 사이의 상대적인 음높이 관계다. 그렇기 때문에 음높이가 다른 남자, 여자, 아이들이 여전히 성조어로 의사소통을 할 수 있는 것이다.

일반적으로 성조에는 어휘적(lexical) 기능이 있다. 다시 말해서 성조는 단어를 구별해 준다. 그런데 나이지리아의 중서부에서 사용되는 Edo어에서처럼 어떤 언어에서는 성조에 문법적(grammatical) 기능도 있다. 직접목적어 앞에 오는 단음절 동사의 성조는 그 동사의 시제와 타동성을 나타낸다. 다음에서 보는 것처럼 저음(low tone)은 현재시제와 타동성을, 고음(high tone)은 과거시제와 타동성을 나타낸다.

òtà gbɛ̀	èbé
Ota write+PRES+TRANS	book
Ota writes a book.	

òtà gbɛ́	èbé
Ota write+PAST+TRANS	book
Ota wrote a book.	

많은 성조어에서 발화하는 동안 절대 음높이가 지속적으로 내려가는 것을 발견할 수 있다. 그러나 상대적인 음높이는 변화가 없다. 예를 들어, 가나에서 사용되는 Twi어의 다음 문장에서 절대적인 음높이가 아닌 상대적인(relative) 음높이가 중요하다.

"Kofi searches for a little food for his friend's child."

```
Kòfí   hwèhwɛ́   áduàŋ   kàkrá  mà   ǹ' ádàmfò   bá
 | |    |   |    |  |    |   |   |    |  |  |  |     |
 L H    L   H    H  L    L   H   L    L  H  L  L     H
```

다음의 오선지와 같은 그림에서 볼 수 있는 것처럼 이 음절들의 실제 음높이는 서로 다르다. (숫자가 클수록 음높이가 높음을 의미한다.)

7		fí											
6				hwɛ́	á								
5	Kò							krá					
4			hwè								á		
3						duàŋ	kà						bá
2									mà	ǹ'			
1												dàmfò	

음높이가 떨어지는 것을 **내리막변동조**(downdrift)라고 한다. 내리막변동조가 있는 언어에서 저음 뒤의 고음은 선행하는 고음에 비해 음높이가 낮으며, 고음 뒤의 저음도 선행하는 저음에 비해 음높이가 낮다. 문장의 첫 고음은 음높이 값 7이 부여되었음을 주목하라. 두 번째 고음은 (그 앞에 저음이 오는데) 음높이 값이 6으로, 첫 고음보다 낮다.

이 예는 분절음을 분석할 때와 마찬가지로 성조를 분석할 때도 모든 물리적 특성을 다 고려할 필요는 없다는 것을 보여준다. 언어에서는 필수적인 자질만이 중요하다. Twi어의 경우에는 성조가 다른 음높이에 비해 상대적으로 높은지 또는 낮은지가 필수적이다. 절대적 음높이는 필수적이지 않다. 성조어 화자들은 언어학적으로 중요하지 않은 개인적인 절대적 음높이의 차이는 무시하고 언어학적으로 중요한 상대적인 음높이의 차이에만 관심을 둔다. 이것은 성조어가 아닌 언어의 화자들이 음높이를 완전히 무시하는 것과 마찬가지다.

억양(intonation)은 단어의 차이를 초래하지 않는 음높이의 변화다. 영어나 프랑스어처럼 성조어가 아닌 언어는 **억양어**(intonation language)라고 한다. 발화의 **음높이 변화**(pitch contour)는 문장 전체의 의미에 영향을 줄 수 있다. 예를 들어 *John is here*를 말할 때 문장의 끝부분에서 음높이가 낮아지면 진술로 해석되지만, 끝부분에서 음높이가 올라가면 질문으로 해석된다. 다음 장에서 억양에 대해 더 다룬다.

음성기호와 철자의 대응관계 Phonetic Symbols and Spelling Correspondence

표 5.6은 미국영어의 자음과 모음의 음/철자 대응관계를 보여준다. (각각의 음에 대한 모든 가능한 철자를 소개한 것은 아니지만 영어의 철자법과 음체계의 관계를 이해하는 데 도움을 줄 것이다.) 화자들이 일반적으로 하나의 음(예를 들어 *p*)이라고 생각하는 것이 음성학적으로는 [p]와 [pʰ] 2개의 음일 수 있다는 것을 보여주기 위해서 무성기식폐쇄음의 기호들을 포함시켰다.

이 발음들 중 일부는 당신의 발음과 다를 수도 있다. 예를 들어 당신은 *cot*과 *caught*를 동일하게 발음할 수도 있고, 다르게 발음할 수도 있다. 여기서 기술된 영어발음에서는 *cot*

과 *caught*의 발음이 다르며, *cot*의 모음은 *car*의 모음인 [a]로 발음된다. *caught*의 모음은 *core*의 모음인 [ɔ]로 발음된다.

영어는 전 세계적으로 사용되는 언어이고 여러 나라에서 여러 형태로 사용되기 때문에 또 다른 차이들도 있을 것이다. 이 책에서 사용되는 영어의 예들은 미국영어의 몇몇 형태에 공통적으로 나타나는 발음이지만 이 점에 대해서 염려할 필요는 없다. 우리의 목표는 일반적인 음성학을 가르치는 것이며 음성학이 세상에 존재하는 언어들의 음을 적절한 기호와 부호를 사용해서 어떻게 기술하는지를 보여주는 것이다. 우리는 단지 예를 들어 설명하기

표 5.6 음성기호와 철자의 대응관계

자음	
기호	**예시**
p	s**p**it, ti**p**, La**p**
p^h	**p**it, **p**rick, **p**laque, a**pp**ear
b	**b**it, ta**b**, **b**rat, **b**u**bb**le
m	**m**itt, ta**m**, s**m**ack, E**mm**y, co**m**b, Autu**mn**
t	s**t**ick, pi**t**, kiss**ed**, wri**t**e
t^h	**t**ick, in**t**end, p**t**erodactyl, a**tt**ack
d	**D**ick, ca**d**, **d**rip, love**d**, ri**d**e
n	**n**ick, ki**n**, s**n**ow, **mn**emonic, **gn**ome, **pn**eumatic, **kn**ow
k	s**k**in, sti**ck**, s**c**at, criti**que**, el**k**
k^h	**c**url, **k**in, **ch**arisma, **c**ritic, me**ch**anic, **c**lose
g	**g**irl, bur**g**, lon**g**er, Pittsbur**gh**
ŋ	si**ng**, thi**n**k, fi**n**ger
f	**f**at, **ph**iloso**ph**y, **f**lat, **ph**logiston, co**ff**ee, ree**f**, cou**gh**
v	**v**at, do**v**e, gra**v**el
s	**s**ip, **s**kip, **ps**ychology, pa**ss**, pat**s**, democra**c**y, **sc**issors, fa**s**ten, de**c**eive, de**sc**ent
z	**z**ip, ja**zz**, ra**z**or, pad**s**, kiss**es**, **X**erox, de**s**ign, la**z**y, sci**ss**ors, mai**z**e
θ	**th**igh, **th**rough, wra**th**, e**th**er, Ma**tth**ew
ð	**th**y, **th**eir, wea**th**er, la**th**e, ei**th**er
ʃ	**sh**oe, mu**sh**, mi**ss**ion, na**t**ion, fi**sh**, gla**c**ial, **s**ure
ʒ	mea**s**ure, vi**s**ion, a**z**ure, ca**s**ual, **g**enre, rou**g**e
tʃ	ma**tch**, ri**ch**, righ**t**eous
tʃ^h	**ch**oke, **Tch**aikovsky, dis**ch**arge
dʒ	ju**dg**e, mi**dg**et, **G**eor**g**e, ma**g**istrate, resi**d**ual
l	**l**eaf, fee**l**, ca**ll**, sing**l**e
r	**r**eef, fea**r**, Pa**r**is, singe**r**
j	**y**ou, **y**es, f**eu**d, **u**se
w	**w**itch, s**w**im, q**u**een
ʍ	**wh**ich, **wh**ere, **wh**ale (for speakers who pronounce which differently from witch)
h	**h**at, **wh**o, **wh**ole, re**h**ash
ʔ	bo**tt**le, bu**tt**on, glo**tt**al (for some speakers), (ʔ)uh-(ʔ)oh
ɾ	wri**t**er, ri**d**er, la**tt**er, la**dd**er

모음	
i	**bee**t, b**ea**t, b**e**, rec**ei**ve, k**ey**, beli**e**ve, am**oe**ba, p**eo**ple, C**ae**sar, Vasel**i**ne, ser**e**ne, Ral**eigh**
ɪ	b**i**t, cons**i**st, **i**njury, b**i**n, w**o**men, bu**i**ld
e	g**a**te, b**ai**t, r**ay**, gr**ea**t, **eigh**t, g**au**ge, gr**ey**hound, r**ei**n, f**eig**n
ɛ	b**e**t, ser**e**nity, s**ay**s, gu**e**st, d**ea**d, s**ai**d
æ	p**a**n, **a**ct, l**au**gh, comr**a**de
u	b**oo**t, l**u**te, wh**o**, s**ew**er, thr**ough**, t**o**, t**oo**, tw**o**, m**o**ve, L**ou**, tr**ue**, s**ui**t
ʊ	p**u**t, f**oo**t, b**u**tcher, c**ou**ld
ʌ	c**u**t, t**ou**gh, am**o**ng, **o**ven, d**oe**s, c**o**ver, fl**oo**d
o	c**oa**t, g**o**, b**eau**, gr**ow**, th**ough**, t**oe**, **ow**n, s**ew**
ɔ	c**augh**t, st**al**k, c**o**re, s**aw**, b**a**ll, **aw**e, **au**to
a	c**o**t, f**a**ther, p**al**m, s**e**rgeant, **ho**nor, h**o**spital, mel**o**dic
ə	s**o**fa, **a**lone, symph**o**ny, s**u**ppose, mel**o**dy, b**i**rd, v**e**rb, th**e**
aɪ	b**i**te, s**igh**t, b**y**, b**uy**, d**ie**, d**ye**, **ai**sle, ch**oi**r, gu**i**de, **is**land, h**ei**ght, s**ig**n
aʊ	ab**ou**t, br**ow**n, d**oub**t, c**ow**ard, s**au**erkr**au**t
ɔɪ	b**oy**, **oi**l, R**eu**ters

위해서 미국영어를 사용한 것이고, 미국영어의 주요 음성기호를 소개하고 그런 기호들을 사용하여 세상에 존재하는 언어들의 음성학을 어떻게 기술하는지 보여주고자 한다.

수화 음성학 The Phonetics of Signed Languages

앞에서 우리는 수화 역시 인간의 다른 모든 언어와 마찬가지로 통사적 규칙과 형태적 규칙을 포함하는 문법체계의 지배를 받는다는 것을 살펴보았다. 또 다른 관점에서 볼 때 수화는 음성언어와 비슷하다. 수화신호(sign)는 본 장에서 다룬 음성자질에 비교할 만한 더 작은 단위로 분해될 수 있다. 음성언어가 조음위치와 조음방식에 따라 음을 구별하듯이 수화도 (손의) 조음위치와 조음방식에 따라 신호를 구별한다. 예를 들면 미국수화의 신호들은 3개의 주요 자질들로 형성된다.

1. 손의 모양
2. 수화공간에서 손과 팔의 동작
3. 수화공간에서 손의 위치

'수화공간'은 수화자의 몸으로부터 대략 팔뚝 길이 정도 확장된, 그리고 허리에서 이마까지의 공간을 말한다.

이런 자질들이 신호를 만들어가는 과정을 예로 들면, 'mother'를 의미하는 미국수화의 신호는 다섯 손가락을 모두 편 상태에서 엄지손가락으로 턱을 톡톡 치는 동작으로 이루어진다. 이 신호는 세 가지 자질을 가진다. 손모양: 펼쳐진 다섯 손가락, 손동작: 톡톡 두드리기, 손의 위치: 턱.

미국수화에는 30개 이상의 손모양이 있다. 그러나 모든 수화에 똑같은 손모양이 있는 것은 아니다. 모든 음성언어가 동일한 조음위치를 공유하는 것이 아닌 것과 같다. (프랑스어는 치간폐쇄음이 없으며 영어는 프랑스어에 있는 목젖전동음이 없다.) 예를 들어 미국수화의 T자 손모양은 유럽의 수화에는 존재하지 않는다. 또한 중국수화는 손바닥을 벌린 상태에서 넷째 손가락만 제외한 나머지 네 손가락을 펴는 손모양이 있지만 미국수화에는 이런 손모양이 없다.

손동작은 직선의 형태이거나 둥근 호의 형태일 수 있다. 2차 동작에는 손가락을 상하좌우로 짧게 흔드는 동작이나 손가락을 구부리는 동작이 포함된다. 신호는 또한 일방향(한쪽 방향으로만 움직임)일 수도 있고 양방향(한쪽 방향으로 움직였다가 다시 되돌아오는 움직임)일 수도 있다. 신호의 위치는 수화자의 몸을 기준으로 하여 정해진다. 몸에 접촉하는 신호나 몸에서 가까운 곳에서 생성되는 신호의 경우, 그 신호의 위치는 신호가 생성되는 몸의 부위에 해당한다. (턱을 예로 들 수 있다.) 몸에 접촉하지 않고, 몸에서 가까운 곳에서 생성되지 않는 신호의 경우에는 수화공간의 상대적인 위치가 그 신호의 위치가 된다. (고/저나 동측성/대측성을 예로 들 수 있다.)

음성언어에서처럼, 이 기준들 중 하나라도 변화가 일어나면 새로운 단어가 생성된다. 음성언어에서 유무성의 차이나 성조의 차이 때문에 의미가 다른 단어가 생성되는 것처럼, 수화에서도 위치, 손모양, 손의 움직임에 변화가 일어나면 의미가 다른 신호가 생성된다. 예를 들어 'father'를 의미하는 신호와 'fine'을 의미하는 신호는 단지 조음위치만 다를 뿐이다. 두 신호 모두 다섯 손가락을 편 채로 생성되는데, 'father'의 경우에는 엄지가 수화자의 턱에 닿고 'fine'의 경우에는 가슴에 닿는다.

양손으로 이루어지는 신호도 있고 한 손으로 이루어지는 신호도 있다. 한 손으로 이루어지는 신호는 수화자의 입장에서 볼 때 편한 손으로 생성된다. 즉 오른손잡이는 오른손으로, 왼손잡이는 왼손으로 신호가 형성된다. 양손으로 신호를 할 때 각각의 손이 독립적인 조음기관인 것처럼 두 손을 독립적으로 사용하는 수화는 없다. 두 손은 항상 함께 움직인다. 음성언어에서 음을 생성하기 위해 성도의 여러 부분들이 함께 움직이는 것과 같다. 그리고 음성언어에 단어의 차이를 유발하지 않는 음성자질이 있는 것처럼 (예를 들어, 영어에서 자음의 길이) 미국수화에서도 오른손과 왼손의 차이는 의미에 영향을 주지 않는다.

음성언어와 수화의 기저에 동일한 인지체계가 존재한다는 사실을 고려해 볼 때, 음과 신호의 구성에 있어서의 유사성은 놀라운 것이 아니다.

요약 Summary

언어음에 관한 연구를 음성학이라고 한다. 음성학의 목표는 전 세계의 인간언어에 존재하는 모든 음을 기술하고 구별하기 위해서 필요한 일련의 속성들을 제시하는 것이다.

우리가 말할 때 생성하는 물리적인 음은 연속적이며, 연속된 변별적 언어 요소들의 물리적인 묘사다. 우리가 어떤 언어를 알고 있을 때 우리는 연속적인 말을 개별적인 음과 단어들로 분절할 수 있다.

영어와 그 외의 언어에서 볼 수 있는 철자와 음의 불일치 때문에 음성기호가 개발되어 하나의 글자(음성기호)는 반드시 하나의 음에 대응하게 된다. 현재 사용되고 있는 주요 음성기호는 국제음성기호(IPA)인데 여기에는 수정된 로마자, 그리고 글자 위나 아래에 붙이는 발음구별부호가 포함된다. 이 기호들을 사용하면 모든 인간언어의 음들을 나타낼 수 있다. 정서법과 음성표기를 구분하기 위해서 우리는, *phonetic*을 [fə̃nɛrɪk]로 표기하는 것처럼, 음성표기를 대괄호 안에 넣는다.

영어의 모든 음은 폐의 공기가 성도를 거쳐 이동함으로써 생성된다. 폐에서 나온 공기는 성문, 즉 성대와 성대의 사이를 통과하여 인두로 올라가고 구강을 통하여 (혹은 비강을 통하여) 입이나 코로 빠져 나간다.

인간의 언어음은 음성자질에 따라 몇 가지 부류로 나누어진다. 모든 언어음은 자음 아니면 모음이다. 그리고 모든 자음은 저해음 아니면 공명음이다. 자음은 성도에서 기류의 장애를 받는데 장애가 일어나는 위치에 따라서 조음위치가 결정된다. 조음위치에 따라서 자음은 양순음, 순치음, 치경음, 구개음, 연구개음, 목젖음, 또는 성문음으로 구별할 수 있다.

자음은 또한 조음방식에 따라 추가적으로 분류된다. 자음은 유성음이거나 무성음이고, 구강음이거나 비음이다. 자음은 또한 장음이거나 단음이다. 자음은 폐쇄음, 마찰음, 파찰음, 유음, 또는 활음일 수 있다. 유성음을 생성할 때는 성대가 맞닿아 진동이 발생하며, 무성음을 생성할 때는 성대가 떨어져서 진동이 일어나지 않는다. 자음은 또한 특정한 자질에 따라서 순음, 설정음, 전방음, 치찰음 등과 같은 더 큰 집단을 형성할 수 있다.

모음은 음절의 핵을 형성한다. 모음은 혀와 입술의 위치에 따라 달라진다. 고모음, 중모음, 저모음으로 구별된다. 또한 전설모음, 중설모음, 후설모음으로 구별되며, 원순모음과 평순모음으로 구별되기도 한다. 영어의 모음은 긴장모음이거나 이완모음이다. 긴장모음은 이완모음에 비해서 길이가 약간 더 길고 혀의 높이가 약간 더 높다. 모음은 또한 강세모음이거나 비강세모음이다. (강세모음이 비강세모음보다 더 길고 더 높고 더 세다.) 모든 언어에서 대부분의 모음은 구강음이기는 하지만, 자음과 마찬가지로 모음도 비음일 수도 있고 구강음일 수도 있다.

길이, 높이, 세기, 강세는 운율자질, 즉 초분절자질이다. 이들은 음절 속에 있는 음들의 분절값 위에 부과된다. 많은 언어에서 음절의 음높이나 성조는 언어학적으로 중요하다. 예를 들어 동일한 분절음으로 이루어진 두 단어라도 의미가 다를 수 있다. 만약 한 단어의 성조가 높고 다른 단어의 성조가 낮다면 그런 언어를 성조어라고 한다. 구(phrase) 전체에 걸친 음높이의 상승이나 하강이 의미에 영향을 주는 언어도 있는데 이런 언어를 억양어라고 한다.

영어와 다른 많은 언어들은 *cóntent*와 *contént*처럼 강세를 사용해서 단어를 구별한다. 어떤 언어에서는 장모음, 장자음이 단모음, 단자음과 변별된다. 그래서 일본어에서 *biru* [biru]와 *biiru* [*bi:ru*], *saki* [saki]와 *sakki* [*sak:i*]는 각각 다른 단어다.

비음화, 길이, 강세, 성조와 같은 자질들을 명시하기 위해서 사용하는 발음구별부호들을 음성기호와 결합하여 상세음성표기를 나타낼 수 있다. 예를 들어 *men*의 음성표기에 비음화된 모음을 나타내는 부호˜를 써서 [mɛ̃n]로 표기할 수 있다.

수화언어에는 음성언어와 유사한 '음성' 자질이 있다. 미국수화에는 손의 모양, 동작, 위치 자질이 있다. 음성언어에서처럼 이런 변수들 중 하나라도 변화가 있으면 새로운 단어가 생성된다. 다음 장에서는 자질들이 가지는 의미변화의 속성에 대해서 보다 더 상세히 다루게 된다.

참고문헌

Catford, J. C. 2001. *A practical introduction to phonetics, 2nd ed.* New York: Oxford University Press.

Crystal, D. 2003. *A dictionary of linguistics and phonetics, 5th ed.* Oxford, UK: Blackwell Publishers.

Emmorey, K. 2002. *Language, cognition and the brain: Insights from sign language research.* London, UK: Routledge.

Fromkin, V. A. (ed.). 1978. *Tone: A linguistic survey.* New York: Academic Press.

International Phonetic Association. 1999. *Handbook of the International Phonetic Association.* Cambridge, UK: Cambridge University Press.

Ladefoged, P. 2005. *Vowels and consonants, 2nd ed.* Oxford, UK: Blackwell Publishers.

Ladefoged, P. and Johnson, K. 2011. *A course in phonetics, 6th ed.* Boston, MA: Wadsworth, Cengage Learning.

Ladefoged, P., and I. Maddieson. 1995. *The sounds of the world's languages.* Oxford, UK: Blackwell Publishers.

Laver, J. 1994. *Principles of phonetics.* Cambridge, UK: Cambridge University Press.

Pullum, G. K., and W. A. Ladusaw. 1995. *Phonetic symbol guide.* Chicago: University of Chicago Press.

Sandler, W. and Lillo-Martin, D.C. 2005. *Sign language and linguistic universals.* Cambridge, UK: Cambridge University Press.

연습문제

1. 당신의 발음을 기준으로 삼아 각 단어 첫 음의 음성기호를 제시하라.

예: ooze	[u]	psycho	[s]
a. judge	[ ]	f. thought	[ ]
b. Thomas	[ ]	g. contact	[ ]
c. though	[ ]	h. phone	[ ]
d. easy	[ ]	i. civic	[ ]
e. pneumonia	[ ]	j. usual	[ ]

2. 각 단어 끝 음의 음성기호를 제시하라.

예: *boy* [ɔɪ] (이중모음은 하나의 음으로 간주하라.)

a. fleece	[ ]	f. cow	[ ]
b. neigh	[ ]	g. rough	[ ]
c. long	[ ]	h. cheese	[ ]
d. health	[ ]	i. bleached	[ ]
e. watch	[ ]	j. rags	[ ]

3. 당신의 발음을 기준으로 삼아 다음 각 단어를 음성표기로 나타내라.

예: *knot* [nat], *delightful* [dilaɪtfəl] or [dəlaɪtfəl]. 다음 단어들 중 일부는 동일하게 발음할 수도 있다.

a. physics	h. Fromkin	o. touch
b. merry	i. tease	p. cough
c. marry	j. weather	q. larynx
d. Mary	k. coat	r. through
e. yellow	l. Rodman	s. beautiful
f. sticky	m. heath	t. honest
g. transcription	n. "your name"	u. president

4. 다음은 Lewis Carrol의 시 "The Walrus and the Carpenter"의 한 구절을 음성표기로 나타낸 것이다. 이것을 표기한 사람의 발음이 당신의 발음과 다를 수도 있다. 맞는 발음이 여러 가지일 수도 있다. 그러나 각각의 줄에는 어떤 미국영어 화자도 인정할 수 없는 중대한 오류가 하나씩 존재한다. 불필요한 기호가 포함되어 있을 수도 있고, 필요한 기호

가 빠져 있을 수도 있고, 잘못된 기호가 사용되었을 수도 있다. 제시된 음성표기가 **협의**의 표기라는 점을 고려하라. 비음화된 모음이나 기식음도 표시되어 있다. 이는 상세표기를 보여주기 위해서다. 그렇지만 기식음이나 비음화된 모음과 관련된 오류는 전혀 없다. 오류가 있는 단어를 찾아서 올바른 음성기호를 제시하라.

	수정
a. ðə t^{h}ãɪm hæz cʌ̃m	[k^{h}ʌ̃m]
b. ðə wɔlrəs sed	
c. t^{h}u t^{h}ɔlk əv mɛ̃ni θĩŋz	
d. əv ʃuz ãnd ʃɪps	
e. æ̃nd silĩŋ wæx	
f. əv k^{h}æbəgəz æ̃nd k^{h}ĩŋz	
g. æ̃nd waɪ ðə si ɪs bɔɪlĩŋ hat	
h. æ̃nd wɛθər p^{h}ɪgz hæv wĩŋz	

5. 다음 단어들은 모두 (비음화나 기음과 같은 세부 자질들을 생략한) 광의의 음성표기로 제시된 영어 단어들이다. 각 단어를 정상 영어철자로 표기하라.

a. [hit]
b. [strok]
c. [fez]
d. [ton]
e. [boni]
f. [skrim]
g. [frut]
h. [pritʃər]
i. [krak]
j. [baks]
k. [θæŋks]
l. [wɛnzde]
m. [krɔld]
n. [kanʧiɛnʧəs]
o. [parləmɛntæriən]
p. [kwəbɛk]
q. [pitsə]
r. [bərak obamə]

s. [mɪt ramni]

t. [tu θaʊzənd ænd twɛlv]

6. 다음 각 음성학적 기술에 해당하는 음성기호를 제시하고 그 음을 포함하는 영어 단어를 제시하라.

예: 유성치경폐쇄음 [d] dough

a. 무성양순무기폐쇄음 [ ]

b. 전설저모음 [ ]

c. 설측유음 [ ]

d. 연구개비음 [ ]

e. 유성치간마찰음 [ ]

f. 무성파찰음 [ ]

g. 구개활음 [ ]

h. 전설중이완모음 [ ]

i. 후설고긴장모음 [ ]

j. 무성유기치경폐쇄음 [ ]

7. 다음 각 쌍의 단어들에서 ***굵은 이탤릭체***로 표시된 음들은 하나 또는 그 이상의 음성자질이 다르다. 각각의 음들의 음성기호를 제시하라. 그리고 그 음들의 차이를 진술하고 또한 그들이 어떤 공통속성을 가지고 있는지 진술하라.

예: cl***ea***n—cl***ea***nse [i]-[ɛ]

clean의 ***ea***는 high(고모음)이며 tense(긴장모음)이다.

cleanse의 ***ea***는 mid(중모음)이며 lax(이완모음)이다.

둘 다 모음이다.

a. ba***th***—ba***th***e

b. redu***c***e—redu***c***tion

c. c***oo***l—c***o***ld

d. wi***f***e—wi***v***es

e. cat***s***—dog***s***

f. i***m***polite—i***n***decent

8. 오래 전에 영국의 한 신문에 발표되었던 "Brush Up Your English"라는 제목의 시다. 이탤릭체로 된 단어들의 음성표기를 제시하라.

I take it you already ***know***

Of ***tough*** and ***bough*** and ***cough*** and ***dough***?
some may stumble, but not ***you***,
On ***biccough***, ***thorough***, ***slough*** and ***through***?
So now you are ready, perhaps
To learn of less familiar traps?
Beware of ***heard***, a dreadful ***word***
That looks like ***beard*** and sounds like ***bird***.
And ***dead***, it's ***said*** like ***bed***, not ***bead***;
For goodness's sake, don't call it ***deed***!
Watch out for ***meat*** and ***great*** and ***threat***.
(They rhyme with ***suite*** and ***straight*** and ***debt***.)
A ***moth*** is not a moth in ***mother***,
Nor ***both*** in ***bother***, ***broth***, in ***brother***.[1]

9. 각 그룹의 음들이 어떤 음성자질을 공유하는지 진술하라.

예: [p] [b] [m]　　　자질: 양순음, 폐쇄음, 자음

a. [g] [p] [t] [d] [k] [b]
b. [u] [ʊ] [o] [ɔ]
c. [i] [ɪ] [e] [ɛ] [æ]
d. [t] [s] [ʃ] [p] [k] [ʧ] [f] [h]
e. [v] [z] [ʒ] [ʤ] [n] [g] [d] [b] [l] [r] [w] [j]
f. [t] [d] [s] [ʃ] [n] [ʧ][ʤ]

10. 제시된 광의음성표기에 대한 일반적인 영어철자를 제시하라.

a. nom ʧamski iz e lingwɪst hu tiʧəz æt ɛm aɪ ti
b. fənɛtɪks ɪz ðə stʌdi əv spiʧ saʊndz
c. ɔl spokən læŋgwɪʤəz juz saʊndz prədust baɪ ðə ʌpər rɛspərətɔri sɪstəm
d. ɪn wʌn daɪəlɛkt əv ɪŋglɪʃ kat ðə naʊn ænd kɔt ðə vərb ar prənaʊnst ðə sem
e. sʌm pipəl θɪŋk fənɛtɪks ɪz vɛri ɪntərɛstɪŋ
f. vɪktɔrijə framkən rabərt radmən ænd ninə haɪəmz ar ðə ɔθərz əv ðɪs bʊk

[1] T.S. Watt, "Brush Up Your English," *Guardian*, June 21, 1954. Copyright Guardian News & Media Ltd 1954. Reprinted by permission.

11. A의 음들과 B의 음들을 구별해 주는 음성자질이 무엇인지 밝혀라.

	A	B
a.	[i] [ɪ]	[ʊ] [u]
b.	[p] [t] [k] [s] [f]	[b] [d] [g] [z] [v]
c.	[p] [b] [m]	[t] [d] [n] [k] [g] [ŋ]
d.	[i] [ɪ] [u] [ʊ]	[e] [ɛ] [o] [ɔ] [æ] [a]
e.	[f] [v] [s] [z] [ʃ] [ʒ]	[ʧ] [ʤ]
f.	[i] [ɪ] [e] [ə] [ɛ] [æ]	[u] [ʊ] [o] [ɔ]

12. 각 쌍의 두 음의 조음방식이 같은 것을 찾아내고 그 조음방식이 무엇인지 제시하라.

a. [h] [ʔ]
b. [r] [w]
c. [m] [ŋ]
d. [ð] [v]
e. [r] [t]
f. [f] [ʃ]
g. [k] [θ]
h. [s] [g]
i. [j] [w]
j. [j] [ʤ]

13. **Part 1.**

다음 모음 중 어떤 모음이 이완모음이고 어떤 모음이 긴장모음인지 밝혀라.

a. [i]
b. [ɪ]
c. [u]
d. [ʌ]
e. [ʊ]
f. [e]
g. [ɛ]
h. [o]
i. [ɔ]
j. [æ]
k. [a]
l. [ə]
m. [aɪ]
n. [aʊ]
o. [ɔɪ]

Part 2.

감탄사가 아닌 정상적인 영어 단어 중에서, Part 1의 각 모음이 바로 앞에 오고 [ʃ]로 끝나는 1음절로 된 단어를 생각해 보라. 이들 중에서 영어 단어로서 가능한 (또는 실제) 단어는 어느 것인가? 그리고 영어 단어로서 불가능한 단어는 어느 것인가?
예: *push* [pʊʃ]는 실제 영어 단어다. *nish* [nɪʃ]는 가능한 단어다. 그러나 [-aɪʃ]로 끝나는 단어는 영어에서 불가능하다.

Part 3.

그런 단어들 중 대부분의 경우 모음은 긴장모음인가 아니면 이완모음인가?

14. 최소한 여섯 개의 서로 다른 단모음과 2개의 서로 다른 이중모음을 포함하는 하나의 문장을 만들고 그 문장을 협의의 음성표기로 제시하라.

15. 영어의 전설모음 [i], [ɪ], [e], [ɛ], [æ]은 모두 평순모음이다. 그러나 프랑스어와 같은 많은 언어에는 전설원순모음이 있다. 다음에 제시되는 3개의 프랑스어 단어는 전설원순모음을 가지고 있다. 전설원순모음의 IPA 기호를 찾아 세 단어의 음성표기를 제시하라. (힌트: 이 책에 소개된 참고문헌이나 Google을 활용하라.)
   a. *tu* 'you'의 모음은 전설원순고모음이며 음성기호 [　]로 표기한다.
   b. *bleu* 'blue'의 모음은 전설원순중모음이며 음성기호 [　]로 표기한다.
   c. *heure* 'hour'의 모음은 전설원순저모음이며 음성기호 [　]로 표기한다.

16. **도전 문제**
   A. 연습문제 13의 Part 1에서 [ə]를 제외한 모든 모음을 찾고 그 모음 뒤에 바로 [t]가 오는 단음절 단어를 찾아 그 단어의 철자와 음성표기를 제시하라.
   예: *beat* [bit], *foot* [fʊt]
   B. 같은 방식으로 [r]로 끝나는 단음절 단어를 찾아 그 단어의 철자와 음성표기를 제시하라.
   C. 같은 방식으로 [ŋ]으로 끝나는 단음절 단어를 찾아 그 단어의 철자와 음성표기를 제시하라. 당신의 영어에서 어떤 경우에 그런 단어가 나타나지 않는지 밝혀라.
   D. 연습문제 13의 Part 1부터 Part 3까지의 문제를 풀면서 각각의 경우에 발견하는 단어의 수에 차이가 있는가?
   E. B에서 찾은 단어들의 모음은 대체로 긴장음인가 이완음인가? C는 어떠한가?
   F. 이 연습문제를 풀 때 어떤 어려움이 있는지 간단히 요약하라.

17. 왼쪽에는 유명작가들의 이름이 있고 오른쪽에는 그들의 대표작이 하나씩 있다. 작가와 작품을 서로 연결하고 작가의 이름과 작품을 일반적인 철자로 표기하라.

예: a. [dɪkə̃nz]　　1. [ələvər t^{h}wɪst]

답 a-1 (Dickens, Oliver Twist)

b. [sɛrvãntɛs]　　2. [ə ferwɛl t^{h}u armz]

c. [dãnte]　　3. [æ̃nə̃məl farm]

d. [dɪkə̃nz]　　4. [dő̃n kihote]

e. [ɛliət]　　5. [greps ʌv ræθ]

f. [hɛ̃mĩŋwe]　　6. [gret ɛkspɛkt^{h}eʃə̃nz]

g. [hõmər]　　7. [gʌlɪvərz t^{h}rævəlz]

h. [mɛlvɪl]　　8. [hæ̃mlət]

i. [ɔrwɛl]　　9. [mobi-dɪk]

j. [ʃekspir]　　10. [saɪləs marnər]

k. [staĩnbɛk]　　11. [ðə divaĩn k^{h}ãmədi]

l. [swɪft]　　12. [ðə ɪliəd]

m. [t^{h}ɔlstɔɪ]　　13. [t^{h}ãm sɔɪjər]

n. [t^{h}wẽn]　　14. [wɔr æ̃nd p^{h}is]

6

음운론: 언어의 음체계

Phonology: The Sound Patterns of Language

전 세계에 존재하는 언어의 수와 이 모든 언어에서 사용되는 음(speech sound)의 수 중에서 어느 것이 더 많을까? 지구상에는 수천 개의 언어가 있다. 그러나 이들 언어에서 사용되는 음은 겨우 수백 개일 뿐이다. 그중 일부에 대해 우리는 앞 장에서 살펴보았다. 더욱 놀라운 것은, 인간의 언어에 나타나는 모든 음을 유·무성, 양순과 같은 단지 수십 개의 자질만을 사용하여 기술할 수 있다는 점이다.

그렇다면 언어마다 음이 왜 그렇게 다르게 들리느냐고 당신은 질문할지도 모른다. 한 가지 이유는 언어마다 음들이 서로 다른 체계를 형성한다는 사실 때문이다. 영어에는 비음화된 모음이 있지만 이런 모음은 오직 비강자음이 있는 음절에만 나타난다. 포르투갈 사람들은 원하는 곳이면 어느 곳에서든, 비강자음이 있든 없든 간에, 비강모음을 생성한다. 영어 단어 *song*의 끝 음, 즉 연구개비음 [ŋ]는 절대로 단어의 첫 음이 될 수 없다. 그러나 베트남어에서는 이 음이 단어의 첫 음이 될 수 있다. *Nguyen*으로 표기되는, 베트남 사람의 아주 흔한 이름의 첫 음이 바로 이 음이다. 우리가 이 이름을 제대로 발음하지 못하는 이유는 이 단어가 영어의 음성체계를 따르지 않기 때문이다. 특정한 음을 발음할 수 있는 능력은 자신의 언어(들)의 음성체계를 알고 있느냐에 달려 있다.

언어음이 어떻게 체계를 형성하는가에 대한 연구가 음운론(phonology)이다. 이 체계는 영어에서 연구개비음은 음절의 첫 음이 될 수 없다는 사실처럼 단순할 수도 있고, 왜 *sign*의 *g*는 발음되지 않는 반면 *signature*의 *g*는 발음이 되는지와 같이 복잡할 수도 있다. 이것이 체계이고 일회적인 예외가 아니라는 것을 이해하려면 *autumn*과 *autumnal*의 이해하기 힘든 *n*, 그리고 *bomb*과 *bombard*의 혼란스러운 *b*를 생각해 보라.

'phonology'라는 단어는 화자가 자기 언어의 음성체계에 대해서 알고 있는 언어적 지식을 지칭하며 또한 언어학자들이 도출해 내려고 하는, 언어적 지식에 대한 기술을 지칭한다. 따라서 우리가 문법을 정의하는 방식과 비슷한 방식으로 음운론을 정의할 수 있다. 문법은 당신의 언어에 관해서 마음/정신 속에서 당신이 알고 있는 것 또는 당신이 알고 있는 것에 관한 언어학자들의 기술이다.

음운론은 당신의 모국어에 어떤 음들이 존재하는지 그리고 어떤 음들이 외국어의 음인지 알려준다. 음운론은 당신의 모국어에서 어떤 음들을 결합하면 (당신의 언어에서 가능한) 단어가 될 수 있는지 알려준다. 그것이 *black*과 같이 실제 단어이든 (실제 영어 단어가 아닌) *blick*과 같은 가상의 단어이든 상관없다. 음운론은 또한 어떤 음들을 결합하면 (*mbik처럼) 당신의 언어에서 단어로서 불가능하다는 것도 알려준다. 음운론은 또한 단어를 구별할 때 어떤 음성자질이 중요한지(예를 들어 영어의 *pat*과 *bat*을 구별해 주는 유·무성 자질처럼), 그리고 단어를 구별할 때 어떤 음성자질이 중요하지 않은지(예를 들어 영어의 모음에 나타나는 비음 자질처럼) 말해준다. 반면에 포르투갈어에서는 비음화된 모음의 *pão*는 'bread'를 의미하며 구강모음의 *pao*는 'stick'을 의미한다. 끝으로 음운론은 우리가 과거형이나 복수형과 같은 형태소들을 발음할 때, 그 형태소들이 나타나는 다양한 음운환경에 어울리도록 그 형태소들의 발음을 적절하게 조절할 수 있게 해 준다.

형태소의 발음 The Pronunciation of Morphemes

음운지식은 단어, 그리고 단어를 구성하는 성분인 형태소를 우리가 어떻게 발음하는지 결정한다. 종종 어떤 형태소들은 나타나는 상황에 따라 다르게 발음되는데, 이러한 변이를 (대체로 무의식적인) 음운규칙으로 기술하는 방법을 소개하고자 한다. 영어부터 예를 들어 설명하고 점차 다른 언어의 예들도 살펴본다.

복수형의 발음 The Pronunciation of Plurals

영어의 거의 모든 명사는 복수형이 있다: *cat/cats, dog/dogs, fox/foxes*. 당신은 복수를 나타내는 형태소가 어떻게 발음되는지에 대해서 주의를 기울여 본 적이 있는가? 영어화자가 (당신이 영어화자라면 당신 자신이) 다음 명사들의 복수형을 어떻게 발음하는지 들어보라.

A	**B**	**C**	**D**
cab	cap	bus	child
cad	cat	bush	ox
bag	back	buzz	mouse

love	cuff	garage	criterion
lathe	faith	match	sheep
cam		badge	
can			
bar			
spa			
boy			

A에 속한 단어들의 복수명사의 끝 음은 유성치경마찰음인 [z]다. B에 속한 단어들의 경우 복수형 어미는 무성치경마찰음인 [s]다. C의 경우에는 [əz]다. 이제 하나의 형태소가 다르게 발음되는 첫 번째 예를 소개한다. 그리고 A, B, C에는 규칙성이 존재하지만 D에는 규칙성이 존재하지 않는다는 점을 주목하라. D에 제시된 단어들의 복수형들은 (*children, oxen, mice, criteria, sheep*) 영어를 (모국어로 또는 외국어로) 배울 때 개별적으로 암기해야 하는 특별한 예외의 경우들이다. 이 단어들의 복수형을 개별적으로 외워야 하는 이유는 그것들을 예측할 수 있는 방법이 없기 때문이다.

이 복수형태소를 발음하는 방법을 우리는 어떻게 아는가? *-s* 또는 *-es*라는 철자는 도움이 되지 않는다. 왜냐하면 철자 z는 나타나지 않기 때문이다. 하지만 당신이 영어를 안다면 당신은 앞에서 우리가 말한 대로 발음한다. 이런 종류의 질문을 받게 될 경우, 각각의 변이형이 나타나는 음운환경을 기록한 도표를 만들면 도움이 된다. [형태소의 변이형을 전문용어로 **이형태**(allomorph)라고 한다]. A, B, C의 단어들을 광의의 음성표기로 표기해 보면 복수형태소의 첫 번째 도표를 (그리고 '음운분석'의 첫 번째 예를) 얻을 수 있다.

이형태	환경
[z]	[kæb], [kæd], [bæg], [lʌv], [leð], [kæm], [kæn], [bæŋ], [kɔl], [bar], [spa], [bɔɪ] 등의 뒤에서. 예: [kæbz], [kædz] … [bɔɪz]
[s]	[kæp], [kæt], [bæk], [kʌf], [feθ] 등의 뒤에서. 예: [kæps], [kæts] … [feθs]
[əz]	[bʌs], [bʊʃ], [bʌz], [gəraʒ], [mætʃ], [bædʒ] 등의 뒤에서. 예: [bʌsəz], [bʊʃəz] … [bædʒəz]

복수형이 발음되는 방식의 이면에 존재하는 체계를 알아내기 위해서 우리는 각각의 이형태 집단과 연관된 환경의 어떤 속성을 찾아본다. 예를 들어 [kæb]이나 [lʌv]의 어떤 속성 때문에 그 복수형이 [s]나 [əz]가 아니라 [z]가 되는가?

연구를 돕기 위해서 우리는 단어목록 중에서 **최소대립쌍**(minimal pair)이 있는지 찾아

본다. 최소대립쌍이란 같은 위치에 오는 한 음만 다르고 나머지 음은 모두 같은, 그리고 의미가 다른 2개의 단어를 말한다. 예를 들어 *cab* [kæb]과 *cad* [kæd]는 최소대립쌍이며 끝 음만 다르다. 반면에 *cat* [kæt]과 *mat* [mæt]은 첫 음만 다른 최소대립쌍이다. 위의 목록에서 *cap/cab*, *bag/back*, *bag/badge*도 최소대립쌍이다.

최소대립쌍을 이루는 두 단어가 서로 다른 이형태를 취하는 경우가 특히 우리의 연구에 유용하다. *cab* [kæb]과 *cap* [kæp]을 예로 들어보자. 복수형을 형성할 때 이들은 각각 [z]와 [s]라는 이형태를 취한다. 이 경우 두 단어의 마지막 음이 중요한 역할을 한다는 것이 분명하다. 왜냐하면 두 단어는 마지막 음만 다르고 나머지는 동일하기 때문이다. *bag* [bæg]과 *badge* [bædʒ]도 마찬가지다. 각 단어의 끝 음에 의해서 선택되는 이형태, 즉 [z]와 [əz]가 결정된다.

분명히 영어에서 복수형 이형태의 분포는 단수형의 끝 음에 의해서 결정된다. 이제 끝 음만 고려하여 도표를 더 간결하게 만들 수 있다. ([ɔɪ]와 같은 이중모음은 단일음으로 간주한다.)

이형태	환경
[z]	[b], [d], [g], [v], [ð], [m], [n], [ŋ], [l], [r], [a], [ɔɪ] 뒤에서.
[s]	[p], [t], [k], [f], [θ] 뒤에서.
[əz]	[s], [ʃ], [z], [ʒ], [ʧ], [ʤ] 뒤에서.

이제 영어의 복수형이 왜 이런 체계를 따르는지 알아보자. 우리는 이런 유형의 질문에 대해서 답할 때 항상 이형태를 결정하는 음들의 음성자질을 점검한다. 그렇게 해 보면 [əz]를 취하는 음들이 치찰음이라는 속성을 공유한다는 것을 알 수 있다. 치찰음이 아닌 경우, 무성음은 복수형 [s]를 취하며 유성음은 복수형 [z]를 취한다. 이제 훨씬 더 보편적인 용어로 규칙을 진술할 수 있다.

이형태	환경
[z]	치찰음이 아닌 유성음 뒤에서.
[s]	치찰음이 아닌 무성음 뒤에서.
[əz]	치찰음 뒤에서.

이런 규칙을 더더욱 간결하게 만들 수 있는 방법은 복수형태소의 기본형 또는 기저형이 '복수'를 의미하는 /z/라고 가정하는 것이다. 즉 /z/가 복수형의 본래 발음이라는 것이다. 다음 규칙은 /z/가 본래대로 발음되지 않을 때가 언제인지를 우리에게 말해준다.

규칙 1. 규칙명사가 치찰음으로 끝나면 복수형태소 /z/ 앞에 [ə]를 삽입하여 [əz]로 만들어라.
규칙 2. 복수형태소 /z/ 앞에 무성음이 오면 /z/를 무성음 [s]로 전환하라. (이 규칙이 규칙 1

다음에 적용된다는 것이 중요하다.)

이 규칙들이 있으면 모든 규칙명사의 복수형의 음성형태, 즉 발음을 이끌어낼 수 있다. 복수형태소의 기저형이 /z/이기 때문에, 아무 규칙도 적용되지 않으면, 복수형태소는 [z]로 실현된다. 다음 도표는 *bus*, *butt*, *bug*의 복수형이 어떻게 형성되는지 보여준다. 맨 윗줄에는 기저형이 있다. 아래로 내려오면서 2개의 규칙 중에서 해당되는 규칙이 적용된다. 규칙 1의 출력(output)은 규칙 2의 입력(input)이 된다. 맨 아래에는 음성적 실현, 즉 그 단어들의 실제 발음이 있다.

	bus + pl.	*butt* + pl.	*bug* + pl.
기저표기	/bʌs + z/	/bʌt + z/	/bʌg + z/
	↓	↓	
규칙 1 적용	ə	NA*	NA
규칙 2 적용	NA	s	NA
음성표기	[bʌsəz]	[bʌts]	[bʌgz]

*NA는 '적용될 수 없음'을 의미함.

이 규칙들을 만들 때 규정한 것처럼, 규칙 1을 규칙 2보다 먼저 적용해야 한다. (본 장의 맨 뒤에 나오는 연습문제 6을 보라.) 만약 이 규칙들을 반대의 순서로 적용하면 다음의 도표처럼 *bus*의 복수형은 그릇된 음성형태가 된다.

기저표기	/bʌs + z/
	↓ ↓
규칙 2 적용	s
규칙 1 적용	ə
음성표기	*[bʌsəs]

복수형태소나 다른 형태소들의 음성형태를 결정하는 특정 음운규칙들은 **형태음운규칙**(morphophonemic rules)이라고 한다. 이런 규칙들은 특정한 형태소의 발음과 관계가 있다. 그러므로 *horse* [hɔrs]와 같은 단어의 경우 끝 음의 발음은 [s]다. /s/와 그 앞에 오는 /r/ 사이에 형태소 경계가 존재하지 않기 때문이다.

이형태의 또 다른 예들 Additional Examples of Allomorphs

영어 규칙동사의 과거형을 생성하는 방법은 규칙명사의 복수형을 만드는 방법과 비슷하다. 복수형에서처럼, *go/went, sing/sang, hit/hit*와 같이, 특정한 규칙을 따르지 않기 때문에 개별적으로 암기해야 하는 불규칙 과거시제가 있다. 또한 복수형에서처럼, 규칙동사의 과거시제 형태소는 [d], [t], [əd] 세 가지의 음성형태가 있다. 아래에 광의의 음성표기로 된 몇 몇 예들이 있다. A, B, C의 단어들을 살펴보고 규칙성을 찾아보라.

Set A: *gloat* [glot], *gloated* [glotəd]; *raid* [red], *raided* [redəd]
Set B: *grab* [græb], *grabbed* [græbd]; *hug* [hʌg], *hugged* [hʌgd]; *faze* [fez], *fazed* [fezd]; *plan* [plæn], *planned* [plænd]
Set C: *reap* [rip], *reaped* [ript]; *poke* [pok], *poked* [pokt]; *kiss* [kɪs], *kissed* [kɪst]; *fish* [fɪʃ], *fished* [fɪʃt]; *patch* [pæʧ], *patched* [pæʧt]

집단 A는 동사가 [t]나 [d]로 끝나면, 다시 말해서 비음이 아닌 치경폐쇄음으로 끝나면 과거형을 형성하기 위해서 [əd]를 추가한다는 것을 시사한다. 이것은 치찰음으로 끝나는 명사의 복수형을 만들기 위해서 [əz]를 더하는 것과 유사하다. 집단 B는 동사가 [d]를 제외한 유성음으로 끝나면 유성음 [d]를 더한다는 것을 보여준다. 집단 C는 동사가 [t]가 아닌 다른 무성음으로 끝나면 무성음인 [t]를 더한다는 것을 보여준다.

/z/가 복수형 형태소의 기저형이라고 한 것처럼, 여기서는 /d/를 과거시제 형태소의 기저형으로 간주한다. 규칙동사의 과거시제를 형성하는 규칙은 규칙명사의 복수형을 형성하는 규칙과 거의 같다. 이 규칙은 형태음운규칙이며 과거시제 형태소인 /d/에만 특수하게 적용된다. 복수형 규칙과 마찬가지로 규칙 1의 출력(output)은 규칙 2의 입력(input)이 된다. 이 규칙들은 순서에 따라 적용되어야 한다.

1. 규칙동사가 비음이 아닌 치경폐쇄음으로 끝나면 과거시제 형태소 앞에 [ə]를 추가해서 [əd]가 되게 하라.
2. 과거시제 형태소 바로 앞에 오는 음이 무성음이면 과거시제 형태소를 무성음 [t]로 전환하라.

영어에서 찾아볼 수 있는 이형태의 또 다른 두 예는 소유격 형태소와 3인칭 단수 형태소이며 철자는 *s* 또는 *es*다. 이 형태소들은 복수형 형태소와 완전히 동일한 규칙에 따라 완전히 동일한 음성형태를 취한다. 예를 들어 *ship*의 경우에는 [s]를 더해서 *ship's*를 만든다. *woman*의 경우에는 [z]를 결합하여 *woman's*를 형성한다. *judge*의 경우에는 [əz]를 추가해서 *judge's*를 생성한다. 동사 *eat, need, rush*의 경우도 마찬가지다. 이들의 3인칭 단수형은 각각 [s]가 결합되어 *eats*, [z]가 결합되어 *needs*, [əz]가 결합되어 *rushes*가 된다.

음운규칙이 개별단어에 기초하지 않고 분절음의 속성에 기초한다는 사실은 어린아이들이 모국어를 상대적으로 짧은 기간 안에 습득할 수 있게 해 주는 요인들 중의 하나다. 아이들은 명사마다 또는 동사마다 그것들의 복수 형태, 과거시제 형태, 소유격 형태, 3인칭 단수 형태를 개별적으로 배울 필요가 없다. 일단 규칙을 습득하고 나면 수천 개의 단어들의 형태를 자동적으로 알게 된다. 9장에서 언어 발달을 다룰 때 알게 되겠지만, 아이들은 성인의 언어에서는 문법적이지 않은 *mouses*, *mans*와 같은 형태를 생성하는데, 이는 아이들이 규칙을 습득하고 그 규칙을 지나치게 확대해서 적용한다는 것을 보여주는 분명한 증거다.

영어는 같은 형태소가 다른 음운환경에서 다르게 발음되는 유일한 언어가 아니다. 많은 언어에서 우리가 영어에 대해서 기록한 규칙들과 유사한 규칙으로 기술할 수 있는 형태소의 변이형들을 찾아볼 수 있다. 예를 들어 서아프리카의 Akan어의 부정형태소는 3개의 비음 이형태가 있다. 다음의 예들에서 보는 것처럼, *p* 앞에서는 [m], *t* 앞에서는 [n], 그리고 *k* 앞에서는 [ŋ]이다. ([mɪ]는 'I'를 의미한다.)

mɪ pɛ	'I like'	mɪ mpɛ	'I don't like'
mɪ tɪ	'I speak'	mɪ ntɪ	'I don't speak'
mɪ kɔ	'I go'	mɪ ŋkɔ	'I don't go'

이형태들의 분포를 기술하는 규칙은 다음과 같다.

비음 부정형태소의 조음위치를 바로 뒤에 오는 자음의 조음위치와 동일하게 변경하라.

방금 본 것처럼 비강자음의 발음을 변경하는 규칙은 비음의 조음위치가 뒤에 오는 자음의 조음위치와 같기 때문에 **동기관 비음규칙**(homorganic nasal rule)이라고 한다. 동기관이란 '같은 조음위치'를 의미한다. 이와 같은 동기관 비음규칙은 세계의 많은 언어에서 발견되는 흔한 규칙이다.

음소: 언어의 음운단위 Phonemes: The Phonological Units of Language

앞에서 다룬 음운규칙들은 특정한 형태소에만 적용된다. 그러나 어떤 형태소에 나타나든 항상 적용되는 음운규칙들도 있다. 이런 규칙들은 언어 전체의 음의 체계에 대해서 우리가 알고 있다는 것을 보여준다. 이번에는 **음소**와 **이음**(allophone)이라는 개념을 소개한다. 음소는 실제로 말하거나 듣는 음이 아니라 마음속에서 감지하는, 음의 기저형이다. 각각의 음소 그 자체는 화자의 마음속에 존재하는 추상적인 것인데 이 음소가 청각적으로 하나 또는 그 이상의 음으로 실현된다. 청각적으로 실현되는 이런 음들을 이음이라고 하는데 이들은 다양한 환경에서 그 음소에 해당하는, 인식 가능한 실제 음들이다. 예를 들어 음소 /p/는 *pit*에서는 기식이음인 [p^h]로 발음되고 *spit*에서는 기음이 아닌 [p]로 발음된다. 음운규칙들은 음소에 적용되어 어떤 환경에서 어떤 이음이 발음되는지 명시해준다.

이음의 예시 Illustration of Allophones

영어에는 모음이 비음화되는 환경을 결정하는 보편적인 음운규칙이 있다. 영어에서 구강모음과 비강모음이 모두 실제로, 음성적으로 나타난다는 것을 5장에서 살펴보았다. 다음 예가 이것을 보여준다.

bean	[bĩn]	bead	[bid]
roam	[rõm]	robe	[rob]

구강모음을 기저형, 즉 음소라고 가정하고 다음과 같은 음운규칙을 만들 수 있다.

모음은 같은 음절 안에 있는 비강자음 앞에서 비음화된다.

이 규칙은 영어 발음에 대해서 당신이 알고 있는 것, 즉 비강모음은 비강자음 앞에만 나타나고 그 외의 곳에서는 나타나지 않는다는 것을 나타내준다. 이 규칙의 결과는 표 6.1에 나타난다.

표가 보여주듯이, 영어에서 구강모음은 종성의 위치에 그리고 구강자음 앞에 나타나고 비음화된 모음은 비강자음 앞에만 나타난다. (별표가 붙은) 비단어들은 비음화된 모음이 종성에 또는 구강자음 앞에 올 수 없다는 것과 구강모음이 비강자음 앞에 올 수 없다는 것을 보여준다.

당신은 모음을 발음할 때 일어나는 이러한 변이를 인식하지 못할 수도 있다. 그러나 이는 아주 자연스러운 일이다. *bean*이라는 단어를 말하거나 들을 때, 그 단어의 모음이 비음이냐 아니냐에 따라 단어의 의미가 변하는 것은 아니다. 비음화가 일어나지 않으면 외국인의 말투처럼 약간 이상하게 들릴 수도 있다. 그러나 [bin]으로 발음하든 [bĩn]으로 발음하든 그것은 동일한 단어다. 마찬가지로 만약 당신이 *bead*의 모음을 비음화하여 [bĩd]로 발음하면, 청자는 당신이 감기에 걸렸거나 콧소리로 말을 한다고 생각할 수는 있지만 청자에게는 여전히 *bead*라는 단어로 들리게 된다. 영어에서 비음화는 본질적이지 않은 차이(inessential differences)이기 때문에 우리는 그것에 대해서 의식하지 못하는 경향이 있다.

이런 상황을 모음의 높이 변화와 비교해 보라. 당신이 *bead*를 말하려고 의도했는데 그 대신 *bed*라고 말을 했다면 중대한 차이가 발생한다. *bead*의 [i]와 *bed*의 [ɛ]는 서로 다른 음

표 6.1 비강모음과 구강모음: 단어와 비단어

단어						비단어		
be	[bi]	bead	[bid]	bean	[bĩn]	*[bĩ]	*[bĩd]	*[bin]
lay	[le]	lace	[les]	lame	[lẽm]	*[lẽ]	*[lẽs]	*[lem]

소에 속하는 음들이다. [i]를 [ɛ]로 바꾸거나 [ɛ]를 [i]로 바꾸게 되면 아주 다른 단어(또는 비단어)가 된다. 반면에 *bead*의 [i]와 비음화된 *bead*의 [ĩ]는 의미차이를 초래하지 않는다. 그렇다면 이 두 음은 같은 음소, 즉 추상적인 전설고모음에 속하며 이 음소를 사선 / /를 사용하여 /i/로 나타낸다.

영어에는 또한 무성폐쇄음 /p/, /t/, /k/가 기음이 되는 환경을 결정하는 음운규칙이 있다.

> 무성폐쇄음은 강세음절의 초성에 올 때 기음이 된다.

표 6.2는 기식폐쇄음과 무기폐쇄음의 분포를 보여준다.

무기폐쇄음이 나타나는 곳에는 기식폐쇄음이 나타나지 않으며 반대로 기식폐쇄음이 나타나는 곳에는 무기폐쇄음이 나타나지 않는다. 만약 당신이 원한다면 *spit*을 말할 때 기식음인 [pʰ]로 발음하여, [spʰɪt]처럼 발음할 수도 있을 것이다. 그리고 그 경우에도 청자는 *spit*이라는 단어로 알아들을 것이다. 청자는 아마도 당신이 단어들을 토해내고 있다고 생각할 것이다. 자음의 실체와 관련해서 기식의 여부는 본질적이지 않은 차이이기 때문에 우리는 (언어학자나 언어학을 전공하는 학생이 아니라면) 기식의 여부에 주목하지 않는다. 결론적으로 하나의 음소 /p/, 즉 추상적인 무성양순폐쇄음이라는 음소가 있고 이 음소는 음성환경에 따라 [pʰ] 또는 [p]로 발음될 수 있다.

이음의 세 번째 예로 다음 예들에서 볼 수 있는 무성치경폐쇄음을 살펴보자.

철자	**음소표기**	**음성표기**
tick	/tɪk/	[tʰɪk]
stick	/stɪk/	[stɪk]
blitz	/blɪts/	[blɪts]
bitter	/bɪtər/	[bɪɾər]

*tick*에서는 보통 기음인 [tʰ]가 오는 반면에 *stick*과 *blitz*에서는 무기음인 [t]가 온다. 그리고 *bitter*에서는 탄설음(flap)인 [ɾ]가 온다. 이 음들을 서로 바꾸어서 발음해도 단어의 의미는 변하지 않는다. bitter를 [tʰ]로 발음한다 해도 다른 단어로 바뀌지 않는다. 단순히 그 발음이 (대부분의 미국사람에게) 부자연스럽게 들릴 것이다.

표 6.2 무성기식폐쇄음의 분포

강세모음 앞의 음절 첫 음			음절초성 /s/ 뒤에서			비단어*		
[pʰ]	[tʰ]	[kʰ]	[p]	[t]	[k]			
pill	*till*	*kill*	*spill*	*still*	*skill*	[pɪl]*	[tɪl]*	[kɪl]*
[pʰɪl]	[tʰɪl]	[kʰɪl]	[spɪl]	[stɪl]	[skɪl]	[spʰɪl]*	[stʰɪl]*	[skʰɪl]*
par	*tar*	*car*	*spar*	*star*	*scar*	[par]*	[tar]*	[kar]*
[pʰar]	[tʰar]	[kʰar]	[spar]	[star]	[skar]	[spʰar]*	[stʰar]*	[skʰar]*

우리는 음소 /t/와 이 음소의 세 가지 이음인 [tʰ], [t], [ɾ]를 설정하여 *t*가 어떻게 발음되는지에 대해 우리가 알고 있는 것을 설명할 수 있다. 강세음절의 맨 앞에 무성기식폐쇄음 [tʰ]가 오며, /s/ 바로 앞이나 뒤에는 무기음 [t]가 오며, 강세 모음과 비강세 모음 사이에는 탄설음 [ɾ]이 온다는 것을 설명해 주는 음운규칙들을 주목한다.

음소와 음소를 찾는 방법 Phonemes and How to Find Them

음소는 음운론의 암흑물질과 같아서 물리적인 음이 아니며 따라서 직접적으로 관찰할 수 없다. 음소는 언어의 음운단위를 나타내는 추상적, 정신적인 표기다. 그리고 이 음운단위는 우리의 추상적, 정신적 사전에 있는 단어들을 나타내기 위해서 사용된다. 그리고 음운규칙들은 음소에 적용되어 단어의 발음을 결정한다.

한 음을 다른 음으로 대체하여 단어가 달라지는지 확인해 보는 것은 음소를 식별하는 좋은 방법이다. 다음 12개의 단어는 모음만 다른 단어들이다.

beat	[bit]	[i]	boot	[but]	[u]
bit	[bɪt]	[ɪ]	but	[bʌt]	[ʌ]
bait	[bet]	[e]	boat	[bot]	[o]
bet	[bɛt]	[ɛ]	bought	[bɔt]	[ɔ]
bat	[bæt]	[æ]	bout	[baʊt]	[aʊ]
bite	[baɪt]	[aɪ]	bot	[bat]	[a]

이들 중에서 두 단어를 선택하면 그 어느 단어든 최소대립쌍(같은 위치의 한 음만 다른 두 단어)이 된다. 단어의 차이를 초래하는 두 음은 서로 다른 음소에 속한다. [bid]와 [bĩd]는 서로 다른 단어가 아니다. 이 둘은 같은 단어의 변이형이다. 그러므로 [i]와 [ĩ]는 다른 음소에 속하는 것이 아니고 같은 음소의 두 가지 실현이다.

[b_t]로 된 최소대립어 집합을 통해서 우리는 영어에 적어도 12개의 모음 음소가 있다는 것을 추론할 수 있다. (이중모음은 단일모음의 기능을 하는 것으로 간주한다.) 이 12개의 음소에 *book* [bʊk]과 *beak* [bik]의 최소대립쌍에서 볼 수 있는 [ʊ]에 해당하는 음소를 추가할 수 있다. 또한 *boy* [bɔɪ]와 *buy* [baɪ]와 같은 최소대립쌍에서 찾을 수 있는 [ɔɪ]에 해당하는 음소를 더할 수 있다.

우리는 최소대립쌍 분석을 통해서 11개의 단일모음과 3개의 이중모음을 발견할 수 있다. /i/, /ɪ/, /e/, /ɛ/, /æ/, /u/, /ʊ/, /o/, /ɔ/, /a/, /ʌ/와 /aɪ/, /aʊ/, /ɔɪ/. (다른 영어 방언에서는 이와 다를 수도 있다.) 중요한 것은 이 모음 음소들 각각의 경우 비음화라는 음운규칙에 따라서 (적어도) 2개의 이음이 존재한다는 사실이다. 다시 말해서 각 모음 음소를 발음하는 방법이 (적어도) 두 가지가 존재한다. [i], [ɪ], [ɛ] 등과 같이 구강모음으로 발음될 수 있고 [ĩ], [ɪ̃], [ɛ̃] 등과 같이 비강모음으로 발음될 수도 있다.

한 음소의 특정한 실현/발음을 음(phone)이라고 한다. 한 음소의 실현들인 음들의 집단을 그 음소의 이음(allophones)이라고 한다. 영어에서 각 모음은 구강모음과 비강모음이라는 이음을 가진다. 이음의 선택은 임의로 아무렇게나 되는 것이 아니고 규칙에 의해서 결정된다(rule-governed).

음소와 그 음소의 이음들을 시각적으로 구별하기 위해서 음소의 경우에는 / /를 사용하고 음 또는 이음의 경우에는 [ ]를 사용한다. 예를 들어 [i]와 [ĩ]는 음소 /i/의 이음이고 [ɪ]와 [ɪ̃]는 음소 /ɪ/의 이음이다. 그러므로 음소적 차원에서는 *bead*와 *bean*을 /bid/와 /bin/으로 나타내고 이를 음소표기라고 한다. 영어의 구강모음과 비강모음의 분포에 관한 규칙은 이 단어들이 음성적 차원에서는 [bid]와 [bĩn]로 발음된다는 것을 보여준다. 발음은 음성표기로 표시되며 대괄호 안에 넣는다.

상보적 분포 Complementary Distribution

최소대립쌍은 한 언어에서 어떤 음들은 변별적이어서 *big*과 *dig* 같은 단어를 구별하는 데 사용된다는 것을 보여준다. 이러한 변별적 음들은 그 언어의 음소부류에 포함된다. 어떤 음들은 변별적이지 않고 따라서 단어를 구별하는 데 사용될 수 없다. 앞에서 영어의 [tʰ]와 [ɾ]를 변별적이지 않은 예로 들었는데, 따라서 [raɪtʰər]와 [raɪɾər]는 최소대립쌍이 아니고 *writer*를 발음하는 두 가지 방법이다.

영어의 구강모음과 비강모음 역시 변별적이지 않다. 게다가 표 6.3이 보여주는 것처럼, 각 모음 음소의 두 이음(구강모음과 비강모음)은 결코 같은 음운환경에 나타나지 않는다.

구강모음이 나타나는 곳에는 비강모음이 나타나지 않고 반대로 비강모음이 나타나는 곳에는 구강모음이 나타나지 않는다. 이런 의미에서 이 음들은 서로 보완적이거나 또는 상보적 분포(complementary distribution)를 이룬다고 한다. 표 6.2 역시 무성기식폐쇄음과 무성무기폐쇄음이 서로 상보적 분포임을 보여준다. 일반적으로 한 음소의 이음들은 상보적 분포를 이루며 결코 같은 환경에 나타나지 않는다.

상보적 분포는 음운론의 근본적인 개념이다. 재미있는 것은 상보적 분포가 일상생활에서도 나타난다는 것이다. 영어를 읽고 쓰는 일상적인 경험에 근거한 예들을 살펴본다.

첫 번째 예로 이 책에도 나오는 인쇄된(printed) 글자에 초점을 맞추어 본다. 인쇄된 영

표 6.3 영어음절에서 구강모음과 비강모음의 분포

	종성위치	비강자음 앞	구강자음 앞
구강모음	Yes	No	Yes
비강모음	No	Yes	No

어의 글자는 모두가 두 가지 변이형, 즉 소문자와 대문자로 되어 있다. (Ron이나 UNISEF와 같은) 고유명사나 두문자어(acronym)가 아닌 단어들에 관심을 국한시키면 글자를 쓰는 방식을 결정해 주는 간단한 규칙을 만들 수 있다.

문장의 첫 번째 글자이면 그 글자는 대문자로 쓴다.
그렇지 않으면 소문자로 쓴다.

고유명사와 두문자어를 제외한다고 해도 이 규칙은 대략적으로만 옳다. 그렇지만 일단 이 규칙으로 시작해 보자. 이 규칙은 글로 쓰여진 다음 문장들이 왜 이상하게 보이는지 설명해 준다.

phonology is the study of the sound patterns of human languageS.
pHONOLOGY iS tHE sTUDY of tHE sOUND pATTERNS oF hUMAN lANGUAGES.

이 '문장'들은 재미있는 방식으로 규칙을 위반한다. 그럼에도 불구하고 위 문장들이 무엇을 의미하는지 이해할 만하다. *beast*를 비음 [ĩ]를 넣어 [bĩst]라고 발음할 경우 우습게 들리지만 이해되는 것과 마찬가지다.

이 규칙이 맞는 만큼 영어의 대문자와 소문자는 상보적 분포를 이룬다. 대문자는 특정한 환경에 (즉 문장의 맨 앞에) 나타나고 소문자는 그 외의 다른 환경에 나타난다. 영어의 모든 모음에 각기 다른 구어(口語) 환경에 나타나는 구강이음과 비강이음이 있는 것처럼, 영어 알파벳의 모든 글자는 2개의 변이형태, 즉 각기 다른 문어(文語) 환경에 나타나는 2개의 이자(異子, allograph)가 있다. 말과 글 두 가지 경우에, 하나의 정신적 표상(음소 또는 글자)의 두 변이형은 결코 같은 환경에 나타나지 않으므로 상보적 분포를 이룬다. 두 변이형을 뒤바꿔서 쓰게 되면, 즉 구강모음 대신 비강모음을 쓰거나 소문자 대신 대문자를 쓰면 이상하게 들리거나 이상하게 보일 수는 있지만 말이나 글의 의미가 변하지는 않는다.

두 번째 예는 아마 당신이 초등학교에서 배웠을 필기체(cursive)다. 인쇄체 글자보다는 필기체 글자가 말을 하는 행위와 더 비슷하다. 필기체에서는 단어에 속한 각각의 글자가 (대체로) 다음 글자와 연결되어 있다. 말을 하는 동안 이웃하는 음들이 연결되는 것처럼. 다음 그림은 필기체로 된 단어의 각 글자들이 서로 연결되어 있기 때문에 같은 글자가 환경에 따라 다른 형태를 취하는 것을 보여준다.

글자 *l*이 *g* 뒤에서 (*glue*의 경우) 어떤 모양이며 *b* 뒤에서 (*blue*의 경우) 어떤 모양인지 비교해 보라. 전자의 경우에는 *l*이 줄의 바닥 근처에서 시작되지만 후자의 경우에는 *l*이 줄의 중간쯤에서 (즉 점선으로 표시된 곳에서) 시작된다. 다시 말해서 같은 글자인 *l*의 두 변이형이 있다. 글자 *l*의 위치에 따라서 의미가 달라지지 않는다. 글자 *l*이 어디서 시작하든 상관없이 항상 *l*이다. 이와 마찬가지로 영어의 모음이 비음화되느냐 안 되느냐는 의미에 영향을

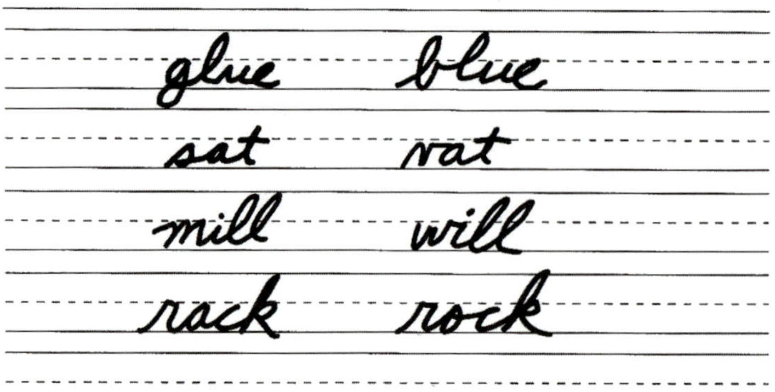

주지 않는다. 비음화되거나 비음화되지 않거나 여전히 같은 모음이다. 특정 단어에서 두 변이형 중 어떤 것이 나타날지는 바로 앞의 글자에 의해서 결정된다. 줄의 바닥 근처에서 시작하는 변이형은 줄의 바닥 근처에서 끝나는 *g*와 같은 글자 뒤에 나타난다. 줄의 중앙에서 시작하는 변이형은 줄의 중간쯤에서 끝나는 *b*와 같은 글자 뒤에 나타난다. 그러므로 *l*의 두 변이형은 상보적 분포를 이룬다.

이런 유형의 상보적 분포는 글자 *l*에 한정되지 않고 영어의 다른 필기체 글자들에도 나타난다. *sat*와 *vat*, *mill*과 *will*, *rack*과 *rock*을 각각 비교해 보면 *a*, *i*, *c*의 변이형들이 각각 상보적 분포를 이룬다는 것을 알 수 있다. 그리고 모든 경우에 어떤 변이형이 나타날지는 바로 앞의 글자에 의해서 결정되며 따라서 상보적 분포의 결과가 초래된다.

마지막으로 Superman과 Clark Kent, Batman과 Bruce Wayne, 그리고 Dr. Jekyll과 Mr. Hyde는 (이 가공의 인물들을 잘 아는 사람들에게) 시간이라는 측면에서 상보적 분포를 이룬다. 특정한 시점에 그 개인은 동일인의 두 모습(alter egos) 중에서 이 모습 아니면 저 모습이다.

유사성의 필요 The Need for Similarity

어떤 음들이 상보적 분포를 이루면 그 음들은 서로 변별되지 않는다. 한 음을 다른 음으로 대치해도 단어의 의미가 변하지 않는다. 비록 전형적인 영어발음처럼 들리지는 않겠지만. 언어에서 이런 음의 체계에 관한 사실들을 고려해 볼 때 음소는 상보적 분포를 이루는, 음성학적으로 비슷한 음부류의 기저가 되는 음이라고 정의할 수 있다. 특정한 음소가 모든 상황에서 동일한 하나의 음으로 실현될 수도 있기 때문에 음부류는 단 하나의 음으로 구성될 수도 있다. 이 음소의 경우 하나의 이음만 존재하는 것이다.

음집합에 둘 이상의 이음이 존재할 경우, 이음인지 아닌지를 결정할 때 상보적 분포만으로는 충분하지 않다. (한 음소에 속하는) 음들은 음성학적으로 비슷해야 한다. 다시 말해서 대부분의 음성자질을 공유해야 한다. 영어에서 연구개비음 [ŋ]와 성문마찰음 [h]는 상보적 분포를 이룬다. 즉 [ŋ]은 어두(語頭)에 나타나지 않으며 [h]는 어말(語末)에 나타나지 않는다. 그러나 이 둘이 공유하는 음성자질은 거의 없다. [ŋ]은 유성연구개비강폐쇄음이고 [h]는 무성성문마찰음이다. 그러므로 이 둘은 같은 음소의 이음이 아니다. [ŋ]과 [h]는 서로 다른 음소의 이음이다.

일반적으로 화자들은 하나의 음소에 속하는 여러 이음들을 같은 음으로 인식한다. 예를 들어 대부분의 영어화자들은 *bead*와 *bean*의 모음이 다른 음이라는 것을 인식하지 못한다. 왜냐하면 화자들이 정신적으로/마음속에서 말하고 듣는 것은 실제 음이 아닌 음소이기 때문이다.

음소의 변별자질 Distinctive Features of Phonemes

우리는 일반적으로 우리 언어의 음소들을 구별해 주는 음성적 속성 또는 자질을 인식하지 못한다. 음성학은 언어음들이 어떻게 생성되고 어떻게 다른지를 보여줌으로써 그 음들을 기술하는 수단을 제공한다. 음운론은 다양한 실제 음들이 어떻게 체계를 형성하여 음소와 이음을 만들어 내는지 설명한다.

2개의 음이 의미변별력을 가지기 위해서는 두 음 사이에 어떤 음성적 차이가 있어야 한다. 최소대립쌍 *seal* [sil]과 *zeal* [zil]은 [s]와 [z]가 영어에서 변별적인 2개의 음소라는 것을 보여준다. 이 둘은 한 음소의 이음들일 수 없다. 왜냐하면 단어의 의미를 바꾸지 않으면서 한 음을 다른 음으로 대치할 수 없기 때문이다. 게다가 이 둘은 상보적 분포를 이루지도 않는다. 둘 다 모음 [i] 앞에 초성으로 올 수 있다. 그러므로 이 둘은 /s/와 /z/라는 2개의 다른 음소의 이음이다. 5장에서 음성학을 다룰 때 [s]와 [z]는 유·무성 자질에 있어서 차이가 있다는 것을 배웠다. [s]는 무성음이고 [z]는 유성음이다. 그러므로 유·무성이라는 음성자질이 두 단어를 구별해 준다. 유·무성은 또한 *feel*과 *veal*([f]/[v])을 구별해 주며 *cap*과 *cab*([p]/[b])을 구별해 준다. 어떤 자질이 음소와 음소를 구별해 주고 그럼으로써 단어와 단어를 구별해 주면, 그 자질은 **변별자질**(distinctive feature) 또는 **음소자질**(phonemic feature)이다.

자질의 값 Feature Values

우리는 유성과 무성을 voiced라는 자질의 유무로 생각할 수 있다. 이 하나의 자질은 2개의 값을 가지고 있다. 즉 유(有)를 나타내는 +와 무(無)를 나타내는 -의 값을 가진다. 예를 들어 [b]는 [+voiced]이고 [p]는 [-voiced]이다.

마찬가지로 비음성(nasality)의 유무는 [+nasal]과 [-nasal]로 나타낼 수 있다. [m]은 [+nasal]이고 [b]와 [p]는 [-nasal]이다. [-nasal] 값을 가진 음은 구강(oral)음이다.

우리는 음성기호와 음소기호를 변별자질들의 집합을 대신하는 기호(cover symbol)로 간주한다. 이 기호들은 분절음의 음성학적 속성들을 약식으로 명시하는 방법이다. 음과 음소는 분해할 수 없는 단위가 아니다. 분자가 원자로 구성되는 것과 마찬가지로 음이나 음소는 음성자질로 구성된다. 다음과 같이 자질매트릭스를 사용하여 음소 /p/, /b/, /m/을 더 명시적으로 기술할 수 있다.

	p	b	m
순음	+	+	+
유성음	-	+	+
비음	-	-	+

영어의 음소 /p/, /b/, /m/의 자질을 명시함에 있어서 기음은 음소자질로서 제시되지 않았는데 그 이유는 [p]와 [p^h]가 영어에서 독립적인 개별 음소가 아니기 때문이다. (앞으로 살펴보겠지만, 태국어의 경우에는 기식이 음소자질로서 제시된다.) 그러나 음성표기에서는 기음이 나오는 곳에 기음자질이 명시된다.

어떤 단어에 나오는 특정 음성자질의 +값이 다른 단어에 나오는 그 자질의 -값과 변별되면 그 음성자질은 변별자질이다. 어떤 언어에서 각 음소는 다른 모든 음소와 적어도 한 가지의 자질값은 달라야 한다.

영어에서 음소 /b/, /d/, /g/는 조음위치라는 자질에 있어서 변별되기 때문에 (각각 순음, 치경음, 연구개음) 이러한 위치자질도 영어에서는 변별자질이다. 유성폐쇄음의 변별자질은 다음과 같다.

	b	m	d	n	g	ŋ
유성음	+	+	+	+	+	+
순음	+	+	-	-	-	-
치경음	-	-	+	+	-	-
연구개음	-	-	-	-	+	+
비음	-	+	-	+	-	+

위 도표에서 각 음소는 적어도 하나의 변별자질에 있어서 다른 음소들과 다르다.

모음에도 역시 변별자질이 있다. 예를 들어 [±back] 자질은 *look* [lʊk]의 모음([+back])과 *lick* [lɪk]의 모음([-back])을 구별해 주기 때문에 변별자질이다. 마찬가지로 [±tense] 자질 역시 [i]와 [ɪ]를 구별하므로 (*beat*와 *bit*) 영어 음운체계에서 변별자질이다.

비변별자질 Nondistinctive Features

우리가 살펴본 것처럼, 기음은 영어자음의 변별자질이 아니라 **비변별**자질 또는 **잉여**자질, 또는 **예측 가능한** 자질(세 용어 모두 같은 용어임)이다. 특정 음부류에 대해서는 변별자질이지만 다른 음부류에 대해서는 변별자질이 아닌 자질들이 있을 수 있다. 예를 들어 비음성은 영어자음의 변별자질이지만 영어모음에 대해서는 변별자질이 아니다. /m/ 또는 /n/이 언제 (또는 어떤 환경에서) 나타날지 예측할 방법이 없다. 단어를 배우면서 익힐 수밖에 없다. 반면에 bean, man, comb, sing의 모음의 비음성 자질값은 예측가능하다. 왜냐하면 이 모음들은 모두 비강자음 앞에 오기 때문이다. 그러므로 모음의 경우 비음자질은 **비변별자질**이다.

모든 언어에서 다 그런 것은 아니다. 앞에서 보았듯이, 포르투갈어에서는 모음의 비음성은 음소적/변별적이다. 또한 다음 예에서 볼 수 있는 것처럼, 비음성은 (가나에서 사용되는) Akan어의 모음에 대해서 변별자질이다.

[ka]	'bite'	[kã]	'speak'
[fi]	'come from'	[fĩ]	'dirty'
[tu]	'pull'	[tũ]	'den'
[nsa]	'hand'	[nsã]	'liquor'
[ʧi]	'hate'	[ʧĩ]	'squeeze'
[pam]	'sew'	[pãm]	'confederate'

그러므로 영어와 달리 Akan어에서 비음화는 예측할 수 없다. 최소대립쌍 [pam]과 [pãm]으로 알 수 있는 것처럼 Akan어에는 비음화규칙이 없다. 그리고 최소대립쌍 [pão](bread)와 [pao](stick)에서 알 수 있는 것처럼 포르투갈어에도 비음화 규칙은 없다. 만약 구강모음을 비강모음으로 대치하거나 비강모음을 구강모음으로 대치한다면 단어가 바뀐다.

똑같은 음들을 가지고 있는 두 언어가 각기 다른 음소체계를 가질 수 있다. 음성학적으로 영어, 포르투갈어, 그리고 Akan어에는 구강모음과 비강모음이 둘 다 존재한다. 그러나 비음화된 모음 음소가 영어에는 없는 반면 포르투갈어와 Akan어는 있다. 세 언어에 같은 음들이 있지만 영어에서 이 음들이 갖는 기능은 다른 두 언어에서 이 음들이 갖는 기능과 다르다. 영어에서 모음의 비음화는 잉여적이고 비변별적인 반면에, Akan어와 포르투갈어에서 모음의 비음성은 잉여적이지 않고 변별적이다.

영어에서 또 다른 비변별자질은 무성폐쇄음의 기식(aspiration)이다. 무성기식폐쇄음 [p^h], [t^h], [k^h]와 무성무기폐쇄음 [p], [t], [k]는 상보적 분포를 이룬다. 이 자질의 유무는 규칙으로 예측할 수 있기 때문에 화자가 단어를 배울 때 따로 배울 필요가 없다.

언어 간 음소체계의 차이 Phonemic Patterns May Vary across Languages

특정 음들이 두 언어에 모두 나타나지만 음운론이 다르기 때문에 그 음들의 체계가 다를 수 있다는 것을 살펴보았다. Akan어, 영어, 포르투갈어는 실제음으로 구강모음과 비강모음이 있다. 그런데 구강모음과 비강모음이 영어에서는 같은 음소의 이음들인 반면에 포르투갈어와 Akan어에서는 변별음소들이다.

무성폐쇄음의 기식 여부도 또한 개별언어들의 음운체계가 대칭적이지 않다는 것을 보여준다. 영어와 태국어에는 무성기식폐쇄음과 무성무기폐쇄음이 둘 다 나타난다. 그러나 두 언어에서 그 음들의 기능은 다르다. 영어의 기식은 그 유무를 예측할 수 있기 때문에 변별자질이 아니다. 그러나 다음 예가 보여주는 것처럼 태국어에서 그 음들은 예측이 불가능하다.

무성무기폐쇄음		**무성기식폐쇄음**	
[paa]	*forest*	[pʰaa]	*to split*
[tam]	*to pound*	[tʰam]	*to do*
[kat]	*to bite*	[kʰat]	*to interrupt*

태국어에서 무성무기폐쇄음과 무성기식폐쇄음이 최소대립쌍에 나타난다. 그 음들은 변별적이며 따라서 음소들이다. 영어와 태국어에는 [p], [t], [k], [pʰ], [tʰ], [kʰ]가 있다. 이 음들이 영어에서는 음소 /p/, /t/, /k/를 나타내고, 태국어에서는 음소 /p/, /t/, /k/, /pʰ/, /tʰ/, /kʰ/를 나타낸다. 그러므로 기식이 태국어에서는 변별자질이고, 영어에서는 비변별자질이며 잉여자질이다.

음성적 사실만으로 어떤 자질이 변별자질이며 음소자질인지 알 수는 없다.

> 발화의 음성표기(phonetic representation)는 화자가 음의 발음에 대해서 알고 있는 것을 보여준다.
> 발화의 음소표기(phonemic representation)는 화자가 음의 체계에 대해서 알고 있는 것을 보여준다.

영어에서 모음의 길이와 자음의 길이는 음소적 자질이 아니다. 영어에서 음을 연장하여 발음한다고 해도 다른 단어가 되는 것은 아니다. 다른 언어에서는 길이라는 측면을 제외하면 모든 면에서 동일한 단모음과 장모음은 음소적 자질이다. 그런 언어에서 모음의 길이는 예측 불가능한 변별자질이다. 예를 들어 한국어의 어떤 방언에서는 다음의 최소대립쌍이 보여 주듯이 모음의 길이가 음소자질이다. (콜론처럼 생긴 기호 :가 길이를 나타낸다는 것을 기억하라.)

il	'day'	i:l	'work'
seda	'to count'	se:da	'strong'
kul	'oyster'	ku:l	'tunnel'

'grandfather'를 의미하는 이탈리아어 단어는 *nonno* /non:o/인데 이 단어는 'ninth'를 의

미하는 단어 *nono* /nono/와 변별된다. 따라서 이탈리아어에서 자음의 길이는 음소자질이다. 아프리카의 언어인 Luganda어에도 자음의 길이는 음소자질이다. 단자음 /k/가 있는 /kula/는 'grow up'을 의미하며 장자음 /k:/를 가진 /k:ula/는 'treasure'를 의미한다. 그러므로 Luganda어에서 자음의 길이는 예측 불가능하다. 영어에서 어떤 단어가 /b/로 시작하는지 /p/로 시작하는지 예측 불가능한 것과 마찬가지다.

구어의 음소와 변별자질과 여러 가지 면에서 유사한 방식으로, 미국수화의 음운신호들 역시 작은 단위로 분해될 수 있다. 5장에서 본 것처럼, 수화신호들은 손모양, 손동작, 그리고 손위치로 분해될 수 있다. 이 자질들의 변화에 따라 의미가 달라지는 최소대립쌍이 있다. 예를 들어 'candy', 'apple', 'jealous'를 의미하는 수화신호들은 얼굴의 같은 위치에서, 같은 동작으로 이루어진다. 그러나 최소한 손의 모양에 있어서 차이가 있다. 'summer', 'ugly', 'dry'는 조음위치라는 면에서만 최소한으로 변별되고, 'tape', 'chair', 'train'은 손동작이라는 면에서만 변별된다. 그러므로 수화신호는 의미를 변별하는 더 작은 최소의 단위로 분해될 수 있다. 어떤 자질들은 변별적이지 않다. 수화신호를 오른손으로 하는지 왼손으로 하는지는 의미에 영향을 주지 않는다.

언어음의 자연부류 Natural Classes of Speech Sounds

음운규칙을 통해서 우리는 화자가 언어의 예측 가능한 측면에 대해서 알고 있는 것을 보여준다. 영어에서 이 규칙들은 모음이 비음화되는 환경이나 무성폐쇄음이 기음이 되는 환경을 결정해 준다. 이 규칙들은 영어의 모든 단어에 적용되며, 심지어 음소표기가 /sɪnt/, /pig/, /sparg/이고 음성표기가 /sĩnt/, /pʰig/, /sparg/인 가상의 단어들(*sint*, *peeg*, *sparg*)에도 적용된다.

언어학자들이 세계의 언어들의 음운론을 연구하면 할수록 유사한 음운규칙들이 (비음이나 무성폐쇄음과 같은) 동일한 음부류에 적용된다는 것을 발견한다. 예를 들어 영어 이외의 많은 언어에 비강자음 앞에서 모음을 비음화시키는 규칙이 있다.

한 음절 안에서 비강자음 앞에 오는 모음을 비음화시켜라.

이 규칙은 한 음절 안에서 [+nasal]이라고 표시된 분절음 앞에 오는 모든 모음에 적용되며, 그 모음의 자질매트릭스에 [+nasal]이라는 자질이 추가된다. 영어의 모음 비음화를 기술할 때 이 규칙만으로 충분하다. 그 규칙이 적용되는 개별모음들이나 그 규칙을 적용한 결과 생성되는 음들을 열거할 필요가 없다.

많은 언어에 [+voiced]와 [-voiced]라는 자질과 관련된 규칙들이 존재한다. 예를 들어 영어의 기음규칙은 어두 위치에 오는 [-voiced]인 비지속음이라는 음부류에 적용된다. 모음 비음화 규칙에서처럼 개별음들을 고려할 필요가 없다. 그 규칙은 자동적으로 초성 위치의

표 6.4 주요 자연부류의 자질명세

자질	저해음	비음	유음	활음	모음
자음성	+	+	+	−	−
공명성	−	+	+	+	+
음절성	−	+/−	+/−	−	+
비음성	−	+	−	−	+/−

표 6.5 미국영어 모음의 자질

자질	i	ɪ	e	⍰	æ	u	⍰	o	⍰	a	⍰	⍰
고	+	+	−	−	−	+	+	−	−	−	−	−
저	−	−	−	−	+	−	−	−	+	+	+	−
후설	−	−	−	−	−	+	+	+	+	−	−	−
중앙	−	−	−	−	−	−	−	−	−	+	+	+
원순	−	−	−	−	−	+	+	+	+	−	−	−
긴장	+	−	+	−	−	+	−	+	+	+	−	−

/p/, /t/, /k/, /ʧ/에 적용된다.

음운규칙은 보통 음의 **자연부류**(natural class)에 적용된다. 자연부류는 소수의 변별자질로 기술되는 음들의 집합이다. 예를 들어 /p/, /t/, /k/, /ʧ/는 [-voiced], [-continuant]라는 변별자질로 기술되는 자연부류이다. 한 자연부류에 속하는 개별음을 기술할 때는 그 자연부류를 기술할 때 필요한 자질보다 더 많은 자질이 필요하다. /p/는 [-voiced], [-continuant]뿐만 아니라 [+labial]이기도 하다.

음운규칙과 자연부류의 관계는 왜 분절음들을 일련의 자질들로 간주해야 하는지를 보여준다. 만약 분절음들을 자질매트릭스로 명시하지 않는다면 /p/, /t/, /k/ 사이의 유사성 또는 /m/, /n/, /ŋ/ 사이의 유사성을 나타낼 수 없게 된다. 분절음을 자질로 명시하지 않는다면 다음의 규칙 2가 존재할 가능성만큼이나 1과 같은 규칙이 존재할 가능성이 있다는 것을 의미한다.

규칙 1. *p*, *i*, *z* 앞의 모음을 비음화하라.
규칙 2. *m*, *n*, *ŋ* 앞의 모음을 비음화하라.

위의 규칙 2는 음성학적으로 설명할 수 있지만 규칙 1은 설명할 수 없다. 모음 뒤에 오는 비강자음을 예상하여 연구개를 내리게 되면 그 모음은 비음화된다. 규칙 1의 경우 소수의 자질들로 기술할 수 없는, 서로 관련이 없는 음들의 잡다한 집합일 뿐이다. 반면에 규칙 2는 비강자음이라는 자연부류, 즉 [+nasal], [+consonantal]인 음들에 적용된다.

5장에서 살펴본 다양한 음부류들 역시 자연부류들이며 모든 언어의 음운규칙들을 기술할 때 언급될 수 있다. 이 음부류들도 + 및 - 자질값으로 명시된다. 표 6.4는 몇몇 주요 음소부류를 정의할 때 이 자질값들이 어떻게 결합되는지 보여준다. 여기서 +/-는 상황에 따라 그 자질이 있을 수도 있고 없을 수도 있다는 것을 의미한다. 예를 들어 어두에 오는 비음은 [-syllabic]이지만 일부 어말의 비음은, *wagon* [wægn̩]에서처럼, [+syllabic]일 수 있다. [n̩]에서 철자 아래에 있는 부호는 이 음이 [+syllabic]임을 나타낸다.

미국영어 자음과 모음의 자질명세
Feature Specifications for American English Consonants and Vowels

표 6.5와 표 6.6은 영어의 모음과 자음의 자질 매트릭스를 보여준다. 하나 또는 그 이상의 자질들에 대해서 같은 값으로 표시된 분절음들을 모두 선택하여 자연부류를 찾아낼 수 있다. 예를 들어 모음의 자질을 보여주는 표 6.5에서 /i/, /ɪ/, /u/, /ʊ/는 [+high]로 되어 있으므로 고모음이라는 자연부류이다. 그리고 자음의 자질을 보여주는 표 6.6에서 유성폐쇄음이라는 자연부류인 /b, m, d, n, g, ŋ, ʤ/의 모든 음들은 [+voiced], [-continuant]로 표시되어 있다.

음운규칙 The Rules of Phonology

이 장에서 우리는 단어의 음소표기와 음성표기의 관계, 즉 그 단어가 어떻게 발음되느냐는 규칙의 지배를 받는다는 것을 강조했다. 음운규칙들은 화자들이 가지고 있는 언어지식에 속한다.

음소표기는 최소한으로 명시(minimally specified)된다. 왜냐하면 예측이 가능한 자질들 또는 자질 값들이 있기 때문이다. 예를 들어 영어의 비강자음은 모두 유성음이다. 그러므로 비음의 경우에는 유·무성 자질을 명시할 필요가 없다. 마찬가지로 후설모음의 경우에는 원순 자질을 명시할 필요가 없다. 만약 표 6.6이 엄격하게 음소적이라면 *m, n, ŋ*의 *voice*는 + 대신 공란으로 남을 것이다. 마찬가지로 표 6.5에서 *u, ʊ, o, ɔ*의 *round*는 + 대신 공란으로 남게 될 것이다. 음소의 자질을 이와 같이 최소한으로 명시하는 것은 음운론에 있어서의 잉여성을 반영하며 이것도 음운구조에 관한 화자의 지식에 속한다. 음소적 표기는 예측이 불가능한, 변별적인 자질만 포함해야 한다. 음운규칙을 적용함으로써 얻게 되는 음성표기는 언어적으로 유관한 모든 음성적 속성을 포함한다. 그러나 음성표기에 발화할 때의 음의 모든 물리적 속성이 다 포함되는 것은 아니다. 왜냐하면 물리적 신호는 음운체계와는 거의 관련이 없는 방식으로 다양하게 변할 수 있기 때문이다. 절대적인 음높이, 발화속도 및 세기는 언어적으로 중요하지 않다. 그러므로 음성표기 역시 물리적 신호를 추상화한 것이라고 할 수 있다. 음성표기는 발화에서 변하지 않는 음성적 특징들, 즉 화자가 달라져도 그리고 발화가 이루어지는 시점이 달라져도 상대적으로 변하지 않는 일정한 자질들을 포

표 6.6 미국영어 자음의 자질

Features	p	b	m	t	d	n	k	g	ŋ	f	v	θ	ð	s	z	ʃ	ʒ	ʧ	ʤ	l	r	j	w	h
자음성	+	+	+	+	+	+	+	+	+	+	+	+	+	+	+	+	+	+	+	+	+	−	−	−
공명성	−	−	+	−	−	+	−	−	+	−	−	−	−	−	−	−	−	−	−	+	+	+	+	+
음절성	−	−	−/+	−	−	−/+	−	−	−/+	−	−	−	−	−	−	−	−	−	−	−/+	−/+	−	−	−
비음성	−	−	+	−	−	+	−	−	+	−	−	−	−	−	−	−	−	−	−	−	−	−	−	−
유성	−	+	+	−	+	+	−	+	+	−	+	−	+	−	+	−	+	−	+	+	+	+	+	−
지속음	−	−	−	−	−	−	−	−	−	+	+	+	+	+	+	+	+	−	−	+	+	+	+	+
순음	+	+	+	−	−	−	−	−	−	+	+	−	−	−	−	−	−	−	−	−	−	−	+	−
치경음	−	−	−	+	+	+	−	−	−	−	−	−	−	+	+	−	−	−	−	+	+	−	−	−
구개음	−	−	−	−	−	−	−	−	−	−	−	−	−	−	−	+	+	+	+	−	−	+	−	−
전방음	+	+	+	+	+	+	−	−	−	+	+	+	+	+	+	−	−	−	−	+	+	−	−	−
연구개음	−	−	−	−	−	−	+	+	+	−	−	−	−	−	−	−	−	−	−	−	−	−	+	−
설정음	−	−	−	+	+	+	−	−	−	−	−	+	+	+	+	+	+	+	+	+	+	+	−	−
치찰음	−	−	−	−	−	−	−	−	−	−	−	−	−	+	+	+	+	+	+	−	−	−	−	−

주: 음소 /r/과 /l/은 이 표에는 소개되지 않은 [lateral]이라는 자질로 구분된다. /l/은 [+lateral]이라는 자질을 가진 유일한 음소다.

함한다.

특정 음운규칙이 언어에 따라 다르기는 하지만 규칙의 종류, 규칙의 역할, 그리고 그 규칙들에 언급되는 자연부류는 보편적이다.

자질변화 규칙 Feature-Changing Rules

많은 규칙들은 자질의 값을 정반대의 값으로 바꾸기도 하고 음소표기에 존재하지 않던 자질을 더하기도 한다. 영어에서 복수 형태소 /z/는 무성음 뒤에 올 때 유성 자질값을 +에서 -로 바꾼다. 마찬가지로 부정 접두사 /ɪn/의 음소 /n/은 양순음이나 연구개음 앞에 올 때 조음위치 자질을 변경한다.

음절의 맨 앞에서 무성폐쇄음을 기음으로 만드는 영어의 규칙은 단순히 비변별자질을 더한다. 일반적으로 뒤에 오는 모음에 강세가 있을 때 발생한다. *pit*와 *repeat*의 /p/는 기음 [pʰ]지만 *inspect*와 *compass*의 /p/는 무기음 [p]다. 중간에 자음이 있어도 기음화는 일어난다. 따라서 *crib* [kʰrɪb], *clip* [kʰlɪp], *quip* [kʰwɪp]과 같은 단어들의 첫 음은 기음 [kʰ]다. 파찰음 /ʧ/도 이 규칙에 적용되고 따라서 *chip*의 음성표기는 [ʧʰɪp]이다. 이제 이 규칙을 다음과 같이 기술할 수 있다.

> 무성비지속음은 음절의 맨 앞에 오면서 강세 모음 앞에 올 때 (중간에 선택적으로 자음이 끼어들어도) 자신의 자질매트릭스에 [+aspirated] 자질을 추가한다.

표 6.6에서 볼 수 있는 것처럼 기음자질은 영어의 음소자질 매트릭스에 명시되지 않는다. 기음규칙은 성도의 폐쇄와 개방의 타이밍과 관계가 있기 때문에 이 자질을 추가한다.

동화규칙 Assimilation Rules

자질의 변화가 일어나는 구체적인 예는 동화다. 우리는 영어에서 모음의 비음화는 규칙에 의해서 예측할 수 있기 때문에 비음소적이라는 것을 살펴보았다. 모음의 비음화 규칙은 모음에 [+nasal]이라는 자질을 더함으로써 인접하는 분절음들을 더 비슷하게 만드는 동화규칙(assimilation rule)이다.

대체로 동화규칙은 조음과정에서 비롯된다. 우리가 말할 때 조음을 더 쉽게 하려는 경향이 있다. 모음이 비강폐쇄음 앞에서 발음되는 동안 연구개를 낮추는 것이 모음을 다 발음할 때까지 기다렸다가 갑자기 연구개를 움직이는 것보다 더 쉽다.

이제 우리가 논의하고 있는 음운규칙을 좀 더 자세히 살펴보자. 앞에서 우리는 모음의 비음화 규칙을 다음과 같이 기술했다.

> 같은 음절 내에서 모음이 비강자음 앞에 오면 그 모음은 비음화된다.

이 규칙은 이 규칙에 의해서 영향을 받는 음부류(class of sounds)를 명시한다.

모음

이 규칙은 규칙을 적용할 때 일어나는 어떤 음성변화(phonetic change)가 일어나는지 기술한다.

구강모음(음소)을 비강모음(음성)으로 전환하라.

이 규칙은 또한 맥락 또는 음운환경(phonological environment)을 명시한다.

같은 음절 내의 비강자음 앞

과학자들이나 수학자들이 기호를 사용하는 방식과 비슷하게, 규칙을 기술하는 간략한 표기방법을 사용하면 규칙의 기술이 더 간결해진다. 모든 물리학자는 $E=mc^2$이 '에너지는 질량에 광속의 제곱을 곱한 것과 같다'를 의미한다는 것을 안다. 비슷한 표기법을 사용하여 우리는 비음화 규칙을 다음과 같이 기술할 수 있다.

V → [+nasal] / __ [+nasal] $

이 규칙의 각 부분들을 자세히 살펴보자.

V →	[+nasal] /	__ [+nasal]	$
모음이 비음화 된다	~의 환경에서	비음 앞에 오면	같은 음절 내에서

화살표의 왼쪽에는 영향을 받는 음부류가 있다. 화살표의 오른쪽에는 음성변화가 있다. 사선 뒤에는 음운환경이 온다. 밑줄 __은 그 환경(이 경우에는 비강자음 앞)에서 음이 변하는 상대적 위치를 나타낸다. 달러 기호인 $는 음절의 경계를 나타내며 음운환경이 다음 음절까지 넘어가지 않는다는 것을 의미한다.

이 규칙은 *den* /dɛn/과 같은 단어의 모음이 비음화되어 [dɛ̃n]이 되지만 *deck* [dɛk]는, /k/가 비강자음이 아니기 때문에, 이 규칙에 영향을 받지 않고 [dɛk]로 발음된다는 것을 말해준다. 또한 *den$tal* /dɛn$təl/은 [dɛ̃n$təl]로 발음된다. 비강자음 뒤에 음절경계가 분명히 있다. 그러나 *de$note* /di$not/의 첫 모음은 비음화되지 않는다. 비강자음이 음절경계 앞에 오지 않기 때문이다. 그러므로 '같은 음절 내에서(within a syllable)'라는 조건이 충족되지 않는다.

공식과 같은 표기방식으로 기술된 규칙은 어떤 규칙이든 말로 진술할 수 있다. 공식적 표기방식을 사용하는 것은 정보를 나타내는 간략한 방법이며 중의성을 없애주고 규칙의 (의도된) 의미를 아주 분명하게 해 주는 방법이다. 그리고 말로 진술하는 것보다 공식을 사용하는 것이 규칙의 기능(function)을 더 명시적으로 보여준다. 규칙을 공식처럼 나타내면 이 규칙이 동화규칙이라는 것을 더 쉽게 알 수 있게 된다. 왜냐하면 [+nasal] 앞에서 [+nasal]

로 변하기 때문이다. 언어에서 동화규칙은 공동조음(coarticulation)을 반영한다. 다시 말해서 조음과정을 예측하거나 유지하면서 음성자질을 전파하는 것을 반영한다. 그리고 동화규칙의 청각적 효과는 단어가 더 부드럽게 들린다는 것이다.

다음의 예시는 영어의 모음 비음화규칙이 어떻게 적용되는지를 보여준다. 그리고 그 규칙의 동화적 속성, 즉 [+nasal] 앞에서 [+nasal]로 변한다는 것을 보여준다.

	"bob"			"boom"		
음소표시	/b	a	b/	/b	u	m/
비음성: 음소자질값	−	0*	−	−	0*	+
비음화규칙 적용		NA			↓	
비음성: 음성자질값	−	−	−	−	+	+
음성표기	[b	a	b]	[b	ũ	m]

0*는 음소층위에는 존재하지 않는다는 것을 의미한다.

영어와 그 밖의 다른 언어에는 다양한 동화규칙들이 있다. 영어의 복수형 접미사인 유성음 /z/는 무성음 뒤에서 무성음 [s]로 변한다. 그리고 영어의 과거형 접미사인 유성음 /d/도 무성음 뒤에서 무성음 /t/로 변한다. 이 규칙들은 유·무성 동화의 예들이다. 이 경우, *cats*의 도출에서처럼, 복수형태소의 유성 자질값이 [+voice]에서 [-voice]로 바뀐다. [-voice]인 어간 종성자음에 동화되기 때문이다.

/kæt + z/ → [kæts]

Akan어에는 다른 유형의 동화규칙이 있다. 이 언어에서는 비음 부정형태소가 /p/ 앞에서는 [m], /t/ 앞에서는 [n], /k/ 앞에서는 [ŋ]으로 발음된다. [이는 동기관(homorganic) 비음규칙이다.] 이 경우 비음의 조음위치—양순, 치경, 연구개—가 뒤에 오는 자음의 조음위치에 동화된다. 같은 현상이 영어에도 나타난다. *in*-이나 *im*-으로 표기되는 접두사인 부정형태소는 조음위치에 있어서 뒤에 오는 단어의 초성과 일치하며 따라서 *impossible* [ĩmpʰasəbəl], *intolerant* [ĩntʰalərə̃nt], *incongruous* [ĩŋkʰãngruəs]와 같은 발음을 갖게 된다. 사실상 이 규칙은 인접하여 나타나는 두 자음을 더 유사하게 만든다.

미국수화(ASL)와 다른 수화언어들에도 역시 동화규칙이 있다. 한 가지 예는 'blood'를 의미하는 수화신호와 같은 복합어에서 일어나는 손모양의 동화다. 이 수화신호는 'red'와 'flow'라는 수화신호가 결합된 복합어다. 'red'라는 수화신호의 경우 집게손가락만을 위로 올린 상태로 꽉 쥔 손을 턱에 댄다. 그러나 'blood'라는 복합어의 경우 'red'의 손모양이 뒤에 오는 'flow'의 손모양에 동화되어 손가락이 모두 펼쳐진 손모양이 된다. 다시 말하면 'red'의 손모양이 동화규칙의 적용을 받은 것이다. 턱이라는 수화위치는 동일하다. 이런 예들은 수화언어의 자질들이 음성언어의 자질들과 차이가 있는 반면에 수화언어의 음운체계는 음성언어의 원리와 유사한 원리에 따라 구성된다는 것을 말해 준다.

이화규칙 Dissimilation Rules

아주 많은 언어에 동화규칙이 있다는 것은 충분히 이해할 만하다. 동화규칙들은 조음을 훨씬 더 용이하게 해주기 때문이다. 많은 언어들에 **이화규칙**이라고 부르는 음운규칙이 존재한다는 것을 알게 되면 아마도 이상하게 생각할 것이다. 이 규칙들은 분절음들을 서로

Dennis the Menace, Hank Ketcham. Reprinted with permission of North America Syndicate

더 달라지게 한다. 역설적으로 그런 규칙들도 동일하게 설명할 수 있다. 유사한 음들보다는 서로 다른 음들을 생성하는 것이 더 쉬울 때도 있다. 'the sixth sheik's sixth sheep is sick'과 같은 표현들을 말할 때 혀가 꼬이는 것은 유사한 음들이 계속 반복되기 때문이다. 만일 'the second sheik's tenth sheep is sick'처럼 몇몇 음을 서로 다르게 하면 발음하기가 더 쉬울 것이다. 앞의 만화도 동일한 것을 말해준다. *toy boat*를 반복해서 말하는 것은 *sail boat*를 반복해서 말하는 것보다 더 어렵다. 그 이유는 *toy*의 [ɔɪ]가 *sail*의 [e]보다는 *boat*의 [o]와 더 비슷하기 때문이다.

이화를 통해서 발음을 용이하게 하는 예는 마찰음 이화규칙이 있는 영어의 몇몇 방언에서 발견된다. 이 규칙은 /fθ/와 /sθ/에 적용되어 [ft]와 [st]로 전환한다. 이 경우 마찰음 /θ/가 폐쇄음이 됨으로써 선행하는 마찰음과 달라진다. 예를 들어 *fifth*와 *sixth*는 마치 철자가 *fift*와 *sikst*인 것처럼 발음된다.

같은 종류의, 이화의 고전적인 예가 라틴어에 존재했는데 이 규칙의 결과를 영어의 파생형태소 /-ar/에서 볼 수 있다. 라틴어에서는 명사에 파생접미사 *-alis*가 결합되어 형용사가 생성되었다. 그런데 이 접미사가 유음 /l/이 포함된 명사와 결합할 경우 *-alis*가 *-aris*로 변했다. 다시 말해서 유음 /l/이 유음 /r/로 변하여 선행하는 유음 /l/과 달라진 것이다. 다음 예들이 보여주는 것처럼, 이런 단어들은 *-al* 또는 *-ar*로 끝나는 형용사로 영어에 들어왔다.

-al	**-ar**
anecdot-al	angul-ar
annu-al	annul-ar
ment-al	column-ar
pen-al	perpendicul-ar
spiritu-al	simil-ar
ven-al	vel-ar

*-ar*로 끝나는 형용사에는 모두 /l/이 있다. 그리고 *columnar*가 보여 주듯이 유음 /l/이 달라진 분절음 바로 앞에 있어야 하는 것은 아니다.

동화규칙, 이화규칙, 그리고 자질을 변화시키는 그 밖에 다른 규칙들은 보편문법의 일부이며 세계의 언어에서 발견된다.

분절음 삽입 및 삭제 규칙 Segment Insertion and Deletion Rules

음운규칙에는 분절음을 통채로 첨가하거나 삭제하는 규칙들도 있다. 이런 규칙들은 우리가 지금까지 살펴본, 분절음의 일부에만 영향을 미치는 자질변화규칙들과 다르다. 자음 또는 모음을 삽입하는 규칙을 **음삽입**(epenthesis)이라고 한다.

영어에서 규칙명사 복수형, 소유격, 3인칭 단수동사의 일치 규칙들은 모두 음삽입 규칙을 필요로 한다. 앞에서 살펴본 복수형 규칙의 첫 부분은 다음과 같다.

규칙명사가 치찰음으로 끝나면 복수형태소 /z/ 앞에 [ə]를 삽입하여 [əz]로 만들어라.

기호 Ø 가 0을 나타낸다고 가정하면 이 형태음운(morphophonemic) 음삽입 규칙을 좀 더 공식과 같이 만들 수 있다. 0이 2개의 치찰음 사이에서 [ə]가 된다.

Ø → ə / [+sibilant] ____ [+sibilant]

[ə]를 삽입하는 이유를 설명할 수 있다. 복수형을 만들기 위해서 *squeeze*에 단순히 [z]를 결합한다면 [skwiz:]가 될 것이고 영어화자들은 이것과 [skwiz]와 구별하기가 쉽지 않을 것이다. 왜냐하면 영어에는 장자음과 단자음이 구별되지 않기 때문이다. 이 예와 또 다른 예들은 한 언어의 형태구조가 그 언어의 음운구조에 있어서의 일반적 원리들과 밀접하게 관련이 있다는 것을 암시한다.

음삭제 규칙은 많은 언어에서 흔히 발견되며 음삽입 규칙보다 훨씬 더 광범위하게 발견된다. 일상적인, 빠른 대화에서 이런 규칙 하나를 발견할 수 있다. 우리는 종종 다음과 같은 단어들의 무강세 모음을 삭제한다.

myst***e***ry gen***e***ral mem***o***ry fun***e***ral vig***o***rous Barb***a***ra

일상적으로 말할 때 이 단어들을 다음의 단어들인 것처럼 발음된다.

mystry genral memry funral vigrous Barbra

철자로 사람들을 괴롭히는 *sign*이나 *design*과 같은 단어들의 묵음 *g*는 사실 분절음 삭제규칙의 결과다. 다음 예들을 살펴보자.

A		B	
sign	[sãɪn]	signature	[sɪgnəʧər]
design	[dəzãɪn]	designation	[dɛzɪgneʃə̃n]
paradigm	[phærədãɪm]	paradigmatic	[phærədɪgmærək]

A의 단어들에는 [g]음이 없지만 B의 단어들에는 [g]음이 있다. 우리는 영어 음운구조를 알고 있기 때문에 이런 차이를 설명할 수 있다. [g]음의 유무는 규칙적이고 또한 *gnostic* [nastɪk]과 *agnostic* [ægnastɪk]에서도 같은 차이를 발견할 수 있다. 아래 만화에서 묵음인 *g*도 마찬가지다.

이 규칙은 다음과 같이 기술할 수 있다.

Tumbleweeds

Dennis the Menace, Hank Ketcham. Reprinted with permission of North America Syndicate

비음 앞에 오는 어두 위치의 /g/ 또는 음절 종성의 비음 앞에 오는 /g/를 삭제하라.

이런 규칙을 가정하면, *sign/signature, design/designation, malign/malignant, phlegm/phlegmatic, paradigm/paradigmatic, gnostic/asnostic* 등의 경우 어간의 음소표기에는 /g/가 포함되지만 이 /g/는 접두사나 접미사가 결합되지 않으면 위의 규칙에 의해서 삭제된다. /g/ 뒤에 오는 특정 음들을 언급하지 않고 /g/ 뒤에 오는 음부류(즉 비강자음)를 언급함으로써 이 규칙은 /m/과 /n/ 앞에서 /g/를 삭제한다.

한 음소가 여러 음으로/여러 음소가 한 음으로 From One to Many and from Many to One

우리가 보았듯이, 음소표기를 음성표기로 이끄는 음운규칙들은 몇 가지 기능을 가지는데 그중에는 다음과 같은 것들이 있다.

기능	예
1. 자질값 변화	Akan어와 영어의 비강자음 동화규칙
2. 새로운 자질의 추가	영어의 기음화
3. 분절음 삭제	영어의 비음 앞 *g* 삭제
4. 분절음 삽입	영어 복수형과 과거시제의 [ə] 삽입

한 언어의 음소와 음의 관계는 복잡하고도 다양하다. 하나의 음소가 단 하나의 음으로 실현되는 경우는 거의 없다. 하나의 음소가 여러 개의 음으로 실현되는 것을 종종 발견할 수 있다. 예를 들어, 영어의 무성폐쇄음은 여러 가능성 가운데 기음 또는 무기음으로 실현될 수 있다. 또한 우리는 하나의 음이 여러 개의 서로 다른 음소의 실현일 수도 있다는 것을 발견한다. 여러 음소가 하나의 음으로 실현되는 극적인 예가 있다.

다음 각 쌍의 단어들의 모음을 생각해 보라.

	A		B	
/i/	comp**e**te	[i]	comp**e**tition	[ə]
/ɪ/	med**i**cinal	[ɪ]	med**i**cine	[ə]
/e/	maint**ai**n	[e]	maint**e**nance	[ə]
/ɛ/	t**e**legraph	[ɛ]	t**e**legraphy	[ə]
/æ/	an**a**lysis	[æ]	an**a**lytic	[ə]
/a/	s**o**lid	[a]	s**o**lidity	[ə]
/o/	ph**o**ne	[o]	ph**o**netic	[ə]

A 단어들의 굵은 글씨로 된 모음들은 강세모음이며 각각 다른 음들이다. 반면에 B 단어들의 굵은 글씨로 된 모음들은 무강세 모음 또는 축소(reduced) 모음이며 schwa, 즉 [ə]로 발음된다. 이 예들에서 A 단어와 B 단어의 강세위치가 다른 것은 접미사가 다르기 때문이다. 한쪽에서는 강세를 받는 모음이 다른 쪽에서는 무강세가 되어 [ə]로 발음된다. 모든 어근 형태소의 음소표기는 /i/ 또는 /e/와 같은 강세 모음을 가지고 있는데 이들이 강세를 받지 않으면 음성적으로 [ə]가 된다. 그러므로 [ə]는 영어의 모든 모음음소의 이음이라고 결론지을 수 있다. [ə]를 유도하는 규칙은 다음과 같다.

모음이 강세가 없으면 [ə]로 바꿔라.

한 언어의 음운구조를 기술할 때 음성표기를 보고 음소표기를 결정하는 것이 항상 명확한 것은 아니다. 완전한 음운분석이 없다면 어떻게 [fə̃nɛrɪk]이라는 발음으로부터 *phonetic*의 /o/를 유도해 낼 것인가? 그러나 음소표기와 음운규칙이 있다면 우리는 항상 정확한 음성표기를 유도해 낼 수 있다. 우리 내면의 정신문법에서 이러한 유도는 전혀 문제가 되지 않는다. 왜냐하면 단어들이 우리 내면의 사전에 음소형태로 나타나기 때문이다.

음소와 음(성)은 일대일 대응이 아니라는 것을 보여주는 비슷한 규칙들이 다른 언어에도 존재한다. 예를 들어, 다음의 최소대립쌍이 보여주는 것처럼, 독일어에서 유성저해음과 무성저해음은 둘 다 음소로서 나타난다.

Tier [ti:r] 'animal' dir [di:r] 'to you'

그러나 유성저해음이 어말이나 음절의 끝에 오면 무성음이 된다. 'bundle'을 의미하는 단어인 *Bund* /bʊnd/와 'colorful'을 의미하는 단어 *bunt* /bʊnt/는 음성적으로는 같은데 끝 음이 [t]인 [bʊnt]로 발음된다. 음절의 끝에서는 저해음의 유, 무성의 구별이 무효화된다.

독일어의 무성음화규칙은 자질명시를 변경한다. 독일어에서 *Bund*의 끝 음인 폐쇄음의 음소표기는 /d/이며 [+voiced]로 명시된다. 그런데 이 음소는 어말 위치에서 규칙에 의해 [-voiced]로 변하며 따라서 음성 [t]가 유도된다. 이는 음소와 그들의 변이음 사이의 관계가 단순하지 않다는 것을 보여준다. 독일어의 음소와 음의 관계를 다음과 같이 나타낼 수 있다.

독일어 음소	/d/	/t/
	↓ ↘	↓
독일어 음성	[d]	[t]

독일어의 무성음화규칙은 단지 음성형태만을 근거로 하여 음소표기를 도출해낼 수는 없다는 것을 다시 한 번 보여준다. [bʊnt]는 /bʊnd/ 또는 /bʊnt/로부터 도출될 수 있다. 음소표기와 음운규칙이 함께 음성형태를 결정한다.

음운규칙의 기능 The Function of Phonological Rules

문법에서 음운규칙의 기능은 발음할 때 필요한 정보를 제공하는 것이다. 다음과 같은 방식으로 이 점을 예시할 수 있다.

입력	문장 속 단어의 음소표기(머릿속 사전)
	↓
	음운규칙(P-rules)
	↓
출력	문장 속 단어의 음성표기

음운규칙의 입력은 음소표기다. 음운규칙은 음소표기에 적용되어 출력에 해당하는 음성표기를 도출한다.

이런 방식으로 규칙을 적용하는 것을 **도출**(derivation)이라고 한다. 복수형이 어떻게 도출되는지, 음소적으로 볼 때 구강음인 모음이 어떻게 비음이 되는지, 그리고 /t/와 /d/가 특정 환경에서 어떻게 탄설음이 되는지를 보여주는 도출의 예들을 살펴보았다. 그러므로 도출은 문법에서 음운규칙들의 결과와 기능을 보여주는 명시적인 방법이다.

우리가 지금까지 살펴본 도출의 모든 예는 한 음운규칙의 적용을 보여준다. 이에 대한 예외가 하나 있는데 그것은 복수형과 과거형을 도출하는 규칙으로, 이 경우에는 두 부분으로 되어 있는 하나의 규칙이라고 할 수 있다. 한 단어에 둘 이상의 규칙이 적용되는 것은 흔한 일이다. 예를 들어 *tempest*는 음소적으로 볼 때 /tɛmpɛst/이지만 (*tempestuous*라는 단어의 발음 [t^{h}ɛ̃mp^{h}ɛstʃuəs]이 보여주듯이) 음성적으로는 [t^{h}ɛ̃mpəst]다. 이 경우 기음규칙, 모음의 비음화규칙, schwa 규칙이라는 세 가지의 규칙이 적용된다. 다음과 같이 음소표기로부터 음성표기를 도출할 수 있다.

기저 음소표기	/	t	ɛ	m	p	ɛ	s	t	/
기음규칙		tʰ							
비음규칙			ɛ̃						
Schwa규칙						ə			
표층 음성표기	[	tʰ	ɛ̃	m	p	ə	s	t	]

말실수: 음운규칙의 증거 Slip of the Tongue: Evidence for Phonological Rules

우리가 의도했던 발화로부터 어떤 식으로든 빗나가는 경우인 말실수 또는 **발화오류**(speech errors)는 음운규칙이 실제로 작동하고 있다는 것을 보여준다. 우리는 모두 발화오류를 범한다. 그리고 이 발화오류들은 언어와 언어사용에 관한 흥미로운 사실들을 말해 준다. 다음의 발화오류를 살펴보자.

의도된 발화	실제 발화
1. gone to seed [gãn tə sid]	god to seen [gad tə sĩn]
2. stick in the mud [stɪk ĩn ðə mʌd]	smuck in the tid [smʌk ĩn ðə tʰɪd]
3. speech production [spitʃ pʰrədʌkʃə̃n]	preach seduction [pʰritʃ sədʌkʃə̃n]

첫 번째 예에서 첫 단어와 셋째 단어의 종성자음이 바뀌었다. 이와 같이 두 자음이 바뀜에 따라 모음들의 비음성도 바뀐 것을 주목하라. 의도된 발화의 모음 [ã]가 실제 발화에서 [a]로 대체되었다. 실제 발화에서는 비음성이 사라졌는데 그것은 [a]가 더 이상 비강자음 앞에 오지 않기 때문이다. 셋째 단어의 모음은 의도된 발화에서 비강모음이 아닌 [i]였으나 실수로 [ĩ]가 되었다. 그것은 뒤에 /n/이 오고 따라서 비음규칙이 적용되었기 때문이다.

다른 두 오류에서는 기음규칙이 적용되는 것을 보게 된다. 의도된 발화의 *stick*에서 /t/는 음절의 초성에 위치한 /s/ 뒤에 오기 때문에 (의도대로 발음되었다면) 무기음으로 발음되었을 것이다. 그러나 이 /t/가 *mud*의 /m/과 자리바꿈을 하게 되면서 기음 [tʰ]로 발음되었다. 왜냐하면 음절의 맨 앞에 왔기 때문이다. 세 번째 예도 기음규칙이 작동하고 있다는 것을 보여준다. 단순히 흥미로운 것 이상으로 발화오류들은 언어학적으로 흥미롭다. 왜냐하면 이 발화오류들은 음운규칙들이 존재한다는 증거와 언어음이 자질들로 분해된다는 증거를 제공해 주기 때문이다.

10장 언어처리에서 발화오류에 대해서 더 다루게 된다.

운율음운론 Prosodic Phonology

음절구조 Syllable Structure

단어는 하나 또는 그 이상의 음절로 구성된다. **음절**은 하나 또는 그 이상의 음소로 구성된 음운단위다. 모든 음절에는 **핵**(nucleus)이 있는데 보통 음절의 핵은 모음이다. (음절성을 가지는 유음이나 비음이 음절의 핵이 될 수도 있다.) 핵의 앞과 뒤에는 각각 **도입부**(onset)와 **종결부**(coda)라고 불리는 하나 또는 그 이상의 음소가 올 수 있다. 영어를 말하는 아이들은 아주 어려서부터 어떤 단어들이 운(rhyme)을 이룬다는 것을 안다. 운을 이루는 단어들에서 각 단어의 마지막 음절의 핵과 종결부는 다음 시구에서처럼 동일하다.

Jack and J**ill**
Went up the h**ill**
To fetch a pail of water
Jack fell d**own**
And broke his cr**own**
And Jill came tumbling after.

이런 이유로 핵과 종결부를 합하여 **운**(rime: 철자에 주목)이라는 음절의 하위단위를 구성한다.

Baby Blues. Baby Blues Partnership. King Features Syndicate

그러므로 음절은 계층구조를 이룬다. 음운단위인 음절을 나타내기 위한 기호로 IPA 기호인 σ (그리스어 소문자인 'sigma')를 사용하여 단음절어인 *splints*의 계층구조를 다음과 같이 나타낼 수 있다.

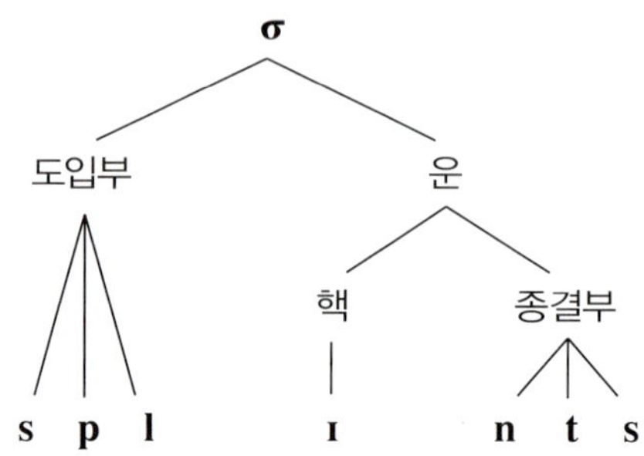

단어강세 Word Stress

영어를 비롯한 많은 언어에서 모든 내용어(content word) 속의 하나 또는 그 이상의 음절이 강세를 받는다. 다음 예에서 볼 수 있는 것처럼, 강세를 받는 음절은 양음악센트부호 (´)로 표시되며 강세를 받지 않은 음절에 비해 더 두드러진 음절로 인식된다.

pérvert	(명사)	"My neighbor is a pervert."
pervért	(동사)	"Don't pervert the idea."
súbject	(명사)	"Let's change the subject."
subjéct	(동사)	"He'll subject us to criticism."

이 단어쌍들을 보면 영어에서 강세가 변별적이라는 것을 알 수 있다. 위의 경우 강세는 명사와 동사를 구별해 준다. 강세는 형용사인 inválid(not valid)와 명사인 ínvalid(sickly person)와 같이 다른 범주의 단어들을 구별해 주기도 한다.

어떤 단어들의 경우 강세를 받는 모음이 하나 이상일 수도 있지만 강세를 받는 모음들 중에서 정확하게 하나의 모음이 다른 모음들에 비해서 더 두드러진다. 주강세(primary stress)를 받는 모음은 모음 위에 양음악센트부호 (´)를 추가하여 표시한다. 그리고 나머지 강세모음들은 억음악센트부호 (`)를 모음 위에 추가하여 표시한다. [이 모음들은 제2강세(secondary stress)를 받는다.]

rèsignátion	lìnguístics	sỳstemátic
fùndaméntal	ìntrodúctory	rèvolútion

일반적으로, (프랑스어와 달리) 영어와 같은 강세중심 언어의 화자들은 어느 음절이 주강세를 받는지, 어느 음절이 제2강세를 받는지, 그리고 어느 음절이 강세를 받지 않는지 안

다. 이는 그들이 영어에 대해서 알고 있는 잠재적 언어지식의 일부다. 영어에서 강세를 받지 않는 모음은, *confetti*, *laboratory*, *motto*와 같은 일부 단어의 끝 모음을 제외하면, [ə]로 발음되기 때문에 강세음절과 비강세음절을 구별하는 것은 대체로 쉬운 일이다. 주강세와 제2강세를 구별하는 것은 더 어려울 수 있다. 만일 한 단어에서 주강세가 어디에 오는지 모른다면 (그리고 당신이 영어 원어민이거나 준원어민이라면) 복잡한 길 건너편에 있는 사람에게 말하듯이 큰 소리로 그 단어를 외쳐보라. 그렇게 해 보면 종종 강세에 있어서의 차이가 더 분명해진다.

한 단어의 강세유형은 영어화자들 사이에서 다를 수 있다. 예를 들어 대부분의 미국영어 방언에서 *láboratòry* [læbərət^{h}ɔ̀ri]는 2개의 강세음절을 갖는다. 그러나 영국영어의 대부분의 방언에서는 *laboratory* [ləbɔ̀rətri]에 하나의 강세음절만 존재한다. 영어의 모음은 강세를 받지 않으면 [ə]로 축소되거나 탈락되기 때문에 이 단어에서 영국영어와 미국영어의 모음이 다르다. 네 번째 모음은 영국영어에서 강세를 받지 못해서 탈락된다.

강세는 분절음이라기보다는 음절의 속성이다. 즉 강세는 운율자질 또는 초분절자질이다. 강세음절을 발음하기 위해서 음높이를 바꾸거나 (대개는 음높이를 높여서) 음절을 더 길게 하거나 또는 음절을 더 세게 할 수 있다. 우리는 음절에 강세를 부여하는 이 세 가지 수단을 모두 활용한다.

문장강세와 구강세 Sentence Stress and Phrase Stress

단어들이 결합하여 구나 문장이 될 때 어떤 음절은 다른 음절보다 더 센 강세를 받는다. 단어를 하나씩 떼어서 발음할 때 각 단어마다 하나의 주강세가 있는 것처럼, 하나의 구 또는 문장 속의 모든 모음들 중에서 오직 하나의 모음만이 주강세, 즉 악센트를 받는다. 강세를 받는 그 외의 모든 모음들은 제2강세로 약화된다. 영어에서 우리는 복합명사(한 단어로 쓰거나, 하이픈으로 연결된 두 단어로 쓰거나, 또는 독립된 두 단어로 쓰거나 상관없이)의 경우 형용사 부분에 주강세를 둔다. 그러나 형용사와 명사로 구성되는 명사구의 경우에는 명사에 강세를 둔다. 그러므로 아래 각 쌍의 차이는 예측이 가능하다.

복합명사	**형용사 + 명사**
tíghtrope ('a rope for acrobatics')	tight rópe ('a rope drawn taut')
Rédcoat ('a British soldier')	red cóat ('a coat that is red')
hótdog ('a frankfurter')	hot dóg ('an overheated dog')
Whíte House ('the President's house')	white hóuse ('a house painted white')

이 예들을 자연스럽게 큰 소리로 말하면서 강세의 패턴을 느껴보라. 만일 영어가 당신의 모국어가 아니라면 영어화자가 이 예들을 말하는 것을 들어보라.

이들 각 쌍은 단어들의 형태와 통사구조를 통해 강세를 예측하는 것이 가능하다는 것을 보여준다. 앞에서 다룬 명사와 동사(동사와 명사로서의 *subject*)의 강세 차이도 단어의 통사범주를 통해 예측하는 것이 가능하다.

억양 Intonation

5장에서 우리는 성조어와 억양어와 관련하여 음성자질로서의 음높이를 다루면서 의미를 결정하는데 있어 음높이의 역할에 주목했다. 이제 우리는 중국어, 태국어, Akan어와 같은 성조어에서 음높이가 음소자질이라는 것을 알 수 있다. 우리는 이런 상대적 음높이를 **변별 성조**(contrastive tones)라고 부른다. 영어와 같이 성조어가 아닌 언어에서도 음높이는 여전히 중요한 역할을 한다. 그러나 그 역할은 구 또는 문장의 **음높이 변화**(pitch contour) 또는 **억양**(intonation)이라는 형식으로만 가능하다.

영어에서 억양은 통사적 또는 의미적 차이를 반영할 수도 있다. 만일 끝부분을 내리면서 "What is your middle name, David?"라고 묻는다면, David라는 어떤 사람에게 중간이름(middle name)을 말해 달라는 요청이 된다. 끝부분을 올리면서 묻는다면, 상대방의 중간이름이 David인지를 묻는 질문이 된다.

문어에서는 중의적인 문장이 구어에서는 음높이의 차이 때문에 중의적이지 않을 수 있다. 다음 문장을 글로 쓸 경우, Tristram이 Isolde가 지시사항을 읽고 따르기를 의도한 것인지 아니면 Isolde가 단순히 자신을 따라오기를 의도한 것인지 분명하지 않다.

Tristram left directions for Isolde to follow.

구어에서, 만약 Tristram이 Isolde가 자신을 따라오기를 원했다면, *follow*의 첫음절에서 음높이가 높아졌다가 다시 내려가면서 끝난다.

Tristram left directions for Isolde to follow.

이렇게 발음할 경우 주강세는 *follow*에 위치한다.

만약 의미가 일련의 지시사항을 읽고 따르는 것이라면, 음높이가 가장 높이 올라가는 곳은 *directions*의 둘째 음절이다.

Tristram left directions for Isolde to follow.

이 경우 주 강세는 *directions*에 위치한다.

음높이는 성조어에서도 그리고 비성조어에서도 중요한 역할을 한다. 그러나 각각의 언어의 음운체계에 따라 서로 다른 방식으로 역할을 한다.

음소의 연속제약 Sequential Constraints of Phonemes

아래의 네 음소를 배열하여 영어에서 가능한 단어를 만들어 보라고 요청을 받았다고 가정하라.

/b/ /ɪ/ /k/ /l/

아마도 다음과 같은 단어들을 만들 것이다.

/blɪk/
/klɪb/
/bɪlk/
/kɪlb/

위의 예들이 영어에서 가능한, 유일한 음소배열이다. */lbkɪ/, */ɪlbk/, */bkɪl/, */ɪlkb/는 영어 단어가 될 가능성이 없다. /blɪk/과 /klɪb/은 현재 영어에 존재하는 단어는 아니지만 만일 누군가가

"I just bought a beautiful new blick."

이라고 말하는 것을 듣게 된다면 당신은 "What's a blick?"이라고 물을 것이다.

그러나 만약 누군가가

"I just bought a beautiful new bkli."

라고 말하는 것을 듣게 되면 "You just bought a new *what*?"이라고 반응할 것이다.

음운구조에 대한 당신의 지식에는 영어에서 음소를 어떻게 배열하면 가능한 단어가 되고 어떻게 배열하면 그렇지 않은지에 대한 정보가 포함된다. 영어의 음운규칙상 한 음절 안에서 /b/, /g/, /k/, /p/와 같은 자음 뒤에 또 다른 폐쇄음이 오는 것은 가능하지 않다. 만약 어떤 단어가 /l/이나 /r/로 시작할 경우 그 다음 분절음은 반드시 모음이어야 한다. 그래서 */lbɪk/은 영어 단어처럼 들리지 않는다. 이 단어는 음소배열에 관한 제약을 위반한다. 크로스워드 퍼즐 푸는 것을 좋아하는 사람들은, 우리가 강조한 것처럼, 일반화자들에 비해서 이러한 제약들을 더 잘 알고 있다. 일반화자들이 알고 있는 것은 무의식적이다.

영어에는 음소배열에 관한 또 다른 제약들이 있다. 만일 어떤 단어가 *chill*이나 *Jill*의 첫 음으로 시작하면 그 다음의 음은 반드시 모음이어야 한다. /ʧʌt/, /ʧon/, /ʧæk/은 (*chut*, *chone*, *chack*) 영어에서 가능한 단어다. 마찬가지로 /ʤæl/, /ʤil/, /ʤalɪk/은 (*jal*, *jeel*, *jolick*) 영어에서 가능한 단어다. 그러나 */ʧlɔt/과 */ʤpurz/는 가능하지 않다. 영어에서 단어의 맨

앞에는 자음이 3개까지만 올 수 있는데, 이 3개의 음은 /s/ + /p/, /t/, /k/ + /l/, /r/, /w/, /j/로 제한된다. 이 조건이 충족되어도 또 다른 제약이 있다. 예를 들어 /stl/은 가능한 연속배열이 아니기 때문에 *stlick*은 영어에서 가능한 단어가 아니다. 그러나 *spew* /spju/, *sclaff* /sklæf/(골프채로 땅을 치다), *squat* /skwat/와 더불어 *strick*도 가능한 단어다.

다른 언어들의 경우 또 다른 연속제약이 있다. 폴란드어에서 /zlev/ (a sink)와 /kto/ (who)에서처럼 *zl*과 *kt*가 음절의 맨 앞에서 결합이 가능하다. 크로아티아어에서는 *Mladen*이라는 이름과 같은 단어들이 가능하다. 일본어는 음절의 초성음에 대한 제약이 심하다. 대부분 자음의 결합은 (/br/, /sp/ 등) 허용되지 않는다.

분절음의 연속에 대한 제약을 **음소배열제약**(phonotactic constraints)이라고 한다. 음소배열제약은 단어보다는 음절을 기준으로 한다. 즉 음절의 초성에 올 수 있는 음배열만이 단어의 맨 앞에 올 수 있고 음절의 종성에 올 수 있는 음배열만이 단어의 끝에 올 수 있다.

불가능해 보이는 음의 배열이 다음절어(multisyllabic word)에서는 나타날 수 있다. 예를 들어 *explicit* /ɛksplɪsɪt/에서처럼 /kspl/와 같은 음배열이 가능하다. 그렇지만 이 경우 /k/와 /spl/ 사이에는 음절의 경계가 있고 이 경계는 $로 나타낸다: /ɛk$splɪs$ɪt/. 음절을 끝내는 말음으로 허용되는 /k/와 음절을 시작하는 두음으로 가능한 /spl/이 결합되는 것이다. 반면에, 영어화자들은 'condstluct'가 가능한 단어가 아니라는 것을 안다. 두 번째 음절이 허용되지 않는 /stl/ 또는 /tl/로 시작하기 때문이다.

Twi어에서는 모든 단어가 모음 또는 비강자음으로 끝난다. /pik/은 음소배열규칙을 위반하기 때문에 Twi에서는 가능하지 않은 단어다. 반면에 /mba/는 Twi에서는 가능한 단어이지만 영어에서는 가능한 단어가 아니다.

비록 언어마다 차이가 있기는 하지만 모든 언어에는 음소배열에 관한 제약들이 있다. 음성언어에 허용되지 않는 음의 배열이 있듯이 수화언어에도 자질들의 결합에 관한 제약이 있다. 예를 들어 앞에서 언급한 'blood'를 의미하는 미국수화 복합어(red flow)에서 손모양과 손가락의 방향 등 모든 손모양이 동화되어야 한다. 손가락의 방향은 그대로 두고 손모양만 동화되는 것은 불가능하다. 음과 음의 연속에 대한 제약이 음성언어마다 다른 것처럼 수화언어마다 제약이 다를 수 있다. 중국수화에서 가능한 수화가 미국수화에서는 불가능할 수도 있고 그 반대일 수도 있다. 아이들이 음소가 무엇이며 음소가 음성적 분절음들과 어떤 관계인지를 배우는 것처럼 음성언어나 수화언어를 배울 때 아이들은 이러한 제약들을 습득한다.

어휘 공백 Lexical Gaps

bot [bat]과 *crake* [kʰrek]는 모든 영어 화자에게 알려진 단어는 아니지만 그래도 영어 단어임에는 틀림없다. 반면에 (*put*과 운이 같은) [bʊt], *creck* [kʰrɛk], *cruke* [kʰruk], *cruk* [kʰrʌk], *crike* [k^hraɪk]는 가능한 단어이기는 하지만 실제 영어 단어는 아니다.

광고전문가들은 종종 가능하지만 실제로는 없는 단어를 신제품의 이름으로 사용한다. 우리는 그 어떤 신제품이나 회사가 (영어에서 불가능한 단어인) *Zhleet* [ʒlit]라는 이름으로 시장에 등장할 것이라고 거의 기대하지 않을 것이다. 그러나 *Bic*, *Xerox* /*ziraks*/, *Kodak*, *Glaxo* 또는 *Spam* (잡동사니 우편물이 아닌 육류 제품을 의미하는) 등의 단어에는 놀라지 않는다. 왜냐하면 전에는 존재하지 않았던 이 단어들이 영어의 음소배열제약을 준수하기 때문이다.

가능한 단어(possible word)는 그 언어의 음소배열제약을 준수하는 음소배열을 포함한다. 실제로 존재하는 단어들은 가능한 단어와 의미의 결합이다. 의미가 없는 가능한 단어는 무의미한 단어(nonsense word)라고 하며 어휘 목록(사전) 안에서의 **우연한 공백**(accidental gap) 또는 **어휘 공백**이라고도 한다. 그러므로 *creck* 또는 *cruck*과 같은 '단어들'은 무의미한 단어이며 영어 어휘 목록에 있어서 우연한 공백에 해당된다.

음운규칙은 왜 존재하는가? Why Do Phonological Rules Exist?

지금까지 우리가 던지지 않았던 아주 중요한 질문이 하나 있다. 도대체 왜 문법에는 음운규칙이 존재하는 걸까? 다시 말해서 기저형 또는 음소형태가 그대로 표면에 나타나지 않고, 다양한 변화를 겪는 이유는 무엇일까?

앞에서 우리는 음운구조에 대해서 우리가 알고 있는 것의 일부인 음소배열제약들을 살펴보았다. 우리가 살펴본 것처럼, 음소배열제약은 특정언어에서 어떤 음의 연속이 허용되는지를 명시한다. 예를 들어 영어에서 *blick*은 가능한 단어이지만 **lbick*은 불가능한 단어다. 많은 언어학자들은 음운규칙이 존재하는 이유는 단어의 표층구조 또는 음성형태가 음소배열제약을 위반하지 않도록 하기 위해서라고 믿는다. 만일 기저형이 변하지 않은 채로 그대로 있다면, 그 기저형이 종종 음소배열원칙을 위반하게 될 것이다.

예를 들어 2개의 하위규칙을 가지고 있는 영어의 과거시제규칙을 생각해 보자. 첫 번째 규칙은 *mated* [metəd]에서처럼 규칙동사가 치경폐쇄음으로 끝날 때 [ə]를 삽입한다. 두 번째 규칙은 *reaped* [rip**t**]와 *peaked* [p^hik**t**]에서처럼 무성음 뒤에 올 때 과거시제 형태소 /d/를 무성음으로 바꾼다. /d/를 무성음으로 바꾸는 규칙이 영어 단어가 무성폐쇄음+d로 구성되는 배열로 끝날 수 없다는 제약을 반영한다는 것을 주목하라. [lɪpd]와 [mɪkd]와 같은 단어는 존재하지 않으며 존재할 수도 없다. 영어에서 이들은 [bkɪl]과 마찬가지로 불가능한 단어이기 때문이다.

더 일반적으로 말하면, 영어에는 유·무성 자질이 일치하지 않는 저해음의 연속으로 끝나는 단어가 없다. 따라서 [kasb]의 경우 2개의 종성 저해음이 각각 [-voice], [+voice]이기 때문에 불가능한 단어이며, [kabs]의 경우 2개의 종성 저해음이 각각 [+voice], [-voice]이기 때문에 역시 불가능한 단어다. 반면에 [kasp]과 [kɛbz]는 어말의 두 분절음의 유·무성 자질이 일치하기 때문에 가능한 단어로 판단된다. 그러므로 영어에는 다음과 같은 음소배열제약이 존재하는 것으로 보인다.

(A) 어말에서 연속된 저해음은 유·무성자질에 있어서 다를 수 없다.

이제 우리는 과거시제규칙의 무성음화 부분이 과거시제 형태소의 기저형을 바꾸어 (A)와 같은 일반적인 제약을 준수하는 표층형태를 생성한다는 것을 알 수 있다.

마찬가지로 과거시제규칙의 [ə] 삽입 부분은 불가능한 음의 연속을 가능한 음의 연속으로 만든다. 영어는 일반적으로 한 음절 안에서 [kk], [kg], [gk], [gg], [pp], [sz], [zs] 등과 같이 아주 유사한 음들이 연속되는 것을 허용하지 않는다. (철자로 자음이 중복되는 *egg*와 *puppy*는 음성기호로 [ɛg]와 [pʌpɪ]다.) 그러므로 [ə]를 삽입하게 되면 너무 비슷해서 연속으로 올 수 없는 음들을 분리하는 효과를 갖는다. 예를 들어 /mɛnd + d/에서 /d/와 /d/의 연속은 [mɛ̃ndəd] *mended*가 된다. /vent + d/에서 /t/와 /d/의 연속은 [vɛntəd] *vented*가 된다. 이와 관련된 제약을 다음과 같이 기술할 수 있다.

(B) 유·무성의 자질에 있어서만 차이가 나는 저해음들의 연속은 영어 단어 내에서 허용되지 않는다.

(A), (B)와 같은 제약은 과거시제규칙과 같은 특정한 규칙보다 훨씬 더 일반적이다. 예를 들어 제약 (B)는 형용사 *smooth*가, 접사 *-th* [θ]와 결합하는 *wide/width, broad/breadth, deep/depth*와 달리, *-ness*와 결합하여 추상명사 *smoothness*가 되는 이유를 설명해 준다. 만약 *smooth*에 접사 *-th*를 결합한다면 smoo[ðθ]가 되어 유무성 자질만 다른, 너무나 유사한 저해음이 연속으로 오게 된다. 이는 각 언어들이 다양한 문법적인 상황에서 (음소배열)제약들을 준수한다는 것을 암시한다.

이와 같이 언어에는 가능한 음의 연속을 제약하는 일반 원칙들이 존재하기 때문에 음운규칙이 존재한다. 음운규칙들은 기저형을 최소한으로 수정하여 표층구조상의 제약에 순응하도록 명시한다. 그런 이유로 인해서 우리는 특정한 기저형이 음운환경에 따라 서로 다른 변이형으로 나타나는 것을 보게 된다.

최적이론 Optimality Theory

언어학자들은 또한 일련의 보편적인 음운제약이 존재하며 이 제약들은 순서가 정해져서 어떤 제약들은 다른 제약들보다 순위가 더 높다고 제안한다. 제약의 순위가 높을수록 그 제약이 언어에 미치는 영향력은 더 크다. 최적이론이라고 알려진 이 이론은 또한 특정 제약의 순위가 언어에 따라 다르며 그러한 순위의 차이 때문에 언어마다 서로 다른 음성구조가 초래된다고 주장한다.

예를 들어 앞에서 살펴본 제약 (B)는 영어에서 순위가 높다. 그래서 영어에는 너무 유사한 음들이 연속으로 올 때 이를 변경하는 많은 규칙들, 즉 과거시제규칙, 복수형규칙(약간의 수정과 함께), 그리고 그 외의 많은 다른 규칙들이 있다. 현대 히브리어에서도 제약 (B)의 순위는 아주 높고 /t/로 시작하는 접미사들이 /t/나 /d/로 끝나는 어간과 결합할 때 항상 [e]를 그 사이에 삽입함으로써 두 음을 분리한다. 예를 들어 "I decorated"를 의미하는 /kiʃat + ti/이 [kiʃatetɪ]로 바뀐다.

반면에 Berber어에서는 기저형 /tt/, /dd/, /ss/에서 표층형 [tt], [dd], [ss]가 나올 수 있는 것처럼, 유사한 자음들이 단어의 끝에 올 수 있다. 이 언어에서는 제약 (B)의 순위가 높지 않다. 이 제약보다 다른 제약들이 순위가 더 높고 더 강력한 영향력을 행사한다. 충실성 제약(faithfulness contraints)이라고 알려져 있는 이 제약에 따르면 표층형태는 상응하는 기저형과 다르지 않아야 한다. 이 제약은 기저형을 변경하는 제약과 경쟁한다. 충실성 제약은 형태소가 하나의 식별 가능한 형태를 가져야 한다는 욕구를 반영하는데 이 욕구는 (A), (B)와 같은 제약들과 경쟁한다. 영어의 과거시제 형태소의 경우 하나의 형태소를 향한 욕구는 철자에 잘 나타난다. 그 철자는 항상 *-ed*다.

3장에서 통사규칙을 다룰 때 통사론에 보편문법이 작동하고 있다는 것을 살펴보았다. 그 두 가지 예는 변형규칙이 구조에 의존한다는 원리와 이동규칙은 등위접속구조 내에서 밖으로 구를 옮길 수 없다는 제약이다. 만약 최적이론이 옳고 보편적인 음운제약들이 존재하고, 언어에 따라 그들의 순위만 다르다면, 통사규칙과 마찬가지로 음운규칙도 보편적인 원리에 의해서 제약을 받는다고 할 수 있다. 언어에 따라 제약들의 순위가 다른 것은 3장에서 살펴본, 서로 다른 언어의 통사구조에 존재하는 서로 다른 매개변이 설정과 유사한 것으로 볼 수 있다. 어린 아이가 자신의 언어의 통사구조를 습득할 때 그 언어에 적합한 값으로 보편문법의 매개변이를 설정해야 한다는 것을 보았다. 마찬가지로 자신의 언어의 음운구조를 습득할 때, 아이는 입력언어에 명시된 대로 제약의 올바른 순서를 결정해야 한다. 언어습득에 관해서는 9장에서 더 자세히 다룰 것이다.

음운분석 Phonological Analysis

9장에서 보겠지만 아이들은 배우지 않고도 아주 일찍부터 음소를 식별한다. 이 책을 읽기 전에도 또는 음운론에 대해서 무엇인가를 배우기 전에도 당신은 *p*음이 영어에서, *pat*과 *cat*, *pat*과 *sat*, *pat*과 *mat* 등의 단어들을 변별해 주기 때문에, 음소라는 것을 알고 있다. 그러나 아마도 당신은 *pat*의 *p*와 *spit*의 *p*가 실제로 다른 음이라는 것을 알지 못했을 것이다.

영어에는 하나의 음소 /p/ 밖에 없지만 그 음소는 기음과 무기음을 포함해서 둘 이상의 변이음(발음)을 가진다.

영어가 모국어가 아닌 언어학자가 영어를 분석한다면 *p*음에 관한 이 사실을 어떻게 발견할 수 있을까? 좀 더 일반적으로 말해서, 언어학자들은 한 언어의 음운체계를 어떻게 발견하는 것일까?

음운분석을 하기 위해서는 분석할 단어들을 상세한 음성표기로 나타내야 한다. 왜냐하면 어떤 음성자질이 변별적이고 어떤 음성자질이 비변별적인지 미리 알고 있지 않기 때문이다.

핀란드어의 다음 단어들을 살펴보자.

1. [kudot]	'failures'	5. [madon]	'of a worm'
2. [kate]	'cover'	6. [maton]	'of a rug'
3. [katot]	'roofs'	7. [ratas]	'wheel'
4. [kade]	'envious'	8. [radon]	'of a track'

이 단어들을 고려해 볼 때, 무성치경폐쇄음 [t]와 유성치경폐쇄음 [d]는 서로 다른 음소인가 아니면 같은 음소의 이음들인가?

학자들이 음운분석을 어떻게 진행하는지 보여주는 몇 가지 힌트가 있다.

1. 최소대립쌍이 있는지 확인한다.
2. [kate] 'cover'와 [kade] 'envious'는 최소대립쌍이다.
   [madon] 'of a worm'과 [maton] 'of a rug'는 최소대립쌍이다
3. 핀란드어에서 [t]와 [d]는 별개의 음소 /t/와 /d/를 나타낸다고 결론을 내린다.

이 예는 아주 쉬운 문제였다. 이제 치경탄설음 [ɾ]와 주강세, 그리고 [t]와 [d]에 유의하면서 영어의 다음 자료들을 살펴보자.

[ráɪt]	'write'	[ráɪɾər]	'writer'
[déɾə]	'data'	[dét]	'date'
[mǽd]	'mad'	[mǽt]	'mat'
[bətróð]	'betroth'	[lǽɾər]	'ladder'
[lǽɾər]	'latter'	[dístə̃ns]	'distance'
[ráɪɾər]	'rider'	[ráɪd]	'ride'
[déɾĩŋ]	'dating'	[bɛ́dsaɪd]	'bedside'
[mʌ́ɾər]	'mutter'	[túɾər]	'tutor'
[mǽɾər]	'madder'	[mǽdnɪs]	'madness'

자료를 전체적으로 보면 [t]와 [d]를 포함하는 최소대립쌍을 찾을 수 있다. 따라서 분명히 /t/와 /d/는 별개의 음소들이다. 여기서 흥미로운 것은 *ladder*와 *latter* 그리고 *writer*와 *rider*가 동음이의어란 사실이다. 그리고 탄설음 [ɾ]는 어떤가? 음소인가 아니면 예측이 가능한가? 이 시점에서 언어학자는 [t], [d], [ɾ]의 근접 환경을, 단어경계를 나타내는 #를 사용하여, 모두 확인하는 지루한 작업을 시작한다.

[t]: áɪ_#, é_#, ǽ_#, ə_r, s_ə, #_ú
[d]: #_é (3회), ǽ_#, #_í, áɪ_#, έ_s, ǽ_n
[ɾ]: áɪ_ə (2회), é_ə, ǽ_ə (3회), é_ɪ, ú_ə, ʌ́_ə

자음이나 모음의 자질과 관련해서 아직은 그 어떤 체계적인 것을 찾을 수 없는 것 같다. 그래서 자료를 좀 더 추상화하여 비강세 모음은 v로, 강세모음은 v́로, 자음은 C로, 단어의 경계는 #로 나타낸다.

[t]: v́_#, #_v́, C_v, v_C
[d]: #_v́, v́_#, v́_C
[ɾ]: v́_v

이제 [ɾ]가 [t], [d] 둘 다와 상보적 분포를 이루고 있다는 것을 분명하게 알 수 있다. [ɾ]는 강세모음과 비강세모음 사이에만 나타난다. 이런 환경에 [t]나 [d]는 절대로 나타나지 않는다. 이 자료에 근거하여 우리는 [ɾ]는 /t/와 /d/의 이음이라고 결론지을 수 있다. 잠정적으로 '치경탄설음규칙(alveolar flap rule)'을 제안한다.

치경폐쇄음은 강세모음과 비강세 모음 사이에서 탄설음이 된다.

음소형태에는 탄설음이 없으며 따라서 *writer*와 *rider*는 음소적으로 각각 /raɪtər/와 /raɪdər/이다. 이는 [raɪt]과 [raɪd]에 근거한 것이다. 마찬가지로 [mæd]와 [mædnɪs]에 근거해서 *madder* /mædər/를 제안할 수 있고, [det]에 근거하여 *dating* /detɪŋ/을 제안할 수 있다. 그러나 *data, latter, tutor*의 음소형태를 결정할 충분한 정보가 아직 없다. 실제 분석을 할 때 전형적으로 이런 경우가 나타난다. 모든 대답을 제공할 만큼 충분한 증거가 있는 경우는 드물다.

끝으로 아래의 음들에 주의하면서 그리스어 자료를 살펴보자.

[x] 무성연구개마찰음
[k] 무성연구개폐쇄음
[c] 무성구개폐쇄음
[ç] 무성구개마찰음

1. [kano]	'do'	9. [çeri]	'hand'
2. [xano]	'lose'	10. [kori]	'daughter'
3. [çino]	'pour'	11. [xori]	'dances'
4. [cino]	'move'	12. [xrima]	'money'
5. [kali]	'charms'	13. [krima]	'shame'
6. [xali]	'plight'	14. [xufta]	'handful'
7. [çeli]	'eel'	15. [kufeta]	'bonbons'
8. [ceri]	'candle'	16. [oçi]	'no'

[x], [k], [c], [ç]의 지위를 결정하기 위해서는 다음과 같은 질문들에 대답해야 한다.

1. 이 음들을 변별해 주는 최소대립쌍이 있는가?
2. 상보적 분포를 이루는 비변별적인 음들이 있는가?
3. 비변별적인 음들이 발견된다면 그 음소들은 어떤 것이며 이음들은 어떤 것인가?
4. 이음들을 도출해 낼 수 있는 음운규칙은 무엇인가?

1. 자료를 분석함으로써 [k]와 [x]가 많은 최소대립쌍에서 (예를 들어 [kano]와 [xano]) 변별된다는 것을 알 수 있다. 그러므로 [k]와 [x]는 변별적이다. [c]와 [ç] 또한 [çino]와 [cino]에서 보는 것처럼 서로 변별된다. 연구개마찰음 [x]와 구개마찰음 [ç]는 어떤가? 그리고 연구개폐쇄음 [k]와 구개폐쇄음 [c]는 어떤가? 이 음들이 서로 다른 음소들이라는 것을 결정적으로 보여주는 최소대립쌍은 없다.

2. 이제 계속해서 두 번째 질문에 대답해 보자. 이 비변별적인 음들은, 즉 [x]/[ç] 그리고 [k]/[c]는 상보적 분포를 이루는가? 어떤 음들이 상보적 분포를 이루는지를 확인하는 한 가지 방법은 다음과 같이 각각의 음이 나타나는 환경을 나열하는 것이다.

음	환경
[k]	[a], [o], [u], [r] 앞
[x]	[a], [o], [u], [r] 앞
[c]	[i], [e] 앞
[ç]	[i], [e] 앞

[k]와 [x]가 상보적 분포를 이루지 않는다는 것을 알 수 있다. 둘 다 전설모음이 아닌 모음 앞에 온다. [c]와 [ç]도 역시 상보적 분포를 이루지 않는다. 둘 다 전설모음 앞에 온다. 그러나 폐쇄음인 [k]와 [c]는 상보적 분포를 이룬다. [k]는 전설모음이 아닌 모음과 [r] 앞에 오고 전설모음 앞에는 결코 오지 않는다. [c]는 전설모음 앞에만 오고 전설모음이 아닌 모음이나 [r] 앞에는 결코 오지 않는다. [x]와 [ç]도 같은 이유로 상보적 분포를 이룬다. 그러므로 폐쇄

음인 [k]와 [c]는 한 음소의 이음들이며 마찰음인 [x]와 [ç]도 또한 한 음소의 이음들이라고 결론지을 수 있다. 변이음들을 짝을 맞추어 보면 음성적 유사성의 기준을 충족한다. 첫 두 변이음([k]와 [c])은 [-anterior] 폐쇄음이며, 두 번째 변이음([x] and [ç])들은 [-anterior] 마찰음이다. (이런 유사성 때문에 [k]와 [ç]를, 그리고 [c]와 [x]를 쌍으로 간주하지 않는다. 그들을 유사성이 덜하기 때문이다.)

3. 음들의 쌍 중에서 어느 것이 더 기본적인가? 다시 말해서 어떤 음의 자질로 음소를 결정할 것인가? 한 음소에서 2개의 이음이 나올 때, 영어의 기식폐쇄음과 무기폐쇄음을 가지고 예를 들었던 것처럼, 규칙과 음소자질 매트릭스를 더 간단하게 만들 수 있는 이음을 기저음으로 설정한다.

그리스어의 연구개/구개 폐쇄음/마찰음의 경우 (어느 이음을 기저음으로 정하든) 규칙은 동등하게 단순한 것처럼 보인다. 그러나 단순성이라는 기준 이외에, 우리는 자연스러운 음성학적 설명을 제공하는 규칙을 기술하고 싶다. 종종 이런 규칙들이 가장 단순한 규칙들로 판명된다. 많은 언어에서 연구개음은 전설모음 앞에서 구개음화한다. 이는 동화규칙이다. 구개음은 전설모음과 마찬가지로 입의 앞쪽에서 생성된다. 그러므로 우리는 이음 [k]와 [c]의 경우 /k/를 음소로 설정하고 이음 [x]와 [ç]의 경우에는 /x/를 음소로 설정한다.

4. 이제 연구개음으로부터 구개음을 도출하는 규칙을 진술할 수 있다.

전설모음 앞에서 연구개음을 구개음화하라.

자질표기를 사용해서 다음과 같이 기술할 수 있다.

[+velar] → [+palatal] / ____ [-back]

[velar] 자질은 자음에만 해당되며 [back] 자질은 모음에만 해당되기 때문에 [consonantal]이나 [syllabic] 같은 자질을 규칙에 포함시킬 필요가 없다. 그리고 규칙이 적용되는 분절음이나 규칙이 적용되는 환경을 정의할 때에도 잉여적인 다른 자질들을 포함시킬 필요가 없다. 그러므로 규칙으로 인해서 일어나는 변화의 쪽에는 [+palatal]로 충분하며, [-back] 자질만으로도 전설모음을 명시할 수 있다. 단순성이란 기준은 규칙을 가능하면 단순하게 기술하도록 이끈다. 끝으로 이런 분석으로 평이한 자료를 기술할 수 있으나 그 이상의 자료의 경우 상황을 다시 분석해야 할 수도 있다는 점을 주목해야 한다. '실생활'에서 이는 자주 일어난다.

요약

우리 언어에 대해서 우리가 알고 있는 것 중 일부는 음운구조, 즉 음의 체계에 대한 지식이다. 거기에는 음(실제 언어에 나타나는 음)의 목록과 이 음들이 상호 체계를 이루는 방식이 포함된다. 이런 체계화는 음소(추상적이고 기본적인, 단어를 변별시켜주는 단위)목록을 결정하게 된다.

유사한 음들이 상보적 분포를 이루면 이들은 한 음소의 이음(예측이 가능한 음성적 변이형)이다. 그러므로 기음인 [pʰ]와 무기음인 [p]는 서로 다른 음성환경에서 나타나므로 음소 /p/의 이음이다.

어떤 음들은 여러 음소의 이음일 수 있다. 음소와 이음 사이의 관계가 일대일인 언어는 없다. 영어를 예로 들면, 강세모음은 규칙에 따라 비강세모음이 되고 궁극적으로 [ə]로 약화된다. 그러므로 [ə]는 영어의 모든 모음의 이음이다.

분절음(음소와 음)은 유성음, 비음, 순음, 지속음과 같은 음성자질들로 이루어지며 이 자질들의 유무는 + 또는 - 기호로 표시된다. 자질들의 집합은 보편적이지만 어떤 자질이 변별적(음소적)이고 어떤 자질이 비변별적(잉여적, 예측 가능한)인지에 대해서는 언어마다 차이가 있다. 유성음, 지속음, 그리고 다른 많은 자질들은 영어에서 변별자질이다. 이들은 음소를 구별한다. 기음과 같은 다른 자질들은 영어에서 비변별적이며 음성환경을 통해 예측이 가능하다. 비음과 같은 또 다른 자질들은 어떤 음부류(예를 들어 영어의 자음)의 경우에는 변별자질이며 다른 음부류(예를 들어 영어의 모음)의 경우에는 변별자질이 아니다. 어떤 언어에서 변별자질이 아닌 음성자질이 다른 언어에서는 변별자질일 수 있다. 기음은 태국어에서는 변별자질이지만 영어에서는 아니다.

2개의 다른 단어가 같은 위치에 오는 하나의 음으로 구별될 때 (예 *fine* /faɪn/과 *vine* /vaɪn/) 이 두 단어를 최소대립쌍이라고 한다. 최소대립쌍은 수화언어에도 나타난다. 수화신호는 손모양, 위치, 그리고 동작으로 변별될 수 있다.

어떤 언어의 단어들은 음높이, 강세, 음장과 같은 운율자질, 즉 초분절자질에 의해서 음소적으로 변별된다. 음절이나 단어가 음높이에 의해서 변별되는 언어를 성조어라고 한다. 성조어가 아닌 언어들도 구나 문장의 의미를 구별하기 위해서 음높이의 변화를 활용한다.

음소표기와 음성표기(발음)의 관계는 음운규칙에 의해서 결정된다. 음운규칙은 일련의 음소에 적용되며 이 음소들을 다양한 방식으로 변경하여 실제 발음을, 수화언어의 경우에는 손의 모양을 도출한다. 음운규칙에는 동화규칙과 이화규칙이 있고, 비변별자질을 추가하는 규칙도 있고, 분절음을 첨가하는 삽입규칙도 있고, 분절음을 탈락시키는 생략규칙도 있다.

음운규칙은 일반적으로 음부류 전체를 언급한다. 이 음부류들은 자연부류(natural class)이며 그 부류에 속하는 모든 음이 공유하는 소수의 음성자질들로 성격이 규정된다. 예를 들어 [-continuant]와 [-voiced]라는 자질에 의해서 무성폐쇄음이라는 자연부류가 규정된다.

언어학자들은 음운규칙을 간결한 방식으로 표현하기 위해서 수학공식과 같은 식을 사용한다. 예를 들어 비강자음 앞에 오는 모음을 비음화하는 규칙을 V → [+nasal] / __ [+nasal]처럼 표현할 수 있다.

형태음운규칙은, 과거시제 형태소 /d/와 같이, 어떤 특정한 형태소에 적용된다. 이 형태소 /d/는 동사의 마지막 음소에 따라 음성적으로 [t], [d], 또는 [əd]로 실현된다.

음운규칙에는 음절 안에서 어떤 음들이 서로 인접할 수 있는지를 결정하는 연속제약(음소배열규칙)도 포함된다. 이 규칙들은 어떤 단어가 가능한 단어인지 그리고 어떤 음들의 연속이 허용되지 않는지 결정해 준다. 가능하지만 실제로는 존재하지 않는 단어들은 어휘 공백을 형성하는데 이들은 (예를 들어 *blick* [blɪk]) 무의미한 단어들이다.

음운규칙은 부분적으로는 음소배열규칙을 준수하기 위해서 존재한다. 최적이론은 음운규칙을 지배하는, 순위가 매겨진 일련의 제약들을 가정한다. 특정 언어의 음소를 발견하기 위해서 언어학자들은 (또는 언어학 전공학생들은) 최소대립쌍을 찾고 상보적 분포를 이루는 음들을 찾는 것과 같은 방법을 사용할 수 있다.

음운규칙은 단어의 음소형태가 음성형태와 동일하지 않다는 것을 보여준다. 음소는 실제로 발음되는 음이 아니고 추상적인 정신적 구성체이며 본 장에서 서술한 규칙들을 적용함으로써 실제 음으로 실현된다. 어떤 화자도 이런 규칙들을 배우지는 않지만 그들은 이 규칙들을 무의식적으로 알고 있다.

참고문헌

Anderson, S. R. 1985. Phonology in the twentieth century: *Theories of rules and theories of representations.* Chicago: University of Chicago Press.

Bybee, J. 2002. *Phonology and language use*. Cambridge, UK: Cambridge University Press.

Chomsky, N., and M. Halle. 1968. *The sound pattern of English*. New York: Harper & Row.

Clements, G. N., and S. J. Keyser. 1983. *CV phonology: A generative theory of the syllable*. Cambridge, MA: MIT Press.

Goldsmith, J. A. (ed.). 1995. *The handbook of phonological theory*. Cambridge, MA: Blackwell.

Gussman, E., S. R. Anderson, J. Bresnan, B. Comrie, W. Dressler, and C. J. Ewan. 2002. *Phonology: Analysis and theory*. Cambridge, UK: Cambridge University Press.

Hayes, B. 2009. *Introductory phonology*. Oxford, UK. Wiley-Blackwell

Hyman, L. M. 1975. *Phonology: Theory and analysis*. New York: Holt, Rinehart & Winston.

Kaye, Jonathan. 1989. *Phonology: A cognitive view*. Hillsdale, NJ: Erlbaum.

Kenstowicz, M. J. 1994. *Phonology in generative grammar*. Oxford, UK: Blackwell Publications.

연습문제

영어 이외의 언어자료는 특별한 언급이 없는 한 대괄호 없는 음성표기로 제시된다. 영어 단어의 음성표기는 대괄호 안에 제시된다.

1. 다음의 최소대립쌍들은 영어의 /p/와 /b/가 단어의 앞, 중간, 그리고 뒤에서 변별된다는 것을 보여준다.

단어의 앞	단어의 중간	단어의 끝
pit/**b**it	ra**p**id/ra**b**id	ca**p**/ca**b**

이와 같은 방법으로 아래의 각 자음쌍에 대해서 최소대립쌍을 제시하라.

a. /k/—/g/	d. /b/—/v/	g. /s/—/ʃ/
b. /m/—/n/	e. /b/—/m/	h. /ʧ/—/ʤ/
c. /l/—/r/	f. /p/—/f/	i. /s/—/z/

2. 영국 옥스퍼드에 있는 Radcliffe 병원의 한 젊은 환자는 머리에 부상을 입은 후 우리 대부분이 읽거나 쓸 때 사용하는, 철자와 발음 그리고 발음과 철자 사이의 규칙들을 상실한 것처럼 보였다. 또한 자신의 머릿속 사전에 있는 단어의 음소표기도 끌어낼 수 없었다. 그가 읽을 때 했던 발음과 듣고 받아쓴 철자들을 살펴보라.

자극	읽을 때 발음	듣고 받아쓴 철자
fame	/fæmi/	FAM
café	/sæfi/	KAFA
time	/taɪmi/	TIM
note	/noti/ or /nɔti/	NOT
praise	/pra-aɪ-si/	PRAZ
treat	/tri-æt/	TRET
goes	/go-ɛs/	GOZ
float	/flɔ-æt/	FLOT

발음과 철자를 연결해 주는 그의 규칙/패턴은 무엇인가? 받아쓰게 한 자극과 그의 철자 사이의 관계를 설명해 주는 규칙은 무엇인가? 예를 들면 읽기에서 *a*는 /a/ 또는 /æ/에 해당되며, 받아쓰기에서 /e/와 /æ/는 철자 A에 해당된다.

3. Arthur Conan Doyle경의 *The Adventures of Sherlock Homes*의 세 번째 이야기인 'A Case of Identity'를 읽어라. (원본 이외의 그 어떤 요약본이나 개요도 안 됨—원본은 온라인에서 구할 수 있음.) 이제 이 미스터리와 상보적 분포가 어떤 관계인지 설명하라.

4. **Part 1.**

다음 한국어 단어들에서 [l]과 [r]의 분포를 살펴보라. (여기서의 표기에는 단순화를 위한 몇 가지 변화가 있었다. 그러나 이런 변화들은 문제와 관계가 없다.)

rubi	'ruby'	mul	'water'
kir-i	'road' (주격)	pal	'arm'
saram	'person'	səul	'Seoul'
irum-i	'name' (주격)	ilgop	'seven'
ratio	'radio'	ibalsa	'barber'

a. [r]과 [l]은 한 음소의 이음인가 두 음소의 이음인가?

b. 두 음은 최소대립쌍에 나타나는가?

c. 두 음은 상보적 분포를 이루는가?

d. 각 음은 어떤 환경에 나타나는가?

e. 만약 두 음이 한 음소의 이음이라고 결론을 내린다면 변이음의 음성형태를 도출할 수 있는 규칙을 진술하라.

Part 2.

추가적인 한국어 데이터를 살펴보라.

son	'hand'	ʃihap	'game'
som	'cotton'	ʃilsu	'mistake'
sosəl	'novel'	ʃipsam	'thirteen'
sɛk	'color'	ʃinho	'signal'
isa	'moving'	maʃita	'is delicious'
sal	'flesh'	oʃip	'fifty'
kasu	'singer'	miʃin	'superstition'
miso	'grin'	kaʃi	'thorn'

a. [s]와 [ʃ]는 같은 음소의 이음인가 서로 다른 음소의 이음인가? 그 이유를 설명하라.

b. 두 음이 한 음소의 이음이라고 결론을 내린다면 이음들을 도출할 수 있는 규칙을 기술하라.

5. 한 독일어 방언에서 나온 다음 데이터를 살펴보라. ([x]는 연구개마찰음이고 [ç]는 구개마찰음이다. :는 장모음을 나타낸다.)

nɪçt	'not'	ba:x	'Bach'
re:çə̃n	'rake'	la:xə̃n	'to laugh'
ʃlɛçt	'bad'	kɔxt	'cooks'
ri:çə̃n	'to smell'	fɛrsu:xə̃n	'to try'
hãɪmlɪç	'sly'	ho:x	'high'
rɛçts	'rightward'	ʃlʊxt	'canyon'
kri:çə̃n	'to crawl'	fɛrflʊxt	'accursed'

a. [x]와 [ç]는 같은 음소의 이음인가 아니면 서로 다른 음소의 이음인가? 그렇게 판단하는 이유를 제시하라.

b. 두 음이 한 음소의 이음이라고 결론을 내린다면 이음들을 도출할 수 있는 규칙을 기술하라.

6. 복수 형태소 /z/에 관한 두 규칙을 다시 살펴보라.

a. 규칙명사가 치찰음으로 끝나면 복수 형태소 /z/ 앞에 [ə]를 삽입하여 [əz]가 되게 하라.

b. 무성음이 앞에 오면 복수 형태소 /z/를 무성음 [s]로 바꿔라.

이 두 규칙을 새롭게 기술하여 두 규칙을 적용하는 순서가 상관없게 하라. (이는 규칙을 적용하는 순서를 정할 필요성은 규칙을 어떤 방식으로 기술하느냐에 달려 있다는 것을 보여준다. 그러나 이는 또한 규칙의 순서를 정할 필요가 없게 하기 위해서 규칙을 상세하게 기술하게 되면 단순성을 놓칠 수도 있다는 것을 보여준다.) 당신이 새롭게 기술한 규칙이 순서를 요구하는 규칙보다 덜 단순한가?

7. 다음 단어들에서 보는 것처럼, 앙골라에서 사용되는 Bantu어인 Southern Kongo어에서 구개음이 아닌 [t], [s], [z]는 구개음인 [ʧ], [ʃ], [ʒ]와 상보적 분포를 이룬다.

tobola	'to bore a hole'	ʧina	'to cut'
tanu	'five'	ʧiba	'banana'
kesoka	'to be cut'	ŋkoʃi	'lion'
kasu	'emaciation'	nselele	'termite'
kunezulu	'heaven'	aʒimola	'alms'

nzwetu	'our'	lolonʒi	'to wash house'
zevo	'then'	zeŋga	'to cut'
ʒima	'to stretch'	tenisu	'tennis'

a. 각 쌍의 분절음의 분포를 진술하라.

예: [t] - [ʧ]: [t]는 [o], [a], [e], [u] 앞에 온다. [ʧ]는 [i] 앞에 온다.

[s] - [ʃ]:

[z] - [ʒ]:

b. 간결성을 고려해 볼 때, 구개음이 아닌 음과 구개음의 각 쌍에 대해서 어떤 음을 기저음소로 삼아야 하나?

c. 음소들로부터 모든 음성 분절음들을 도출해 낼 수 있는 하나의 음운규칙을 당신 자신의 표현으로 진술하라. 각 음소에 대해서 개별적으로 규칙을 진술하지 말고 b에서 나열한 세 음소 모두에 적용될 일반규칙을 진술하라. 규칙을 공식으로 나타내 보라.

d. Southern Kongo어에서 다음 중 어느 단어가 가능한 단어이고 어느 단어가 불가능한 단어인가?

i. tenesi ii. loʧunuta iii. zevoʒiʒi iv. ʃiʃi v. ŋkasa vi. iʒiloʒa

8. 음성표기가 보여주는 것처럼 몇몇 영어 방언에서 다음 단어들의 모음이 다르게 발음된다.

A		B		C	
bite	[bʌɪt]	bide	[baɪd]	die	[daɪ]
rice	[rʌɪs]	rise	[raɪz]	by	[baɪ]
ripe	[rʌɪp]	bribe	[braɪb]	sigh	[saɪ]
wife	[wʌɪf]	wives	[waɪvz]	rye	[raɪ]
dike	[dʌɪk]	dime	[dãɪm]	guy	[gaɪ]
		nine	[nãɪn]		
		rile	[raɪl]		
		dire	[daɪr]		
		writhe	[raɪð]		

a. A 단어들과 B 단어들의 어말(語末) 음부류의 특징은 무엇인가? 다시 말해서 A의 모든 어말음과 B의 모든 어말음을 각각 규정하는 자질은 무엇인가?

b. C 단어들은 A, B 단어들과 어떻게 다른가?

c. [ʌɪ]와 [aɪ]는 상보적 분포를 이루나? 그렇게 판단하는 이유는 무엇인가?

d. [ʌɪ]와 [aɪ]가 한 음소의 이음이라면 그 이음들은 /ʌɪ/에서 도출되어야 하나 아니면 /aɪ/에서 도출되어야 하나? 그 이유는 무엇인가?

e. 이 방언의 화자들이 다음 단어들을 발음한다고 가정할 경우 각 단어의 음성표기를 제시하라.

life ________	lives ___________	lie ________
file ________	bike ___________	lice ________

f. 위에 제시된 단어들의 음소표기와 음성표기를 연결해 주는 규칙을 공식으로 제시하라.

9. *top/chop, dunk/junk, so/show, Caesar/seizure*와 같은 단어쌍은 /t/와 /ʧ/, /d/와 /ʤ/, /s/와 /ʃ/, 그리고 /z/와 /ʒ/가 영어에서 변별 음소들이라는 것을 보여준다. 다음 자료에서 제시되는 구개음과 비구개음의 쌍을 살펴보라. [구개음은 일상대화에 자주 나타나는 선택적인 (optional) 형태이다.]

비구개음		구개음	
[hɪt mi]	'hit me'	[hɪʧ ju]	'hit you'
[lid hĩm]	'lead him'	[liʤ ju]	'lead you'
[pʰæs ʌs]	'pass us'	[pʰæʃ ju]	'pass you'
[luz ðɛm]	'lose them'	[luʒ ju]	'lose you'

/t/, /d/, /s/, /z/가 각각 언제 /ʧ/, /ʤ/, /ʃ/, /ʒ/로 구개음화 되는지를 규정하는 규칙을 공식으로 제시하라. 그 규칙을 자질표기를 사용해서 다시 기술하라. 공식으로 제시한 규칙이 일반적 사실을 드러내나?

10. 다음은 광의의 음성표기로 된 일본어 단어들이다. [ts]는 치경파찰음이고 (구개파찰음은 [ʧ]다.) 하나의 기호로 취급되어야 한다. *tsunami*의 첫 음이 [ts]다. (일부 차용어를 제외하고) 일본어 단어들에 실제 음성으로 연속음 *[ti]나 *[tu]가 포함되는 경우는 결코 없다.

tatami	'mat'	tomodaʧi	'friend'	uʧi	'house'
tegami	'letter'	totemo	'very'	otoko	'male'
ʧiʧi	'father'	tsukue	'desk'	tetsudau	'help'
ʃita	'under'	ato	'later'	matsu	'wait'
natsu	'summer'	tsutsumu	'wrap'	ʧizu	'map'
kata	'person'	tatemono	'building'	te	'hand'

a. 이 자료에 근거하여 볼 때, [t], [ʧ], [ts]는 상보적 분포를 이루는가?

b. 이 음들의 분포를 기술하라. 먼저 말로 기술하고 그 다음에는 자질을 사용하여 기술하라.

c. [t], [ʧ], [ts]와 관련하여 이들 자료에 대한 음운분석을 제시하라. 즉 음소와 이음을 찾아내라.

d. 음성표기로 제시된 다음의 일본어 단어들의 음소표기를 제시하라. [t], [ʧ], [ts]를 제외한 나머지는 음소표기와 음성표기가 동일하다고 가정하라.

tatami	tsukue	tsutsumu
tomodaʧi	tetsudau	ʧizu
uʧi	ʃita	kata
tegami	ato	koto
totemo	matsu	katemono
otoko	deguʧi	te
ʧiʧi	natsu	tsuri

11. 다음 단어들은 V. Fromkin이 만든 Paku어인데 원래 NBC 텔레비전 시리즈이며 최근에는 영화로 만들어진 *Land of the Lost*에서 Paku인들이 사용하는 언어다. 양음악센트부호는 강세모음을 나타낸다.

a. ótu 'evil' (N)
b. túsa 'evil' (Adj)
c. etógo 'cactus' (sg)
d. etogni 'cactus' (pl)
e. páku 'Paku' (sg)
f. pakṹni 'Paku' (pl)
g. épo 'hair'
h. mpósa 'hairless'
i. ã́mpo 'hairless one'
j. ãmpṍni 'hairless ones'
k. ã́mi 'mother'
l. ãmĩ́ni 'mothers'
m. áda 'father'
n. adã́ni 'fathers'

i. 강세는 예측 가능한가? 만약 그렇다면 그 규칙은 무엇인가?
ii. 모음의 경우 비음성은 변별자질인가? 그렇게 판단한 이유를 제시하라.
iii. Paku어에서 복수형은 어떻게 생성되는가?

12. 다음 영어 동사들을 살펴보라. A의 동사들은 끝에서 두 번째 음절에 강세가 오는 반면에 B와 C의 동사들은 마지막 음절에 강세가 온다.

A	B	C
astónish	collápse	amáze

éxit	exíst	impróve
imágine	resént	surpríse
cáncel	revólt	combíne
elícit	adópt	belíeve
práctice	insíst	atóne

a. A, B, C 그룹의 단어들의 음소표기를 제시하라. (비록 각각 다른 모음에서 도출될 수 있다고 해도 비강세 모음은 [ə]로 처리하라. 그렇게 하면 문제가 더 쉬울 것이다.)
예: *astonish* /əstanɪʃ/, *collapse* /kəlæps/, *amaze* /əmez/

b. 이 동사들이 보여주는 강세음절의 음소구조를 살펴보라. A 동사들의 마지막 음절과 B 동사들의 마지막 음절은 어떻게 다른가? A 동사와 B 동사에서 강세가 어디에 오는지 알려주는 규칙을 공식으로 제시하라.

c. C 동사들의 경우 강세가 마지막 음절에 온다. 이 사실을 설명하려면 앞서의 규칙에 무엇을 추가해야 하나? (힌트: A 동사와 B 동사의 경우에는 종성자음을 살펴보고 C 동사의 경우에는 모음을 살펴보라.)

13. 아래에 10개 '단어'의 음성표기가 제시된다. 어떤 것은 실제 영어 단어이고, 어떤 것은 현재는 영어 단어가 아니지만 영어 단어가 될 가능성이 있으며, 또 어떤 것은 영어의 음소배열 제약을 위반하기 때문에 영어 단어로서 가능하지 않다.

실제 영어 단어인 경우에는 정규철자로 나타내라. 그렇지 않은 단어들은 '가능' 또는 '불가능'으로 표시하라. '불가능'으로 표시한 경우 그 이유를 제시하라.

	단어	가능	불가능	이유
예				
[θrot]	throat			
[slig]		X		
[lsig]			X	유음으로 시작하고 그 뒤에 저해음이 오는 영어 단어는 없다.

단어	가능	불가능	이유
a. [p^hril]			
b. [skritʃ]			
c. [k^hno]			
d. [maɪ]			

e. [gnostɪk]

f. [jũnək^{h}ɔrn]

g. [fruit]

h. [blaft]

i. [ŋar]

j. [æpəp^{h}lɛksi]

14. 다음 히브리어 단어들의 음성형태를 살펴보라.

[v]-[b]		**[f]-[p]**	
bika	'lamented'	litef	'stroked'
mugbal	'limited'	sefer	'book'
ʃavar	'broke' (masc.)	sataf	'washed'
ʃavra	'broke' (fem.)	para	'cow'
ʔikev	'delayed'	mitpaxat	'handkerchief'
bara	'created'	haʔalpim	'the Alps'

이 단어들과 그 음들의 연속이 히브리어에 나올 수 있다고 가정하라. 답을 할 때 개별 음보다는 음부류를 고려하라.

a. [b]와 [v]는 한 음소의 이음인가? 두 음은 상보적 분포를 이루는가? 그들은 각각 어떤 환경에 나타나나? 그들의 분포를 설명하는 음운규칙을 공식으로 제시할 수 있는가?

b. [b]와 [v]를 기술하는 규칙이 있다면 그 규칙이 [p]와 [f]에도 적용되는가? 그렇다면 그 이유는 무엇이고 그렇지 않다면 그 이유는 무엇인가?

c. 다음 단어에는 하나의 음이 빠져 있다. 음이 빠진 자리는 공란으로 되어 있다.
hid__ik. 다음 중 맞는 설명을 찾아라.
   i. 공란에 [b]는 올 수 있으나 [v]는 올 수 없다.
   ii. 공란에 [v]는 올 수 있으나 [b]는 올 수 없다.
   iii. 공란에 [b]나 [v] 둘 다 올 수 있다.
   iv. 공란에 [b]도 [v]도 올 수 없다.

d. 불완전한 단어 __ana에 대한 올바른 설명은 어느 것인가?
   i. 공란에 [f]는 올 수 있으나 [p]는 올 수 없다.
   ii. 공란에 [p]는 올 수 있으나 [f]는 올 수 없다.
   iii. 공란에 [p]나 [f] 둘 다 올 수 있다.
   iv. 공란에 [p]도 [f]도 올 수 없다.

e. 이제 (음성표기로 되어 있는) 다음의 가능한 단어들을 살펴보라.

laval surva labal palar falu razif

이 단어들이 실제로 히브리어에 나온다면

i. 처음에 열거된 단어들에 기초해서 당신이 내린, 순음폐쇄음과 순음마찰음의 분포에 대한 결론을 이 단어들 때문에 수정해야 할 필요가 있는가?

ii. 이 단어들은 처음에 당신이 내린 결론을 뒷받침하는가?

iii. 이 단어들은 처음에 당신이 내린 결론과 상관이 없는가?

15. 아프리카 언어인 Maninka어의 다음 단어들을 살펴보라.

bugo	'hit'	bugoli	'hitting'
dila	'repair'	dilali	'repairing'
don	'come in'	donni	'coming in'
dumu	'eat'	dumuni	'eating'
gwen	'chase'	gwenni	'chasing'

a. *-ing*를 의미하는 형태소의 두 가지 음성형태는 무엇인가?

b. 어떤 음성형태가 나타날지 예측할 수 있는가? 만약 그렇다면 그 규칙을 기술하라.

c. 다음 동사들의 '-ing' 형태는 무엇인가?

da	'lie down'
men	'hear'
famu	'understand'

d. 당신이 기술한 규칙에 의하면 *sunogo* 'sleep'의 '-ing' 형태는 어떻게 예측되는가?

e. 당신의 규칙이 *sunogoli*를 예측한다면 *sunogoni*를 예측할 수 있도록 그 규칙을 수정하라 (*-li*가 나타나는 다른 경우들에 영향을 주지 않도록 하면서). 반대로 당신의 규칙이 *sunogoni*를 예측한다면 *sunogoli*를 예측할 수 있도록 그 규칙을 수정하라.

16. Bantu어인 Luganda어의 다음 음성자료를 살펴보라. (이 자료들은 문제를 더 쉽게 하기 위해서 어느 정도 수정되었다.) 마지막 예를 제외하고 모든 예에서 동일한 어근이 A와 B에 나타난다. 그러나 A에는 'a' 또는 'an'을 의미하는 하나의 접두사가 포함되어 있고 B에는 'little'을 의미하는 또 다른 접두사가 포함되어 있다.

A		**B**	
ẽnato	'a canoe'	aka:to	'little canoe'
ẽnapo	'a house'	aka:po	'little house'
ẽnobi	'an animal'	akaobi	'little animal'

ẽmpipi	'a kidney'	akapipi	'little kidney'
ẽŋko:sa	'a feather'	akako:sa	'little feather'
ẽm:ã:m:o	'a peg'	akabã:m:o	'little peg'
ẽŋ:õ:m:e	'a horn'	akagõ:m:e	'little horn'
ẽn:ĩmiro	'a garden'	akadĩmiro	'little garden'
ẽnugẽni	'a stranger'	akatabi	'little branch'

주어진 형태에 근거하여 다음 질문들에 답하라. 이 언어의 모든 단어가 여기에 제시된 규칙을 준수한다고 가정하라. (힌트: 긴 분절음의 경우에는 /mm/대신 /m:/처럼 표기할 수 있다. (:는 분절음의 음장이 길다는 것을 의미한다.) 이렇게 하면 음운과정이 일어나는 것을 더 분명하게 볼 수 있다.)

a. Luganda어에서 비강모음은 음소적인가? 아니면 예측이 가능한가?
b. 'garden'을 의미하는 형태소의 음소표기는 /dimiro/인가?
c. 'canoe'를 의미하는 형태소의 음소표기는 무엇인가?
d. [p]와 [b]는 한 음소의 이음인가?
e. 만약 Luganda어에서 /am/이 접두사 의존형태소라면, [ãmdãno]는 이 접두사로 시작하는 단어의 음성형태로서 가능한가?
f. Luganda어에는 동기관 비음규칙이 있는가?
g. 'little boy'를 의미하는 단어의 음성표기가 [akapo:be]라고 가정할 때, 'a boy'의 음소표기와 음성표기를 제시하라.
   음소표기: ____________________ 음성표기: ________________________
h. 다음 중 어느 것이 'a' 또는 'an'을 의미하는 접두사의 음소표기인가?
   i. /en/ ii. /ẽn/ iii. /ẽm/ iv. /em/ v. /e:/
i. 'a branch'를 의미하는 단어의 음성표기를 제시하라.
j. 'little stranger'를 의미하는 단어의 음소표기를 제시하라.
k. Luganda어의 자료가 보여주는 3개의 음운규칙을 기술하라.

17. 다음은 광의의 음성표기로 된 일본어 동사들이다. 이들은 현재시제의 두 가지 스타일(격식체와 비격식체)을 나타낸다. 형태소들은 +로 분리된다.

의미	비격식체	격식체
call	yob+u	yob+imasu
write	kak+u	kak+imasu
eat	tabe+ru	tabe+masu
see	mi+ru	mi+masu

leave	de+ru	de+masu
go out	dekake+ru	dekake+masu
die	ʃin+u	ʃin+imasu
close	ʃime+ru	ʃime+masu
swindle	katar+u	katar+imasu
wear	ki+ru	ki+masu
read	yom+u	yom+imasu
lend	kas+u	kaʃ+imasu
wait	mats+u	matʃ+imasu
press	os+u	oʃ+imasu
apply	ate+ru	ate+masu
drop	otos+u	otoʃ+imasu
have	mots+u	motʃ+imasu
win	kats+u	katʃ+imasu
steal a lover	netor+u	netor+imasu

a. 일본어 동사 어근의 음소표기를 제시하라.

b. 동사 어근의 서로 다른 음성형태를 설명하는 규칙을 기술하라.

c. 격식체를 나타내는 접미사와 비격식체를 나타내는 접미사는 모두 하나 이상의 이형태를 갖는다. 각 접미사의 이형태를 제시하라. 그들의 분포를 설명하는 규칙(들)을 기술하라.

18. 미국 원주민 언어인 Ojibwa어[1]의 자료를 살펴보라. (간결성을 위해서 자료가 수정되었다. /c/는 구개폐쇄음이다.)

anok:i:	'she works'	nitanok:i:	'I work'
a:k:osi	'she is sick'	nita:k:osi	'I am sick'
aye:k:osi	'she is tired'	kiʃaye:k:osi	'you are tired'
ine:ntam	'she thinks'	kiʃine:ntam	'you think'
ma:ca:	'she leaves'	nima:ca:	'I leave'
takoʃ:in	'she arrives'	nitakoʃ:in	'I arrive'
pakiso	'she swims'	kipakiso	'you swim'

[1] From Baker, C. L. & John McCarthy, The Logical Problem of Language Acquisition, Table: Example of Ojibwa Allomorphy. © 1981 Massachusetts Institute of Technology, by permission of The MIT Press.

wi:sini	'she eats'	kiwi:sini	'you eat'

a. 'I'와 'you'를 의미하는 형태소는 어떤 모양을 취하는가? 즉 'I'와 'you'의 이형태는 무엇인가?

b. 'I'의 이형태들은 상보적 분포를 이루는가? 'you'의 이형태는 어떤가?

c. 각 이형태의 기저가 되는 음소형태가 하나라면 그 음소형태는 무엇인가?

d. 이형태의 음성형태를 도출하는 규칙을 기술하라. 가능한 그 규칙을 일반적인 규칙으로 만들어라. 다시 말해서 그 규칙이 적용되는 환경의 자연부류를 언급하라. 규칙을 공식으로 기술할 수도 있고 말로 기술할 수도 있다. 또는 일부는 말로 기술하고 일부는 공식처럼 만들 수도 있다.

e. 그 규칙은 형태음운규칙인가? 다시 말해서 그 규칙은 대체로 모든 형태소가 아닌 특정 형태소에만 적용되는가? 당신의 답을 암시하는 증거가 자료에 있는가?

19. Myanmar에서 사용되는 Burmese어의 자료를 살펴보라. 비강자음 아래에 있는 작은 원은 무성비강음임을 나타낸다. 성조는 이 문제에서 아무 역할도 하지 않기 때문에 생략되었다.

ma	'health'	n̥eɪ	'unhurried'
na	'pain'	m̥i	'flame'
mjiʔ	'river'	m̥on	'flour'
nwe	'to flex'	m̥a	'order'
nwa	'cow'	n̥weɪ	'heat'(동사)
mi	'flame'	n̥a	'nostril'

[m]과 [m̥], 그리고 [n]과 [n̥]은 음소인가 이음인가? 당신의 결론을 뒷받침하는 증거를 제시하라.

'flame'을 의미하는 두 단어 mi와 m̥i는 무엇을 보여주고 있는가? 이 단어들은 당신의 결론과 모순되는가? (힌트: 'economics'의 두 가지 미국영어식 발음, 즉 [ɛkənamɪks]와 [ikənamɪks]에 대해서 생각해 보라. [ɛ]와 [i]는 서로 다른 음소이지만 두 발음은 같은 단어다. 이런 현상은 자유변이(free variation)라고 한다.

20. 다음은 Wakanti라고 하는 가상의 언어로 된 짧은 문장들이다. (분석을 더 쉽게 하기 위해서 긴 자음의 경우 철자를 중복하여 나타냈다.)

aba	'I eat'	amma	'I don't eat'
ideɪ	'You sleep'	inneɪ	'You don't sleep'

aguʊ	'I go'	aŋŋuʊ	'I don't go'
upi	'We come'	umpi	'We don't come'
atu	'I walk'	antu	'I don't walk'
ika	'you see'	iŋka	'You don't see'
ijama	'You found out'	injama	'You didn't find out'
aweli	'I climbed up'	amweli	'I didn't climb up'
ioa	'you fell'	inoa	'You didn't fall'
aie	'I hunt'	anie	'I don't hunt'
ulamaba	'We put on top'	unlamaba	'We don't put on top'

a. 이 자료에 근거할 경우 부정 형태소의 음소표기는 무엇인가?
b. 부정 형태소의 이형태는 어떤 것들인가?
c. 기저의 음소형태로부터 이형태의 음성형태를 도출하는 규칙을 기술하라.
d. 이 자료들에는 또 다른 음운규칙이 적용된다. 그 규칙이 어떤 기능을 하는지 그리고 그 규칙이 어떤 (자음의) 자연부류에 적용되는지 명백하게 기술하라.
e. 모든 부정문의 음소형태를 제시하라.

21. 다음 프랑스어 자료를 살펴보라.

음성표기	의미
pəti tablo	'small picture'
no tablo	'our pictures'
pəti livr	'small book'
no livr	'our books'
pəti navɛ	'small turnip'
no navɛ	'our turnips'
pətit ami	'small friend'
noz ami	'our friends'
pətit wazo	'small bird'
noz wazo	'our birds'

a. 'small'과 'our'의 두 형태는 무엇인가?
b. 각각의 형태소를 결정하는 음성환경은 무엇인가?
c. 단어경계를 언급하고 정확하게 하나의 음성자질만 사용해서 (즉 자연부류를 언급함으로써) 그 환경을 표현할 수 있는가? (힌트: 더 상세한 음성표기를 도입하면 단

어경계(#)를 나타낼 수 있다. 예를 들어 [#no##livr#]처럼.)

d. 기본 형태, 즉 음소형태는 무엇인가?

e. 기본 형태로부터 기본형이 아닌 형태를 도출하는 규칙을 말로 진술하라.

f. 도전 문제: 0(null)을 나타내는 Ø와 단어경계를 나타내는 #를 사용해서 그 규칙을 식으로 나타내라.

22. 의미적으로 연관이 있는 음성형태쌍과 그들의 의미를 살펴보라. (+는 형태소경계를 나타낸다.)

음성표기	의미	음성표기	의미
[bãm]	explosive device	[bãmb+ard]	to attack with explosive devices
[kʰrʌ̃m]	a morsel or bit	[kʰrʌ̃mb+əl]	to break into bits
[aɪæ̃m]	a metrical foot	[aɪæ̃mb+ɪc]	consisting of metrical feet
[θʌ̃m]	an opposable digit	[θʌ̃mb+əlĩnə]	a tiny woman of fairy tales
[rãm]	a rhombus	[rãmb+ɔɪd]	having a shape similar to a rhombus
[tũm]	a mausoleum	[tũmb+əl]	like a mausoleum

a. 각 줄에 제시된 어근 형태소의 두 이형태는 무엇인가?

b. 기저형인 어근 형태소의 음소표기는 무엇인가? (힌트: 결정하기 전에 *atom/atomic*, *form/formal*과 같은 단어쌍을 살펴보라.)

c. 이형태들을 도출하는 규칙을 진술하라.

d. 영어철자를 사용하여 이 단어들을 표기하라.

23. 다음 히브리어 자료를 살펴보라. (주의: *ts*는 치경파찰음이고 하나의 음이며 [+sibilant]다.) 단어 *lehit*는 재귀대명사다.

비치찰음으로 시작되는 동사		치찰음으로 시작되는 동사	
kabel	'to accept'	*tsadek*	'to justify'
lehit-kabel	'to be accepted'	*lehits-tadek* (not **lehit-tsadek*)	'to apologize'
pater	'to fire'	*shamesh*	'to use for'
lehit-pater	'to resign'	*lehish-tamesh* (not **lehit-shamesh*)	'to use'
bayesh	'to shame'	*sader*	'to arrange'

lehit-bayesh	'to be ashamed'	*lehis-tader* (not **lehit-sader*)	'to arrange onself'

a. 히브리어 자료 중 오른쪽에서 일어나는 음운변화를 기술하라.
b. 이 변화를 설명하는 음운규칙을 말로 가능한 한 구체적으로 기술하라. 규칙이 왼쪽 자료에 영향을 주지 않도록 하라.

24. 다음은 일본어 자료이며 대부분은 연습문제 10번에 있는 단어들이다. 이들은 무성모음(밑에 작은 원이 표시된 모음들)을 나타내기 위해서 상세한 음성표기로 제시된다.

단어	의미	단어	의미	단어	의미
tatami	mat	tomodaʧi	friend	uʧi	house
tegami	letter	totemo	very	otoko	male
su̥kiyaki	sukiyaki	ki̥setsu	a season	busata	silence
ʧi̥ʧi	father	tsu̥kue	desk	tetsudau	help
ʃi̥ta	under	ki̥ta	north	matsu	wait
deguʧi	exit	tsuri	fishing	ki̥setsu	existing
natsu	summer	tsu̥tsumu	wrap	ʧizu	map
kata	person	fu̥ton	futon	fugi	discuss
matsu̥ʃi̥ta	(유명한 이름)	etsu̥ko	(여자 이름)	fu̥kuan	a plan

a. 어떤 모음들이 무성음으로 나타나는가?
b. 무성모음은 유성모음과 상보적 분포를 이루는가? 그렇다면 그들의 분포를 기술하라.
c. 유성모음과 무성모음은 같은 음소의 이음인가?
d. 무성 변이음을 갖는 모음들의 이음을 결정하는 규칙을 말로 기술하고 만약 가능하다면 공식으로 기술하라.

25. 영어 명사의 복수형태 및 동사의 과거시제 규칙과 관련해서 규칙의 두 부분이 올바른 순서대로 적용되어야 한다는 것을 살펴보았다. 만약 순서를 뒤바꾸면 *bus*의 복수형으로 [bʌsəz] 대신 *[bʌsəs]를, 그리고 *state*의 과거형으로 [stetəd] 대신 *[stetət]를 도출하게 될 것이다. (아래에 제시된) 제약 (A)와 (B)는 복수형태 및 과거시제 규칙을 위한 것이지만 올바른 형태나 잘못된 형태 모두 이 제약들을 위반하지 않는다. [bʌsəs]와 [stetət]가 도출되는 것을 막기 위해서 어떤 추가적인 제약이 필요한가?

(A) 어말에서 연속으로 오는 저해음은 유·무성 자질에 있어서 서로 달라서는 안 된다.

(B) 영어 단어에서 유·무성 자질만 다른 저해음이 연속으로 오는 것은 허용되지 않는다.

26. 독일어에는 어말 저해음을 무성음으로 변화시키는 규칙이 있다. (예를 들어 독일어 /bund/는 [bunt]로 발음된다.) 이 규칙은 다음 제약의 표현이다.

유성저해음은 어말에서 허용되지 않는다.

이 제약이 보편적이라고 가정할 경우, 영어의 *band* /bænd/가 [bæ̃nt]가 아니라 여전히 [bænd]로 발음되는 이유를 최적이론의 입장에서 설명하라.

27. 많은 영어화자들은 어말 /z/가 독립된 별도의 형태소일 때 무성음으로 발음한다. 이 화자들은 *dogs, days, dishes* 등을 각각 [dɔgz], [dez], [dɪʃəz] 대신 [dɔgs], [des], [dɪʃəs]로 발음한다. 게다가 그들은 *Dan's, Jay's, Liz's* 와 같은 소유격을 [dæ̃nz], [ʤez], [lɪzez] 대신 [dæ̃ns], [ʤes], [lɪzəs]로 발음한다. 끝으로 그들은 *reads, goes, fusses*와 같은 3인칭 단수 동사형을 [ridz], [goz], [fʌsəz] 대신 [rids], [gos], [fʌsəs]로 발음한다.

(그러나 *daze*와 *Franz* 같은 단어들은 여전히 [dez], [franz]로 발음된다. 왜냐하면 여기서 /z/는 독립된 별개의 형태소가 아니기 때문이다. 흥미롭게도 이 방언에서 *Franz*와 *Fran's*는 동음이의어가 아니며 *daze*와 *day's* 역시 동음이의어가 아니다.) 최적이론은 이 현상을 어떻게 설명할 수 있는가?

28. 독일어의 3인칭 단수 접미사는 *-t*다. 다음은 3개의 독일어 동사 어간(기저형)과 이 동사들의 3인칭 단수형이다.

어간	**3인칭**	
/lo:b/	[lo:pt]	he praises
/zag/	[zakt]	he says
/raɪz/	[raɪst]	he travels

동사 어간의 종성 자음은 어말에 오지 않음에도 불구하고 3인칭 형태에서 무성음으로 변한다. 어떤 제약이 작동하여 어간의 종성 자음을 무성음으로 바꾸는 것인가? 이 제약은 영어의 복수형과 과거시제 규칙에서 작동하는 제약과 유사한가 아니면 다른가?

7

사회언어학: 사회 속의 언어

Language in Society

방언 Dialects

모든 영어 화자들은 서로 이야기하면서 서로를 꽤 많이 이해할 수 있다. 하지만 우리 중 어느 누구도 똑같이 말하지는 않는다. 이 차이는 연령, 성, 사회적 상황과 언제 어디에서 언어를 배웠는지에 따른 결과이다. 이러한 차이들은 단어의 선택, 단어의 발음, 그리고 문법적 규칙에서 나타난다. 개인 화자들의 고유한 특성을 가진 언어를 개인어라고 일컫는다. 영어는 4억 5천만에서 8억 5천만 정도의 개인방언으로 구성되어 있다고 한다(그 수도 매일 증가하고 있어 추정하기는 어렵다).

개인과 마찬가지로 동일 언어를 말하는 사람들도 집단에 따라 서로 다르게 말한다. 보스턴 사람, 뉴욕 사람, 텍사스 사람, 시카고의 흑인, 덴버의 백인, 앨버커키의 히스패닉, 모두 영어를 말하는 방식에서 다양성을 보인다. 언어 집단들이 한 언어를 말하는 방식에 체계적인 차이가 있을 때, 우리는 각 집단이 그 언어의 방언을 말하고 있다고 한다. 방언은 체계적인 방식으로 차이가 있는, 상호 간에 이해 가능한 언어의 형식이다. 모든 화자들은, 부자이건 가난하건, 지역이나 인종에 상관없이, 마치 각 개인이 개인어를 말하듯이 적어도 하나의 방언을 말하고 있다. 방언은 한 언어의 열등하거나 비하된 형식이 아니며, 언어는 방언의 집합이므로 논리적으로도 그렇게 될 수 없다.

두 언어 공동체 간의 차이가 두 방언 혹은 두 언어에 나타난 것인지 결정짓기가 항상 쉬운 것만은 아니다. 때때로 다음과 같은 경험에 근거한 정의가 이용된다. 즉, 방언이 상호 이해 불가할 때, 다시 말해, 한 방언 집단의 화자가 다른 방언 집단의 화자를 더 이상 이해할 수 없을 때, 이 방언들은 서로 다른 언어가 된다.

하지만 이러한 경험상의 규칙은 언어가 격식으로 인정되는 방식과는 일치하지 않는데, 이것은 정치적·사회적 고려에 의해 결정되기 때문이다. 예를 들어, 덴마크어를 사용하는 덴마크인들과 노르웨이어를 사용하는 노르웨이인들과 스웨덴어를 말하는 스웨덴인들은 서로 대화할 수 있다. 그럼에도 불구하고, 덴마크인들과 노르웨이인, 스웨덴인들은 각각 별개의 언어를 사용하는 것으로 간주되는데, 이는 그들이 별개의 국가에서 언어를 사용하며 문법에 규칙적인 차이가 있기 때문이다. 이와 유사하게, 힌디어와 우르드어는 그 차이가 미국영어와 호주영어의 차이보다는 크지 않음에도 불구하고 파키스탄과 인도에서는 상호 이해 가능한 '언어들'이다. 그 언어들이 서로 다른 표기 체계를 지닌다는 사실은 완전히 별개의 언어라는 인상을 준다.

전 유고슬라비아의 언어인 세르보-크로아티아어(Serbo-Croatian)의 최근 역사는 특정 말하기 방식이 방언 또는 언어로 간주되는지를 결정할 수 있는 요인들을 보여준다. 언어학적인 관점에서 보면, 세르보-크로아티아어는 단일 슬라브 언어이다. 다시 말해, 크로아티아인들은 (영어 화자들처럼) 로마(Roman) 문자를 사용하고, 세르비아인들은 러시아 화자들처럼 키릴(cyrillic) 문자를 사용하지만, 영국영어와 미국영어 방언이 그런 것처럼 어휘에서만 다소의 차이가 있을 뿐 구어로는 서로 이해가능하다. 그러나 사회정치적인 관점에서 보면, 1990년대의 유고슬라비아의 붕괴 이후에 세르보-크로아티아어 역시 '붕괴'되었다. 몇 년간의 갈등 이후에, 두 신생 독립 국가는 그들은 서로 다른 방언일 뿐 아니라 서로 다른 언어를 사용한다고 선언했다.

반면, 중국에서 언어학적으로 서로 별개의 언어, 가령 북경어(Madarin)나 광둥어(Cantonese)는 구어에서는 상호 이해가 불가능함에도 불구하고, 두 언어는 모든 화자들이 읽을 수 있는 공통된 표기 체계를 가지고 있으며(이것은 표의문자이기 때문이다.) 단일 국가 안에서 사용되기 때문에, 언론 및 그 밖의 다른 곳에서 중국어의 방언으로 간주된다.

엄격한 언어학적인 근거로 방언과 언어를 구별하는 것은 쉬운 일이 아니다. 방언과 언어는 그 화자들의 내재된 문법과 어휘를 반영한다. 예를 들어, 문법규칙 20개가 서로 상이하면, 별개의 언어를 나타내는 반면, 20개 이하의 규칙이 서로 다르면, 방언이라고 말한다면, 이는 완전히 자의적인 것이다. 10개의 규칙이나 30개의 규칙은 왜 안 되는가? 실제로 밝혀진 바는 방언들 사이에 급격한 단절은 없다는 것이다. 오히려 방언들은 서로 융합하여 하나의 **방언 연속체**를 형성한다.

예를 들어, 비엔나에서 암스테르담까지 자전거로 여행하는 여행가를 가정해 보자. 그 여행자가 자전거를 타고 마을에서 마을로 이동해 갈 때, 듣게 되는 독일어의 사소한 변화를 감지할 수도 있다. 그리고 인접한 마을의 사람들은 서로 의사소통을 하는 데 문제가 없을 수도 있다. 하지만 그 여행자가 네덜란드어를 쓰는 암스테르담에 도착했을 때쯤에는 누적된 차이로 인해 비엔나의 독일어와 암스테르담의 네덜란드어가 상호 간에 거의 이해할 수 없다는 것을 실감할 수도 있다.

상호 이해가능성, 문법적인 차이, 정치적 또는 사회적 경계, 그 어느 것도 결정적이지 않기 때문에 정확하게 언어와 방언의 차이를 정의하는 것은 가능하지 않다. 하지만 우리는 경험에 따른 정의를 사용하여 한 언어의 방언은 방언들 사이에 체계적인 차이를 가진 상호 이해 가능한 언어학적 체계라고 말한다.

다음 장에서 논의하겠지만, 언어는 끊임없이 변화하는데 이러한 변화는 점진적으로 일어난다. 언어는 하나의 지리적인 지역이나 사회적인 집단에서 발생하여 다른 지역이나 집단으로 서서히 확산되며, 이 확산은 때로는 몇 세대에 걸쳐 일어난다. 방언 다양성은 한 지역이나 집단에서 일어난 변화가 더 이상 전파되지 않을 때 발생한다. 화자들이 서로 정기적인 접촉이 있을 때, 언어적인 특성이 전파되며 아동들은 이것을 습득한다. 그러나 어떤 의사소통의 장벽이 화자 집단을 단절시킬 때(그것이 바다나 산맥과 같은 물리적인 장벽이거나 정치적, 인종적, 계층적, 교육적 혹은 종교적인 사회적 장벽이거나) 언어적 변화는 그렇게 순조롭게 퍼져나가지 않으며, 집단 간의 차이는 강화되고 수적으로 증가한다.

방언 균등화는 방언 간의 보다 큰 통일성과 보다 작은 변이성을 향한 운동이다. 비록 방언 균등화가 여행의 용이성과 대중 매체의 영향으로 일어났다고 생각할 수도 있지만, 이것은 실제적으로는 그렇지 않다. 영국에서는 단지 몇 개의 주요 방언들만 전국적인 라디오나 텔레비전에서 사용되고 있지만 방언의 다양성은 유지되고 있다. 집단의 독특함과 정체성을 유지하려는 시도가 있는 도시지역에서는 방언의 수가 실제 증가할 수도 있다.

지역 방언 Regional Dialect

다양한 언어학적인 차이가 특정 지리학적 지역(보스턴이나 미국의 남부)에서 누적되면 그 지역의 구어는 고유한 특징을 지니게 된다. 그러한 각각의 특징이 있는 언어를 **지역 방언**이라고 한다. 앞서 논의한 비엔나에서 암스테르담으로의 가상의 여행은 지역 방언들을 가로질러 가는 것이었다. 미국에서 대부분의 방언의 차이는 지리학적 지역에 기반한다.

미국영어에서 많은 지역 방언들의 기원은 17, 18세기에 북미에 정착했던 사람들로 거슬러 올라간다. 그들은 영국의 다른 지역에서 왔기 때문에 초기 정착민들은 이미 영어의 다른 방언들을 사용하였고 이러한 차이가 기존의 13개의 미국 식민지에 그대로 전해졌다. 미국 혁명 당시에 영국 식민지에는 3개의 주된 방언 지역이 있었다. 뉴잉글랜드와 허드슨강 주변의 북부방언과 펜실베이니아에서 사용하는 중부방언, 그리고 남부방언이 그것이다. (물론, 소수 방언 지역도 많이 있었다.) 이러한 방언들은 서로 달랐고 체계적인 방식에서도 영국에서 사용되는 영어와도 달랐다. 영국영어에서 일어나는 변화들의 일부는 식민지로 퍼져나갔고 일부는 그러지 않았다.

어떻게 방언이 발전하는가는 미국의 다른 지역에서의 *r*이 있는 단어의 발음으로 설명될 수 있다. 18세기 초반에 영국 남부지역의 영어는 자음 앞이나 단어 끝에서 *r*을 탈락시켰다. *farm*, *farther*, *father*와 같은 단어는 각각 [fa:m], [fa:ðə], [fa:ðə]로 발음이 되었다. 18세기 말기까지는 *r* 탈락(*r*-drop)은 뉴잉글랜드와 남대서양 해안지방의 초기 정착민들 사이에서는 일반적인 규칙이었다. 뉴잉글랜드 식민지와 런던 사이에는 긴밀한 상업적 유대가 유지되었고 남부지역 사람들은 그들의 아이들을 영국에 교육시키기 위해 보냈으며 이것이 *r* 탈락을 강화시켰다. 보스턴, 뉴욕 그리고 사바나에서 오늘날에도 사용되는 *r*이 없는 방언은 이 같은 특징을 유지하고 있다. 하지만 후기 정착민들은 *r*을 발음하는 영국 북부에서 왔다. 개척자들이 서부로 이동함에 따라 *r*도 함께 이동했다. 세 방언지역에서 개척자들은 모두 서쪽으로 이동하였다. 그들의 방언이 섞이면서 방언 차이의 많은 부분을 균등화했고, 이것이 중서부와 서부의 많은 지역에서 사용되는 영어가 서로 유사하게 된 이유이다.

지역적인 음운적, 음성적 차이는 **말투**(accent)라고 불린다. 한 개인은 보스턴, 브루클린, 중서부 말투, 남부의 느린 말투, 아일랜드 말투 등을 가진다고들 한다. 그러므로 말투는 화자의 방언에 대한 정보, 즉, 어떤 나라 혹은 그 나라의 어떤 지역에서 화자가 자랐는지 혹은 어떤 사회언어학적인 집단에 화자가 속해 있었는지에 대한 정보를 전해주는 말의 특징을 가리킨다. 미국에 있는 사람들은 누군가가 영국 말투 혹은 호주 말투를 지니고 있다고 한다. 영국에서는 그것들을 가리켜 미국 말투라고 한다.

말투라는 용어는 제2언어를 배우는 비원어민 화자들의 말을 가리킬 때에도 쓰인다. 예를 들어 프랑스인 영어는 프랑스 말투를 가진 것으로 기술된다. 이러한 의미에서, 말투는 모국어 때문에 생기게 되는 음운론적인 차이를 가리킨다. 지역적인 방언의 말투와 달리 이런 외국인들의 말투는 그 언어를 배운 공동체의 말의 차이가 반영되어있지 않다.

지역 방언은 발음뿐 아니라 어휘 선택과 문법규칙에서도 차이를 보인다. 한 코미디언은 "Mason-Dixon line is the dividing line between *you-all* and *youse-guys*"라고 말한 적이 있다. 다음 절에서는 방언의 차이를 엿볼 수 있는 여러 언어학적 층위에 대해 논의하고자 한다.

음운적 차이 Phonological Differences

r 탈락이 있는 방언과 다른 방언들의 비교는 미국영어의 방언들 사이의 많은 음운적인 차이를 설명한다. 이러한 차이 때문에 5장(음성학)을 집필하는데 다소 어려움을 겪었다. 왜냐하면 5장에서는 해당 음이 포함된 단어를 통하여 여러 영어 음을 예시로 들어야 했기 때문이다. 앞에서 언급한 바와 같이 어떤 사람은 *caught*[kɔt]를 모음 [ɔ]로 *cot*[kat]을 [a]로 발음하는 반면, 어떤 이들은 이 둘을 모두 [kat]로 발음한다. 어떤 사람들은 *Mary*, *merry*, *mary*를 모두 똑같이 발음하는 반면, 어떤 이들은 이 셋을 모두 다르게 발음하고, 또한 어떤 이들은 그 중 둘을 같게 발음한다. 남부와 북동부에서 *pajamas*는 긴장모음 [a]가 포함된 [pəʤãməz]로 발음이 되고 중부에서는 [a]가 이완모음인 [æ]로 발음된다. 많은 미국영어의 화자들은 *pin*과 *pen*을 똑같이 발음하는 반면, 어떤 이들은 첫 번째 것은 [pĩn]으로 두 번째

것은 [pɛ̃n]으로 발음한다.

영국영어의 발음은 (혹은 그것의 많은 방언들은) 미국영어의 많은 방언들과 체계적으로 차이가 있다. 인터넷을 통해 수행된 수백 명의 미국과 영국 화자들을 대상으로 한 설문조사에서 미국인들의 48퍼센트는 *luxury*에서 중간 자음을 무성음인 [lʌkʃəri]로 발음하였고, 영국인들의 96퍼센트는 그 자음을 유성음인 [lʌgʒəri]로 발음하였다. 미국인의 64퍼센트는 *data*의 첫 번째 모음을 [e]로 발음하였고 35퍼센트는 [æ]로 발음한 반면, 영국인의 92퍼센트는 그것을 [e]로 발음하였고 오직 2퍼센트만이 [æ]로 발음하였다. 가장 일관적인 차이는 주 강세를 두는 위치에서 나타났는데 *cigarette*, *applicable*, *formidable*, *laboratory*와 같은 다음절의 단어에서 대부분의 미국인들은 강세를 첫 번째 음절에 두었고, 대부분의 영국인들은 두 번째 혹은 세 번째 음절에 강세를 두었다.

영국은 또한 많은 지역 방언을 가지고 있다. 음성학을 다룬 장에서 기술된 영국영어의 모음은 왕실에서 '받아들여진다는' 이유로 용인된 발음, 즉 RP(recevied pronunciation)라고 불리는 방언의 화자들이 사용하는 것이다. 이 방언에서 *head*와 *herb*의 첫 음으로 *h*가 발음되는 반면 대부분의 미국영어 방언에서는 *herb*에서 *h*는 발음되지 않는다. 몇 몇 영국 방언에서 *h*음은 대부분의 단어에서 *house*를 [aʊs]로, *hero*를 [iro] 발음하는 것처럼 규칙적으로 탈락되지만, 미국에서는 그것이 발음된다. 미국 방언의 기원과 마찬가지로, West Country 방언, East Anglia 방언, Yorkshire 방언처럼 영국영어의 많은 지역 방언들은, 런던에서 사용되는 '표준'방언에서 벗어나지 않지만, 11세기로 거슬러 올라가 런던 영어와 함께 존재했던 초기의 다양한 방언들의 직계 자손이다. (영화 *Harry Potter*를 보면 여기서 영국영어에 대해 논의한 것의 일부를 듣게 된다.)

영어는 제1 혹은 제2언어로 세계에서 가장 많이 사용되는 언어이다. 영어는 미국, 캐나다의 많은 지역, 영국 제도, 호주, 뉴질랜드를 포함하여 많은 나라들의 국어이다. 수년 동안 영어는 인도, 나이지리아, 가나, 케냐 그리고 아프리카에서 영어를 사용하는 나라들을 포함하여 한때 영국의 식민지이었던 나라들의 공용어였다. 세계에서 사용되는 영어의 다양한 방언에는 많은 음운적인 차이가 있다.

어휘적 차이 Lexical Differences

지역 방언은 같은 대상에 대해 음운에서뿐만 아니라 사람들이 사용하는 단어에서도 차이가 있을 수 있다. 저명한 방언학자인 Hans Kurath는 그의 논문 "What Do You Call It?"에서 다음과 같이 물었다.

> Do you call it a *pail* or a *bucket*? Do you draw water from a *faucet* or from a *spigot*? Do you pull down the *blinds*, the *shades*, or the *curtains* when it gets dark? Do you *wheel* the baby, or do you *ride* it or *roll* it? In a *baby carriage*, a *buggy*, a *coach*, or a *cab*?

Frank Cho/Creators Syndicate

사람들은 영국에서는 *lift*를 타고 *first floor*(우리의 *second floor*)까지 가지만 미국에서는 *elevator*를 타고 간다. 그들은 런던에서는 *petrol*(*gas*가 아니라)을 채운다. 영국에서 *public school*은 수업료를 지불해야 하는 '사립'이며, 만약 학생이 *trousers* (pants)가 아닌 *pants*(underpants)를 입고 나타났다면 그는 옷을 차려 입도록 집으로 되돌려 보내질 것이다.

만약 보스턴에서 *tonic*을 청하면, 당신은 로스앤젤레스에서 *soda* 혹은 *soda pop*이라고 불리는 음료를 마시게 될 것이다. 아이스크림콘은 보스턴에서는 *jimmies*로 덮여 있고 뉴욕에서는 *sprinkles*로 덮여 있을 수 있다. 로스앤젤레스에서는 *freeway*이며 뉴욕에서는 *thruway*이고 뉴저지에서는 *parkway*, 영국에서는 *motorway*이고 다른 방언 지역에서는 *expressway* 혹은 *turnpike*이다.

통사적 차이 Syntactic Differences

방언은 또한 체계적인 통사적 차이에 의해 구별될 수 있다. 대부분의 미국 방언에서 문장은 다음과 같이 연결된다.

(1) John will eat and Mary will eat. → John and Mary will eat.

남부 미주리의 Ozark 방언에서는 다음과 같이 결합되는 것도 가능하다.

(2) John will eat and Mary will eat. → John will eat and Mary.

(1)에서 VP *will eat*은 첫 번째 접속절에서 생략되었으며, 반면 (2)에서 VP는 두 번째 접속절에서 생략되었다. 대부분의 영어 방언은 첫 번째 접속절에서의 생략만 허용하므로 그런 방언에서 *John will eat and Mary*는 비문법적이다. Ozark 방언은 두 번째 VP의 생략을 허용한다는 점에서 다르다. 어떤 미국 방언 화자들은 *Have them come early!*라고 말하지만 다른 화자들은 *Have them **to** come early!*라고 말할지도 모른다. 두 번째 방언의 많은 화자들은 또한 이중 법조동사를 사용하는데, 그 결과 이들 방언에서는 *He **might could** do it* 혹

은 *You **might should** go home*도 문법적인 표현이다. 대부분의 영어 방언들은 단 하나의 법조동사만 포함한다.

이중 법조동사를 허용하는 일부 방언들(예: Appalanchian English)은 또한 이중 목적어를 보여주며(예: *I caught me a fish*), 진행형에 *a*를 접두하는 것도 보여준다. (*He came a-runnin'*). 몇몇 현저한 통사적인 특징은 지역 방언을 분리하는 일련의 통사적 등어선(syntactic isoglosses) 구성에 도움을 준다.

어떤 미국영어 방언에서는, 다른 방언에서 *me*가 사용될 때, 대명사 *I*가 사용된다. 이러한 차이는 통사적으로 조건화된 형태론적인 차이이다.

방언 1	방언 2
between you and I	between you and me
Won't he let you and I swim?	Won't he let you and me swim?
*Won't he let I swim?	

별표(*) 표시된(비문법적인) 문장이 보여주듯이, 이러한 구문에서 *I*의 사용은 접속된 NP에서만 나타난다. 하지만 *Won't he let me swim?*이라는 표현은 두 방언 모두에서 문법적이다. 방언 1은 증가하고 있고, 비록 언어 순수주의자들은 이러한 언어의 사용에 얼굴을 찌푸리겠지만, TV 아나운서들, 정치 지도자들 그리고 대학 교수들이 사용하면서 이러한 형태가 표준영어가 되어가고 있다.

영국영어에서 대명사 *it*은 *I could have done it*라는 문장에서 생략될 수 있다. 영국 화자들은 *I could have done*이라고 말하지만, 이것은 미국영어의 통사적인 규칙과 일치하지 않는다. 하지만 미국영어에서는 *done it*의 생략은 허용되어 미국인들은 *I could have*라고 말하지만, 이것은 영국영어의 통사적 규칙과는 일치하지 않는다.

이 교재를 읽는 학생의 약 삼분의 일은 *John promised Mary to leave*를 문법적인 문장으로 받아들이지는 않을 것이지만, 삼분의 이는 'John이 Mary에게 그(John)가 떠날 것이라고 약속했다'라는 의미로 그 문장을 받아들일 것이다.

이러한 차이에도 불구하고 우리는 여전히 다른 영어 방언의 화자들이 하는 말을 이해할 수 있다. 비록 지역 방언이 발음, 어휘, 그리고 통사적 규칙에서 다를지라도 이러한 차이는 문법의 전체와 비교해보면 사소한 것이다. 방언은 보통 대부분의 규칙과 어휘를 공유하고 있으며 이것이 왜 언어의 방언이 상호 이해가능한지를 설명해 준다.

방언 지도 Dialect Atlases

언어학자인 Hans Kurath는 방언의 차이가 지역적으로 표시되어 있는 **방언 지도**와 **방언 지도책**을 편찬했다(그림 7.1 참조). 이 지도를 만든 방언 학자는 화자들이 같은 항목에 대하여 하나의 단어를 사용하는 지역과 다른 단어를 사용하는 지역들을 주목했다. 예를 들어,

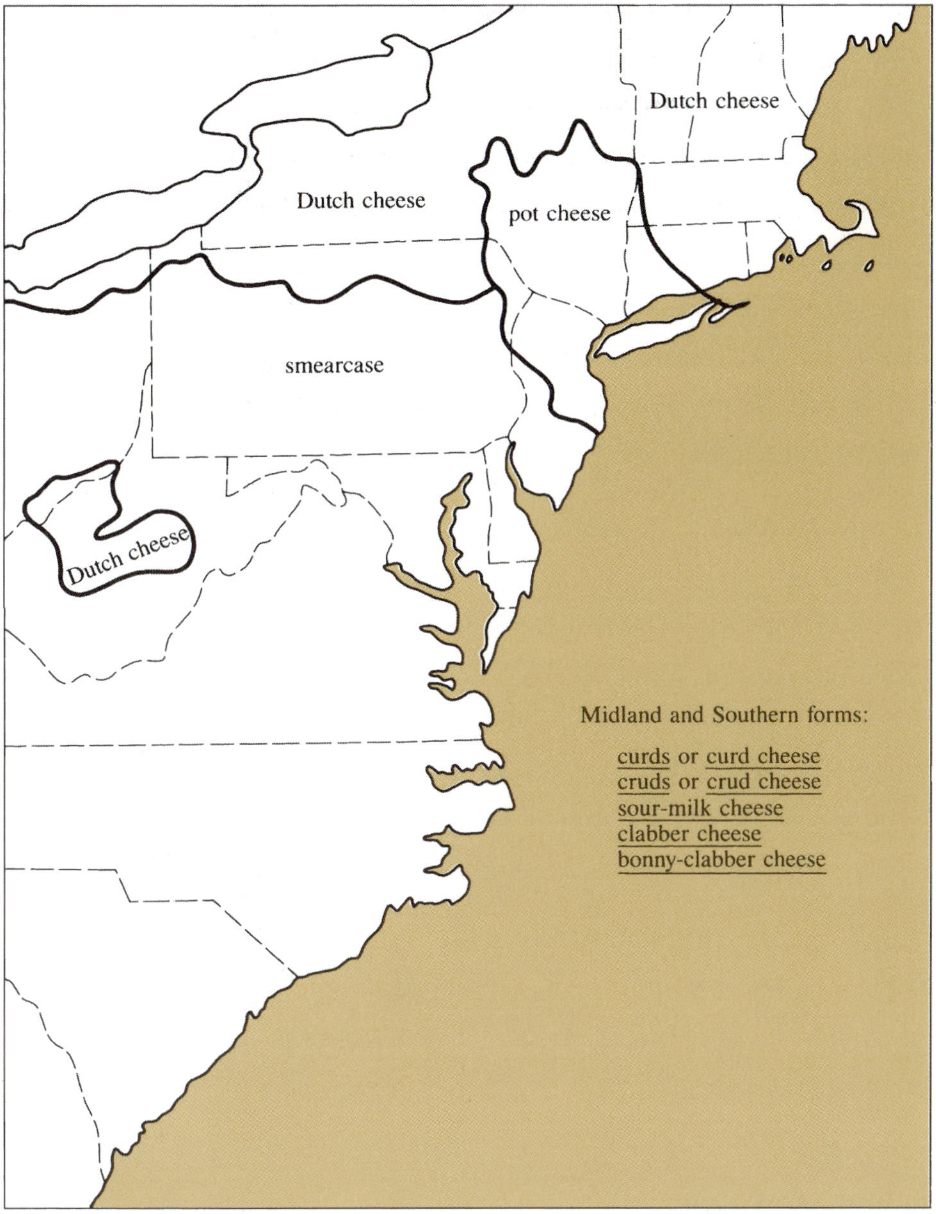

그림 7.1 | 똑같은 치즈를 상이한 단어로 지칭하는 지역을 구분하는 등어선을 보여주는 방언지도.

Kurath, Hans. "A Word Geography of the Eastern United States." Ann Arbor, MI: University of Michigan Press, copyright © 1949. Reprinted with permission of University of Michigan Press.

*Dutch cheese*라는 용어를 사용하는 지역은 다른 지역과 인접해있지 않다. 다른 방언의 화자들이 *smearcase*라고 부르는 것에 대해 *Dutch cheese*를 사용하는 West Virginia에서는 작은 주머니 모양을 하고 있는 등어선이 있다.

유사한 지도에서 동일한 단어 *creek*에 대해 [krik]과 [krɪk]라고 발음하는 것과 같이 발음의 변이에 따라 지역들은 구별된다. 언어적인 차이들 중, 상이한 단어 용법과 발음 변이에 의해 한정된 밀집 지역은 **방언 지역**을 형성한다.

방언 지역을 분리하기 위해 지도에 그려진 선은 **등어선**이라고 불린다. 등어선을 가로지를 때 당신은 하나의 방언 지역에서 다른 지역을 지나게 된다. 때때로, 여러 개의 등어선들은 정치적인 경계나 강이나 산맥과 같은 자연적인 장벽에서 서로 접한다. 언어학자들은 이러한 집단을 등어선 다발이라고 부른다. 이러한 다발을 지역 방언이라고 정의한다.

DARE는 'Dictionary of American Regional English'의 두문자어인데, 편집장은 저명한 미국 방언학자인 Frederick G. Cassidy(1907~2000)이다. 이 사전은 수십 년의 연구와 Cassidy와 미국 방언학자들의 학문적 업적을 나타내며 미국영어 방언에 관심이 있는 사람들을 위한 주요 자료이다. 5권은 이제 출판되었으며 (그 5번째 판은 2012년 3월에 출판되었다) A에서 Z까지 포함하고 있다. 이 책의 목적은 다음과 같이 기술되어있다.

> Dictionary of American Regional English(DARE)는 다른 책과는 다른 참조 도구이다. 이것의 목표는 미국인들이 어떻게 말해야 하는지를 규정하거나 일반적인 '표준'언어를 기술하기 위해서가 아니다. 대신에, 그것은 미국 어디에서나 찾아볼 수 없는 다양한 영어를 기록하는 것을 추구한다. 즉 지역에 따라 다르고 학교에서보다는 가정에서 배우는, 또는 문어가 아닌 구어의 일부인 단어들과, 발음, 구를 기록하는 것을 추구한다. 비록 미국영어는 나라의 거대한 크기를 고려하면 놀랍게도 동질적이지만, 여전히 미국의 다양한 방언 지역을 결정짓는 수천 가지의 차이점이 존재한다. 이것이 바로 DARE가 기록하는 차이점들이다.

Cassidy 교수가 DARE가 완성될 때까지 살아 있지 못했지만 그는 그의 일생의 작품을 무덤에 가지고 갔다. 그의 비석에는 'On to Z!'라고 새겨져 있다(그가 죽었을 때 사전은 *Sk*까지 완성되었다). DARE에 수록된 어휘들 중 가장 주목할 만한 것은 *zydeco*인데 이것은 케이준 음악의 한 형태이다.

사회 방언 Social Dialects

많은 측면에서, 사회적 경계와 계층의 차이는 지역 방언을 결정하는 물리적인 장벽만큼이나 구속력이 있다. 그러므로 여러 방언들이 사회 집단 안에서 진전되는 것은 놀라운 일이 아니다.

방언의 다양성을 발생시키는 사회적인 경계는 여러 가지가 있다. 그것들은 사회경제적인 지위와 종교적·민족적·인종적 차이, 출신 국가, 심지어 성에 근거한다. 중간 계층의 미국인과 영국인 화자들은 종종 노동 계층의 화자들과 구별이 된다. 바그다드에서 크리스찬, 무슬림, 그리고 유대인 집단들은 모두 여러 아랍어의 변이형을 구사한다. 인도에서 사람들은 종종 그들이 속한 사회적 카스트에 따라 힌두어, 구자라티어, 혹은 벵갈리어와 같은 표

"For Better or Worse" 2005 Lynn Johnston. Dist by Universal Press Syndicate. All Rights Reserved.

준 지역 언어의 여러 방언들을 사용한다. 미국에서 아프리카계의 화자들은 유럽인, 아시아인, 혹은 히스패닉계의 사람들의 방언과 다른 방언을 사용한다. 앞으로 살펴보겠지만 여성과 남성도 각각의 화법에서의 뚜렷한 특징이 있다.

사회적 요소들 때문에 생겨나는 것처럼 보이는 방언의 차이를 지리적 요인들에 의해 발생한 **지역 방언**과는 대조적으로 사회 방언이라고 부른다. 하지만 사회 방언은 지역적 측면이 있으며, 분명히 지역 방언도 사회적 측면이 있으므로 그 구분은 완전히 명확하지 않다.

표준어 Standard

비록 모든 언어가 방언의 결집체이지만, 많은 사람들은 마치 언어가 그 체계적 규범에서 벗어난 여러 방언을 지닌 잘 정의된 하나의 고정적인 체계가 있는 것처럼 생각한다. 비록 널리 알려진 생각일지라도 이것은 사실이 아니다. 언어에 대한 책을 쓴 한 저자는 1961년에 출판된 *Webster's Third New International Dictionary*의 편집장들을 표준, 준표준, 구어, 저속어, 그리고 속어에 관한 과거의 구분을 없애버릴 정도로 혼돈스럽게 만들었다는 점, 또 '좋고 나쁨, 옳고 그름, 정확함과 부정확함'은 더 이상 존재하지 않는다는 견해가 그들에게서 기인됐다는 점 때문에 비난했다. 다음에서 우리는 그러한 비판은 잘못 형성된 것이라고 주장할 것이다.

언어 순수주의자들 Language Purists

규범문법학자들, 즉 언어 순수주의자들은 대체로 정치 지도자와 전국적인 뉴스프로 진행자들이 사용하는 방언이 그 언어의 정확한 형태라고 간주한다. 이것이 학교 영어 수업이나 문법 수업에서 배운 방언이며, 그리고 다른 많은 방언들보다 문어(文語) 형태에 더 가까운 것이며, 이런 것이 그것에 우월감을 준다.

Otto Jespersen은 훌륭한 덴마크 언어학자인데, 특정한 방언이 다른 어느 방언들보다 더 훌륭하다는 견해를 조롱하며 다음과 같이 썼다. "우리는 최고의 작가들에게서 접하게 되는 언어를 최고의 언어라고 주장하고, 또 언어를 가장 잘 쓰는 사람들을 최고의 작가들로 여긴다. 따라서 우리는 예전보다 더 앞으로 나아가지 못하고 있다."

지배적이거나 **명망** 있는 방언을 표준 방언이라고 한다. **미국 표준 영어**(SAE)는 많은 미국인들이 거의 사용하는 영어의 방언이다. 이러한 규범에서 벗어나는 것은 '필라델피아 방언', '시카고 방언', '아프리카계 미국영어' 등으로 명명된다.

SAE는 하나의 이상화이다. 아무도 이 방언을 사용하지 않는다. 그리고 만약 누군가가 사용하더라도 우리는 그것을 알지 못할 것이다. 왜냐하면 SAE를 정확하게 정의할 수 없기 때문이다. (대부분의 방언들처럼 쉽게 분명히 정의 내릴 수 없다.) 1990년대에 교사와 언어학자들은 SAE를 명확하게 정의 내리기 위해 회의를 열었다. 이 회의는 SAE에 관한 모든 사람들의 의견을 충족하지는 못했다. SAE는 국내 뉴스의 방송 진행자들이 사용하는 언어로 대표되었으나, 오늘날 그들 중 많은 이들은 지역 방언을 쓰거나 보편적으로 '표준'으로 수용되지 않는 문체를 사용한다. 예를 들어, 영국 방송(BBC)은 한때 RP 영어 사용자들을 고용했지만, 오늘날 Irish, Welsh, Scottish, 그리고 다른 지역 방언들을 BBC 프로그램에서 흔히 듣게 된다. BBC는 그 영어를 '교육받은 전문가들의 언어'로 기술하고 있다.

특정 언어의 표준 방언(즉, 명망 있는 방언)은 사회적 기능을 가질 수 있다. 그 방언의 사용은 집단의 사람들을 결속시키거나, 다양한 방언을 사용하는 사람들에게 공통된 표기 형식을 제공할 수 있다. 만약 그것이 부유하고 영향력 있고 권력 있는 사회 구성원들의 방언이라면, 이것은 전체 사회에 중요한 영향을 줄 것이다. 성공하기를 원하는 모든 화자들은 비록 그 언어가 자신들의 것이 아닐지라도 그 방언을 사용하기를 요구받을 지도 모른다.

1954년에 영국의 학자인 Alan Ross는 *Linguistic Class-Indicators in Present-Day English*를 출판했다. 이 책에서 그는 'U'라고 이름 붙인 영국 상류 계층의 언어습관과 'non-U' 화자들의 언어습관을 비교했다. Ross는 비록 상류층이 U에 독특한 단어와 발음을 가지고 있었지만, U 언어의 주된 특징은 non-U 언어를 피하는 것이었다. 반어적으로, non-U 언어의 주된 특징은 U 언어처럼 들리기 위해 노력하는 것이었다. 예를 들어 순수한 non-U 언어는 "They've a lovely home"이다. 왜냐하면 그것이 세련되기 위한 시도이기 때문이다. non-U 화자들은 'wealthy'나 'ever so'를 사용한다. 반면에 U 화자들은 'rich'나 'very'를 사용한다. Non-U 화자들은 애써서 '상기'하고, U 화자들은 단순히 '기억'한다.

non-U 언어 습관은 종종 **과잉 교정**(hypercorrection)을 포함한다. 이것은 '적절한 영어'라고 생각되는 규범에서 벗어나는 것인데, 예를 들어 *often*을 [t]를 넣어 발음하는 것이나 *between you and I*라고 말하는 것이다. 반면에 U 화자들은 자신들의 방언에 일반적으로 더 확신을 하며, [ɔfə̃n]이라고 발음하고 *between you and me*라고 말한다. 반어적으로, 우리가 오늘날 *often*과 *between you and I/me*에서 볼 수 있는 것처럼, 어떤 경우에 non-U 언어는 너무나도 널리 퍼져 결국에는 명망 있는 방언의 일부가 된다.

하지만, 어떤 방언도 다른 언어나 방언보다 더 잘 표현되고, 덜 변질되고, 더 논리적이거나 더 복잡하고 더 일반적이지는 않다. 그것들은 단순히 다르다. 더 정확하게 말하면, 방언은 화자들의 마음에 표현된 상이한 규칙이나 어휘들을 반영한다. 그러므로 특정 방언 또는 언어의 우월함이나 열등함은 사회적인 판단이지, 언어학적이거나 과학적인 근거는 없다.

'표준 사용 용법'의 자의성을 설명하기 위해, 앞서 논의한 영어의 *r* 탈락을 고려해 보자. 영국의 명망 있는 RP 말투는 '*car*', '*far*'및 '*barn*'과 같은 단어에서 *r*이 탈락된다. 따라서 *r*이 없는 발음은 *r*을 유지하는 덜 위신 있는 시골 방언보다 더 좋은 것으로 생각된다. 하지만 미국의 북동지역의 *r*탈락은 표준 이하로 여겨지고, 비록 *r*탈락이 더 위신 있는 것으로 여겨지던 과거에는 그렇지 않았지만, 더 위신 있는 방언은 *r*을 유지한다. 이것은 한 발음이 다른 발음에 비해 더 좋거나 나쁜 것이 내재적으로 존재하지 않지만, 사회 요소의 다양성에 따라 한 변이형이 더 좋거나 나쁜 것으로 인식된다는 것을 단순하게 보여준다.

금기어 Banned Languages

언어 순수주의자들은 어떤 언어가 다른 언어보다 더 좋다는, 또는 언어 변화는 변질을 가져온다는 잘못된 믿음 때문에 언어와 방언의 변화를 막고 싶어 한다. 많은 언어와 방언들이 정치적인 통제의 수단으로 사용이 금지되어 왔다. 러시아어는 러시아 황제들이 허용하는 유일한 합법적 언어였으며, 이들은 우크라이나어, 리투아니아어, 조지아어, 아르메니아어, 아제르바이잔어의 사용을 금했고, 러시어의 통치하에 있는 국가 집단들이 사용하는 모든 다른 언어들도 금지했다.

케이준 영어와 프랑스어는 루이지애나 남쪽에서 법에 의해서는 아니지만 관습에 의해 한때 금지되었다. 심지어 2006년 8월 최근까지도, 메리 투트와일러는 "The French Connection"이라는 제목의 블로그에서 "많은 지방의 프랑스어 화자는 학교에서 그들의 모국어를 사용하여 벌을 받은 경험 때문에 심한 정신적 상처를 받아서 자신의 언어학적 지식을 공개적으로 드러내는 것을 꺼리고 있다"라고 글을 썼다.

수년 동안, 미국의 인디언 언어는 보호구역의 국립, 주립 학교에서 금지되었다. 파로 섬에서 파로어는 이전에 금지된 적이 있다. 1910년에서 1945년 사이의 일본의 한국 점령 기간 동안 한국어의 사용은 일본에 의해 금지되었다. 역사를 통해 많은 언어와 방언들은 다양한 정도로 금지되어 왔다.

프랑스에서는 프랑스어의 유일한 올바른 형태로서의 '표준'(파리에서 사용되는 방언)의 개념이 학자들의 격식적인 단체인 프랑스 학술원에 의해 조장되고 있으며, 이들은 어떠한 용법이 격식적인 프랑스어를 구성하는지를 결정한다. 몇 년 전에 학술원은 *le parking, le weekend, le hotdog*와 같은 영어의 기원이 되는 단어들인 'Franglais'의 사용을 금지하는 법을 제정했다. 물론 프랑스인들은 이러한 단어들이 돋보이고, 올바른 표현보다 주목받는 것이 더 중요한 광고에서 널리 사용되기 때문에 계속해서 그 단어들을 사용한다. 단지 정부

서류에서만 이러한 금지가 시행될 수 있다.

과거에는 (어느 정도는 현재에도) 프랑스 사회에서 성공하기를 원하는 지방 출신의 프랑스 시민들은 거의 언제나 명망 있는 파리의 프랑스어 방언을 배워야 했다. 수년 전에 지역 자치 운동을 한 사람들은 학교와 공식 업무에 그들 자신의 언어를 사용할 권리를 요구했다. l'Occitanie라는 프랑스 지역에서는 인기 있는 가수들이 공식 언어 정책에 대한 저항과 문화 부흥의 일부로서 그 지역의 로망스 언어인 Langue d'oc로 노래를 한다.

세계의 많은 지역에서(미국을 포함하여) 청각장애인들을 위한 수화가 한때 금지된 적이 있다. 청각장애인 학교의 아동들은 어떠한 몸짓만 해도 벌을 받았다. 이 학교의 목적은 청각장애 아동들이 입술을 읽고 소리로 의사소통할 수 있도록 가르치는 것이었다. 이러한 관점은 언어의 조기 노출을 막았다. 아동들이 만약 수화에 노출된다면 입술을 읽거나 소리를 내는 방법을 배우지 못할 것이라고 잘못 생각한 탓이다. 구어를 배우고 난 뒤에 청각장애인이 된 사람들은 자신의 지식을 사용하여 입술을 읽는 것을 배우고 계속해서 말을 한다. 하지만 언어음을 들어본 적이 없는 사람들에겐 이것이 매우 어려운 일이다. 더구나 최상의 구화자(口話者)도 구어음의 3분의 1 정도만 이해할 수 있다. *lid*인지 *led*인지를 화자의 입술만 읽고 결정한다고 상상해 보라. 만약 당신이 아주 느리게 녹화되고 재생되는 영상, 심지어 당신이 잘 알고 있는 주제의 영상에서 소리를 끄면, 그 뉴스의 몇 퍼센트나 이해할 수 있을지 상상해보라.

최근에 미국에서 헌법을 개정해 영어를 공용어로 만들고자 하는 운동이 일어났다. '공식 영어' 발안은 1986년 캘리포니아에서 유권자들에게 통과되었다. 1988년에 콜로라도, 플로리다, 애리조나에서 통과되었고, 앨러바마는 1990년에 통과되었다. 이러한 조치는 또한 17개 주 의회에서도 채택되었다. 이러한 종류의 언어적 국수주의는 소수 집단이 옹호하는 시민 평등권에 의해 반대되었고, 그들은 그러한 조치가 영어를 사용하지 않는 많은 시민들이 투표와 같은 시민 활동에 참가하는 것을 막고, 세금을 지불한 대가로 받는 공교육의 수혜를 막는다고 지적하였다. 다행히 이 글을 쓰는 시점에서 이 운동은 추진력을 잃은 것처럼 보인다.

아프리카계 미국영어 African American English

대부분의 미국의 지역 방언은 오명으로부터 대체로 자유롭다. *r*이 없는 뉴욕어와 같은 몇몇 지역 방언들은 소위 유머의 희생자이며, 또한 한 방언의 화자들은, 비록 남부 방언의 모든 화자들이 느리게 말하거나 텍사스의 모든 화자들이 콧소리를 내지는 않음에도 불구하고, 남부인들의 'drawl(모음 이중모음화)'이나 텍사스인들의 'twang(지나친 비음화)'을 조롱할 수도 있다.

하지만 편견적인 무지의 희생양이 되어온 북미 영어의 사회적인 방언이 있다. 이 방언은

아프리카계 미국영어(African American English: AAE)[1]인데, 아프리카계 많은 미국인들이 사용한다. 이 영어 방언의 뚜렷한 특징은 사회적, 교육적, 경제적인 이유로 나타난다. 아프리카계 미국인들에 대한 역사적 차별은 이 방언이 번성하게 하는 사회적인 경계를 조성해왔다. 더구나 특히 최근에 많은 흑인들은 긍정적인 집단 정체성의 수단으로 자신들의 방언을 적극적으로 받아들이고 있다. 일반적으로 AAE는 일상적이고, 비격식적인 상황에서 사용되며, 노동계층의 사람들 사이에서 훨씬 더 흔하게 사용된다. 중·상류계층과 고등교육을 받은 아프리카계 미국인들은 이제 SAE를 사용할 가능성이 더 크다. 버락 오바마 대통령과 영부인인 미셸 오바마도 이러한 경우이다.

1960년대의 시민운동이 시작된 이래로, AAE는 국가적인 관심의 초점이 되어왔다. 몇몇 비평가들은 AAE는 "결함이 많고, 비논리적이며, 완전하지 못하다"라고 기술함으로써 그들의 부정확한 개념을 정당화하며, AAE의 사용을 열등한 유전적 지능과 문화적 결핍과 동일시했다. 이러한 모욕은 어떠한 언어에도 적용될 수 없으며, 또한 그들이 AAE와 관련하여 비과학적이면 러시아어, 중국어, 혹은 표준 미국영어에 대해서도 마찬가지로 비과학적이다. 문화 결핍이라는 근거 없는 신화는 어떠한 방언이나 언어가 열등하다는 생각만큼이나 거짓이다. 어떤 이는 한 문화적 배경에서는 '결핍'될 수 있지만, 다른 문화적 배경에서는 풍족할 수 있다.

어떤 이들은, 백인이든 흑인이든, 다른 인종은 본질적으로 말도 다르게 한다고 믿으면서, 인종을 말만으로 구별할 수 있다고 생각한다. 이러한 믿음은 명백히 틀린 것이다. 흑인 아이가 영국인 가정에서 자라면 그 가정의 영국 방언을 말하게 될 것이다. 백인 아이들이 AAE를 사용하는 환경에서 자라면 AAE를 사용하게 될 것이다. 아동들은 그들 주변에서 듣는 언어를 배운다.

AAE는 주요 언어 방언들의 형태적, 통사적 규칙들과 소위 표준 방언과의 체계적인 차이에 대한 정보를 제공해주기 때문에 다른 미국 방언보다 더 광범위하게 다루어진다. 광범위한 연구는 세계의 주요한 방언들 사이에 나타나는 것과 같은 종류의 AAE와 SAE 사이의 언어적 차이점들을 보여준다.

아프리카계 미국영어와 SAE 사이의 음운 차이 Phonological Differences Between African American English and SAE

AAE는 하나의 단일 방언이라기보다는 밀접하게 연관된 방언들의 집합이기 때문에 이 부분에서 다루어지는 모든 것들이 모든 AAE 화자들에게 적용되는 것은 아니다.

1 AAE는 African American Vernacular English (AAVE), Black English (BE), Inner City English (ICE), 그리고 Ebonics 등으로 불리는 서로 밀접하게 관련된 방언들의 집합이다.

r 탈락 *r-Deletion*

영국영어와 미국영어의 여러 방언들과 비슷하게, AAE의 어떤 화자들은 모음 앞을 제외하고는 /r/을 모두 탈락시키는 *r* 탈락 규칙을 가지고 있다. *guard*와 *god*, *nor*와 *gnaw*, *sore*와 *saw*, *poor*와 *Poe*, *fort*와 *fought*, *court*와 *caught*와 같은 쌍으로 된 단어들은 음운규칙 때문에 AAE 화자들에게는 동일하게 발음될 수도 있다. AAE의 몇몇 화자들은 *l* 탈락을 하는데 *toll*과 *toe*, *all*과 *awe*, *help*와 *hep* 같은 단어쌍들을 동일하게 발음한다.

AAE에서 자음군 축약 규칙은 자음군을 단순화하는데, 특히 단어의 끝에서 그리고 두 자음 중 하나가 치경음(/t/,/d/,/s/,/z/)일 때 일어난다. 이 규칙의 적용은 과거시제 형태소를 생략할 수 있어서 *meant*와 *mend*는 둘 다 *men*으로 발음되고, *past*와 *passed*는 둘 다 *pass*로 발음된다. 이 방언의 화자가 *I pass the test yesterday*라고 말하면 동사의 현재나 과거시제 형태에 대한 무지를 드러내는 것이 아니라 그들의 문법에서 자음군 축약 규칙에 따라 과거시제를 발음하고 있는 것이다.

탈락 규칙은 선택적인 것이다. 그것은 항상 적용되는 것이 아니며, 연구에 따르면, 종성 과거시제 [t]가 항상 탈락되지 않는 동사 *chased*[ʧest]와는 대조적으로, 명사 *paste*[pest]에서처럼 종성 [t] 혹은 [d]가 과거시제 형태소가 아닐 때 이 규칙이 적용될 가능성이 더 높다는 것이다. 종성 [s]와 [z]에서도 이것이 관찰되는데, AAE 화자들은 *Keats* /kits/처럼 탈락이 일어나 [kit]가 되는 단어들보다는 *seats*처럼 /s/가 복수를 나타내는 단어에서 [s]나 [z]를 더 많이 유지한다.

자음군 축약은 AAE에만 나타나는 것은 아니다. 그것은 SAE를 포함한 다른 방언 화자들에게도 선택적으로 나타난다. 예를 들어 SAE의 *didn't*에서 중간음 [d]는 탈락이 되고 [dĩnt]라고 발음한다. 게다가 마지막 무성폐쇄음 앞에서 비음은 공통적으로 탈락이 되어 [hĩt] 대 [hĩnt]가 된다.

비음 앞의 [?]와 [?]의 중화

AAE는 많은 지역 방언들처럼 비음 앞의 /ɪ/와 /ɛ/의 구별이 없어서 *pin*과 *pen*, *bin*과 *Ben*, *tin*과 *ten*, *him*과 *hem* 등을 똑같이 발음한다. 이러한 단어들에서 모음은 대략 *pit*의 [ɪ]와 *pet*의 [ɛ] 사이에 있다.

이중모음 축약

AAE는 /l/ 앞의 이중모음 /ɔɪ/를 활음 없는 단음 /ɔ/로 축약하는 규칙이 있어서 *boil*과 *boy*는 [bɔ]로 발음된다.

/ɔɪ/ → /ɔ/

이 규칙은 인종과 사회계층에 관계없이 남부의 지역 방언에 공통적으로 나타난다.

치간마찰음의 소실

또 하나의 규칙적인 특징은 음절 끝에서 /θ/가 /f/로, /ð/가 /v/로 변화하는 것으로 *Ruth*는 [ruf]로 *brother*는 [brʌvər]로 발음이 된다. [θ]-[f] 대응은 영국영어의 몇몇 방언에서도 나타나는데 그 방언에서 /θ/는 음소가 아니다. *Think*는 런던 영어에서는 일반적으로 [fĩnk]이다.

*this, that, these, those*와 같은 단어에서 초성 /ð/는 [d]로 발음이 된다. 이것은 AAE에만 나타나는 특징은 아니고 지역적, 비민족적 방언들의 공통적 특징이며, 뉴욕시와 보스턴뿐만 아니라 뉴저지 주에서도 많이 나타난다.

AAE(그리고 non-AAE)의 여러 변이형에서 나타나는 또 다른 규칙적인 특징은 단어의 끝에 오는 음절이 아닌 음절의 끝에서 /d/를 성문폐쇄음으로 대치하는 것이다. 그래서 *Rodman*이라는 이름은 [raʔmə̃n]으로 발음되고 단어 *rod*는 [rad]로 발음된다. 사실, 우리는 음성학에 관한 5장에서 성문폐쇄음 [ʔ]는 영어의 많은 방언에서 /t/의 이음이라는 것을 보았다.

이 모든 차이점은 규칙에 의해 지배되며 표준 미국영어를 포함하여, 세계 전역에 걸쳐 언어들에서 발견되는 음운적인 변이형과 유사하다.

AAE와 SAE 사이의 통사적 차이 Syntactic Differences between AAE and SAE

방언들 사이에는 통사적인 차이도 존재한다. 그것은 종종 AAE의 비논리성을 설명하기 위해 사용되어 왔지만, 이러한 차이는 AAE가 SAE만큼이나 통사적으로 복잡하며 논리적이라는 증거이다.

다중부정

AAE의 *He don't know nothing*과 같은 다중부정 구문은 프랑스어, 이탈리아어, 그리고 *Canterbury Tales*의 비문에 나타난 것처럼 Chaucer의 영어를 포함하여 전 세계의 언어에서 쉽게 발견된다. AAE의 다중부정은 통사론 규칙에 의해 지배를 받으며 비논리적이지 않다.

동사 Be의 생략

표준 미국영어에서 동사가 축약될 수 있는 경우라면 대체로 아프리카계 미국영어에서는 그 동사가 생략된다. 그리고 다음 문장에서처럼 만약 SAE에서 생략되지 않으면 AAE에서도 생략되지 않는다.

SAE	**AAE**
He is nice/He's nice.	He nice.
They are mine/They're mine.	They mine.
She is going to do it/She's gonna do it.	She gonna do it.
He is/he's as nice as he says he is.	He as nice as he say he is.

*He's as nice as he says he's	*He as nice as he say he.
How beautiful you are.	How beautiful you are.
*How beautiful you're.	*How beautiful you.
Here I am.	Here I am.
*Here I'm.	*Here I.

이러한 예들은 비록 그것들이 사소하고 체계적인 차이를 보일지라도 두 방언에서 모두 통사적 축약 규칙이 작용하고 있음을 보여준다.

습관의 Be

SAE에서 *John is happy*라는 문장은 *John is happy now* 혹은 *John is generally happy*의 의미로 해석될 수 있다. 사람들은 SAE에서 단지 어휘적 수단, 즉 단어를 추가하여 그 의미를 구별할 수 있다. *John is presently happy*의 의미와 구별하기 위해, *John is generally happy* 혹은 *John is a happy person*이라고 말해야 할 것이다.

AAE에서는 통사적으로 이러한 구별이 이루어진다. 습관적인 상태를 나타내기 위해서는 *be*의 비굴절형 형태가 사용된다.

John be happy.	"John is always happy."
John happy.	"John is happy now."
*John be happy at the moment.	
He be late.	"He is habitually late."
He late.	"He is late this time."
*He be late this time.	
Do you be tired?	"Are you generally tired?"
You tired?	"Are you tired now?"
*Do you be tired today?	

비문법적인 문장은 *at the moment, this time, today*가 전하는 일시적인 의미와 비굴절형 동사의 습관적인 의미가 상충되어 일어난다. 습관의 상과 비습관의 상을 통사적으로 구별하는 것은 SAE에서 볼 수 있는데, *be* 동사 이외의 다른 동사에 나타난다. SAE의 *walk*와 같은 사건동사들은 현재시제 형태소 *–s*와 결합하였을 때에만 습관적인 의미가 있는데 진행상황을 나타내는 것은 아니다. *Susan walks to school*은 습관적이며 **Susan walks to school*은 만약 의도한 의미가 현재 관찰된 사건을 묘사한 *Susan is walking to school*이라면 비문법적이다. 반면에, *love*라는 상태동사를 사용한 *John loves Mary*는 진행되는 습관적인 상황을 가리키며 *John is loving Mary는 비록 그것이 'John is presently making love to Mary'와 같은

의미로 해석될 수는 있을지라도 그러한 의미로는 비문법적이다.

There 교체

어떤 AAE 방언들은 긍정문에서 SAE의 *there*를 *it's*로 교체하며 부정문에서는 *don't* 혹은 *ain't*로 교체한다.

It's a fly messing with me.	"There's a fly messing with me."
Ain't no one going to help you.	
Don't no one going to help you.	"There's no one going to help you."

다중부정, 자음군 축약, 보어 생략과 결합되면 화자들은 큰 비판을 받으면서도 *Ain't no hard worker never get no good payin' job* (There isn't a hard worker who never gets a good paying job)과 같이 분명하고 논리적이며 심지어 다채로운 문장을 만들어낸다.

라틴(히스패닉) 영어 Latino (Hispanic) English

미국영어 방언의 한 주요 집단은 스페인어 화자들이나 그 후손들에 의해 사용된다. 한 세기가 넘게 많은 수의 중남미, 멕시코, 카리브 섬과 같이 스페인어를 사용하는 나라에서 온 이민자들은 자신들의 언어와 문화로 미국을 풍요롭게 했다. 이러한 집단들 중에서 영어를 제2언어로 배웠거나 배우고 있는 스페인어 원어민들이 있다. 또한 스페인어를 사용하는 가정에서 태어난 영어 원어민들이 있으며, 그들 중 일부는 단일어 사용자이고, 또 다른 일부는 스페인어를 제2언어로 사용한다.

어느 누구도 동질적인 라틴 방언이 있다고 말하지 못한다. 이중언어 화자와 단일 언어 화자 사이의 차이점 외에도 푸에르토리코, 쿠바, 과테말라, 그리고 엘살바도르 이주자나 그들의 자녀의 말은 서로 약간씩 다르며, **치카노 영어**(Chicano English: ChE)라고 불리는 남서부와 캘리포니아의 멕시코계 미국인들이 사용하는 방언들과도 다르다. 비록 ChE는 동질적이지는 않지만 우리는 여전히 그것을 영어의 다른 방언들과 체계적으로 다른 뚜렷한 미국영어의 방언으로 인정한다.

치카노 영어 Chicano English

치카노 영어는 제1언어로 습득되며, 수백만 명까지는 아니겠지만 수십만 미국인의 모국어가 된다. 스페인 억양이 있는 영어는 아니지만 아프리카계 미국영어처럼 SAE와는 체계적으로 다른 상호 이해 가능한 방언이다. 하지만 많은 차이들은 화자의 사회적 맥락에 달려있다. (이 점은 AAE와 대부분의 '소수'방언에서도 마찬가지이다.) 화자의 사회적인 상황에 따라 다른 이러한 유형의 언어학적인 차이는 **사회언어학적인 변인**이라고 한다. 예를 들어, 이중부정과 같은 비표준적인 형태의 사용은 사회적인 맥락의 일부로서 민족의 자부심과 관련이 있다. 많은 치카노 화자들은 (그리고 AAE의 화자들은) **이중방언 사용자**(bidialectal)이다. 그들은 사회상황에 따라 ChE (혹은 AAE) 혹은 SAE 중 하나를 사용한다.

ChE의 음운 변인

ChE와 SAE 사이의 음운 변인은 스페인어가 ChE에 끼친 영향에서 드러난다. 예를 들어, 5장과 6장에서 논의했듯이, 영어는 11개의 모음 /i, ɪ, e, ɛ, æ, u, ʊ, o, ɔ, a, ʌ/ (이중모음은 포함시키지 않고)을 가지고 있다. 하지만 스페인어는 단지 5개의 모음 /i, e, u, o, a/만을 가지고 있다. 스페인어가 모국어인 치카노 화자들은 스페인어 모음 체계로 영어를 대체할 수 있다. 이렇게 대체되면 SAE에서 발음이 구분되는 몇 개의 동음이의어가 생겨난다. 따라서 *ship*과 *sheep*은 모두 *sheep*으로 발음이 되고 *rid*는 *read*로 발음이 된다. 모국어가 영어인 치카노 화자들은 비록 미국영어 모음에 관한 모든 지식이 있지만, ChE 방언을 말하는 것을 선택한다.

다른 차이점들은 자음과 관계된다. 파찰음 /ʧ/와 마찰음 /ʃ/는 상호 교환이 되므로 *shook*은 마치 *ch*철자로 쓴 것처럼 발음이 되고 *check*는 마치 *sh*철자로 쓴 것처럼 발음이 된다. 또한 어떠한 자음들은 무성화된다. 예를 들어 /z/는 *easy*[isi], *guys*[gaɪs]처럼 [s]로 발음이 된다. 또 다른 차이점은 어두에서 /θ/는 /t/로, /ð/는 /d/로 대체된다. 따라서 *thin*은 *tin* 혹은 *teen*으로, *they*는 *day*로 발음된다.

ChE는 어말에서 자음군 축약이 있다. *war*와 *ward*가 모두 /war/로 *star*와 *start*가 *star*로 발음된다. 이러한 과정은 또한 과거시제 접미사를 탈락시킬 수 있고(*poked*는 *poke*로 발음이 된다), 3인칭 단수 일치 접미사도 탈락시킬 수 있다(*He loves her*는 *He love her*가 된다.) 어말의 치경 자음군 축약(*fast*를 *fass*처럼 발음한다)은 SAE를 포함하여 영어의 모든 방언에서 널리 퍼져있다. 비록 이러한 과정이 ChE와 AAE의 화자들만의 것이라고 여겨지지만, 사실 이것은 더 이상 특정 방언에서만 일어나는 과정이 아니다.

모음 길이와 억양 형태와 같은 ChE의 운율적 측면 또한 SAE와는 다를 것이며 ChE에 구별되는 특성을 부여한다. /s/로 시작되는 것을 허용하지 않는 스페인어의 연속 제약은 때때로 초기 유년시절 이후에 영어를 습득한 화자들에게서 ChE로 전이된다. 그래서 *scare*는 마치 *escare*라고 철자를 쓴 것처럼 발음이 되며 *school*은 *eschool*처럼 발음이 된다.

ChE의 통사적 변수

ChE와 SAE사이에는 규칙적인 통사적인 차이들도 있다. 스페인어에서 부정문은 비록 또 다른 부정어가 나타나더라도 동사 앞에 부정 형태소를 사용한다. 그래서 부정어 일치(앞서 언급한 다중부정)는 ChE의 정상적인 규칙이다.

SAE	**ChE**
I don't have any money.	I don have no money.
I don't want anything.	I no want nothin.

다른 많은 미묘한 차이뿐만 아니라 어휘적인 차이 또한 일어난다. SAE에서 *lend*가 ChE에서 *borrow*로 쓰이거나 (*Borrow me a pencil*) SAE에서의 *just*는 ChE에서 *barely*로 쓰인다. (*The new Prius had barely come out when I bought one*)

성 방언 Genderlects

방언은 화자 집단에 따라 정의되며, 화자들은 지리에 의해 가장 쉽게 구분이 된다. 따라서 지역 방언은 가장 분명하며, 일반적으로 방언이라는 단어를 쓸 때 사람들이 의미하는 것이다. 사회 집단은 무정형이고, 그에 따라 사회 방언은 그 윤곽이 잘 드러나지 않으며, 최근까지도 잘 연구되지 않았다. 놀랍게도 인류의 가장 분명한 집단 구분(남성과 여성)은 지역적이고 사회적인 구분만큼은 방언에 대한 관심을 불러일으키지 못했다.

여성과 언어에 관한 초기 연구에서 남성의 말보다 여성의 말에서 더 자주 일어나는 특징들이 밝혀졌다. 예를 들면 여성은 남성들보다 *I suppose, I would imagine, This is probably wrong, sort of, but* 등의 '얼버무리는 말(hedge)'을 더 자주 사용한다. 여성들은 또

2006 Berkeley Breathed/Washington Post Writer's Group/Cartoonist Group

한 부가의문문(*He's not a very good actor, is he?*)을 더 자주 사용하여 자신들의 말을 순화할 뿐만 아니라 정중함을 표현하는 단어를 쓰거나(예: *please, thank you*) *really*와 *so*와 같은 강조 부사를 사용한다. 이러한 장치들의 사용은 여성의 불확실성과 자신감의 부족에서 기인된 것이라고 주장되었다.

이러한 초기 연구 이래로, 점증하는 학자들이 여성과 남성의 말의 차이와 근원적인 원인을 연구하며 언어, 성, 성차별에 대한 연구를 하고 있다. 언어에서 성의 차이를 연구하는 많은 사회언어학자들은 이제 여자들은 자신감이 없어서가 아니라 청자와의 친밀감과 연대감, 태도와 가치의 공유를 위해 말을 얼버무리거나 다른 유사한 장치들을 사용한다고 믿는다.

여성과 남성이 대화할 때 여성들이 더 많이 이야기하며 대화에서 남자들보다 더 자주 끼어드는 경향이 있다는 통념이 만연하다. "Where there are women there is talk, and where there are geese there is cackling"이라는 속담처럼 다양한 문화의 속담과 농담의 주제이다. 혹은 미국 속담에 "A squaw's tongue runs faster than the sind's legs."가 있다. 하지만 혼성 대화에 관한 진지한 연구들은 여러 상이한 맥락, 특히 대화가 사람의 지위를 상승시키는 텔레비전 인터뷰, 사업상 회의, 회담과 같이 사적인 대화가 아닌 상황에서 남성이 그 대화를 지배한다는 것을 보여준다.

혼성 대화 상황에서의 남성의 지배는 어린 나이에서 발달되는 것으로 보인다. 이것은 소년들이 교사들과의 대화를 주도하는 교실 상황에서도 나타난다. 한 연구에서 소년들은 소녀들보다 8배나 더 많이 대답을 한다는 것으로 밝혀졌다. 또한 교사들이 소녀들이 대답할 때 소년들보다 그들을 더 많이 꾸짖으면서 이러한 주도적인 행동을 조장한다는 증거도 있다.

여성들은 일반적으로 더 표준화된 언어를 쓰는 것으로 관찰되었다. 예를 들면, 그들은 *I was walkin' down the street when I saw 'im*에서처럼 *-ing*를 *-in'*으로, *him*을 *'im*으로 축약하는 것과 같은 세속어 형식을 덜 사용할 것 같다. 영국영어의 어떤 방언에서는 *'arf an hour* (half an hour), *'enry*(Henry), *'appy*(happy)처럼 어두의 [h]를 일상어에서 생략한다. 이러한 *h*가 없는 발음은 여성들보다 남성들의 말에서 더 자주 들을 수 있다. 여성들이 남성들보다 더 '단정하게' 말을 하는 경향은 많은 연구에서 확인되었으며 어린 나이 때부터 발달하는 것으로 보인다. 6세 정도의 나이가 되면 여자 아이들은 같은 배경의 남자 아이들이 더 흔히 사용하는 세속어 형식들을 피하며 이러한 경향을 보인다.

사회언어학자들의 일반적인 견해는 여성이 남성보다 더 '올바른' 영어를 사용하는 것은 사회의 성차별로 인해 생긴 불안감 때문이라는 것이다. 더 구체적인 이유는, 여성들은 가지기 어려운 고위급 직업에 접근하기 위해 표준어를 쓰기 때문이고, 사회가 일반적으로 남성들보다 여성들에게 '더 나은' 행동을 기대하는 경향이 있기 때문이며, 하급자의 역할을 하는 사람들은 (많은 사회에서 여성들이 느끼듯이) 더 공손해야 하기 때문이고, 남성들은 자신들이 더 거칠고 강하다는 것을 확인하기 위해 세속어를 많이 쓰기 때문이다. 하지만 그 외에도 대부분의 사회언어학적인 실험은 중산층의 교양 있는 학자들이 진행하기 때문에 인터뷰를 받은 여성들은 자신들의 말을 인터뷰하는 사람의 말과 더 유사하게 변화시키거나 인터뷰 상황에 격식을 차려서 말을 한다고 주장할 수 있다. 반면, 남성은 이 같은 압박에 덜 반응할 수 있다.

여성과 남성이 사용하는 영어의 다른 변이형을 때때로 '성 방언(genderlects)'(*gender*와 *dialect*의 혼성어)이라고 부른다. 남성과 여성의 언어의 변이는 많은 언어에서 나타난다. 일본어에서 여성은 비록 그들이 남성과 여성이 사용하는 표준 방언을 모두 알고 있더라도 특유의 여성 방언을 선택할 수 있다. 일본어는 어휘의 통상적 의미에 더하여 공손, 존경, 겸손, 그리고 보다 낮은 지위를 전달하도록 의도된 단어들인 많은 존칭어를 가지고 있다. 앞서 언급했듯이, 여성들은 남성들보다 정중한 표현을 더 자주 쓰는 경향이 있다. 일본어는 동사의 격식적 굴절과 비격식적 굴절을 갖고 있다. (6장의 연습문제 17을 보라.) 그리고 여성들은 격식을 차린 표현을 더 자주 쓴다. 일본어에는 다음과 같이 남성과 여성의 말에 서로 다른 단어들이 있다.

	여성의 단어	**남성의 단어**
stomach	onaka	hara
delicious	oishii	umai
I/me	watashi	boku

또한 다음과 같은 구도 있다.

eat a meal	gohan-o taberu	meshi-o kuu
be hungry	onaka-ga suita	hara-ga hetta
	'stomach become empty'	'stomach decrease'

일본어의 서로 다른 성 방언의 결과는 안내견과 도우미견의 훈련에서 나타난다. 동물들은 주인의 성을 사전에 알 수 없기 때문에 영어로 명령을 배우며, 조련사들이 두 언어 스타일로 개를 훈련시키는 것보다는 시각장애인이 영어 명령을 사용하는 편이 더 쉽다. 지금까지 논의된 차이를 보면 문법규칙보다는 언어의 사용(어휘선택과 대화체)과 더 연관이 있다. 하지만 여성과 남성이 말하는 언어가 문법에서도 다른 경우가 있다. 루이지애나에서 사용되는 무스코기어족의 코사티에서 남성이 사용할 때 /s/로 끝나는 단어들은 여성이 사용할 때에는 /l/이나 /n/으로 끝난다. 예를 들어 'lift it'을 의미하는 단어는 여자들에게는 *lakawhol*이고 남자들에게는 *lakawhos*이다. 유사하게도 뱅갈리 여성들은 남성들이 [n]을 사용하는 단어에 [l]을 어두에서 사용한다. 야나 부족어에서 남성들이 사용하는 접미사 때문에 남성들의 단어보다 여성들의 단어가 더 짧다. 예를 들어, 'deer'의 여자들의 형태는

*ba*이고 남자들의 형태는 *ba-na*이다. 'person'은 각각 *yaa*와 *yaa-na*이다. 초기의 탐험가들은 카리브 인디언들의 남성과 여성이 서로 다른 방언을 사용했다고 보고했다. 이것에 대한 역사적인 이유는 오래전에 카리브어를 사용하는 남성들의 무리가 Arawak를 사용하는 사람들이 거주하는 어느 지역을 침입하여 모든 남성들을 죽였기 때문이라고 추정할 수 있다. 그리고 남아있는 여자들은 Arawak어를 사용했던 반면, 그들의 새로운 남편들은 카리브어를 사용했다.

볼리비아어인 치키타노에서는 남성 및 초자연적인 존재의 명칭은 형태적으로 여성을 나타내는 명사와 다른 방식으로 표시되어 남성 언어 문법은 명사에 성구별이 있다. 태국어에서 발화는 '정중함의 불변화사'로 말을 끝내는데, 남자들은 k^{h}rap을 사용하고 여자들은 k^{h}a을 사용한다(톤은 생략되었다). 태국어는 또한 각각의 성 방언에 변별적 특징을 부여하는 다른 대명사와 *please*와 *thank you*와 같은 고정된 표현을 갖고 있다.

여성의 말에서 분명한 음운적인 특징은 주로 짧은 성도에서 기인된 상대적으로 높은 음이다. 그럼에도 불구하고 여러 연구에서는 남성과 여성 목소리에서 나타나는 음의 차이는 생리학만으로 설명할 수 있는 것보다는 더 크며, 이것은 아마도 언어습득 동안에 시작되는 어떤 사회적인 요소가 작용한 것이라는 점을 시사한다.

전 영국수상인 마가렛 대처는 자신의 목소리 음을 변화시킨 여성으로 잘 알려져 있으며, 이것은 정치적인 이유에서였다. 대처의 일상적인 목소리는 매우 높고 다소 날카로웠다. 그녀는 보다 권위적인 남성처럼 들리도록 목소리를 낮추고 더 천천히 단조롭게 말하라고 자문위원들의 조언을 받았다. 이러한 인위적인 말투는 그녀의 대중 연설의 큰 특징이 되었다.

사회언어학적인 분석 Sociolinguistic Analysis

다른 사회계층의 화자들은 지역과 민족성이 요인이 아닌 경우에도 종종 체계적인 언어의 차이를 보여준다. 이러한 사회 계층 방언들은 그들의 사회언어학적인 변인들이 종종 통계적인 성격이 있다는 점에서 다른 방언들과 다르다. 지역 방언과 사회적 방언의 경우, 차이를 내는 요인은 (대부분의 경우) 유무와 관련이 있기 때문에, 'frying pan'을 쓰는 지역 집단들은 거의 언제나 *frying pan*을 말하듯이, *skillet*을 쓰는 집단도 그러하다. AAE 방언을 쓰는 화자들은 다른 요인들이 동등하다면 항상 규칙적으로 'she is pretty'의 의미로 *she pretty*라고 말할 것이다. 하지만 사회 계층 방언은 양적으로 다르다. 예를 들어, 한 계층의 화자들은 어떤 규칙을 매번 40퍼센트만 적용하는 집단의 화자들과 구별하기 위해 같은 규칙을 매번 80퍼센트만 적용할 수 있다.

언어학자인 William Lavov는 우리가 앞서 논의한 *r* 탈락 규칙과 상류층, 중류층, 하류층 화자들의 이 규칙의 사용에 초점을 둔 사회언어학적인 분석을 뉴욕 시에서 실시했다. 후속 사회언어학적 분석의 모델인 이 같은 고전 연구에서, Labov는 최초로 세 계층에 맞춘 3개의 백화점을 찾아냈다. Saks Fifth Avenue, Macy's와 S. Klein이 각각 상류, 중류, 그리고 하류층을 위한 백화점이다.[2] 자료를 얻기 위해, 그는 세 백화점을 가보고 단어 *fourth*와 *floor*을 이끌어낼 수 있는 질문을 했다. *r* 탈락을 적용한 사람들은 이러한 단어를 [fɔθ]나 [flɔ]로 발음했고, 반면에 이 규칙을 적용하지 않는 사람들은 [fɔrθ]나 [flɔr]로 발음을 했다.

이 연구 이면의 방법론은 주목해 볼 만하다. 비록 자료를 분석할 때 민족적, 성적 차이를 고려하기 위해 주의를 기울였지만, Labov는 온갖 종류의 사람들과 그들이 편안함을 느끼는 환경 속에서 상호작용했다. 자료를 수집할 때에는 일상적이고 겸손한 방식으로 자연스럽게 구어를 이끌어 내기 위해 주의를 기울였다. 마지막으로 그는 못 듣거나 이해하지 못한 체 하며 같은 대답을 두 번 이끌어냈고, 그런 방식으로 비격식적이고 일상적인 대화와 더 주의를 기울인 발화(두 번째)를 수집할 수 있었다.

상류층 백화점인 Saks에서 응답자의 62퍼센트가 *r*을 가끔씩 발음하였으며, 중류층 백화점인 Macy's에서는 52퍼센트, 하류층 소매점인 Klein's에서는 단지 21퍼센트만이 *r*을 발음하였다. 그렇다면 *r* 탈락 규칙은 Labov의 용어를 쓰자면 그 규칙을 가장 많이 적용하는 낮은 사회 계층 방언에 '계층화'되어 있다. Labov의 연구를 돋보이게 한 것은 방언들 간의 차이는 어떤 엄격한 규칙의 유무가 아니라 규칙 적용의 양적 토대에 따라 유용하게 정의될 수 있다는 그의 방법론과 발견에 있다. 또한 사회적 맥락과 그것이 지배하는 사회언어학적 요인은 다음 장에서 논의할 언어 변화에 중요한 역할을 한다는 것도 보여주었다.

교섭의 언어 Languages in Contact

인간은 훌륭한 여행가, 교역가, 그리고 개척자이다. 거의 모든 문화의 신화는 Homer의 *Odyssey*에서 Odysseus(Ulysses)와 같은 여행과 탐험의 시련과 고난을 이야기한다. 확실히, 당신이 집밖을 배회할 때 일어날 수 있는 고난의 하나는 곧 당신의 언어를 말하지 못하는 사람들을 만나고 당신도 그들의 언어를 말할 수 없다는 것이다. 세계의 어떤 지역에서는, 예를 들어 이중언어 집단에서 당신은 언어 단절을 찾으려고 여행할 필요가 없을지도 모르며, 또 다른 어떤 지역에서는 바다를 건너야 언어 단절을 겪을 수도 있다. 이러한 상황은 인간 역사와 사회에서 매우 흔하기 때문에 이러한 의사소통 간격을 좁히기 위한 몇 가지 해결책이 생겨났다.

2 Labov, W. 1966. The social stratification of English in new York City. Washington, DC: Center for Applied Linguistics.

공통어 Lingua Francas

세계의 많은 지역에는 다양한 언어를 사용하는 사람들이 거주하고 있다. 사회적이고 상업적인 의사소통이 필요한 지역에서 공동 협의에 의해 하나의 언어가 사용된다. 그 언어를 **공통어**라고 부른다.

중세 시대에 지중해 항구에서 현대의 이탈리아어와 프로방스어가 된 언어들을 토대로 한 교역 언어가 사용되었다. 그 언어를 공통어, 'Frankish language'라고 불렀다. 그 용어 공통어는 유사하게 쓰이는 다른 언어에까지 일반화되었다. 그러므로 어떤 언어도 공통어가 될 수 있다.

영어는 "전 세계의 공통어"라고 불리며 국제 무역 회의와 학술회의에서 표준어로 사용된다. 한때 프랑스어는 '외교의 공통어'였다. 러시아어는 여러 지역 언어가 쓰이는 구 소비에트 연방국가에서 공통어로서 역할을 했다. 마치 그리스어가 동방 기독교 세계의 공통어였던 것처럼, 라틴어가 로마 제국과 기독교 세계의 공통어였다. 이디시어는 유대인들 사이에서 오랜 기간 공통어였으며 다른 국적의 유대인들이 서로 의사소통을 하게 했다.

더 빈번하게, 공통어는 교역 언어로서 역할을 했다. 동아프리카는 수백 개의 부락이 거주하고 있는데 각자는 각자의 언어로 이야기를 한다. 하지만 이 지역의 대부분의 아프리카인들은 스와힐리어를 제2언어로 배우며 이 공통어는 거의 모든 시장에서 쓰이고 있다. 비슷한 상황이 Hausa를 공통어로 사용하는 나이지리아에서도 일어난다.

Hindi와 Urdu는 인도와 파키스탄의 공통어이다. 이 지역의 언어적 상황은 너무 복잡해서 지역 공통어가 종종 존재한다. (대부분 상업센터 주변의 지역 언어이다.) 그래서 Dravidian 언어인 Kannada는 Mysore의 서남부 인도 도시 주변의 공통어이다. 이와 유사한 상황이 중국 제국에서도 발견된다.

현대 중국은 94퍼센트의 사람이 한어를 사용하며, 이 언어는 대부분 지역에서 상호 이해 불가능한 8개의 주요 언어 집단으로 구분된다. 각각의 언어 집단에서 수백 개의 방언이 있다. 한어 외에도 주요 5개 언어, 즉, 몽골어, 위구르어, 티베트어, 슈왕어, 한국어를 포함하여 50개 이상의 소수 민족 언어가 있다.

상황이 복잡해지자, 중국 정부는 공통어로서 만다린이라 불리는 북경어를 보급하기 위한 전면적인 언어개혁 정책에 착수하였다. 이것은 중국 북부 방언의 문법적 요소를 가지고 있으며 현대 일상 중국어 어휘로 강화된 언어이다. 그들인 이 방언을 *Putonghua*라고 부르며 이는 '공통어'라는 의미이다. 토착어와 방언들은 열등한 것으로 간주되지 않는다. 오히려 이러한 접근법은 공통어로 서로 의사소통 할 수 있도록 '공통어'를 확산시키기 위한 것이다.

어떤 공통어는 자연스럽게 발생한다. 또 다른 공통어는 정부 정책과 개입에 의해 만들어진다. 하지만 세계의 많은 지역에서, 사람들은 여전히 단지 몇 마일 떨어진 이웃들과 여전히 말을 할 수 없다.

교역 언어: 피진과 크레올 Contact Languages: Pidgins and Creoles

공통어는 전형적으로 광범위한 모국어 화자를 가지고 있는 언어이며 (대체로 같은 어족의) 서로 다른 모국어를 가진 사람들에 의해 사용되고 습득이 된다. 그러나 종종 역사적으로 상호 이해할 수 없는 언어들을 사용하는 화자들이 특정의 사회경제적인 그리고 정치적인 조건 아래 접촉해왔으며, 서로 의사소통하기 위해 누구의 모국어도 아닌 하나의 언어를 발전시켰다. 그러한 언어를 **피진**이라고 한다.

많은 피진은 17, 18, 19세기에 중국, 아프리카, 그리고 신세계의 해안을 따라 무역 식민지에서 발전되었다. 이러한 피진은 영어, 프랑스어, 포르투갈어, 네덜란드어 같은 식민지 유럽어를 쓰는 화자들과 토착어인 비유럽어를 쓰는 화자들 사이의 접촉을 통해 생겨났다. 어떤 피진은 19세기 미국과 카리브해의 광범위한 노예들과 노예 주인들의 집단에서 생겨났다. 다른 경우는 하와이언 피진 영어가 있는데, 이것은 하와이의 파인애플 농장에서 일본, 중국, 포르투갈, 필리핀의 이주 노동자들 사이에서 확립되었다. Chinook Jargon은 북서 태평양의 인디언 부족들 사이에, 그리고 인디언 부족들과 유럽 상인들 사이에서 공통어로 발전되었다. 한국전쟁과 베트남 전쟁 동안에 외국 군인들과 지역주민들 간의 대화를 위해 여러 종류의 피진이 생겨났다.

이러한 모든 경우는 접촉이 매우 특수화되어 있으며, 문화 또한 너무 멀리 분리되어 있어서 한 집단의 모국어가 효과적으로 공통어로서 역할을 할 수 없다. 대신에, 둘 또는 그 이상의 집단들은 간소화된 문법 구조와 적은 양의 어휘로 된 기본적인 공통어를 개발하기 위해 그들의 모국어를 토대로 사용하였다. 또한 이러한 상황에서 농장주인과 노동자 혹은 노예 주인과 노예의 관계처럼 한 언어 집단이 경제적으로 더 우세한 입장에 있는 경우가 일반적이다. 피진의 대부분의 어휘 항목은 우세한 집단의 언어에서 왔다. 이러한 언어를 **상층어**(superstrate), 또는 **지배어**(lexifier language)라고 한다. 예를 들어 영어(농장주의 언어)는 하와이언 피진 영어의 상층어이고 스와힐리어는 동·중앙 아프리카에서 사용되는 여러 종류의 피진어의 상층어이며, Bazaar Malay어는 말레이시아, 싱가포르, 인도네시아에서 사용하는 피진어의 상층어이다. 상층어 이외의 다른 언어와 언어들은 어휘와 문법에 기여하지만 미약하다. 이러한 언어들을 **하층어**(substrate)라고 부른다. 일본어, 중국어, 타갈로그어 및 포르투갈어는 하와이언 피진 영어의 하층어이며 모두 그것의 문법에 영향을 미쳤다. Chinook Jargon은 Chinook과 Nootka와 같은 지역의 토착어와 불어와 영어 모두의 특징을 가졌다.

많은 언어학자들은 피진은 언어학적인 '생애 주기'를 형성한다고 믿는다. 발전 초기단계에서 피진은 모국어 화자가 없고 엄격하게 말해 하나의 교섭어이다. 그것의 사용은 교역이나 노동 지향적인 업무와 같은 전문화된 기능을 위한 것이며 그 화자들은 다른 모든 사회적 맥락에서 그들의 (각각의) 모국어를 사용한다. 이러한 초기 단계에서 피진은 분명한 문법규칙이라고 할 만한 것이 없으며, (보통 전문화된) 단어들도 거의 없다. 하지만 나중에 언어가 계속해서 존재하고 필요하다면, 훨씬 더 규칙적이고 복잡한 형태의 피진들이 발전하게 된다(때때로 이것은 '안정화된 피진'으로 불린다). 그리고 이것은 다양한 상황에서 더 효과적으로 사용된다. 더 발전하면 **크레올**의 생성으로 이어지는데, 이것은 대부분의 언어학자들이 믿는 바와 같이 정상 언어의 문법적 복잡성을 갖는다. 그러므로 **피진화**(Pidjinization, 즉 피진의 생성)는 언어의 단순화이며 사용 영역의 축소이다. 대조적으로 **크레올화**(creolization)는 기존의 피진의 어휘와 문법의 언어적인 확장이며 사용 맥락의 확대를 뜻한다. 우리는 다음 절에서 크레올과 크레올화에 대해 논의하겠다.

비록 어떤 의미에서 피진은 기본적이지만 규칙이 없는 것은 아니다. 다른 인간언어처럼 음운 체계는 규칙에 지배된다. 음소 항목은 대체로 적다. 예를 들면 표준 영어는 14개의 뚜렷한 모음을 가지지만, 피진은 흔히 단지 5개에서 7개를 가지며 각각의 음소는 많은 이음적 발음을 가질 수도 있다. 영어를 기반으로 하는 한 피진에서 [s], [ʃ], [ʧ]는 음소 /s/의 모든 가능한 발음이다. 따라서 [masin], [maʃin], [maʧin]은 모두 'machine'을 의미한다. 상층어와 하층어 모두에서 나타나는 음성들은 일반적으로 유지되지만, 만약 어떤 음성이 하층어가 아닌 상층어에서 일어나면, 그것은 없어지는 경향이 있다. 예를 들어 영어에서 *this*와 *thing*에 나타나는 [ð]와 [θ]는 다른 언어에서는 거의 나타나지 않는다. 많은 영어 피진 화자들은 이러한 *th* 음을 더 흔한 음으로 교체하며, 'this thing'은 *dis ting*으로 발음한다.

전형적으로 피진은 법조동사, 전치사, 관사와 같은 기능어의 수가 더 적고, 다음 예에서처럼 시제와 격어미를 포함하여 굴절형태소가 부족하다.

He bad man.	"He is a bad man."
I no go bazaar.	"I'm not going to the market."

접사 형태소는 대부분 없다. 예를 들어, 어떤 영어 피진은 영어 *shoes*에서 *sus*라는 단어를 가지고 있지만, *sus*는 하나의 신발과 여러 개의 신발 모두를 가리킬 때 사용되는 것처럼 복수 형태소는 없다. 이것은 영어가 발전할 때에도 일어났다는 것에 주목하라. 본래, 어미 *-a*는 *agenda*와 같은 라틴어 단어에서는 복수의 표지이지만 단수의 의미로 쓰이게 되었고, 이제 *agenda*의 복수형은 *agendas*이다.

동사와 명사는 보통 하나의 형태를 가지고 있으며 시제, 수, 성, 혹은 격을 표지하기 위해 변형되지 않는다. 일련의 대명사는 피진에서도 단순하다. Cameroon에서 영어를 기본으로 한 피진인 Kamtok어에서 대명사 체계는 표준 영어에 존재하는 성이나 모든 격의 차이를 보여주지 않는다.

	Kamtok			SE	
a	mi	ma	I	me	my
yu	yu	yu	you	you	your
i	i/am	i	he	him	his
i	i/am	i	she	her	her
wi	wi	wi	we	us	our
wuna	wuna	wuna	you	you	your
dem	dem/am	dem	they	them	their

피진은 또한 그 피진이 토대로 삼고 있는 언어보다 더 적은 전치사를 가지고 있다. 예를 들어 Kamtok어에서 *fɔ*는 다음의 예에서 볼 수 있듯이 'to', 'at', 'in', 'for', 그리고 'from'을 의미한다.

Gif di buk fɔ mi.	"Give the book to me."
I dei fɔ fam.	"She is at the farm."
Dɛm dei fɔ chɔs.	"They are in the church."
Du dis wan fɔ mi, a bɛg.	"Do this for me, please."
Di mɔni dei fɔ tebul.	"The money is on the table."
You fit muf tɛn frank fɔ ma kwa.	"You can take ten francs from my bag."

다른 형태론적 과정은 피진에서 더 생산적이다. 흔히 강조를 나타내기 위해 중복이 흔하다. 예를 들어, Kamtok어에서 *big*은 'big'을 의미하고 *big-big*은 'enormous'를 의미한다. *luk*은 'look'을 의미하고 *luk-luk*은 'stare at'을 의미한다. 또한 복합어는 생산적이며 적은 어휘를 풍부하게 하는 역할을 한다.

big ai	greedy
drai ai	brave
gras bilong fes	beard
gras antap long ai	eyebrow
gras bilong head	hair
han bilong pisin	wing (of a bird)
fella bilong Mrs. Queen	husband of the queen

또한 피진어에서 대부분의 단어는 마치 그것들이 여러 개의 통사적 범주에 속해 있는 것처럼 기능을 한다. 예를 들어 Kamtok어에서 *bad*는 형용사, 명사, 혹은 부사의 기능을 수행할 수 있다.

형용사	tu bad pikin	two bad children
명사	We no laik dis kain bad.	We don't like this kind of badness.
부사	A liakam bad.	I liked it very much.

통사론의 관점에서 초기의 피진은 간단한 절 구조만 있으며, 내포문과 다른 복잡한 보충어는 결여되어 있다. 어순은 가변적이서 다른 언어적 배경을 가진 화자들도 그들의 모국어의 어순을 차용하여 이해할 수 있다. 예를 들어 일본어는 SOV(동사가 마지막에 오는) 언어이며, 영어를 기본으로 하는 피진의 일본어 화자들은 *The poor people all potato eat*처럼 동사를 가장 마지막에 둔다. 반면에 VSO 언어인 타갈로그어를 사용하는 필리핀 화자들은 *Work hard these people*처럼 동사를 제일 앞에 둔다. 어순은 결국에는 피진과 크레올에서 더 확고해지는데 시간이 지남에 따라 절의 형태 범위와 관련해서 다른 언어들처럼 되는 것이다.

피진은 부정적인 함의를 지니게 되는데 아마도 많은 피진은 유럽의 식민 제국과 관련이 있기 때문일 것이다. *Encyclopedia britannica*는 한때 피진을 "*an unruly bastard jargon, filled with nursery imbecilities, vulgarisms and corruptions*"로 기술한 바 있다. 이제는 더 이상 그러한 정의를 사용하지 않고 있다. 최근에는 피진이 인간의 창조적인 언어능력을 반영하고 다른 언어와 같은 자질을 보여준다는 인식이 있다.

피진은 또한 유용한 기능을 한다. 예를 들어, 영어를 기초로 한 피진어는 6개월 안에 다양한 종류의 직업 훈련을 어느 정도 시작할 수 있을 정도로 배우는 것을 가능하게 한다. 같은 목적으로 영어를 배우는 것은 10배는 더 오래 걸린다. 상호적으로 이해가능하지 않은 언어를 쓰는 지역에서 피진은 다른 문화와 민족의 사람들을 결합시키는 중요한 역할을 할 수 있다.

일반적으로 피진은 비록 극소수는 더 길게 유지가 되지만 몇 세대만 유지되고, 단명한다. 피진은 모든 화자들이 결국 공통의 언어를 공유하기 때문에 사라질 수 있다. 이것은 Chinook Jargon의 운명이며 그것을 쓰는 화자들은 모두 영어를 배웠다. 또한 피진은 때때로 경멸당하기 때문에 화자들은 그 피진을 기초로 한 '표준' 언어를 배우라는 사회적인 압박을 받는다. 예를 들어, 대중교육을 통해서 영어가 마오리족이 쓰던 뉴질랜드의 피진을 대체했다. 비록 중국어의 피진 영어는 수년의 정부의 차단에도 굴복하지 않았지만, 19세기 말엽에 그것의 소멸을 부채질하는 영어의 맹습에 살아남지 못했다. 끝으로 반어적으로 피진 언어의 죽음은 다양한 사회를 통합하는 데 성공했기 때문에 일어난다. 피진은 유용성이 입증되고, 널리 퍼지게 됨에 따라 그것을 사용하는 사회에서 후손들은 그 언어를 모국어로 채택하며 그것의 어휘와 문법을 정교화하여 하나의 크레올이 된다.

크레올과 크레올화 Creoles and Creolization

크레올은 접촉 상황에서 생겨나서 화자들의 후속 세대의 모국어가 되는 언어로 정의된다.

전통적인 관점에서는 크레올은 아동들의 창조물인데, 아동들은 부족하고 불안정한 피진에 노출된 채, '정상적인' 인간언어의 근본적인 특징을 공유하고, 일상생활 모든 영역에서 사용할 수 있는 훨씬 더 풍부하고 복잡한 언어를 개발한다.

피진과 대조적으로 크레올은 시제, 복수형 등에 대한 굴절형태소를 가질 수 있다. 예를 들어, 남태평양에서 쓰는 크레올에서 접사 *–im*은 타동사에 붙지만 그 동사가 목적어가 없을 때에는 *–im* 어미가 붙지 않는다.

man i pairip**im** masket.
man be fired-him musket
'The man fired the musket.'

masket i pairip.
musket be fired
'The gun was fired.'

동일 접사 *–im*은 파생적으로 사용되어 영어의 *redden*에서의 *–en*처럼 형용사를 동사로 변환시킨다.

bik	big	bikim	to enlarge; to make something bigger
daun	down	daunim	to lower; to make something go down
nogut	no good	nogutim	to spoil, damage; to make something no good

크레올은 전형적으로 더 복잡한 대명사 체계를 발달시킨다. 예를 들어 남태평양의 크레올은 두 가지 형태의 대명사 *we*가 있다. 포괄적인 *we*는 화자와 청자를 가리키며 배타적인 *we*는 청자를 제외한 화자와 다른 사람들을 가리킨다. 포르투갈어를 기본으로 한 카보베르데 크레올은 세 계층의 대명사가 있다. 표 7.1에서 볼 수 있듯이, 강조형, 약형, 접어(영어의 속격 's와 같이 다른 단어에 접사로 붙는 것)가 그것이다.

피진의 복합어는 종종 크레올에서 축소된다. 예를 들어, 'sweat'을 의미하는 *wara belong skin*(water belong skin)는 *skinwara*가 된다. 미래시제를 가리키는 데 사용되는 복합어인 *baimbai*(by and by)는 크레올에서 시제 굴절인 *ba*가 된다. 따라서 *baimbai yu go*('you will go')는 *yu bago*가 된다. 크레올의 구 구문은 매우 풍부하며, '정상적인' 언어의 많은 다른 특징들 중에서 내포문과 관계절을 포함한다.

아동들은 피진의 기본적인 입력을 토대로 어떻게 크레올을 만들 수 있을까? 한 가지 해답은 그들의 선천적인 언어능력을 사용하여 피진을 급속하게 언어다운 언어로 변형시킨다는 것이다. 이것은 크레올이 공통적으로 가진 많은 문법적인 특성들을 설명한다. 예를 들어, SVO 어순과 시제, 상의 구별이다.

피진과 크레올이 모국어(크레올)인지 비모국어인 제2언어(피진)인지의 관점에서 정의하는 것은 문제가 있다는 점에 주목해야 한다. New Guinea에서 널리 사용하는 Tok Pisin과 같은 언어들은 많은 화자들에게 모국어이지만 다른 화자들은 제2교섭언어로 사용된다. 몇몇 언어학자들은 지리적인 요소와 그것들이 발전하는 사회적 조건들은 다르다고 주장하면서, 크레올이 피진으로부터 유래되었다는 생각을 거부한다.

표 7.1 카보 베르데 크레올 대명사

	강조형	약형	주어 접어	목적어 접어
1인칭 단수	ami	mi N-	-m	
2인칭 단수(비격식)	abo	bo	bu-	-bu/-u
2인칭 단수(격식, 남성)	anho	nho	nhu-	
2인칭 단수(격식, 여성)	anha	nha		
3인칭 단수	ael	el	e-	-l
1인칭 복수	anos	nos	nu-	-nu
2인칭 복수	anhos	nhos		
3인칭 복수	aes	es	-s	

더구나 아동들이 크레올의 창시자라는 생각은 일반적으로 수용되지 않는다. 여러 언어학자들은 크레올은 성인이 지배어 또는 우세 언어를 불안전하게 제2언어로 학습한 결과이며, 또한 그들의 모국어인 비유럽어로부터의 문법 자질의 '전이'의 결과라고 믿는다. 이러한 가설은 크레올이 제2중간언어와 공유하는 몇 가지 특징들을 설명한다 (언어습득에 관한 9장 참조). 예를 들어, 불변하는 동사의 형태, 한정사의 결여, 그리고 시제와 양태를 표현하기 위해 동사와 조동사 대신 부사를 사용하는 것이다.

비록 몇몇 언어학자들은 크레올이 '정규적인' 언어들보다 더 간단한 체계를 지니고 있다고 믿지만, 다양한 크레올의 문법적인 특징을 자세히 살펴본 대부분의 연구자들은 크레올은 비크레올 언어와 구조적으로 다르지 않으며, 크레올의 유일한 예외적인 특징은 그것이 발전한 사회역사적인 조건이라고 주장한다.

크레올은 종종 여러 다른 부족들 출신의 아프리카인들이 상호 간에 이해할 수 없는 아프리카 언어를 사용했던 노예 농장에서 발생했다. 프랑스어를 토대로 한 하이티 크레올은 Jamaica 지역에서 사용되는 '영어'처럼 이러한 방식으로 발전했다. Gullah는 조지아 주와 남캐럴라이나 주 해변에 있는 섬의 아프리카 노예의 후손들이 사용한 영어를 토대로 한 크레올이다. 루이지애나 크레올은 하이티 크레올과 연관이 있는데, 많은 흑인과 백인이 사용한다. 백만 명의 Sierra Leoneans이 사용하며, 본 절의 제명으로 제시된 언어인 Krio는 최소한 영어를 기초로 한 피진의 한 부분에서 발전되었다.

아프리카계 미국영어의 기원과 관련된 한 이론은 아프리카 노예들이 식민지 주인들이 사용하던 영어 외에는 공통된 언어가 없을 때 발달한 초기 영어를 기반으로 한 크레올로부터 아프리카계 미국영어가 유래되었다는 것이다. 이 가설의 지지자들은 적어도 AAE의 독특한 몇몇 특징들은 노예들과 그들의 부모나 조부모들이 한때 사용했던 서아프리카 언어의 영향으로 추적될 수 있다는 것을 지적한다. 또한 (표준영어에서 일어나는 것과 구별되는) 시상 표시와 같은 AAE의 여러 가지 특징은 크레올 언어의 전형적인 특징이다.

대안적 견해는 AAE는 어떠한 피진/크레올 단계 없이 바로 영어로부터 형성되었다는 것이다. AAE가 다른 방언들보다 남부 미국영어 방언에 더 가까웠다는 것은 분명하다. 아프리카 노예들이 서부 백인들의 영어를 제2언어로 배웠다는 것도 가능하다. 남부 방언의 구별되는 많은 특징들은 수십 년간 많은 남부 백인 아이들이 흑인 여성들에 의해 길러지고 흑인 아이들과 놀면서 AAE로부터 습득되었다는 것도 가능하다.

원래 피진이었던 Tok Pisin은 20세기에 걸쳐 점진적으로 크레올화 되었다. 그것은 한때 영어를 사용하는 상인들과 토착민들이 사용하였던 파푸아 뉴기니의 공통어인 밀라네시아 피진 영어로부터 발전하였다. 파푸아 뉴기니에서는 매우 다양한 언어적 특성이 존재하며 (800개 이상의 언어가 그 섬에서 한때 사용되었음) 피진은 토착민들 사이에서도 또한 공통어로 사용되었다.

Tok Pisin은 자체의 표기 체계와 문학 그리고 신문과 라디오 프로그램을 가지고 있었다. 그것은 UN회의에서 연설하는 데 사용되기도 했다. Tok Pisin으로 쓴 논문들은 파푸아 뉴기니의 학회에서 발표되었으며 그것은 국회에서 토의하는 데 주로 사용되었다. 오늘날 Tok Pisin은 영어, Kiri Motu 그리고 또 하나의 다른 크레올과 더불어 파푸아 뉴기니 독립국가의 3개의 인정된 국가 언어 중의 하나이다.

수화도 피진일 수 있다. 1980년대 니카라과에서 성인 청각장애인들은 모여서 의사소통하기 위해 '국내용' 신호와 몸짓에 관한 대강의 체계를 만들었다. 서로 다른 사람들이 다르게 그것을 사용하고 문법적 규칙은 거의 없다는 점에서 피진의 특징을 가졌다. 하지만 어린 청각장애 아동이 그 지역사회에 들어왔을 때 놀라운 일이 발생했다. 성인들의 조잡한 수화는 아동들이 그것을 학습함으로써 놀랍게 향상되었고, 그 결과 Idioma de Signos Nicaraguense (ISN), 즉, 니카라과 수화라고 불리는 풍부하고 복잡한 수화로 등장했다. ISN은 결핍된 입력으로부터 문법적으로 복잡한 언어가 발전되는 것과 인간의 언어 창조력의 힘을 보여준 인상적인 사례였다.

피진과 크레올에 대한 연구는 인간언어의 본질, 언어 창조, 언어 변화와 관련된 과정과 이러한 언어 접촉의 실례들이 일어나는 사회역사적인 조건에 대한 이해에 크게 기여해왔다.

이중언어 상용 Bilingualism

이중언어 상용이라는 용어는 개인에 의한 **개인 이중언어 상용**(individual bilingualism)과 사회 내에서의 **사회적 이중언어 상용**(societal bilingualism)이 있는데 두 가지 (혹은 그 이상의) 언어를 말할 수 있는 능력을 가리킨다. 언어습득에 관한 9장에서 우리는 어떻게 이중언어 아동들이 동시에 두 언어를 습득하는지와 제2언어가 아동과 성인들에 의해 어떻게 습득되는지를 논의한다. 다양한 정도의 이중언어가 있다. 어떤 사람들은 원어민 수준으로 두 언어를 구사할 수 있는 반면, 다른 이들은 높은 수준으로 두 언어를 규칙적으로 사용하지만 그중 하나의 언어에 대해서는 원어민 혹은 원어민 수준과 비슷한 언어능력을 갖지 못한다. 또한 어떤 이중언어 사용자들은 하나 혹은 그 이상의 언어를 말할 수 있는 능력은 있지만 읽거나 쓰지는 못한다.

사람들이 이중언어 사용자가 되는 상황도 다양하다. 어떤 사람들은 2개 이상의 언어가 사용되는 가정에서 자란다. 반면에 어떤 사람들은 새로운 나라로 이주하여 그 곳에서 그 나라의 언어를 습득하게 되는데 대체로 집 밖에 나가 다른 사람들에게서 배운다. 또한 어떤 사람들은 학교에서 제2언어를 습득한다. 언어적 다양성이 풍부한 지역에서는 서로 다른 언어를 말하는 화자들 사이의 접촉 또한 이중언어로 이어질 수 있다.

또한 이중언어 상용(또는 다중언어 상용)은 2개 혹은 그 이상의 언어가 사용되어 공용어 혹은 국가 언어로 인정되는 나라의 상황을 가리킨다. 사회적 이중언어 상용은 영어와 프랑스어가 모두 공용어인 캐나다와 프랑스어, 독일어, 이탈리아어, 로망스어가 모두 격식적인 지위를 가지는 스위스를 포함하여 많은 나라에서 존재한다.

흥미롭게도 연구는 소위 '단일어' 국가보다는 이중언어 사용 국가에서 이중언어를 사용하는 사람들의 수가 더 적다는 것을 보여준다. 이것은 미국, 이탈리아, 그리고 프랑스와 같은 단일 언어 국가에서 지배적 언어를 사용하지 않는 사람들이 제대로 활동하기 위해 어느 정도는 그 언어를 반드시 배워야 하는 것을 고려해보면 일리가 있다. 또한 다중언어 사용 국가들의 주요 관심은 시민들 사이에서 개인의 이중언어를 조장하기보다는 두 가지 혹은 그 이상의 언어를 유지하고 사용하도록 하는 것이다.

미국은 비록 헌법에 국가 언어에 관한 언급은 없지만 단일 언어로 영어를 사용하는 사회로 널리 인식된다. 하지만 나라 전체에 걸쳐 긴 역사를 지닌 많은 이중언어 사회가 있다. 2010년 인구 조사에 따르면, 영어-스페인어 이중언어 사용자는 다른 어떤 조합보다 더 많지만, 미국에 거주하는 이중언어 및 다중언어 사람들 사이에 발견된 언어의 다양성은 너무 많아서 언급할 수 없고 아마도 그 전체는 알 수조차 없을 것이다.

최근 연구는 단일 언어인 영어로의 이동이 급격히 증가하고 스페인어와 다른 흔한 영어의 이중언어 파트너(타갈로그어, 베트남어, 그리고 다양한 중국어)들에 관한 지식은 역사적으로 다른 어느 때보다 21세기에 더 빨리 사라지고 있다.

언어전환 Codeswitching

언어전환은 이중언어 사용자들에게 독특한 대화 형태이며, 유창한 화자들은 다음의 예에서 보듯이 문장들 사이 혹은 문장 내에서 언어를 변경한다.

Sometimes I'll start a sentence in English and termino en español.

Sometimes I'll start a sentence in English and finish it in Spanish.

언어전환은 동시에 작용하는 두 언어의 문법을 반영하는 보편적인 언어 접촉 현상이다. 이중언어 스페인어-영어 사용자는 위의 예문에서처럼 영어와 스페인어 사이를 전환할 수 있다. 반면에 캐나다의 퀘백 사람들은 영어와 프랑스어 사이에서 전환한다.

I mean, c'est un idiot, ce mec-là

I mean he's an idiot, that guy.

다음의 예는 독일어-영어, 한국어-영어 그리고 만다린어-영어 이중 사용의 예이다.

Johan hat mir gesagt that you were going to leave.

Johan told me you were going to leave.

Chigum ton-uls ops-nunde, I can't buy it.

As I don't have money now, I can't buy it.

Women zuotian qu kan de movie was really amazing.

The movie we went to see yesterday was really amazing.

언어전환은 이중언어 사용자 집단이 두 가지 같은 언어를 사용할 때 일어난다. 더구나 언어전환은 특정한 사회적 상황이며 화자의 말의 표현을 풍부하게 해준다.

흔한 오해는 언어전환이 어떤 종류의 언어 장애를 보여준다는 것인데, 예를 들어 이중언어 사용자는 언어전환을 두 언어의 불완전한 습득을 해결하기 위한 전략으로 사용한다거나 '엉터리' 영어를 사용한다고 생각하는 것이다. 이렇게 규정짓는 것은 완전히 부정확하다. 최근의 언어전환에 관한 사회언어학적 특징에 관한 연구는 언어전환은 이중언어 정체성의 표지이며 그 자체의 내적 문법구조를 가지고 있다는 것을 보여준다. 예를 들어 이중언어 사용자들은 다음과 같이 흔히 주어와 동사 사이의 언어전환을 한다.

Mis amigos finished first. My friends finished first.

하지만 다음처럼, 주어 대명사와 동사 사이의 전환은 비문이라고 판단할 것이다.

*Ellos finished first. They finished first.

언어전환은 또한 해당 언어의 어순을 따른다. 예를 들어, 다음에서 볼 수 있듯이, 스페인어 명사구에서 형용사는 대체로 명사 뒤에 오는데, 형용사가 선행하는 영어의 명사구와는 대조적이다.

영어: My mom fixes **green tamales**. (Adj N)
스페인어: Mi mamá hace **tamales verdes**. (N Adj)

화자는 다음과 같이 언어전환을 할 것이다.

My mom fixes **tamales verdes**.
또는 Mi mamá hace **green tamales**.

하지만 다음과 같은 발화는 받아들이지 않거나 발화하지 않을 것이다.

*My mom fixes **verdes tamales**.
또는 *Mi mamá hace **tamales green**.

왜냐하면 명사구 내의 어순은 그 언어의 규칙을 위반하고 있기 때문이다.

언어전환은 (이중언어) 차용과는 구별되는데, 차용은 한 언어에서의 하나의 단어나 짧은 표현이 두 번째 언어의 단어들 사이에 내포될 때와, 두 번째 언어의 규칙적인 음운, 형태, 통사규칙에 맞춰 조정될 때 생겨난다. 대조적으로 언어전환에서는 서로 얽혀있는 두 언어가 그들의 고유한 음운론적 그리고 다른 문법적 자질들을 보존한다. 차용은 그 요소의 발음으로도 언어전환과 쉽게 구별할 수 있다. 문장 (1)은 차용이며, (2)는 언어전환이다.

(1) I love biscottis [bɪskaɾiz] with my coffee.
(2) I love biscotti [biskɔtːi] with my coffee.

문장 (1)에서 *biscotti*는 (미국)영어 발음과 복수인 –*s*형태소를 취하는 반면에 (2)에서는 이탈리아어 발음과 복수 형태소 -*i*(biscotto의 복수, 'cookie')를 유지하고 있다.

강조되어야 할 점은 언어전환을 하는 사람들은 하나가 아니라 두 가지나 그 이상의 언어 지식을 가지고 있으며, 다른 언어 지식처럼 언어전환은 고도로 구조화되어 있고, 규칙에 지배된다는 것이다.

언어와 교육 Language and Education

언어에 대한 연구는 다양한 교육 분야에서 중요한 시사점을 가진다. 구조, 습득, 그리고 언어의 사용에 대한 이해는 읽기 지도뿐 아니라 외국어와 제2언어를 가르치는 데 필수적이다. 그것은 또한 교실에서의 언어 변화와 사용에 대한 충분한 이해를 증진시키며 아동들의 독서지도 방법, 이중언어 교육, 그리고 흑인영어(Ebonics)와 같은 문제를 둘러싼 열띤 토론에 대해 알려 준다.

제2언어 교수법 Second-Language Teaching Methods

He can learn a language in a fortnight. Knows dozens of them: the sure mark of a fool.

HENRY HIGGINS, From the script of the motion picture *Pygmalion*, 1938.

우리는 두 가지 사항에 대해 Higgins 교수의 주장에 동의하지 않을 수도 있다. 첫 번째는 인터넷의 대조적인 주장에도 불구하고 우리는 언어를 2주 안에 배우지 못하며 확실히 쓸 만한 정도의 유창성도 가지지 못한다. 두 번째는 많은 것을 알고 있는 사람은 분명히 바보가 아니다.

제2언어나 외국어 교수에 대한 많은 접근법은 수년간 발전해왔다. 비록 이러한 교수법들이 서로 상당히 다르더라도 많은 전문가들은 제2언어를 가르치는 데 단 하나의 최고의 방법은 없다고 믿는다. 모든 교수법은 무엇인가를 제공하며 실제로 원어민 혹은 원어민과 가까운 재능 있는 교사, 동기가 충만한 학생들 그리고 적절한 교육 자료가 있다면, 어떤 교수법이든 성공할 수 있다. 모든 교수법들은 그것이 주어진 교육적 배경에 부합하고 교사에 의해 이해되고 포용될 때 가장 효과적이다.

제2언어 교수법은 두 가지 넓은 범주 안에 속한다. 통합적 접근법과 분석적 접근법이다. 명칭이 함의하듯, 통합적 접근법은 언어의 문법적, 어휘적, 음운적, 그리고 기능적 요소들을 단계적으로 가르치는 것을 강조한다. 이것은 상향식 접근법이다. 학습자의 과제는 언어를 구성하는 개별의 요소들을 통합하는 것이다. 더 전통적인 언어교수법은 문법지도를 강조하는데, 이것도 이러한 범주에 속한다.

통합적 접근법의 극단적인 예는 1960년대 중반까지 선호된 **문법번역식**(grammar translation) 교수법이다. 이 교수법에서 학생들은 어휘 목록과 동사 변화표, 그리고 문법적 규칙을 학습했다. 학습자들은 지문을 목표어에서 자신들의 모국어로 번역했다. 교사는 전형적으로 학생들의 모국어로 수업을 진행했으며 지문의 문법적 분석에 집중했고, 배우는 언어에 대한 문맥화는 거의 없거나 아예 없었다. 독해를 하는 지문은 단지 학습자들이 이미 노출되었던 어휘와 구문만 포함하도록 신중히 쓰였으며 번역에서의 실수는 즉석에서 수정되었다. 학습자들은 규칙, 동사의 변화, 그리고 어휘의 습득에 대해 시험을 봤다. 학생들은 번역된 글을 큰소리로 읽을 때 외에는 목표언어를 사용하지 않았다.

분석적인 접근법은 훨씬 더 하향적이다. 목표는 목표어의 구성 요소나 규칙을 명백하게 가르치는 것이 아니다. 오히려, 교사는 학습자의 요구와 흥미와 관련되는 주제, 지문, 혹은 과업을 선택한다. 그리고 학습자의 임무는 언어의 구성 요소를 발견하는 것이다. 이러한 접근법은 아동들이 그들의 모국어를 습득할 때와 같이, 성인들도 구조화되지 않은 입력으로부터 언어의 규칙을 추출할 수 있다는 것을 전제한다.

현재에도 가장 널리 시행된 분석적 접근법 중에 하나는 내용 중심 교수법(content-based instruction)이다. 이 교수법에서는 언어를 의미 있게 만들고 학생들이 목표어로 의사소통할 수 있게 하는 것에 초점을 둔다. 학습자들은 문제를 토론하고 그들이 흥미 있어 하는 다양한 주제에 대해 목표어로 의견을 표현하도록 격려받는다. 토론의 주제는 "Online Dating"이나 "Taking Responsibility for Our Environment"와 같은 것을 포함할 수도 있다. 문법규칙은 필요에 따라 가르치며, 유창성이 문법적 정확성보다 우선된다. 수업 교재는 이런 것이 학생들에게 더 흥미롭고 관련이 있을 것이라는 가정에 따라 학습자들을 위해서 특별히 만들어진 자료가 아닌 자료로부터 일반적으로 발췌된다. 평가는 학습자들의 목표어에 대한 이해에 토대를 둔다.

모든 제2언어 교수법이 하나의 범주에 명백히 속하는 것은 아니다. 통합적 접근법과 분석적 접근법은 다양한 제2언어 교수법이 속하는 연속체의 양 끝에 있는 것으로 보아야 한다. 또한, 주어진 교수법을 시행하는 교사들은 그 교수법의 모든 원칙을 엄격히 따르지 않아도 된다. 실제 교실 수업은, 비록 이러한 기법들이 그들이 실천하는 방법들과 완전히 일치하지는 않을지라도, 교사들에게 익숙하고 그들에게 잘 맞는 방법을 사용하며, 더 절충적인 경향이 있다.

읽기 지도 Teaching Reading

9장에서 논의하겠지만 언어 발달(구어이든 수화이든)은 실재하는 생득적 구성 요소와 함께 생물학적으로 유도되는 과정이다. 부모들은 그들 언어의 문법규칙을 아이들에게 가르치지 않는다. 사실 그들은 규칙이 있다는 것을 인식하지도 못한다. 오히려 어린 아이는 자연스럽게 주변에 들리는 언어로부터 규칙들을 발견하는 성향이 있다. 하지만 우리가 읽기와 쓰기를 배우는 방식은 우리가 구어나 수화를 습득하는 방식과는 상당히 다르다.

첫 번째로, 그리고 가장 명백하게도, 아동들은 말하기(혹은 수화)를 아주 어린 나이에 배우지만, 일반적으로 읽기는 학령기 때 시작한다(대부분의 경우 5, 6세에 읽기를 시작하지만, 몇몇 아동들은 이보다 더 늦은 나이에도 읽기를 배울 준비가 되어 있지 않다.) 두 번째 중요한 차이점은 문화와 언어를 막론하고 환경으로부터 적절한 언어 입력이 주어지면

"Baby Blues" © Baby Blues Partnership. Reprinted with permission of King Features Syndicate.

모든 아동들은 구어와 수화를 습득하지만, 많은 아동들이 읽거나 쓰는 것을 배우지는 않는다. 이것은 그들이 언어의 쓰기 형식이 없는 문화에서 태어났기 때문일 수 있다. 또한 아동들이 특별한 읽기 장애, 난독증을 겪거나 아직 진단되지 않은 학습 장애 때문에 혹은 적절히 배우지 못했기 때문에 그들이 읽고 쓰는 사회에 태어났지만 불행하게도 읽는 것을 배우지 못할 수도 있다. 하지만 심지어 문맹인 아동이나 성인도 그들의 언어에 대한 머릿속의 문법을 가지고 있어서 말하거나 수화를 할 수 있으며 완벽히 잘 이해할 수 있다.

구어나 수화 발달이 읽기를 배우는 것과 다른 가장 중요한 측면은 읽기는 구체적인 지도와 의식적인 노력이 필요하지만, 언어습득은 정상적인 상황에서 그렇지 않다는 것이다. 어떤 지도법이 읽기 교수에 가장 효과가 있는지는 수십 년 동안 상당히 많이 토론되어온 주제였다.

첫 번째 접근법인 단어 단위 접근법(whole-word approach)은 아동들에게 기계적 학습이나 종종 이야기에서 반복적으로 쓰이는 단어를 보게 함으로써 50개에서 100개의 단어로 구성된 어휘들을 인식하도록 가르치는 것이다. 그 예로, 1950년대에 읽기를 학습한 사람들에게 잘 알려진 Dick과 Jane의 시리즈에 나오는 *Run, Spot, Run*이 있다. 다른 단어들은 점진적으로 습득된다. 이러한 접근법은 아동들이 단어를 구성하는 개별적인 음에 따라 단어를 '소리 내게(sound out)' 가르치지 않는다. 오히려 이 방식은 마치 한 개의 쓰여진 글자가 전체 단어나 어근과 일치하는 중국어에서와 같이 표의 문자처럼 문어를 다룬다. 다시 말해, 단어 단위 접근법은 영어(그리고 대부분의 문어 사회에서의 문자 체계)가 알파벳에 기초하고 있으며 그 상징이 그 언어의 개별적인 소리(음소)와 일치한다는 사실을 이용하지 못한다. 이것은 반어적인데, 알파벳 체계는 가장 배우기 쉽고 인간언어를 전사하는 데 극도로 효과적이기 때문이다.

두 번째 접근법인 발음 중심 교수법(phonics)은 철자와 그것과 연관된 소리의 대응을 강조한다. 발음 중심 교수법은 아동들에게 알파벳 문자를 가르쳐 주는 것에서 시작하며 그 후에 그들이 철자와 음의 대응에 근거해 단어를 소리내어 말할 수 있도록 한다. 그래서 단어 *gave*를 읽는 것을 배웠다면(즉, *e*가 묵음이라는 것을 이해하였다면) *save*와 *pave*를 읽기는 쉽다.

하지만 영어와 많은 다른 언어들은 음과 철자 사이에 완벽한 일치를 보이지 않는다. 예를 들어 *gave*, *save*, 그리고 *pave*에 적용되는 규칙은 *have*에는 적용되지 않는다. 그러한 예외의 존재 때문에 어떤 학교는 읽기의 세 번째 접근법인, (또한 '문학 중심'혹은 'guided reading'이라고 불리는) 총체적 언어 접근법(whole-language approach)을 채택하는데, 이것은 1990년대에 가장 인기가 있었다. 주요 원칙은 발음을 직접 가르쳐서는 안 된다는 것이다. 오히려 아동들이 텍스트에 대한 노출을 바탕으로 직접 소리와 철자를 연결해야 한다. 예를 들어, 아동들은 문장의 문맥을 바탕으로 하거나 만화에서 예시된 것처럼, 소리 내기보다는 이야기의 흐름이나 그림에서 단서를 찾아냄으로써 친숙하지 않은 단어를 알아내야 한다.

총체적 언어 접근법의 철학은 말하는 것을 배우듯이 읽는 것을 배우는 것은 아동들이 기본적으로 스스로 하는 자연스러운 행동이라는 것이다. 우리가 앞서 언급했듯이 이것은 아무래도 의심의 여지가 있는 가정이다. 총체적 언어 접근법에서 교사의 주된 일은 읽기 경험이 즐거운 것이 될 수 있도록 하는 것이다. 이러한 목표에 따라 아동들은 관심을 끌 수 있는 책을 제시받고, 읽기와 단어에 애착을 가지게 하는 한 방법으로 그들의 이야기를 쓰도록 한다.

총체적 언어 접근법의 직관적 매력에도 불구하고(결국 누가 좋은 문학과 창의적인 표현의 교육적 가치를 부정하겠는가?) 연구는 철자와 음의 관계를 이해하는 대부분의 상황이 읽기에서 매우 중요하다는 것을 분명히 보여준다. 총체적 언어 접근법의 전제 중 하나는 숙련된 성인 독자는 읽을 때에 단어를 소리 내어 읽지 않는다는 것이며 따라서 이 방법의 지지자들은 읽기 교육에서 소리 내어 읽는 것에 초점을 두는 가치에 의문을 제기한다. 하지만 연구는 그 반대가 사실이라는 것을 보여준다. 숙련된 어른 독자들도 머릿속으로는 단어를 소리 내어 읽고 그것을 매우 빠르게 행한다. 또 다른 연구는 아랍어 철자와 같은 낯선 상징을 읽는 것을 배운 대학생 집단을 비교했는데, 한 집단은 발음 중심 교육을 받고 또 다른 집단은 단어 단위 접근법으로 교육을 받았다. 발음 중심 교육을 받은 학생들은 새로운 단어를 더 많이 읽을 수 있었다. 어떻게 아동들이 읽는 것을 배우는지에 관한 컴퓨터 모델링을 통해서도 비슷한 결과를 얻었다. 교실 연구는 발음 중심 접근법, 단어 단위 접근법, 총체적 언어 접근법을 비교했는데, 발음 중심 접근법이 초기 독자들에게는 더 나은 결과를 낸다는 것을 보여주었다.

이 시점에서 읽기를 연구하는 심리학자들과 언어학자들 사이의 합의(많은 교사들이 공유하는 견해)는 읽기 교육이 철자와 소리의 연결에 대한 확고한 이해에 근거하며, 아동들에게 읽기는 재미있고 유의미하게 하는 총체적 언어활동이 발음 중심 교수를 보완하기 위해 사용되어야 한다는 것이다. 이러한 연구를 바탕으로 연방정부는 미국 전역에 걸쳐 발음 중심 접근법을 읽기 프로그램에 포함시킬 것을 장려하고 있다.

청각장애 공동체에서의 문해 Literacy in the Deaf Community

들을 수 있는 아동들은 소리와 문자의 일치에 관한 지식을 사용하여 읽는 것을 배울 수 있지만, 들을 수 없는 아동들은 이러한 음운적인 기초에 접근할 수 없다. 읽는 것을 배우는 것은 청각장애 아동에게 특별한 어려움이 되며, 청각장애 공동체에서 문해 비율은 매우 낮다. 평균적으로 미국의 청각장애 고등학교 졸업생은 4학년 수준까지 읽을 수 있지만, 신문은 거의 읽지 못한다. 하지만 어떤 청각장애 학생은 매우 잘 읽을 수 있으며 들을 수 있는 학생과 거의 같은 수준이다. 음운적인 부호에 의존하지 않고 어떻게 그들은 이렇게 할 수 있을까?

1960년 이전에 미국의 청각장애 아동들은 소리에 대한 인식을 증가시키기 위해 구순 읽기와 보청기를 이용한 소리의 증폭을 이용하여 전적으로 구두의 지도만으로 교육을 받았다. 오늘날 읽기 지도로서 널리 보급된 방법은 본질적으로 손으로 하는 영어인 Manually Coded English(MCE)로 불리는 많은 수의 수화 체계 중 하나를 청각장애 아동들에게 가르치는 것이다. ASL 체계와는 다르게 MCE 체계는 통합적인 것인데, 각각의 구어 영어 단어(그리고 복수의 *–s*어미와 과거시제의 *–ed* 어미와 같은 문법적 요소)를 수화로 대체한 것으로 이루어진다. 따라서 MCE의 구문과 형태소는 구어 영어의 그것과 거의 유사하다. 의사소통 체계로서 MCE는 부자연스럽다. 이는 모든 영어 단어나 어미를 프랑스어로 번역함으로써 프랑스어를 말하려고 하는 것과 유사하다. 두 언어간에는 항상 일치하는 형식이 있는 것은 아니기 때문에 또 다른 어려움이 발생한다. 구어는 순차적이지만 수화는 다면적 공간을 이용하기 때문에 수화와 관련된 문제는 더 확대된다. 결과적으로 청각장애 아동들은 MCE의 양상을 자주 왜곡하므로 예를 들어 수화하는 공간을 창의적으로 이용함으로써 그것이 더 자연스러운 수화와 유사해지도록 한다. 하지만 청각장애인들의 교사들은 영어를 수화로 배우는 것은 영어를 읽는 것을 배우는 것을 촉진시킬 수 있다고 믿는다.

아마 놀랍게도, 가장 성공적인 청각장애 독자들은 영어로 가장 집중적인 구술 훈련을 받은 사람들이 아니다. 오히려, 다양한 연구는 청각장애 부모에게서 태어난 청각장애 아동들(ASL을 유창하게 일찍 배운 아동들)은 들을 수 있는 부모들에게서 태어나 통상 ASL에 노출되지 않거나 늦게 노출된 청각장애 아동들보다 더 훌륭한 독자가 된다는 것을 보여준다. 그러므로 많은 연구자들은 청각장애 아동들의 읽기 성공에 기여하는 가장 중요한 요소는 언어에 대한 깊은 지식이라고 믿는다. ASL과 다른 수화 언어는 청각장애인들에게 가장 접근성이 높으며, 그래서 비록 ASL과 영어는 매우 다르게 구조화되어 있을지라도 읽기를 용이하게 한다. 부가적으로, 들을 수 있는 부모를 둔 청각장애 아동들도 부모로부터 지속적인 MCE 입력을 받고 MCE의 유창한 사용자가 됨에 따라 청각장애 부모의 청각장애 아동들과 견줄 만한 읽기 수준에 이를 수 있다. 수화와 청각장애인 교육의 선구적인 연구자인 Rachel Mayberry에 따르면 이것은 견고한 언어가 읽기를 배우는 열쇠라는 점을 더 분명히 해준다.

이중언어 교육자들과 학자들의 최근 입장은 청각장애 교육에서 (비록 이 시점에서 가장 널리 퍼진 것은 아니지만) 하나의 언어(ASL)를 아는 것은 다른 언어(English)를 더 쉽게 배우게 한다는 것이다. 이러한 관점에서 볼 때 청각장애인 학교의 목표는 필요하다면 프린트, 소리, 그리고 신호를 통하여 ASL을 제1언어로 가르치고 영어를 제2언어로 가르치면서 청각장애 이중언어 교육을 제공하는 것이다.

이중언어 교육 Bilingual Education

앞서 논의했듯이, 미국에는 많은 이중언어 공동체가 있고 이런 공동체의 구성원들은 전형적으로 다양한 수준의 영어 능력을 가지고 있다. 미국에 최근에 도착한 사람들은 사실상 영어에 대한 지식이 없고, 다른 사람들은 제한된 지식을 지니고 있으며, 또 다른 사람들은 완벽한 이중언어 사용자들일 것이다. 모국어 발달은 교육을 통해서 이루어지지 않으며, 아동들이 학교를 시작하기 전에 일어난다. 하지만 많은 아동들은 모국어가 수업에 쓰이지 않는 교실 상황에 자신들이 있다는 것을 알게 된다. 연구자들, 교사들, 그리고 학부모들과 일반 대중들 사이에 학령기 아동들에게 영어를 가르치는 최상의 방법뿐만 아니라 아동들의 모국어 능력을 유지하고 향상시키는 것의 가치에 관한 많은 논쟁이 있어 왔다.

이민 아동들을 위한 다양한 종류의 미국 학교의 이중언어 프로그램이 있다. **과도기적 이중언어 교육**(Transitional Bilingual Education: TBE) 프로그램에서 학생들은 영어와 모국어 둘 다로 교육을 받고 모국어 지원이 2~3년에 걸쳐 점진적으로 줄어든다. **이중언어 유지**(Bilinigual Maintenance: BM) 프로그램에서 학생들은 전 교육 경험 기간 동안 이중언어 수업을 유지한다. 또 다른 프로그램인 **이중언어 몰입**(Dual Language Immersion)에서는 영어로 말하는 아동들과 다른 언어가 모국어인 학생들을 거의 동일한 수로 등록시킨다. 이 프로그램의 목표는 모든 학생들이 이중언어 사용자가 되는 것이다. 이러한 종류의 프로그램은 영어를 사용하지 않는 화자들에게는 BM 프로그램의 역할을 하고 영어를 사용하는 화자들에게는 외국어 몰입 프로그램의 역할을 한다.

많은 연구들은 이민 아동들이 그들의 모국어로 교육을 받을 때 혜택을 받는다는 것을 보여준다. 이중언어 교실에서는 아동들이 먼저 자신들의 모국어로 학교 관련 어휘와 말투 그리고 학교 환경에 특수한 언어의 다른 양상들을 습득하면서 동시에 영어를 배운다. 또한 아동들이 수업 내용을 배우고 영어를 습득하는 데 걸리는 기간 동안 다른 아동들을 따라갈 수 있도록 해준다. 여러 유형의 이중언어 교육 프로그램들의 효율성을 비교하는 최근의 연구는 이중언어 프로그램에 등록한 아동들은 영어만을 사용한 프로그램에 등록한 아동들을 능가했으며, BM 프로그램에 등록한 아동들은 TBE 프로그램에 등록한 학생들보다 더 잘했다는 것을 보여 주었다.

이중언어 교육이 이민 아동들에게 제공하는 이점이 있음에도 불구하고 이러한 프로그램들은 1970년대 이래로 점점 더 공격을 받고 있다. 과거 몇 년 동안 이중언어 교육에 반대하는 조치들이 캘리포니아, 애리조나, 매사추세츠를 포함한 몇몇 주에서 통과가 되었다. 이러한 조치들은 보호 영어 몰입(Sheltered English Immersion: SEI)으로 알려진 영어만 사용하도록 하는 접근법으로 이주 학생들이 영어로 영어를 배워야 한다고 주장했다. 옹호자들은 1년 동안의 SEI가 아동, 특히 어린 아동들이 영어를 충분히 잘 배워 정규 교실로 이동하기에 충분하다고 주장했다. 하지만 연구는 이러한 주장들이 옳다는 것을 입증하지 못했다. 연구는 극소수의 아동들만, 구체적으로, SEI 프로그램의 3~4퍼센트 정도와 이중언어 프로그램의 13~14퍼센트 정도만 1년 안에 영어를 습득한다는 것을 보여준다. 상당한 양의 연구는 대다수의 아동들은 영어의 구술 능력을 발전시키는 데 2년에서 5년이 걸리며, 학술

영어를 배우는 데에는 4년에서 7년이 걸린다는 것을 보여준다.

이중언어에 관한 연구 결과와 대중 정책 간의 큰 차이에 대한 몇 가지 가능한 요인이 있다. 이중언어 프로그램은 불완전하게 시행될 수 있으며, 그러면 원하는 결과를 얻지 못한다. 또한 비용이 너무 들어 이중언어 프로그램을 시행할 수 없다는 대중의 인식이 있을지도 모른다. 이중언어 교육에 대한 몇 가지 반발들은 반 이민 정서에 기인될 수도 있지만, 두 가지 언어 사용은 장애이며 아동들이 빨리 그리고 완전히 더 명망 있는 주요 언어에 몰입한다면 학문적으로 사회적으로 더 성공할 것이라는 잘못된 믿음을 가진 선의의 사람들도 있다.

소수자 방언 Minority Dialects

학습에서 사용되는 (대체로 표준 영어와 비슷한) 영어와 상이한 영어 방언을 말하는 아동들은 학교 상황에서 불이익을 당할 수도 있다. 문해 교육은 일반적으로 SAE에 기반한다. SAE와 AAE 간의 음운적이고 문법적인 차이는 AAE를 사용하는 아동들이 읽기와 쓰기를 배우는 것을 더 어렵게 한다는 주장이 나왔다.

이 문제에 관한 한 가지 접근법은 아동들이 AAE를 사용하지 못하게 하고 아동들이 SAE로부터 벗어나는 말을 할 때마다 그것을 바로 잡아 주는 것이다. SAE는 올바르게 말하는 방식으로 나타나며 AAE는 표준 이하 혹은 부정확한 것으로 제시된다. 이러한 접근법은 비실용적이며 아동들에게 심리적으로 해를 준다고 비판을 받아왔다. 아동들의 비표준적인 방언을 의식적으로 수정하려는 노력은 일상적으로 실패한다. 게다가, 한 사람의 언어/방언은 집단의 정체성과 친구들과 가족의 유대감을 표현한다. 아동은 그의 언어에 대한 거부를 그와 그의 문화에 대한 거부로 여길지도 모른다.

비표준어 방언을 사용하는 화자들에 대한 문해 교육을 하는 긍정적인 접근법은 **이중방언**(bidialectalism)을 권장하는 것이다. 이 접근법은 아동들이 자신들의 언어에 자부심을 가지도록 가르치고, 비격식적인 상황에서는 그들의 가족과 친구들과 그들의 방언을 사용하게 조장하면서 동시에 읽기, 쓰기, 교실 토론에 필요한 두 번째 방언인 SAE를 가르친다. 한 가지 비교 사항으로서 스위스, 독일, 이탈리아를 포함한 많은 나라에서 아동들이 가정에서는 비표준적인 방언을 사용하며 자라지만 그들이 일단 학교에 입학하면 표준어를 사용하도록 하는 것이다. 이것은 가정에서의 방언과 학교/국가 언어를 결합하는 이중방언이 완전히 실행가능하다는 것을 강조한다. 가정에서의 언어를 존중하는 교육 프로그램은 표준 방언의 습득을 더 용이하게 한다. 이상적으로, 이중방언 교수법은 두 방언 간의 음운적이고 문법적인 차이에 대한 교실 토론을 포함할 수도 있으며, 그것은 교사들이 소수 민족의 방언이 무엇이든지간에 일반적인 언어학 지식뿐 아니라 AAE의 언어적인 특성을 이해하도록 요구한다.

사용되는 언어 Language in Use

이 책의 주제 중 하나는 여러분이 의식하지 못할 수도 있으나 음운규칙, 형태규칙, 통사규칙을 통해 명시될 수 있는 많은 언어지식을 가지고 있다는 것이다. 여러분은 또한 여러분의 언어에 대한 깊은 사회적 지식을 지니고 있다. 여러분의 부모님, 친구들, 성직자, 교사들에게 말하는 적절한 방식을 알고 있다. 당신은 '정치적으로 올바른' 언어를 알고 있다. 'mail *carrier*', 'fire *fighter*', 그리고 'police *officer*'라고 말하지만, 'nigger', 'wop', 'bitch'라고는 말하지 않는다. 요약하면, 여러분은 때로는 하지 않으려고 선택해도 여러분의 언어를 어떻게 적절히 사용하는지를 알고 있다. 이번 절에서는 언어의 사용이 사회에서 다양해지는 여러 방식들에 대해 논의할 것이다.

스타일 Styles

대부분의 화자들은 친구들과 이야기할 때, 직업 인터뷰나 교실에서 발표할 때, 어린 아동들이나 부모에게 이야기할 때 등의 상황에서 각각 말하는 방식이 다르다. 이러한 '상황적 방언'을 **스타일**(styles)이나 **사용역**(registers)이라고 한다.

거의 모든 사람들은 적어도 하나의 격식적인 스타일과 하나의 비격식적인 스타일을 가지고 있다. 비격식적인 스타일에서 축약 규칙이 더 자주 사용되고 부정이나 일치의 통사규칙이 바뀔 수 있으며, 격식적인 스타일에서는 사용되지 않는 많은 단어들을 사용한다.

비록 격식적인 스타일에서 허용되지 않는 일부 축약과 생략을 허용하기는 하지만, 비격식적인 스타일도 역시 규칙 지배적이다. 예를 들어, 의문문은 주어 *you*와 조동사가 생략되어 종종 짧아진다. 당신은 *Are you running the marathon?* 대신에 *Running the marathon?*이나 *You running the marathon?*이라고 말할 수 있다. 하지만 당신은 그 의문문을 줄여 **Are running the marathon?*이라고는 할 수는 없다. 비격식적인 말투는 무질서 상태가 아니다. 그것은 규칙의 지배를 받지만, 생략, 축약, 단어 선택의 규칙들이 격식어와는 다르다.

화자들이 격식인 스타일과 비격식적인 스타일의 양 극단에 이르는 여러 가지 스타일을 사용하는 것은 흔한 일이다. 스타일의 사용은 특정한 집단(예를 들어 가족, 갱, 교회, 팀)을 식별하는 수단이거나 적대적이거나 호의적이지 않은 것으로 간주되는 집단(경찰, 교사, 학부모)을 배제하는 수단이다.

많은 문화들은 스타일을 지배하는 사회적 행동의 규칙을 갖고 있다. 몇몇 유럽어는 친근한 표현의 *you*와 정중한 표현의 *you*를 구별한다. 독일어의 *du*와 프랑스어의 *tu*는 친밀한 사람들 사이에서만 사용된다. *Sie*와 *vous*는 더 격식적이며 친근하지 않은 사람들 사이에서 사용된다. 태국어는 누가 누구와 말하는지의 사회적 신분에 따라 'eat'을 의미하는 세 단어가 있다.

사회적 상황은 구체적인 어법의 세밀한 사용에 영향을 미치지만 말에 특별한 맛을 주는 몇몇 피상적인 변인만 있을 뿐 핵심 문법은 그대로이다.

속어 Slang

비격식적인 스타일의 한 가지 표시는 속어(slang)가 빈번하게 사용되는 것이다. 속어는 거의 모든 이들이 사용하고 인지하는 것이지만 아무도 정확히 정의 내리지는 못한다. 그것은 일상적인 언어보다 더 비유적이고, 농담조이며 생략되고 생동적이며 수명이 짧다.

속어의 사용은 기존 단어들에 새로운 의미를 결합하며 언어에 많은 새로운 단어를 도입해왔다. *spaced out*, *right on*, *hang-up*, *drill down* 그리고 *rip-off*는 모두 어느 정도 수용되고 있다. 속어는 또한 *barf*, *flub*, *hoodie* 그리고 *dis*와 같은 완전히 새로운 단어도 도입한다. 마지막으로 속어는 종종 완전히 새로운 의미를 기존 단어에 부여한다. *Rave*는 'an all-night dance party'라는 의미로 의미를 확장했고 *ecstasy*(특정 약에 대한 속어)는 각성을 유발하는 의미를 지니며, *crib*은 가정을 뜻하며 *posse*는 누군가의 집단을 의미한다. *weed* 와 *pot*은 'marijuana'로 의미를 확장했다. *pig*와 *fuzz*는 'police officer'의 경멸적인 말이다. *rap*, *cool*, *dig*, *stoned*, *split* 그리고 *suck*은 모두 그들의 의미 영역을 확장했다.

우리가 언급한 단어들은 완전히 수용되지 못하였기 때문에 속어적으로 들릴지 모른다. *dwindle*, *freshman*, *glib*, 그리고 *mob*과 같은 단어들은 원래 속어였으나 시간이 지나면서 '불쾌한' 기원을 극복하였다. 속어와 일반적인 단어 사이에 어디에 경계선을 그을지 아는 것은 쉬운 일이 아니다. 속어와 격식적인 언어들 사이의 경계는 잘 정의될 수 없으며, 엄격한 경계로 나누어지기보다는 연속체에 가깝다.

속어의 유래는 다양하다. *crack*, *payola*, *to hang paper*처럼 암흑가에서 온 것도 있으며, *crash*, *wicked*, *peace*처럼 대학 캠퍼스에서도 온 것이 있다. 속어는 심지어 백악관에서도 온다. *pencil*(writer), *still*(photographer), *football*(black box of security secrets)이 그 예이다.

속어는 보편적이다. 그것은 모든 언어와 모든 시기에 발견된다. 그것은 지역에 따라 과거에서 현재에 이르기까지 다양하다. 속어는 다양한 사회적 요구를 충족시키며, 언어의 부패라기보다는 인간언어 사용자들의 창의성의 증거이다. 만약 당신이 '기묘한' 단어를 사랑한다면 Urban dictionary 사이트인 http://www. urbandictionary.com/을 알 필요가 있다.

전문어와 은어 Jargon and Argot

실제로 모든 생각할 수 있는 과학, 전문직, 교역, 그리고 직업은 전문어 혹은 은어라고 불리는 특정한 속어적인 용어를 사용한다. 이 책에 쓰인 언어학적 전문어는 *phoneme*, *morpheme*, *case*, *lexicon*, *phrase structure rule*, *X-bar schema* 등과 같은 용어가 있다. 전문화된 용어를 사용하는 부분적인 이유는 의사소통의 명료성을 위한 것이지만, 일부 이유는 화자들이 자신과 관심을 공유하는 사람들과 동질감을 갖기 위함이다.

다양한 직업과 사회적 집단들에 의해 사용되는 전문어는 매우 광범위해서 (또한 의미도 잘 알려져 있지 않으므로) Los Angeles 형사법원 출입 기자들은 거리 속어뿐 아니라 의학 용어, 총, 상표명, 컴퓨터 전문어에 관한 서적이 있는 도서관을 가지고 있다.

컴퓨터 시대는 기술적인 혁명을 도입했을 뿐 아니라 컴퓨터 '해커'들을 비롯한 다른 사람들이 사용하는 *computerese*라고 불리는 많은 전문어들을 생산해냈다. 이러한 전문화된 어휘들은 매우 광범위해서 *Webster's New World Computer Dictionary*는 400페이지나 되고, 수천 개의 컴퓨터 용어를 목록으로 수록하고 있다. 대부분의 사람들에게도 친숙한 몇몇 어휘들은 *modem*(***mo**dulator-**dem**odulator*로 부터)와 *bit*(***bi**nary digi**t***), *byte*(eight *bits*)이다. 두문자어와 약어는 컴퓨터 전문어에 많다. *ROM*(read-only memory), *RAM*(random-access memory), *CPU*(central processing unit), 그리고 *DVD*(digital video disk)는 그들 중 극히 일부이다.

어떠한 전문어들은 시간이 지나며 표준어가 된다. 전문어는 다른 속어들처럼 원래 그 단어를 사용했던 좁은 집단에서 많은 사람들이 사용하고 이해될 때까지 퍼져나간다.

금기어인가 아닌가? Taboo or Not Taboo?

신문의 한 기사에서 다음의 글이 실렸다.

> "This is not a Sunday school, but it is a school of law," the judge said in warning the defendants he would not tolerate the "use of expletives during jury selection." "I'm not going to have my fellow citizens and prospective jurors subjected to filthy language," the judge added.

언어가 어떻게 추해질 수 있는가? 사실 어떻게 그것이 정화될 수 있는가? 언어의 추함 혹은 아름다움은 청자나 전체 사회가 듣기에 달려있다. 작가 Paul Theroux는 다음과 같이 지적했다.

> 외국의 욕설은 어린 나이에 그것을 배우거나 그것의 사회적 사용 제한을 알고 있는 사람을 제외한 다른 사람들에게는 사실상 불쾌하지 않다.

특정한 일련의 소리 중 어떤 것도 그것을 내재적으로 깨끗하거나 더럽거나 추하거나 아름답게 하지는 못한다. 만약 바느질을 하다가 당신이 손가락을 찔렸다(*pricked*)라고 말한다면 아무도 눈살을 찌푸리지 않을 것이다. 하지만 만약 당신이 당신의 교수를 *prick*이라고 부른다면 앞서 인용된 판사는 틀림없이 이것을 '더러운' 말이라고 비난할 것이다.

당신은 당신 언어의 외설적인 단어를 알고 있고, 당신은 또한 그 어휘를 말하는 것이 바람직하고, 수용되고, 금지되고, 위험하게 되는 사회적 상황을 알고 있다. 이것은 모든 언어의 모든 화자들에게 사실이다. 모든 사회는 금기어가 있다. (*Taboo*는 '금지된'이란 의미의 Tongan 단어이다.) 사람들은 어디에 있든 자신들의 감정이나 태도를 나타내기 위해 자제되지 않는 욕설이 필요한 것처럼 보인다.

금지된 행동이나 단어들은 사회의 특정 관습과 관점을 반영한다. Zuni 인디언들 사이에서 종교 의식 중에 'frogs'라는 의미의 *takka*라는 단어를 쓰는 것은 부적절하다. 해리 포터의 세계에서 악한 볼드모트는 이름으로 불리는 것이 아니라 (이름을 언급하지 않고자) "You-Know-Who"로 불린다. 어떤 종교에서 신자들은 '함부로 신의 이름을 들먹이는 것'이 금지되어 있고, 이러한 금지는 종종 다른 종교적 용어로 확장된다. 따라서 금기어 *hell*과 *damn*은 듣기에 좋지 않으나 *heck*과 *darn*으로 바뀐다. 만약 그 단어들이 '정화되지' 않는다면, Macbeth의 1장 2막의 마지막 두 줄을 상상하라.

Hear it not, Duncan; for it is a knell
That summons thee to heaven, or to heck

성, 성기관, 그리고 생리적 신체 기능과 관련된 단어들은 많은 문화에서 대부분의 금기어들을 구성한다. 종종 2개 혹은 그 이상의 단어들이나 표현들은 동일한 언어적인 의미를 갖고 있지만, 하나는 수용되고 다른 하나는 금기어이다. 영어에서 라틴어로부터 차용된 어휘들은 '과학적'으로 들리고, 따라서 전문적이고 '깨끗한' 것처럼 보인다. 반면에 앵글로 색슨 토착 단어들은 금기어이다. 그러한 단어들의 쌍은 다음과 같이 예시된다.

앵글로 색슨 금기어	라틴 어원의 용인되는 단어
cunt	vagina
cock	penis
prick	penis
tits	mammaries
shit	feces, defecate

왜 *vagina*라는 단어가 '깨끗하며', *cunt*라는 단어가 '더럽고', 혹은 왜 *balls*는 금기어이고 *testicles*는 용인되는지 문법적인 이유는 없다. 비록 이러한 선호에 문법적인 근거는 없지만, 이러한 용법을 수용하거나 회피하는 사회언어학적인 이유는 확실히 있다. 마치 격식있게, 정중하게, 불경하게, 비격식적으로, 은어로 말하는 사회언어학적인 이유가 있듯이 말이다.

완곡표현 Euphemisms

금기가 되는 단어와 생각의 존재가 **완곡표현**을 만들어낸다. 완곡표현은 금기어를 대체하거나 두렵거나 불쾌한 주제를 피하기 위한 역할을 하는 단어나 구이다. 많은 사회에서 죽음은 두려운 것이기 때문에 이러한 주제와 관련 있는 많은 완곡표현들이 있다. 사람들은 *die*라는 표현을 더 적게 사용하고 *pass on* 혹은 *pass away*라는 표현을 더 많이 사용하는 경향이 있다. 사랑하던 사람이 세상을 떠날 때, 이를 수습하는 사람들을 *morticians*나 *undertakers*라기 보다는 *funeral directors*라고 부르는 경향이 있다. 그리고 *feminine protection*도 있다.

완곡표현의 사용은 새롭지 않다. 그리스의 역사가 Plutarch는 서기 1세기에 "고대 아테네인들은 상서롭고 친근한 용어로 정중하고 사랑스러운 이름을 부여함으로써 사물의 추함을 가리곤 했다. 그러므로 그들은 매춘부를 *companions*로, 세금을 *contributions*로, 감옥을 *chamber*로 표현했다."

모든 언어와 사회에서 틀림없이 금기어가 있는 것처럼, 모든 언어와 사회에는 완곡표현이 있다. 앞서 언급한 'frogs'를 의미하는 금기어 *takka*는 Zuni 종교 의식 동안에 'several-are-sitting-in-a-shallow-basin-where-they-are-in-liquid'라고 번역되는 복잡한 복합어로 대체된다. 생리적 배설과 성적 행위에 대한 완곡표현은 아주 많은데, 이 목록은 속어 온라인 사전에서 찾을 수도 있다. 거기에서 당신은 엄청난 수의 단어들 중에서 배뇨에 대한 표현으로 *siphon the python*과 *point Percy at the porcelain*을, 성교에 대한 표현으로 *shag*, *hide the ferret* (*salami*, *sausage*), *toss a little leg*를 찾을 수 있을 것이다.

용인된 라틴어의 '고상한' 용어들과 앵글로 색슨의 '더러운' 용어 사이의 차이점뿐만 아니라 이러한 완곡표현들은 단어나 구가 언어적으로 **외연적 의미**(denotative meaning)뿐만 아니라 태도, 감정, 가치판단 등을 반영하는 **내포적 의미**(connotative meaning)를 지니고 있다는 것을 보여준다. 언어를 배울 때 아동들은 어느 단어가 금기어인지를 배우고 이러한 금기어들은 가정에서 용인되는 가치 체계나 아동이 성장하는 집단에 따라 아동마다 다르다.

인종적, 민족적 별칭 Racial and National Epithets

다른 종교, 국적, 혹은 인종의 사람들에 대한 별칭의 사용은 화자들에게 여러 가지 것을 말해준다. *kike*(유대인), *wop*(이탈리아인), *nigger* 혹은 *coon*(아프리카계 미국인) *slant*(아시아인), *towelhead*(중동 아랍인)등과 같은 어휘들은 사회의 인종주의와 국수주의적 견해를 반영한다.

심지어 별칭처럼 들리는 어휘들도 피해야 한다(연습문제 13 참조). Washinton, D.C.의 한 행정가는 자신이 관리하는 기금을 '인색함'을 의미하는 'niggardly'라는 단어로 묘사했다. 그는 비하하는 단어 'so close to a degrading word'와 아주 비슷한 단어를 사용한 것 때문에 비난을 받아 그 자리를 사임했다.

하지만 언어는 창의적이고, 영향을 잘 받으며, 항상 변한다. 다수가 소수를 비하하기 위해 사용하는 별칭은 소수 집단 구성원들 사이에서 유대감과 우정을 나타내는 용어로 다시 사용될 수 있다. 따라서 몇몇 아프리카계 미국인들에게 *nigger*라는 단어는 애정을 나타내기 위해 사용된다. 이와 유사하게 보통 품위를 떨어뜨리는 단어 *queer*는, 마치 장애를 가진 사람들 사이에서 쓰이는 *cripple* 혹은 *crip*처럼, 몇몇 동성연애자들 사이에서 애정의 표현으로 사용된다.

언어와 성차별 Language and Sexism

외설, 욕설, 금기어, 그리고 완곡표현에 대한 논의는 단어들이 본질적으로 좋거나 나쁜 것이 아니고 개인 혹은 사회의 가치를 반영한다는 것을 보여준다. 이것은 또한 누가 말하느냐에 따라 한 여성을 *castrating female*, *ballsy women's libber*, 혹은 *courageous feminist advocate*이라고 지칭하는 것에서도 알 수 있다.

초기의 사전들은 그 당시의 사회적 태도에 대한 단서를 제공했다. 20세기의 몇몇 사전에 단어의 의미를 설명하는 데 사용되는 실례에는 "womanish tears"와 "feminine wiles"이 있는데, 이것은 "manly courage"와 "masculine charm"과 대조적이다. 현대의 사전들은 훨씬 더 계몽적이고 성차별적인 언어를 피하는 데 세심하게 신경쓴다.

최근까지, "My cousin is a professor (or a doctor, or the chancellor of the university, or a steel worker)"를 들은 대부분의 사람들은 그 사촌은 남자일 것이라고 가정한다. 만약 그들이 "My cousin is a nurse (or elementary school teacher, or clerk-typist, or house worker)"라고 듣는다면, 그들은 그 사촌이 여자라고 결론지을 것이다. 이것은 변화하고 있는데, 사회가 변화하고 남성이든 여성이든 한때는 한쪽 성이 주로 가졌던 직업을 이제는 공통으로 가지고 있기 때문이다.

계몽의 섬광에도 불구하고 여성에 대해 모욕적이거나 성적인 함축적 의미를 지닌 단어들은 많다. 단순히 몇 개만 언급해도 *dish*, *piece*, *piece of ass*, *piece of tail*, *bunny*, *chick*, *pussy*, *bitch*, *doll*, *slut*, *cow* 등이 있다. 남자에 대한 이러한 경멸적인 단어들은 훨씬 더 적은데, 그러한 단어가 있다 해도 *boy toy*, *stud muffin*, *hunk*, *jock*와 같은 단어들은 경멸적이지 않다.

언어가 성차별을 반영하는 것은 명백하다. 언어는 긍정적이든 부정적이든 사회적인 태도를 반영한다. 언어의 유연성과 표현력은 무한하다. 하지만 언어 그 자체가 초도덕적이고 중립적인가? 아니면 언어에는 성차별을 부추기는 특별한 어떤 것이 있거나 특별한 언어가 있는가? 그 질문에 답하기 전에 영어를 예로 들어 그 주제를 깊이 있게 살펴보자.

유표형과 무표형 Marked and Unmarked Forms

4장에서 *high*/*low*와 같은 등급적 반의어에서, 하나는 유표형(*low*)이고 다른 하나는 무표형이라는 것을 살펴보았다. 일반적으로 한 쌍에서 무표형은 의문문(*How high is the building?*), 측정(*The building is twenty stories high*) 등에서 사용된다.

이와 유사하게 남성과 여성의 단어 쌍이 있는 많은 언어에서 남성 용어와 여성 용어 간의 비대칭이 있다. 남성형은 일반적으로 무표적이며 여성형 용어는 의존형태소를 추가하여 만들어진다. 우리는 영어에서 그러한 많은 예들을 볼 수 있다.

남성	**여성**
heir	heir**ess**
major	major**ette**
hero	hero**ine**
Robert	Robert**a**
equestrian	equestr**ienne**
aviator	aviat**rix**

일반적으로 연기, 비행, 혹은 승마와 같은 직업을 지칭할 때, 무표형 용어인 *actor, aviator, equestrian*이 사용된다. 유표형 단어는 여성의 성을 강조하기 위해 사용된다. (이것의 흔치 않은 예외는 사망한 남편을 둔 여성을 가리키는 *widow*와 사망한 아내를 둔 남자 *widow**er***이다.)

더구나, 영어에서 무표형의 3인칭 대명사는 남성이다(*he, him, his*). *Everybody had better pay **his** fee next time*은 고객이 남성이나 여성이 될 수 있지만, *Everybody had better pay **her** fee next time*은 여성 고객을 추정한다. *Every teenager loves their first car*에서처럼 *they*를 사용하여 대명사를 중성화하려는 시도가 있어왔지만, 대부분의 교사들은 이것에 반대하며 그것이 표준이 될 가능성은 없다. 적절한 무성(genderless)의 3인칭 대명사를 찾으려는 또 다른 시도는 *e, hesh, po, tey, co, jhe, ve, xe, he'er, thon, na*와 같은 말을 만들어냈는데, 그 어느 것도 화자들이 채택할 의향이 없으며, *he*와 *she*만이 한동안은 계속해서 사용될 것처럼 보인다.

여성들이 사회에서 더 많고 다양한 역할을 차지함에 따라 (전투군인에서부터 'Wichita Linemen'에 이르기까지) 많은 유표형의 여성형은 남성형 형태로 교체되었고, 이것은 양성을 지칭하게 되었다. 따라서 남성뿐 아니라 여성들도 *authors, actors, poets, heros, heirs, postal carriers, fire fighters, police officers*이다. 하지만 여성들이 작은 여성 귀족 집단에 있게 된다면, 백작부인(countess), 공작부인(duchess), 그리고 공주(princess)로 남아 있게 된다.

1장에서 논의한 Sapir-Whorf 가설은 언어가 남성과 여성의 서로 다른 범주로 암호화되는(단어로 표현되는) 방식은 화자가 이런 범주에 관해 생각하는 방식에 미묘하게 영향을 미친다고 제안한다. 따라서 영어 화자들이 *he*를 무표형 대명사로 택하고 (*Everyone should respect **himself***), 그리고 그 지시대상이 명백히 여성일 때에만 *she*를 택하도록 배우기 때문에 그들은 남성이 지배적인 것으로 생각하는 경향이 있다고 주장할지도 모른다. 마찬가지로 명사를 여성 명사화하기 위해서는 특별한 접사가 필요하다는 사실은 사람들이 접사 첨가로 인해 여성 명사가 더 파생적이라고 생각하게 한다.

또한 Mr., Mrs., Miss, Ms.,와 같은 서로 다른 호칭은 남성/여성 구별을 강조한다. 마지막으로 영어와 많은 다른 언어에서 여성을 폄하하는 단어가 더 우세한 것은 성차별적인 행동에 대해 더 관대한 분위기를 만들어낼지도 모른다.

그럼에도 불구하고, 사람들이 의심의 여지없이 성차별적이고 심지어 문화가 성차별적이라고 하더라도, 언어가 성차별적일 수 있을까? 즉, 우리는 우리의 언어로 인해 우리가 원하지 않는 존재로 형성될 수 있을까? 아니면 언어가 단지 우리가 가지고 있는 자연적인 성향을 촉진하는가? 혹은 언어는 단순히 사회가치의 반영인가? 이러한 질문들은 여전히 언어학자, 인류학자, 심리학자, 그리고 철학자들에 의해 논의되고 있으며, 아직 명확한 답은 나오지 않았다.

비어와 언어 놀이 Secret Languages and Language Games

세계와 역사를 통하여 사람들은 비어와 언어 놀이를 만들어냈다. 그들은 이러한 특별한 언어를 그들의 집단과 동일시하기 위해서 그리고/혹은 외부인이 그들이 하는 말을 알지 못하게 하기 위해 사용했다. 그런 한 가지 경우가 *Nushu*, 즉 중국어로 쓴 여자들의 은밀한 글인데, 이것은 성적으로 억압적이었던 중국의 제국 사회에서 여성들이 서로 의사소통하기 위한 수단으로 1세기에 유래되었다. 미국 노예들은 그들의 주인들이 이해하지 못하는 정교한 암호를 개발했다. 영가에서 불려졌던 "the promised land"나 "flight of the Israelites from Egypt"에 대한 지시는 북부와 지하철도에 대한 암호였다.

Pig Latin[3]과 Ubbi Dubbi와 같은 언어 놀이(연습문제 7 참조)는 아동과 성인의 오락으로 사용되었다. 이러한 놀이는 세계 모든 언어에 존재하며 다양한 형태를 지닌다. 어떤 경우에는, 접미사가 각 단어에 첨가되고, 또 다른 경우에는 한 음절이 각 모음 뒤에 삽입된다. 음소들을 바꾸는 운을 맞추는 게임도 있다. 브라질의 한 게임에서는 모든 모음을 /i/로 대체한다.

중앙 호주의 원주민인 Walbiri는 단어의 의미가 왜곡되는 언어 놀이를 한다. 이 언어 놀이에서 모든 명사, 동사, 대명사, 형용사들은 의미적으로 대조적인 단어로 대체된다. 따라서 *Those men are small*이라는 문장은 *This woman is big*이라는 의미이다.

이러한 언어 놀이는 언어학자들이 기술문법을 위해 가정한 음소, 단어, 형태소, 의미자질 등에 대한 증거를 제공한다. 또한 이것들은 인간언어와 화자들의 무한한 창의성을 예시해 준다.

3 'dog'는 *og-day*, 'parrot'은 *arrot-pay*, 'elephant'는 *elephant-may* 등으로 발음된다. 그러나 연습문제 6을 보라.

러한 금기 행동을 가리키는 단어나 표현들은 피하거나 '더러운' 것으로 여겨진다. 언어는 외설적이거나 깨끗할 수 없다. 특정 단어나 언어적 표현에 대한 태도는 언어 사용자들의 행동이나 행위에 대한 문화나 사회의 견해를 반영한다. 때때로 속어들은 금기어가 되는 반면, 동일 의미를 지닌 과학적이거나 표준적인 용어는 '정중한 사회'에서 용인된다. 금기 어휘들과 행동들은 **완곡표현**을 발생시켰는데, 이것은 피해야 될 표현들을 대체하는 단어나 구들이다.

예를 들어 *toilet*의 완곡표현으로 *power room*을 사용하게 되었다. 본래 *toilet*은 *lavatory*에 대한 완곡표현으로 시작한 단어였다. 그런데 지금은 *lavatory*가 자신을 대체했던 완곡표현인 *toilet*보다 더 많이 사용되고 있다.

마치 어떤 단어들은 성, 생리적인 신체 기능, 종교적 신념에 대한 사회의 견해를 반영하듯이, 어떤 단어들은 인종차별주의자, 맹목적 국수주의자, 성차별주의자들의 태도를 나타낼 수도 있다. 언어는 본질적으로 인종차별적이거나 성차별적이지 않지만 사회의 다양한 부문의 견해를 드러낸다. 하지만 불쾌한 용어를 사용하는 것, 무성 3인칭 단수 대명사의 결여와 같은 특정 문법적 특이성이 편향된 관점을 영속화하고 강화시킬 수 있으며, 언급된 사람들을 비하하거나 모욕할 수 있다. 따라서 문화는 언어에 영향을 주며, 틀림없이 언어는 그것이 사용되는 문화에 또한 영향을 준다.

비어와 Pig Latin과 같은 언어 놀이의 창안이나 생성은 인간의 언어적 창조성 음운적, 형태적, 의미적 규칙에 대한 화자들의 무의식적인 지식을 입증한다.

참고문헌

Carver, C. M. 1987. *American regional dialects: A word geography*. Ann Arbor, MI: University of Michigan Press.

Cassidy, F. G. (chief ed.). 1985, 1991, 1996, 2002, 2012. *Dictionary of American regional English*, Volumes 1, 2, 3, 4, 5. Cambridge, MA: Harvard University Press.

Chambers, J., and P. Trudgill. 1998. *Dialectology*, *2nd* ed. Cambridge, UK: Cambridge University Press.

Chambers, J.K. (ed.), P. Trudgill (ed.), and N. Schilling-Estes (ed.). 2004. *The handbook of language variation and change*. Hoboken, NJ: Wiley-Blackwell.

Finegan, E., and J. Rickford (eds.). 2004. *Language in the USA*. Cambridge, UK: Cambridge University Press.

Holm, J. 2000. *An introduction to pidgins and creoles*. Cambridge, UK: Cambridge University Press.

Labov, W. 1972. *Sociolinguistic patterns*. Philadelphia: University of Pennsylvania Press.

______. 1969. The logic of nonstandard English. *Georgetown University 20th Annual Round*

Table, Monograph Series on Languages and Linguistics, No. 22.

______. 1966. *The social stratification of English in New York City*. Washington, DC: Center for Applied Linguistics.

Lakoff, R. 1990. *Talking power: The politics of language*. New York: Basic Books.

Roberts, I. 1999. Verb movement and markedness. In Michel DeGraff (ed.), *Language creation and language change, creolization, diachrony and development*. Cambridge, MA: MIT Press, 287–27.

Tannen, D. 1994. *Gender and discourse*. New York: Oxford University Press.

______. 1990. *You just don't understand: Women and men in conversation*. New York: Ballantine.

Trudgill, P. 2001. *Sociolinguistics: An introduction to language and society, 4th ed*. London: Penguin Books.

Wardhaugh, R. 2006. *An introduction to sociolinguistics, 5th ed*. Oxford: Blackwell.

Wolfram, W., and N. Schilling-Estes. 2006. *American English dialects and variation, 2nd ed*. London: Wiley-Blackwell Publishers.

연습문제

1. 각 쌍의 단어들은 적어도 음성적으로 미국영어 방언의 하나와 같이 들리도록 발음이 된다. 여러분이 달리 발음하는 각 단어의 발음을 음성 표기로 적어라.

a.	horse	[hɔrs]	hoarse	[hors]
b.	morning	[mɔrnĩŋ]	mourning	[mornĩŋ]
c.	for	[fɔr]	four	[for]
d.	ice	[ʌɪs]	eyes	[aɪz]
e.	knife	[nʌɪf]	knives	[naɪvz]
f.	mute	[mjut]	nude	[njud]
g.	din	[dĩn]	den	[dɛ̃n]
h.	hog	[hɔg]	hot	[hat]
i.	marry	[mæri]	Mary	[meri]
j.	merry	[mɛri]	marry	[mæri]
k.	rot	[rat]	wrought	[rɔt]
l.	lease	[lis]	grease(v.)	[griz]
m.	what	[ʍat]	watt	[wat]
n.	ant	[æ̃nt]	aunt	[ãnt]
o.	creek	[k^hrɪk]	creak	[k^hrik]

2. A. 다음은 카메룬 영어 피진(Cameroon English Pidgin: CEP)으로 쓴 마가복음의 한 구절이다. 아래에 주어진 번역문을 보기 전에 얼마나 이해할 수 있는지 보라. CEP와 SAE 사이의 유사점과 차이점을 기술하라.

a. Di fos tok fo di gud nuus fo Jesus Christ God yi Pikin.

b. I bi sem as i di tok fo di buk fo Isaiah, God yi nchinda (Prophet), "Lukam, mi a di sen man nchinda fo bifo yoa fes weh yi go fix yoa rud fan."

c. Di vos fo som man di krai fo bush: "Fix di ples weh Papa God di go, mek yi rud tret."

번역본

a. The beginning of the gospel of Jesus Christ, the Son of God.

b. As it is written in the book of Isaiah the prophet, "Behold, I send my messenger before thy face, which shall prepare thy way before thee."

c. The voice of one crying in the wilderness, "Prepare ye the way of the Lord, make his paths straight."

B. Tok Pisin의 몇몇 단어가 있다. 이 단어들이 파생된 영어 단어는 무엇인가? 첫째 단어에 대한 정답은 제시되어 있다.

Tok Pisin	Gloss	Answer
taim bilong kol	winter	time belong cold
pinga bilong fut	toe	
hamas krismas yu gat?	how old are you?	
kukim long paia	barbecue	
sapos	if	
haus moni	bank	
kamup	arrive	
tasol	only	
olgeta	all	
solwara	sea	
haus sik	hospital	
handet yia	century	

3. 1890년에서 1904년의 기간에 J.S. Farmer 와 W.E. Henley가 쓴 *Slang and Its Analogues*가 7권으로 출판이 되었다. 다음은 이 사전에 수록된 부분이다. 각 항목에 대해 (1) 그 단어나 구가 여전히 존재하는지 기술하고, (2) 그렇지 않다면, 현대의 속어는 무엇인지 진술하고, (3) 단어는 그대로이지만 의미가 변화했다면, 현대의 의미를 쓰라.

all out: completely, as in "All out the best."(The expression goes back to as early as 1300.)

to have apartments to let: be an idiot; one who is empty-headed.

been there: in "Oh, yes, I've been there."(Applied to a man who is shrewd and who has had many experiences.)

belly-button: the navel.

berkeleys: a woman's breasts.

bitch: most offensive appellation that can be given to a woman, even more provoking than *whore*.

once in a blue moon: seldom.

boss: master: one who directs.

bread: employment. (1785—"out of bread"= "out of work.")

claim: to steal.

cut dirt: to escape.

dog cheap: of little worth. (Used in 1616 by Dekker: "Three things there are dog-cheap, learning, poorman's sweat, and oathes.")

funeral: as in "It's not my funeral.""It's no business of mine."

to get over: to seduce, to fascinate.

groovy: settled in habit; limited in mind.

grub: food.

head: toilet (nautical use only).

hook: to marry.

hump: to spoil.

hush money: money paid for silence; blackmail.

itch: to be sexually excited.

jam: a sweetheart or a mistress.

leg bags: stockings.

to lie low: to keep quiet; to bide one's time.

to lift a leg on: to have sexual intercourse.

looby: a fool.

malady of France: syphilis. (Used by Shakespeare in 1599.)

nix: nothing.

noddle: the head.

old: money. (1900—"Perhaps it's somebody you owe a bit of the old to, Jack.")

to pill: talk platitudes.

pipe layer: a political intriguer; a schemer.

poky: cramped, stuffy, stupid.

pot: a quart; a large sum; a prize; a urinal; to excel.

puny: a freshman.

puss-gentleman: an effeminate.

4. 누군가가 당신에게 속어에 관한 새로운 사전의 항목을 편집하는 것을 도와달라고 했다고 가정해자. 10개의 속어를 나열하고 각각에 대해 짧은 정의를 쓰라.

5. 다음은 미국영어에서는 다른 단어로 쓰이는 영국영어 단어들이다. 관계있는 것끼리 짝지어라.

영국영어	미국영어
a. clothes peg	candy
b. braces	truck

c. lift	line
d. pram	main street
e. waistcoat	crackers
f. shop assistant	suspenders
g. sweets	wrench
h. boot (of car)	flashlight
i. bobby	potato chips
j. spanner	vacation
k. biscuits	baby buggy
l. queue	elevator
m. torch	can
n. underground	cop
o. high street	wake up
p. crisps	trunk
q. lorry	vest
r. holiday	subway
s. tin	clothes pin
t. knock up	clerk

6. Pig Latin은 영어의 흔한 언어 게임이다. 하지만 심지어 Pig Latin도 방언이 있으며, 다른 규칙으로 '언어 게임'을 구성한다.

A. 다음의 Pig Latin의 세 가지 방언의 자료를 고려하라. 각 단어는 모음으로 시작되는 단어에 적용된 규칙을 가지고 있다.

	방언 1	**방언 2**	**방언 3**
'eat'	[itme]	[ithe]	[ite]
'arc'	[arkme]	[arkhe]	[arke]
'expose'	[ɛkspozme]	[ɛkspozhe]	[ɛkspoze]

i. 각 방언에서 Pig Latin 형식을 설명하는 규칙을 기술하라.

ii. *honest, admire, illegal*을 각 방언으로 어떻게 말할 수 있겠는가? Pig Latin 형식에 대한 음성 표기를 쓰라.

B. Pig Latin의 하나의 방언에서 *strike*라는 단어는 [aɪkstre]로 발음되며, 다른 방언에서는 [traɪkse]로 발음이 된다. 첫 번째 방언에서 *slot*은 [atsle]로 발음되고, 두 번째 방언에서 [laste]로 발음된다.

i. 동일 어휘의 서로 다른 Pig Latin 형식을 설명하는 이러한 방언의 규칙을 기술하라.
ii. 두 방언으로 *spot, crisis, scratch*를 음성 표기하라.

7. 다음은 다른 영어 놀이 게임을 나타내는 문장들이다. 각각의 문장을 왜곡되지 않은 형식으로 쓰고 언어 놀이 규칙을 기술하라.

a. /aɪ-o tʊk-o maɪ-o dag-o aʊt-o saɪd-o/
b. /hirli ɪzli əli mɔrli kamliplɪlikelitədli gemli/
c. Mary-shmary can-shman talk-shmalk in-shmin rhyme-shmyme.
d. Betpeterer latepate thanpan nevpeverer.
e. thop-e fop-oot bop-all stop-a dop-i op-um blop-ew dop-own/ðapəfapʊt bapɔl stape dapi apəm blapu dapaʊn/
f. /kʌbæn jʌbu spʌbik ðʌbɪs kʌbaɪnd ʌbəv ʌbɪŋglʌbɪʃ/ (이 문장은 1970년대 어린이 TV 프로그램 "Ubby Dubby"에 나온 문장이다.)

8. 다음은 친구들이 비격식적으로 이야기할 때 사용될 수 있는 문장들이다. 각각에 대해 SAE에서 축약되지 않은 완전한 문장을 기술하라. 또한 여러분이 자신의 말로(원한다면 격식적으로) 기술하고, 격식적인 문장으로부터 비격식적인 문장을 유도해내는 규칙을 기술하라.

a. Where've ya been today?
b. Watcha gonna do for fun?
c. Him go to church?
d. There's four books there.
e. Who ya wanna go with?

9. 변호사, 음악가, 의사, 부두 노동자와 같이 어떤 전문 직종이나 무역에서 온 용어들의 은어(혹은 전문어)의 목록을 나열하고 비전문어로 정의를 내려라.

10. 독립 선언문, 게티스버그 연설, 헌법 전문과 같은 잘 알려진 문서나 연설문의 첫 번째 단락을 비격식적이고 일상적인 언어로 번역하라.

11. Cockney ryming 속어는, 19세기 런던의 East End에서 생겨났는데, 특정 단어에 대한 대용어로서 라임을 만들어내는 언어 게임이다. 따라서 *table*의 운율 속어는 *Cain and Abel*, *missus*는 *cows and kisses*, *stairs*는 *apples and pears*, *head*는 *loaf of bread* 등이 된다. 세로 줄 A는 Cockney rhyming 속어 표현들이다. 이것을 세로 줄 B의 그것이 의미하는 항목과

연결시켜라.

	A	B
a.	drip dry	balls(testicles)
b.	in the mood	bread
c.	insects and ants	ale
d.	orchestra stalls	cry
e.	Oxford scholar	food
f.	strike me dead	dollar
g.	ship in full sail	pants

이제 다음 어휘들에 대해 여러분 자신만의 Cockney rhyming 속어를 만들어라.

h. chair

i. house

j. coat

k. eggs

l. pencil

12. 세로 줄 A는 세로 줄 B에 있는 단어들의 완곡표현 목록이다. A의 각 항목을 B의 적절한 단어와 연결시켜라

	A	B
a.	Montezuma's revenge	condom
b.	joy stick	genocide
c.	friggin'	fire
d.	ethnic cleansing	diarrhea
e.	French letter (old)	masturbate
f.	diddle oneself	kill
g.	holy of holies	urinate
h.	spend a penny (British)	penis
i.	ladies'cloak room	die
j.	knock off (from 1919)	waging war
k.	vertically challenged	vagina
l.	hand in one's dinner pail	women's toilet
m.	sanitation engineer	short
n.	downsize	fuckin'

o. peace keeping	garbage collector

13. 짧은 글로 다음 진술을 변호하거나 비판하여라.

A person who uses the word *niggardly* in a public hearing should be censured for being insensitive and using a word that resembles a degrading, racist word.

14. *waitron*과 *waitperson*은 성-중립적인 단어로 *waitress*를 대체하기 위한 용어로 현재 경쟁 관계에 있는 단어들이다. 사전, 인터넷, 그리고 여러분이 생각할 수 있는 어떠한 자료든지 이용하여 두 단어 중 승리자와 패배자를 예측하라. 당신의 대답에 대한 이유를 쓰라. 만약 Google에서의 검색 결과를 세었다면, 여러분의 결론을 지지할 자료를 분석하라.

15. 인터넷에 Tok Pisin을 검색하라. 당신은 Tok Pisin을 들을 수 있는 웹사이트를 빠르게 발견할 것이다. 한 구절을 여러 번 들어보라. 텍스트나 번역 없이 얼마나 이해할 수 있겠는가? 여러분이 개별의 단어를 들을 수 있을 때까지 구절을 따라 읽어라. 이번에는 새로운 구절에 도전하라. 여러분의 이해력은 향상되었는가? 여러분이 처음으로 들은 것의 대략 절반쯤을 이해하려면 여러분 생각에 얼마나 연습이 필요할 것 같은가?

16. 인기 있는 언어 게임은 단어나 (유명한) 표현을 가지고 한 철자를 첨가하거나 빼거나 변화시켜 바꾸고 새로운 (기발한) 정의를 내리는 것이다. 다음의 예를 읽어 보고 그것이 파생된 표현을 찾아내고 10가지의 여러분 자신만의 단어를 만들어보라.

Cogito eggo sum	I think, therefore I am a waffle.
Foreploy	A misrepresentation about yourself for the purpose of getting laid
Veni, vipi, vici	I came, I am important, I conquered.
Giraffiti	Dirty words sprayed very, very high
Ignoranus	A person who is both stupid and an asshole
Rigor Morris	The cat is dead (maybe for older students)
Felix navidad	Our cat has a boat.
Veni, vidi, vice	I came, I saw, I sold my sister.
Glibido	All talk, no action
Haste cuisine	Fast French food
L'état, c'est moo	I'm bossy around here.
Intaxication	The euphoria that accompanies a tax refund
Ex post fucto	Lost in the mail
Aporcalypse	A disasterous shortage of bacon

17. 자신의 독창적이고 매우 영향력 있는 소설 *1984*에서 조지 오웰은 Newspeak를 소개하는데 이것은 대중이 계속 복종하도록 기획된 정부-시행 언어이다. 그는 이렇게 썼다.

Its vocabulary was so constructed as to give exact and often very subtle expression to every meaning that a Party member could properly wish to express, while excluding all other meanings and also the possibility of arriving at them by indirect methods. This was done partly by the invention of new words, but chiefly by eliminating undesirable words and by stripping such words as remained of unorthodox meanings, and so far as possible of all secondary meanings whatever. To give a single example, the word free still existed in Newspeak, but it could only be used in such statements as "This dog is free from lice" or "This field is free from weeds."It could not be used in its old sense of "politically free" or "intellectually free,"since political and intellectual freedom no longer existed even as concepts, and were therefore of necessity nameless.

Newspeak를 비평하라. 그것은 목표를 달성하겠는가? 왜 그런가? 혹은 왜 안 되는가? (힌트: 당신은 1장의 첫 몇 페이지에서 논의된 언어의 창의성과 자의성 같은 개념을 다시 살펴볼 수 있다)

18. *1984*에서 오웰은 개념이 존재하지 않는다면, 그것의 이름 역시 없다고 제안했다. 아래에 인용된 글에서 그는 만약 범죄가 이름이 없다면 그것은 상상할 수 없고 따라서 범죄를 저지르는 것도 불가능하다고 제안했다.

A person growing up with Newspeak as his sole language would no more know that . . . free had once meant "intellectually free,"than, for instance, a person who had never heard of chess would be aware of the secondary meanings attaching to queen and rook and checkmate. There would be many crimes and errors which it would be beyond his power to commit, simply because they were nameless and
therefore unimaginable.

이러한 생각을 비평하라.

19. 영어 성 방언의 여러 양상들 중 하나는 어휘 선택이다. 예를 들어, 여성은 *darling*과 *lovely*를 남성보다 더 자주 사용한다. 남자들은 *home run*이나 *slam dunk* 같은 스포츠 은유를 더 많이 사용한다. 양성 간에 비대칭적으로 보이는 어휘 사용을 생각해 보라

20. **연구 계획**: 역사적으로 많은 정권들이 언어를 금지했다. 여러분은 몇 개의 그러한 정권을 언급하는 보고서 등을 통해 그들이 금지시킨 언어와 그 언어들을 금지한 납득 가능한 이유를 써보라. [예: 당신은 Basque 언어가 스페인에서 Francisco Franco(1936-1975)의 정권 아래에서 금지되었다는 것을 발견했을지도 모른다. 그리고 그것은 부분적으로는 Basque 민족의 분리주의자의 욕망 때문이며 Basques는 그의 독재에 반대했기 때문이다.]

21. 축약 영어(AE)는 신문 헤드라인이나 다른 곳에서 사용되는 영어의 사용역이다. 몇 가지 예는 다음과 같다.

CLINTON IN BULGARIA THIS WEEK
OLD MAN FINDS RARE COIN
BUSH HIRES WIFE AS SECRETARY
POPE DIES IN VATICAN

AE는 문장의 부분들을 자의적으로 생략하는 것이 아니라 문법적 규칙에 의해 통제를 받는다.

A. 각각의 헤드라인을 표준 미국영어(SAE)로 바꾸어라.
B. 어떤 특징이나 규칙이 AE와 SAE를 구별하는가?
C. 우리가 AE를 찾을 수 있는 다른 맥락 (헤드라인 이외에)이 있는가? 있다면 예를 들어라.
D. **도전 문제**: 위 헤드라인의 시간 기준은 언제인가? (예: 현재, 최근의 현재, 먼 과거, 미래)?
E. **도전 문제**: 서술어가 상태(예: *in bulgaria*)를 나타낼 때보다 사건을 나타낼(예: *dies*) 때, 가능한 시제 해석에서 차이가 있는가? (4장에서 이런 용어들을 재검토할 수 있다.)

22. 텔레비전의 낮 시간 연속극 몇 편을 시청하라. 여러분이 완곡표현이라 생각한 것을 적고 그것들이 숨기는 금기 주제를 쓰라. 그리고 만약 누군가가 여러분이 낮 시간에 TV를 시청하는 것에 당신의 인생을 낭비하고 있다고 불평한다면 이 과제를 보여주어라.

23. 여러분이 누군가가 "그것은 언어가 아니야, 그건 방언이야"라고 하는 것을 엿들었다. 간단한 반박문을 작성하라.

24. 사회가 언어적 다양성을 유지할 수 있는 세 가지 방법을 추천하라. 현실적이고 구체적으로 쓰라.

25. 교실에서 흑인영어(Ebonics)의 사용을 둘러싼 역사와 논쟁을 조사하라. 인터넷은 이 과제를 시작하기에 좋은 장소이다. 양 쪽 주장 모두를 고려하여 여러분이 생각하기에 이것이 좋은 아이디어인지 또 왜 그런지 혹은 왜 그렇지 않은지 논하라.

26. Karen어를 사용하는 미얀마 사람들은 Sino-Tibetan 어족의 Tibeto-Burman 군으로 여겨지는 자신들의 언어 혹은 방언 사용이 미얀마 정부에 의해 금지된다고 주장한다. (2012년 현재로) 자신의 언어가 금지되고 있다는 이 소수 민족의 주장을 조사하고 이 주장의 타당성이나 거짓에 관한 증거를 제시하라.

27. 영화 *Pygmalion*의 스크립트로부터 인용한, Henry Higgins 교수의 다음 대사를 비평하라. "The English do not know how to speak their own language. Only foreigners who have been taught to speak it speak it well."

8

언어 변화: 시간의 분절

Language Change: The Syllables of Time

살아 있는 모든 언어는 시간과 함께 변한다. 인간의 수명을 고려해 볼 때 언어가 다소 느리게 변한다는 것은 다행스러운 일이다. 우리가 만약 20년마다 모국어를 다시 배워야 한다면 아주 불편한 일일 것이다. 세월이 흐르면서 우리는 그 어떠한 변화도 거의 알아채지 못한다. 그러나 만약 우리가 라디오를 켜고 기적적으로 서기 1000년의 우리의 '모국어'로 된 방송을 듣게 된다면 아마도 외국어 방송국의 채널로 돌렸다고 생각할 것이다.

음성언어로 녹음된 기록이 없기 때문에, 언어변화에 대한 감을 얻기 위해서는 글로 된 기록(written record)을 참고해야 한다. 영어가 1,300년 이상 글로 기록되어 왔기 때문에 우리는 영어의 역사에 대해서 아주 많은 것을 알고 있다. 첫 1,000년 동안 영국에서 사용된 고대영어는 거의 영어라고 보기가 힘들다. (물론 우리의 언어 조상들은 자신들의 언어를 고대영어라고 부르지 않았다.) 현대영어의 화자는 그 언어를 이해하지 못할 것이다. 고대영어를 외국어로 공부하는 대학 교과과정도 있다.

*Beowulf*의 한 행을 살펴보면 고대영어가 번역되어야 하는 이유를 알 수 있다.[1]

Wolde guman findan þone þe him on sweofote sare geteode.
"He wanted to find the man who harmed him while he slept."

*Beowulf*가 나온 지 대략 500년이 지난 후 Chaucer는 오늘날 중세영어라고 불리는 언어로 *The Canterbury Tales*를 썼는데 이 중세영어는 약 1100년부터 1500년까지 사용되었다.

[1] *thorn*이라고 불리는 þ는 이 예문에서 [θ]로 발음된다.

이 작품의 시작부분을 읽어보면 알 수 있는 것처럼 현대의 독자들은 중세영어를 (고대영어와 비교해 볼 때) 더 잘 이해할 수 있다.

When that Aprille with his shoures soote
The droght of March hath perced to the roote...
When April with its sweet showers
The drought of March has pierced to the root...

Chaucer가 활동한 때로부터 200년이 지난 후 현대영어의 초기형태로 간주되는 언어로 Shakespeare의 *Hamlet*은 다음과 같이 말한다.

A man may fish with the worm that hath eat of a king, and eat of the fish that hath fed of that worm.

영어의 발달단계는 고대영어(기원후 449~1100년), 중세영어(1100~1500년), 그리고 현대영어(1500년~현재)로 구분될 수 있다. 이런 구분은 다소 자의적인데, 영어에 지대한 영향을 끼치게 된 1066년의 노르만 정복과 같은 영국역사의 중요한 사건들의 연대에 기초한 것이다. 언어가 어떤 방식으로 변하는지, 어떤 종류의 변화가 일어나는지, 그리고 왜 변화가 일어나는지를 다루는 언어학 분야를 **역사·비교언어학**(historical and comparative linguistics)이라고 한다. 특정 언어의 역사를 다루기 때문에 '역사(historical)'이며 언어 사이의 관계를 다루기 때문에 '비교(comparative)'이다.

언어변화는 그 언어화자들의 문법과 어휘 목록(lexicon)의 변화다. 새로운 세대의 아이들이 변화된 문법을 배우면서 그 변화는 지속되고, 또 다른 변화가 일어나 후세에 전달된다. 시간이 흐름에 따라 문법의 모든 영역이 변화를 겪는다. 즉 음운, 형태, 통사, 의미영역이 모두 영향을 받을 수 있다. 이 장에서 다루는 대부분의 예는 영어에서 온 것이지만 모든 언어의 역사가 유사한 변화를 보여준다. 그리고 이것은 음성언어뿐만 아니라 수화언어에도 적용된다. 모든 살아 있는 언어들처럼, 미국수화도 계속해서 변한다. 지난 200년에 걸쳐서 새로운 수화신호들이 생겨났고, 음성언어가 변하는 방식과 유사한 방식으로 수화신호들의 형태가 변하고 있다.

음변화의 규칙성 The Regularity of Sound Change

미국 남부지역은 미국영어의 중요한 방언지역을 대표한다. 예를 들어 남부 이외의 지역에서 이중모음 [aɪ]로 발음되는 단어들이 남부에서는 흔히 단일모음 [aː]로 발음된다. 1996년 애틀란타 올림픽을 중계하던 지역 라디오와 TV 아나운서들은 높이뛰기를 'high' [haː]

jump라고 불렀으며 지역 토박이들은 관람객들을 초대하여 Georgia의 유명한 피칸 'pie' [pa:]를 맛보도록 권했다. 이 두 방언에서 보이는 [aɪ]와 [a:]의 대응은 **규칙적 음대응**(regular sound correspondence)의 예에 해당된다. 비남부방언에서 [aɪ]로 발음되는 단어들이 남부방언에서는 [a:]로 발음된다. 이는 예외 없이 모든 단어에 적용된다.

I, my, high, pie 등의 두 가지 다른 발음이 항상 영어에 존재했던 것은 아니다. 본 장에서는 어떻게 해서 그런 방언의 차이가 발생했는지 그리고 그런 음의 차이가 규칙적이고 따라서 일부 단어에 국한되지 않는 이유가 무엇인지에 대해서 살펴볼 것이다. 우리는 또한 문법의 다른 영역과 어휘 목록에서 일어나는 변화들도 다룰 것이다.

음대응 Sound Correspondences

중세영어에서 *mouse* [maʊs]를 *mūs* [mu:s]라고 불렀으며 이 *mūs*는 누군가의 *hūs* [hu:s]에 살았다. *house*는 그 당시 [hu:s]로 발음되었다. 우리가 지금 [aʊ]로 발음하는 단어들을 중세영어 화자들은 일반적으로 [u:]로 발음하였다. 이는 [aɪ]와 [a:] 사이의 대응과 마찬가지로 규칙적 대응이다. *out* [aʊt]은 [u:t]으로 발음되었고, *south* [saʊθ]는 [su:θ]로 발음되었다. 이런 규칙적 대응은, 현대영어에서 지역에 따라 차이가 나는 발음의 관계를 보여주는 것과 마찬가지로, 영어의 과거 형태와 새로운 형태의 관계를 보여준다.

우리가 살펴본 규칙적 음대응은 개별단어들보다는 특정한 음 또는 음부류에 영향을 주는 음운변화의 결과다. 수세기 전에 영어는 [u:]가 [aʊ]로 변하는 **음추이**(sound shift)라고 불리는 음운변화를 겪었다.

음운변화는 또한 방언의 차이 또는 지역적 차이도 설명할 수 있다. 미국영어의 초기단계에 미국 남부지역의 일부 화자들 사이에서 [aɪ]가 [a:]로 변하는 음추이가 발생했다. 그 지역은 다소 고립되어 있었기 때문에 이 변화는 남부지역 밖까지 확산되지는 않았다. 방언에 따라 발음이 많이 차이가 나는 것은 음추이가 퍼지는 것이 제한된 결과다.

어떤 혁신적인 변화가 특정지역을 제외한 모든 곳에서 일어날 때도 지역에 따른 방언의 차이가 발생할 수 있다. 지역 방언은 다른 방언에 비해서 보수적일 수 있다. 미국의 Appalachian 지역에서 발견되는, *it*을 *hit*으로 발음하는 것은 더 오래된 영어에서는 표준이었다. [h]의 탈락은 혁신이었다.

원시 조어 Ancestral Protolanguages

지역방언들이 널리 사용되고 서로 많이 달라지고 결국은 개별언어들이 되면서 많은 현대어들이 나타나게 되었다. 프랑스어, 스페인어, 이탈리아어 등과 같은 로망스어(Romance languages)들은 과거에 로마제국에서 사용되던 라틴어의 방언들이었다. 지역적 방언의 발음에 퇴보적인 요소가 있는 것은 아니다. 그것은 인간언어가 있는 곳이면 어디든지 발생하는 자연스러운 음변화의 결과다.

어떤 의미에서 로망스어에 속하는 언어들은, 비유적으로 말하자면, 그들의 부모인 라틴어의 후손들이다. 공통의 조상을 가지기 때문에 로망스어들은 **유전적으로 연관이 있다**(genetically related). 영어와 독일어 역시 한때는 **게르만 조어**(Proto-Germanic)라고 불리는 공통 조상의 방언들이었다. **조어**(protolanguage)란 서로 연관이 있는 여러 언어들이 발전되어 나온 조상언어를 말한다. 라틴어와 게르만 조어는 **인구어**(Indo-European) 또는 **인구 조어**(Proto-Indo-European)라고 불리는 더 오래된 언어의 후손들이었다. 원시어는 실제로 증명된 언어가 아니다. 언어학자들의 가설에 의해서 만들어진 원시어는 현존하는 언어들 사이의 관계를 설명해 준다. 원시어에 대해서는 다음에 더 자세히 다룰 것이다. 영어와 독일어 같은 게르만어들은 프랑스어와 스페인어 같은 로망스어와 유전적으로 연관이 있다. 이 모든 언어들은 한때 공통 언어의 지역방언들이었다. 인구 조어는 이런 유전적 관계를 설명해 준다.

게르만어와 로망스어가 공통의 조상을 가진다는 것을 어떻게 알 수 있는가? 하나의 단서는 그들 사이에 존재하는 많은 수의 음대응이다. 당신이 프랑스어나 스페인어 같은 로망스어를 공부한 적이 있다면, *f*로 시작하는 영어 단어에 해당하는 로망스어의 단어는 p로 시작한다는 것을 발견했을 것이다. 다음 예가 보여주는 것처럼.

영어 /f/	**프랑스어 /p/**	**스페인어 /p/**	**이탈리아어 /p/**
father	**p**ère	**p**adre	**p**adre
fish	**p**oisson	**p**escado	**p**esce

이 /f/-/p/ 대응은 규칙적 음대응의 또 다른 예에 해당한다. 게르만어와 로망스어 사이에는 이와 같은 음대응이 아주 많이 발견되는데, 우연이라고 하기에는 너무나 널리 퍼져 있다. 그렇다면 이런 음대응을 어떻게 설명할 수 있을까? 하나의 합리적인 추측은 하나의 공통 조상어가 *fish*, *father* 등을 의미하는 단어들에 *p*를 사용했다는 것이다. 우리가 /f/ 대신 /p/를 가정하는 이유는 더 많은 언어에서 /p/가 나타나기 때문이다. 어느 시점에 이 언어의 화자들이 두 집단으로 나뉘어 더 이상 서로 접촉을 하지 않게 되었다. 한 집단에서는 $p \rightarrow f$의 변화가 일어났고 이 집단이 사용하던 언어는 궁극적으로 게르만어들의 조상이 되었다. 고대에 일어났던 이 음변화는 다음 그림에서 볼 수 있는 것처럼, 오늘날 우리가 목격하는 *f-p* 음대응에 그 흔적을 남긴 것이다.

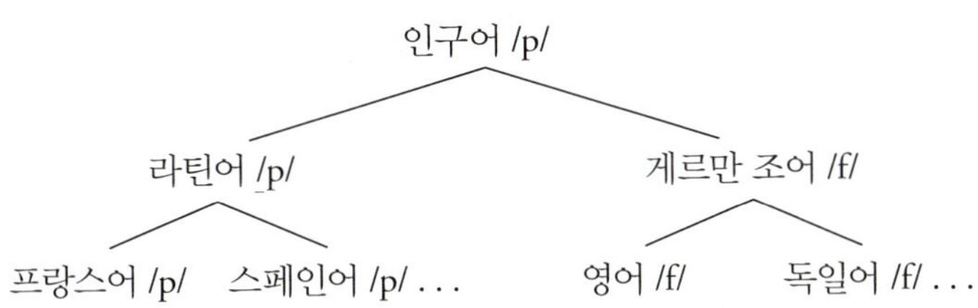

음운변화 Phonological Change

규칙적 음대응은 한 언어의 음운체계의 변화를 잘 보여준다. 앞 장에서 우리는 화자들이 모국어의 음운체계에 관해서 알고 있다는 것을 살펴보았다. 예를 들어 그들은 음소를 알고 있고 음운규칙을 알고 있다. 음운체계의 이 두 가지 측면 모두 변화될 수 있다.

연구개마찰음 /x/는 대부분의 현대영어 방언의 음소목록에는 더 이상 존재하지 않는다. *night*은 [nɪxt]로 발음되었고 *drought*는 [druxt]로 발음되었다. 이 음운변화(/x/의 소실)는 Chaucer 시대와 Shakespeare 시대 사이에 일어났다. 한때 /x/로 발음되었던 모든 단어에서 그 발음이 사라졌다. 어떤 경우(예를 들어 *night*와 *light*)에는 음 자체가 완전히 사라졌으며 또 어떤 경우에는 /x/가 /k/로 변했다. 후자의 예인 *elk*의 고대영어 형태는 *eolh* [ɛɔlx]였다. 또 다른 경우에는 /x/가 모음으로 대체되었는데 고대영어에서 *holh* [hɔlx]였던 hollow가 그 예다. Scotland에서 사용되는 현대영어의 방언들은 'lake'를 의미하는 *loch* [lɔx]의 경우처럼 몇몇 단어에서 /x/를 유지한다.

이런 예들은 음의 목록에 있어서의 변화가 음소의 소실을 통해서 일어날 수 있다는 것을 보여준다. 음의 목록은 음소의 추가를 통해서 변할 수도 있다. 고대영어에는 *leisure* [liʒər]의 음소 /ʒ/가 없었다. 구개음화(조음장소가 경구개 쪽으로 변화) 과정을 통해서 /z/가 어떤 경우에는 /ʒ/로 발음되었다. 결국 [ʒ] 자체가 음소가 되었고 이는 *azure* [æʒər]와 같이 영어화자들에게 친숙한 프랑스 단어에 [ʒ]가 나타난다는 사실에 의해서 분명해진다.

어떤 음소의 이음이 음변화를 통해서 독립된 음소가 되어 음소의 목록에 더해지기도 한다. 고대영어에는 /v/라는 음소가 없었다. 음소 /f/가 모음 사이에서 [v]라는 이음을 가지고 있었다. 그래서 'over'를 의미하는 *ofer* /ofer/는 [ɔvər]로 발음되었다. 고대영어에는 또한 모음 사이에서 /f/와 변별되는 장자음인 음소 /fː/가 있었다. *Offa* /ofːa/라는 이름은 [ɔfːa]로 발음되었다. /fː/의 발음이 [f]로 간소화되는 변화도 일어났다. 이제 /fː/는 모음 사이에서 [f]로 발음되어 [v]와 변별되었다. 그리하여 [f]와 [v]를 포함하는 최소대립쌍(예를 들어 *shuffle* [ʃʌfəl]과 *shovel* [ʃʌvəl]처럼)이 나타나게 되었다. 그러므로 화자들은 이 두 음을 독립된 음소로 인식하게 되었고 실질적으로 새로운 음소 /v/가 나타나게 되었다.

모든 언어의 역사에서 유사한 변화가 일어난다. 라틴어에서는 /ʧ/와 /ʃ/는 둘 다 음소가 아니었지만, /ʧ/은 현대 이탈리아어의 음소이고, /ʃ/는 현대 프랑스어의 음소다. 이 둘 다 라틴어에서 유래되었다. 미국수화에서 본래 허리나 가슴 높이에서 형성되었던 많은 수화신호들이 이제는 목 근처나 가슴 위쪽보다 더 높은 위치에서 생성되는데 이는 음운체계에 있어서의 변화를 반영한다.

음운규칙 Phonological Rules

음운규칙의 상호작용 때문에 어휘 목록에 변화가 일어날 수 있다. 한때 명사 *house*와 *bath*는 동사 *house*와 *bathe*와 구별되었다. 동사는 단모음으로 끝난다는 사실로 인해서이다. 더구나 /f/가 모음 사이에서 [v]로 변하는 규칙에 의해서 /s/와 /θ/가 모음 사이에서 이음인 [z]와 [ð]로 발음되었다. 이 일반규칙에 의해서 유성자질이 모음 사이의 마찰음에 더해졌다. 그리하여 동사 *house*의 /s/는 [z]로 발음되었고 동사 *bathe*의 /θ/는 [ð]로 발음되었다.

후에 어말의 비강세 모음을 탈락시키는 규칙이 (글로 쓸 경우 마지막 모음이 여전히 남아 있기는 하지만) 영어문법에 추가되었다. 유성마찰음과 무성마찰음 사이의 대조가 발생하게 되었고 따라서 새로운 음소들인 /z/와 /ð/가 음소목록에 추가되었다. 동사 *house* [haʊz]와 *bathe* [beð]는 이제 머릿속 어휘 목록에 유성자음으로 끝나는 단어가 되었다.

결국 비강세모음 탈락규칙과 모음 사이에서의 유성음화 규칙은 영어문법에서 사라지게 되었다. 음운규칙의 체계는 규칙의 추가 또는 소실에 의해서 변할 수 있다.

음운규칙의 변화는 방언의 차이를 가져올 수 있으며 실제로 종종 차이를 유발시킨다. 앞 장에서 우리는 *r* 탈락규칙이 영어에 추가되었지만 영어 전체에 걸쳐서 퍼지지는 않은 것을 살펴보았다. (모음이 뒤따라 올 때를 제외하고 /r/은 발음되지 않는다.) 오늘날 우리는 영국영어의 '*r* 없는 발음'과 미국 북동부와 남부에서 사용되는 미국영어 방언의 '*r* 없는 발음'을 통해서 그 규칙의 영향을 찾아 볼 수 있다.

어떤 특정한 화자의 문법이 음운변화를 반영할 수도 있고 반영하지 않을 수도 있지만, 언어 전반의 관점에서 볼 때 음운변화는 여러 세대에 걸쳐서 점진적으로 일어난다. 언어변화는 계획되어서 일어나는 것이 결코 아니다. 현재 우리는 2300년경에 영어에 어떤 변화가 일어날지 계획을 세우지 않는다. 한 세대 안에서는 오직 방언의 차이를 통해서만 변화가 분명해진다.

대모음추이 Great Vowel Shift

1400년과 1600년 사이에 영어에는 단어와 형태소의 새로운 음소표기를 야기한 주요 변화가 일어났다. 이 음운구조 변화는 **대모음추이**라고 알려져 있다. 중세영어의 일곱 개의 장, 긴장모음은 다음과 같은 변화를 겪었다.

추이			**예**			
중세영어		현대영어	중세영어		현대영어	
[iː]	→	[aɪ]	[miːs]	→	[maɪs]	mice
[uː]	→	[aʊ]	[muːs]	→	[maʊs]	mouse

[e:]	→	[i:]	[ge:s]	→	[gi:s]	geese
[o:]	→	[u:]	[go:s]	→	[gu:s]	goose
[ɛ:]	→	[e:]	[brɛ:ken]	→	[bre:k]	break
[ɔ:]	→	[o:]	[brɔ:ken]	→	[bro:k]	broke
[a:]	→	[e:]	[na:mə]	→	[ne:m]	name

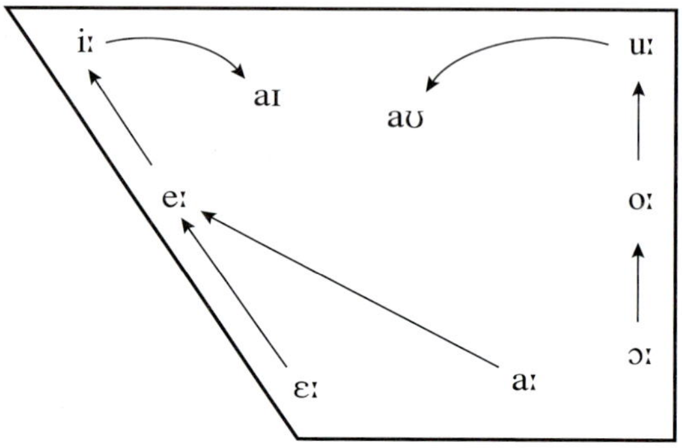

그림 8.1 | **대모음추이**

모음 도표 위에 대모음추이를 그림으로 나타냄으로써, 우리는 고모음 [i:]와 [u:]가 이중모음 [aɪ]와 [aʊ]가 되고, 반면에 장모음은 혀의 높이가 높아져서 마치 고모음이 이중모음이 되면서 비어 있게 된 공간을 채우려는 것처럼 되었다. 그리고 [a:]는 전설모음이 되어 [e:]가 되었다.

이 변화는 규칙적인 음추이의 가장 극적인 예에 속한다. 수천 개의 단어의 음소표기가 변했다. 오늘날 이런 모음추이의 흔적이 *please-pleasant, serene-serenity, sane-sanity, crime-criminal, sign-signal* 등과 같은 영어 형태소의 서로 다른 형태에서 발견된다. 대모음추이 이전에는 이 단어쌍 각 단어의 모음이 동일하게 발음되었다. 그러고 나서 각 쌍의 두 번째 단어들의 모음은 초기중세영어의 모음축약(Early Middle English Vowel Shortening) 규칙에 의해서 단음화되었다. 그 결과 이후에 일어나 장모음에만 적용된 대모음추이는 각 쌍의 첫째 단어에만 영향을 주었다. 그런 이유로 형태론적으로 연관이 있는 단어들의 모음이 표 8.1에서 보는 것처럼 오늘날 서로 다르게 발음되는 것이다.

표 8.1 모음추이가 현대영어에 끼친 영향

중세영어 모음	변이모음	단모음	변이모음의 예	단모음의 예
ī	aɪ	ɪ	divine	divinity
ū	aʊ	ʌ	abound	abundant
ē	i	ɛ	serene	serenity
ō	u	a	fool	folly
ā	e	æ	sane	sanity

대모음추이는 영어의 많은 철자 불일치의 일차적인 원인이다. 왜냐하면 우리의 철자체계가 아직도 대모음추이가 일어나기 이전에 발음된 방식을 반영하기 때문이다. 일반적으로 문어(written language)가 구어(spoken language)보다 더 보수적이다. 즉 문어의 변화가 구어의 변화보다 더 느리다.

형태소 변화 Morphological Change

음운규칙과 마찬가지로 형태소 규칙들도 소실될 수 있고, 추가될 수 있고, 변경될 수 있다. 과거의 형태와 새로운 형태를 비교해 보거나 여러 방언들을 비교해 봄으로써 이런 변화를 관찰할 수 있다.

인구어 역사에서 광범위한 형태소 변화들이 일어났다. 라틴어는 **격어미**(case ending), 즉 의미역할이나 동사와의 문법적인 관계에 기초하여 명사에 결합되는 접미사가 있었다. 이런 격어미가 로망스어에는 이제 더 이상 존재하지 않는다. (의미역할에 관한 논의는 4장을 참조하라. 역사언어학자들이 사용하는 용어들은 현대 의미론학자들이 사용하는 용어들과 약간 차이가 있다.) 다음은 'wolf'를 의미하는 라틴어 명사 *lupus*의 **격변화**(declension)다.

명사	명사어간	격어미	격	예
lupus	lup +	us	주격	The *wolf* runs.
lupī	lup +	i	속격	A sheep in *wolf's* clothing
lupō	lup +	ō	여격	Give food to *the wolf*.
lupum	lup +	um	대격	I love *the wolf*.
lupō	lup +	ō	탈격	She walked with *the wolf*.
lupe	lup +	e	호격	*Wolf*, come here!

*Alice's Adventures in Wonderland*에서 Lewis Carroll은 Alice를 통해 문법의 격에 대해서 간단히 설명한다. Alice는 아주 작아지고 그녀의 눈물로 이루어진 연못에서 친구로 삼고 싶은 생쥐 한 마리와 함께 헤엄을 친다.

> Alice는 생각했다. "이 생쥐한테 말을 걸어보면 도움이 될까? 여기는 모든 것이 너무나 이상해서 저 생쥐가 말을 할지도 몰라. 어쨌든 말을 걸어 본다고 손해날 건 없어."그래서 그녀는 말을 시작한다. "오 생쥐야, 너는 이 연못에서 밖으로 나가는 길을 알고 있니? 나는 여기서 계속 헤엄치는 것이 너무 지겨워. 오 생쥐야!"(Alice는 생쥐에게 말을 할 때 제대로 해야 한다고 생각했다.) 전에는 그렇게 말해 본 적이 없다. 하지만 오빠의 라틴어 문법책에서 본 것이 기억났다. "A mouse-of a mouse-to a mouse-a mouse-O mouse!"

Alice는 주격, 속격, 여격, 대격, 호격에 해당하는 영어를 말하고 있다. 이 격들은 라틴어와 고대영어에는 있었지만 현대영어에는 없다. 현대영어에서는 어순과 전치사가 대신 이런 정보를 전달한다.

고대 그리스어와 산스크리트어 역시 고대영어와 마찬가지로 명사어미를 통해서 표현되는 광범위한 격체계를 가지고 있었다. 이는 다음에 제시되는 명사의 형태가 잘 보여준다.

격	**고대영어 단수형**		**고대영어 복수형**	
주격	stān	'stone'	stānas	'stones'
속격	stānes	'stone's'	stāna	'stones''
여격	stāne	'stone'	stānum	'stones'
대격	stān	'stone'	stānas	'stones'

리투아니아어와 러시아어는 초기 인구어의 격체계를 대부분 보유하고 있지만 대부분의 현대 인구어에서는 그 격체계가 거의 사라졌다.

영어는 *Robert's dog*에서처럼 소유격 부호 *'s*로 표기되는 속격의 흔적을 가지고 있다. 그러나 소유격과 관련해서 남아 있는 것은 그것이 전부다. (특정한 전치사 뒤에 오는 명사에 속격을 사용하던 것은 사라졌다.) 대명사는 약간 더 격 차이를 유지한다. *he/she*는 주격이며 *him/her*는 대격과 여격이고 *his/hers*는 속격이다. 물론 영어는 *who*와 *whom*의 차이도 (가까스로) 가지고 있다. 영어 교사들은 이 차이를 아주 좋아하는데 이는 주격과 대격을 반영한다. 영어는 사라진 격체계를 동일한 기능을 가지는 전치사 체계로 대체했다. 예를 들면 여격은 전치사 *to*로 나타내고 속격은 *of*로, 그리고 대격은 전치사를 전혀 사용하지 않고 심층구조 V-NP의 어순으로 나타낸다.

통사변화 Syntactic Change

영어의 고어형을 단어 대 단어로 번역할 때 우리는 어순의 차이에 가장 놀라게 된다. *Canterbury Tales*의 시작 부분을 다시 한 번 살펴보자. 이번에는 단어 대 단어로 직역하였다.

When that Aprille with his shoures soote
'When that April with its showers sweet'
The droght of March hath perced to the roote ...
'The drought of March has pierced to the root ...'

현대영어에서 명사를 수식하는 형용사는 일반적으로 명사 앞에 온다. 그러므로 우리는

showers sweet 대신 *sweet showers*라고 말할 것이다. 게다가 직접목적어는 일반적으로 동사 뒤에 온다. 그래서 둘째 행의 현대적 표현은 *has pierced the drought of March to the root*가 될 것이다. 그러므로 이러한 어순을 지배하는 통사규칙들이, '시적 자유재량'을 고려한다 해도, 변한 것으로 보인다. 영어와 다른 언어에서의 통사적 변화는 허용되는 어순의 변화에서 가장 명백하다고 말하는 것은 별로 무리가 없다.

영어에서의 통사변화는 문법의 다양한 영역들의 상호관계를 보여주는 좋은 예가 된다. 통사변화는 종종 형태소 변화에 의해서 영향을 받는다. 그리고 형태소 변화는 또한 음운체계의 변화에 영향을 받는다. 반대로 통사변화가 다른 두 체계에서의 변화를 촉발시켰다는 증거도 있다. 문법의 영역들 사이의 이러한 상호관계는 복잡하다. 역사언어학자들이 문법의 어느 영역이 어느 시점에 어떤 영역에 영향을 끼쳤는지 결론을 내리는 것이 항상 쉬운 일은 아니다. 언어학의 거의 모든 하위분야에서처럼 해결되지 않은 많은 문제들을 해결하기 위해서는 훨씬 더 많은 연구가 필요하다.

고대영어의 풍부한 격어미 체계가, 부분적으로는 음운변화 때문에 그리고 부분적으로는 통사변화가 진행 중이었기 때문에, 단순하게 되었을 때 영어화자들은 명사구의 기능을 전달하기 위해서 어순에 크게 의존해야 했다. 다음 문장은

sē	man	þone	kyning	sloh
the (주격)	man	the (대격)	king	slew

(괄호 안에 제시된) 격표시 때문에 'the man slew the king'을 의미하는 것으로 이해되었다. 청자의 입장에서 볼 때 누가 누구에게 무슨 짓을 했는지에 관해서 혼란이 전혀 없었을 것이다. 또한 영어의 초기단계에서는 동사가 풍부한 주어-동사 일치체계를 가지고 있었다. 예를 들어 *to sing*은 다음과 같은 형태들을 가졌다: *singe* (I sing), *singest* (you sing), *singeth* (he sings), *singen* (*we, you*(복수), *they sing*). 그러므로 많은 경우에 동사의 굴절을 기초로 주어를 찾아내는 것이 가능했다. 어순으로 볼 때 분명하지 않다 하더라도. 이미 어순은 위 예문의 주어-목적어-동사(SOV) 어순으로부터 이제는 더 일반적인 주어-동사-목적어(SVO) 어순으로 진화하고 있었다.

현대영어에서 *the man the king slew*는 'the man that the king slew'를 의미하는 (slew의 주어와 목적어가 뒤바뀐) 관계절일 때만 문법적이다. 'the man slew the king'이라는 의미를 전달하기 위해서 현대영어화자들은 반드시 어순(주어-동사-목적어)이나 *It was the king that the man slew*와 같은 문장을 생성하는 것과 같은 다른 통사적 방안들에 의존해야 한다.

영어어순의 변화는 문법구조의 변화를 반영한다. 고대영어에서 동사구(VP)는 다음 구조처럼 핵말(head-final)이었다.

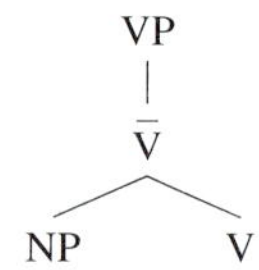

고대영어의 구구조(phrase structure)는 밀접하게 연관이 있는 언어인 네덜란드어와 독일어의 구구조와 같았다. 영어의 동사구(VP)는 (독일어와 네덜란드어와 달리) 매개변이 설정의 변화를 겪었고 다음과 같이 핵선(head-initial)이 되었다.

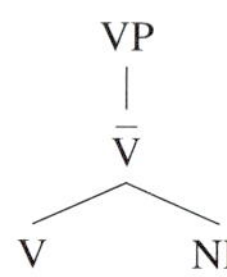

그 결과 현대영어는 기본적인 SVO 어순이고 반면에 고대영어(와 현대 네덜란드어와 독일어)는 기본적인 SOV 어순이다. 그러나 현대영어는 *I thee wed*와 같은 '구식'표현에 여전히 본래의 SOV 어순의 잔재가 남아 있다. 어순과 형태소의 구별은 시간이 흐르면서 함께 작동하며 서로 영향을 주었다. 형태적 차이가 사라지는 동시에 어순은 더 고정되었다.

3장에서 논의했듯이 현대영어에서 우리는 (조동사가 있으면) 조동사를 명사구 주어 앞으로 이동시켜 의문문을 생성한다.

Can the girl kiss the boy?
Will the girl kiss the boy?
Has the girl kissed the boy yet?
Was the girl kissing the boy when you arrived?

그러나 조동사가 없을 경우, 현대영어는 문장의 시제를 나타내기 위해서 do라는 단어를 필요로 한다.

Does the girl kiss the boy often?
*Kisses the girl the boy often?

영어의 고형(older forms)은 첫 번째 동사요소를 이동시키는 좀 더 일반적인 규칙을 가지고 있었다. 이는 조동사가 없을 경우 본동사가 이동한다는 것을 의미한다. 다음과 같은 의문문은

Kissed the girl the boy often?

Shakespeare 시대에 이르기까지 문법적이었다. (예를 들어 Macbeth III막 1장의 *Goes Fleance with you?)* 이처럼 동사를 이동하는 더 일반적인 규칙은 네덜란드어와 독일어에 여

전히 존재한다. 그러나 영어에서는 의문문을 만드는 규칙이 위에서 본 것처럼 변했다. 이제 조동사만 이동하고 조동사가 없으면 *do*가 그 역할을 한다. 이 규칙변화는 영어의 격체계와 상호작용했다. 고대영어에서 *the girl*과 *the boy*는 격표시가 되어 있었다. 그래서 누가 누구에게 키스를 했는지에 대해서는 전혀 혼란이 없었다. 사실상 다음과 같은 문장이 된다.

Kissed the (주격) girl the (대격) boy often?

새로운 의문문 규칙이 도입되면서 격의 구별에 대한 필요성이 덜 중요해졌으며 과도한 중의성을 야기하지 않으면서 그 필요성이 사라질 수 있었다. 그리고 형태적 구별이 사라지는 것과 동시에, 격 구별의 결여는 그 규칙변화의 힘을 더 분명하게 했다.

통사론이 형태론에 영향을 주는 또 다른 예는 고대영어에서 전치사 뒤에 오는 명사의 격어미다. 고대영어에서는 특정 전치사가 특정 격을 '지배했다'.

고대영어	**현대영어**
in þæt hūs (대격, 단수)	'into that house'
fram þæm hūse (여격, 단수)	'from that house'
til þæs hūses (속격, 단수)	'up to/as far as that house'

전치사구의 어순은 이미 고대영어에서도 고정되어 있었고 전치사가 의미를 전달하였기 때문에 격어미는 잉여적이며 따라서 생략이 가능했다. 그리고 이는 또 다시 그 격어미들을 역사의 쓰레기통으로 보낼 음운변화가 일어나는 것을 허용했다.

아주 기본적인 격체계를 가지고 있는 현대영어는 문법관계를 구조적으로 명시한다. 직접목적어는 동사와 자매관계인 명사구다. 만약 본동사가 이동하게 된다면 이 자매관계를 위반하는 것이 된다. *do*를 도입함으로써 동사는 본래 위치에 남아 있게 되고 문장은 SVO 어순을 유지하게 된다. 그리고 이 어순은 문장의 주어와 목적어를 아주 분명하게 나타낸다.

영어의 또 다른 통사변화는 비교급과 최상급 구문의 규칙에 영향을 주었다. 오늘날 우리는 형용사에 *-er*을 결합하거나 형용사 앞에 *more*를 삽입하여 비교급을 만든다. 최상급은 *-est*를 결합하거나 *most*를 삽입하여 만든다. 1470년에 저술된 Malory의 *Tales of King Arthur*에는 오늘날에는 문법적이지 않은, 이중 비교급과 이중 최상급이 나타난다(*more gladder, more lower, moost royallest, moost shamefullest*).

고대영어와 중세영어는 속격분리, 즉 소유자를 나타내는 단어들이 핵명사(head noun)의 양쪽에 모두 나타나는 소유격 구문을 허용했다.

Inwæres	broþur	ond	Healfdenes (고대영어)
Inwær's	brother	and	Healfden's

'Inwær's and Healfden's brother'

The Wife's tale of Bath (중세영어)
'The Wife of Bath's tale'

현대영어는 그런 구조를 허용하지 않는다. 오직 소유자-소유물 구조만 허용한다. 그러나 영어는 핵명사를 앞서는 다소 복잡한 속격표현을 허용한다.

The man with the two small children's hat
The girl whose sister I am dating's roommate
When does you guys's party begin? (Cf. When does your (복수) party begin?)

글로 된 기록에는 나타나지 않기 때문에 우리는 *the Queen of England's crown* 같은 표현이 영어의 초기단계에서 문법적이지 않다고 추론할 수 있다. (*The Wife of Bath's Tale*이 아니라 *The Wife's Tale of Bath*라는 제목도 이런 추론을 뒷받침한다.)

흥미로운 것은 소유자-소유물 구조의 고정과 *-s* 속격의 일반화는 속격의 제한적 사용보다 더 나중에 일어났다는 사실이다. 이것은 다시 한 번 어떻게 통사규칙의 변화가 다른 영역에서의 변화를 가속화시켰는지를 보여주는 것이다. 그리고 반대로 격체계가 약화되면서 다양한 구조에서 소유를 표현하는 의미론적 부담을 담당하기에는 명사 형태소들이 부족했다. 이는 명사보다 더 큰 통사단위에도 *'s* 속격을 적용하는 일반화를 강화시켰다. 그리하여 소유격 구문에서 허용되는 어순은 더 고정되었고 속격분리는 이제 문법적이지 않다.

전체적으로 볼 때 형태소의 간소화에 따르는 정보의 손실과 더 엄격한 어순에 따르는 정보의 증가는 상호작용하여 서로를 강화시키거나 약화시킨다는 것이다. 파도가 바다에 도달하면서 서로 상호작용하는 (파도의) 고점과 저점처럼. 그런 변화가 완성되려면 수 세기가 걸리며 종종 그 중간단계들이 존재한다.

브라질에서 사용되는 현대 브라질 포르투갈어(Brazilian Portuguese: BP)는 언어변화에 있어서 그런 중간단계를 보여준다. 19세기 중반까지만 해도 BP 화자들은 대명사 주어를 명시적으로 언급할 필요가 없었다. 'to cook'을 의미하는 동사 *cozinhar*에서 볼 수 있는 것처럼 그 정보는 동사의 인칭과 수 일치에서 나오기 때문이다.

cozinho	I cook	cozinhamos	we cook
cozinhas	you cook		
cozinha	he/she cooks	cozinham	they/you(복수) cook

다음 예의 둘째 문장이 보여주는 것처럼 그 당시 화자들은 자신들이 말하는 문장의 약 80%에서 주어를 생략했다.

A	Clara	sabe	fazer	tudo	muito	bem.
the	Clara	knows how	to do	everything	very	well

Cozinha	que	é	uma	maravilha.
cooks (3인칭)	that	is	a	marvel

'Clara knows how to do everything well. She cooks wonderfully.'

20세기 말경에는 주어탈락이 20%로 감소되었고 일치어미들도 감소되었다. 특정 방언에서는 두 가지 구별만 유지되고 있었다. 1인칭 단수는 *cozinho*처럼 *-o*로 표시되고 다른 모든 인칭은 *-a*로 표시된다. 유럽(포르투갈)에서 사용되는 포르투갈어에서 주어가 없는 문장이 문법적인 반면에, 대부분의 현대 BP 화자들에게 그런 문장은 문법적이지 않다. 왜냐하면 현대 BP는 다음 문장의 *ela* 'she'처럼 명백한 주어를 필요로 하기 때문이다.

A Clara sabe fazer tudo muito bem. Ela cozinha que éuma maravilha.

이탈리아어, 스페인어, 카탈란어, 유럽의 포르투갈어 등을 포함해서 다른 많은 로망스어들은 여전히 영주어(null-subject) 언어이며 풍부한 동사 형태소 체계를 유지하고 있다. 미래에는 모든 BP 화자들에게 영주어 문장이 비문이 될 수도 있다. 그렇게 된다면 BP도, 13세기의 풍부하게 굴절되는 영주어 언어에서 지금은 대명사 주어를 필요로 하는 (그리고 구어에서도 매우 빈약한 동사 형태소를 가지는) 언어로 변했던 또 다른 로망스어인 프랑스어가 걸어간 길을 따르게 될 것이다.

고대영어 명사와 동사의 형태소 소실이 더 엄격해진 어순을 야기하는 동시에 더 엄격해진 어순에 영향을 받은 것처럼, BP 그리고 초기 프랑스어의 일치 형태소 소실도 영주어 문법에서 주어가 필요한 문법으로의 통사적 변화와 상호작용했다. 이런 점에서 프랑스어가 초기에 그랬던 것처럼 BP도 다른 로망스어들과 다르게 변하고 있다.

어휘변화 Lexical Change

어휘 목록의 변화도 일어나는데 이런 변화에는 어휘범주의 변화, 새로운 단어의 추가, 다른 언어로부터의 단어 차용, 단어의 소실, 시간의 흐름에 따른 의미의 변화, 그리고 새로운 의존형태소를 생성하는 올바르지 못한 역형성(back formation: 2장을 참조하라) 등이 포함된다. (이 책의 저자들은 아직도 그 목록작업을 하고 있는 중이다.)

범주의 변화 Change in Category

단어 *food*와 *verb*는 보통 명사로 사용되지만 만화에서 고양이 Bucky는 그렇게 제약되기를 거부하고 그 단어들을 동사로 사용한다. 우리 영어화자들이 Bucky의 어법을 받아들인다

Darby Conley/United Feature Syndicate

면 *food*와 *verb*는 명사뿐만 아니라 동사도 될 것이다. 최근에 한 라디오 아나운서는 의회가 어떤 이슈에 대해서 *to-ing and fro-ing*하고 있다고 말했는데 의도된 의미는 'wavering(우왕좌왕)'이었다. 이 이상한 복합동사는 *to and fro*에서 나온 것이다. 영국영어에서 *hoover*는 'to vacuum up(청소하다)'이라는 의미의 동사인데 진공청소기 제조업체 이름인 고유명사 *Hoover*에서 유래된 것이다. 'American police Mirandize arrested persons'에서 Mirandize는 'Miranda 규칙에 의거하여 체포된 사람들에게 그들의 권리를 읽어 주다'라는 의미다. 1966년에 Miranda 규칙이라는 사법적 판결이 나왔다. 따라서 이는 고유명사가 어떻게 동사가 되었는지에 대한 완전한 역사를 우리에게 보여준다. 더 최근에는 *text*라는 명사가 '동사화'되어 'to communicate by text message(텍스트 메시지로 소통하다)'를 의미하게 되었고, 훨씬 더 최근에는 동사 *twitter*를 가져다가 그것을 소셜네트워크 및 미니블로그 서비스회사의 이름으로 '고유명사화'하고 있다.

새로운 단어의 추가 Addition of New Words

언어가 변하는 가장 명백한 방식 중 하나는 새로운 단어가 추가되는 것이다. 여러 세대가

"Pickles" used with the permission of Brian Crane, the Washington Post Writers Group and the Cartoonist Group. All rights reserved.

지나야 알아볼 수 있는 문법적 변화와 달리 새로운 단어들은 즉시 분명해진다. 기술, 스포츠, 오락 등에서의 변화를 기술하기 위해서 사회는 종종 새로운 단어가 필요하게 된다. 언어는 이러한 요구를 수용하며 또한 이러한 요구를 창의적인 방식으로 충족시킨다.

2장에서 우리는 파생, 역형성, 복합어 등, 새로운 단어가 만들어지는 몇 가지 방식을 살펴보았다. 단어들이 어떤 언어의 어휘 목록에 들어와 추가되는 또 다른 방식들이 있다. 완전히 새로운 단어 만들기, 이름에서 단어를 파생시키기, 새로운 단어를 만들기 위해서 단어를 혼합하기, 새로운 단어를 만들기 위해서 옛 단어를 단축하기, 두문자어 만들기, 다른 언어에서 단어 차용하기 등이 있다.

신조어 Word Coinage

단어는 어떤 목적에 맞추어 바로 만들어질 수 있다. 광고업계는 *Kodak*, *nylon*, *Orlon*, *Dacron*과 같은 많은 단어들을 영어에 추가해 왔다. *Xerox*, *Band-Aid*, *Kleenex*, *Jell-O*, *Brillo*, *Vaseline*과 같은 특정 상품명이 이제는 때때로 이런 유형의 다른 상품들까지 포함하는 일반적인 명칭으로 사용된다. 이 단어들 중 일부는 사실 기존의 단어들로부터 파생되었다. (예를 들어 *Kleenex*는 *clean*에서 파생되었고 *Jell-O*는 *gel*에서 파생되었다.)

과학은 오랜 세월에 걸쳐서 다수의 새로운 단어들을 만들었다. 과학적인 연구를 통해서 야기되는 사물이나 과정들을 묘사하기 위해서 *asteroid*, *neutron*, *genome*, *krypton*, *brontosaurus*, *vaccine*과 같은 단어들이 생성되었다.

너무 새로워서 철자가 아직도 의심이 되는 한 단어는 *dot-com*인데 잡지에서는 *.com*, *dot.com*, 또는 하이픈 없이 *dot com*으로 쓰인다. 이 단어는 '주요 비즈니스가 인터넷에 집중되어 있는 회사'를 의미한다. 값싸고 겉만 번지르르한 장신구(gaudy jewelry)를 의미하는 *bling*(또는 *bling-bling*)은 *blick*과 마찬가지로 몇 년 전까지만 해도 가능하기는 하지만 실제로는 존재하지 않았던 단어다. 만약 아주 최근에 출판된 사전이나 온라인 사전을 찾아보지 않으면 *bling*이란 단어를 발견하지 못할 것이다. '인도의 영화업계'를 의미하는 *Bullywood*나 일종의 퍼즐인 *sudoku* 역시 21세기에 등장한 신조어다. *sudoku*는 9개의 커다란 정사각형으로 이루어진 격자무늬로 인쇄된 퍼즐인데 큰 정사각형 하나는 또 다시 9개의 작은 정사각형으로 나누어진다. 이 퍼즐의 목적은 81개의 네모를 다 채워서 모든 가로줄, 모든 세로줄, 그리고 모든 큰 정사각형이 1부터 9까지의 모든 숫자를 포함하도록 만드는 것이다. 때로는 본래 하나의 목적을 위해서 만들어진 단어가 관련된 다른 목적을 수행하도록 사용되기도 한다. 예를 들어 회사이름인 *Google*은 '인터넷에서 검색하다'를 의미하는 *google*로도 사용되고 있다.

영어 속에 차용된 그리스어 어근도 새로운 단어를 주조하는 수단을 제공한다. 'hot'을 의미하는 *thermos*와 'measure'를 의미하는 *metron*이 합쳐져서 *thermometer*가 되었다. 'topmost'를 뜻하는 *akros*와 'fear'를 뜻하는 *phobia*로부터 '고소공포증(dread of heights)'을 의미하는 *acrophobia*가 생성되었다. 13일의 금요일에 외출하는 것을 피하기 위해서 당신은 *triskaidekaphobia*, 즉 숫자 13에 대한 극심한 공포심을 가지고 있다고 말할 수도 있다. 아주 기발한 만화가인 Robert Osborn은 여러 가지 공포증(phobia)을 고안해 내고 각각에 적절한 명칭을 붙였다.[2]

logizomechanophobia	그리스어 logizomai(계산하다) + mekhane(장치) + phobia '계산기 공포증'
ellipsosyllabophobia	그리스어 elleipsis(부족) + *syllabē*(음절) + phobia '빠뜨린 음절이 있는 단어에 대한 공포증'
pornophobia	그리스어 porne(창녀) + phobia '창녀 공포증'

그리스어와 마찬가지로 라틴어 역시 영어의 토박이 어근이나 토박이에 속하지 않은 어근과 함께 흔히 사용되는 접두사와 접미사를 제공한다. 접두사 *ex*-는 라틴어에서 온 것이다.

ex-husband ex-wife ex-sister-in-law ex-teacher

접미사 *-able/-ible* 역시 라틴어이고 영어의 거의 모든 동사와 결합할 수 있다.

writable readable answerable movable learnable

심지어 새로운 의존형태소가 영어에 들어오기도 한다. *e-commerce, e-mail, e-trade* 등에서 볼 수 있는 접두사 *-e*는 'electronic'을 의미하는 데 사용된 지 겨우 20년 정도 되었다. 그리고 아주 흥미롭게도 *e-mail*과 대조되는 *s-mail*에서처럼 새로운 접두사 *s-*가 생겨났다. 'scandal'을 의미하는 접미사 *-gate*는 1970년대의 워터게이트 스캔들에서 유래되었는데, 이제 같은 의미를 전달하기 위해서 다른 단어에 접미사로 결합될 수 있다. 그리하여 *Irangate*는 Iran과 관련된 스캔들을 의미하고 영국에서 사용되는 *Dianagate*는 Wales의 고 Diana 비의 도청된 대화와 연관된 스캔들을 말한다. 현재 진행 중인 하나의 변화는 우리가 신문에서 보는 *threepeat*이나 *fourpeat*에서처럼 'win a championship so many years in succession(여러 해 연속해서 챔피언이 되다)'을 의미하는 *-peat*의 사용이다. 물론 오늘날 우리는 녹일 수 있고 먹을 수 있는 그 어떤 것이라도 택하여 그것을 진(독한 술)과 섞으면, 예를 들어 'pomegranatini'를 만들 수 있다.

너무 새로워서 아직 사전에는 등재되지 못한 단어들도 있다. 그 예로 *shopzilla, bridezilla, FDAzilla*(American Federal Drug Administration에서 유래함), 영국의 밴드인

2 Robert Osborn and Eve Wengler의 *An Osborn Festival of Phobias*에서 가져옴. Copyright © 1971 Robert Osborn. Text copyright © 1971 Eve Wengler. Used by permission of Liveright Publishing Corporation.

Dogzilla 같은 단어에서 'huge or extreme'을 의미하는 의존접미사 *-zilla*를 들 수 있다. 이 접미사의 본래 출처는 세계적으로 유명한 일본영화에 나오는 괴물 *Godzilla*다. 'the best'또는 'the most'를 의미하는 독일어 기원의 *uber-*는 수많은 단어와 결합하여 그 단어들을 초대형화(supersizing)함으로써 새로운 단어를 만들어 내고 있다. *linguistics is uber-cool*이나 *the jokes in this book are uberlame*과 같은 표현에서 그 예를 찾아볼 수 있다.

우리가 이 교재를 막 인쇄하려고 할 시점에 뉴욕타임스(New York Times)가 99%(ninety-nine percent)라는 새로운 단어를 공식적으로 인정했다. 이 단어는 2011년에 벌어진 민초들과 함께 하는 '점령'운동으로부터 나온 단어로서 '가장 부유한 1퍼센트에 속하지 않는 사람들(people who are not among the richest one percent)'을 의미한다. *bracketology*라는 단어 역시 이제 막 만들어져서 아직 온라인 사전에도 나타나지 않는데, '승자독식의 스포츠 토너먼트를 위해서 팀들의 순위를 매기고 그룹을 정하는 행위'를 의미한다. 무엇보다도 언어는 확실히 창의적이며 또한 언어의 유연성은 무한하다.

그리고 끝으로 수화화자들이 어떤 단어나 개념을 나타내고 싶지만 그에 해당하는 수화 신호가 존재하지 않는 경우가 있다. 신조어, 외래어, 두문자어, 고유명사, 기술과 관련된 어휘, Shakespeare의 희극작품에 나오지만 지금은 사라진 단어들이 그런 경우들에 해당될 것이다. 그런 경우 미국수화 화자들은 그 단어나 그 개념을 나타내는 일련의 새로운 손모양과 손동작을 고안해 낼 수 있을 것이다. 그러나 만약 그런 가능성이 없다면 손가락 철자를 통해서 영어 알파벳 철자를 표현함으로써 의미를 전달할 수도 있을 것이다.

이름에서 유래된 단어 Words from Names

이름의 시조(eponym)는 고유명사로부터 유래되는 단어들이며 어휘가 팽창하는 많은 창의적인 방법들 중 하나이다. 아래에 몇몇 예가 있다.

sandwich	도박을 하는 동안에 먹을 수 있도록 빵 두 조각 사이에 음식을 넣었던 Sandwich 남작의 이름에서 유래
robot	체코 작가 Karel Capek의 희극작품인 R.U.R(Rossum's Universal Robots의 첫 글자들)에 등장하는 기계 생물체의 이름에서 유래
gargantuan	Rabelais에 의해서 창조된, 엄청난 식욕을 가진 짐승 Gargantua에서 유래
jumbo	P. T. Barnum이 미국으로 데려온 코끼리의 이름에서 유래 (하지만 'Jumbo olives'는 코끼리만큼 클 필요는 없다.)

우리는 *lazy susan*이라는 복합명사의 기원이 된 무명의 하녀 Susan을 알지 못한다는 것을 인정한다. 그리고 *brown betty, charlotte russe, chuck wagon*의 출처가 되는 Betty, Charlotte, Chuck 또한 모른다는 것을 인정한다. 그러나 우리는 *denim*이 작업복과 카펫을 만들기 위해 본래 *de Nîmes*(from Nîmes를 의미하는 프랑스어)에서 수입된 재료에서 유래

되었다는 것과 *argyle*이 스코틀랜드 Campbell 씨족의 Argyll 추장들이 신었던 양말에서 유래되었다는 것은 알고 있다.

'a freelance photographer who doggedly pursues celebrities(명사들을 억세게 추적하는 프리랜서 사진사)'를 의미하는 *paparazzo*라는 단어는 1997년 다이애나 비가 죽기 전에는 별로 알려지지 않은 생소한 단어였다. 그녀는 치명적인 자동차 사고가 나기 전에 paparazzi(복수형)에게 추적당하고 있었다. 이 단어는 영화 *La Dolce Vita*에 나오는 뉴스 사진기자 Signor Paparazzo에서 유래되었다.

혼성어 Blends

두 단어를 결합하여 만들어진다는 점에서 혼성어는 복합어와 비슷하다. 그러나 혼성어의 경우 결합되는 두 단어의 일부분이 삭제된다. *smoke* + *fog*에서 온 *smog*, *breakfast* + *lunch*에서 온 *brunch*, *motor* + *hotel*에서 온 *motel*, *information* + *commercial*에서 온 *infomercial*, 그리고 *urine* + *analysis*에서 온 *urinalysis*는 영어에서 완전한 단어의 지위를 획득한 혼성어의 예들이다. *podcast*(*podcasting*, *podcaster*)는 상대적으로 새로운 단어로 'Internet audio broadcast'를 의미하며 최근에 *iPod*와 *broadcast*의 혼성어로 영어에 합류했다. *Debtpocalypse*는 최근에 생긴 혼성어인데 2012년의 그리스와 스페인처럼 국가부채가 종말에 이를 정도의 비율에 도달한 국가들을 의미한다. 그리고 캘리포니아주 로스엔젤레스에서 일어난, 수리를 위한 고속도로의 일시적 폐쇄는 *Carmegeddon*이라는 끔찍한 예언을 이끌었다.

Lewis Carroll의 *chortle*은 *chuckle* + *snort*에서 유래되었는데 영어에서 제한적으로 인정받고 있다. Carroll은 새로운 단어를 주조하고 혼성하는 것으로 유명하다. *Through the Looking-Glass*에서, 그는 "Jabberwocky"에서 만들어진 단어들의 '의미'를 다음과 같이 기술한다.

> "Brillig"means four o'clock in the afternoon - the time when you begin broiling things for dinner . . . "Slithy"means "lithe and slimy". . . You see it's like a portmanteau - there are two meanings packed up into one word . . . . "Toves"are something like badgers - they're something like lizards - and they're something like corkscrews . . . also they make their nests under sun-dials - also they live on cheese. . . . To "gyre"is to go round and round like a gyroscope. To "gimble"is to make holes like a gimlet. And "the wabe"is the grass-plot round a sun-dial. . . It's called "wabe". . . because it goes a long way before it and a long way behind it . . . . "mimsy"is "flimsy and miserable"(there's another portmanteau . . . for you).

Carroll이 말하는 'portmanteaus'는 바로 우리가 혼성어라고 부르는 것이고 그런 단어들은 정식 어휘 목록의 일부가 될 수 있다.

혼성어는 어린 아이들에 의해서도 만들어진다. *crocodile* + *alligator*에서 나온 *crocogator*는 3세 아동 Elijah Peregrine가 만들었다. 이런 일에는 할머니들도 빼 놓을 수 없다. 우리가 알고 있는 아프라카 출신의 한 유대인 할머니가 *shugeleh*('darling')라는 단어를 고안해 냈는데, 이는 아마도 *sugar + bubeleh*의 혼성어일 것으로 생각되지만 솔직히 철자가 정확히 무엇인지는 잘 모른다. (*bubeleh*는 친밀함을 나타내는 Yiddish 단어이다.) 최근에 우리는 Yiddish어 화자들이 많이 살고 있는 동네를 가리키는 *the yood* [jʊd](*the 'hood*와 비교해 보라)라는 표현을 듣게 되는데 아마도 *Yiddish*와 *neighborhood*의 혼성어인 것 같다. 마지막으로 오늘날 음식과 체중에 대한 관심 때문에 *Merriam-Webster's Collegiate Dictionary*는 *flexitarian, locavore, obesogenic* 같은 단어들을 단어목록에 추가했다. 이 단어들은 이제 '인가'되었으니 당신이 직접 그 의미를 찾아볼 수 있을 것이다.

축약어 Reduced Words

자신들이 전달하는 메시지를 짧게 만들기 위해서 화자들은 다양한 방법으로 단어를 축약하는 경향이 있다. 과거에는 전보와 텔렉스에서 이런 현상이 발견되곤 하였다. 그런데 요즘에는 오늘날의 전자 세계에서 엄청나게 보게 되는 문자메시지 서비스(SMS)의 글에서 발견된다. 그렇지만 우리는 우리의 관심을 구어에 두고 절단(clipping), 두문자어(acronym), 철자축약(alphabetic abbreviations)이라는 세 가지 축소현상을 관찰할 것이다.

절단은 한 음절 또는 그 이상의 음절을 생략함으로써 긴 단어를 짧은 단어로 축약하는 것으로 *facsimile*에서 *fax*를 만들어 낸다. 영국영어의 단어인 *telly*는 *television*이 축약된 것이고 *flu*는 *influenza*가, *porn*은 *pornography*가, *droid*는 *android*가 축약된 것이다. 한때는 속어로 간주되어 겨우 사용되던 이런 단어들은, Jonathan Swift의 비난에도 불구하고, 시간이 흐름에 따라 어휘화되었다. 다시 말해서 영어 어휘의 진정한 구성원이 되었다. 절단은 단어의 앞부분을 잘라낼 수도 있지만(*phone - telephone*) 대부분은 단어의 끝부분을 잘라낸다(*prof - professor*). *fridge - refrigerator*에서처럼 단어의 앞부분과 뒷부분을 다 잘라낼 수도 있다.

의미의 측면에서 볼 때 절단은 두 가지 결과를 낳을 수 있다. 대부분의 경우에 절단된 단어는 원래 단어와 같은 의미를 갖는다. 앞 문단에서 언급된 모든 예들이 여기에 속한다. 소수의 경우이기는 하지만, 절단된 단어가 원래의 단어와 다른 의미를 가질 수도 있다. *fan, van, rad, mutt*는 각각 *fanatic, caravan, radical, muttonhead*이 축약된 단어들이다. 그러나 *fans*은 (일반적으로) *fanactic*이 아니다. *a van*은 하나의 차량이지 차량의 대열이 아니다. *rad*한 것은 놀랍기는 하지만 반드시 *radical*한 것은 아니다. 그리고 *a mutt*은 어리석은 사람을 의미하는 *muttonhead*와는 거의 관계가 없는 잡종개이다. 특정 종류의 스마트폰(이 단어 자체도 최근에 생긴 단어임)을 지칭하기 위해 사용하는 *droid*의 의미는, 비록 그 단어를 사용하는 것이 로봇지능을 연상하도록 의도된 것이기는 해도, *android*와 다르다.

절단어는 계속해서 생겨난다. 한때는 래퍼들이 사용하던 *disrespect*의 속어였던 *dis*는 'show contempt for(~에 대해 경멸을 보이다)'라는 의미로 점점 인정을 받고 있다. (새로운 단어인 *weblog*에서 유래된) *blog*는 21세기에 만들어진 절단어 중에서 가장 성공적인 단어일 것이다. 이 단어는 명사와 동사로 다 쓰이며 관련된 모든 형태소들(*blogs*, *blogging*, *blogged*, *blogger* 등)을 가지고 있다.

두문자어는 여러 단어들의 첫 글자들로 만들어지는 단어다. 이런 단어들은 철자가 가리키는 대로 발음된다. *NASA* [næsə]는 *National Aeronautics and Space Administration*에서, *UNESCO* [junɛsko]는 *United Nations Educational*, *Scientific*, and *Cultural Organization*에서, *UNICEF* [junəsɛf]는 *United Nations International Children's Emergency Fund*에서 유래되었다. *radar*는 *radio detecting* and *ranging*에서, *laser*는 *light amplification by stimulated emission of radiation*에서, *scuba*는 *self-contained underwater breathing apparatus*에서, *RAM*은 *random access memory*에서 유래되었으며 이들은 단어를 만들어내는 이들의 창의적인 노력을 보여준다. 제2차 세계대전 때 군인들이 만들었고 격식을 차리는 상황에서 *s*ituation *n*ormal, *a*ll *f*ouled *u*p이라는 의미로 사용된 *snafu*가 그런 예이다. *a*cquired *i*mmune *d*eficiency *s*yndrome의 첫 글자들로 만들어진 *AIDS*(1980년대)와 *s*evere *a*cute *r*espiratory *s*yndrome에서 나온 *SARS*(2000년대)도 최근에 주조된 단어들이다.

*N*ational *F*ootball *L*eague를 의미하는 *NFL* [ɛ̃nɛfɛl], *U*niversity of *C*alifornia, *L*os *A*ngeles인 *UCLA* [jusiɛle], 그리고 *m*agnetic *r*esonance *i*maging인 *MRI* [ɛ̃maraɪ]처럼 연속된 철자를 하나의 단어로서 발음하기가 쉽지 않을 경우 각 철자를 읽음으로써 '두문자어'가 만들어진다. 이런 특성을 가진 두문자어를 때로 **철자축약어**라고도 한다.

컴퓨터의 확산 및 인터넷의 광범위한 사용과 더불어 두문자어와 철자축약어는 매일 영어 어휘에 더해지고 있다. *jpeg*(*j*oint *p*hotographics *e*xpert *g*roup), "gooey"로 발음되는 *GUI*(*g*raphical *u*ser *i*nterface), *PDA*(*p*ersonal *d*igital *a*ssistant), *MP3*(MPEG layer 3) 등의 예를 들 수 있다. *MPEG*도 *moving picture experts group*에서 온 두문자어다.

믿기 어렵지만 영어권 세계 어디에선가 사용되고 있는 두문자어의 수는 온라인 Acronym Finder에 따르면 백만 개가 넘는다. 이 숫자는 4세기 전 영어 단어의 수와 같은 숫자이며 인간언어의 창의성과 변화가능성을 극적으로 인정하는 것으로 볼 수 있다.

차용어 Borrowings or Loan Words

*Hamlet*에 등장하는 Polonius의 "빌리는 자도 되지 말고 빌려주는 자도 되지 마라"라는 충고에 아랑곳하지 않고, 많은 언어들이 열렬히 단어를 빌리고 빌려준다. 그렇지만 빌린 자는 빌린 물건을 거의 돌려주지 않고 빌려준 자는 거의 대가를 요구하지 않기 때문에 빌리는 자나 빌려주는 자 모두 형편없는 자들이라고 할 수 있다.

다른 언어에서 **단어를 차용하는 것**은 새로운 단어의 중요한 원천이며 이런 단어를 **차용어**라고 한다. 한 언어가 다른 언어의 단어나 형태소를 자신의 어휘 목록으로 추가시킬 때 차용이 일어난다. 이는 주로 다른 언어의 화자들이 서로 상호작용하는, 그리고 특별히 이중언어자 또는 다중언어자가 상당수 존재하는, 언어접촉의 상황에서 발생한다.

차용어의 발음은 종종 (항상 그런 것은 아니지만) 차용하는 언어의 음운규칙에 맞도록 수정된다. 예를 들어 영어는 프랑스어에서 *ensemble* [ãsãbəl]을 차용했지만 [n]과 [m]을 삽입하여 그 단어를 [ãnsãmbəl]로 발음한다. 왜냐하면 영어에는 비음화된 모음만으로 이루어지는 음절이 없기 때문이다. 작곡가 *Bach*와 같은 다른 차용어는 영어의 규칙에 맞지는 않지만 종종 본래 독일어의 발음인(연구개마찰음으로 끝나는) [bax]로 발음되기도 한다.

단어보다 더 큰 단위도 차용될 수 있다. 프랑스어는 우리에게 *ménage à trois* [mɛ̃naʒa tRa]라는 표현을 제공한다. 여기서 [R]은 구개전동음이며 'three-way romance'를 의미한다. 프랑스어를 아는 사람들은 이 단어를 프랑스어식으로 발음하지만 [mɛ̃nadʒa twa]처럼 다양한 방식으로 영어식 발음이 되기도 한다.

독일어 *Weltanschauung*에서 유래된 *worldview*와 같이 어떤 표현이 차용되고 나서 차용하는 언어로 번역될 때, 이를 **차용번역**(loan translation)이라고 한다. 프랑스어의 *il va sans dire*에서 온 *it goes without saying*은 프랑스어에서 유래된 차용번역이다. 한편 스페인어 화자들은 *perros calientes*를 먹는데 이는 *hot dogs*의 차용번역이다. 이 경우 스페인어의 통사규칙이 요구하는 대로 형용사와 명사의 어순이 뒤바뀐다.

대부분의 언어의 어휘 목록은 토박이 단어와 차용어로 나누어진다. 토박이 단어는 그 단어의 역사나 **어원**이 그 언어의 초기단계로 거슬러 올라가는 단어다.

단어를 차용할 때 직접 차용할 수도 있고 간접적으로 차용할 수도 있다. 직접차용은 차용된 단어가 빌려주는 언어의 토박이 단어임을 의미한다. 예를 들어 *feast*는 노르만 정복의 결과로 많은 용어들과 함께 프랑스어에서 직접 차용되었다. 반면에 *algebra*는 스페인어에서 차용되었는데 스페인어는 이 단어를 아랍어에서 차용하였다. 그러므로 *algebra*는, 중간에 스페인어를 거치면서, 간접적으로 아랍어에서 차용되었다고 할 수 있다. 언어들 중에는 차용을 심하게 하는 언어들이 있다. 알바니아어는 너무 지나치게 차용하는 바람에 토박이 단어가 거의 남아 있지 않다. 반면에 대부분의 미국 원주민어들은 이웃 언어들로부터 거의 차용하지 않았다.

영어는 광범위하게 차용해 왔다. 자주 쓰이는 2만 여개의 단어들 중에서 약 3/5 정도가 차용어다. 그렇지만 가장 빈번하게 사용되는 500개의 단어들 중에서는 2/7 정도가 차용어다. 그리고 토박이 단어들이 문장에서 반복적으로 사용되기 때문에 (대체로 기능어인) 토박이 단어들이 나타나는 실제 빈도는 약 80% 정도 된다. 자주 사용되는 기능어인 *and, be, have, it, of, the, to, will, you, on, that, is*는 모두 토박이 단어들이다.

단어와 구뿐만 아니라 다른 언어 단위(linguistic unit)도 차용할 수 있다. 앞에서 우리는 영어가 실질적으로 프랑스어로부터 음소 /v/와 /ʒ/를 어떤 방식으로 차용했는지 살펴보았다. 의존형태소인 접미사 *ible/able* 또한 프랑스어에서 차용되었다. 이들은 *incredible*과 같은 단어에 편승하여 영어에 들어오게 되었지만 곧 *drinkable*과 같은 토박이 단어와도 결합하게 되었다.

차용어를 통해서 보는 역사 History through Loan Words

우리는 차용어의 종류, 차용어의 출처, 차용의 시점을 연구함으로써 영어를 모국어로 쓰는 민족들의 역사를 추적할 수 있다. 1066년 노르만 정복이 있기까지 영국에는 Angles족, Saxons족, 그리고 Jutes족이 살고 있었다. 5세기에 영국에 건너온 그들은 게르만족에 속해 있었으며 결국 영국민이 되었다. 그들은 본래 게르만어 방언들을 사용했고 고대영어는 그 방언들로부터 발전되어 나왔다. 이 방언들에는 라틴어에서 들어온 차용어들이 약간 있었지만 그 외에 외래적인 요소는 거의 없었다. 이 게르만계 부족들이 초기 켈트(Celtic) 주민들을 몰아냈고, 켈트어가 고대영어에 끼친 영향은 몇몇 켈트 지명에 국한되었다. (현재의 Welsh어, Irish어, Scots어는 켈트 방언에서 나온 것이다.)

노르만인들은 프랑스어를 썼으며 정복 이후 3세기 동안 국가의 모든 업무와 대부분의 상업, 사회, 문화 영역에서 프랑스어가 사용되었다. West Saxon의 문어(literary language)는 버려졌으나 영어의 지역방언들은 가정, 교회, 그리고 시장에서 여전히 사용되었다. 이것이 영어와 당시 문화적으로 지배적 위치에 있던 프랑스어 사이의 언어접촉 상황이었다. 이 3세기 동안 방대한 수의 프랑스어 단어들이 영어에 유입되었는데 그중에서 대표적인 것들은 다음과 같다.

government	crown	prince	estate	parliament
nation	jury	judge	crime	sue
attorney	saint	miracle	charity	court
lechery	virgin	value	pray	mercy
religion	chapel	royal	money	society

노르만인들이 들어올 때까지 영국사람은 식용으로 ox(황소)를 도축하여 *ox*(황소고기)를 먹었으며, pig(돼지)를 잡아 *pig*(돼지고기)를 먹었고, sheep(양)을 잡아 *sheep*(양고기)을 먹었다. 그러나 노르만인들의 식탁에서 제공되는 'ox', 'pig', 'sheep'은 각각 *beef*(*boeuf*), *pork*(*porc*), *mutton*(*mouton*)이었다. 이 단어들은, 음식준비와 관련된 단어들인 *boil*, *fry*, *stew*, *roast*와 마찬가지로, 프랑스어에서 영어로 차용되었다. 수년에 걸쳐서 프랑스의 음식은 요리사들을 위한 엄청나게 많은 차용어를 영어에 제공했다.

aspic	bisque	bouillon	brie	brioche
canapé	caviar	consommé	cuq au vin	coupe
crêpe	croissant	croquette	crouton	escargot
fondue	mousse	pâté	quiche	ragout

르네상스 시기 동안에 영어는 외국으로부터 많은 '학술' 단어들을 차용했다. 1475년에 William Caxton에 의해서 영국에 인쇄술이 도입되었다. 1640년까지 55,000권의 책이 영어로 인쇄되었다. 이 책의 저자들은 그리스어 단어들과 라틴어 단어들을 많이 사용했으며 결과적으로 이 단어들은 영어에 들어오게 되었다.

그리스어에서 *drama, comedy, tragedy, scene, botany, physics, zoology, atomic*이 차용되었다. 영어에 들어온 라틴어 차용어는 그 수가 엄청나다. 예를 들면 다음과 같은 단어들이다.

bonus scientific exit alumnus quorum describe

9세기와 10세기 동안에 영국에 침입하여 정착한 스칸디나비아인들도 영어에 그들의 흔적을 남겼다. 대명사 *they, their, them*은 현대 덴마크어, 노르웨이어, 스웨덴어의 조상어인 Old Norse에서 차용된 단어들이다. 영어가 대명사를 차용한 것은 이 시기가 유일하다.

*bin, flannel, clan, slogan, whisky*는 모두 켈트어(Celtic)에 기원을 두고 있는 단어들인데 Welsh어, Scots Gaelic어, 또는 Irish어로부터 다양한 시점에 차용되었다. 네덜란드어에서도 차용어가 유입되었는데 대부분은 *buoy, freight, leak, pump, yacht* 등과 같이 선적(shipping)과 관계된 단어들이다. 독일어에서는 *quartz, cobalt*, 그리고 (우리가 추측할 수 있듯이) *sauerkraut*가 차용되었다. 이탈리아어에서는 오페라 하우스를 묘사하는 단어들을 포함해서 많은 음악용어들이 차용되었다. *opera, piano, virtuoso, balcony, mezzanine* 등이다. *influenza*는 'influence'를 의미하는 이태리 단어에서 유래되었다. 이탈리아인들은 그 질병이 별에 의해서 영향을 받는다(influenced)고 믿었었다.

과학과 관계되는 많은 단어들이 아랍어로부터 간접적으로 차용되었다. 이는 초기 아랍에서 과학에 관한 연구가 상당히 선진적이었기 때문이다. *alcohol, algebra, cipher, zero* 등이 대표적인 예이다. 스페인어에서도 *barbecue, cockroach, ranch*, 그리고 'hot furnace'라는 문자적 의미를 가지는 *California* 등이 영어에 (직접) 유입되었다. 미국대륙에서는 영어를 말하는 이주민들이 아메리카 인디언 언어들로부터 단어를 차용했는데 이는 또 하나의 문화접촉 상황이었다. 그렇지만 이 경우에는 영어가 문화적으로 지배적인 언어였다. 아메리카 인디언어에서 차용된 단어의 예를 들어보면 *hickory, chipmunk, opossum, squash*가 있다. 미국의 주(states) 이름의 거의 절반이 아메리카 인디언어에서 유래되었다.

영어는 Yiddish어에서도 차용해 왔다. Yiddish어를 사용하지 않는 유대인들뿐만 아니라 많은 비유대인들도 Yiddish 단어들을 사용한다. 한때 "Marcel Proust is a yenta."라는 문구가 자동차 범퍼 스티커로 사용된 적이 있었다. *yenta*는 'gossipy woman'을 의미하는 Yiddish 단어다. 'smoked salmon'을 의미한 *lox*, 'a doughnut dipped in cement'를 의미하는 *bagel*도 이제 영어에 속하는 단어들이다. *chutzpah, schmaltz, schlemiel, schmuck, schmo, schlep, kibits*와 같은 Yiddish 표현들도 마찬가지다.

영어는 다른 언어들에게 많은 차용어를 제공해 주기도 한다. 특히 기술, 스포츠, 오락의 분야에서 그렇다. *jazz, whisky, blue jeans, rock music, supermarket, baseball, picnic, computer* 등의 영어 단어나 표현이 Twi어, 헝가리어, 러시아어, 일본어 등과 같이 다양한 언어들로 차용되었다.

단어소실 Loss of Words

어떤 단어의 사용빈도가 일정한 한계점 이하로 떨어질 때 그 단어가 소실되었다고 말할 수 있다. 어휘 목록에 존재하는 모든 단어들을 총계(tally up)할 때는 그런 단어들도 어휘 목록에 포함될 수 있지만 일반 대중들의 입장에서 본다면 소실된 것으로 볼 수 있다. 옛 단어가 사라지는 것은 결코 새로운 단어가 출현하는 것만큼 놀라운 일은 아니다. 새로운 단어가 유행하게 될 경우 그 단어의 특별한 존재는 관심을 끌지만 어떤 단어가 사라질 때는 무관심 속에서 사라진다. 아무도 그 단어에 대해서 생각하지 않고 아무도 그 단어를 사용하지 않으면서 그 단어는 서서히 사라진다.

Shakespeare의 작품들을 읽어보면 영어의 많은 단어들이 소실되었다는 것을 알게 된다. 예를 들어 *Romeo and Juliet*에 등장하는 이런 단어들(*beseem*, 'to be suitable'; *mammet*, 'a doll or puppet'; *wot*, 'to know'; *gyve*, 'a fetter'; *fain*, 'gladdly'; *wherefore*, 'why')이 소실되었다. 줄리엣의 애처로운 울부짖음인 "O Romeo, Romeo! wherefore art thou Romeo"에서 *wherefore*는 'why'를 의한다. 즉 그녀는 로미오의 행방을 묻는 것이 아니라 왜 로미오라는 이름을 갖게 된 것인지를 묻고 있는 것이다.

더 최근에는 당신의 조부모 세대가 사용하던 표현들도 이미 사라지기도 했다. 예를 들어 25센트를 의미하던 *two bits*는 이제 거의 사용되지 않으며 'very fast', 'recklessly hurried'를 의미하던 *lickety-split*과 *pell-mell*도 마찬가지다. 당신의 부모 세대(와 우리)가 사용하던 단어들조차, 예를 들어, *groovy*('excellent'), *davenport*('sofa'), 그리고 지금은 *weed*로 불리는, 'marijuanan'를 지칭하던 *grass*와 *Mary Jane*은 구식으로 들린다. 'steps crossing a fence or gate'를 의미하는 *stile*도 이제 사람들이 더 이상 널리 이해하지 못하는 단어가 되었다. 농촌

RED ROVER © 2012 Brian Basset Dist. By UNIVERSAL UCLICK. Reprinted with permission. All rights reserved.

과 관련된 물건들을 묘사하는 비슷한 다른 단어들도 도시화의 결과로 사라져가고 있다. 역형성(back-formation) 과정을 통해 *pease*에서 *pea*가 출현했는데 *pease*는 이제 아주 희귀한 단어가 되었고 'boiled cereal grain'을 의미하던 *porridge* 역시 점점 사라지고 있다. 비록 동화 *Goldilocks and the Three Bears*에서 끓인 죽의 적절한 온도에 대해서 이야기할 때나 Harry Potter의 아침식탁에 나타날 때에는 이 단어가 남아 있기는 하지만.

기술의 변화 또한 단어소실의 원인이 된다. *acutiator*는 한때 'sharpener of weapons'를 의미했고 *tormentum*은 과거에 'siege engine'을 의미했다. 전쟁의 발달로 인해서 이런 단어들은 사라지고 대신 *cruise missile*과 *drone*과 같은 단어가 출현했다. 교실수업과 관련해서는 *whiteboard*가 생기고 *blackboard*가 사라졌다. 물론 아직도 사전에서 *buckboard, buggy, dogcart, hansom, surrey, tumbrel*과 같은 단어를 발견할 수는 있지만(이 단어들은 모두 미묘하게 차이가 나는 마차의 종류를 지칭한다) 교통수단의 발달로 인해서 이 용어들은 사용되지 않게 되고 결국 사라질 것이다.

의미변화 Semantic Change

우리는 언어가 어휘항목들을 획득할 수도 있고 상실할 수도 있다는 것을 보았다. 이러한 변화와 더불어 의미, 즉 단어의 의미도 변할 수 있다. 의미가 확대될 수도 있고 축소될 수도 있고 이동할 수도 있다.

확대 Broadening

단어의 의미가 확대되면 그 단어가 의미했던 모든 것과 그 이상을 의미하게 된다. 중세영어의 *dogge*는 특정한 품종의 개를 지칭하였으나 결국 의미가 **확대되어** 모든 종류의 개, 즉 *canis familiaris*를 포함하게 되었다. 단어 *holiday*는 본래 'holy day'에서 유래되어 종교적으로 중요한 의미가 있는 날을 뜻했다. 오늘날 이 단어는 출근하지 않는, 모든 휴일을 의미한다. *picture*는 'painted representation'을 의미했으나 오늘날은 다수의 전자 '장난감'은 말할 것도 없고, 카메라로 찍은 사진도 *picture*다. *quarantine*은 한때 'forty days' isolation'이라는 제한적인 의미를 가지고 있었고 *manage*는 한때 단순히 'to handle a horse'를 의미했었다.

컴퓨터 시대가 가속화되면서 더 최근에 나타난 의미확대의 예는 *computer, mouse, cookie, cache, virus, bundle* 등이다. *footage*는 일정한 길이/분량의 영화나 비디오테이프를 가리켰으나 오늘날에는 그 길이/분량을 *feet* 단위로 측정할 수 있는지에 상관없이 DVD와 같은 전자영상매체에서 발췌한 것이면 무엇이든지 *footage*이다. *google*은 처음에는 회사의 이름에서 'to use that company's search engine on the Internet'이라는 의미의 동사로 확대되었고, 이제는 단순히 'search the Internet'이라는 의미로 재차 확대되었다. *twitter*와 *tweet*은 한때는 새장(aviary)에 한정된 단어들이었다. 더 이상 예를 들 필요는 없을 것이다.

축소 Narrowing

흠정역 성경(King James Version of the Bible, 1611 CE)에서 하나님은 풀과 나무에 대해서 "너희 식물(음식)이 되리라"(to you they shall be for meat; 창세기 1:29)라고 말한다. 17세기의 영어화자에게 *meat*은 'food'을 의미했고 *flesh*는 'meat'을 의미했다. 그 이후 의미변화가 일어나서 *meat*의 의미는 현재의 의미로 축소되었다. *deer*는 한때 'beast'또는 'animal'을 의미했으며 같은 어원의 독일어 *Tier*는 여전히 그 의미를 가진다. *deer*의 의미는 이제 축소되어 특정한 종류의 동물을 지칭한다. 이와 유사하게 *hound*는 독일어의 *Hund*처럼 'dog'를 의미하는 일반적인 용어였으나 오늘날 *hound*는 특정한 종류의 개 품종을 지칭한다. *skyline*은 한때 'horizen'을 의미했으나 의미가 축소되어 지금은 'the outline of a city at the horizon'을 의미한다.

의미이동 Meaning Shifts

단어가 겪는 세 번째 종류의 의미변화는 의미이동이다. *knight*는 한때 'youth'를 의미했으나 'mounted man-at-arms'로 의미가 이동했다. *lust*는 부정적인 또는 성적인 함축 없이 단순히 'pleasure'를 의미했었다. *lewd*는 단지 'ignorant'였으며 *immoral*은 'not customary'라는 의미였다. *silly*는 고대영어에서 'happy'라는 의미였으나 중세영어시대에 이르러 'naive'를 의미하게 되었고 현대영어에 이르러서야 'foolish'를 의미하게 된다. 현대영어에서 과도하게 사용되고 있는 *nice*는 1,000년 전에 'ignorant'를 의미했었다. 줄리엣이 로미오에게 "I am too *fond*."라고 말할 때, 그녀는 자신이 그를 무척 좋아한다고 주장하는 것이 아니고 "I am too foolish."라고 말하는 것이다. 그리고 'drone'이 당신을 발견하게 될 경우, 벌에 쏘이는 것보다 더 나쁜 일을 예상하라.

사어(死語)의 재구성 Reconstructing "Dead" Languages

"Shoe," 1989, Macnelly/King Features Syndicate

현대 언어에 대한 Miss Blimber의 경멸과 라틴어를 배우는 불운한 제자 Skyler의 한탄에도 불구하고, 살아 있는 언어들을 비교 연구함으로써 언어학자들이 오래된 언어와 오랜 시간에 걸친 변화들에 대해서 알 수 있게 된다.

19세기 비교언어학자들 The Nineteenth-Century Comparativists

19세기 역사·비교언어학자들의 주된 목표는 세계의 언어들 사이에 존재하는 계통적 관계를 규명하는 것이었다. 그들은 세계의 주요 어족을 수립하고 언어분류를 위한 원리를 정의하고자 했다. 그들은 특정한 언어들 사이에 존재하는 규칙적인 음대응의 관찰에 토대를 두고 이론을 세웠다. 그들은 체계적인 유사성과 차이점을 보여주는 언어들이 같은 조상어의 자손임에 틀림없다고 (다시 말해서 계통적 관계가 있다고) 제안했다.

어릴 때 William Jones 경은 고대 그리스어, 라틴어와 같은 소위 사어들을 포함해서, 언어를 학습하는 데 믿기 어려울 정도의 재능을 가지고 있었다. 인도에 거주하는 동안에 그는 산스크리트어(Sanskrit)도 공부하였고, 산스크리트어가 그리스어 및 라틴어와 '우연이라고 보기에는 너무나 강력한 연관성'을 지니고 있다는 것을 발견했다. Jones는 이 세 언어가 '공통의 기원으로부터 발생하였다'고, 그리고 아마도 게르만어와 켈트어가 같은 기원을 가졌을 것이라고 제안했다.

Jones의 연구에 이어 독일 언어학자인 Franz Bopp이 산스크리트어, 라틴어, 그리스어, 페르시아어, 게르만어 사이의 연관성을 밝혀냈다. 동시에 Rasmus Rask라는 이름의 젊은 덴마크 학자는 이 결과들을 확증하였고 리투아니아어와 아르메니아어 역시 친족관계임을 밝혀냈다. Rask는 관련 언어들 사이의 특정한 음운적 차이의 규칙성을 공식적으로 기술한 최초의 학자였다.

Rask의 연구는 (동화저자로 유명한) 독일 언어학자 Jakob Grimm에게 영감을 주었고 그는 산스크리트어, 그리스어, 라틴어, 그리고 게르만 언어 간의 규칙적인 음대응을 구체적으로 명시한 4권으로 된 논문(1819~1922)을 발표했다. 그 언어들 사이의 유사성도 Grimm의 흥미를 끌었지만 언어들 사이의 차이점의 체계성 역시 그의 흥미를 불러일으켰다. 라틴어의 [p]는 대체로 영어에서는 [f], 라틴어의 [t]는 영어에서 [θ], 그리고 라틴어의 [k]는 영어에서 종종 [h]에 해당한다.

Grimm은 이 모든 언어들이 발달되어 나온, 훨씬 더 초기의 언어(오늘날 우리가 인구어라고 부르는 언어)를 가정했다. 그는 음운변화 규칙을 활용해서 음대응들을 설명했다. [역사언어학자들이 음운변화를 **음추이**(sound shift) 또는 **음변화**(sound change)라고 불렀다.] Grimm의 중요한 발견은 영어의 조어를 포함하는 게르만 어족에 적용된 어떤 음변화 규칙들이 산스크리트어, 그리스어, 라틴어에는 적용되지 않았다는 것이다. 이런 발견은 게르만 언어들과 다른 언어들 간의 규칙적인 차이를 아주 멋지게 설명해 주었다. Grimm이 발견한

초기단계[a]	bh	dh	gh	b	d	g	p	t	k
	↓	↓	↓	↓	↓	↓	↓	↓	↓
후기단계	b	d	g	p	t	k	f	θ	x (또는 h)

그림 8.2 | Grimm의 법칙, 초기 게르만어의 음추이. Grimm의 법칙은 언어음의 자연부류이라는 측면으로 표현될 수 있다. 유성기음은 무기음이 되고, 유성폐쇄음은 무성음이 되고 무성폐쇄음은 마찰음이 된다.

[a]이 '초기단계'는 인구어다. 기호 bh, dh, gh는 기식유성폐쇄자음이다. 이들 음운은 종종 '유성기음'이라고 불렸다.

음변화들은 아주 규칙적이었으며, 그림 8.2에서 보는 것처럼 **Grimm의 법칙**(Grimm's Law)이라고 알려지게 되었다.

동족어 Cognates

동족어란 영어의 *horn*과 라틴어의 *cornū*처럼, 같은 조상어의 어근에서 나온, 계통적 관계에 있는 언어에 속한 단어들을 말한다. 동족어는 종종 (늘 그런 것은 아니지만) 언어는 다르지만 그 의미는 같다. 동족어로부터 우리는 음대응을 목격하고 그것들로부터 음변화를 끌어낸다. 그림 8.3에서 산스크리트어, 라틴어, 그리고 (영어로 대표되는) 게르만어의 동족어들이 보여주는 규칙적 음대응 *p-p-f*는 이 언어들이 계통적으로 관계가 있다는 것을 가리

"Family Circus", Bil Keane Inc. Reprinted with the permission of King Features Syndicate

인구어	산스크리트어	라틴어	영어
*p	p	p	f
	pitar-	pater	father
	pad-	ped	foot
	동족어 없음	piscis	fish
	pasu[a]	pecu	fee

그림 8.3 | 인구어 *p의 동족어

[a] ś는 s와 다르게 발음되는 치찰음이다.

인구어	산스크리트어		라틴어		영어	
*p	p	pitar-	p	pater	f	father
*t	t	trayas	t	trēs	θ	three
*k	ś	śun	k	canis	h	hound
*b	b	동족어 없음	b	labium	p	lip
*d	d	dva-	d	duo	t	two
*g	j	ajras	g	ager	k	acre
*bh	bh	bhrātar-	f	frāter	b	brother
*dh	dh	dhā	f	fē-ci	d	do
*gh	h	vah-	h	veh-ō	g	wagon

그림 8.4 | 인구어의 음대응

킨다. 인구어의 **p*는 *p-p-f* 대응의 기원으로 가정된다.[3]

그림 8.4는 음대응을 더 상세하게 보여주는 도표로서 각각의 규칙적 음대응의 예를 보여준다. 표의 각 줄마다 언어학자들은 더 많은 추가적인 음대응의 예들을 찾아낼 수 있다. 예를 들어 *p-p-f* 음대응의 추가적인 예인 산스크리트어 *pād-*, 라틴어 *ped-*, 그리고 영어 *foot*을 찾아낼 수 있고 이는 이 언어들 사이의 일관되고 체계적인 관계들을 보여주며, 그러므로 맨 왼쪽 열에 제시된 인구어의 재구성이 가능하게 된다.

산스크리트어는 가작 적은 자음변화를 겪었으며(다른 언어들에 비해서 인구어와 더 많은 음을 공유한다), 라틴어는 다소 많은 변화를 겪었고, 게르만어는 (Grimm의 법칙에 입각해서) 거의 전면적인 재구성을 겪었다. 우리가 살펴보는 변화들은 음소와 음운규칙의 변화이며, 따라서 그런 음소를 가진 모든 단어들이 그런 변화를 반영한다. (그렇지만 다음 문단에 언급되는 'caveat'을 참고하라.) 만일 그 변화들이 개별음이 아니라 개별단어들에 독립적으로 일어났다고 상상한다면 왜 산스크리트어와 라틴어에서 /p/로 시작하는 그토록 많은 단어들이 게르만어에서 /f/로 시작하는지 설명할 수 없다. 왜냐하면 우연의 일치일 가능성

3 철자 앞에 있는 별표(*)는 용인할 수 없는 형태를 의미하는 것이 아니고 재구성된 음을 나타낸다. 본 장에서만 별표를 이런 방식으로 사용한다.

을 훨씬 뛰어넘을 것이기 때문이다. 놀라울 정도로 규칙적이고 전반적인 음변화를 야기하여 인구어의 음체계의 대부분을 재구성할 수 있도록 해 준 것은 그 변화들이 음운체계의 변화라는 사실이다.

Grimm은 그가 관찰한 규칙적 음대응에 예외가 있다는 것을 알았다. 그는 "음추이는 전반적인 경향이다. 모든 경우에 일어나는 것은 아니다."라고 말했다. 수십 년이 지난 1875년에 Karl Verner는 Grimm의 법칙에 적용되지 않는 예외들 중 일부를 설명했다. 그는 **Verner의 법칙**(Verner's Law)을 만들어서 왜 어떤 경우에는 인구어의 *p*, *t*, *k*가 (영어의) *f*, *θ*, *x*에 대응하지 않는지를 보여주었다.

*Verner*의 법칙: 선행모음이 강세를 받지 않으면 *f*, *θ*, *x*는 또 다시 *b*, *d*, *g*로 변한다.

음변화의 규칙성에 고무된 19세기 젊은 언어학자들은 **신문법학자가설**(Neo-Grammarian Hypothesis)을 제안했는데 이 가설에 의하면 음추이는 (Grimm이 주장했던 것과 달리) 단순한 경향에 불과한 것이 아니고 환경이 맞는 모든 단어에 적용된다. 그럼에도 불구하고 예외가 발견된다면, Verner의 법칙이 Grimm의 법칙에 대한 예외들을 설명했던 것처럼, 그 예외들을 설명해 줄 수 있는 추가적인 법칙을 발견할 수 있을 것이라고 신문법학자들은 믿었다. **신문법학자들**(Neogrammarians)은 언어학을 자연과학으로 보고 음변화의 법칙들이 예외가 있을 수 없는 자연법칙이라고 믿었다. 그러나 그들이 제시한 '법칙들'에는 Verner의 법칙이 Grimm의 법칙의 예외를 설명해 준 것처럼 극적으로 설명되지 않는 예외들이 종종 나타났다. 그러나 이 학자들의 연구는 언어변화와 그런 변화가 일어나는 이유에 대한 중요한 자료와 통찰력을 제공한다.

우리가 지금까지 살펴본 언어학적 연구는 Charles Darwin에게 상당한 영향을 끼쳤고 Darwin의 진화론은 다시 언어학과 모든 학문에 심오한 영향을 끼쳤다. 일부 언어학자들은 언어가 '삶의 주기'가 있으며 진화법칙에 따라 발전한다고 생각했다. 게다가 모든 언어는 하나의 공통 조상으로 거슬러 올라갈 수 있다고 믿었다. 이런 생물학적 자연주의 이론은 진리의 요소를 지니고 있기도 하지만 언어가 어떻게 변하고 다른 언어로 진화하는지를 지나치게 단순화시키는 면도 있다.

비교 재구성 Comparative Reconstruction

언어들이 우연이나 차용의 탓으로 돌릴 수 없는 방식으로, 또는 보편문법의 일반적 원리 때문이라고 보기 어려운 방식으로 서로 닮았을 경우, 우리는 그 언어들이 같은 기원에서 발달하여 내려온 것이라고 결론을 내릴 수도 있다. 다시 말해서 그 언어들은 단일한 원시 조어로부터 언어변화를 통해 진화한 것이라고 볼 수 있다.

영어, 독일어, 덴마크어, 노르웨이어, 스웨덴어와 같은 언어들의 기본 어휘들이 보여주는 유사성은 우연이나 차용으로 보기에는 너무나 광범위하다. 그러므로 우리는 이 언어들이 공통의 부모, 즉 게르만조어를 가진다고 결론을 내린다. 게르만조어는 문서로 된 기록이 없으며 오늘날 살아있는 원어민 화자도 없다. 게르만조어는 부분적으로 재구성된 언어이며 이 언어의 속성들을 후손 언어들에 기초해서 추론하고 있다. 연관이 있는 어휘뿐만 아니라 게르만어들은 유사한 불규칙동사군(특히 동사 *to be* 같은)과 같은 문법적 속성과, 이 장의 앞에서 다루었던 동사 (또는 조동사) 이동규칙과 같은 통사규칙들을 공유한다. 이 또한 이 언어들이 서로 관련이 있다는 것을 뒷받침한다.

일단 몇몇 언어가 서로 관련이 있다는 것을 알게 되거나 그렇다고 생각하게 되면, **비교 재구성**(comparative reconstruction)을 통해서 그들의 원시어를 부분적으로 결정할 수 있다. 그리고 비교 재구성은 이제 간단한 예를 가지고 우리가 설명할 **비교연구방법**(comparative method)에 의해서 이루어진다.

우리의 논의를 영어, 독일어, 스웨덴어로 한정하면 'man'에 해당하는 단어는 각각 *man /mæn/*, *Mann /man/*, *man /man/*이다. 이는 세 언어에서 규칙적 음대응 m-m-m과 n-n-n을 발견할 수 있는 많은 단어들 중 한 예이다. 이 증거에 근거하여 비교연구방법은 *man*에 해당하는 게르만조어의 단어, 즉 **mVn*을 재구성한다. 여기서 V는 모음을 나타내는데 그 음가는 불확실하다. 왜냐하면 비슷한 철자에도 불구하고 그 모음은 여러 게르만어에서 음성적으로 다르기 때문이다. 그러므로 추가적인 증거가 없다면 이 모음을 어떻게 재구성할지는 분명하지 않다.

우리는 비교적 정확하게 게르만조어의 대부분을 재구성할 수 있다고 자신하지만, 우리의 재구성은 결코 우리가 완전히 확신할 수는 없는, 가설일 뿐이며 많은 세부적인 것들은 여전히 불분명하다. 비교연구방법에 대한 자신감을 증가시키기 위해서 우리는 프랑스어, 이탈리아어, 스페인어, 포르투갈어에 그 방법을 적용해 볼 수 있다. 이들의 부모 언어는 잘 알려진 라틴어다. 그러므로 우리는 문서로 된 라틴어 기록에 대해서 그 방법을 테스트해 봄으로써 그 방법을 검증할 수 있다. 다음 각 단어의 첫 자음에 초점을 맞추면서 다음 자료를 살펴보자. 이 자료에서 프랑스어의 *ch*는 [ʃ]이고 다른 언어에서 *c*는 [k]다.

프랑스어	이탈리아어	스페인어	포르투갈어	영어
cher	caro	caro	caro	'dear'
champ	campo	campo	campo	'field'
chandelle	candela	candela	candeia	'candle'

프랑스어의 [ʃ]는 다른 세 언어의 [k]와 대응한다. 이 규칙적 음대응 [ʃ]-[k]-[k]-[k]는 프랑스어, 이탈리아어, 스페인어, 포르투갈어가 공통의 언어에서 기원했다는 견해를 뒷받침한다. 비교연구방법을 사용하면 부모언어의 'dear', 'field', 'candle'에 대해 [k]의 재구성이 가능하다. 이 방법은 또한 [k]가 프랑스어에서는 [ʃ]로의 변화를 겪었으나 이탈리아어, 스페인어,

포르투갈어에서는 그런 변화를 겪지 않았다는 것을 보여준다. 따라서 이들 언어는 부모언어인 라틴어의 [k]를 유지하고 있다.

비교연구방법을 사용하기 위해서 분석가들은 잠재적으로 관계가 있는 언어들의 동족어에서 규칙적 음대응을 찾아낸다. 각 음대응에 대해서 그들은 부모언어에서 가장 가능성이 있는 음을 추론해 낸다. 이런 방식으로 부모언어 음체계의 대부분이 재구성될 수 있다. 그리고 나면 부모언어로부터 떨어져 나오고 변화를 겪으면서 일어나는, 각 자녀언어의 발전과정에서의 다양한 음운변화가 확인된다. 때때로 부모언어를 재구성할 때 분석가들이 선택하는 음은 가장 빈번하게 대응이 일어나는 음이다. 이를 '다수결 규칙(majority rule)'의 원리라고 하는데 앞에서 네 로망스어를 통해 보여준 바 있다.

다른 고려사항들이 다수결 규칙의 원리보다 더 중요할 수도 있다. 특정 음운변화의 가능성을 볼 때 분석가들은 덜 빈번하게 나타나는 음을 재구성하기도 한다. 때로는 음대응이 전혀 일어나지 않는 음을 재구성하기도 한다. 가상의 네 언어 자료를 살펴보라.

언어 A	**언어 B**	**언어 C**	**언어 D**
hono	hono	fono	vono
hari	hari	fari	veli
rahima	rahima	rafima	levima
hor	hor	for	vol

언어 A와 언어 B의 *h*에 대해서, 언어 C는 *f*, 언어 D는 *v*를 가진다. 따라서 *h-h-f-v*라는 음대응이 존재한다. 다수결 규칙 원리를 사용할 경우 우리는 부모언어에서 *h*음의 재구성을 먼저 고려할 것이다. 그러나 역사적 변화에 대한 다른 자료를 통해서 볼 때, 그리고 음성학적 연구를 통해서 볼 때, 우리는 *h*가 *v*로 변하는 일은 거의 없다는 것을 안다. 그 반대, 즉 /f/와 /v/에서 [h]로의 변화는 역사적으로나 음운규칙으로 나타나며, 또한 음향학적으로 설명이 가능하다. 그러므로 언어학자들은 부모언어에서 **f*를 설정한다. 그리고 언어 A와 언어 B에서 "*f*가 *h*가 된다"라는, 그리고 언어 D에서 "*f*가 *v*가 된다"라는 음운변화를 가정한다. 이를 '자연스러움의 원리(naturalness principle)'라고 하며 이 원리를 적용하기 위해서는 분명히 경험과 지식을 가지고 있어야 한다.

앞에서 제시한 자료에 관한 한, 그 밖의 음대응들은 문제가 되지 않는다.

o-o-o-o	n-n-n-n	a-a-a-e	r-r-r-l	m-m-m-m

이 경우 부모언어에서 **o*, **n*, **a*, **r*, **m*을 재구성하게 된다. 그리고 언어 D에서 "*a*는 *e*가 된다"와 "*r*은 *l*이 된다"라는 음운변화를 가정하게 된다.

이제 조어의 단어들을 재구성하는 것이 가능하다. 즉 **fono*, **fari*, **rafima*, **for*를 재구성할 수 있다. 이 예에서 언어 D는 세 가지의 음변화를 겪었기 때문에 가장 혁신적인 언어라고 말할 수 있다. 언어 C는 이 자료들을 고려해 볼 때, 가장 보수적이다. 왜냐하면 조어와 동일하기 때문이다.

앞의 예시에서 본 음변화는 **무조건적 음변화**(unconditioned sound change)의 예다. 음변화가 음성학적 환경에 관계없이 일어났기 때문이다. 다음은 이탈리아어의 세 방언에서 나온 자료들인데 **조건적 음변화**(conditioned sound change)의 예다.

표준어	북부방언	Lombard 방언	
fisːo	fiso	fis	'fixed'
kasːa	kasa	kasə	'cabinet'

음대응은 다음과 같다.

f-f-f　　i-i-i　　sː-s-s　　o-o-<>[4]　　k-k-k　　a-a-a　　a-a-ə

*f, *i, *k를 재구성하는 것은 쉬운 일이다. *sː*와 같은 장자음은 흔히 *s*가 된다는 것을 알고 있기 때문에 (고대영어의 *fː*가 *f*로 변한 것을 상기하라.) 음대응 sː-s-s의 경우 **sː*를 재구성한다. 단음으로의 변화는 북부방언과 Lombard 방언에서 일어났다.

이 (매우 제한된) 자료에는 어말 모음의 약화에 대한 증거가 있으며 영어에서의 이러한 변화에 대해 앞에서 논의한 바 있다. 음대응 o-o-<>의 경우에는 *o, 그리고 음대응 a-a-ə의 경우에는 *a를 재구성한다. Lombard 방언에서는 조건적 음변화가 일어났다. *a*음이 어말에서는 *ə*가 되었지만 그 외의 경우에는 *a*로 남았다. 제시된 자료를 통해서 볼 때, 변화를 결정짓는 요인은 어말위치다. 다른 위치의 모음들은 변화를 겪지 않는다.

그리하여 우리는 부모언어가 'fixed'를 의미하는 **fisːo*와 'cabinet'을 의미하는 **kasːa*를 가진 것으로 재구성한다.

슬라브어 초기단계와 후기단계의 자료를 마지막 예로 살펴보자. 문제는 어느 것이 먼저냐다. [한 언어의 초기형태와 후기형태에 비교연구방법을 적용할 경우, 그 과정을 **내적 재구성**(internal reconstruction)이라고 한다.]

L1	L2	
lovuka	lofkə	'clever'
gladuka	glatkə	'smooth'
ʒeʒika	ʒeʃkə	'burning hot'
kratuka	kratkə	'short'
blizuka	bliskə	'near'

4 <>는 음이 소실되었음을 나타낸다.

자료의 앞부분부터 시작해서 내려갈 때 찾을 수 있는 음대응은 l-l, o-o, v-f, u-<>, k-k, a-ə, g-g, a-a, d-t, ʒ-ʒ, e-e, ʒ-ʃ, i-<>, r-r, t-t, b-b, i-i, z-s다. 이 음대응들을 문제가 없는 경우와 문제가 있는 경우로 나눌 수 있다. 전자는 초기 형태와 후기 형태 사이에 아무런 변화도 일어나지 않은 경우이며, 후자는 어떤 종류든 음변화가 일어난 것이 분명한 경우다.

문제가 없는 경우: l-l, o-o, k-k, g-g, e-e, r-r, b-b
문제가 있는 경우: v-f, u-<>, a-ə, a-a, d-t, ʒ-ʒ, ʒ-ʃ, i-<>, t-t, i-i, z-s

문제가 되는 음대응을 더 정확하게 이해하기 위해서 우리는 다시 모음과 자음으로 나눈다.

모음 음대응: a-a, a-ə; i-i, i-<>; u-<>
자음 음대응: d-t, t-t; v-f; ʒ-ʒ, ʒ-ʃ; z-s

모음에 관한 한 L1이 초기형태임을 알 수 있다. 왜냐하면 모음약화, 즉 모음이 탈락하거나 [ə]로 약화되는 변화의 증거가 있기 때문이다. 그 반대의 변화, 즉 모음삽입 또는 모음강화는 일어날 가능성이 별로 없는 변화다. 위 자료에서 모음의 변화는 분명히 조건적 변화다. 그 변화가 모든 음성환경에서 일어나는 것이 아니기 때문이다. 다음의 두 가지 변화가 있는 것처럼 보인다.

변화 A: 어말 위치에서 *a*가 [ə]가 된다.
변화 B: *i*와 *u*는 뒤에서 두 번째 음절에서 탈락한다.

이것이 현재의 자료를 가지고 우리가 내릴 수 있는 최선의 결론이다. 앞으로 더 연구를 하게 되면 변화 A가 어말 위치에서 모든 모음에 적용된다는 것을, 그리고 변화 B가 고모음에만, 또는 모든 모음에 적용된다는 것을 밝혀줄지도 모른다. 이 제한된 자료만으로는 모음 *o*에 대해서 말할 수 있는 것이 없다. 이 문제를 결정할 수 있을 만큼 자료가 충분하지 않다.

자음의 경우에는 유무성에 있어서 변화가 있다. 역사적으로 볼 때, 유성음이 무성음으로 변하는 것도 가능하고 그 반대도 가능하다. 하지만 모음의 변화가 L1이 초기 형태라는 것을 말해 주기 때문에 무성음화 규칙이 타당한 것으로 간주된다. d-d와 d-t 음대응은 조건부 변화임을 암시하며, 자료를 더 자세히 살펴보면 유성동화규칙임을 암시한다.

변화 C: 무성저해음 앞에서 저해음이 무성음화된다.

이런 변화는 흔히 발견되는 변화이며 L1이 초기형태라는 가설을 뒷받침한다.

그러나 하나의 문제가 있다. 변화 C가 일어나기 위해서는 변화 B가 먼저 일어나서 저해음들이 연속으로 오게 해야 한다. 그렇다면 이는, 6장에서 우리가 살펴본 음운규칙의 순서와 다르지 않은, 역사적으로 발생한 규칙들 사이에 순서가 있다는 것을 보여주는 예에 해당한다.

Jones, Bopp, Rask, Grimm이 그토록 적절하게 상상했던, 그리고 약 6,000년 전에 전성기였던, 오랫동안 잊혀져 온 조어인 인구어의 재구성을 19세기 언어학자들이 착수할 수 있었던 것은 비교연구방법이라는 수단이 있었기 때문이다.

역사적 증거 Historical Evidence

비교연구방법이 언어 또는 어족의 역사를 연구하는 유일한 방법은 아니다. 그리고 비교연구방법은 자료가 부족하거나 재구성을 옹호할 만한 근거가 부족하여 특정한 질문들에 대한 답을 줄 수 없을 수도 있다. 예를 들어 Shakespeare, Chaucer 또는 *Beowulf*의 저자가 그 시대의 영어를 어떻게 발음하였는지 우리가 어떻게 분명하게 알 수 있는가? 비교연구방법으로는 많은 세부적인 것들이 분명하지 않으며 직접 알 수 있게 해 주는 기록이 없다.

증거를 찾기 위해서 다양한 과거의 문서들을 살펴볼 수 있다. 개인적인 서신들은 자료를 제공해 주는 아주 훌륭한 원천이다. 언어학자들은 철자를 제대로 쓸 줄 모르는 사람들이 쓴 편지를 선호한다. 그들은 단어를 발음하는 자신들의 방식대로 철자를 쓰는 경향이 있어서 철자를 틀리게 쓰는 일이 많다. 예를 들어 영어의 역사에 있어서 어느 한 시점에 어간에 *-er*이라는 철자를 가지는 모든 단어가 마치 철자 *-ar*인 것처럼 발음되었다. 예를 들어 현대 영국영어의 *clerk*와 *derby*는 "clark"와 "darby"로 발음된다. 그리고 철자에 약한 어떤 사람들은 *perfect*를 *parfect*라고 일관되게 쓰곤 했다. 이는 언어학자들이 옛 발음을 알아내는 데 도움을 주었다.

당시 규범문법학자들의 글 역시 단서를 제공해 준다. 1550년과 1750년 사이에 정음학자(orthoepists)라고 알려진 학자들이 영어의 '순수성'을 보존하려는 시도를 했다. 어떻게 말을 해야 하는지에 대해서 처방을 내리면서 그들은 사람들이 실제로 어떻게 발음했는지를 우리에게 알려준다. 현재 미국에 살고 있는 정음학자라면 "*Cuba*를 발음할 때 끝에 *r*을 넣어 발음하는 것은 옳지 않다"라고 발음교본에 명시할지도 모른다. 그러므로 미래의 학자들은 일부 영어화자들이 *Cuba*를 발음할 때 끝에 *r*을 넣었다는 것을 알게 될 것이다.

초기발음에 대한 일부 최상의 단서들은 문학작품에 나오는 말장난(puns)과 운(rhymes)이다. 두 단어의 모음과 종성자음이 같으면 그 단어들은 운을 이룬다. 어떤 시인이 동사 *found*와 명사 *wound*의 운을 맞추어 시를 쓴다면, Shakespeare의 *Romeo and Juliet*에서처럼, 그것은 이 두 단어의 모음의 발음이 같다는 것을 알려준다.

BENVOLIO: . . . 'tis in vain to seek him here that means not to be found.
ROMEO: He jests at scars that never felt a wound.

Shakespeare의 운은 엘리자베스 시대의 영어의 음체계를 재구성하는 데 도움이 된다. 예를 들어 Sonnet XI에서 *convert*와 *depart*가 운을 이룬다는 사실은 *-er*이 *-ar*처럼 발음되었다는 결론을 강력하게 뒷받침한다.

문서로 된 기록들이 천 년 이상을 거슬러 올라가는 언어들이 많다. 15세기 인쇄술의 발명과 함께 글로 쓰인 자료들이 점점 더 증가했다. 인쇄된 모든 자료를 디지털화하여 컴퓨터로 분석하는 것을 가능하도록 하려는 시도가 오늘날 진행되고 있다. 그 과업의 겨우 4%만이 진행된 상황에서 5,000억 개가 넘는 단어로 된 코퍼스(Corpus)가 만들어졌다. 그중 3610억 개가 영어이고, 450억 개가 프랑스어고, 또 다른 450억 개가 스페인어이고, 히브리어는 20억 개다.

언어학자들은 언어가 과거에 어떻게 발음되었는지를 알아내기 위해 컴퓨터를 활용하여 이 자료들을 연구한다. 초기 문헌에 나타나는 철자는 현대어의 고어형태가 가졌던 음체계에 대해서 우리에게 아주 많은 것을 알려준다. 철자가 다른 두 단어는 아마도 다르게 발음되었을 것이라고 볼 수 있다. 철자상의 몇몇 차이가 밝혀지면 실제 발음에 대한 어느 정도 정확한 추측을 할 수 있다. 예를 들어, 우리는 *Mary, merry, marry*의 철자를 다르게 쓰기 때문에 어느 시점엔가 화자들이 이 단어들을 다르게 발음했을 것이라고 (아마도 각각 [meri], [mɛri], [mæri]로 발음했을 것이라고) 결론을 내릴 수도 있다. 적어도 한 현대 미국방언에서는 /r/ 앞에는 오직 /ɛ/만 올 수 있기 때문에 이 세 단어의 발음은 모두 [mɛri]다. 이는 /e/와 /æ/가 /r/ 바로 앞에 올 때 /ɛ/로 변한 음추이의 결과다. 그리고 이는 조건적 음변화의 또 다른 예다.

'컬쳐로믹 분석(culturomic analysis)'은 지난 200년 동안 불규칙 형태소들과 규칙 형태소들의 어법의 변화를 보여준다. 관측된 변화의 비율을 잣대로 삼아 역사언어학자들은 연대가 밝혀진, 그리고 글로 된 기록이 없는 초기시대에 그 잣대를 적용하여 초기의 재구성된 형태와 후세의 형태 사이의 시간의 간격을 결정할 수도 있을 것이다.

인쇄된 문서의 컴퓨터 분석을 비교연구방법과 결합시키면 언어변화와 언어의 초기형태에 대한 이해의 폭을 넓힐 수 있을 것이다. 글로 된 기록물을 통해서 밝혀진 방언들 사이의 차이를 통해서 여러 방언의 다양한 단어들의 발음을 비교할 수 있다. 이 점에 기초하여 우리는 초기형태에 대한 결론을 끌어낼 수 있고 음의 목록과 음운규칙에 어떤 변화가 일어났는지 알 수 있게 된다. 409쪽에서 3개의 이탈리아 방언을 가지고 그런 예를 제시했다. 이제 방대한 양의 자료를 이용할 수 있으므로, 이런 식의 분석들을 통해서 언어의 초기형태에 관해서, 그리고 현재의 형태가 어떻게 생겨났는지에 관해서 더욱 더 상세한 사실들을 알 수 있게 될 것이다.

기록으로 남아 있는 언어들에 대한 역사비교언어학자들의 연구도 힘든 일이지만, 기록이 없는 언어들 사이의 계통적 관계를 밝히기 위한 연구만큼 어려운 것은 아니다. 먼저 모든 언어의 방대한 양의 자료를 음성기호로 표기해야 한다. 그리고 그 자료들을 음운론적으로, 형태론적으로, 통사론적으로 분석해야 한다. 그리고 기본적인 어휘에 있어서의 유사성과 (우연이나 차용에서 비롯되지 않은) 규칙적 음대응과 같은 관련성의 기초를 수립

해야 한다. 그러고 나서야 비로소 사멸한 조어를 재구성하기 위해 비교연구방법을 적용할 수 있다.

이런 방법으로 진행하여 언어학자들은 아메리카 인디언 언어들 사이의 많은 연관성을 발견하였으며 아메리카 인디언 조어(Amerindian protolanguage)를 성공적으로 재구성하였다. 아프리카에서 사용되는 많은 언어들에 관한 연구에서도 비슷한 성과들이 이루어졌다. 그리하여 아프리카의 언어들은, 대체로 대륙의 북쪽에서 남쪽으로 내려오면서, Afroasiatic, Nilo-Saharan, Niger-Congo, 그리고 Khoisan이라는 4개의 주요 어족으로 분류되었다. 예를 들어 Somali어는 Afroasiatic 어족에 속하며, Zulu어는 Niger-Congo 어족에 속하고, 남아프리카에서 사용되는 Hottento어는 Khoisan 어족에 속한다. 새로운 발견이나 분석으로 인해서 필요하다면 이러한 어족의 분류는 수정될 수 있다.

사멸한 언어와 위기의 언어 Extinct and Endangered Languages

언어를 배우는 아이들이 없게 되면 그 언어는 죽고 더 이상 존재하지 않게 된다. 언어학자들은, 적어도 구어의 형태에 있어서, 어떤 언어가 더 이상 존재하게 않게 되는 몇 가지 방식을 밝혀냈다.

어떤 언어를 사용하는 모든 화자들이 죽거나 살해되면 그 언어는 다소 갑작스럽게 사멸할 수 있다. Tasmania 섬에서 한때 사용되던 Tasmanian어와 한때 캘리포니아에서 사용된 아메리카 인디언어인 Nicoleno어가 그런 경우다.

마찬가지로 어떤 언어의 모든 화자들이 그 언어를 사용하는 것을 멈추게 되면 그 언어는 비교적 갑작스럽게 사라질 수 있다. 이런 상황은 정치적 탄압 또는 집단학살의 위협을 받을 때 일어날 수 있다. 타문화에 종속된 토착어들은 이런 식으로 사멸된다. '토착민'으로 밝혀지는 것을 피하기 위해서 화자들은 모국어로 말하는 것을 중단한다. 아이들은 들어보지 못한 언어를 배울 수 없으며 따라서 마지막 화자가 죽으면 그 언어도 소멸한다.

대체로, 소멸하는 언어는 점진적으로, 종종 몇 세대에 걸쳐서 소멸한다. 이런 일은, 영어와 접촉하는 아메리카 인디언 언어들처럼, 지배적인 언어와 접촉하는 소수언어들에게 일어난다. 세대가 바뀔수록 그 언어를 배우는 아이들의 숫자는 줄어들고 결국에는 새로운 학습자가 전혀 없게 된다. 마지막 세대의 화자들이 사라질 때 그 언어는 사멸한 것으로 간주한다. 18세기 영국에서 Cornish어는 이런 운명을 겪었다. (최근에 그 언어를 부활시키려는 시도가 일어나고 그 결과 약 300명 정도의 비원어민 화자들의 그 언어를 배우기는 했다.) 북아메리카와 남아메리카의 많은 원주민 언어들도 같은 운명을 겪었다.

흔한 현상은 아니지만 어떤 언어들은, 예를 들어 예배의식과 같이 특별한 상황에서만 살아남는다는 점에서 '부분적 소멸'을 겪는다고 할 수 있다. 라틴어와 (한때의) 히브리어가 그러한 언어다. 라틴어는 로망스어로 발전했으며 9세기경에는 일상적인 상황에서 라틴어를 사용하는 사람들이 거의 없었다. 오늘날 라틴어의 사용은 학문적 그리고 종교적 상황에 한정된다.

많은 아메리카 인디언어들은 시간이 흐름에 따라 원어민 수가 감소하고 있다. 미국에 아직 남아 있는 토착어들 중에서 실제로 아이들이 습득하는 언어는 겨우 20%뿐이다. 문어나 구어로 더 이상 사용되지 않는 토착어들이 수백 개나 된다. 1500년대 유럽인들과 처음 접촉할 당시에는 미 대륙 전역에 1,000개 이상의 토착어들이 있었다. Comanche, Apache, Cherokee와 같이 한때는 널리 사용되었던 아메리카 인디언어들은 세대가 바뀔수록 원어민 화자의 수가 점점 줄어들고 있다.

사멸언어는 항상 존재했다. 인구어에 속하는 Hittite어와 Tocharian어는 더 이상 존재하지 않는다. Hittite어는 3,200년 전에 사라졌고 Tocharian어의 두 방언 모두 서기 1000년경에 소멸했다.

방언들도 역시 사라질 수 있다. 다음은 2012년 10월 4일자 AP통신의 한 기사의 첫 문단에서 뽑은 내용이다.

> 런던 — 스코틀랜드의 Black 섬의 끝자락에 위치한 외딴 어촌에서 Cromarty어의 마지막 원어민 화자가 사망했다. 그의 사망과 함께 영어의 언어 모자이크의 작은 조각 하나도 사라졌다.

언어학자들은 미국에서 사용되는 많은 방언들이 위기에 처해 있다고 간주한다. 예를 들어 사회언어학자 Walt Wolfram은 노스캐롤라이나의 해안에서 떨어져 있는 Ocracoke Island에서 사용되는 방언을 연구하고 있다. 그 연구를 하는 한 가지 이유는 그 방언을 보존하기 위해서다. 많은 젊은 주민들이 섬을 떠나 자녀들을 다른 곳에서 키우기 때문에 이 방언은 소멸의 위기에 처해 있다. 이는 방언이 점진적으로 소멸하는 경우에 해당한다. 휴양객들과 퇴직자들 때문에 그 방언을 사용하는 인구의 밀도가 낮아지고 있다. 왜냐하면 (역설적으로) 섬 주민들의 색다른 언어 등을 포함해서 그 섬의 독특한 특성이 그들을 섬으로 끌어들이기 때문이다.

언어학자들은 많은 언어를 위기에 처한 언어목록에 포함시켰다. 그들은 그 언어들의 문법(음성학, 음운론 등)을 연구하여 기록하고 후세를 위해서 몇 안 되는 최후의 화자들의 말을 녹음함으로써 이 언어들을 보존하려고 노력한다. 각각의 언어는 문법을 통해서 인간 인지의 본질에 관한 새로운 증거를 제공한다. 각 언어는 문학, 시, 전례의식 언어, 그리고 단어의 구조 속에 한 문화가 집단적으로 이루어낸 지적인 성취를 저장하고 그럼으로써 인간 조건에 관한 고유한 관점들을 제공한다. 한 언어의 소멸은 비극이다. 이와 같은 통찰력을 상실할 뿐만 아니라 문화가 스스로를 유지하고 새롭게 하는 주요 수단 역시 사라지기 때문이다.

언어학자들만이 이런 언어를 보존하려고 노력하는 것은 아니다. 언어단체나 때로는 정부의 후원으로 성인들과 아이들이 위기에 처한 언어를 문화의 상징으로서 배우기도 한다. Gael Linn은 아일랜드에 있는 사설기관인데 성인을 위한 Irish(Gaelic어)어 강좌를 운영한다. 아일랜드와 북아일랜드의 수백 개의 공립학교들이 완전히 Gaelic어로 수업을 진행한다. 미국의 하와이 주에서는 섬의 토착어인 하와이어를 보존하고 가르치려는 운동이 진행 중이다.

언어의 소멸을 늦추거나 반전시키려는 시도는 Quebec에 사는 프랑스인들에게서도 볼 수 있다. 1961년에 Quebec에서 사용되는 프랑스어 방언을 표준화하기 위해서 퀘벡 프랑스어 연구소(Quebec Office of the French Language)가 설립되었지만 아이러니하게도 프랑스어를 사용하는 다른 공동체와의 상호이해가 줄어들 것을 우려하여 퀘벡 프랑스어를 표준화하기를 거부하고 있다. 사람들은 퀘벡 프랑스어를 표준화시키면 퀘벡 주민들이 고립될 것이고 따라서 캐나다에서 프랑스어가 사멸될 것이라고 믿고 있다. 그리하여 퀘벡 프랑스어 연구소는 방언에 관계없이 프랑스어의 사용을 증진시키는 데 힘을 쏟고 있다.

휴면 상태의 언어를 소생시킨 놀라운 예가 이스라엘에서 일어났다. 수세기 동안 고전 히브리어는 종교의식에만 사용되었다. 그러나 오늘날 약간의 현대화와 함께 고전 히브리어는 이스라엘의 국어가 되었다. 이스라엘의 히브리어 아카데미(Academy of Hebrew Language)는 인류 역사상 최초로 고대의 문자언어를 다시 살려서 사람들이 일상적인 구어로 사용할 수 있게 하는 과업에 착수했다. 23명의 사전학자들이 성경과 탈무드를 가지고 작업하여 새로운 단어들을 추가시켰다. 히브리어를 '순수하게' 유지하려는 시도가 있기는 하지만 히브리어 아카데미는 일반 대중들의 압력에 굴복했다. 그리하여 은행수표는, 히브리어 아카데미가 히브리어 단어인 *hamcha'ah*를 제안했음에도 불구하고, 단수일 경우에는 *check* [ʧɛk], 복수일 경우에는 히브리어 복수 접미사 *-im*과 결합한 *check-im*이다. 마찬가지로 *lipstick*, *pajama*가 각각 *s'faton*, *chalifat-sheinah*(sleeping suit을 의미함)와의 경쟁에서 이겨서 사용되고 있다.

UN 역시 위기에 처한 언어들에 관심을 가진다. 1991년에 UNESCO는 다음과 같은 결의안을 통과시켰다.

> 어떤 언어든 한 언어의 소실은 인류에게 돌이킬 수 없는 손실이기 때문에 위기에 처한 그리고 사라져 가고 있는 언어의 기술(문법, 사전, 텍스트의 형식으로)을 증진시킴으로써 이런 상황에 대응하는 것이 UNESCO에게는 아주 긴급한 업무다.

소멸 중인 언어의 기록과 보존이 단지 사회적, 문화적인 이유 때문에 중요한 것은 아니다. 이 언어들을 연구하는 데는 학문적인 이유도 있다. 광범위한 유형의 언어들을 조사, 연구함으로써 언어학자들은 언어의 보편적인 속성과 개별언어들의 고유한 속성들을 모두 설명해 주는 포괄적인 언어이론을 개발할 수 있다.

언어의 계통분류 The Genetic Classification of Languages

우리는 서로 다른 언어들이 어떻게 하나의 언어에서 진화되어 나오는지 그리고 역사언어학자들과 비교언어학자들이 어떻게 언어를 게르만어나 로망스어와 같은 어족으로 분류하고 원시어의 초기형태들을 재구성하는지 살펴보았다. 세계의 언어들을 검토해 보면 이 언어들 사이의 유사성과 차이점들을 발견하게 된다. 그리고 이는 여러 언어들이 계통적으로 관계가 있다는 혹은 없다는 증거를 제공해 준다.

영어, 독일어, 그리고 베트남어에서 1에서 5까지의 수를 비교해 보면 영어와 독일어는 유사성을 보여주지만 베트남어는 다르다. (성조는 생략됨.)

영어	독일어	베트남어
one	eins	mot
two	zwei	hai
three	drei	ba
four	vier	bon
five	fünf	nam

영어와 독일어의 유사성은 범위가 넓다. 때로는 *man/Mann*처럼 유사성이 극히 분명하고 다른 경우에는 *child/Kind*처럼 덜 분명하다. 그러나 이 두 언어와 베트남어 사이에는 우연히 발생하는 것을 제외하면 그 어떤 규칙적 유사성이나 차이점이 발견되지 않는다.

인간의 혈통에 비유하자면, 영어, 독일어, 노르웨이어, 덴마크어, 스웨덴어, 아이슬랜드어 등은 한 부모에서 나왔다는 점에서 자매어(sister languages)이며, 이 언어들이 프랑스어나 러시아어와 같이 게르만어에 속하지 않은 언어들과의 관계와 비교해 볼 때, 서로 훨씬 더 밀접하게 연관이 있다고 말할 수 있다.

로망스어에 속하는 언어들은 라틴어를 부모로 하는 자매어들이다. 가족관계의 은유를 극단적으로 사용한다면, 게르만어들과 로망스어들은 사촌이라고 기술할 수도 있다. 이 둘의 부모에 해당하는 게르만 조어와 초기 라틴어는 자매였기 때문이다.

대가족 출신이라면 누구나 알 수 있듯이 사촌이 있고, 같은 혈통의 피를 주장하는 사람이라면 거의 모든 사람을 포함하는 먼 사촌이 있다. 이는 인구어족의 경우에도 마찬가지다. 게르만어와 로망스어가 정말 사촌관계라면, 그리스어, 아르메니아어, 알바니아어, 그리고 심지어는 사멸한 Hittite어와 Tocharian어도 먼 사촌들이다. Irish, Scots Gaelic, Welsh, Breton도 마찬가지이며 이들의 조상어인 Celtic어는 한때 유럽과 영국에서 널리 사용되었다. Breton은 프랑스의 북서부 해안지역에 있는 Brittany에서 사용하는 언어다. 이 언어는 7세기에 영국으로부터 도망쳐 나온 켈트인들이 가지고 왔다.

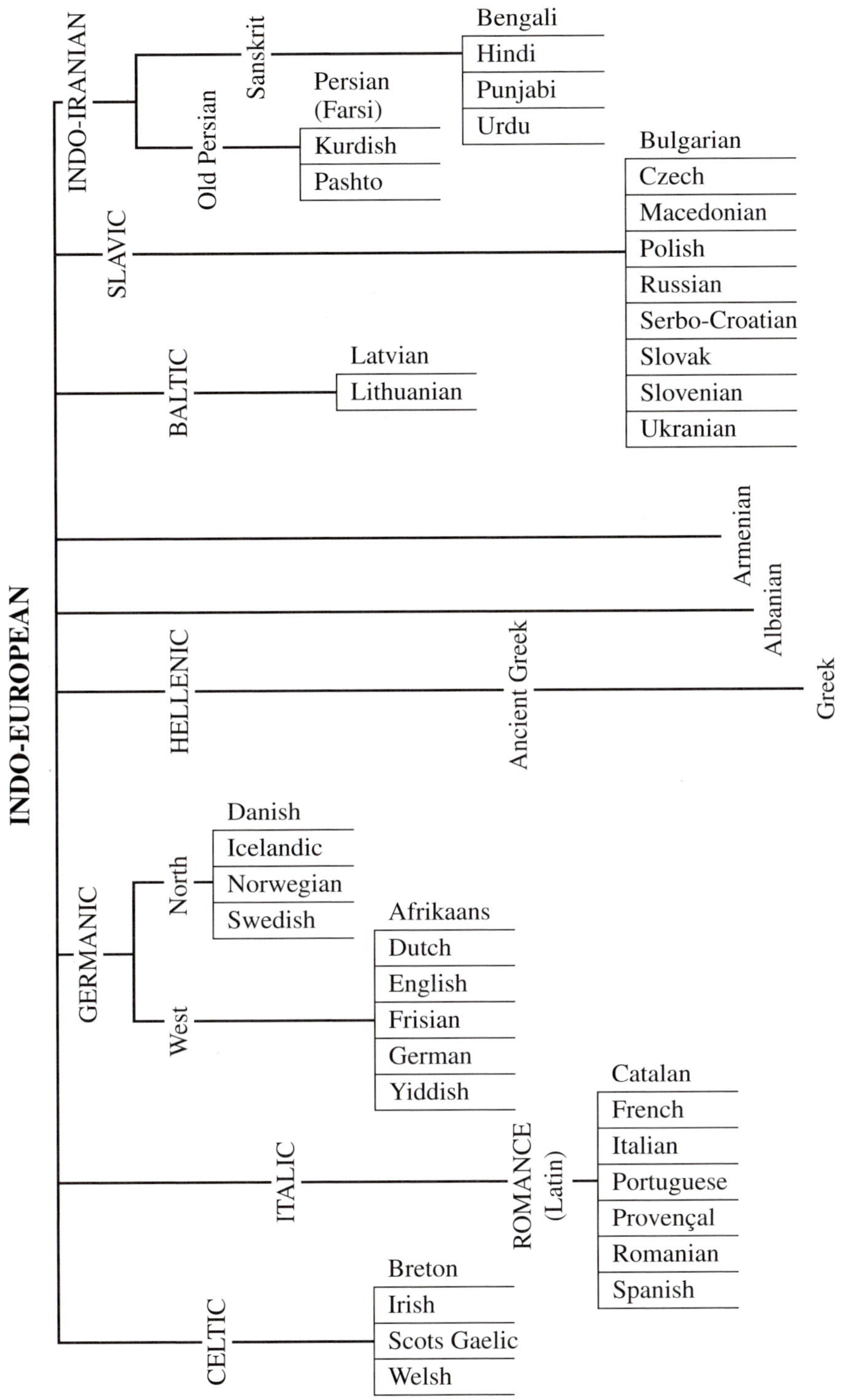
INDO-EUROPEAN
INDO-IRANIAN
Sanskrit
Old Persian
Bengali
Hindi
Punjabi
Urdu
Persian
(Farsi)
Kurdish
Pashto
SLAVIC
Bulgarian
Czech
Macedonian
Polish
Russian
Serbo-Croatian
Slovak
Slovenian
Ukranian
BALTIC
Latvian
Lithuanian
Armenian
Albanian
HELLENIC
Ancient Greek
Greek
GERMANIC
North
Danish
Icelandic
Norwegian
Swedish
West
Afrikaans
Dutch
English
Frisian
German
Yiddish
ITALIC
ROMANCE
(Latin)
Catalan
French
Italian
Portuguese
Provençal
Romanian
Spanish
CELTIC
Breton
Irish
Scots Gaelic
Welsh

그림 8.5 | 인구어족

러시아어 역시 영어의 먼 사촌이며 러시아어의 자매어인 불가리아어, 세르보-크로아티아어(Serbo-Croatian), 폴란드어, 체코어, 슬로바키아어도 마찬가지다. Baltic어인 리투아니아어와 그 언어의 자매어인 라트비아어 역시 영어와 관련이 있다. 그러나 이웃하고 있는 에스토니아어는 영어와 친척관계가 없다. 지리적으로 멀리 떨어져 있음에도 불구하고, William Jones경이 지적한 것처럼, 산스크리트어도 영어의 친척이다. 산스크리트어의 후손이며 주로 남아시아에서 사용되고 있는 힌디어와 벵갈어는 영어의 먼 친척이다. (이란에서는 Farsi라고 부르고 아프가니스탄에서는 Dari라고 부르는) 페르시아어와 이란, 이라크, 터키에서 사용되고 있는 쿠르드어, 그리고 아프가니스탄과 파키스탄에서 사용되고 있는 Pashto어 역시 영어의 먼 사촌이다. 에스토니아어를 제외한 이 모든 언어들은, 다소 멀기는 하지만, 모두 인구어에서 나왔기 때문에 서로 연관이 있다.

그림 8.5는 인구어족의 계통도를 간략하게 나타낸 것으로 지금까지 우리가 살펴본 언어들의 계통적, 역사적 분류를 보여준다. 이 도표는 언어들의 관계를 다소 단순하게 나타낸 것이다. 예를 들어 모든 슬라브 언어들이 자매어인 것처럼 보이지만 사실 이 아홉 개의 언어는 계층에 따라 다시 조직될 수 있고, 그렇게 되면 어떤 언어들이 다른 언어들보다 더 긴밀한 관계라는 것을 보여줄 수 있다. 다시 말해서 오늘날 우리가 보게 되는 아홉 개의 슬라브 언어를 초래한 다양한 분기(separations)는 아주 오랜 세월에 걸쳐 몇 차례 발생한 것이다. 인구어를 포함해서 다른 어족의 경우에도 같은 설명을 할 수 있다.

태어나서 후손을 남기지 않고 소멸한 언어들, 즉 'dead-ends'가 이 도표에 포함되지 않았다는 점에서도 이 도표는 단순한 도표라고 할 수 있다. Hittite어와 Trocharian어가 그런 유형의 인구어라는 것을 이미 언급했다. 이 계통도는 또한 현대어가 진화되어 나오는 과정에서 틀림없이 존재했었을 몇몇 중간단계들을 보여주지 못한다. 언어는 갑작스럽게 진화하지 않는다. 생물학적 계통도와의 비교가 제한적으로만 도움이 되는 이유가 바로 이것이다. 끝으로, 이 도표는 지면의 제한으로 인해 몇몇 인구어들을 보여주지 못한다.

세계의 언어 Languages of the World

세계 언어의 대부분은 인구어족에 속하지 않는다. 언어학자들은 인구어에 속하지 않는 언어들도 계통관계에 따라 분류하려고 시도해 왔다. 그들이 할 일은 한 어족에 속하는 언어들을 찾아내고 그들 사이에 존재하는 관계를 밝히는 것이다.

언어학자들이 듣게 되는 가장 흔한 두 가지 질문은 "당신은 몇 가지 언어로 말합니까?"와 "이 세상에는 몇 개의 언어가 존재합니까?"이다. 두 질문 모두 정확하게 답하기는 어렵다. 대부분의 언어학자들은 몇몇 언어들에 대해서 알고 있는 정도가 다르다. 많은 언어학자들이 다중언어 사용자(ployglot), 즉 여러 언어를 말하고 이해하는 사람들이다. 1519년부터 1558년까지 신성로마제국의 황제였던 찰스 5세는 다중언어 사용자였다. 그는 "나는 하나님

께는 스페인어로 말하고, 여자에게는 이탈리아어로 말하고, 남자에게는 프랑스어로 말하고, 나의 말(horse)에게는 독일어로 말한다"고 선언했다.

두 번째 질문과 관련해서, 세계에 존재하는 언어의 정확한 수를 확인하는 것은 어려운 일이다. 앞 장에서 다룬 것처럼, 언어가 무엇인지 그리고 방언이 무엇인지 정확하게 정의할 만한 분명한 기준이 없기 때문이다.

이런 점을 감안할 때, 백과사전 'Ethnologue: Languages of the World'가 최근에 추정한 바에 따르면 (더 상세한 것을 보려면 http://www.ethnologue.com/web.asp를 참조하라.) 2013년 현재 전 세계에 존재하는 구어의 숫자는 7,000개에 약간 못 미친다. 그 백과사전의 수화 목록에는 (구어가 사용되는 모든 대륙에서) 130개가 올라와 있다. 이 숫자는 논란의 여지가 있으며 훨씬 더 많을 수도 있다. 로스엔젤레스만 해도 80개 이상의 구어가 사용되고 있다. Hollywood 고등학교의 학생들은 집에서 부모들이 Amharic어, 아르메니아어, 아랍어, Marshallese어, Urdu어, Sinhalese어, Ibo어, Gujarati어, Hmong어, Afrikaans어, 크메르어, 우크라이나어, 캄보디아어, 스페인어, 타갈로그어, 러시아어 같은 언어를 말하는 것을 듣는다.

어떤 언어들이 계통적으로 관계가 있는지 그리고 어떤 언어들이 그런 관계가 없는지를 발견하는 것은 종종 놀라운 일이다. 멀리 떨어진 네팔에서 사용하는 언어인 Nepali어는 인구어인 반면에, 사면으로 인구어에 의해서 완전히 둘러싸인 헝가리어는 인구어가 아니다.

현존하는 다른 언어들과 입증할 수 있는 계통적 관계가 없는 언어들도 있다. 이런 언어들을 **고립어**(language isolates)라고 한다. 일본의 북해도에서 사용되는 Ainu어와 미국 남서부에서 사용되는 Zuni어는 Ethnologue에 언급된 50여 개의 고립어에 속한다. 많은 수화들은 고립어라고 할 수 있다.

언어학 입문서에 어족, 하위어족, 개별언어를 모두 포함하는 도표를 제시하는 것은 불가능하다. 게다가 확고하게 확립되지 않은 계통적 관계들도 있다. 예를 들어 일본어와 터키어가 계통적으로 관계가 있느냐라는 질문에 대해서 언어학자들은 견해가 나뉜다. 우리는 다만 다음 문단에서 몇몇 어족과 각 어족에 포함되는 몇몇 언어들을 언급한다. 이 어족들은 서로서로, 또는 인구어와 관계가 없는 것으로 보인다. 그러나 이는 세월이 지워버린 공통의 자질들을 확인할 만큼 충분히 먼 과거까지 철저하게 조사할 수는 없었기 때문에 생기는 결과일지도 모른다. 우리는 전 세계의 모든 언어가 궁극적으로 단 하나의 언어, 일부 학자들이 **노스트라틱어**(Nostratic)라고 부르는 (숨겨져 있지는 않더라도 깊은 과거 속에 묻혀 있는) '최초언어(ur-language)'에서 나왔을 가능성을 배제할 수 없다. 이런 놀라운 논제에 흥미가 있는 독자들이라면 캘리포니아 버클리 대학의 Johanna Nichols 교수의 글을 읽어 볼 것을 권한다. 물론 구글에서 *nostratic*을 검색해 보면 더 많은 정보를 발견할 수 있을 것이다.

인구어 이외에도, *Uralic*은 유럽대륙에서 사용되고 있는 또 다른 주요 어족이다. 헝가리어, 핀란드어, 에스토니아어가 이 어족을 대표하는 주요 언어들이다.

*Afro-Asiatic*은 북아프리카와 중동에서 사용되는 큰 어족이다. 여기에는 히브리어와 아랍어 등의 현대 Semitic어와 Aramaic, Babylonian, Canaanite, Moabite와 같이 성서시대에 사용된 언어들이 포함된다.

Sino-Tibetan 어족에는 10억 이상의 중국인들이 사용하는, 세계에서 인구가 가장 많은 언어인 Mandarin이 포함된다. 이 어족에는 미얀마어와 티벳어뿐만 아니라 모든 다른 중국어도 포함된다.

아프리카어의 대부분은 *Niger-Congo* 어족에 속하는데, 전 세계 언어의 1/5 이상(약 1,500개의 언어)이 이 어족에 포함된다. Kordofanian과 Atlantic-Congo라는 하위어족에 속하는 900개 이상의 언어가 이 어족에 포함된다. 후자에는 Swahili어와 Zulu어와 같은 개별 언어들이 포함된다.

거의 비슷하게 수가 많은 *Austronesian* 어족에는 아프리카 해안의 Madagascar에서부터 하와이에 이르기까지 광대한 범위에서 사용되고 있는 약 1,300개의 언어가 포함된다. 하와이어는 Austronesian어에 속하며 뉴질랜드의 Maori어, 필리핀 군도의 타갈로그어, 그리고 말레이시아와 싱가포르에서 사용되는 Malay어 역시 이 어족에 속한다.

놀랍게도, 그 다음으로 수가 많은 어족인 *Trans-New Guinea*의 경우 New Guinea와 이웃하는 섬들로 이루어진 비교적 좁은 지역에 밀집해 있으며 약 500개의 언어가 포함되며 그 대부분은 Papuan 언어들이다. 결국 지구상에 존재하는 언어의 절반이 이 세 어족에 속하는 셈이다.

수십 개의 어족과 수백 개의 언어가 북아메리카와 남아메리카에서 사용되었거나 사용되고 있다. 이 어족들 사이의 계통관계에 대한 이해는 미미한 편이다. 그리고 너무나 많은 언어들이 소멸단계에 이르고 있기 때문에 언어학자들이 인구어에 대해서 이루어낸 것만큼 Amerindian 어족에 대한 철저한 이해를 이루어낼 희망이 거의 없을 것 같다.

위기에 처한 언어들에 관한 보다 더 많은 정보에 관심이 있는 독자들이라면 2012년에 Alliance for Linguistic Diversity가 만든 웹사이트 http://www.endangeredlanguages.com을 참고할 것을 권한다.

언어의 유형 Types of Languages

언어를 분류하는 방법에는 여러 가지가 있다. 이 장에서 이미 언급된 한 방법은 어족에 따른 분류(계통적 분류)다. 이 방법은 사람들을 혈연관계에 따라 분류하는 것과 같다. 언어를 분류하는 또 다른 방법은 어족과 관계없이 언어적 특징에 따른 분류다. 이 방법은 신장과 체중, 정치적 선호, 종교, 재산의 정도 등에 따라 사람을 분류하는 것과 같다.

지금까지 이 책에서 우리는 언어를 분류하는 여러 가지 방법들을 시사했다. 음운론적 관점에서 보면 성조언어와 비성조언어로 분류(Thai어와 영어)할 수 있다. 언어마다 모음 음소의 수는 다양하다. 모음이 겨우 3개뿐인 언어도 있고 열 개 이상인 언어도 있다. 자음의 종류와 수 그리고 자음과 모음을 어떻게 결합할 때 음절이 형성되는지에 따라서 언어를 분류할 수도 있다. 일본어와 하와이어는 소수의 음절유형(대체로 CV와 V)만을 허용하는 반면에, 영어와 대부분의 인구어는 훨씬 더 다양한 음절유형을 허용한다. 또한 강세를 음소적으로 사용하는 언어(영어)와 그렇지 않은 언어(프랑스어)가 있다.

형태론적 관점에서 볼 때, 동사 및 명사 형태소가 얼마나 풍부한가에 따라서 언어를 분류할 수 있다. 예를 들어 베트남어는 단어형태소가 있기는 있지만 거의 없는 편이고 따라서 단어가 단일형태소로 되어 있다. 명사의 복수를 나타내는 접사나 동사의 인칭을 나타내는 접사가 없다. 이런 언어를 **고립어**(isolating) 또는 **분석어**(analytic)라고 한다. 영어 같은 언어는 형태소의 다양성에 있어서 중간 정도에 해당되며, 고대영어나 과거의 라틴어 또는 오늘날의 러시아어와 비교할 때 형태소가 훨씬 적다. 단어마다 둘 이상의 형태소를 갖는 언어를 **합성어**(synthetic)라고 한다. 언어학자들이 **다(多)합성어**(polysynthetic)라고 부르는 또 다른 언어들은 엄청나게 다양한 형태소들을 가지며 한 단어가 열 개 또는 그 이상의 접사들로 구성되어 영어의 완전한 문장이 갖는 의미를 담게 된다. Mohawk, Cherokee, Menominee를 포함하는 북미의 많은 토착어들이 다합성어에 속한다. 예를 들어 Menominee의 단어 *paehtāwāēwesew*는 'He is heard by higher powers'를 의미한다.

어떤 합성어들은 **교착어**(agglutinative)다. 이런 언어에서는 하나의 어근과 여러 개의 접사가 결합하여 단어가 되는데 접사들은 쉽게 분리되며 항상 같은 의미를 지닌다. Swahili어가 그런 언어다. (2장의 연습문제 9번을 참조하라.) *ninafika*라는 단어는 *ni* + *na* + *fika*로 구성되며, 'I-present-arrive'를 의미한다. 그리고 *ni* + *ta* + *fika*는 'I-will-arrive'를 의미하고, *wa* + *li* + *fika*는 'we-past-arrive'를 의미한다. 어떤 단어와 결합하든 각 형태소의 형태와 의미는 변하지 않는다. 2장 연습문제 17번에서 예를 든 터키어 역시 교착어다.

융합(fusional) 합성어에서는 형태소들이 함께 뒤섞여서 기본형을 찾아내기가 어렵다. 스페인어를 비롯한 많은 인구어들이 이런 유형의 언어다. *habl**o***, *habl**an***, *habl**e***는 각각 'I speak', 'they speak', 'I spoke'를 의미하는데, 각 접사는 '인칭', '수', 그리고 '시제'라는 다양한 의미들을 융합한다. 따라서 -*o*는 '1인칭, 단수, 현재'를 의미하고, -*an*은 '3인칭, 복수, 현재'를 의미하고, -*e*는 '1인칭, 단수, 과거'를 의미한다. 접사 자체는 그들이 가지는 개별 의미로 분해될 수 없다.

어휘적 관점에서 볼 때, 영어의 *a*와 *the*와 같은 관사의 유무, 대명사 체계, 인칭, 수, 성(gender)과 관련된 구분, 또는 가족 구성원을 묘사하는 어휘에 따라서 언어를 분류할 수 있다. 또한 독일어의 남성, 여성, 중성명사와 같은 명사군(noun classes)을 가지는지 혹은 2장에서 살펴본 Swahili어처럼 더 다양한 명사군을 가지는지 등에 따라 언어를 분류할 수 있다.

모든 언어에는 주어(S), 목적어(O), 동사(V)를 포함하는 문장이 있다. (그렇지만 개별 문장들이 모두 이 세 요소를 다 포함하는 것은 아니다.) 통사적인 관점에 볼 때, 이 요소들이 문장에서 나타나는 기본적인 순서에 따라 언어를 분류할 수 있다. 여섯 개의 어순, 즉 SVO(주어, 동사, 목적어), SOV, VSO, VOS, OVS, OSV가 가능하기 때문에 이론적으로 여섯 가지의 언어유형이 가능하다. 이들 중에서 SVO와 SOV 언어가 조사된 언어의 거의 90%를 차지하며 실제 모든 언어를 대상으로 해도 대략 같은 비율일 것이다. 영어, 스페인어, 그리고 Thai어는 SVO 언어이고, 독일어, 네덜란드어, 일본어 등은 SOV 언어다.

SVO 언어에서 조동사는 본동사 앞에 오고, 부사는 본동사 뒤에 오고, 전치사구에서 전치사는 명사 앞에 온다. 다음 영어의 예를 보라.

They are eating.	(조동사-동사)
They sing beautifully.	(동사-부사)
They are from Tokyo.	(전치사-명사)

SOV 언어에서는 반대의 경향이 나타난다. 조동사는 본동사 뒤에 오며, 부사는 본동사 앞에 오고, PP에서 후치사(postposition)라고 해야 하는 '전치사'가 명사 뒤에 온다. 다음 일본어의 예를 살펴보라.

Akiko	wa	sakana	o	tabete	iru. (동사-조동사)
Akiko	*topic marker*	fish	*object marker*	eating	is

'Akiko is eating fish.'

Akiko	wa	hayaku	tabemasu.	(부사-동사)
Akiko	*topic marker*	quickly	eats	

'Akiko eats quickly.'

Akiko	wa	Tokyo	kara	desu.	(명사-후치사)
Akiko	*topic marker*	Tokyo	from	is	

'Akiko is from Tokyo.'

이러한 차이와 그 밖에 또 다른 많은 차이들은 기저에 존재하는 단 하나의 매개변인 선택, 즉 구(phrase)에서 핵(head)이 오는 위치에서 비롯된다. SVO 언어들은 핵선(head-initial)이고 SOV 언어들은 핵말(head-final)이다.

세계의 언어들 가운데 SVO와 SOV가 지배적인 이유는 완전히 밝혀지지는 않고 있으나 언어학자들은 다음의 두 가지 원리 또는 제약 때문일 거라고 보고 있다.

원리 1. 주어가 목적어 앞에 온다.

원리 2. 동사가 목적어에 인접한다.

SVO와 SOV는 위 두 원리를 모두 준수하는 유일한 유형이다. 그 다음으로 흔하게 발견되는 유형은 필리핀 군도에서 널리 사용되고 있는 타갈로그어와 같은 VSO다.

Sumagot	siya	sa	profesor.
answered	he	the	professor

'He answered the professor.'

VSO 언어는 조사된 언어들의 거의 10%를 차지하는데 이는 SVO와 SOV 이외의 언어들 가운데 가장 큰 비율을 차지한다. 그러나 VSO 어순이 동사와 목적어가 인접한, 따라서 원리 2를 위반하지 않는 기본어순으로부터 파생되었을 가능성도 있다.

Madagascar 섬에서 사용되는 Malagasy어는 표면적으로 볼 때는 VOS 문장과 문자적인 대응을 이루는 문장을 가진다. 예를 들어 'The woman put the book on the table'을 의미하는 문장은 *put-the book on the table-the woman*의 어순이 된다. Malagasy어가 본래 이 구조라면 원리 1을 위반하게 된다. 그렇지만 언어학자들은 그런 문장들이 기저의 SVO 어순으로부터, 문장의 성분을 이동하는 규칙들에 의해서, 파생된다는 것을 보여 주었다. 외형상으로 OVS인 언어와 OSV인 언어들 역시 위의 두 원리를 준수하는 SVO 또는 SOV라는 기저어순으로부터 파생된 것일 수 있다. 하지만 이것은 앞으로 연구해야 할 언어학 주제로 남아 있다.

어떤 언어가 SVO라는 사실은 SVO가 유일하게 가능한 표면구조라는 것을 의미하지는 않는다. 언어유형과 문장 내 통사범주들의 어순이 서로 상관관계를 이루는 어순이 선호되는(preferred) 어순인데 이러한 상관관계는 대체로 위반이 가능한 경향이다. 언어마다 이 경향들을 준수하는 정도가 다르다. 따라서 어떤 유명한 코미디언이 TV에서 "Believe you me"라고 말했을 때, VSO 어순임에도 불구하고 사람들은 그의 말을 이해했고 또 모방하기도 했다. 영화 *Star Wars*의 Jedi Master인 Yoda는 이상하지만 충분히 이해할 수 있는 스타일의 영어를 사용하는데, OSV로 말함으로써 기이한 효과를 얻는다. (명사구 말고 다른 범주들도 목적어가 될 수 있다.) Yoda가 발화하는 몇몇 문장을 예로 들면 다음과 같다.

Sick I've become.

Around the survivors a perimeter create.

Strong with The Force you are.

Impossible to see the future is.

When nine hundred years you reach, look as good you will not.

많은 언어와 어족들이 보편문법을 연구하는 데 꼭 필요한 정보를 언어학자들에게 제공해 준다. 이 언어들이 여러 가지 측면에서 다양하지만, 그들은 또한 여러 가지 면에서 놀라울 정도로 유사하다. 우리는 Greenland 북부에서 뉴질랜드 남부에 이르기까지, 그리고 극동(Far East)에서 극서(Far West)에 이르기까지, 언어들은 모두 비슷한 음을 가지며, 비슷한 음운규칙과 통사규칙을 가지며 비슷한 의미체계를 가지고 있다는 것을 발견한다.

언어는 왜 변하는가? Why Do Languages Change?

언어가 어떻게 그리고 왜 변하는지 정확히 아는 사람은 아무도 없다. 우리가 살펴본 것처럼 언어변화는 갑자기 일어나지 않는다. 영어화자가 어느 날 아침에 일어나서 갑자기 '소고기(ox meat)'를 *beef*로 말하겠다고 결정한 것은 아니다. 또한 어떤 특정한 세대의 모든 아이들이 자라서 새로운 단어를 사용하는 것도 아니다. 변화는 훨씬 점진적인데 음운체계와 통사체계의 변화는 특히 그렇다.

특정 개별화자의 경우에 어떤 변화는 순식간에 일어날 수 있다. 누군가가 새로운 단어를 습득하는 경우, 점진적으로 습득되지 않는다. 물론 그 단어가 쓰일 수 있는 모든 가능한 어법을 다 이해하는 것은 서서히 일어날 수 있다. 새로운 규칙이 화자의 문법으로 들어올 때, 그 규칙은 문법 안에 있을 수도 있고 아닐 수도 있다. 처음에는 선택적인 규칙이 되어 사회적인 맥락이나 그 외의 외부적인 요인들(7장 참조)에 따라 때로는 사용되기도 하고 때로는 사용되지 않기도 한다. 언어변화에 있어서 점진적인 것은 특정 변화가 언어공동체 전체로 퍼지는 과정이다.

변화의 근본적인 원인은 아이들이 언어를 습득하는 방식이다. 아무도 아이들에게 문법규칙들을 가르치지 않는다. 아이들은 각자 자신이 받아들이는 입력언어(linguistic input)를 기초로 삼아 일반적인 규칙들을 만들며, 자신의 문법을 스스로 구축해 나간다. 언어습득을 다룬 장에서 논의하듯이 아이의 언어는 어른의 문법에 근접할 때까지 단계별로 발달한다. 아이의 문법은 다양한 입력언어를 받아들이기 때문에 결코 성인 공동체의 문법과 똑같지 않다. 어떤 규칙들은 지나치게 간소화되거나 또는 지나치게 일반화된다. 그리고 아이의 어휘는 여러 세대에 걸쳐서 축적되는 작은 차이들을 보여줄 수 있다.

나이가 든 세대도 특정 규칙들을 선택적으로 적용할 수 있다. 예를 들어 어른들은 어떤 때는 "It's I."라고 말하기도 하고 또 어떤 때는 "It's me."라고 말하기도 한다. 아이들은 대체로 격식을 덜 차리는 스타일을 사용하는데, 이 경우 다음 세대로서 아이들은 'me'라는 대명사 형태만을 사용할 수도 있다. 이런 경우에 문법의 변화가 일어난 것으로 볼 수 있다.

변화의 이유를 이해하는 것이 비교적 쉬운 언어변화들도 있다. 텔레비전이 나오기 전에는 *television*이라는 단어가 없었다. 이 단어는 곧 흔한 어휘가 되었다. 차용된 단어들도 대체로 유용한 목적에 사용되며 그 단어들이 언어에 유입되는 것이 신비한 일은 아니다. 영어의 대모음추이처럼 설명하기가 더 어려운 변화들도 있다.

음변화의 근본적이고 확실한 한 가지 원인은 하나의 음이 이웃하는 음의 발음에 영향을 주는, 조음을 용이하게(ease of articulation) 해 주는 과정인 동화(assimilation)다. 예를 들어 모음은 종종 비음 앞에서 비음화된다. 왜냐하면 연구개를 미리 아래로 내리면, 뒤이어 오는 자음을 실제로 조음할 때 비음으로 발음하는 것이 가장 쉽기 때문이다. 일단 모음이 비음화되고 나면, 비강자음이 가진 변별성은 비음화된 모음만으로도 충분이 제공될 수 있으며 따라서 잉여적인 자음은 더 이상 발음되지 않을 수도 있다. 오늘날 세계의 많은 언어(프랑스어와 같은 언어)에 존재하는 구강모음과 비강모음 간의 차이는 그러한 역사적인 변화에서 유래되었다.

프랑스어의 옛날 모습을 복원할 때, 언어학자들은 *bol*, 'basin'; *botte*, 'high boot'; *bog*, 'a card game'; *bock*, 'Bock beer'; *bon*, 'good'이 각각 [bɔl], [bɔt], [bɔg], [bɔk], [bɔ̃n]으로 발음되었다고 가정했다. *bon*에서 비음화된 모음은 비음인 종성자음에서 비롯되었다. 어말 위치에서 비강자음을 탈락시키는 조건적 음변화 때문에, *bon*은 현대 프랑스어에서 [bɔ̃]으로 발음된다. 이 경우 비강모음만으로도 여전히 다른 단어들과 변별된다.

이와 같은 동화과정이 어떻게 언어를 변화시키는지 잘 보여주는 또 다른 예을 영어에서 볼 수 있다. 다음 예에서 볼 수 있는 것처럼, 고대영어에서 (*cute*의 첫 음과 같이) 어두의 [k^j]는 /i/ 앞에 올 때 더 구개음화되어 현대영어의 구개파찰음 /ʧ/가 된다.

고대영어 (c = [k^j])	**현대영어 (ch = [ʧ])**
ciese	cheese
cinn	chin
cild	child

여러 언어의 역사에서 구개음화 과정이 발견된다. Twi어에서 'to hate'를 의미하는 단어는 한때 [ki]로 발음되었다. 그런데 이 [k]는 먼저 [k^j]가 되었다가 후에 결국 [ʧ]가 되었고 그리하여 오늘날 'to hate'는 [ʧi]다.

음을 더 닮게 만드는 과정인 조음을 용이하게 하는 과정은 지각(perceptibility)의 용이성을 유지해야 할 필요성과 대조가 된다. 그러므로 두 음이 음향학적으로 너무 비슷해서 혼동의 위험이 있을 때에도 음변화가 일어난다. 앞에서 살펴본 /f/에서 /h/로의 음변화는 [f]가 다른 음과 음향학적으로 유사하기 때문이라고 설명할 수 있다.

유추변화(analogic change)는 규칙들을 일반화함으로써 예외적 또는 불규칙 형태소들의 수를 줄이는 변화다. 화자들이 *cow*의 복수형으로 초기의 복수형 *kine* 대신에 *cows*라고 말하기 시작했는데 이는 *plow/plows*, *vow/vows*에서 유추된 것이다. 실제로 복수규칙은 이보다 더 일반화되었다.

복수규칙의 일반화는 오늘날에도 계속된다. 예를 들어 오늘날 많은 화자들은 단수와 복수가 같은 형태인 *you*를 사용하는 대신에 *you*의 복수형으로 *yous*를 사용한다.

많은 예외적인 복수형들이 규칙화되는 것에서 볼 수 있는 것처럼, 복수형 표시는 계속해서 유추변화를 겪고 있다. 많은 화자들이 *datum/data, agendum/agenda, curriculum/curricula, memorandum/memoranda, medium/media, criterion/criteria, virtuoso/virtuosi*와 같은 차용어 복수형들을 *agendas, curriculums, memorandums, criterias, virtuosos*와 같은 규칙 복수형으로 대체하고 있다.

어떤 경우에는 차용어의 본래 복수형이 단수로 쓰이기도 하는데 (*agenda*와 *criteria*처럼) 따라서 새로운 복수형(예를 들면 *agendas*)은 '복수-복수'형이다. 게다가 많은 화자들이 이제 *data*와 *media*를 *information*처럼 복수형이 없는 명사로 간주하고 있다. 이 모든 변화들은 '기억의 경제(economy of memory)'라고 부를 수 있는 변화이며 암기해야 할 불규칙 형태의 수를 줄인다.

과거시제 규칙 역시 일반화 과정을 겪고 있다. *bake/baked, ignite/ignited*와의 유추로 인해서 많은 아이들과 어른들이 이제 (woke 대신) *I waked last night*이나 (lit 대신) *She lighted the bonfire*라고 말한다. 오늘날의 사전에는 이런 규칙적 과거시제형들이 불규칙 형태 옆에 나란히 발견된다. 이는 두 형태가 현재 공존하고 있다는 것을 말해 준다. 마찬가지로 다양한 공동체에서 불규칙 과거분사는 과거시제형으로 대체되고 있다. 예를 들어 *I have gone*이나 *I've driven* 대신 이런 방언의 화자들은 *I have went, I've drove*라고 말한다. 불규칙 동사의 패러다임의 단순화는 규칙동사 패러다임과의 유추로 인해서 발생한다. 그래서 *I dance, I danced, I have danced*처럼 과거시제형과 과거분사형이 같다.

동화와 유추변화로 설명할 수 있는 변화들도 있지만 그렇지 않은 변화들도 있다. 문법의 단순화와 규칙화도 일어나지만 또한 정교화 또는 복잡화도 일어난다. 격어미(case endings)들이 단순화되는 동시에 고대영어의 통사규칙들은 더 복잡해져서 더 엄격한 어순을 요구하게 되었다. 단순화 경향은 잠재적 중의성을 줄여야 하는 필요성과 대조된다. 대부분의 언어변화는 이 둘 사이의 균형을 유지하기 위해서 일어난다.

언어접촉 역시 언어변화의 수단이다. 특히 차용에 의한 어휘적 변화와 새로운 음소의 도입과 같은 음운변화와 관련해서 더 그렇다. 앞에서 살펴보았듯이, 음소 /v/는 노르만족의 침입 이후에 이루어진 프랑스어와의 긴밀한 접촉으로 인해서 영어에 들어오게 되었다.

문법의 단순화, 명료한 이해를 위한 정교화, 차용 등 여러 요인들이 언어변화에 기여한다. 변화는 그 언어를 배우는 아이들에 의해서 실현된다. 언어변화의 정확한 이유는 여전히 불분명하다. 그러나 아이들이 어른들의 언어를 불완전하게 배운다는 사실이 언어변화에 기여하는 요인이라는 것은 분명하다. 아마도 다른 모든 것이 변하는 똑같은 이유로 언어도 변하는 것 같다. 변한다는 것은 모든 사물의 본성이다. Heraclitus가 수세기 전에 지적했듯이, 모든 것이 유동적이고, 고정상태로 남아 있는 것은 없다. 변하지 않고 그대로 남아 있는 것은 하나도 없다.

요약

살아 있는 모든 언어는 변한다. 음추이와 같은 언어변화는 모든 언어의 역사에서 발견된다. 한 언어의 여러 발달단계들 사이에, 한 언어의 여러 방언들 사이에, 그리고 여러 언어들 사이에 존재하는 규칙적 음대응이 이를 입증한다. 공통의 기원으로부터 발달한 언어들은 계통적 관계를 가진다. 계통적으로 관계가 있는 언어들은 한때 같은 언어의 방언들이었다. 예를 들어, 영어, 독일어, 스웨덴어는 게르만 조어라고 부르는, 게르만어의 초기형태(라고 상정되는 언어)에 속하는 방언들이었고, 스페인어, 프랑스어, 이탈리아어 등 로망스어의 초기형태들은 라틴어의 방언들이었다. 더 이전의 시기로 거슬러 올라가면, 게르만조어, 라틴어, 그리고 다른 언어들의 초기형태들은 조상어라고 가정되는 인구 조어의 방언들이었다.

문법의 모든 영역이 변할 수 있다. 음운변화, 형태변화, 통사변화, 어휘변화, 그리고 의미변화가 일어난다. 단어, 형태소, 음소, 모든 유형의 규칙들이 추가, 소실, 변경될 수 있다. 단어나 형태소의 의미가 확대, 축소, 또는 이전될 수 있다. 차용에 의해서 어휘 목록이 확장될 수 있는데 차용어가 그 안으로 들어오기 때문이다. 이런 일은 언어접촉 상황에서 아주 흔히 일어난다. 어휘 목록은 또한 신조어, 혼성어, 복합어, 두문자어 및 그 외의 단어형성 과정을 통해서 확장된다. 반면에 *typewriter, blackboard, phone booth*와 같은 단어들의 사용빈도가 일정 수준 이하로 떨어질 때 어휘 목록은 축소된다.

언어변화에 대한 연구는 역사·비교언어학이라고 한다. 언어학자들은 비교연구방법을 사용하여 관계가 있는 언어들의 동족어들 사이에서 규칙적 음대응을 찾아내고, 초기의 조어를 체계적으로 재구성한다. 이러한 비교연구 재구성을 통해서 언어학자들은 시간을 거슬러 올라가 어족의 역사를 밝혀낼 수 있다. 그리고 어족은 그림 8.5와 비슷한 수형도로 나타낼 수 있다. 같은 방법을 한 언어의 다른 단계들에 적용하여 내적 재구성을 끌어낼 수 있다. 문서로 된 기록이 존재할 경우, 이는 언어변화에 대한 정보를 제공한다.

2013년 현재 전 세계에는 7,000개에 약간 못 미치는 수의 언어와 100여 개 혹은 그 이상의 수화가 존재하는 것으로 추정된다. 이 언어들은 계통적 관계에 근거하여 어족으로 분류되고 어족은 다시 하위어족으로 분류되는 등 체계적으로 분류된다. 이 언어들 중 상당수가 소멸 과정에 놓여 있다. 왜냐하면 세대가 지나면서 그 언어를 배우는 아이들의 수가 줄어들기 때문이다. 그러나 사라지고 있는 언어와 방언들을 보존하려는 노력이 진행되고 있으며, 이런 노력을 통해서 그 언어들을 보존하게 되면 보편문법에 관한 연구 및 그 언어를 사용하는 사회의 문화에 관한 연구에 기여할 수 있다.

언어는 또한 풍성한 형태소와 빈약한 형태소(합성적 언어와 분석적 언어), 또는 기본어순이 영어처럼 SVO인지 일본어처럼 SOV인지 또는 또 다른 어순인지 등과 같은 기준들에 의해서 분류될 수 있다.

언어변화의 모든 원인을 다 아는 사람은 없다. 어떤 음변화들은 동화 때문에 일어나는데, 동화는 근본적으로 조음을 용이하게 하는 생리적 과정이다. **대모음추이**와 같은 다른 변화들은 설명하기가 더 어렵다. 어떤 문법변화들은 **유추변화**인데 이는, *kine* 대신 *cows*, *woke* 대신 *waked*가 사용되는 것처럼, 규칙성의 증가를 초래하는 일반화다.

아이들이 언어를 배우면서 문법과 어휘 목록의 재구성이 일어날 때 변화가 일어난다. 문법은, 인구어 형태소의 소실에서처럼, 단순화 및 규칙화의 방향으로 변하는 것처럼 보인다. 그러나 그런 단순화 과정은 어순이 더 엄격해지는 것과 같은 또 다른 복잡화 과정에 의해서 보완된다. 단순성(언어는 배울 수 있어야 한다)과 복잡성(언어는 표현력이 있어야 하고 상대적으로 명료해야 한다) 사이에는 항상 균형이 존재한다.

참고문헌

Aitchison, J. 2001. *Language change: Progress or decay? 3rd ed.* Cambridge, New York, Melbourne: Cambridge University Press.

Anttila, R. 1989. *Historical and comparative linguistics*. New York: John Benjamins.

Baugh, A. C., and T. Cable. 2002. *A history of the English language, 5th ed.* Upper Saddle River, NJ: Pearson Education.

Campbell, L. 2004. *Historical linguistics: An introduction, 2nd ed.* Cambridge, MA: MIT Press.

Comrie, B. (ed.). 1990. *The world's major languages.* New York: Oxford University Press.

Hock, H. H., and B. D. Joseph. 1996. *Language history, language change, and language relationship: An introduction to historical and comparative linguistics.* New York: Mouton de Gruyter.

Lehmann, W. P. 1992. *Historical linguistics: An introduction, 3rd ed.* London, New York: Routledge.

Lewis, M. Paul (ed.), 2009. *Ethnologue: Languages of the world, 16th ed. Dallas*, Tex.: SIL International. (http://www.ethnologue.com/)

Lightfoot, D. 1984. *The language lottery*. Cambridge, MA: MIT Press.

Michel, J-B, et al. "Quantitative analysis of culture using millions of digitized books."Science, v. 331, pp 176–82, Jan 14, 2011.

Normile, D. "Experiments probe language's origins and development."*Science*, v. 336, pp 408-411, Apr 27, 2012.

Pyles, T., and J. Algeo. 2005. *The origins and development of the English language, 5th ed.* Boston: Thomson/Wadsworth.

Wolfram, W. 2001. Language death and dying. In Chambers, J. K., Trudgill, P., and Schilling-Estes, N. (eds.), *The handbook on language variation and change.* Oxford, UK: Basil Blackwell.

연습문제

1. 서기 449년 이후로 영어의 음운체계에 많은 변화가 일어났다. 다음의 (고대영어 철자와 음성형태로 나타낸) 고대영어 단어와 현대영어에서 발음되는 단어를 살펴보라. 여기에 나타난 변화들은 영어에서 발생한 전형적인 규칙적 음변화다. 각각의 경우에 어떤 음변화가 일어났는지 밝혀라.

예 : 고대영어 hlud [xlu:d] → 현대영어 loud

변화: (1) [x]의 탈락.

(2) 장모음 [u:]가 [aʊ]로 변함.

	고대영어		**현대영어**
a.	crabba [kraba]	→	crab
	변화:		
b.	fisc [fɪsk]	→	fish
	변화:		
c.	fūl [fu:l]	→	foul
	변화		
d.	gat [ga:t]	→	goat
	변화:		
e.	læfan [læ:van]	→	leave
	변화:		
f.	tēþ [te:θ]	→	teeth
	변화:		

2. 대모음추이는 다음과 같이 의미적 관계가 있는 단어쌍에서 보듯이 현대영어에 그 흔적을 남겼다.

(1) ser**e**ne/ser**e**nity [i]/[ɛ]

(2) div**i**ne/div**i**nity [aɪ]/[ɪ]

(3) s**a**ne/s**a**nity [e]/[æ]

(1), (2), (3)의 예들에 나타나는 변화, 즉 [i]/[ɛ], [aɪ]/[ɪ], [e]/[æ]의 차이를 보여주는 5개의 단어쌍을 각각 제시하라.

	[i]/[ɛ]	**[aɪ]/[ɪ]**	**[e]/[æ]**
a.			
b.			

c.

d.

e.

3. 고대영어, 중세영어, 초기현대영어 문헌에서 나온 다음 a~g 문장들은 영어문법의 통사규칙에 일어난 변화들을 보여준다. (초기의 철자와 단어는 현대영어에 맞게 고쳐 놓았다. 예를 들어 고대영어의 *His suna twegen mon brohte to þæm cynige*는 *His sons two one brought to that king*처럼 표기되며, 현대영어의 His two sons were brought to the king에 해당한다.) 각 문장에서 현대영어와 차이가 나는 부분에 밑줄을 긋고, 그 문장을 현대영어에 맞게 다시 써라. 그리고 어떤 변화가 있었는지 설명하라.

예: It <u>not</u> belongs to you. (Shakespeare, *Henry IV*)

현대영어: It does not belong to you.

변화: 과거에는 부정문에서 *not*이 동사 앞에 왔다. 오늘날은 단어 *do*가, 적절한 형태로, *not* 앞에 와야 한다.

a. It nothing pleased his master.

b. He hath said that we would lift them whom that him please.

c. I have a brother is condemned to die.

d. I bade them take away you.

e. I wish you was still more a Tartar.

f. Christ slept and his apostles.

g. Me was told.

4. 연보나 연감은 (온라인상의 연보나 연감을 포함해서) 종종 새로운 단어의 목록을 출간한다. 2012년에 *webisode, frenemy, staycation*과 같은 새로운 단어들이 영어에 들어왔다. 그 이전에는 컴퓨터 시대와 더불어 *byte*와 *modem* 같은 단어들이 나타났다. 또 다른 단어들은 의미가 확대되었는데 예를 들어 *memory*는 컴퓨터의 저장용량을 지칭하게 되었고 *crack*은 코카인의 일종을 지칭하게 되었다. *threepeat, skybox*와 같이 스포츠와 관련이 있는 새로운 단어들이 생겨났다. Harry Poter의 세계는 *apparate*와 *muggle*과 같은 단어를 새롭게 우리에게 가져다 주었다. 새로운 천년의 도래와 함께 상당히 최근에 새로 들어온 단어들에는 *Viagra, Sudoku,* 그리고 논란이 있는 *fracking*('hydraulic fracturing'에서 유래하였으며 'to free oil and gas from rock'을 의미한다.) 등이 있다.

a. 지난 10년 동안 영어에 진입한 5개의 다른 단어 또는 복합어를 제시하라. 각 단어의 출처를 간략하게 기술하라.

b. 사라져 가고 있을지도 모르는 단어를 3개 제시하라. (*flapper, groovy, slay/slew*를

참고하라. 사전에 'archaic'이라고 기술되어 있는 단어들이 좋은 예다.)

c. 사전에는 동사로 되어 있지 않지만 실제로 동사로 사용되는 것을 보거나 들은 적이 있는 단어 3개를 제시하라. 예: 'He went to piano over at the club'은 'He went to play the piano at the club'을 의미한다(는 것을 짐작할 수 있다).

d. 기술의 변화로 인해서 사라졌거나 사라지고 있는 단어 3개를 제시하라. 예: *Mimeograph*는 'a method of reproduction(복사기술의 한 종류, 즉 등사)'를 의미하는데 전자사진복사 기술의 발달로 인해서 사라지고 있는 중이다.

e. 2000년대 들어서 유행하는 단어들 중 하나는 *power walk*와 *power lunch*와 같은 새로운 복합어에서 사용되고 있는 (그리고 규칙적으로 사용되는 것은 아니지만 그래도 풍부하게 사용되고 있는) *power*다. 이와 같이 사용된 예를 다섯 개 또는 열 개를 제시하고 그 예를 발견한 참고자료(잡지의 기사 또는 라디오, TV, 또는 인터넷의 뉴스보도 등과 같은)를 기록하라.

f. 이제는 *blog*가 명사로 그리고 동사로 완전하게 사용되고 있기 때문에, 접두사나 접미사와의 결합을 통해서 만들어지는 아주 많은 단어들의 어근이 될 수 있다. 규칙적 접사들과 결합하여 생성되는 예로는 *reblog* 'to blog again', *blogify* 'to write a blog about something', *nonblog* 'writing that isn't a blog, such as this exercise', *blogness* 'the quality of being a blog' 등이 있다. 접사들을 활용하여 *blog*를 포함하는 '단어'와 '정의'를 5개 또는 10개를 만들어 보라. 상상력을 마음껏 발휘해 보라. 터무니 없는 것이어도 좋다. *blogaroo* 'a blogger who writes about rodeos', 또는 *blogorama* 'a blog with a wide vista'를 예로 들 수 있다. 당신이 만든 것 중에서 가장 마음에 드는 것을 이 책의 저자들에게 이메일로 보내라. 그중에서 가장 좋은 예들을 선정하여 당신의 학교 이름과 함께 이 책의 11판에 게재하겠다.

5. 현대 프랑스어의 10개 단어(음성형태로 제시됨)에 해당하는 라틴어 단어를 음소형태로 보여주는 표를 살펴보라.

라틴어	**프랑스어**	**의미**
kor	kœr[5]	heart
kantare	ʃãte	to sing
klarus	klɛr	clear
kervus	sɛr	deer
karbo	ʃarbɔ̃	coal
kwando	kã	when
kentum	sã	hundred
kawsa	ʃoz	thing

kinis	sãdrə	ashes
kawda/koda[6]	kø[5]	tail

다음 각 기술이 참인지 거짓인지 밝히고 그 이유를 설명하라.

a. 'thing'에 해당하는 현대 프랑스어 단어는 라틴어에서 모음 /o/ 앞에 왔던 /k/가 프랑스어에서 [ʃ]가 되었다는 것을 보여준다. 참 ________ 거짓 ________

b. 'tail'에 해당하는 프랑스어 단어는 라틴어 /kawda/보다는 오히려 /koda/에서 유래되었을 것이다. 참 ________ 거짓 ________

c. 이 자료들이 보여주는 하나의 역사적 변화는 [s]가 프랑스어에서 음소 /k/의 이음이 되었다는 것이다. 참 ________ 거짓 ________

d. 만약 *kertus*라는 라틴어 단어가 있다면 그에 해당하는 프랑스어 단어는 [sɛr]일 것이다. (어두의 자음만 고려하라.) 참 ________ 거짓 ________

6. 다음은 12개 언어의 1부터 5까지의 수를 표준 Roman Alphabet으로 나타낸 것이다. 이 중에서 6개 언어는 인구어에 속하며 다른 6개 언어는 인구어가 아니다. 어느 언어가 인구어인지 밝혀라.

	a.	b.	c.	d.	e
L1	en	twene	thria	fiuwar	fif
L2	jedyn	dwaj	tři	štyri	pjeć
L3	yl	er	san	ssu	wu
L4	eka	dvau	trayas	catur	pañca
L5	ichi	ni	san	shi	go
L6	echad	shnayim	shlosha	arbaʔa	chamishsha
L7	mot	hai	ba	bon	nam
L8	ün	duos	trais	quatter	tschinch
L9	hana	tul	set	net	tasŏt
L10	yaw	daw	dree	tsaloor	pindze
L11	uno	dos	tres	cuatro	cinco
L12	nigen	khoyar	ghorban	durben	tabon

[5] œ와 ø는 전설원순모음이다.

[6] /kawda/와 /koda/는 라틴어의 두 방언에서 'tail'을 의미하는 단어다.

7. 영어의 어휘는 토박이 단어와 수천 개의 차용어들로 이루어진다. 어원을 제공하는 사전에서 다음 단어들을 찾아보라. 각 단어가 어떻게 특정 언어로부터 차용되었는지 생각해 보라.

예: *skunk*는 유럽에서 온 이주민들에게 친숙하지 않은 어떤 동물을 지칭하는 미국 원주민어의 단어다. 이주민들은 이 단어를 자신들의 어휘로 차용하였고 같은 동물을 지시하게 되었다.

a. size
b. royal
c. aquatic
d. heavenly
e. skill
f. ranch
g. blouse
h. robot
i. check
j. banana
k. keel
l. fact
m. potato
n. muskrat
o. coyote
p. chocolate
q. hoodlum
r. filibuster
s. astronaut
t. emerald
u. sugar
v. pagoda
w. khaki
x. shampoo
y. kangaroo
z. tomato

8. 유추변화(analogic change)는 언어규칙들을 일반화하는 경향을 가리키며 이는 언어변화의 주된 요인이다. 우리는 두 가지 예를 들었는데 하나는 복수형 규칙의 일반화(*cow/kine*이 *cow/cows*가 됨)였고 다른 하나는 과거시제형 규칙의 일반화(*light/lit*가 *light/lighted*가 됨)였다. 유추에 속하는 '비표준' 어법의 예를 최소한 3개를 들어라. 이 예들은 미래에 일어날 수도 있는 변화를 알려주는 지표다. (힌트: 상당히 일반적인 규칙을 생각해 보고 그 규칙을 과도하게 일반화하는 방언이나 스타일에 대해서 당신이 알고 있는지 생각해 보라. *-er*를 결합하여 비교급을 만드는 것을 예로 들 수 있다.)

9. 언어학자들은 음변화는 규칙적이지만 불규칙을 초래하고 유추변화는 불규칙이지만 규칙성을 초래한다는 '역설'에 주목해 왔다. 이것이 의미하는 바가 무엇인지 구체적인 예를 들어 설명하라. (연습문제 2와 8을 다시 검토해 보라.)

10. 다음은 Shakespeare의 *Hamlet* 제3장 제4막의 한 부분이다. 엘리자베스 시대의 영어와 현대영어 사이의 표현상의 분명한 차이를 모두 밝혀라. (예를 들어 셋째 줄의 *thou*는 현대영어의 *you*다.)

HAMLET: A man may fish with the worm that hath eat of a king, and eat of the fish that hath fed of that worm.

KING: What does thou mean by this?

HAMLET: Nothing but to show you how a king my go a progress through the guts of a beggar.

KING: Where is Polonius?

HAMLET: In heaven. Send thither to see. If your messenger find him not there, see him i'the other place yourself. But indeed, if you find him not within this month, you shall nose him as you go up the stairs into the lobby.

11. 라틴 아메리카에서 사용되는 스페인어를 약간 알고 있는 스페인 여행자들은 혀짧은 소리로 말하는 것 같은 화자들을 만날 때 종종 놀란다. 그들은 여행자가 예상하는 [s]를 [θ]로, 그리고 [j]를 *ly* 또는 IPA 기호 [ʎ]에 해당하는 구개설측음으로 발음한다. 만약 당신이 이 책을 읽었다면 이 차이가 방언의 차이라는 것을 알 것이다. 두 스페인 방언의 다음 자료를 살펴보라.

방언 1	방언 2	의미	초기형태
[kasa]	[kaθa]	hunt (명사)	*
[si]	[si]	yes	*
[gajo]	[gaʎo]	rooster	*
[dies]	[dieθ]	ten	*
[pojo]	[pojo]	kind of bench	*
[kaje]	[kaʎe]	street	*
[majo]	[majo]	May	*
[kasa]	[kasa]	house	*
[siŋko]	[θiŋko]	five	*
[dos]	[dos]	two	*
[pojo]	[poʎo]	chicken	*

a. 대응하는 쌍을 찾아라. p-p를 포함해서 모두 열네 쌍이 있다.
b. 예를 들어 *p와 같이 열네 경우의 조음(protosounds)을 재구성하라.
c. 이 두 방언에서 발생한 음변화가 (만약 일어났다면) 무엇인지 밝혀라.
d. 재구성된 초기 형태를 채우고 표를 완성하라.

12. 다음은 4개의 폴리네시아어에서 뽑은 단어들이다.

마오리어	하와이어	사모아어	피지어	의미	폴리네시아 조어
pou	pou	pou	bou	post	*
tapu	kapu	tapu	tabu	forbidden	*
taŋi	kani	taŋi	taŋi	cry	*
takere	kaʔele	taʔele	takele	keel	*
hono	hono	fono	vono	stay, sit	*

marama	malama	malama	malama	light, moon	*
kaho	ʔaho	ʔaso	kaso	thatch	*

a. 대응하는 쌍을 찾아라. (힌트: 모두 14개가 있다. o-o-o-o와 p-p-p-b를 포함해서)

b. 각각의 대응쌍에 대해서 조음을 재구성하라. 당신이 찾아낸 음변화가 있다면 언급하라.

o-o-o-o *o

p-p-p-b *p 피지어에서 p → b

c. 폴리네시아 조어의 재구성된 단어들을 채워서 표를 완성하라.

13. 2개의 아메리카 인디언어에서 발췌한 다음 자료를 살펴보라.

Yerington Paviotso = YP	Northfork Monachi = NM	의미
mupi	mupi	nose
tama	tawa	tooth
piwɨ	piwɨ	heart
sawaʔpono	sawaʔpono	(a feminine name)
nɨmɨ	nɨwɨ	liver
tamano	tawano	springtime
pahwa	pahwa	aunt
kuma	kuwa	husband
wowaʔa	wowaʔa	indians living to the west
mɨhɨ	mɨhɨ	porcupine
noto	noto	throat
tapa	tape	sun
ʔatapɨ	ʔatapɨ	jaw
papiʔi	papiʔi	older brother
patɨ	petɨ	daughter
nana	nana	man
ʔatɨ	ʔetɨ	bow, gun

a. 각각의 음대응을 밝혀라. (힌트: 자음의 경우 10개의 음대응이 있고 모음의 경우 6개의 음대응이 있다. 예를 들어 p-p, m-w, a-a, a-e 등이 있다.)

b. (1) 당신이 (a)에서 밝힌 음대응 중에서 *m* 혹은 *w*를 포함하지 않은 각 음대응에 대해서 조음을 재구성하라. (예: h-h, *h; o-o, *o)

(2) 조음이 변화를 겪었다면 어떤 변화인지 그리고 어떤 언어에서 그 변화가 일어났는지 밝혀라.

c. (1) YP에서 *w*가 나올 때 NM에서 그 음에 상응하는 음은 무엇인가?

(2) YP에서 *m*이 나올 때 NM에서 그 음에 상응하는 두 음은 무엇인가?

(3) YP 단어들에서의 *m*의 위치에 근거해 볼 때, 그 음이 NM에서 어떤 음에 상응하는지 예측할 수 있는가? 있다면 어떻게 예측할 수 있는가?

d. (1) (a)에서 당신이 확인한 음대응 중에서 *m*과 *w*를 포함하는 3개의 음대응에 대해서 2개의 조음을 재구성해야 하나 아니면 3개의 조음을 재구성해야 하나?

(2) 만약 3개의 조음이라고 답을 했다면 그 세 음은 무엇인가? 그리고 그 음들이 파생 언어인 YP와 NM에서 각각 어떤 음으로 변하였나?

(3) 만약 당신이 2개의 조음이라고 답을 했다면 그 두 음은 무엇인가? 그리고 그 두 음이 파생 언어에서 어떤 음으로 변하였나? 이와 같은 음변화에 대해서 어떤 추가적인 설명이 필요한가? (힌트: 하나의 원시음이 음성환경에 따라 2개의 서로 다른 쌍이 될 수도 있다. 이는 조건적 음변화의 예다.)

e. 지금까지 언급된 것을 토대로 해서 제시된 모든 단어를, YP와 NP의 조상어인 공통의 조어로 재구성하라. (예를 들어 'porcupine'은 *mɨhɨ로 재구성된다.)

14. 계란섬(Isle of Eggland) 주민들은 한때는 반숙계란을 주식으로 삼아 평화롭게 살고 있었다. 그들의 언어는 계란 조어(proto-Egglish)였다. 그런데 반숙계란을 먹을 때 계란의 어느 쪽 끝을 먼저 깨뜨려야 하는지에 대해서, 즉 넓은 쪽인지 좁은 쪽인지에 대해서 다툼이 일어났다. 의견이 갈라진 양쪽은 섬의 양쪽 끝으로 이동하였고 그 후 더 이상 서로 대화를 나누지 않았다. 오늘날 계란섬(Eggland)에서는 계란 넓은 쪽어(Big-End Egglish)와 계란 좁은 쪽어(Little-End Egglish)가 사용되고 있다. 다음의 자료는 이 두 언어에서 나온 것이다.

a. 각 쌍의 동족어에 대해서 음대응 세트를 찾아, 이 동족어의 출처가 되는 계란 조어(proto-Egglish)를 재구성하라.

b. 각각의 언어에 영향을 준 음변화를 밝혀라. 그 변화를 기술할 때 가능하다면 음부류를 사용하라. (힌트: 3개의 조건적 음변화가 있다.)

계란 넓은 쪽어	계란 좁은 쪽어	의미	계란 조어
ʃur	kul	omelet	*
ve	vet	yolk	*
rɔ	rɔk	egg	*
ver	vel	eggshell	*
ʒu	gup	soufflé	*

vel	vel	egg white	*
pe	pe	hard-boiled (obscene)	*

15. 아래에 제시되는 그리스어 단어와 라틴어 단어를 살펴보라. 각 단어는 많은 영어 단어들의 어근이 된다. 라틴어와 그리스어 각 단어의 어근에서 유래된 영어 단어를 3개씩 제시하라. (어근은 굵은 활자로 되어 있다.) (주의: 영어 단어가 그 어근으로 시작할 필요는 없다. 예를 들어 *depose*는 라틴어 ***pos**itus*에서 파생되었다.)

예: 라틴어 *pater* 'father': 영어 *paternal, patricide, expatriate*. 주의: *paternalistic, paternalistically*, 그리고 *paternal*에서 파생된 다른 단어들은 해당되지 않는다.

그리스어		**라틴어**	
pente	'five'	**acer**	'sharp'
anthropos	'man'	**mater**	'mother'
arche	'beginning'	**bell**um	'war'
pathos	'feeling'	**arbor**	'tree'
morphe	'shape'	**pos**itus	'put, place'
exo	'outside'	**par**	'equal'
sophos	'wise'	**nep**os	'grandson'
gamos	'marriage'	**tac**ere	'to be silent'
logy	'word'	**scrib**ere	'to write'
gigas	'huge, enormous'	**lingu**a	'tongue, language'

16. 다음 A와 B의 예가 보여주는 것처럼, 현대영어에서 형용사-명사 어순에는 약간의 예외가 있다.

A	**B**	**C**
A man alone	*an alone man	a lone man
No man alive	*no alive man	no living man
A lion asleep	*an asleep lion	a sleeping lion

a. 명사 뒤에 올 때 문법적인 형용사들의 공통된 자질을 찾아낼 수 있는가?

b. A의 예와 비슷한 추가적인 예를 제시하라.

c. C의 예들은 형용사-명사의 어순이다. 이 표현과 A의 표현이 의미가 같은가? 그렇지 않다면 어떤 차이가 있는가?

9

언어습득

Language Acquisition

이전 장에서 살펴보았듯이, 언어는 매우 복잡하다. 하지만 5세 이전의 유아들은 이미 모국어 문법의 복잡한 체계들을 거의 대부분 알고 있다. 작은 숫자를 더하거나 신발 끈을 묶을 수 있기도 전에, 아동들은 동사와 명사를 굴절하고, 의문문을 형성하고, 대명사를 적절하게 사용하고, 절을 내포문으로 구성할 수 있고, 이전에 접하지 못했던 무한한 수의 문장들을 쉽게 생성하고 이해할 수 있는 능력을 갖추게 된다. 이 장을 통해 우리는 아동들이 어떻게 이토록 감탄할 만한 과업을 성취할 수 있는지를 탐구할 것이다.

아동의 언어능력 The Linguistic Capacity of Children

분명히, 아동들은 문장을 단순히 암기함으로써 언어를 배우지 않는다. 오히려 그들은 우리가 이 책에서 다루는 것과 같은 종류의 문법적인 규칙체계를 습득한다. 그 누구도 아동들에게 문법체계를 가르쳐 주지 않으며, 그들에게 어떤 유형의 명시적 언어 교육도 하지 않는다. 일반적으로 부모들이 언어학자가 아니라면, 그들이 모국어의 음성적, 형태적, 통사적, 의미적 규칙을 알지 못하듯이, 그들의 아동들도 이를 알지 못한다. 오히려 아동들은 그들 주변에서 접하는 언어를 통해 규칙을 추출해 내며, 결국 성인 모국어 문법을 '재창조(reinventing)'한다. 그리고 이것을 위해 어떠한 특정 환경이 요구되지도 않는다. 아동들은 노출된 언어의 유형이나 사회문화적인 조건과는 상관없이, 매우 짧은 시간 동안에 그들은 너무나도 유사하여 아마도 보편적이라고 볼 수 있는 모국어 발달단계를 거친다. 심지어 수화로 의사소통하는 청각장애 부모 슬하의 청각장애 아동도 구어 언어를 습득하는 어린이들과 유사한 발달단계를 거쳐 수화를 습득하게 된다.

다양한 환경과 (앞으로 다루겠지만) 결핍된 언어 입력에도 불구하고, 아동들이 보여주는 언어 보편적인 모국어 발달 과정을 통하여, 여러 언어학자들은 아동들이 우리가 보편문법이라 칭하는 생득적인 형판 혹은 언어습득의 청사진을 가지고 태어나며, 이 언어습득의 청사진을 바탕으로 자신들의 모국어를 구성하는 과업을 수행하고 있다는 믿음을 가지게 되었다.

무엇을 학습하고, 무엇을 학습하지 않는가? What's Learned, What's Not?

"WHAT'S THE BIG SURPRISE? ALL THE LATEST THEORIES OF LINGUISTICS SAY WE'RE BORN WITH THE INNATE CAPACITY FOR GENERATING SENTENCES."

ScienceCartoonsPlus.com

가장 강력한 지지를 받고 있는 언어 생득 가설(innatedness hypothesis)이란, 사람들이 궁극적으로 얻는 문법체계는 여러 추상적 규칙과 구조를 포함하고 있으며, 이는 직접적으로 그들이 접하는 언어적 입력에 표시되어 있지 않다는 관찰로부터 나온 것이다. 이 경우, 아동들에게 제공되는 언어적 입력은 흔히 빈곤하다고 평가되며, 보편문법의 선천성에 관한 이러한 주장을 **자극의 빈곤**(poverty of stimulus)이라 부른다.

구조 의존성(structure dependency) 원리는 언어적 입력이 빈곤한 양상을 잘 보여준다. 3장에서 논의된 바 있는 구조 의존성은 문법적 규칙들이 순차적인 순서(serial order)가 아니라, 계층적 구조에 의존함을 지칭하는 것이다. 예를 들면, (1)에서 제시된 바와 같이, 조동사를 문두로 이동시키는 영어의 의문문 형성 규칙에서 이동되는 조동사는 구조적으로 주절(main)의 조동사여야 하지, 단순히 선형적으로 첫 번째 나타나는 조동사여서는 안 된다.

(1) The boy is sleeping → Is the boy sleeping?

관계절을 포함한 더 복잡한 문장인 다음 (2), (3)번 예문은 이 규칙을 더욱 명확히 보여준다. (2)번 예문과 같이 본 조동사를 이동시키는 경우, 문법적으로 정확한 문장이 되지만, (3)번 예문과 같이 문장의 첫째 조동사를 이동시키는 경우 비문법적인 문장이 된다.

The boy who is sleeping was dreaming.
(2) Was the boy who is sleeping ___ dreaming?
(3) *Is the boy who ____ sleeping was dreaming?

아동들에 대한 자연 발화 연구와 실험 발화 연구들은 모두 아동들이 (3)과 같은 형태의 문장을 발화하지 않는다는 사실을 보여준다. (1)과 같이 단순한 평서문-의문문 짝이 제시되었을 때, 아동들은 구조 의존적 규칙을 추론해 내고, 더욱 복잡한 실험 상황에서도 본 조동사를 도치한다. 아동들이 첫째 조동사가 아니라 주절의 조동사를 도치시키는 규칙을 깨달았다는 사실은, 입력에서는 직접 제시된 바 없는 문장의 계층적 조직 원리를 파악했음을 시사한다.

여러 문법규칙들은 주절과 종속절 사이의 구조적인 차이에 기반하고 있다. 예를 들면, (1)의 예문에서처럼 가끔씩 대명사 *he*는 뒤따르는 NP *Billie*를 지칭할 수 있다. 하지만 (2)의 예문과 같이 대명사가 항상 이러한 방식으로 동일지시(co-refer)될 수 있는 것은 아니다.

(1) When he lost the race *Billie* was sad.
(2) *He was sad when *Billie* lost the race. (*he=Billie* 이면 비문법적임)

이 두 문장에서 대명사와 NP의 선형적 관계는 동일하므로 이로 인해 문법성의 차이가 나타나지는 않을 것이다. 오히려 (1)에서는 동일지시를 허용하나 (2)에서는 허용하지 않는 규칙은 언어 보편적인 구조-의존적 성격을 지닌다. 대략적으로 말하면, 그 규칙은 주절에 위치하는 선행 대명사가 뒤따르는 종속절 내의 NP와 동일지시될 수 없다는 것이다. 의문문 형성 규칙의 경우처럼, (1)과 (2)와 같은 문장으로 실험할 때 어린이들은 실수를 하지 않는다. (1)의 경우 동일지시가 가능하지만, (2)의 경우 불가능하다는 사실은 아동들이 두 문장 사이의 구조적 차이뿐만 아니라 구조 의존적 대명사 규칙에 민감하게 반응하고 있다는 사실을 보여준다.

아동들은 구조 의존적인 규칙들에 관한 정보를 받지 않는다. 실제로, 그들은 성분 구조 혹은 문법의 다른 어떤 추상적인 특성에 관한 정보를 명시적으로 제공받지 않는다. 아동들이 접하는 것은 소리(혹은 기호)의 연속체이지 구 구조 수형도가 아니다. 그렇지만 아동들은 그러한 구조에 민감한 규칙들을 형성한다. 생득 가설에 따르면 아동들은 구조 의존성이나, 대명사 규칙, 혹은 문법범주의 핵이 보충어를 취한다는 규칙과 같은 문장 형성의 보편 원리에 관한 어떠한 체계도 학습할 필요가 없다. 문법의 이러한 양상들은 생득적으로 부여된 언어에 관한 청사진의 일부일 뿐이다.

동시에 언어의 어떠한 양상들은 학습된다는 것은 분명하다. 아동들은 자신들이 속해있는 공동체에서 사용되는 바로 그 언어를 습득하는 것이지 아무 언어나 무작위로 습득하는 것이 아니다. 아동들은 그들이 접한 언어의 특정한 소리나 단어를 배워야 할 뿐만 아니라, 어순이나 이동 규칙과 같이 언어 입력에 예시된 것과 같은 그런 언어 특유의 문법적 규칙을 학습해야만 한다. 예를 들면, 영어로 말하는 아동들은 주어가 동사에 앞서 나타나며, 동사구 내에서 동사가 목적어에 선행하는 문장을 듣게 된다. 즉, 그들은 영어가 SVO 언어라는 사실을 배우는 것이다. 반면에 일본어를 접하는 아동들은 SOV 언어를 학습할 것이다. 그들은 일본어 성인 화자로부터 목적어가 동사에 선행한다는 것을 학습한다.

또한 영어로 말하는 아동들은 조동사를 이동시켜 yes-no 의문문을 만드는 규칙을 배우게 되지만, 일본어를 모국어로 하는 아동들은 동사의 어간 뒤에 형태소 *-ka*를 붙이는 방법으로 의문문 형성규칙을 학습하게 된다.

Tanaka ga sushi o tabete iru. 'Tanaka is eating sushi'
Tanaka ga sushi o tabete iru**ka**? 'Is Tanaka eating sushi?'

이처럼 언어를 습득하는 과정은 인간의 생물학적 특질에 근거하고 있을 뿐만 아니라, 언어 환경에서 제공되는 언어 입력에 의해 보강된다.

언어학 이론의 중심적 목표 중에 하나는 다음과 같은 언어습득의 논리적 문제(logical problem of language acquisition)를 해결하는 것이다.

> 인간이 빈곤한 언어적 자료를 접함에도 불구하고, 어떻게 그렇게 쉽게, 신속하게, 보편적으로 언어를 습득하는가?

이 문제에 대한 부분적인 해답은 아동들이 아무런 사전 지식 없이 시작하는 것이 아니기 때문에 언어에 대한 노출 이외에 특별한 도움 없이도 빠르고 쉽게 복잡한 문법을 습득할 수 있다는 것이다. 아동들은 언어습득에 유리한 출발로서, 특히 구조 의존성이나 핵 계층 이론과 같은 보편문법의 생득적 원리들은 (선천적으로) 부여된 것이다. 보편문법은 아동들이 형성하게 될 문법규칙의 유형을 제약한다. 이것은 아동들이 여러 가지 문법적 오류를 피하게 하고 보편적인 언어 발달단계(다음 절에서 다룰 것임)를 생성하는 제한된 발달 경로를 따르도록 한다.

또한 생득 가설은 모든 인간의 언어들이 보편문법 원리에 부합할 것이라 예측한다. 비록 보편문법의 전체 구조를 이해하기엔 아직 멀었지만, 여러 다양한 언어에 관한 연구들은 언어학자들이 제안한 어떤 원리든지 이를 검증할 방법을 제공한다. 과학에서와 마찬가지로 가설은 새로운 증거를 토대로 수정될 수 있다. 하지만 인간언어는 추상적인 보편원리에 부합하며, 또한 다음 장에서 논의하겠지만, 인간의 뇌가 인간언어 문법의 습득을 위한 특별한 능력을 갖추고 있다는 것에 의심할 여지는 거의 없다.

언어습득의 단계 Stages in Language Acquisition

아동들은 하루 아침에 갑자기 문법을 완벽하게 형성하지 못한다. 첫 단어를 말하기 시작하고 성인 수준의 언어능력을 갖출 때까지, 그들은 언어적 단계들을 지나게 된다. 아동들은 옹알이에서 시작하여 첫 단어를 습득하게 되고, 그리고 몇 달이 지나면 단어를 조합하여 문장을 생성하게 된다.

언어습득에 관한 초기 연구는 부모들이 기록한 일기로부터 시작되었다. 하지만 최근 연구는 테이프 녹음, 비디오 녹화, 그리고 통제적 실험을 포함하고 있다. 또한 언어학자들은 자연스런 발화를 기록하고, 아동들의 표현과 이해를 연구하기 위해 의도적으로 발화들을 이끌어낸다. 또한 연구자들은 아동들의 이해 과정을 조사하고, 아직 말을 하지 못하는 영아의 언어적 능력을 연구하기 위해 기발한 실험 기법들을 고안해왔다.

아동들의 초기 발화는 성인들의 문장 발화와 정확히 같지는 않지만, 아동 언어가 단순히 성인 언어의 퇴보된 형식은 아니다. 아동들이 각 발달단계에서 생성해 내는 단어와 문장들은 그때까지 아동들이 만들어 낸 일련의 규칙체계에 부합한다. 비록 아동문법과 성인문법은 어떠한 측면에서는 다르지만, 두 문법체계는 여러 형식적 특성들을 공유하고 있다. 성인처럼, 아동들도 음성적, 형태적, 의미적 규칙뿐만 아니라, NP나 VP 같은 문법범주를 가지고 있으며, 구 구조 형성이나, 구성성분 이동에 관한 규칙체계를 가지고 있다. 또한 아동문법 역시 구조 의존성과 같은 보편적 원리를 고수한다.

성인문법의 관점에서 보면, 아동들의 발화는 종종 문법적인 오류를 포함하고 있지만 그러한 '오류'들은 아동들의 현재 언어적 지식의 발달단계를 반영하고 있으므로, 연구자들에게 아동의 문법을 들여다 볼 수 있는 일종의 창문을 제공한다.

생물학적인 측면에서, 아동들은 문법의 모든 측면을 습득할 수 있는 기능을 갖추고 있다. 다음 절에서 우리는 언어의 각 구성요소들이 어떻게 발달되는지 그 구체적인 양상을 살펴볼 것이다. 또한 우리는 언어 발달의 과정에서 보편문법과 다른 요소들이 어떠한 역할을 담당하는지 자세히 조망해 볼 것이다.

음성의 지각과 생성 The Perception and Production of Speech Sounds

인간이 빈 서판과 같은 상태로 태어난다는 개념은 신생아들이 언어 환경에서 미묘한 차이에도 반응을 보인다는 많은 증거들에 의해 반박되고 있다. 영아들은 시각적인 깊이와 거리의 차이에 반응하고, 물체의 단단하고 유연한 속성에 반응하며, 다른 시각적인 자극보다 사람의 얼굴에 더욱 반응하는 양상을 보인다. 영아들은 또한 언어습득 초기에 여러 언어적 속성들에 반응을 보인다. 독창적으로 고안된 고무 젖꼭지로 측정된 바에 따르면 영아들이 자신들에게 제시되는 자극(시각 혹은 청각)이 다양할 때, 고무 젖꼭지를 빠는 속도가 증가하지만, 동일한 자극이 반복적으로 제시될 때 고무 젖꼭지를 빠는 속도가 감소한다는 것을 실험을 통해 알 수 있다. 선호 듣기 기법(preferential listening technique)으로 검증했을 때, 조금 더 나이가 든 영아들은 자신들에게 익숙한 소리, 강세 패턴, 단어를 향해 고개를 돌리거나 더 오래 듣는다. 한편 영아들은 새로운 패턴에 반응하였는데, 이는 영아들이 실험에서 사용된 상이한 언어적인 요소들을 구분할 수 있음을 보여준다. 이러한 본능적인 반응들은 영아들이 상이한 언어적인 자극을 식별하고 인식하는 능력을 측정하는 데 사용될 수 있다.

신생아들은 그들의 모국어에서 음소적 차이가 없을 때조차도 인간언어에서 찾을 수 있는 음성적인 대조에 반응하는 경향이 있다. 영아들은 확성기로 [pa] [pa] [pa] 소리를 들을 때, 고무 젖꼭지를 빠는 속도가 느려진다. 하지만 소리가 [ba]나 [pʰa]로 바뀌면 고무 젖꼭지를 빠는 속도가 급격하게 빨라진다. 성인들이 한 음소의 여러 이음들을 구분하는 데 어려움을 겪지만, 영아에게 있어 이것은 자연스럽게 나타난다. 일본인 영아는 [r]과 [l]의 차이를 구분해 낼 수 있지만, 그들의 부모들은 구분할 수 없다. 영아들은 기식폐쇄음(aspirated stop)과 비기식폐쇄음(unaspirated stop)의 차이를 들을 수 있지만, 언어학 개론 수업을 듣는 학생들은 그 차이를 듣기만 해서는 알 수 없다. 영아들은 다른 언어에서 음소적이지만 자신들의 부모의 언어에서 음소로 존재하지 않는 소리를 식별해낼 수 있다. 예를 들면 힌디어의 경우, (혀를 뒤로 굴려서 만드는) 권설음(retroflex) *t*[ʈ]와 치경음(alveolar) [t] 사이의 음소적 대조 관계가 있다. 영어를 모국어로 하는 성인은 이 차이를 포착해 낼 수 없지만, 유아들의 경우 그 차이를 포착해 낼 수 있다.

영아들은 [ba]와 [pa]의 유·무성 대조를 인식할 수 있으며, [da]와 [ga]의 조음위치 대조를 구분할 수 있고, [ra]와 [la], [ra]와 [wa]의 조음방식 대조를 식별할 수 있다. 그러나 영아들은 소리의 크기와 같은 어떤 인간언어에서도 음소 대조에 해당되지 않는 차이에는 반응하지 않는 경향이 있다. 더구나 예를 들면 우리가 [i]로 지각하는 모음은 남성, 여성, 혹은 아동들이 생성할 때 물리적으로 상이한 소리이지만, 영아들은 성인들이 하는 것처럼 음성

신호의 비언어적 양상을 무시한다.

영아들은 어떤 언어에서든지 음소로 기능하는 소리들은 지각하는 능력을 가지고 태어났으므로 어떤 언어에 노출되더라도 학습할 수 있다. 생후 한 살 동안 영아가 해야 할 일은 주위의 언어를 듣고 그 소리를 파악하는 것이다. 생후 6개월부터 영아는 자신이 접한 언어 환경이 자신의 초기 언어 지각을 형성함에 따라 모국어에서는 음소가 아닌 소리를 식별하는 능력을 상실하기 시작한다. 일본어에 노출된 영아는 일본어에서 음소적 대조가 없는 [r]과 [l] 간의 차이를 더 이상 들을 수 없는 반면, 영어에 노출된 영아는 이 지각을 유지한다. 그들은 모국어의 소리를 배우기 시작한다. 그 전에 영아들은 인간언어 전반의 모든 소리들을 알고 있는 것 같다.

옹알이 Babbling

"Hi & Lois"/King Features Syndicate

아동의 언어적 환경은 아동의 말소리를 지각하는 것뿐만 아니라 생성하는 것에도 영향을 준다. 옹알이는 초기부터 인간의 정신이 언어 입력에 반응할 준비가 되어 있다는 것을 보여준다.

생후 6개월쯤이 되면, 영아들은 옹알이를 시작한다. 이 시기에 영아는 자신의 모국어에 포함되어 있지 않은 소리를 생성하기도 한다. 생후 한 살에 이르게 되면 옹알이는 목표어에서 일어나는 소리와 소리의 조합만을 포함한다. 옹알이는 단어와 같이 들리기도 하는데, 어떤 구체적 의미를 지니고 있지는 않은 것 같다. 이 시기에 영어를 모국어로 하는 성인은 중국어나 아랍어로 옹알이하는 영아의 옹알이와 영어로 옹알이하는 영아의 옹알이를 구분할 수 있다. 생후 한 살 동안에 영아의 언어에 대한 지각과 생성은 주위 언어에 미세하게 조정되어 간다.

들을 수 있는 아동과 청각장애가 있는 아동들의 옹알이에 관한 연구는 옹알이가 아동들이 접하는 언어 입력의 종류와 관련된 언어적 능력이라는 견해를 지지하고 있다. 구어에 노출된 4개월에서 7개월쯤 된 들을 수 있는 영아는 제한된 일련의 음성 형식을 생성한다.

세계 언어에서 가장 빈번하게 사용되는 12개의 자음은 영아의 옹알이에서 사용하는 자음의 95%를 차지한다. 초기 옹알이는 주로 *mama*, *gaga*, *dada*와 같이 반복된 자음-모음의 연속체로 구성된다. 이후의 옹알이는 더 다양화된다.

동일한 연령에서 수화에 노출된 청각장애의 영아들은 제한된 일련의 수화를 생성한다. 이 경우에도 12개 정도의 상이한 손동작을 반복적으로 사용하는데, 이 모든 동작들은 세계의 청각장애 공동체에서 사용되는 수화의 요소들이다. 각각의 경우, 그 형식은 구어와 수화에서 찾을 수 있는 가능한 소리나 동작의 조합에서 나온 것이다.

인간은 언어적 의미를 표현하는 단위들을 찾아낼 수 있는 성향을 갖고 태어나며, 유전적으로 신경 발달의 구체화된 단계에서 영아들이 받는 언어 입력에 따라 이 같은 단위(소리나 동작)를 생성하기 시작할 것이라는 사실이 현재 널리 받아들여지는 견해이다. 이것은 옹알이가 전언어적(pre-linguistic)이며 단순히 신경근육적 현상이라는 초기의 견해와 상반되게, 옹알이야말로 언어습득의 최초 단계라는 것을 시사한다. '언어습득으로서의 옹알이' 가설은 옹알이와 뇌의 좌반구 언어중추를 연결하는 최근 신경학 연구에 의해 지지되고 있다. 이는 두뇌는 매우 이른 시기에 언어 기능들을 특화한다는 추가적인 증가를 제공한다.

첫 단어 First Words

생후 한 살이 지난 어느 때, 아동들은 동일한 소리 연쇄를 반복적으로 사용하여 같은 의미를 표현하며, 이로서 첫 단어를 말한다. 물론 첫 단어를 말하는 시기에는 개인차가 있으며, 이것은 아동의 지능과는 관련이 없다. 아동의 첫 단어들은 성인 언어의 단어들과 다르다. 생후 16개월 때 J. P.라는 아동의 다음 단어들은 이러한 특성을 보여준다.

[ʔaʊ]	'not,' 'no,' 'don't'	[sː]	'aerosol spray'
[bʌʔ]/[mʌʔ]	'up'	[sʲuː]	'shoe'
[da]	'dog'	[haɪ]	'hi'
[iʔo]/[siʔo]	'Cheerios'	[sr]	'shirt' 'sweater'
[sa]	'sock'	[sæː]/[əsæː]	'what's that?'/'hey, look!'
[aɪ]/[ʌɪ]	'light'	[ma]	'mommy'
[baʊ]/[daʊ]	'down'	[dæ]	'daddy'

중요한 것은 이 단어들이 성인들의 단어와 다르다는 점이 아니라, 이 단어들이 고정된 소리-의미의 짝을 나타낸다는 점이다.

대부분의 아동들은 그들의 발화가 단지 한 단어로 구성되는 단계를 거친다. 이와 같은 한 단어 발화가 전체 문장의 의미를 전달하는 것처럼 보이기 때문에 이것을 **일어문 단계**(one-word stage) 또는 '총체적 구 단계(holophrastic stage)'라고 한다. 예를 들면, J. P.가 "down"이라고 말할 때, 그는 내려달라는 요청을 하거나, 혹은 선반에서 떨어진 장난감을 언급할 수도 있다. 그가 "cheerios"라고 말을 할 때, 단순히 그 앞에 놓인 시리얼 박스의 이름을 대는 것일 수 있고, 또한 Cheerios를 더 달라고 요청하는 것일 수도 있다. 이것은 아동들이 그들의 언어로 표현 가능한 것보다 더 복잡한 정신적 표상을 지니고 있다는 것을 시사한다. 이해 실험(comprehension experiment)은 아동들의 언어 표현능력이 그들의 내재된 문법능력을 완전히 반영하는 것이 아니라는 가설을 입증한다.

들을 수 있는 아동들이 첫 단어를 발화하는 시점보다 청각장애 아동들이 더 조기에 첫 수화를 생성한다는 의견이 제안된 바 있다. 이것은 'Baby Sign'의 개발로 이어졌는데, 이것은 들을 수 있는 부모들이 자신의 아동들을 위해 '우유', '아프다', '엄마' 등의 다양한 '수화'를 배울 수 있게 하는 기법이다. 이 생각은 말로 단어를 또렷이 발음하기도 전에 아기들은 자신의 욕구를 손동작으로 전달할 수 있다는 것이다. Baby Sign의 지지자들(그리고 많은 부모)은 (아기의) 좌절이나 울음을 훨씬 줄일 수 있다고 한다. 수화가 단어보다 먼저 나타난다는 것은 논쟁의 여지가 있다. 몇몇 언어학자들은 청각장애 아기들이나 들을 수 있는 아기들에게서 일찍 생겨나는 것은 진정한 신호의 체계적인 의미구조를 갖지 않는 전언어적 동작이라고 주장한다. Baby Sign은 손동작을 이용할 수 있음을 보여주는 증거일 수는 있지만, 전조적 언어 발달의 징표는 아니다.

말 흐름의 분절 Segmenting the Speech Stream

말은 호흡의 휴지(breath pause)로만 끊어지는 연속된 흐름이다. 억양 휴지가 항상 단어, 구절, 또는 문장의 경계에 대응하는 것은 아니다. 성인 화자들은 어휘와 문법에 대한 언어지식을 이용하여 그들이 듣는 소리에 구조를 부여한다. 그러나 어휘지식이나 문법지식을 아직 학습하지 않은 유아들은 어떻게 그들이 주위에서 듣는 소리에서 단어를 추출해 낼 수 있을까? 아이들은 그 과정에서 우리가 외국어로 방송되는 라디오 프로그램을 청취할 때 느끼는 것과 같은 곤란함에 직면하게 될 것이다. 사실, 외국어 라디오 프로그램을 청취하고 있을 때 그 방송에서 무엇을 말하고 있는지, 혹은 특정 단어가 무엇인지에 관해서 어렴풋이나마 추측하는 것조차 쉬운 일은 아니다. 따라서 어린아이들이 언어습득의 과정에서 말소리 연속체를 개별단위(단어들)로 분절할 수 있는 능력은 특이할 만한 것이라 할 수 있다.

연구는 유아들이 연속되는 말에서 정보를 추출해 내는 데에 매우 뛰어나다는 것을 보여준다. 아동들은 개별 어휘를 분리하는 데 도움이 될 어떤 유형의 단서를 언어 입력에서 찾아야 하는지 알고 있는 듯하다. 영어로 말하는 아동들이 단어의 경계를 찾기 위해 사용하는 단서 중에 하나는 강세(stress)이다.

5장에서 살펴보았듯이, 영어에서 모든 내용어는 강세 음절을 갖고 있다. (*the*, *a*, *am*, *can* 등의 기능어는 통상 비강세이다.) 만일 내용어가 단일 음절이라면, *dóg*이나 *hám*에서처럼 그 음절에 강세가 부여된다. 두 음절 내용어가 **강약격**(trochaic)일 수 있는데, 이 경우 *páper*나 *dóctor*처럼 첫 음절에 강세가 부여된다는 것을 의미하며, 또한 **약강격**(iambic)일 수 있는데, 이 경우 *giráffe*나 *devíce*에서처럼 두 번째 음절에 강세가 부여된다는 것을 의미한다. 대부분의 영어 단어들은 강약격 강세를 갖는다. 통제 실험에서도 성인 화자들은 약강격을 갖는 단어들보다 강약격을 갖는 단어들을 더 빨리 인식한다. 이것은 영어를 말하는 성인들이 새 단어의 시작(onset)을 나타내기 위해 강세 음절을 취하는 전략을 따른다고 하면 설명될 수 있다.

아동들도 성인들과 같은 전략을 사용하는 것일까? 강세는 유아들에게 매우 두드러진 자극이므로, 그들은 주어진 언어의 리듬 구조를 매우 빠르게 습득한다. 연구자들은 단지 생후 몇 개월밖에 되지 않은 유아들이라 할지라도 모국어와 외국어의 강세 패턴을 구분할 수 있음을 보여주고 있다. 이것은 생성 능력에서도 마찬가지다. 생후 한 살 후반에 이르기 전에 유아들의 옹알이는 주위의 언어의 리듬 패턴을 띤다. 생후 9개월 정도의 영어를 모국어로 하는 아동들은 어말보다는 어두에 강세를 두는 중음절 단어를 듣는 것을 더 선호한다. 그리고 가장 놀랍게도 영어를 습득하는 유아들이 실제 강세 단서를 이용하여 유창한 말에서 단어를 분절한다는 것을 보여주는 연구도 있다.

일련의 실험에서, 생후 7개월 반 정도의 유아들이 *púppy*와 같은 강약격 단어와 *guitár*와 같은 약강격 단어의 반복된 예시가 있는 지문을 들었다. 그런 후, 그들은 단어의 목록을 들었는데, 그중 일부는 이전 지문에서 제시된 것이었고 다른 일부는 그 지문에서 제시된 적이 없는 것이었다. 연구자들은 아동들이 익숙한 단어와 익숙하지 않은 단어들을 들을 때의 시간의 길이를 측정하였다. 그 결과는 아동들은 지문에서 들은 적이 있던 단어이지만, 그 단어가 강약격(*púppy*) 패턴을 가졌을 때만 유의미하게 더 오래 들었다는 것을 보여주었다(아동들이 확성기 방향으로 머리를 돌리는 것에 의해 나타난다). 약강격 패턴을 지닌 단어(*guitár*)들에 대해, 그 아동들은 *tar*라는 단일 음절 단어가 그 지문에 제시된 바 없었음에도 불구하고 강세 음절(tár)에만 반응하였다. 이 연구의 결과는 아동들도 성인들처럼 강세 음절을 취해 새 단어의 시작을 알린다는 것을 시사한다. 이 전략을 따른 것은 가끔씩 (약강격 어휘나 기능어에 대해) 오류를 유발하겠지만, 이것은 아동들에게 시작할 수 있는 한 방법을 제공해준다. 이것은 종종 **운율적 자동처리**(prosodic bootstrapping)라고 부른다. 이처럼 유아들은 단어 학습의 출발점으로 강세 패턴을 이용할 수 있다.

또한 유아들은 목표 언어의 음소배열제약(phonotactic constraint)이나 이음(allophone)의 분포에도 민감하다. 예를 들면, 우리는 6장에서 영어에서 기식음은 [pʰɛ̃n](*pen*)과 [opə̃n](*open*)의 차이에서처럼 강세 음절의 시작에서 전형적으로 발생한다는 것과, 소리의 특정 조합은, 예를 들면 [rt]처럼, 단어의 시작에서보다 끝에서 일어날 가능성이 더 높다는 것을 주목하였다. 연구를 통해 생후 9개월의 유아들조차 이러한 정보를 이용하여 말을 단어로 분절한다는 것을 알 수 있었다.

언어는 음소배열과 이음의 변이뿐만 아니라 강세 패턴에도 차이가 있다. 이것은 유아들이 이런 정보를 이용하여 유창한 말에서 단어를 추출할 수 있기 이전에 어떤 강세 패턴을 처리해야 하는지, 그리고 이음이나 가능한 소리의 조합이 무엇인지를 먼저 알아야 한다는 것을 의미한다. 이것은 고전적인 닭과 달걀의 문제처럼 보인다. (유아는 언어를 학습하기 위해 언어를 알아야 한다.) 이와 같은 난제를 벗어나는 한 방법은 유아들도 특정한 소리 연속체가 나타나는 빈도와 같은 통계적인 정보에 의존하여 언어 입력에서 단어를 분절한다는 사실을 발견하는 것이다.

한 연구에서 생후 8개월 된 유아에게 *pabiku*, *tutibu*, *golabu*, *babupu*와 같이 의미 없는 단어들로 구성된 말을 2분 동안 들려주었다. 이 단어들은 음성 합성기를 통하여 생성되었으며, 3개의 상이한 문장과 유사하게, 단어의 경계에 대한 휴지 또는 다른 음성적 단서도 없이, 3개의 상이한 순서로 조합되었다. 다음은 아동들이 들은 예이다.

golabupabikututibubabupugolabubabupututibu . . .

이러한 소리의 연속체를 들은 이후, 유아들은 *bubabu*(연구자가 '부분 단어(partword)'라고 부른 것)와 같이 단어 경계에 걸쳐 있었던 음절의 연속체로부터 그 언어의 '단어', 예를 들면, *pabiku*(유아들이 이전에 개별로 들어 본 적이 없는 것)를 구분할 수 있는지를 알아보기 위해 시험되었다. 유아들은 매우 짧은 노출과 단어 경계에 대한 단서가 없음에도 불구하고, 단어와 부분단어를 구분할 수 있었다. 이 연구의 당사자들은 상이한 음절의 연속체가 일어나는 빈도를 추적함으로써 유아들은 이것을 해낸다고 결론을 내린다. 단어가 어떤 순서로 제시되든지 단어 내부의 음절 배열은 동일하게 유지되지만, 단어 경계를 가로지르는 음절 배열은 다르게 제시될 때마다 변화하며, 따라서 훨씬 자주 일어나지 않을 것이다.

비록 이와 같은 통계적인 절차가 훨씬 더 방대하고 다양한 실제 언어 입력에서는 얼마나 일어날 수 있을지 불분명하지만, 이 실험과 이 같은 연구들은 유아들이 통계적 정보뿐만 아니라 언어구조를 이용하여 입력으로부터 단어를 추출해낼 수 있다는 것을 시사한다. 아동들은 먼저 통계적인 정보에 의존하여 단어들을 분리하고, 그런 다음 이런 단어들을 토대로, 리듬, 이음, 음소 배열적 특성을 학습하며, 그들은 또 이를 이용하여 그 이상의 분절화를 한다.

단어를 분절하기 위한 유아들의 통계에 대한 의존과 강세에 대한 의존을 측정한 연구들은 이 같은 두 단계 모델을 지지한다. 다시 말해, 보다 어린 유아(생후 7개월 반)들은 빈도수에 반응하지만, 보다 나이 든 유아(9개월)는 강세, 이음, 음소 배열 정보에 반응한다.

음운론의 습득 The Acquisition of Phonology

음운론 측면에서, 앞서 언급한 아동인 J. P.는 한 단어 단계에 있는 대부분의 아동들과 같다. 첫 단어는 일반적으로 CV(자음-모음)의 형태인 단음절이다. 모음 부분은 습득하고 있는 언어에 따라 이중 모음일 수도 있다. 아동들의 음소 목록은 성인언어에 존재하는 것보다 훨씬 더 작다. 아동들은 주위 언어와는 상관없이 모든 언어에 공통적인 소리의 작은 집

"Baby Blues", Baby Blues Partnership. Reprinted with permission of King Features Syndicate

합을 먼저 습득하고, 다음 단계에서 자신의 언어에 존재하는 덜 공통적인 소리들을 습득하는 것 같다. 예를 들면, 대부분의 언어는 [p]와 [s] 같은 소리를 가지고 있지만, [θ]는 흔하지 않은 소리이다. J. P.의 음성체계도 이 패턴을 따랐다. 초기 단계에서 그의 음운 목록은 [b], [m], [d], [k]를 포함하는데, 이것들은 전 세계 언어에서 자주 나타나는 소리들이다.

일반적으로, 음성 부류의 습득 순서는 모음으로 시작하고, 이어서 자음의 조음 방법으로 나아간다. 비음이 먼저 습득되고, 활음, 폐쇄음, 유음, 마찰음, 파찰음 순으로 습득된다. 조음 자질의 위치에 의해 특징짓게 되는 자연 부류도 어느 정도 순서화된 시리즈에 따라 아동의 발화에 나타난다. 순음, 연구개음, 치경음, 경구개음 순으로 나타난다. *mama*와 *dada*가 많은 아동들의 초기 단어라는 것이 놀랄 만한 것은 아니다.

한 언어의 소리의 빈도와 분포 역시 특정 분절음(segment)의 습득에 영향을 미칠 수 있다. 나중에 습득될 것으로 기대되는 소리도 빈도 있게 나타날 때 아동 언어에서 보다 일찍 나타날 수 있다. 예를 들면, 마찰음 [v]는 영어에서 매우 늦게 습득되지만, 단어의 맨 앞에 [v]가 위치하는 배열이 빈번한 에스토니아어, 불가리아어, 스웨덴어에서는 일찍 습득되는 음소이다.

생후 첫 해를 목표언어의 소리체계를 파악하는 데 쏟는다면, 둘째 해는 이 소리들이 그 언어의 음운에서 어떻게 사용되는가, 특히 어느 대조적 자질이 음소의 차이를 유발하는가를 학습하는 것과 관계가 있다. 아동이 먼저 한 단위의 쌍을 대조하기 시작할 때(예: /p/와 /b/는 유·무성 차이로 인해 별개의 음소라는 것을 알게 될 때), 그들은 다른 유사한 쌍들(예: /t/와 /d/, /s/와 /z/, 그리고 모든 다른 유·무성 음소 쌍들)을 식별하기 시작한다. 예상한 대로 이 일반화는 음성의 자연부류를 지칭한다.

통제실험은 이 단계의 아동들이 실제 표현할 수 있는 것보다 훨씬 더 많은 음운 대조를 지각하고 이해할 수 있다는 것을 보여준다. "rabbit" 대신에 [wæbɪt]으로 발음하여, [w]와 [r]을 구분하지 못하는 것처럼 보이는 아동이라도 반지(ring)와 날개(wing)를 고르도록 하는 그림 확인 과업(identification task)에서는 실수하지 않을 것이다.

더구나 아동들은 때때로 성인 관찰자들이 식별할 수 없는 방식으로 다른 소리를 생성한다. 예를 들면, 아동의 *wing*과 *ring*의 발음이 성인의 귀에는 똑같을지 모르지만, 아동들 발화에 대한 음향분석(acoustic analysis)은 그 두 소리가 물리적으로 서로 다른 소리라는 것을 보여준다. 하나의 추가적인 예에서처럼, 세 살 난 아동이 발성한 'elephant'의 발음, *ephant*에 대한 스펙트로그램 분석(spectrographic analysis)(10장 참조)은 그 단어의 표지에서 분명하게 [l]을 보여주었지만, 성인 실험 연구자들은 이 소리를 들을 수 없었다.

많은 일화적 보고는 이 단계에서 아동의 생성과 지각 간의 불일치를 보여준다. 다음 예는 한 언어학자와 그의 두 살 난 아들 사이의 대화이다. 이 단계에서 이 아동의 'mouth'에 대한 발음은 [maʊs]이다.

아빠: What does [maʊs] mean?
아이: Like a cat.
아빠: Yes, what else?
아이: Nothing else.
아빠: It's part of your head.
아이: (*fascinated*)
아빠: (*touching A's mouth*) What's this?
아이: [maʊs]

이 아동이 'mouse'에 해당하는 단어와 'mouth'에 해당하는 단어가 같다는 것을 깨닫는 데 몇 초의 시간이 걸렸다. 아동이 성인의 발음을 정확히 듣지 못했다는 것이 아니다. 그들은 성인의 발음을 정확히 들었지만, 이같이 어린 나이에 스스로 그 발음을 생성할 수 없다. 또 다른 언어학자의 아이는 (언어학자들은 자신의 아이들을 대상으로 실험하기를 좋아한다.) *light*를 *yight*[jaɪt]로 발음하였지만, 누군가가 아이에게 "아가, 내가 [jaɪt] 켜 줄까?"라고 물으면 "yight가 아니야, yight라고 답해야지!" 하며 매우 화를 낼 것이다.

그러므로 심지어 이 단계에서 단순히 말의 생성을 관찰한 것만으로 아동의 문법의 범위(이 경우, 음운론)를 결정하는 것은 가능하지 않다. 아동들의 내재된 언어능력을 파악하기 위해서는 다양한 실험적이고 도구적인 기법들을 사용할 필요가 있다.

아동의 첫 단어는 한 언어적 자질을 다른 언어적 자질로, 또는 한 음소를 다른 음소로 대체하는 것을 보여준다. 앞선 예들에서 치경마찰음 [s]가 더 흔하지 않은 치간파찰음 [θ]를 대체하여 *mouth* [maʊθ]는 [maʊs]로 발음된다. 활음 [j]가 유음 [l]을 대체하여 *light* [lait]는 [jaɪt]로 발음되며, 그리고 활음 [w]가 유음 [r]을 대체하여 *rabbit*이 [wabbit]으로 발음된다. 활음이 유음보다 먼저 습득되며, 따라서 유음을 대체한다. 유사하게 치경음은 치간음보다 먼저 습득되며, 따라서 치간음을 대체한다. 이러한 대체는 성인 발음의 단순화이다. 이것들은 아동들이 보다 큰 조음 통제력을 얻을 때까지 조음을 보다 쉽게 해준다.

하지만 아동들의 초기 발음이 제멋대로인 것은 아니다. 그 음운적 대체도 규칙 지배적이다. 다음은 또 다른 아동, Michael이 18개월부터 21개월 사이에 생성한 축약된 어휘목록이다.

[pun]	'spoon'	[maitl]	'Michael'
[peɪn]	'plane'	[daɪtər]	'diaper'
[tɪs]	'kiss'	[pati]	'Papi'
[taʊ]	'cow'	[mani]	'Mommy'
[tin]	'clean'	[bərt]	'Bert'
[polər]	'stroller'	[bərt]	'(Big) bird'

Michael은, 'cow', 'clean', 'kiss', 그리고 자신의 이름에서 보듯이, 체계적으로 치경연구개 폐쇄음 [k]를 치경폐쇄음 [t]로 대체했다. Michael은 또한 'Papi'나 'diaper'에서 보듯이, 양순음 [p]가 어중에 나타날 때, 이것을 [t]로 대체하였다. Michael은 'spoon', 'plane', 'stroller'에서 자음군을 축약하였고, 'Big bird'에서처럼 어말 폐쇄음을 무성음화하였다. 'bird'에서 어말 [d]를 무성음화함으로써, Michael은 Bert와 Big Bird를 동시에 지칭하는 [bert]라는 중의적인 형태를 만들었다. 아동의 첫 단어들을 그 부모들만이 이해한다고 해서 별로 놀랄 만한 것은 아니다.

Michael의 대체는 언어습득의 바로 초기 단계에서 작동하는 전형적인 음운규칙이다. 다른 흔한 규칙은 중첩(reduplication)이다. ('bottle'은 [baba]가 되고, 'water'는 [wawa]가 된다.) 그리고 어말 자음의 탈락도 있다. 'bed'는 [be]가 되고, 'cake'는 [ke]가 된다. 이 두 규칙은 아동들이 단순한 CV 음절을 선호한다는 것을 보여준다.

아동들이 만들어내는 많은 음운규칙들 중에서, 어떤 아동도 모든 규칙들을 반드시 다 사용하는 것은 아니다. 초기 음운규칙들은 일반적으로 성인 언어에서 일어나는 자연적인 음운과정을 반영한다. 예를 들면, 여러 성인 언어는 음절 말 자음을 무성음화하는 규칙을 가지고 있다(독일어는 그 규칙이 있어서 /bʊnd/는 [bʊnt]로 발음된다. 영어는 그 규칙이 없다). 아동들은 이상하거나 기상천외한 규칙을 만들지는 않는다. 그들의 규칙은 보편문법에 의해 이용될 수 있는 가능성과 부합한다.

단어 의미의 습득 The Acquisition of Word Meaning

아동의 초기 어휘가 음운적 규칙성에 관해 말해준 것에 더하여, 그것은 아동이 어떻게 단어를 사용하는지, 그리고 단어의 의미를 어떻게 구성하는지에 대한 통찰도 제공한다. J. P.에게 있어서, *up*이라는 단어는 처음에는 바닥에 누워 있거나, 높은 의자에 있을 때 "나를 들어 세워 줘(Get me up)"의 의미로 사용되었지만, 나중에 그는 이 단어를 엄마에게 "일어나(Get up)!"의 의미로도 사용했다. J. P.는 *sock*라는 그의 말을 사용하여 양말을 나타낼 뿐만 아니라 팬티와 같이 양발 위로 착용하는 다른 속옷도 나타냈다. 유사하게 아동들은 *doggie*라는 말을 사용하여 모든 네 발 달린 동물을 지시하며, *daddy*라는 말을 사용하여 모든 성인 남자들을 지시한다. 이것은 아동들이 어떻게 한 단어의 의미를 특정 지시대상에서 더 큰 부류를 포함하는 것까지 확장하는지 보여준다.

결국 아동들은 성인들이 사용하는 단어의 의미를 알아낸다. 아동들은 어떻게 이것을 알아낼까? 대부분의 사람들은 습득의 이 같은 측면이 아동에게 커다란 어려움이라는 것을 인식하지 못한다. 직관적 견해는 아동은 어떤 물체를 보고, 어머니가 어떤 단어를 말해주면, 아동이 그 소리를 물체와 연결한다는 것이다. 하지만 이런 견해는 보는 것만큼 쉽지 않다. 언어학자 Lila Gleitman은 다음과 같이 지적하였다:

> 매트 위에 앉아있는 고양이를 보는 아이는 또한 … 고양이를 받치고 있는 매트, 고양이 아래에 있는 매트, 매트와 고양이를 받치고 있는 마루바닥 등 여러 가지 것들을 목격할 것이다. 만일 어른이 손가락으로 매트 위의 고양이를 가리키며, "고양이가 매트 위에 있다"라고 말한다 할지라도, 아이들은 상술한 해석들 가운데에서 주어진 상황에 적합한 해석을 어떻게 골라낼 수 있게 되는가?[1]

비록 이 아동이 *cat*을 매트 위에 있는 동물이라고 연결하는 데 성공한다 할지라도, 아동은 'cat'을 종의 유형 대신에 특정한 동물의 이름, 'Cat'으로 잘못 해석할 수도 있다. 개 앞에서 *dog*라는 단어를 들었을 때 아동은 어떻게 'dog'이 다리가 4개이고 털이 많으며 짖는 동물이라는 것을 알 수 있는가? 'dog'은 조금씩 서로 다르게 보이는 푸들, 조그마한 요크셔 테리어, 그레이하운드나 덩치 큰 마스티프를 포함하는가? 소나 양, 그리고 다른 네 발 달린 동물들은 어떠한가? 이들은 왜 'dog'이 아닐까? 바꾸어 말하면, *cat*이나 *dog*이라는 단어를 학습하기 위해서, 아동들은 특정한 상황에서 그 단어가 지칭하는 개별 물체보다, 그 단어가 지칭하는 물체의 집합(class)을 알아야 한다. 매우 어렵지만 중요한 질문은 다음과 같다. 어떤 관련 있는 자질로 *dog*라고 부르는 대상의 집합을 규정하고, 또 아동들은 어떻게 이런 지식을 습득하는가? 비록 아동들이 한 단어를 그 대상과 연결하는 데 성공한다 할지라도, 아무도 어떻게 그 단어가 지시하는 모든 대상까지 그 사용을 확장하는가에 대한 명시적 정보를 제공하지 못한다. 단어들이 갖는 여러 의미들을 학습할 때, 다른 언어습득의 양상과 마찬가지로, 아동들은 자극의 빈약한 자료에 직면한다.

그러므로 J. P.가 *sock*이라는 단어를 과대 확장했듯이, 아동이 종종 한 단어의 의미를 **과잉확장**(overextend)한다고 하는 것도 놀랄 만한 것은 아니다. 아동은 *papa*나 *daddy*와 같

[1] Gleitman, L., in Searchinger, G. 1994. The human language series, program 2. Acquiring the Human Language. Video New York: Equinox Film/Ways of Knowing Inc.

은 단어를 학습하고, 처음에는 이 단어들을 자신의 아버지를 나타내는 데만 사용하고, 그런 다음에는 마치 *dog*이라는 단어를 모든 네 발 달린 동물을 나타내기 위해 사용하듯이, 그 단어의 의미를 모든 남자들을 의미하는 데까지 확장한다. 이와 반대로, 아동들은 어휘 항목을 매우 제한적으로 사용할 수도 있다. 예를 들면, 그들은 *bird*라는 단어를 집 밖의 나무에 있는 새와 연결하지 않은 채, 고유명사처럼 가족의 애완동물, 카나리아를 지칭하기 위해서만 사용할 수도 있다. 이것을 **과소확장**(underextension)이라고 한다. 그리고 과잉확장된 어휘는 결국 성인의 어휘 의미로 분기되듯이, 과소확장된 어휘는 목표어의 의미에 부합할 때까지 그 범위를 확장시킬 것이다.

단어의 의미습득을 둘러싼 신비는 언어학자뿐만 아니라 철학자들과 심리학자들의 흥미를 끌어왔다. 모든 어린 아동들이 유사한 방식으로 세상을 인식하고, 한 단어의 의미를 결정하는 데 도움을 주는 동일한 일반적 원리를 적용한다. 예를 들면 과잉확장은 크기, 모양, 질감과 같은 물리적인 특성들에 기반을 둔다. *ball*은 모든 둥근 물체를 지칭할 수 있고, *bunny*는 모든 털이 많은 물체를 지칭할 수 있다. 하지만 아동들은, 예를 들면 색깔에 근거해서 과잉확장하지는 않을 것이다. 실험에서 그들은 모양에 따라 대상을 분류하고 그것들에 이름을 부여할 것이지만, 빨간 대상의 그룹에는 명칭을 부여하지 않는 경향이 있다. 아동들은 특정한 방식으로 대상에 이름(label)을 붙이고 이를 확장하는 성향을 갖고 있다. 이 같은 사례에서 그들은 색보다 형태(form over color)를 선호하는 것으로 보인다. 유사하게도 한 연구자가 아동에게 한 물건을 가리키고, *zav*와 같은 의미없는 단어(nonsense word)를 사용하여, "저것은 *zav*야"라고 말한다면, 아동은 그 단어를 전체 대상(whole object)을 지칭하는 것으로 해석할 것이지만, 그 대상의 부분 또는 속성을 지칭하는 것으로 해석하지는 않을 것이다. 어휘 학습에 대한 자극의 빈곤을 고려한다면, '색깔보다 형태를 우선하는 원리'나 '전체 대상 원리'와 같은 원리들은 어휘 학습을 촉진하는 방식으로 아동의 경험을 조직화할 수 있도록 도와준다. 그런 원리들이 없다면, 아동들이 그들이 하는 만큼 빠르게 단어를 학습할 수 있을지 의심스럽다. 아동들은 생후 여섯 살까지 하루에 약 14개의 어휘를 습득한다. 이것은 대략적으로 평균 연간 약 5000단어에 달한다. 얼마나 많은 학생들이 학습 2년 후에 외국어 10,000 단어를 알 수 있겠는가?

아동들이 동사가 존재하는 통사적 환경을 토대로 단어의 한 부류(동사)의 의미를 학습할 수 있다는 실험적 증거도 있다. 여러분이 *John blipped Mary the gloon*이라는 문장을 듣는다면, John이 무엇을 했는지 정확하게 알지는 못하지만, 이 문장은 어떤 것이 John으로부터 Mary에게로 이동함을 기술하고 있다는 것을 이해할 것이다. 마찬가지로, 여러분이 *John gonked that Mary* …라는 문장을 들으면, 동사 *gonk*가 *say*처럼 의사소통 동사(communication verb)이거나 *think*처럼 인지동사(mental verb)라는 결론을 내릴 것이다. 동사가 선택하는 보충어의 유형은 그 의미에 단서를 제공하고, 이로써 아동에게 도움을 줄 수 있다. 통사론을 토대로 한 단어의 의미 학습은 **통사적 자동처리**(syntactic bootstrapping)라고 부른다.

형태론의 습득 The Acquisition of Morphology

"Baby Blues", Baby Blues Partnership. Reprinted with permission of King Features Syndicate

아동들의 형태론의 습득은 규칙 학습에 대한 명백한 증거를 제공해준다. 굴절형태소와 관련된 아동의 오류는 아동들이 문법규칙을 습득하고, 그런 다음 그 규칙을 지나치게 적용한다는 것을 드러낸다. 이 같은 **과잉일반화**(overgeneralization)는 불규칙 동사 및 명사를 마치 규칙적인 것처럼 다룰 때에 발생한다. 우리 모두는 아동들이 *bringed, goed, drawed, runned*나 *foots, mouses, sheeps*라고 말하는 것을 들어왔다.

이 같은 실수는 '모방'을 통해 생겨나는 것이 아니므로 아동이 어떻게 언어를 학습하는지에 관한 많은 것을 알려준다. 사실, 아동들은 불규칙 형태의 습득에 있어서 다음과 같은 세 단계를 거치는 것 같다.

1단계	2단계	3단계
broke	breaked	broke
brought	bringed	brought

1단계에서 아동은 *brought*나 *broke*처럼 올바른 형태로 사용한다. 이 단계에서 아동의 문법은 *brought* 형태를 *bring*과 혹은 *broke*를 *break*와 관련시키지 못한다. 이 단어들은 분리된 어휘 목록으로 취급된다. 2단계는 결정적이다. 이제 아동은 과거시제를 형성하는 규칙을 구성하여, 과거형 규칙 형태소를 모든 동사(*bring*이나 *break*뿐만 아니라 *play, hug, help*)에 부가한다. 아동들은 일반 패턴을 찾는다. 2단계에서 아동이 알지 못하는 것은 그 규칙에 예외가 있다는 것이다. 이제 그들의 언어는 성인 언어보다 훨씬 더 규칙적이다. 3단계 동안에 아동들은 그 규칙에 예외가 있다는 것을 학습하고, 이 같은 불규칙 형태가 원형 형태(root form)와 관련된다는 데에 차이를 인식한 채, 다시 한 번 *broke*와 *brought*를 사용한다.

형태론 습득에 관한 어떤 연구들은 아동의 즉흥적인 언어 사용에 토대를 둔다. 또 다른 연구들은 아동으로부터 특정 형태를 이끌어 내는 실험에 의존한다. 영어를 말하는 아동을 대상으로 한 고전적 실험 연구는 "wug test"(Berko, 1958)에 근거했다. 아동들은 다음 그림에서 보이는 바와 같이 우스운 생명체와 같은 무의미한 동물 그림을 하나 보여주었다. 무의미한 이름이 각 '동물'에게 부여되었다. 그리고 실험자는 아동들에게 그림을 가리키며 "This is a wug"이라고 말하였다.

그 다음 실험자들은 아동들에게 두 마리의 동물이 그려진 그림을 보여주면서, "Now here is another one. There are two of them. There are two ________."라고 말하였다.

아동들의 과업은 복수형 "wugs"[wʌgz]를 제시하는 것이었다. 또 다른 가상의 동물은 "bik"라고 불렀는데, 아동들에게 다시 2개의 biks가 제시되었을 때, 아동은 복수형 [bɪks]를 말하도록 되어 있었다. 아동들은 규칙 복수 정보를 자신들이 들어본 적이 없는 단어에 적용했으며, 이는 아동들이 복수형 규칙을 습득했다는 것을 보여주었다. 또 동물 이름이 유성음으로 끝나면 [z]를, 무성음으로 끝나면 [s]를 부가하는 능력은 아동들이 단순히 이전에 들었던 단어들을 모방하는 것이 아니라, 분절음의 자연부류에 관한 이해를 토대로 규칙을 사용하고 있음을 보여주는 것이다. 유사한 유도(elicitation) 실험이 다른 형태 중에서 과거형 *-ed*나 현재형 *-s*에도 행해졌다.

보다 최근에 영어보다 더 풍부한 굴절형태소를 갖는 언어를 습득하는 아동들에 관한 연구는 그들이 매우 이른 시기에 일치를 학습한다는 사실을 보여주었다. 예를 들면, 이탈리아어 동사는 수와 인칭에 있어서 주어와 일치해야 한다. 이탈리아어에서 더 많은 동사의 형태를 습득해야 한다는 점을 제외하면, 이것은, 3인칭 단수 주어에 대해, *We giggle a lot*과 *He giggles a lot*에서 볼 수 있듯이, "그 동사에 *-s*를 부가하라"는 영어의 일치규칙과 유사하다. 생후 1년 10개월과 2년 4개월 사이에 이탈리아어를 말하는 아동들은 다음의 발화가 보여주듯이, 올바르게 동사를 굴절시킨다.

Tu legg**i** il libro.	'You (2인칭 단수) read the book.'
Io vad**o** fuori.	'I go (1인칭 단수) outside.'
Dorm**e** miao dorme.	'Sleeps (3인칭 단수) cat sleeps.'
Leggi**amo** il libro.	'(We) read (1인칭 복수) the book.'

유사한 결과가 스페인어, 독일어, 카탈란어, 스와힐리어와 같이 다른 풍부한 굴절 언어를 습득하는 아동들에게도 나타났다. 영어를 모국어로 습득하는 아동들이 "I goes"라고 하는 것이 드물듯이, 이들도 일치 오류를 거의 저지르지 않는다.

앞서 주목한 언어를 포함하여, 많은 언어들은 명사구 안에서 핵 명사(head noun)와 관사, 형용사 사이에 성과 수의 일치가 있다. 2세 아동들은, 다음의 이탈리아어 예시에서 보듯이, 명사구를 생성할 때, 이러한 일치 요건을 지킨다.

E mi**a** gonn**a**.	'(It) is my (여성 단수) skirt.'
Quest**o** mi**o** bimb**o**.	'This my (남성 단수) baby.'
Guarda **la** mel**a** piccolin**a**.	'Look at the little (여성 단수) apple.'
Guarda **il** top**o** piccolin**o**.	'Look at the little (남성 단수) mouse.'

프랑스어를 모국어로 하는 2세 아동들을 대상으로 한 실험 연구는 그들이 한정사에 관한 성(gender) 정보를 이용하여, 예를 들면 *le ballon*(the-masc. ballon)과 *la bannae*(the-fem. banana)의 대조에서 보듯이, 뒤에 오는 명사를 식별할 수 있다.

아동들은 또한 자신들의 언어의 파생규칙(derivational rule)에 관한 지식을 보이고, 이 규칙을 이용하여 새로운 단어를 생성한다. 영어에서, 예를 들면 우리들은 명사에서 동사를 파생시킬 수 있다. 이제 우리는 명사 *microwave*로부터 동사 *to microwave*를 가질 수 있다. 명사 *e-mail*로부터 우리는 동사 *to email*을 파생할 수 있다. 언어습득의 초기에 아동들은 이런 파생규칙을 습득하여, 그들의 동사어휘 목록에 많은 공백이 있기 때문에 이를 종종 이용한다.

아동 발화	성인 발화
You have to scale it.	'You have to weight it.'
I broomed it up.	'I swept it up.'
He's keying the door.	'He's opening the door (with a key).'
Give me the big mistaker.	'Give me the big eraser.'

이 같은 새로운 형태들은 언어습득이 창조적 과정이며, 아동들의 발화는 파생규칙과 굴절규칙을 포함한 내적 문법을 반영한다는 추가 증거를 제공한다.

통사론의 습득 The Acquisition of Syntax

아동이 여전히 일어문 단계에 있을 때, 한 단어로 된 발화를 듣는 성인들은 아동이 훨씬 복잡한 메시지를 전달하려 애쓴다는 것을 느낄 수 있다. 실험 연구는 이 단계(심지어 이전 단계)에서 아동들이 어느 정도의 통사적 지식을 갖고 있다는 것을 보여준다. 이 실험에서 유아들은 어머니의 무릎 위에 앉아서, 스피커를 통해 한 문장을 들으면서 동시에 두 비디오가 상이한 행동들을 묘사하고 있는 것을 지켜보는데, 그중 한 행동은 제시된 문장과 일치한다. 아동들은 자신들이 들은 문장에 상응하는 장면에 더 오랜 시간 시선을 고정하는 경향이 있다. 이 연구방법론은 연구자들이 단지 단일 단어만 사용하고, 전혀 말을 하지 못

"Doonesbury" 1984 G.B. Trudeau. Reprinted with permission of Universal Press Syndicate

하는 유아의 언어지식을 엿볼 수 있게 한다. 연구결과를 보면 생후 17개월 정도의 유아들이 *Ernie is tickling Bert*와 *Bert is tickling Ernie* 같은 문장 간의 차이를 이해할 수 있다. 이 두 문장들은 모두 동일한 어휘로만 이루어져 있으므로, 단어를 유추하여 두 문장의 차이를 파악한다고 볼 수 없다. 유아는 어순규칙들과 그 규칙들이 어떻게 주어와 목적어의 문법적 관계를 결정하는지 이해해야 한다. 이와 유사한 안구 선호도 기법(preferential looking technique)은 생후 18개월 정도 된 유아들도 *What is the boy hitting?*과 *What hit the boy?*처럼 주격과 목적격 *wh*-의문문을 구분할 수 있다는 것을 보여주고 있다. 이 같은 결과와 많은 다른 결과들은 아동들의 통사적 능력은 자신들의 표현 능력보다 앞서며, 이것을 아동의 어휘 습득과 문법의 다른 부문의 발달에서 역시 볼 수 있다. 생후 두 돌 즈음에 아동들은 단어들을 조합하여 분명한 의미 관계와 통사 관계를 갖춘 두 단어 문장을 생성해내기 시작한다. 다음의 발화는 이 단계에서 아동의 발화에서 찾을 수 있는 패턴의 종류를 예시한다.[2]

allgone sock	hi Mommy
bye bye boat	allgone sticky
more wet	it ball
Katherine sock	dirty sock

이러한 초기 발화는 다양한 의미적, 통사적 관계를 보여준다. 예를 들면, *Mommy sock*과 같은 명사 + 명사 문장은 엄마가 아이에게 양말을 신겨주는 상황에서는 주어 + 목적어의

2 이 장에서 제시된 많은 아동언어 예시들은 영어와 다른 언어들을 습득하는 아동들의 자연발화를 전산화된 데이터베이스인 CHILDES(아동언어 자료 교환 시스템)에서 발췌하였다. MacWhinney, B., and C. Snow. 1985. The child language data exchange system. Journal of Child Language 12: 271–96.

관계를 나타내며, 아이가 엄마의 양말을 가리킬 때는 소유격 관계를 나타낸다. 두 단어는 *sweater chair*가 'The sweater is on the chair'를 의미하는 것에서처럼 또한 주어 + 처소격 관계를 나타내기 위해 사용될 수도 있고, 또는 *dirty sock*에서처럼 속성을 나타내기 위해 사용될 수도 있다. 아동들은 종종 *allgone, more, bye bye* 같은 다양한 수식어를 사용한다.

아동들은 성장에도 개인차가 있으며, 단어를 말하고 이를 조합하기 시작하는 연령도 상이하므로 연대기적 연령은 아동의 언어 발달을 측정하는 좋은 척도는 아니다. 대신에 연구자들은 아동의 **평균 발화 길이**(mean length of utterance: MLU)를 사용하여 아동의 발달을 측정한다. MLU는 특정한 시점에서 아동들이 생성하는 발화의 평균 길이이다. MLU는 흔히 형태소를 단위로 측정하므로 *boys, danced, crying* 같은 단어는 각각 두 (형태소) 값을 갖는다. 상이한 형태적 체계를 갖고 있는 언어를 습득하는 아동들과 비교하기 위해, 매 100개의 발화당 동사의 개수를 세는 측정치(VPU)가 보다 흥미로운 사실을 드러낼 수도 있다. 동일한 MLU나 VPU 값을 갖는 아동들은 비록 연령이 다르더라도 유사한 문법을 갖고 있을 가능성이 있다.

최초의 다단어(multiword) 발화에서, 아동들은 *a, the*와 같은 한정사, *I*나 *we* 같은 주격 대명사, *can*이나 *is*와 같은 조동사, 그리고 일부 언어에서는 동사 굴절과 같은 기능어(문법형태소)의 사용에 일관성이 없다. 많은 발화(모두는 아니라하더라도)는 개방부류의 단어, 즉 내용어로만 구성되는 반면, 기능어, 조동사, 그리고 동사의 굴절 형태의 일부 또는 전부가 빠질 수도 있다. 이 단계 동안에 아동들은 종종 문자 메시지를 보내고 있는 것 같거나 구식의 전보문(기본적인 이해에 필요한 단어만 포함)을 읽고 있는 것 같이 들린다. 이러한 발화를 '전보문 발화'라고 하며, 우리는 이것을 아동 언어 발달의 **전보문 단계**(telegraphic stage)라고 부른다.

Cat stand up table.
What that?
He play little tune.
Andrew want that.
Cathy build house.
No sit there.
Ride truck.
Show Mommy that.

아동들이 모든 문법적 형태소와 조동사를 일관성 있게 사용하는 데에는 몇 달이 걸릴 수도 있다. 하지만 트위터에 메시지를 올리는 성인들과는 달리 아동들은 의도적으로 기능어를 빠트리지는 않는다. 그 문장은 언어 발달의 특정 단계에 관한 아동의 언어능력을 반영한다.

언어학자들 사이에서도 전보문을 어떻게 규정할 것인지에 대해 다음과 같은 많은 논쟁이 있다. 아동들은 더 길고 복잡한 복문을 생성하는 능력의 한계 때문에 기능 형태소를 빠트리는가? 아니면 그들의 문법이 그런 요소들을 표현하지 않아도 되기 때문에 생략하는가? 첫 번째 설명에 따르면, 전보문은 수행 한계에 기인된다. 아동이 생성할 수 있는 발화의 길이에는 상한 한계가 있으며, 기능 형태소는 의미 전달에 별로 중요하지 않기 때문에 그것들은 탈락된다. 두 번째 관점에서 보면, *Hablo ingles* '(I) speak English'에서처럼 주어탈락을 허용하는 이탈리어나 스페인어와 같은 언어와 한정사가 결여된 중국어와 같은 언어에서 전보문은 성인발화와 유사한 초기 문법 단계이다.

비록 전보문 단계에서 아동의 문장들은 특정 기능 형태소를 결여하고 있지만, 그럼에도 불구하고 그 문장들은 계층적 성분 구조를 갖고 있고, 성인문법과 유사한 통사규칙과 관계되는 것처럼 보인다. 예를 들면, 아동들은 자신의 언어의 어순규칙을 거의 어기지 않는다. 영어와 일본어처럼 상대적으로 어순이 고정된 언어에서, 아동들은 최초 단계부터 요구되는 어순(영어에서 SVO, 일본어에서 SOV)을 사용한다. 터키어나 러시아어와 같이 어순이 자유로운 언어에서는 주어나 목적어 같은 문법적 관계는 격 표지(case-marker) 같은 굴절 형태소로 표시되며, 격 표지 언어를 습득하는 아동들은 이 같은 형태론을 빨리 학습한다. 예를 들면 러시아어나 독일어를 말하는 아동들은 거의 오류 없이 주어에 주격(nominative case)을 표시하고, 목적어에 대격(accusative case)을 표시한다.

어순, 격 표시, 일치 규칙의 정확한 사용은 비록 아동들이 기능 형태소를 종종 탈락시킨다고 할지라도, 성분 구조, 통사규칙, 구조 의존성을 의식하고 있다는 것을 보여주며, 그리고 이런 것들은 성인문법에서처럼 다음과 같은 구 구조 수형도로 나타낼 수 있다.

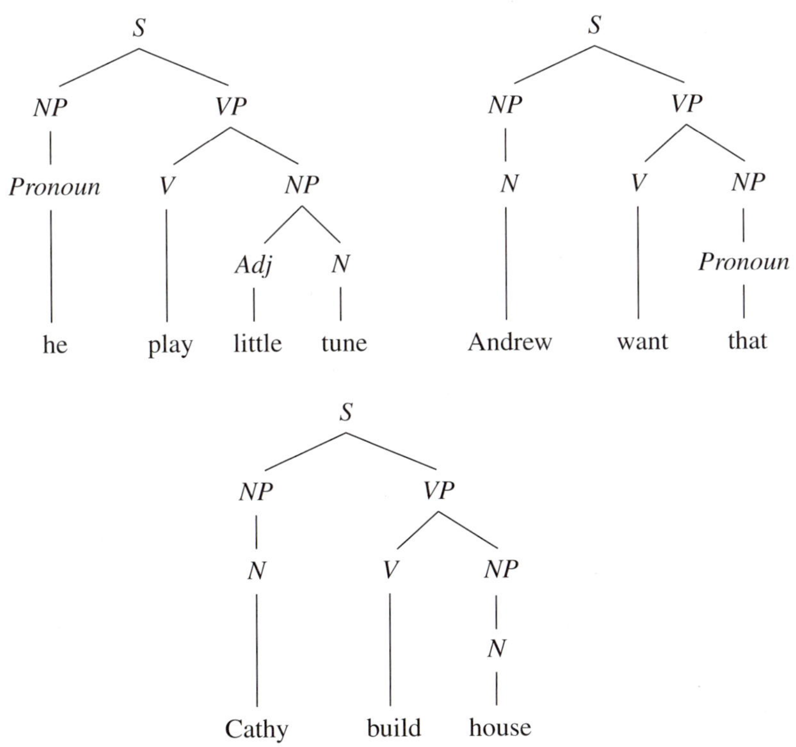

형태규칙과 통사규칙을 적용하기 위하여, 아동은 자신의 언어에서 단어들이 어떤 통사범주에 속하는지를 알아야 한다. 하지만 아동은 *play*와 *want*는 동사이며, *tune*과 *house*는 명사라는 것을 어떻게 정확하게 알게 되는가? 한 가지 의견은 아동들이 먼저 단어의 의미를 사용하여 그 범주를 파악한다는 것이다. 이것을 **의미적 자동처리**(semantic bootstrapping)라고 부른다. 아동들은 "어떤 단어가 물리적인 대상을 지칭한다면, 그것은 명사이다" 혹은 "어떤 단어가 행동을 지칭한다면, 그것은 동사이다"와 같은 규칙들을 가지고 있을 수도 있다. 하지만 특정 의미와 구체적 범주를 연결하는 규칙이 실패할 염려가 없는 것은 아니다. 예를 들면, *action*이라는 단어는 어떤 행동을 나타내지만 그것은 동사가 아니며, *know*는 행동이 아니지만 동사이고, *justice*는 물리적인 대상이 아니지만 명사이다. 그러나 의미적 자동처리를 유도하는 규칙들은 아동들이 초기에 대상과 행동을 지시하는 그런 유형의 단어 학습에는 상당히 도움이 될 수도 있다.

어휘 틀(word frame)은 아동이 언제 단어들이 동일한 범주에 속하는지를 결정하는데 도움을 줄 수 있다. 성인이 아동에게 사용하는 언어에 관한 연구들은 범주화를 위해 신뢰할 만큼 충분히 자주 발생하는 어떤 틀, 예를 들면 "you ____it"이나 "the ________ one"이 있다는 것을 보여준다. 가장 전형적으로, *see, do, did, win, fix, turned, get* 같은 동사는 첫 번째 틀에 나타나지만, *red, big, wrong, light* 같은 형용사는 두 번째 틀에 나타난다. 아동이 *see*가 동사라는 것을 안다면, 그는 동일한 틀에 나타나는 다른 모든 단어들도 역시 동사라는 것을 추론할 수 있다. 그러나 이 같은 분포적 증거도 결함이 없는 것은 아니다. 예를 들면, "it ________ the"는 "It ***hit*** the car"처럼 동사를 틀에 끼울 수 있지만, "I hit it ***across*** the street"에서처럼 전치사를 틀에 끼울 수도 있다. 그럼에도 불구하고, 의미적 자동처리처럼 이 증거도 아동에게 단어의 통사범주를 학습하는 복잡한 과업에 유리한 출발을 제시할 만큼 충분히 신뢰할 만하다.

가장 빈번한 틀은 전형적으로 기능어, *the*나 *a*와 같은 한정사, *it*, *one*과 같은 대명사로 구성된다. 이것은 아동들이 자신의 발화에서 기능어 요소들을 탈락시키기도 하지만, 아동들이 입력에서 기능 형태소로 학습할 수 있다는 것을 시사한다. 실제 언어 이해 연구는 2세 아동들이 *Find was bird*처럼 비문법적으로 위치한 기능어가 있는 명령문보다 *Find the bird*와 같이 문법적 명령문에 더 적절하게 반응한다는 것을 보여주었다. 이것은 아동들은 특정한 기능 형태소에 집중하며 문장의 운율체계에, 두 명령문에서 운율체계는 동일하지만, 단순히 반응하지 않는다는 것을 의미한다. 다른 연구들도 한정어와 같은 기능 형태소는 아동들이 단어의 분절이나 범주화에 도움을 준다는 것을 시사한다.

2세 6개월에서 3세 6개월 사이의 어느 때에 사실상의 언어 폭발이 일어난다. 이 시점에 아동은 대단히 빨리 그렇게 많은 발달을 겪기 때문에 별개의 단계를 식별하기는 어렵다. 3세쯤에 대부분 아동들은 기능 형태소의 사용에 일관성이 있다. 더구나 아동들은 다음과 같이 다양한 유형의 등위절과 내포문을 포함하여, 복문 구조를 이해하고 생성하기 시작한다.

He was stuck and I got him out.

I want this doll because she's big.

I know what to do.

I like to play with something else.

I think she's sick.

Look at the train Ursula bought.

I gon'make it like a rocket to blast off with.

It's too early for us to eat.

3세 6개월이 지나면, 아동들은 *What can I do tomorrow*에서처럼 제대로 된 조동사 도치로 문법적인 *wh*-의문문을 형성할 수 있다. 그들은 *I know that Mommy is home*과 같은 내포문뿐만 아니라, *This is the lion that chased the giraffe*와 같은 관계사절을 이해하고 생성할 수 있다. 그들은 *I saw myself in the camera*처럼 재귀대명사를 정확하게 사용할 수 있다. 생후 4년이 지나면, 개인에 따라 다르겠지만, 성인문법의 많은 부분이 습득된다.

화용론의 습득 The Acquisition of Pragmatics

"Baby Blues", Baby Blues Partnership. Reprinted with permission of King Features Syndicate

문법규칙을 습득하는 것에 더하여, 아동들은 맥락에서의 적절한 언어 사용, 즉 화용론을 학습해야 한다. 위 만화는 Zoe가 4장에서 논의한 화용적 '대화 격률'을 완전히 습득하지 않았다는 것을 보여주면서 상호교류의 부적격성 때문에 웃음을 준다.

맥락은 대명사의 지시를 결정하기 위해 필요하다. "Surely he loves her anyway"와 같은 문장은 청자와 화자가 대명사 *he*와 *her*가 누구를 지시하는지에 대한 이해가 없다면, 해석할 수 없다. 이 문장 앞에 "I saw John and Mary arguing in the park"라는 문장이 있다면, 대명사의 지시대상은 분명해질 것이다. 아동들은 항상 자신들의 대화 참가자(interlocutor)의 필요에 민감한 것은 아니며, 그들은 대명사의 지시대상을 확립하지 못할 수도 있다. 엄마는 누가 그랬는지 알지 못하는데도 "He hit me"라고 3~4세 아동(심지어 더 나이 든 아동)이 울면서 엄마에게 느닷없이 대명사를 사용하는 것은 드물지 않다.

청자와 화자는 어떤 발화의 맥락의 일부분을 형성한다. *I*와 *you*의 의미는 누가 말하고, 누가 듣는가에 달려있으며, 이것도 상황에 따라 바뀐다. 어린 아동들(두 살 또래)은 이 같은 대명사의 '교차 지시'에 어려움을 겪는다. 이 나이에 아동들이 범하는 전형적인 오류는 자신들은 "you"로 지시하는 것이며, 예를 들면, 그들은 'I want to take a walk'를 의도할 때에 "You want to take a walk"라고 말을 한다.

또한 아동들은 관사를 사용하는 방식에 있어서 화용론적 의식의 결여를 드러낸다. 대명사처럼 관사의 해석은 맥락에 달려 있다. "the boy"에서처럼 정관사 *the*는 청자와 화자에게 어느 소년이 논의되고 있는 중인가가 분명할 때에만 적절하게 사용될 수 있다. 담화에서 부정관사 *a/an*은 새로운 지시대상의 최초 언급에서 사용되어야 하지만, 정관사(또는 대명사)는 다음 예처럼 후속 언급에서 사용될 수 있다.

A boy walked into the class.
He was in the wrong room.
The teacher directed the boy to the right classroom.

아동이 관사에 관한 화용론적 지식을 항상 준수하는 것은 아니다. 실험연구에서 3세 아동들은 새로운 지시대상을 도입할 때에도 정관사를 사용할 수도 있다. 바꾸어 말하면, 아동은 언어적으로 적절한 방식으로 이를 설정하지 않은 채, 자신이 누구에 대해 말하고 있는지를 청자가 알고 있다고 전제하는 경향이 있다.

함축은 어린 아동들이 어려움을 겪는 화용론의 한 부분이다. (함축은 4장에서 논의된다.) 성인은 *Some of the children are playing ball*이라는 문장을 들으면, 모든 아동들이 공놀이를 하는 것은 아니라는 것을 추론할 것이다. 이는 '화자는 청자에게 최대한의 정보를 제공해야 한다'는 Grice의 대화격률을 준수하기 때문이다. 만약 모든 아동들이 공놀이를 하고 있다면, 그 아동들 중 몇몇이 공놀이를 하고 있다는 것도 논리적으로 참이지만, 만일 모든 아동들이 공놀이를 하고 있다면, 화자는 모든 아동이 공놀이를 하고 있다고 말할 것이다. 흥미롭게도, 7세 이하의 아동들은 그러한 함축을 이해하는 것처럼 보이지 않는다. 다양한 실험연구들은 *all*과 같은 더 강하고 더 정보 제공적인 단어가 적합할 수 있는 시나리오에 대한 설명이 제공되었을 때, 아동들은 *some*과 같이 더 약하고 더 정보적이지 못한 단어를 즉각적으로 받아들인다는 것을 보여주었다. 예를 들면, 한 실험에서 아동은 채소를 좋아하는 쥐가 진열장에서 모든(all) 당근을 가져가는 애니메이션을 본다. 아동과 같이 비디오를 보던 어릿광대가 아동에게 "그러면 쥐가 몇 개(some)의 당근을 가져갔다"라고 말한다. 실험자로부터 이 표현이 맞는지 질문을 받을 때, 아동은 '예'라고 응답하지만, 성인은 "아니요, 쥐가 모든 당근을 가져갔어요"라고 말한다. 어떤 점에서, 아동의 응답에 틀린 점은 없다. (쥐는 당근 중 몇 개를 틀림없이 가져갔다.) 사실, 쥐가 당근 모두를 가져갔다. 그러나 성인들은 이 경우에 화용론적인 원칙을 사용하는 반면에 아동들은 축어적 또는 논리적 의미에 훨씬 더 의존하는 것처럼 보인다.

아동이 관사 및 대명사의 적절한 사용이나 (보통 의도적으로) 위반할 때 함축을 야기하는 대화 격률과 관계되는 그런 화용론을 익히는 데 몇 개월 또는 몇 년이 걸릴 수도 있다. 화용론의 다른 측면들은 비교적 빨리 습득된다. 심지어 일어문 단계에 있는 아동들도 여러 언표내적 힘(illocutionary force)을 지닌 한 단어 발화를 사용한다(4장 참고). 16개월에 J. P.가 말한 "up"이라는 발화는 'The teddy is up on the shelf'라는 단순한 진술이거나, 'Pick me up'이라는 요청이 될 수도 있다. 그리고 우리가 아래에서 다루겠지만, 이중언어 아동들은(심지어 매우 어린 아동들조차도) 여러 대화 맥락에서 자신들의 언어 중, 어느 것을 사용할 것인가를 이해한다.

조동사의 발달: 사례연구 The Development of Auxiliaries: A Case Study

우리는 이 장에서 언어습득은 언어의 다양한 부문(화용론뿐만 아니라 어휘, 음운론, 형태론, 통사론과 화용론)과 관계한다는 것을 보았다. 이러한 다양한 모듈들은 복잡하게 상호작용하여 언어 발달의 총체적인 과정을 그려나간다.

한 예로서 영어의 조동사를 보자. 앞서 주목한 바와 같이, 전보문 단계에서 아동들은 흔히 *can, will, do* 같은 조동사를 사용하지 않으며, 발화에서 *be*나 *have* 같은 조동사를 종종 탈락시킨다. 영어에서 몇 가지 통사구조는 조동사의 존재에 달려 있는데, 이들 중 가장 중심적인 것은 의문문과 부정문이다. 다음 예문처럼, 본동사를 부정할 때는 조동사를 필요로 한다(만일 조동사가 없다면 *do*가 필요하다).

I don't like this book.
I won't read this book.

성인은 "I not like this book"이라고 말하지 않는다.

유사하게, 3장에서 논의된 바와 같이, 영어의 yes-no/*wh* 의문문은 다음 예문처럼 조동사를 주어 앞으로 이동하여 형성된다.

Can I leave now?
Do you love me?
Where should John put the book?

2세 아동은 조동사를 생성하지 못한다 하더라도, 부정문과 의문문을 생성할 수 있다. 전보문 단계 동안 아동들은 다음과 같은 유형의 의문문을 생성한다.

Yes-No 의문문	***Wh* 의문문**
I ride train?	What he eat?
Mommy eggnog?	Where Daddy go?
Have some?	What dat train doing?

이 같은 yes-no 의문문은 영어에서 yes-no의문문의 전형적인 상승 억양 패턴을 가지고 있지만, 어떤 조동사도 없기 때문에 아동들은 영어에서 의문문을 구성하기 위한 특정 통사적 장치(조동사 이동)를 사용할 수 없다. *Wh* 의문문들은 조동사가 결여되어 있지만, 아동이 *wh*-어구를 문두로 이동해야 하는 문법적 규칙을 알고 있다는 것을 보여준다. 아동은 또한 요청하거나 정보를 구하는 화용적 지식을 갖고 있고, 또한 적절한 운율체계도 갖고 있는데, 이것은 음운론과 의문문의 통사구조에 관한 지식에 근거한다. 언어의 여러 구성요소들이 성인과 같은 의문문을 형성하기 위해 작동 중에 있음이 틀림없다.

의문문을 형성하는 데 조동사를 필요로 하지 않는 언어에서 아동들은 더 빨리 성인문법을 습득하는 것처럼 보인다. 예를 들면, 네덜란드어나 이탈리아어에서 본동사가 이동한다. 많은 본동사들은 조동사보다 먼저 습득되기 때문에, 네덜란드나 이탈리아 아동들은 성인의 규칙에 따라 전보문 단계에서도 의문문을 생성한다.

네델란드어

En wat doen ze daar?	and what do they there	'And what are they doing there?'
Wordt mama boos?	becomes mama angry	'Is mommy angry?'
Weet je n kerk?	know you a church	'Do you know a church?'

이탈리아어

Cosa fanno questi bambini?	what do these children	'What are these babies doing?'
Chando vene a mama?	when comes the mommy	'When is Mommy coming?"
Vola cici?	flies birdie	'Is the birdie flying

네덜란드어와 이탈리아어를 사용하는 아동들은, 통사적 이동규칙에 관해 내재적으로 어려운 것이 없다는 사실을 보여준다. 영어를 사용하는 아동들이 성인과 같은 의문문을 생성하는 데 더딘 것은 단순히 조동사가 본동사보다 나중에 습득되기 때문일지도 모르고, 또한 영어는 조동사만을 이동하여 의문문을 만드는 특이한 언어이기 때문일지도 모른다.

전보문 단계에서 조동사의 결여는 또한 부정문 형성에 영향을 미친다. 이 단계에서 영어를 말하는 아동의 부정문은 다음과 같이 보인다.

He no bite you.

Wayne not eating it.

Kathryn not go over there.

You no bring choo-choo train.

That no fish school.

조동사가 모두 탈락되기 때문에 이 같은 발화는 성인 발화와 같아 보이지 않는다. 그러나 이 단계의 아동들도 부정의 화용적 힘(pragmatic force)은 이해한다. 낮잠을 자라는 말을 들었을 때 "아니야!"라고 말하는 아동은 그가 의미하는 것을 정확하게 알고 있다. 아동이 조동사를 습득할 때, 일반적으로 그 조동사를 정확하게 사용한다. 즉 조동사는 yes-no 의문문에서 보통 주어 앞에 오지만, 항상 그런 것은 아니다.

Yes-No 의문문

Does the kitty stand up?

Can I have a piece of paper?

Will you help me?

We can go now?

Wh **의문문**

Which way they should go?

What can we ride in?

What will we eat?

조동사가 아동문법에 도입되면 부정문의 형성에도 영향을 미친다. 비록 많은 경우에 *be*는 여전히 생략되기도 하지만, 우리들은 이제 정확하게 부정된 조동사를 찾을 수 있다.

Paul can't have one.

Donna won't let go.

I don't want cover on it.

I am not a doctor.

It's not cold.

Paul not tired.

I not crying.

아동은 부정어를 조동사나 *be*와 관련하여 올바른 위치에 둔다. 본동사는 부정어 뒤에 오고 *be*는 부정어를 선행한다. 아동들은 "Mommy dances not"이나 "I not am going"과 같은 오류는 결코 범하지 않는다.

굴절된 동사를 이동시키는 규칙을 가지고 있는 이탈리아어나 네덜란드어처럼 프랑스어나 독일어와 같은 언어에서 동사는 부정어 앞에 나타난다. 다음에서 보는 바와 같이, 프랑스와 독일 아동들은 이 규칙을 준수한다. (독일어 예에서 *nich*는 *nicht*의 유아 형태이다.)

프랑스어

Veux pas lolo.	want not water	'I don't want water.'
Marche pas.	walks not	'She doesn't walk.'
Ça tourne pas.	that turns not	'That doesn't turn.'

독일어

Macht nich aua.	makes not ouch	'It doesn't hurt.'
Brauche nich lala.	need not pacifier	'I don't need a pacifier.'
Schmeckt auch nich.	tastes also not	'It doesn't taste good either.'

비록 언어 발달의 단계는 보편적이지만, 그것들은 아동들이 습득하는 특정 성인 언어의 문법에 따라 형성된다. 전보문 단계에서 독일어, 프랑스어, 이탈리아어, 그리고 영어를 말하는 아동들은 조동사를 빠트리는데, 의문문과 부정문의 형성 규칙들이 각 성인 언어에서 다르기 때문에 아동들은 상이한 방식으로 부정문과 의문문을 형성한다. 이것은 언어 습득에 관한 본질적인 것을 말해준다. 즉 아동은 발달의 최초 단계부터 성인 목표어의 규칙에 민감하다. 그들의 음운체계가 주변 언어에 따라 빠르고 미세하게 조정되듯이, 그들의 통사체계도 그러하다.

매개변인의 설정 Setting Parameters

아동들의 보편문법 매개변인 설정이 언어 보편적 특성과 언어 특유의 특성 간의 상호작용을 가장 잘 보여준다.

아동들이 아직 전보문 단계에 있을 때조차도 그들은 어떤 통사적 측면들을 매우 조기에 습득한다. 이 같은 조기 발달 중 많은 것은 앞 장에서 우리가 보편문법의 매개변인이라 불렀던 것들과 일치한다. 그런 매개변인 중 하나는 구의 핵(head)이 보충어 앞 또는 뒤에 오는지를 결정하는 것이다. 예를 들면, 동사구의 어순이 영어처럼 VO인지 아니면 일본어처럼 OV인지이다. 아동들은 여러 단어로 구성된 발화부터 자기 언어의 정확한 어순을 생성하며, 또한 그들은 일어문 생성 단계에 있을 때조차도 어순을 이해한다. 보편문법의 매개변인 모형에 따르면, 아동은 어순 규칙을 형성할 필요가 없다. 오히려 그는 자신이 듣는 그 언어를 토대로 보편문법에 이미 명시된 2개의 값, 핵선 혹은 핵말 중에서 선택해야 한다. 영어를 말하는 아동은 핵이 보충어에 앞서 나온다는 사실을 빨리 파악할 수 있다. 일본어를 말하는 아동은 자신의 언어는 핵말이라는 것 역시 잘 결정한다.

보편문법의 다른 매개변인은 동사의 이동규칙과 관련된다. 몇몇 언어에서 동사는 VP에서 구 구조 수형도에서 더 높은 위치로 이동할 수 있다. 우리는 이것을 앞 절에서 논의한 네덜란드어와 이탈리아어의 의문문에서 보았다. 영어와 같은 다른 언어에서 동사는 이동하지 못한다(단지 조동사만 이동한다). 동사 이동 매개변인은 아동에게 다음과 같은 선택 사항을 제공한다. "나의 언어는 동사 이동을 허용한다/허용하지 않는다". 우리가 본 바와 같이, 네덜란드어와 이탈리아어를 사용하는 아동들은 동사 이동 매개변인을 "반드시 허용한다"로 재빨리 설정하며, 따라서 동사를 이동하여 의문문을 형성한다. 영어를 사용하는 아동들은 심지어 조동사를 모를 때조차도 결코 동사를 이동시키는 실수를 하지 않는다. 두 경우, 아동들이 그들의 언어에 맞게 올바른 값으로 매개변인을 설정한다. 심지어 영어를 사용하는 아동들은 조동사와 조동사 이동규칙을 습득한 후에도 이 같은 이동규칙을 동사까지 포함하여 일반화하지 않는다. 이는 발달 초기에 매개변인이 설정되며, 일단 설정 되고 나면 되돌릴 수 없다는 가설을 지지한다. 이 경우에도 역시, 아동은 동사 이동규칙을 형성할 필요가 없다. 그는 동사를 언제 어디로 이동할 것인가를 학습할 필요도 없다. 이것은 모두 보편문법에 의해 제공된다. 그는 단순히 자신이 주위에서 듣는 문장을 토대로 동사 이동이 자신의 언어에서 가능한지를 결정하기만 하면 된다.

보편문법의 매개변인은 문법적 선택을 소수의 잘 정의된 집합으로 제한한다. 즉 나의 언어는 핵선인가 핵말인가, 동사 이동을 가지고 있는가이다. 매개변인은 아동들의 언어습득 부담을 줄여주며, 언어습득의 용이성과 신속성을 설명하는 데 기여한다.

수화의 습득 The Acquisition of Signed Languages

청각장애를 지니지 않은 아동들이 음성언어에 자연스럽게 노출되듯이, 청각장애를 가진 부모 슬하에서 자란 청각장애 아동들도 매우 자연스럽게 수화에 노출된다. 수화와 구어의 보편적 특성들을 가정해 보았을 때, 청각장애 아동의 언어 발달 과정도 구어 언어습득의 단계에 상응할 것이라는 생각은 그리 놀랄 만한 일도 아니다. 청각장애를 가진 아동들도 옹알이를 하며, 그 후에는 일어문 단계에서 관찰되는 것처럼 하나의 수화만으로 의사를 전달하고 최종적으로 여러 수화를 조합하기 시작한다. 이 아동들의 경우에도 기능어 수화가 탈락되는 일어문 단계가 존재한다. 수화를 사용하는 아동들이 각각의 발달단계를 거치는 나이는 구어를 습득하는 아동들의 나이와 비슷하다.

여러 구어에서 의문문 형성은 상호작용하는 많은 구성 요소들을 지닌 복잡한 현상이다. 그 구성요소 중 몇몇은 일찍 습득되고 다른 요소들은 후기 발단 단계에 나타난다. 미국수화(ASL)의 *wh* 의문문의 경우, *wh*-의문사는 이동할 수 있거나, 원래 위치에 그대로 머물러 있을 수 있다. 즉 다음의 두 형태 모두가 미국수화에서는 문법적이다.

________________________________whq

WHO BILL SEE YESTERDAY?

________________________________ whq

BILL SAW WHO YESTERDAY?

(주: 이 책에서는 수화의 주석을 대문자로 작성하는 관례를 따른다.)

미국수화에서는 조동사를 이동시키지 않으나, 의문문은 고개를 기울이고, 눈썹 주름을 만드는 표정을 동반한다. 상기 예문의 *whq* 주석이 나타내는 바가 바로 이것이다. 이처럼 손동작 이외의 표정이나 비 손동작들(non-manual marker)도 미국수화의 체계 안에 포함된다. 손동작 이외의 표정이나 몸동작들을 사용하는 것은, 마치 청각장애가 없는 사람들이 구어 영어나 다른 구어 언어에서 질문을 할 때 상승조 억양을 사용하는 것과 같다.

미국수화의 *wh* 의문문을 습득함에 있어, 수화를 사용하는 아동들은 의문사구의 사용과 관련된 규칙체계를 쉽게 배운다. 이 아동들은 가끔씩 의문사를 이동시키거나 원래 자리에 남겨두는데, 이는 성인 미국수화와 동일한 현상이다. 하지만 아동들은 표정이나 비 손동작을 하지 않는 경우가 있는데, 이는 성인 미국수화에서 비문법적이라 간주된다.

간혹 수화와 구어의 습득 사이에서 발견되는 유사성은 매우 놀랄 만하다. 예를 들면, 미국수화의 몇몇 문법형태소들은 의미적으로 투명(transparent)하거나 도상적(iconic)이다. 즉 수화를 보면 그 의미를 알 수 있다. 예를 들자면 다음과 같다. 미국수화에서 인칭대명사 'I'를 표현하려면, 수화자는 손으로 자신의 가슴을 가리키면 된다. 인칭대명사 'you'를 표현하려면, 수화자는 손으로 상대방의 가슴을 가리키면 된다. 앞서 논의한 바와 같이, 약 2세 아동들은 *I*와 *you* 대명사를 혼동하여 사용하는데, 흥미롭게도 동일 연령대의 미국수화 사용 아동들도 동일한 오류를 보인다. 미국수화를 사용하는 아동들은 'you'라는 표현을 하고 싶었지만 자신을 가리키고, 'I'를 의도한 경우에 상대를 가리킨다. 두 인칭대명사의 경우, 수화의 의미가 분명하고 도상성을 가짐에도 미국수화를 습득하는 아동들은 이러한 오류를 보이는데, 이는 수화를 사용하는 아동들이 인칭대명사를 제스처가 아닌 언어 기호로 취급하고 있기 때문이다. 언어의 한 부분으로서, 대명사 지시를 변화시키는 것은 구어를 사용하는 아동들뿐만 아니라 수화를 사용하는 아동들에게도 동일한 문제를 야기한다.

청각장애가 없는 부모 슬하의 청각장애 아동들은 출생 이후부터 수화에 노출되지 않아 언어습득에 극심한 어려움을 겪을 수 있다. 이 아동들은 구어를 학습하는 데 엄청난 어려움을 겪는데, 그 이유는 일반적으로 정상적인 말은 청각적인 피드백에 상당 부분 달려있기 때문이다. 말하기를 배우기 위하여, 청각장애를 지닌 아동들은 청각장애 아동을 위해 설계된 특수학교나 특수 프로그램에서 광범위한 훈련을 받아야 하는데, 심도 있는 말하기 훈련을 받는다고 할지라도, 청각장애 아동들은 청각장애가 없는 아동들만큼의 구어 말하기 능숙도에 거의 이르지 못한다. 안타깝게도, 청각장애 아동이 수년이 지난 후 수화를 접하고 배우기 시작하면 어린 나이부터 수화를 접한 아동들과 동일한 수화능력을 달성할 수 없다. 그럼에도 불구하고, 인간이 언어를 습득하고자 하는 본능은 상당히 강렬하여, 수화에 늦게 노출된 청각장애 아동이라 할지라도 그들의 생각과 욕구를 표현하기 위하여 그들만의 손동작을 만들어낸다. 수화에 늦게 노출된 여섯 아동들에 대한 실험에서, 아동들은 그들 각자만의 손동작을 만들어내었을 뿐만 아니라, 한 쌍의 수화 짝을 조합하였고, 분명한 통사적 순서와 체계적인 제약조건을 가지고 있는 문장들을 형성하였다. 비록 이러한 개인적인 수화체계(home sign)가 미국수화처럼 완전히 발달된 언어체계는 아닐지라도, 언어적으로 복잡하며, (이들은 언어적 입력을 받지 못하였기 때문에) 언어적 입력과 무관한 언어적인 체계성도 존재한다. 이러한 사례를 통하여, 우리는 인간이 언어를 통해 의사소통하려는 강력한 욕구를 지니고 있을 뿐만 아니라, 언어구조에 관한 기반을 선천적으로 가지고 있다는 사실을 알 수 있다.

언어적 환경의 역할: 성인의 입력 The Role of the Linguistic Environment: Adult Input

언어적 입력을 박탈당한 어린 아동들은 언어를 습득하고자 하는 분명한 욕구를 보이며, 개인적인 수화체계를 형성하는 청각장애 아동들과 마찬가지로 초보적인 언어체계를 생성하기도 한다. 성숙한 언어체계를 발달시키기 위해서 아동들이 언어적 환경을 필요로 한다는 데에는 의심할 여지가 없을 것이다. 하지만 아동들이 듣는 (청각장애 아동들은 '보는') 언어적 입력의 역할은 정확히 무엇인가? 언어습득의 매개변인 설정 모형의 옹호론자들에 의해 제안된 주도적인 견해는 언어적 자료를 사용하여 아동들이 기저규칙들과 그들 언어의 매개변인 설정 정보를 추출한다는 것이다.

언어습득 이해에 대한 다른 접근법은 성인이 제공하는 언어적 입력에 대해 훨씬 더 확연하고 중요한 역할을 제공한다. 이것은 1950년대에 만연했던 심리학의 한 학파인 행동주의의 영향을 심하게 받은 초기 언어습득 이론에도 해당된다. 이름에서 드러나듯이, 행동주의는 행동의 기저에 있는 정신적 체계보다 관찰 가능한 행동에 초점을 두었다. 언어는 일종의 언어적 행동(verbal behavior)으로 간주되었으며, 또 아동들은 모방, 강화, 유추, 이와 유사한 과정을 통하여 언어를 학습한다고 제안되었다. 이러한 관점에서 아동들에게 제공되는 성인의 입력과 피드백은 중요한 것이었다. 행동주의 심리학의 창시자 중 하나인 B. F. Skinner는 그의 저서 *Verbal Behavior*(1957)에서 언어습득 모형을 제안하였다. 2년 후, Noam Chomsky는 *Review of Verbal Behavior*(1959)라는 제목으로 Skinner의 모형을 비판하며, 언어는 행동주의적 원리로는 결코 습득될 수 없는 복잡한 인지적 체계라는 것을 보여주었다. 다음 절에서 언어습득을 설명하기 위하여 행동주의자들이 제안한 몇 가지 언어

습득 기제에 대해 논의할 것이다.

모방, 강화, 유추의 역할 The Role of Imitation, Reinforcement, and Analogy

언어습득에 대한 흔한 오해는 아동들이 주변의 말을 듣고 들은 말을 모방한다는 것이다. 물론 모방도 어느 정도 관련된다. 미국 아동은 *milk*라는 말을 듣고, 멕시코 아동은 *leche*라는 말을 들으며, 각 아동들은 들은 것을 생성하려고 시도한다. 그러나 아동들의 초기 단어나 발화는 그들이 단순히 성인의 말을 모방하는 것만은 아니라는 것을 보여준다. 많은 경우에 그 단어들은 성인이 거의 이해할 수 없으며, 그 의미 역시 성인이 사용하는 것과 항상 같지는 않다.

게다가, 심지어 들은 것을 모방하려고 할 때조차도 아동들은 자신들의 발달 중인 문법 규칙의 한계를 넘어선 문장들을 발화할 수 없다. 다음은 한 아동이 성인이 말한 무언가를 모방하기 위한 시도들이다.

성인	아동
He's going out.	He go out.
That's an old-time train.	Old-time train.
Adam, say what I say:	Where I can put them?
Where can I put them?	

모방은 또한 신경학적인 혹은 생리학적인 이유로 인해 말을 할 수 없는 아동들도 자신들이 말을 학습하고 이해할 수 있다는 사실을 설명하지 못한다. 그들은 자신들의 언어장애를 극복할 때, 즉시 언어를 사용하여 말을 한다.

행동주의적 전통에서 또 다른 제안은 아동이 문법적으로 말할 때 성인은 긍정적으로 아동을 강화하고, 비문법적으로 말할 때는 부정적으로(교정해주는 것) 강화하기 때문에, 아동은 정확한(문법적) 문장을 생성하는 방법을 학습한다는 것이다. 그러나 많은 연구에서 부모들은 좀처럼, 자녀의 문장을 교정하지 않으며, 교정할 때도 보통 '잘못된 문법'이 아니라 잘못된 발음이나 사실을 바로 잡는다는 것을 보여준다. 예를 들면, 비문법적인 문장, "Her curl my hair"는 그 아동의 어머니가 실제로 자신의 머리를 곱슬곱슬하게 하고 있었기 때문에 교정되지 않았다. 하지만 그 아동이 문법적인 문장, "Walt Disney comes on Tuesday"를 발화할 때, 그 TV 프로그램이 수요일에 방영되기 때문에 교정을 받았다. 한 연구자는 조금은 비꼬듯이 다음과 같이 결론을 내렸다. "부모에 의한 명시적 구두 강화를 지배하는 것은 통사적 적격성(well-formedness)보다는 진리값(truth value)이다. 이것은 그런 훈련 계획의 보통의 결과물은 고도로 문법적이지만 진실한 말을 하지 않는 성인이라는 사실을 다소 역설적으로 만든다."

다음의 예에서 보듯이, 성인들은 때때로 아동들의 발화를 성인과 같은 형태로 재구성(recast)한다.

아동	어머니
It fall.	It fell?
Where is them?	They're at home.
It doing dancing.	It's dancing, yes.

이 예문에서 어머니는 아동을 명시적으로 교정하지 않은 채 정확한 모델을 제공한다. 비록 재구성이 아동에게 잠재적으로 도움이 된다 할지라도, 그것들은 일관성 있게 사용되지는 않는다. 2~4세 아동을 둔 40명의 어머니를 대상으로 한 연구는 아동의 비문법적인 문장 중 단지 25%만이 재구성되었으며, 또한 전체적으로 부모들은 비문법적 문장만큼 자주 문법적 문장을 재구성하였다는 것을 보여주었다. 부모들은 자신의 아동의 발화의 형식보다는 내용에 더 초점을 두고, 문법적 문장을 교정하는 동안 많은 비문법적인 발화를 흘러가도록 내버려 두기 때문에 문법을 학습하기 위해 재구성에 의존하는 아동들은 매우 혼란스럽게 될 것이다.

비록 성인들이 아동들의 문법을 교정해주기는 하지만, 아동들은 성인들의 반응에서 어떻게 혹은 무엇을 배우는지, 즉 아동들이 어떻게 올바른 규칙들을 발견하고 구성하는지는 여전히 설명되지 않고 있다. 아동들은 자신들이 무엇을 잘못하고 있는지 알지 못하고, 또한 다음 대화에서 나타나듯이, '오류'가 지적되었을 때조차도 교정할 수 없다.

아이: Nobody don't like me.
엄마: No, say "Nobody likes me."
아이: Nobody don't like me.
(dialogue repeated eight times)
엄마: Now, listen carefully; say "Nobody likes me."
아이: Oh, nobody don't likes me.

또한 유추(analogy)에 의해, 즉 다른 문장을 형성하기 위한 모형으로서 어떤 문장을 듣고 사용함으로써 아동들은 단어를 조합하여 구와 문장을 형성한다고 한다. 어떤 점에서 이것은 사실이다. 아동들은 일반 규칙을 만들기 위해 특정 사례로부터 일반화해야 한다. 유추가 갖고 있는 문제는, 한 발달 심리학자가 설명한 바와 같이, 언제 그 일반 규칙이 작동하지 않는지를 알아야 한다는 것이다.

> 아동이 "I painted a red barn."이라는 문장을 들었다고 가정해보다. 이제 유추에 의해 그 아동은 "I painted a blue barn."이라고 말할 수 있다. 그것은 정확하게 우리가 원하는 (유

추) 이론이다. 여러분은 한 예시를 듣고, 유사성을 통해 그것을 모든 새로운 경우로까지 확장한다. 여러분은 "I painted a red barn."이라는 문장에 더하여 "I painted a barn red." 라는 문장을 역시 들을 수도 있다. 이것은 마치 마지막 두 단어의 순서를 서로 바꾼 것처럼 보인다. 이제 여러분은 헛간을 페인트로 칠하는 것이 아니라 헛간을 보는 것을 원하기 때문에 이것을 시각의 경우까지 확장하고 싶어 한다. 따라서 여러분은 "I saw a red barn."이라는 문장을 듣는다. 이제 여러분은 (유추에 의해) 새로운 문장, "I saw a barn red."를 시도했다. 뭔가 잘못되었다. 이것은 일종의 유추이지만, 그 유추는 효과가 없었다. 이것은 영어의 문장이 아니다(Gleitman & Wanner, 1982).[3]

이와 비슷하게, "John eats tomatoes"라는 문장을 토대로 '존이 무언가를 먹는다.'라는 의미로 "John eats"라고 말할 수 있다. 하지만 "John grows tomatoes"라는 문장을 토대로 '존이 무언가를 키운다'라는 것을 나타내기 위해, "John grows"라는 문장을 유추적으로 말할 수 없다.

아동들은 이런 유형의 통사적 오류를 범하지 않는다. 그들은 형태적 규칙을 과잉일반화하거나 기능적 요소를 탈락시킬 수 있다. 하지만 아동들은 동사마다 상이한 통사적 속성을 갖고 있는 *eat*와 *grow*, 혹은 *paint*와 *see*를 포함한 문장에 대해 획일적인 분석을 할당하지 않을 만큼 통사적 구조에 관해 충분히 알고 있는 것 같다. 아동이 유추를 사용하는 한 유추는 보편문법에 의해 제공되는 일반적 구조적 원리에 관한 아동의 지식에 의해 제약되어야 한다.

구조화된 입력의 역할 The Role of Structured Input

또 하나의 제안은 성인들이 **엄마말투**(motherese), 혹은 **아동-지향화 말**(child-directed speech: CDS) 혹은 보다 비공식적으로 **유아어**(baby talk)라 불리는 특별히 '단순화된' 언어로 아동들에게 말을 하기 때문에 아동이 언어를 배울 수 있다는 것이다. 이 가설도 또한 언어습득을 촉진시키는 데 환경의 역할을 강조한다.

우리의 문화에서 성인들은 전형적으로 아동들에게 특별한 방식으로 말을 거는 경향이 있다. 우리는 더 천천히 그리고 더 분명히 말한다. 우리는 높은 음도로 말하고, 억양을 과장한다. 그리고 아동들에게 지향된 문장들은 일반적으로 문법적이다. 유아들은 보통 성인의 말보다 어머니 말투를 듣는 것을 더 선호하는 것 같다. 연구자들은 과장된 억양과 다른 특성들은 아동의 주의를 끌고 언어의 특정 자질을 돋보이게 하는 데 도움이 될 수도 있다고

[3] Gleitman, L. R., and E. Wanner. 1982. Language acquisition: The state of the art. Cambridge, UK: Cambridge University Press.

믿는다.

그러나 엄마말투는 통사적으로 단순하지 않다. 그것은 의문문(*Do you want your juice now?*), 내포문(*Mommy thinks you should sleep now?*), 명령문(*Pat the dog gently!*), 부가의문문을 포함하고 있는 부정문(*We don't want to hurt you, do we?*)과 같은 다양한 복문이 포함되어 있다. 더구나 동사나 명사에서 굴절을 탈락시킴으로써 또는 한정사나 조동사와 같은 기능어를 빠트림으로써, 비록 아동들은 항상 이렇게 하지만, 성인들은 자신들의 언어를 단순화하지 않는다.

연구들에 따르면 아동의 총체적 언어 발달은 엄마말투의 사용에 의해 유의미한 영향을 받지 않는 것으로 나타난다. 엄마말투의 자질을 더 많이 사용하는 부모의 자녀가 이 같은 자질을 더 적게 사용하는 부모의 자녀보다 조금이라도 더 빨리 언어를 발달시키지는 않을 것이다. 사실, 여러 문화에서 성인들은 아동들에게 특별한 말투를 사용하지 않으며, 심지어 성인들이 아동들에게 거의 말을 걸지 않는 공동체도 있다. 그럼에도 불구하고, 세계 도처의 아동들은 매우 유사한 방식으로 언어를 습득한다. 성인은 이 기획에서 지도자가 아니라 추종자인 것 같다. 아동은 더 성인 같은 언어에 노출되기 때문에 언어적으로 발달하는 것이 아니다. 오히려 아동의 언어적 발달 수준에 맞도록 성인이 자신의 언어를 조절한다.

모방, 강화, 유추로 아동들의 언어 발달을 설명할 수 없다. 왜냐하면 그것들은 아동이 습득하는 것이 일련의 문법규칙과 언어구조라기보다는 일련의 문장과 형식이라는 (암시적 또는 명시적) 전제에 토대를 두기 때문이다. 또한 언어습득은 특별히 구조화된 입력에 달려 있다고 전제하는 이론도 아동의 문법 구성 능력보다는 환경에 지나치게 강조를 두고 있다. 이 같은 제안들은 아동이 언어를 습득하는 데서 보여준 창조성, 즉 왜 그들은 자신들이 그 단계를 거치는지, 혹은 "It doing dancing"과 같은 유형의 오류는 범하지만, "Was the boy who sleeping is dreaming"과 같은 오류는 범하지 않는지를 설명하지 못한다. 또한 어떻게 아동이 다양하고 빈약한 입력을 토대로 자신의 언어에 관해 가능한 한 많이 알게 되는가 하는 문제를 다루지 않는다.

둘 이상의 언어 학습 Knowing More Than One Language

사람들은 여러 다양한 상황에서 제2언어를 습득할 수 있다. 당신은 중학교나 고등학교, 혹은 대학교에서 제2언어를 학습했을 수도 있다. 새로운 나라로 이주하는 것은 종종 새로운 언어를 습득하는 것을 의미한다. 다른 사람들은 둘 이상의 언어가 사용되는 공동체나 가정에서 거주하며, 두 가지 혹은 그 이상의 언어를 동시에 습득할 수도 있다. **제2언어습득**(second language acquisition) 또는 **L2 습득**(L2 acquisition)이라는 용어는 일반적으로 이미 첫 번째 언어를 습득한 누군가(성인 또는 아동)가 제2언어를 습득하는 것을 가리킨다. 이

언어의 입력을 받을 수도 있다. 비록 이 문제를 다루기 시작하는 중이지만, 연구자들은 균형 잡힌 이중언어를 생성하기 위해서 얼마나 많은 노출이 두 언어에서 필요한지는 알지 못한다. 지금은 아동이 두 언어에서 원어민 능숙도를 성취하기 위해서 대략적으로 동일한 양의 언어 입력을 두 언어에서 받아야 한다고 가정할 수 있다.

이중언어의 인지적 영향 Cognitive Effects of Bilingualism

또 하나의 쟁점은 이중언어가 지능 혹은 인지 발달에 끼치는 영향이다. 이중언어자가 된다는 것은 더 혹은 덜 지적으로 또는 더 혹은 덜 창조적으로 되게 하는가? 역사적으로 이 문제에 대한 연구는 방법론적인 어려움이 많았고, 사회정치적인 분위기에 매우 심한 영향을 받아왔다. 여러 초기 연구들은 (1960년대까지) 이중언어 아동들이 IQ나 다른 인지적, 교육적 검사에서 단일언어 아동들보다 더 못했다는 것을 보여주었다. 그러나 교육과 사회경제적인 지위와 같은 다른 요소들을 통제했을 때, 이런 차이가 사라졌다. 더욱 최근 연구는 이중언어 아동들이 특정 유형의 문제 해결에서는 단일어 아동을 능가했다는 것을 나타낸다. 예를 들면, 이중언어 아동들은 게임과 다른 과업을 분류하는 데 있어서 예측 불가능한 규칙의 변화에 더 잘 적응한다. 그들은 또한 더 좋은 **상위언어 의식**(metalinguistic awareness)을 가지고 있는 것처럼 보이는데, **상위언어 의식**은 언어 자체의 능력보다는 언어에 관한 의식적인 지식이나 지각을 가리킨다. 이중언어 아동은, 앞서 주목한 바와 같이, 맥락에 적합한 언어를 말하기에 충분한 상위언어 의식을 갖고 있다.

아동들이 이중언어자가 됨으로써 인지적이고 교육적인 혜택을 누릴 수 있는지는 그 아동의 집단이나 공동체의 사회적, 경제적 지위, 교육적 상황, 두 언어의 상대적인 '권위(prestige)'와 같은 언어외적(extralinguistic) 요소에 부분적으로 달려 있는 듯하다. 가장 긍정적인 효과(예: 더 나은 학업 수행력)를 보이는 연구는 일반적으로 두 언어에 가치를 두는 사회에서 자라고, 그 부모가 이중언어 발달에 관심을 갖고 또 지지하는 환경에서 자란 아동과 관련된다.

제2언어습득 Second Language Acquisition

앞서 논의한 이중언어 사용자와는 대조적으로, 많은 사람들은 제1언어(L1)에서 모국어 능력이 성취된 후에 제2언어(L2)를 접하게 된다. 만약 여러분이 성인으로서 제2언어를 학습하고자 한 경험이 있다면, 틀림없이 제2언어 학습이 모국어 습득과는 완전히 다른 하나의 도전임을 깨달을 것이다.

L2 습득이 L1 습득과 동일한가? Is L2 Acquisition the Same as L1 Acquisition?

몇몇 예외를 제외하고, 성인들은 L2를 쉽게 습득할 수 없다. 제2언어를 능숙하게 하기 위해서는, 집중적인 학습과 암기까지는 아니더라도, 의식적 집중을 요한다. 다시 말해, 소수의 뛰어난 개인을 제외하고, 성인 L2 학습자들(L2ers)은 종종 L2에서 원어민과 같은 수준의 문법 능력을 성취하지 못하며, 특히 발음과 관련해서는 더욱 그렇다. 그들은 일반적으로 (외국어) 말투를 갖게 되며, 또한 제1언어를 습득하는 아동들(L1ers)의 오류와 다른 통사적 또는 형태적 오류를 범할 수도 있다. 예를 들면, L2 학습자들은 문법적 성이나 격에 있어서 형태적 오류뿐만 아니라 특히 발달 초기에 어순 오류도 종종 범한다. L2 오류는 **화석화**(fossilize)될 수 있으며, 아무리 많은 양의 교수나 교정도 이를 수정할 수 없다.

언어나 아동에 상관없이 한결같이 성공하는 L1 습득과 달리, 성인은 완벽하게 L2를 습득하는 능력이 상당히 다양하다. 어떤 사람들은 매우 재능 있는 학습자이지만, 어떤 사람들은 희망적이지 못하다. 대부분의 사람들은 이 중간 어디쯤에 위치한다. 성공은 다양한 요소들에 달려 있을 수 있다. 이런 요소들에는 나이, 재능, 동기, 그 언어가 사용되는 나라에 거주하는지, 혹은 원어민과 더 이상의 접촉 없이, 일주일에 5일 수업 등이 포함된다. 이러한 모든 이유들 때문에, L2 습득을 연구하는 언어학자들을 포함한 많은 사람들은 성인의 제2언어습득은 제1언어습득과는 다르다고 믿는다. 이 가설을 L2 습득의 **본질적 차이 가설**(fundamental difference hypothesis)이라고 부른다.

그러나 어떠한 중요한 측면에서, L2 습득은 L1 습득과 같다. 모국어 습득과 유사하게, L1 학습자와 마찬가지로 L2학습자도 하룻밤 사이에 제2언어를 습득하지 못한다. 그들도 발달 단계를 거쳐야 한다. L1 학습자와 마찬가지로 L2 학습자도 문법을 구성한다. 이러한 문법은 각 발달 단계에 그들의 L2 능력을 반영한다. 따라서 어떤 특정 시점에서 그들의 언어는 원어민과 같지는 않다 하더라도 규칙에 따르므로 제멋대로는 아니다. L2학습자들이 목표어로 향해 가는 도중에 창조하는 중간 단계에 있는 문법을 **중간언어 문법**(interlanguage grammar)이라고 부른다.

독일어를 제2언어로 습득하는 로망스어(예: 이탈리아어, 스페인어, 포르투갈어) 화자의 중간문법에서 나타나는 어순을 고려해보자. 로망스어의 어순은(영어처럼) 주어–(조동사)–동사–목적어이다. 독일어는 조동사의 유무에 따라 2개의 기본 어순을 갖는다. 조동사가 있는 문장은 (1)처럼 주어–조동사–목적어–동사이다. 조동사가 없는 문장은 (2)처럼 주어–동사–목적어이다. (위에서 살펴본 아동의 자료처럼, 이러한 L2 문장들은 우리가 고려하고 있는 어순 측면에 더하여 다양한 "오류"를 포함할 수 있다는 것을 주목하라.)

(1) Hans hat ein Buch gekauft. 'Hans has a book bought.'
(2) Hans kauft ein Buch. 'Hans is buying a book.'

연구들은 로망스어 화자들은 독일어 어순을 조각조각으로 습득한다는 것을 보여주었다. 1단계에서, 그들은 독일어 어휘이지만, 다음처럼 그들의 모국어의 어순, 주어–조동사–동사–목적어를 사용한다.

1단계: Mein Vater hat gekauft ein Buch.
'My father has bought a book.'

2단계에서, 그들은 VP 어순, 목적어–동사를 습득한다.

2단계: Vor Personalrat auch meine helfen.
in the personnel office [a colleague] me helped
'A colleague in the personnel office helped me.'

3단계에서, 그들은 동사를 (혹은 조동사를) 문장의 두 번째 위치에 두는 규칙을 습득한다.

3단계: Jetzt kann sie mir eine Frage machen.
now can she me a question ask
'Now she can ask me a question.'

Ich kenne nich die Welt.
I know not the world.
'I don't know the world.'

이러한 단계는 독일어를 제1언어로 습득하는 아동의 습득 단계와는 다르다. 예를 들면, 독일어 아동들은 독일어는 SVO 어순을 갖는다는 것을 처음부터 알고 있다.

L1 학습자들처럼 L2 학습자들도 목표어의 문법을 알아내려고 하지만, 성취 정도는 다르며, 또한 그들은 목표어에 도달하지 못한다. 본질적 차이 가설의 옹호자들은 L2 성인 학습자들은 L1 습득에서 사용되는 원리와는 다른 원리, 즉 언어습득을 위해 특별히 고안된 원리라기보다는, 예를 들면 체스를 하거나 수학을 학습하는 데 사용되는 문제해결 원리를 사용하여 문법을 구축한다고 믿는다. 이런 견해에 따르면, L2 학습자들은 L1 학습자들이 도움을 받는 보편문법의 구체적인 언어적 원리에 접근하지 못한다.

이 관점과는 상반되게, 다른 사람들은 성인들은 모든 유형의 비언어적 문제를 해결함에 있어 어린 아동들보다 우월하다고 주장한다. 만일 그들이 L2를 학습함에 있어 이 같은 문제해결 기술을 사용한다면, 그들은 모두 아동들보다 더 성공적이어야 한다. 또한 다음 장에서 다루게 될 Christopher와 같은 언어적 대가들은 L2 습득이 오로지 비언어적인 인지 능력과 관련이 있다는 견해와 상반되는 주장을 한다. Christopher의 IQ와 문제해결 기술은 기껏해야 최저이지만, 그는 여러 언어에 능숙하였다.

많은 L2 습득 연구자들은 L2 습득이 L1 습득과 근본적으로 다르다는 것을 믿지 않는다. 그들은 중간언어 문법이 일반적으로 보편문법 원리, L2 습득 과정을 L1 습득 과정과 더 유사하게 보이도록 해주는 그 원리를 위배하지 않는다는 것을 보여주는 다양한 연구들을 언급한다. 위의 독일어 L2 사례에서, 중간언어 규칙은 독일어, 또한 로망스어에서도 잘못된 것일 수 있지만, 그것들이 불가능한 규칙은 아니다. 이러한 연구자들은 비록 L2 학습자들이 최종 문법의 관점에서는 L1 학습자에 미치지 못할 수도 있지만, 그들은 L1 학습자와 똑같은 방식으로 규칙을 습득하는 것처럼 보인다는 것에 주목하고 있다.

모국어가 L2 습득에 미치는 영향 Native Language Influence in L2 Acquisition

L1 습득과 L2 습득이 분명히 다르다는 한 측면은 L2 성인 학습자들은 완전히 발달된 제1언어의 문법을 이미 가지고 있다는 것이다. 1장에서 논의한 바와 같이, 언어능력은 무의식적인 지식이다. 우리는 언어규칙을 사용하는 능력을 억압할 수 없다. 또한 우리는 영어를 이해하지 않겠다고 결심할 수도 없다. 유사하게, L2학습자들은(특히 L2습득의 시작 단계에 있는) 어느 정도 자신들의 L1 문법에 의존하는 것처럼 보인다. 이것은 L2 학습자들이 범하는 오류 유형을 통하여 나타나는데, 이를 흔히 L1으로부터 문법규칙이 **전이**(transfer)되는 것과 관련이 있다. 이것은 음운론에서 두드러진다. L2 학습자들은 일반적으로 어떤 말투로 말을 한다. 왜냐하면, 그들은 음소, 음운규칙, 음절 구조, 강세 부여나 억양 패턴을 제1언어에서 제2언어로 전이할 수도 있기 때문이다. 우리는 이것을 일본인 화자에서 보게 되는데, 이들은 *write* [raɪt]와 *light* [laɪt]를 구분하지 못하는데, 왜냐하면 *r*과 *l*의 대조는 일본어 음소가 아니기 때문이다. 프랑스어 화자에게는 "ze cat in ze hat"을 보게 되는데, 왜냐하면 프랑스어는 [ð]를 갖고 있지 않기 때문이다. 독일어 화자는 어말 자음을 무성음화하여, *have*를 [hæf]로 말한다. 스페인어 화자는 *school*을 [əskul]로, *snob*을 [əsnab]으로 발음하는 것처럼 약모음 [ə]를 자음군의 맨 앞에 삽입한다. 이와 유사하게, 영어 화자도 다른 언어의 익숙지 않은 소리에 어려움을 겪을 수도 있다. 예를 들면, 이탈리아어에서 장(혹은 이중)자음들은 음소적이다. 이탈리아어는 다음과 같은 최소대립쌍이 있다.

ano	'anus'	anno	'year'
pala	'shovel'	palla	'ball'
dita	'fingers'	ditta	'company'

영어를 말하는 이탈리아어의 L2 학습자는 장자음과 단자음 간의 대조를 듣거나 생성하는 데 어려움을 겪는다. 이로 인해 난감한 상황이 벌어질 수도 있다. 예를 들면, 신년 전날에 사람들에게 *buon anno*(good year)라고 소망하는 대신에, 여러분은 그들에게 *buon ano*로 소망할 때이다.

우리는 형태론과 통사론에서도 모국어의 영향을 찾게 된다. 이것은 어떤 때는 문법의 특정 부분의 통째로 전이되는 형태(wholesale transfer)로 나타난다. 예를 들면, 영어를 습득하는 스페인어 화자는 영어의 비명령문(nonimperative sentence)에서 주어를 생략하는데, 이는 스페인어에서 가능하기 때문이다.

Hey, is not funny.

In here have the mouth.

Live in Columbia.

혹은 화자들은, 로망스어-독일어의 중간언어 예시에서 본 바와 같이, 자신의 모국어 어순으로 시작할 수도 있다.

모국어의 영향은 보다 미묘한 방식으로 나타날 수 있다. 예를 들면, L1이 독일어인 사람들은 영어의 yes-no 의문문을 일본어 화자들이 습득하는 것보다 더 빨리 습득할 수 있다. 독일어는 영어의 조동사 이동과 아주 유사한 yes-no 의문문을 형성하기 위한 동사 이동규칙을 갖고 있는 반면, 일본어에서는 의문문 형성에 통사적 이동이 존재하지 않기 때문이다.

L2 습득의 창조적 요소 The Creative Component of L2 Acquisition

L2 습득이 L1의 속성을 L2 중간언어로의 전이만 관계하는 것으로 생각하는 것은 지나친 단순화이다. L2 습득에는 강력한 창조적 요소가 존재한다. L1 문법의 많은 언어 특유의 부분들은 L2로 전이되지 않는다. 화자가 불규칙하고, 빈도가 낮고, 의미적으로 어려운 것으로 간주하는 항목들은 L2로 전이될 것 같지 않다. 예를 들면, 화자들은 '그는 화가 났다'라는 의미로 *He hit the roof*라는 L1 숙어표현을 일반적으로 전이시키지 않는다. 그들은 의미관계가 투명한 구조를 전이시킬 가능성이 더 높다. 예를 들면, (1)과 같은 구조는 (2)보다 더 수월하게 전이될 가능성이 높다.

(1) It is awkward to carry this suitcase.

(2) This suitcase is awkward to carry.

(1)의 NP "this suitcase"는 논리적 직접목적어 위치에 있지만, (2)에서는 이 NP를 보충어로 선택한 동사로부터 떨어져 주어 위치로 이동되었다.

L2 학습자들이 범한 '오류' 중 많은 것들은 L1에서 유래되지 않았다. 예를 들면, 한 연구에서 독일어 발달 과정에서 특정 단계에 있는 터키어 화자는, 모국어와 목표어 모두 S–Adv–V 어순임에도 불구하고, 내포문(다음 예에서 *wenn* 절)에서 S–V–Adv(주어–동사–부사)어순을 자신의 독일어 중간언어에 사용했다.

Wenn	ich	geh	zuruck	ich	arbeit	elektriker	in der Türkei.
if	I	go	back,	I	work (as an)	electrician	in Turkey

(참조: *Wenn ich **zuruck geh** ich arbeit elektriker*, 이것이 문법적으로 맞는 독일어이다.)

내포된 S–V–Adv 어순은 독일어 주절에서 동사가 문장의 두 번째 위치에 와야 하는 조건(verb-second requirement)을 아마도 과도하게 일반화한 것으로 보인다. 앞서 살펴보았듯이, 과잉일반화는 한 규칙이 습득되었다는 분명한 징표이다.

왜 특정 L1 규칙들은 중간언어 문법으로 전이되지만, 다른 규칙들은 전이되지 않는지는 아직은 불명확하다. 그러나 비록 L2 문법의 구성이 L1 문법에 의해 영향을 받는다고 하더라도, 발달 원리(아마도 보편적인) 역시 L2 습득에 작동한다는 것은 분명하다. 이것은 상이한 L1을 갖고 있는 화자들이 유사한 L2의 단계를 통과한다는 사실에서 가장 잘 드러난다. 예를 들면, 독일어를 L2로 습득하는 터키어, 세르보-크로아티아어, 이탈리아어, 그리스어, 스페인어 화자들은 모두 어느 정도까지 관사를 탈락시킨다. 이러한 L1 중 몇몇은 관사를 갖고 있기 때문에 이것은 전이에 의해 야기된 것이 아니라 언어 발달의 보다 일반적 속성에 관련된 것이 틀림없다.

계승어 학습자 Heritage Language Learners

계승어 학습자는 성인 언어 학습자 중 특수한 집단을 지칭한다. 계승어 학습자는 가족 간의 상호작용을 통하여 언어와 문화적으로 강하게 연결된 가정에서 양육된 사람이며(예를 들면, 이민자인 조부모들이 사용하는 폴란드어) 그리고 이후 어떤 시점에서, 예를 들면, 대학에서 보다 공식적으로 그 언어를 연구하기로 결심한 사람이다. 계승어 학습자는 그 언어에 대한 사전 언어 지식이 전혀 없을 수도 있으며, 혹은 계승어(그에게 더 약한 언어)와, 예를 들면 영어와 같이 보다 넓은 공동체의 언어인 지배 언어(dominant language)로 어느 정도까지 이중언어를 구사할 수도 있다. 계승어 학습자들은 종종 어린 시절에 계승어에 노출되며, 그 이후에 학교에 입학했을 때, 또 하나의 지배 언어로 전환된다. 이 시점에서 그들은 계승어를 상실하기 시작할 수도 있다. 이때 언어 소실(language attrition)이라고 알려진 과정이 시작될 수도 있다. 반면, 계승어는 그 화자가 가정이나 지역 사회에서 지배어와 나란히 계승어를 지속적으로 사용한다면 유지될 수 있다. 가끔씩 계승어 학습자들은 계승어로 말을 하지만 읽거나 쓸 수 없는데, 이는 그가 지배어로만 교육을 받기 때문이다.

계승어 학습자의 언어능력에 대한 관심, 특히 언어(계승어)에 조기 노출되는 것이 후기의 언어능력을 향상시켜 그 언어에 능숙하게 되는 정도에 관심이 증가하고 있다. 예비 결과는 어린 시절에 계승어에 노출되는 기간과 방법이 그 이후의 언어 능숙도에 중요한 결정 요인이라는 것을 시사한다. 결정적 시기가 끝날 때까지(대략 사춘기) 계승어에 지속적으로 노출된 학습자들은 특히 음운과 어휘 영역에서 다른 L2 학습자들에 비해 강점을 갖고 있다. 또한 연구는 가정 언어와 문화에 대한 부모의 태도가 이후 계승어에서의 아동의 능력과 상관관계가 있다는 것을 보여준다.

L2 습득에 결정적 시기가 존재하는가? Is There a Critical Period for L2 Acquisition?

연령은 L2 습득에서 중요한 요소이다. 제2언어에 노출될 때, 사람의 나이가 어릴수록 원어민과 같은 언어능력에 도달할 가능성은 그만큼 더 높아진다.

L2 습득에서 연령이 최종적인 결과에 미치는 영향에 관한 고전적 연구에서 연구자들은 제2언어로 영어를 습득하는 중국어와 한국어 화자로 구성된 몇 개 집단을 조사하였다. 실험 대상자들은 모두 최소 5년 동안 미국에 거주했는데, 영어 형태론과 통사론의 특정 측면에서 그들의 지식을 테스트했다. 실험 대상자들은 다음과 같은 문장의 문법성을 판단하도록 요청받았다.

The little boy is speak to a policeman.

The farmer bought two pig.

A bat flewed into our attic last night.

연구결과에 따르면, 테스트 결과는 실험 대상자가 미국에 도착한 연령에 주로 달려 있다는 것이다. 아동(3세~8세)일 때 미국에 도착한 사람들은 미국 원어민만큼 테스트를 잘 수행하였다. 8세에서 15세 사이에 미국에 도착한 사람들은 원어민과 같은 수준의 수행을 하지 못했다. 더구나 해마다 도착한 집단에 따라 차이가 있는 것 같았다. 9세에 미국에 도착한 실험 대상자는 10세에 도착한 실험 대상자보다 더 잘했고, 11세에 입국한 실험 대상자는 12세에 입국한 실험 대상자보다 더 잘했으며, 17세에서 31세 사이에 도착한 집단이 가장 낮은 점수를 받았다.

이것은 L2 습득에 결정적 시기, 즉 일정 연령을 지나면 새로운 언어의 문법을 습득하는 것이 불가능한 연령이 존재한다는 의미인가? 대부분의 연구자들은 그렇게 강하게 주장하는 것을 망설일 것이다. 비록 연령이 원어민 같은 L2 능력을 달성하는데 중요한 변수이기는 하지만, 성인으로서 제2언어를 습득하는 것도 분명히 가능하다. 많은 십대들과 성인 L2 학습자들은 능숙하게 구사할 수 있게 되고, 일부 고도로 재능 있는 성인 학습자들은 심지어 원어민 수준을 능가하기도 한다. 또한 이 연구는 실험 대상자가 영어를 사용하는 환경에 수년간 머무른 후, L2 습득의 최종 상태도 살펴보았다. 물론 성인 L2 학습자들의 최종적인 달성도는 원어민 수준에 미치지 못하지만, L2 습득 과정은 L1 습득과 본질적으로 다르지 않다는 것이다.

L2의 습득 능력은 나이가 들어감에 따라 점진적으로 쇠퇴하며, L2의 특정 측면에 대해 원어민과 같은 수준의 구사력을 갖는 데 '민감한 시기'가 있다고 말하는 것이 더 타당하다. 음운과정이나 현상에 대하여 민감한 시기는 가장 짧다. 원어민과 같은 수준의 L2 발음을 성취하기 위해서는 아동기 동안에 언어에 노출되어야 한다. 통사와 같은 다른 언어적 요소들은 보다 긴 민감한 시기를 가질 수 있다.

계승어 학습자에 대한 몇몇 흥미로운 연구들은 L2 습득에서 민감한 시기의 개념을 뒷받침한다. 이런 발견은 아동기에 스페인어를 우연히 어깨너머로 듣게 되었지만(때때로 몇 개의 단어), 그 언어를 달리 말하거나 이해하지 못했던 대학생들의 스페인어 습득 연구에 근거하고 있다. 이 우연히 엿들은 사람들(overhearers)이 14세 이전에 스페인어에 대한 노출이 전혀 없었던 사람들과 비교되었다. 그 학생들 모두 영어를 모국어로 하며, 계승어를 L2로 학습하고 있었다. 실험결과에 따르면, 우연히 계승어를 접했던 학생들이 다른 학생들보다 더 원어민 같은 말투를 습득했다는 것이다. 그러나 우연히 계승어를 접했던 학생들이 스페인어의 문법형태소를 습득하는 데는 어떤 장점도 보여주지 못했다. 조기 노출은 언어의 특정 측면에 대한 후기의 습득을 촉진시키는 일종의 흔적을 남길 수도 있다.

L2 습득에 신경학적 요소가 미치는 영향에 관한 최근의 연구는 좌반구 피질밀도(cortical density)가 단일언어 사용자에 비해 상대적으로 이중언어 사용자에게서 증가하며, 또 이 같은 증가는 후기 제2언어 학습자에 비해 조기 제2언어 학습자에게 더 확연하다는 것을 보여준다. 이 연구는 또한 뇌의 밀도와 제2언어 능숙도 사이에 정적 상관관계를 보여주고 있다. 연구자들은 뇌 구조가 제2언어습득 경험에 의해 변화된다고 결론을 내린다. 추가적으로 캐나다 노인들을 대상으로 한 최근 연구는 일생의 이중언어 사용은 알츠하이머병에 대한 예방적 영향을 보여주었다. 알츠하이머병이 예상되는 수백 명의 이중언어 사용자들은 단일언어 사용자들보다 이 질병의 최초 징후가 5년 뒤에 나타났다.

요약

아동들이 언어를 습득할 때, 그들은 그 언어의 문법(음운적, 형태적, 통사적, 의미적) 규칙들을 습득한다. 그들은 또한 그 언어의 어휘뿐만 아니라 화용론적 규칙도 습득한다. 아동들은 언어를 배우지 않는다. 오히려 그들은 주위에서 사용되는 언어로부터 규칙들(그리고 많은 어휘)을 추출한다.

자극의 빈곤에도 불구하고, 아동 언어습득의 용이성, 신속성과 모든 아동과 모든 언어에 대한 발달단계의 균일성은 아동들의 언어능력(language faculty)은 생득적(innate)이며, 유아는 이미 보편문법(UG)을 타고난 채 복잡한 과업에 접한다는 것을 시사한다. 보편문법은 영어 문법이나 아랍어 문법과 같은 개별 문법이 아니라 모든 언어가 따르는 원리와 매개변인을 나타낸다. 언어습득은 창조적인 과업이다. 아동들은 언어 입력을 바탕으로 문법을 창조하며, 보편문법에 의해 이 과정에 이끌린다.

언어 발달은 보편적인 단계를 따라 나아간다. 생후 1년 동안 아동들은 자신들 언어의 소리를 발달시킨다. **옹알이 단계**에 그들은 자신들의 언어적 환경에 존재하지 않는 많은 소리를 생성하고 지각하면서 언어습득이 시작된다. 점진적으로 아동들의 생성과 지각은 그들의 언어 환경에 미세 조정된다. 아동들의 후기 옹알이는 입력 언어의 모든 음성적 특성을 갖고 있다. 출생부터 수화에 노출된 청각장애가 있는 아동들도 손으로 옹알이를 하는데, 이는 옹알이가 언어 입력에 의존하는 언어습득에서 보편적 첫 단계라는 것을 보여준다.

1세 후반, 아동들은 첫 단어를 발화한다. 2세 때 그들은 보다 많은 단어를 학습하고, 음운적 체계를 발달시킨다. 아동의 첫 발화는 한 단어로 구성된 '문장'이다(일어문 단계).

많은 실험 연구들은 아동들이 강세, 음소배열과 같은 다양한 언어적 특성에 민감하고, 아동들이 유창한 말을 단어로 분절할 수 있도록 해주는 언어 입력의 통계적 규칙성에도 민감하다는 것을 보여준다. 말을 분절하는 한 방법은 운율적 자동처리이다. 또 다른 자동처리 방법은 아동들이 통사적인 맥락을 토대로 동사의 의미를 학습하는 것을 도울 수 있으며(통사적 자동처리), 또는 아동들이 단어의 의미에 근거하여 통사적 범주를 학습하는 것을 도와 줄 수 있다(의미적 자동처리). 단어 틀과 같은 분포적 증거도 의미적, 통사적 지식에 기여한다.

몇 개월이 지나면, 아동들은 둘 또는 그 이상의 단어들을 조합한다. 이 초기 문장들은 단어를 무작위로 조합한 것이 아니다. (그 단어들은 뚜렷한 패턴을 갖고 있으며, 통사적, 의미적 관계를 표현한다.) 전보문 단계 동안, 아동들은 종종 기능어 또는 문법적 형태소가 결여된 긴 문장을 생성한다. 아동의 초기 문법은 여전히 성인문법의 많은 규칙이 결여되어 있지만, 성인문법과 질적으로 다르지는 않다. 이 단계에서 아동들은 맞는 어순과 일치와 격에 관한 규칙을 갖추며, 이것들은 구조에 관한 그들의 지식을 보여준다.

아동들은 언어를 습득하는 동안에 특정한 종류의 오류를 범한다. 예를 들면, 그들은 *bringed*나 *mans*와 같은 말을 함으로써 형태론을 과잉일반화하기도 한다. 이는 아동들이 특정 언어의 규칙을 습득하는 중에 있다는 것을 보여주는 것이다. 아동들은 보편문법의 원리에 위배되는 오류를 생성하는 것 같지 않다.

어휘 습득 과정에서 아동들은 네 발 달린 동물들을 의미하기 위해 *dog*이라는 단어를 사용함으로써 단어의 의미를 과대확장할 수 있다. 또한 그들은 단어의 의미를 과소확장할 수 있어서, *dog*이라는 단어를 사용하여 다른 개들이 아닌 고유명사처럼 가정의 애완동물만을 나타낸다. 이와 같은 범주 '오류'에도 불구하고, 문법적 발달과 마찬가지로, 아동들의 어휘 학습도 일반 원리에 의해 안내된다.

수화에 노출된 청각장애 아동들은 구어에 노출된 아동들과 동일한 언어습득 단계를 보인다. 모든 아동들이 언어와 관계없이 유사한 발달단계를 거친다는 것은 언어가 표현되는 양식에 관계없이 어떤 일반화를 탐색해야 하는지, 무엇을 무시해야 하는지, 어떻게 언어의 규칙성을 발견해야 하는지를 알 수 있는 특별한 능력들을 갖추고 있다는 것을 보여준다.

몇 개의 학습 기제들이 학습 과정을 설명하기 위해 제안되었다. 성인의 언어를 모방한다는 이론, 강화 이론, 유추 이론이 제시되었다. 이 같은 학습 기제 중 어느 것도 아동들이 자신들 언어의 규칙에 따라 새로운(성인 언어에서 볼 수 없는) 문장을 창조한다는 사실, 다른 오류는 범하지 않고 특정 유형의 오류만 범한다는 사실, 언어 입력에서 어떠한 증거도 없는 구조에 관한 지식을 보인다는 사실을 설명하지 못한다. 엄마말투 가설에 관한 경험적 연구들은 문법적 발달이 언어 입력의 문법성에 의존하지 않다는 것을 보여준다.

아동들은 한 번에 2개 이상의 언어를 습득할 수 있다. 이중언어 아동들은 두 가지의 문법과 두 가지의 어휘를 동시에 발달시킨다는 점을 제외하고는 단일언어 아동들과 동일한 단계를 거치는 것처럼 보인다. 이것은 두 구어를 습득하는 아동들뿐만 아니라 하나의 구어와 하나의 수화를 습득하는 아동들에게도 해당하는 사실이다. 아동이 두 언어에 동일하게 능숙할 것인지는 아동이 받는 언어 입력과 두 언어들이 습득되는 사회적 조건에 달려 있다.

제2언어습득에서 L2 학습자들은 모국어 학습자들과 마찬가지로 여러 단계를 거치는 중간언어 문법이라 불리는 목표어의 문법을 구성한다. 화자의 제1언어의 영향은 L2 습득을 L1 습득과 다르게 보이도록 한다. 성인들은 종종 L2에서 특히 발음에서 모국어 화자와 같은 수준의 능력을 성취하지 못한다. 사춘기 이후에 언어를 학습하고자 하는 데서 부딪히는 어려움은 L2 습득의 민감한 시기가 존재하기 때문일지도 모른다. 제2언어습득에 관한 몇몇 이론들은 제1언어습득을 설명하는 것과 동일한 원리들이 작동한다고 제안한다. 그러나 두 번째 견해는 성년에 제2언어습득은 아동들이 사용하는 구체적인 언어적 원칙보다 다른 일반적 학습 기제와 관련이 있다고 제안한다.

언어습득 과정의 보편성, 발달단계, 명시적인 교수가 없이도 아동이 복잡한 문법체계를 구성하는 데 비교적 짧은 시간이 걸린다는 사실 등은, 인간이라는 종은 특별한 언어습득 능력을 생득적으로 부여받았고, 언어는 인간 생물학에 근거하고 있다는 것을 시사한다.

모든 정상적인 아동들은 아프리칸스어(Afrikaans)에서 주니어(Zuni)까지 그들에게 노출되는 어떠한 언어 또는 언어들이든지 습득한다. 이런 능력은 인종, 사회 계급, 지리, 혹은 심지어는 지능(정상 범위 내)과 관계가 없다. 이 능력은 특유하게 인간에게 존재한다.

참고문헌

Berko, J. "The child's leaning of English morphology," *Word 14*(1958): 150–77.

Brown, R. 1973. *A first language: The early stages*. Cambridge, MA: Harvard University Press.

Clark, E. 2009. *First language acquisition, 2nd ed.* New York: Cambridge University Press.

Gass, S. and L. Selinker. 2008. *Second language acquisition: An introductory course, 3rd ed.* NJ: Lawrence Erlbaum.

Guasti, M. T. 2004. *Language acquisition: The growth of grammar*. Cambridge, MA: MIT Press.

Hakuta, K. 1986. *Mirror of language: The debate on bilingualism*. New York: Basic Books.

Ingram, D. 1989. *First language acquisition: method, description and explanation*. New York: Cambridge University Press.

Jakobson, R. 1971. *Studies on child language and aphasia*. The Hague: Mouton.

Lust, B. 2006. *Child language: acquisition and growth*. Cambridge, UK: Cambridge University Press.

O'Grady, W. 2005. *How children learn language*. Cambridge, UK: Cambridge University Press.

Ortega, L. 2009. *Understanding second language acquisition*. London: Hodder Education.

Saville-Troike, M. 2005. *Introducing second language acquisition*. Cambridge, UK: Cambridge University Press.

Saxton, M. 2010. *Child language: acquisition and development*. London, UK: Sage Publications Ltd.

White, L. 2003. *Second language acquisition and Universal Grammar*. Cambridge, UK: Cambridge University Press.

연습문제

1. 아기 말(baby talk)은 성인들이 아동들과 이야기할 때 사용하는 단어 형식에 붙여 사용한 용어이다. 영어에서 예를 들면 '기차'를 나타내는 *choo-choo*, '개'를 나타내는 *bow wow*가 있다. 적어도 다음 두 가지 점이 아기 말에 관해서는 보편적이다. 첫째, 아기 말 형식을 갖는 단어들은 특정 의미 범주에 속한다는 점(예: 음식과 동물), 둘째, 그 단어들은 성인들의 어형태보다 음성적으로 단순하다는 점(예: '*stomache*'/stʌmɪk/을 *tummy* /tʌmi/로)이다. 여러분의 모국어에서 생각해낼 수 있는 모든 아기 말의 목록을 작성하라. 그리고 (1) 그것들은 의미 범주로 구분하고, (2) 음운적 축약이나 단순화의 유형을 나타내는 일반적 규칙을 진술해 보라.

2. 이 장에서 우리는 아동들이 의문문을 습득하는 방법에 대하여 논의하였다. 아래에 제시되어 있는 아동들의 초기 의문문에 관한 다음의 예문들은 우리가 이 장에서 논의한 것보다 더 나중에 나온 것으로, 이후 발달단계에서 발견할 수 있는 문장들이다. 이 단계를 기술하는 일반화 규칙을 구성하라.

Can I go?	Can I can't go?
Why do you have one tooth?	Why you don't have a tongue?
What do frogs eat?	What do you don't like?
Do you like chips?	Do you don't like bananas?

3. 2~4세 아동을 섭외하라. 연, 개월로 아동의 나이에 유의하면서, 30분간 아동과 놀아주어라. 부적절하게 사용되는 모든 단어와 혹은 '문장'에 관한 목록을 작성하라. 이와 같은 아동의 단어와 문장이 나타내는 의미를 기술하라. 통사적, 형태적 오류(생략을 포함하여)를 기술하라. 아동이 여러 단어로 된 문장을 생성하고 있다면, 여러분이 모아온 자료를 설명할 수 있는 문법을 서술하라.

4. 하버드대학교에서 Roger Brown과 동료들은 문헌에서 아담, 이브, 사라로 지칭되는 세 아동들의 언어 발달을 연구하였다. 다음은 두 단어 단계 동안에 그들이 발화한 실례이다.

a coat	my stool	poor man
a celery	that knee	little top
a Becky	more coffee	dirty knee
a hands	more nut	that Adam
my mummy	two tinker-toy	big boot

Brown이 관찰한 바에 따르면, 아동들이 생성한 많은 문장과 구는 성인문법의 관점에서는 비문법적이었다. 성인문법의 관점에서 위에 제시된 NP 중 비문법적인 것에 별표를 하고, 별표된 항목에 대해 위반 내용을 기술하라. 예를 들면, 만일 해당 예문 중의 하나가 *Lotsa book*이라면, 여러분은 다음과 같이 기술할 수 있다. "수식어 *lotsa* 다음에는 복수형 명사가 와야 한다."

5. 아동 언어습득의 일어문 단계에서 아동의 음운체계는 성인 문법의 음운체계와는 체계적으로 다르다. 소리의 목록과 음운 대조는 성인에 비해 더 작지만, 음소배열규칙에는 더 큰 제약이 있다. (음운론의 이 같은 측면에 대한 논의는 6장을 참조하라).

A. 아동에 의해 생성된 다음 단어 각각에 대하여, 대치규칙이 무엇인지를 기술하고, 그 결과로서 생겨나는 다른 차이를 기술하라.

예: spook [pʰuk]

대치: 초성 자음군[sp]가 단일 자음으로 축소되었고 /p/가 기음화되어 아이가 기음규칙을 습득한 것을 나타냄.

(1) don't [dot]
(2) skip [kʰɪp]
(3) shoe [su]
(4) that [dæt]
(5) play [pʰe]
(6) thump [dʌp]
(7) bath [bæt]
(8) chop [tʰap]
(9) kitty [kɪdi]
(10) light [waɪt]
(11) dolly [daʊi]
(12) grow [go]

B. 성인 발음에서 벗어난 아동의 발음을 설명하는 일반 규칙을 기술하시오.

6. 아동들은 *this, that, these, those*와 같은 지시어; *now, then, tomorrow*와 같은 시간을 나타내는 단어; *here, there, right, behind*와 같은 공간을 나타내는 어휘들을 상대적으로 나중에 학습한다. 이 모든 단어들이 어떤 공통점을 갖고 있는가?(힌트: 4장의 화용론 절을 참조하라.) 왜 이 요인이 이 단어들의 습득을 지연시키는가?

7. 우리는 이 장에서 아동들이 어떻게 복수 규칙(plural rule)과 같은 규칙을 과잉일반화 하여 *mans*나 *mouses*와 같은 형태를 생성하게 되는가를 살펴보았다. 영어를 배우는 아동들은 성인이 사용하는 다음 각 단어 대신에 무엇을 사용하는가?

a. children
b. went
c. better
d. best
e. brought
f. sang
g. geese
h. worst
i. knives
j. worse

8. 다음에 제시된 단어들은 생후 1년 6개월, 2년 된 두 아동의 어휘에서 얻은 것이다. 다음 단어들의 발음과 성인의 발음을 비교하라.

아동 1 (1년 6개월)				**아동 2 (2년)**			
soap	[doʊp]	bib	[bɛ]	light	[waɪt]	bead	[biː]
feet	[bit]	slide	[daɪ]	sock	[sʌk]	pig	[pɛk]
sock	[kak]	dog	[da]	geese	[gis]	cheese	[tis]
goose	[gos]	cheese	[ʧis]	fish	[fɪs]	bees	[bis]
dish	[dɪʧ]	shoes	[dus]	sheep	[ʃip]	bib	[bɪp]

a. 두 아동들의 언어에서 어말자음(final consonants)들에는 무엇이 일어나는가? 규칙을 말로 표현하라. 모든 어말자음이 동일한 양상을 보이는가? 아니면 어떤 자음이 그 규칙에 적용을 받는가? 이것은 자연부류인가?
b. 이 자료에 근거하여, 단어의 어떤 짝이 이 아동의 문법에 존재하는 음소를 식별할 수 있게 하는가? 그 음소는 무엇인가? 어떻게 여러분의 답을 결정할 수 있었는지 설명하라.

9. 아동들의 다음 형태소에 대한 지식을 검증하기 위해 "wug test"를 구성하라.

comparative	-er	(as in *bigger*)
superlative	-est	(as in *biggest*)
progressive	-ing	(as in *I am dancing*)
agentive	-er	(as in *writer*)

10. 아동들은 빈번하게 다음과 같은 문장들을 생성한다.

Don't giggle me.

I danced the clown.

Yawny Baby—you can push her mouth open to drink her.

Who deaded my kitty cat?

Are you gonna nice yourself?

a. 이 같은 문장을 생성한 아동의 문법 또는 어휘 목록과 성인 영어의 문법 또는 어휘 목록 간의 차이점을 어떻게 나타낼 수 있는가?

b. 성인 언어에서 위와 유사하지만, 문법적으로 맞는 예를 생각할 수 있는가?

11. 많은 아랍어 화자들은 영어 단어를 발화할 때 모음을 삽입하는 경향이 있다. 첫 번째 난은 L1이 이집트 아랍어인 L2학습자의 예들이다. 두 번째 난은 L1이 이라크 아랍어인 L2학습자의 예들이다([ʧ]는 단일 자음임을 고려하라.)

L1 = 이집트 아랍어		**L1 = 이라크 아랍어**	
[bilastik]	plastic	[iflo:r]	floor
[θiri:]	three	[ible:n]	plane
[tiransilet]	translate	[ʧilidren]	children
[silaɪd]	slide	[iθri:]	three
[firɛd]	Fred	[istadi]	study
[ʧildiren]	children	[ifrɛd]	Fred

a. 이집트 아랍어 화자는 어떠한 모음을 어디에 추가하는가?

b. 이라크 아랍어 화자는 어떠한 모음을 어디에 추가하는가?

c. "I wrote to him"에서 이탤릭체로 삽입된 모음의 위치를 토대로, A 또는 B 중에서 어느 목록이 이집트 아랍어에 속하는지 그리고 이라크 아랍어에 속하는지 알아낼 수 있는가?

아랍어 A		**아랍어 B**	
kitabta	'I wrote him'	katabtu	'I wrote him'
kitabla	'He wrote to him'	katablu	'He wrote to him'
kitab*i*tla	'I wrote to him'	katabt*i*lu	'I wrote to him'

12. 다음은 두 살 반인 Sammy가 생성한 발화의 목록이다.

a. Mikey not see him.
b. Where ball go?
c. Look Mommy, doggie.
d. Big doggie.
e. He no bite ya.
f. He eats mud.
g. Kitty hiding.
h. Grampie wear glasses.
i. He funny.
j. He loves hamburgers.
k. Daddy ride bike.
l. That's mines.
m. That my toy.
n. Him sleeping.
o. Want more milk.
p. Read moon book.
q. Me want that.
r. Teddy up.
s. Daddy 'puter.
t. 'Puter broke.
u. Cookies and milk!!!
v. Me Superman.
w. Mommy's angry.
x. Allgone kitty.
y. Here my batball.

(1) Sammy는 언어 발달의 어느 단계에 있는가?

(2) Sammy의 각 발화에서 형태소의 수를 계산하라.

(3) 형태소에서 Sammy의 MLU는 어떻게 되는가? 단어에서는 어떠한가?

(4) **도전 질문**: Sammy의 어휘 중 몇 개는 형태소의 수를 결정하는 데 상당한 사고를 요한다. 다음 각각에 대해, 한 개의 형태소로 계산해야 하는지 아니면 2개의 형태소로 계산해야 하는지 결정하고, 그 이유를 설명하라.

allgone
batball
glasses
cookies

13. 다음 문장들은 전보문 단계에서 아이들이 발화한 것이다(두 번째 난은 단어별 주석을 포함하고, 마지막 난은 아동이 빠트린 요소를 포함한 각 문장의 번역이다).

	아이의 발화	주석	번역
스웨덴	Se, blomster har	look flowers have	'Look, (I) have flowers.'
영어	Tickles me		'It tickles me.'
프랑스어	Mange du pain	eat some bread	'S/he eats some bread.'
독일어	S[ch]okolade holen	chocolate get	'I/we get chocolate.'
네덜란드어	Earst kleine boekje lezen	first little book read	'First, I/we read a little book.'

각 개별 아동의 문장에서 주어가 빠져 있다. 그러나 주어를 생략하는 것이 문법적인 스페인어와 이탈리아어와 같은 언어와 대조적으로, 위 발화는 각각의 성인 언어에서 비문법적이다.

a. 왜 아동이 이 단계에서 문장의 주어를 생략하는지에 관한 두 가설을 제시하라. 예를 들면, 한 가설은 "아동들은 생성할 수 있는 문장의 길이가 제한되어 있어서, 주어를 생략한다."가 될 수 있다.
b. 상이한 가설들을 평가하라. 예를 들면, (a)에서 주어진 가설에 대한 반론은 "만일 길이가 관련 요인이라면, 왜 아동들은 목적어가 아닌 주어를 일관성 있게 탈락시키는가?"가 될 수 있다.

14. 다음은 여러 아동들이 생성한 과잉확장의 목록이다. 각각에서 과잉확장의 근거가 무엇인지 제시하라. 예를 들면, 예시 (a)의 *ball*의 과잉 확장의 근거는 모양이다. 또한 B난의 모든 대상은 둥글다.

	A	B
a.	*ball*	balls, balloon, marble, grapefruits, oranges, pompoms
b.	*cookie*	cookies, Cheerios, cucumbers
c.	*birdie*	birds, airplanes, flies, bees, kites
d.	*bowwow*	dogs, cows, guinea pigs, cats, hamsters
e.	*truck*	firetruck, garbage truck, bus, van
f.	*dada*	father, policeman, mailman, doctor, men's tie, baseball cap
g.	*moon*	moon, half-moon shaped lemon slice, circular chrome dial on dishwasher, half a Cheerio, hangnail

10

언어 처리와 인간의 뇌

Language Processing and the Human Brain

작동 중인 인간의 마음 The Human Mind at Work

심리언어학은 언어 수행과 관련된, 즉 우리가 어떻게 언어능력을 구어(혹은 수화) 생성과 이해에 사용하는지와 관련된 언어학의 한 영역이다. 인간의 뇌는 머릿속 사전(mental lexicon)과 문법을 습득하고 저장할 뿐 아니라 실시간으로 언어를 말하고 이해하기 위해 그 언어적 저장소에 접근한다.

우리가 어떻게 지식을 처리하는지는 그 지식의 속성과 관련이 있다. 예를 들면, 언어가 개방 구조가 아니라 단순히 기억 속의 유한의 절과 문장을 표현하는 저장소라고 가정한다면, 말하기는 우리가 전달하려는 사고를 표현하는 문장을 찾는 것으로 구성된다. 이해의 과정은 그 반대가 될 수 있다. 즉 이해는 우리가 들은 음을 그 의미와 더불어 기억되어 있는 저장된 연쇄와 연결시키는 것이다. 물론 이것은 말도 안 되는 생각이다! 이것은 언어의 창조성 때문에 가능하지 않다. 9장에서 우리는 아동은 단순히 문장들을 모방하고 저장함으로써가 아니라 문법을 구조화함으로써 언어를 습득한다는 것을 보았다. 우리가 말을 할 때 우리는 적합한 단어를 찾기 위해 어휘에 접근하고, 새로운 문장을 만들기 위해 문법규칙을 사용하며, 그것을 표현하기 위해 소리를 생성한다. 우리가 말을 들을 때도 우리는 어휘와 문법에 접근하여 우리가 들은 말에 구조와 의미를 부여한다.

문법은 소리와 의미를 관련시키고 말의 표현과 이해를 가능케 하는 언어의 단위(unit)와 규칙을 포함한다. 하지만 다른 심리학적 처리과정 또한 문장의 생성과 이해에 사용된다. 여러 다양한 기제들은 메시지를 이해하기 위해 음성의 연속적 흐름을 음소, 음절, 단어와 같은 언어학적 단위로 쪼갤 수 있도록 해주며, 또 의미 있는 말을 표현하기 위해 음성을 단어로 구성할 수 있게 해준다. 다른 인지적 기제들도 우리가 어떻게 머릿속 사전에서 단어를 끄집어내는지를 결정해주고, 또 다른 기제들은 우리가 어떻게 이런 단어들을 조립하여 구조적 표현(structural representation)으로 구성하는지를 설명한다.

일반적으로 우리는 문장을 이해하고 표현하는 데 큰 어려움을 겪지 않는다. 우리는 관련된 이런 과정에 대해 노력하거나 의식하지도 않는다. 그러나 (1)에서처럼 우리는 누구나 말실수, 혀끝에서 맴도는 단어, 혹은 문법적으로 완전한 문장을 잘 이해하지 못하는 경험을 해왔다.

(1) The horse raced past the barn fell.

이 문장을 듣자마자 많은 사람들은 이 문장을 비문법적으로 판단한다. 하지만 그들은 다음 (2)에서처럼 (1)과 구조적으로 동일한 문장을 문법적으로 판단한다.

(2) The bus driven past the school stopped.

마찬가지로 사람들은 (3)의 문장에 대해 어려움을 겪지 않는데, 이것은 (1)과 완전히 동일한 의미를 지니고 있다.

(3) The horse that was raced past the barn fell

반대로 (4)와 같은 몇몇 비문들은 쉽게 이해할 수 있다. 이러한 문법성과 해석 가능성(interpretability) 사이의 불일치는 언어 처리가 문법 이상의 그 무엇인가를 포함하고 있다는 것을 말해준다.

(4) *The baby seems sleeping.

언어수행 이론은 언어의 표현과 이해를 촉진하는 문법과 함께 작동하는 심리적인 기제를 자세히 설명하려고 한다.

이해 Comprehension

"I quite agree with you," said the Duchess; "and the moral of that is—'Be what you would seem to be'—or, if you'd like it put more simply—'Never imagine yourself not to be otherwise than what it might appear to others . . . to be otherwise.'"

"I think I should understand that better," Alice said very politely, "if I had it written down: but I can't quite follow it as you say it."

LEWIS CARROLL, *Alice's Adventures in Wonderland*, 1865

공작부인이 발화한 문장은 이해하기 어려운 문법적 문장의 다른 예를 보여준다. 이 문장은 여러 개의 부정표현과 *otherwise*를 여러 번 사용함으로 인해 문장이 매우 길고, 문장을 처리하는 데 많은 능력과 노력이 필요하다. 엘리스는 만약 공작부인이 펜과 종이가 있다면, 이 문장을 보다 쉽게 '이해하기 쉽도록 분석'할 수 있을 것이라고 언급한다. 언어수행에서 많은 실패들, 이를테면 말이 입안에서 맴돈다거나, 말실수, 또는 까다로운 문장을 이해하지 못하는 것 등의 사례는, 마치 아동의 습득 오류가 언어 발달과 관계된 기제에 대해 많은 것을 알려주듯이, 사람들이 통상 언어를 말하고 이해하는 데 사용하는 과정에 관해 많은 것을 알려준다.

음성 신호 The speech signal

문장의 이해는 여러 수준에서 분석과 관계된다. 먼저, 우리는 우리가 듣는 개별 음성을 이해해야 한다. 우리는 음식을 소화하고 영양분을 얻는 복잡한 과정을 의식하지 못하듯이, 음성을 이해하기 위해서 사용하는 복잡한 과정에 대해서도 의식하지 못한다. 우리는 이런 과정을 의도적이고 과학적으로 연구를 해야만 한다. 언어적 수행에 있어서 첫 번째 질문 중 하나는 음향 신호의 분절화와 관련된다. 이러한 과정을 이해하기 위해 신호에 관한 지식은 도움이 된다.

5장에서 우리는 생성되는 방식에 따라 음성을 기술하였다. 이는 혀나 입술 및 연구개의 위치, 성대의 상태, 조음자(articulators)가 공기의 자유로운 흐름을 방해하는지 여부 등과 관계한다. 이러한 모든 조음의 특징들은 음파 그 자체에 반영이 되고 따라서 음성은 물리적인 혹은 음향적인 측면에서도 기술될 수 있다.

물리적으로 소리는 공기 분자의 위치에 방해가 있을 때마다 생성된다. 고대 철학자들은 숲 속 나무가 쓰러졌는데 아무도 듣지 못한다면, 소리가 생성된 것인지 어떻게 알 수 있는지 질문을 했다. 이 질문은 음향학으로 답할 수 있다. 객관적 관점에서 소리는 발생되었지만, 주관적 관점에서 어떤 소리도 들리지 않았다. 사실, 우리 귀가 모든 주파수에 대해 민감한 것은 아니기 때문에 우리가 들을 수 없는 소리도 있다. 개와 같은 많은 동물들은 인간보다 더 넓은 범위의 소리를 듣는다. 음향음성학(acoustic phonetics)은 정상적인 인간의 귀에 들리는 음성에만 관심을 가진다.

우리가 공기를 폐에서 성문을 통해 밖으로 내보낼 때 성대를 진동하게 한다. 이러한 진동은 이번에는 입으로 나가는 (때로는 코로 나가는) 공기의 파동을 만든다. 이러한 파동은 공기 분자의 파도 같은 움직임에 의해 야기되는 공기 압력의 작은 변이에 불과하다.

우리가 생성하는 소리들은 공기의 압력 변화가 얼마나 빠르게 일어나는지에 따라 기술될 수 있다. 이것이 소리의 **기본 주파수**(fundamental frequency)를 결정하고, 듣는 사람에게는 음의 높낮이(pitch)로 지각된다. 기본 주파수와 함께 성대가 진동할 때, 그것들은 일련의 배음(harmonic)을 만들어 낸다. 배음은 기본 주파수의 배수인 특별한 주파수이다. 우리는

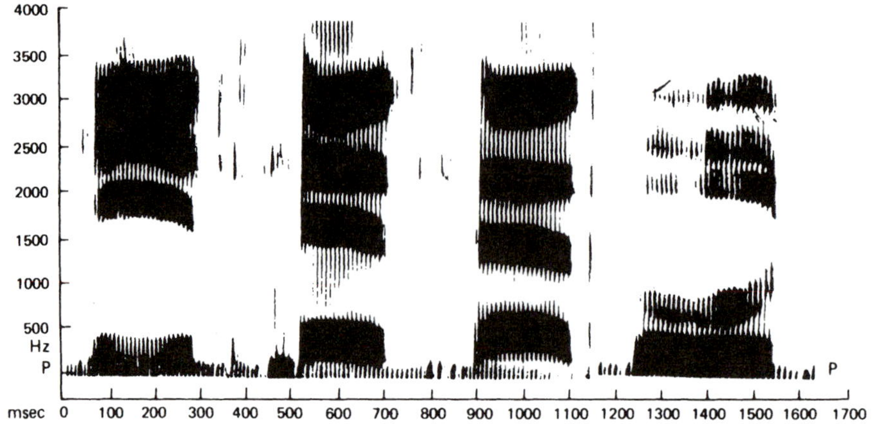

그림 10.1 | 영국 억양으로 발음된 *heed*, *head*, *had*, 그리고 *who'd*의 스펙트로그램 (녹음화자: Peter Ladefoged, 1973년 2월 16일)

□□: LADEFOGED/JOHNSON. A Course in Phonetics

그 변이의 크기(magnitude), 또는 강도(intensity)를 기술할 수 있으며, 이는 소리의 크기를 결정한다. 음성의 질은 (그것이 [i] 혹은 [a]이든 간에) 공기가 통과할 때 성도(vocal tract)의 모양에 의해 결정된다. 이러한 모양이 배음의 강도를 주파수의 강약 스펙트럼으로 바꾼다. 그리고 이런 '강약'의 조합이 특정 소리로 들린다. (규칙적인 높낮이가 있는 부드러운 파도가 바위로 된 해안선에 근접하는 것을 상상해보라. 이 파도가 바위에 부딪침에 따라 그것들은 '조정'되거나 다양한 높낮이를 가진 '작은 파도'로 깨지게 된다. 이것은 성문의 파동이 성도를 지나며 '부딪치는' 것과 성문의 파동에서 발생하는 것과 유사하다.)

말소리를 주파수로 분석하기 위해 컴퓨터 프로그램이 사용된다. 말소리가 컴퓨터에 입력되면(마이크나 녹음을 통해), 말소리의 이미지가 나타나게 된다. 이렇게 생성된 패턴을 스펙트로그램(spectrogram)이라 부르며, 혹은 보다 더 생생하게 성문(voice print)이라고 한다. *heed*, *head*, *had*, 그리고 *who'd*의 스펙트로그램이 그림 10.1에 제시되어 있다.

1/1000초 단위의 시간이 *x*축에 표시된다. 주파수(음의 높낮이)는 *y*축에 표시된다. 각 주파수의 강도는 스펙트로그램의 진한 정도로 표시된다. 더 강도가 셀수록 더욱 어둡게 표시된다. 각 모음은 형성음(formant)이라는 어두운 띠로 표현되는데, 이는 특정한 모음에 따라 위치가 달라진다. 그것은 성도의 모양으로 만들어지는 가장 강한 배음(또는 하위-파동)을 나타낸다. 각 모음은 고유의 형성음 주파수를 가지고 있으며, 이는 여러분이 듣는 상이한 모음의 질을 설명한다. 스펙트로그램은 P로 표시된 선에서 전체 발화의 높낮이(음조 곡선, intonation contour)를 보여준다. 줄무늬 혹은 가는 수직선은 성문의 단일 개폐를 나타낸다. 이 세로 줄무늬의 간격이 넓으면, 성대가 천천히 진동하고, 음도(音度)도 낮다. 반대로 줄무늬의 간격이 좁으면 성대는 빠르게 진동하고 음도가 높다.

많은 다양한 말소리의 스펙트로그램을 연구함으로써 우리는 다양한 성도의 모양이 만들어내는 기본적인 음향 구성소에 관해 많은 것을 알 수 있다.

음성 지각 Speech perception

말은 연속적인 신호이다. 자연적인 말에서 음은 서로 겹치고 서로 영향을 미치지만, 청자들은 그들이 별개의 단위, 가령 단어, 형태소, 음절, 음소를 듣고 있다는 느낌을 받는다. 음성 인식의 중심적 문제는 청자가 어떻게 연속적인 음성 신호를 의미 단위로 분할하는가를 설명하는 것이다. 이것이 '분할 문제(segmentation problem)'로 일컬어진다.

또 다른 문제는 청자들이 어떻게 다른 사람들이 상이한 상황에서 말하는 특정한 음성을 인식하는지를 이해하는 것이다. 예를 들면, 깊은 목소리를 가진 남성이 발음한 [d]음이 아동의 높은 음도의 목소리로 발음된 [d]음과 똑같은 단위의 음이라는 것을 어떻게 알 수 있을까? 음향학적으로 그것들은 별개이다. 물론 어떤 두 목소리도 모든 세부적인 면에서 동일할 수는 없다. 비슷하게 모음 [i] 앞에서 나오는 [d]음은 모음 [u] 앞에서 나오는 [d]와는 음향학적으로 다르다. 심지어 한 화자에서도 '동일한' 소리의 물리적 특성은 음운론적 상황이나 심지어 건강 상태에 따라 발화마다 상이하다. 어떻게 청자는 물리적으로 다른 한 음의 두 사례가 동일한 음이라는 것을 알 수 있는가? 이것은 '불변성 결여의 문제(lack of invariance problem)'라고 불린다.

이러한 문제에도 불구하고 청자들은 듣는 것을 이해할 수 있는데, 이는 우리의 음성 지각 기제장치가 음성 신호에 나타나는 변이성과 불연속성 결여 문제를 극복하도록 설계되어 있기 때문이다. 실험 결과에 따르면, 청자는 자신들의 지각을 계량하여 화자의 차이를 통제할 수 있으며, 그 결과 외국 말투나 왜곡된 음성에도 쉽게 적응할 수 있다는 것이다. 예를 들면, 왜곡된 음성을 들을 때, 청자들은 적응하기 위해 단지 2~4문장만 들으면 되고, 그런 후 이전에 들은 적이 없었던 단어들에 일반화할 수 있다. 비원어민 말투에 적응하는 데 약 1분이 소요된다. 비슷하게, 청자들은 화자가 얼마나 빨리 말을 하는지에 관한 함수에 따라 어떻게 음성 신호에서 타이밍 정보를 해석하는지를 조정한다. 이러한 정상화(normalization) 절차에 따라 청자는 화자와 말의 속도에 상관없이 [d]를 [d]로 이해할 수 있다. 청자들은 음성 신호에서 여러 음향적 단서와 여러 음향적 요소들 간의 관계를 활용하여 불변성 결여의 문제를 해결한다. 예를 들면, 정확한 음가는 화자마다 다를지라도 /a/의 첫 번째 혹은 가장 낮은 형성음의 주파수는 상대적으로 /i/나 /u/보다 높다. 게다가 특정 종류의 음성들은 특징적인 속성을 가지고 있고 그 속성에 근거하여 그 음성들을 식별할 수 있다. 파열음은 파열 전에 짧은 순간의 휴지가 있다. 마찰음은 높은 주파수의 잡음을 생성한다. 그리고 모음은 특정 형성음 구조와 관련된다. 이런 음향학적 단서들을 통해 청자는 화자가 누구이든지 상관없이 신호에서 음운론적 단위를 식별해낼 수 있다.

우리가 예상한 대로, 우리가 인지하는 단위는 우리가 알고 있는 언어, 특히 그 언어의 음소 목록(phonemic inventory)에 의존한다. 예를 들면, [di], [da], [du]에서 첫 번째 자음은 물리적으로 서로 별개의 음들인데, 이는 자음에서 다른 모음으로의 형성음 전이, 즉 조음효과(coarticulation effect) 때문이다. 그럼에도 불구하고, 화자들은 [d]의 속성을 동일 음운론적 단위, 즉 음소 /d/의 사례로 지각한다. 이런 현상은 일반적으로 **범주적 지각**(categorical perception)이라고 알려져 있다. 화자는 물리적으로 서로 다른 자극을 동일 범주에 속하는 것으로 지각하는데, 이는 그들의 지각이 내재된 분류체계의 지식에 의해 도움을 받기 때문이다. 언어의 경우에는 여러 음들은 화자의 음운론의 지식에 근거한 음소에 귀착된다. 범주지각은 언어 지각 체계가 음성의 변이성을 다루기 위해 사용하는 기제장치 중의 하나이다.

유사하게 영어 화자는 음향학적인 유사함에도 불구하고 [l]과 [r] 사이의 차이를 지각하는데, 이는 이 음들이 영어에서 별개의 음소를 나타내기 때문이다. 일본어 화자는 2개의 음을 구분하는 데 큰 어려움을 겪는데, 이는 일본어에서는 두 음이 한 음소의 이음이기 때문이다. 앞서 9장의 언어 발달의 논의에서 살펴 본 바와 같이, 유아는 생후 1년 동안 이런 상이한 지각적 편향을 발달시킨다.

분절화 문제로 되돌아오면, 단어와 구, 문장과 같은 통사적 단위는 휴지와 같은 경계로 좀처럼 구분되지 않는다. 그럼에도 불구하고 단어는 명백히 지각의 단위이다. 글쓰기에 있어서 그 단위들 사이의 공간은 이런 견해를 대변한다. 우리는 어떻게 말의 흐름에서 단어나 통사적 구성성분을 찾아내는가?

강세나 억양은 이런 단위에 단서를 제공한다. 예를 들면, 일상 대화에서 쓰는 영어단어 중 90퍼센트는 강세를 가진 음절로 시작한다. 실험에 따르면, 강세를 가진 음절을 들을 때, 영어 청자는 그것을 새로운 단어의 두음(onset)으로 간주할 가능성이 있다는 것이다. 강세와 억양은 통사적 구성성분의 단서가 될 수도 있다. 우리는 *He lives in the white house*와 *He lives in the White House*라는 문장의 상이한 의미는 강세 패턴에 의해 표시된다는 것을 안다. 구의 끝에 있는 음절이 구의 앞에 있는 음절보다 더 길게 지속된다는 것과 억양 곡선이 절의 경계를 표시한다는 것도 사실이다. 게다가 청자들은 자신들의 어휘 지식을 사용하여 신호에서 단어를 식별한다. 이러한 과정을 **어휘 접근**(lexical access) 혹은 단어 인지라고 부르며, 다음에서 자세히 논의된다.

하향식 모형과 상향식 모형 Top-Down and Bottom-Up Models

언어 이해는 아주 빠르고 자동적으로 이루어진다. 우리는 말을 듣거나 글을 읽는 것만큼 빨리 발화를 이해한다. 통상적으로 우리는 초당 약 20개의 음소의 속도로 구어를 처리할 수 있다. 읽기 자료를 읽기 위해 속도 증감 합성 목소리에 의존하는, 시각에 손상을 입는 사람들은 1초에 약 100개의 음소의 속도로 언어를 이해할 수 있다. 시각이 정상인 사람에게는 이와 같은 말의 속도는 다람쥐가 재잘거리는 것 같이 들릴 것이다.

성공적인 언어 이해를 위해서는 여러 개의 작동들이 한 번에 일어나야 한다. (이것을 **평행 처리**(parallel processing)라고 한다.) 여기에는 다음과 같은 하위 작동이 따른다. 바로 연속적인 음성 신호를 음소, 형태소, 단어, 구와 같은 형태로 분절하기, 머릿속 사전에서 단어와 형태소를 찾아보기, 중의적인 단어들의 적절한 의미 찾기, 단어들을 성분 구조에 위치시키기, 통사적 중의성이 생기는 경우, 여러 가능 구조 중 선택하기, 구와 문장을 해석하기, 담화의 머릿속 모형(mental model)을 구성하고, 이를 업데이트하여 새로운 문장의 의미를 반영하기, 화용적 맥락을 감안하여 다른 과업과 조력하기이다.

이런 방대한 양의 내적 계산화를 설명하기 위해, 언어의 순차적 속성 때문에 심리언어학자들은 청자들이 다음에 무엇을 기대하고, 무엇을 기대하지 않는지에 관해 추측하고, 따라서 불필요한 처리는 제거한다고 믿는다. 그들은 지각과 이해는 **상향식 처리**(bottom-up processing)와 **하향식 처리**(top-down processing) 둘 다와 관련된다고 제안한다.

상향식 처리는 들어오는 음향 (혹은 시각) 신호에서 음소, 형태소, 단어, 절, 그리고 최종적으로 의미적 해석에 이르기까지 단계별로 진행된다. 의미 형성을 위한 각 단계는 감각 자료(sensory data)와 이에 수반된 어휘 정보(lexical information)에 근거한다. 청자는 음향 정보(acoustic information)를 이용하여 어휘부에서 찾을 수 있는 단어의 음운론적 표상을 구성한다. 이 모형에 따르면 화자는 관사에 이어 명사가 따라올 때까지 기다리고, 그런 다음 명사구를 구성하면서 동시에 다음 단어를 기다린다.

하향식 처리에서 청자는 음향 신호를 분석하기 위해 보다 상위 수준의 의미적, 통사적, 맥락적 정보에 의존한다. 예를 들면, 화자들은 *the*라는 한정사를 듣자마자, 동사나 전치사보다는 명사나 형용사가 올 것으로 기대한다. 이 예에서 청자의 구절 구조에 관한 지식은 정보의 원천이 될 것이다.

하향식 처리의 증거는 피험자에게 소음이 있는 곳에서도 사용된 단어를 식별하도록 한 실험에서도 확인된다. 청자는 단어가 문장에 있을 때보다 단독으로 떨어져 있을 때 더 많은 오류를 범한다. 게다가 그들은 단어가 무의미한 문장에 있을 때 더 많은 실수를 범하며, 또한 그들은 단어가 비문법적 문장에 있을 때 가장 많은 오류를 범한다. 피험자가 어떤 문장을 듣자마자 그 문장의 각 단어를 반복하도록 요청받는 실험에서 그들은 입력을 미리 예상하고 단어를 생성하였다. 그들은 그 지점에서 문장을 처리함으로써 다음에 무엇이 올지 예측할 수 있다. 이런 모든 결과들은 피험자들이 통사적, 의미적 관계에 관한 지식을 활용하여 후보 단어들의 집합을 줄여나갈 수 있다는 것을 보여준다.

하향식 처리는 다른 종류의 실험에 의해서도 지지를 받는다. 피험자는, *The state governors met with their respective legi**s**latures convening in the capital city*라는 문장에서 밑줄 친 볼드체 "s"처럼, 문장의 일부분이 삭제되고, 이것이 기침 소리나 윙윙 소리로 대체되어 녹음된 문장을 듣는다. 그들은 어떠한 음소도 빠지지 않는 문장을 (마치 어떤 음소가 빠지지 않은 것처럼) '듣고', 또 단어에서 소음이 있는 곳을 말하는 데 (찾아내는 데) 어려움을 겪는다. 이러한 효과는 **음소 회복**(phoneme restoration)이라고 불린다. 피험자는 기침소리가 들어간 이 단어를 *legislatures*라고 예측할 수 있었고, 더구나 그들은 [s]가 그 단어에서 빠졌다고 들었음에도 불구하고, 실제로 [s]를 듣고 있다고 믿는 것처럼 보였다. 이런 경우, 하향식 정보가 분명하게 상향식 정보를 압도한다.

분절화에서도 하향식 정보의 역할이 있다. 때때로 발화는 하나 이상의 방법으로 나눠질 수 있다. 예를 들면, 고기와 계란에 관한 논의에서 음성적 연쇄(phonetic sequence) [grede]는 *Grade A*로 들릴 가능성이 있지만, 날씨에 관한 논의에서는 *grey day*로 들린다.

다른 경우, 상향식과 하향식 정보 모두 무엇이 발화되었는지에 관한 최종 결정에 관련될 수 있다. 음소 계열 /naɪtret/를 고려해보자. 이것은 'nitrate'를 의미하는 기식음 [tʰ]를 가진 [naɪtʰret]과 'night rate'를 의미하는 비기식음(unaspirated) [t]를 가진 [naɪtret] 두 분절로 양립한다. 발음의 음성적 세부 사항과 같은 상향식 정보는 단어의 경계가 어디인지를 알려준다. 만약 첫 번째 /t/가 기식음으로 들렸다면, 이것은 두 번째 음절의 두음(onset)에 속하는 것이 분명하며, 그 결정은 *nitrate*이다. 반면 비기식음이라면 /t/는 첫 번째 음절의 말음(coda)의 부분임에 틀림없으며, 그 결정은 *night rate*이다.

그러나 하향식 정보 역시 관여할 수 있으며, [naɪtʰret]은 뒤에 *sodium*이나 화학과 관련된 맥락에서 선호되는 반면, [naɪtret]는 호텔의 상황에서 더 이치에 맞다. 만약 상향식 단서가 신호 잡음으로 인해 불충분하거나, 하향식 단서가 뚜렷하지 않는 맥락으로 인해 모호하면, 반대의 단서가 최종 결정에 훨씬 더 큰 작용을 한다.

어휘 접근과 단어 인식 Lexical Access and Word Recognition

심리언어학자들은 어휘 접근(lexical access)이나 단어 인식(word recognition), 즉 청자들이 자신들의 머릿속 사전에서 단어의 의미와 통사적 특성에 관한 정보를 얻는 과정에 관한 많은 연구를 수행해왔다. 몇 가지 다른 실험 기법들이 어휘 접근에 관한 연구에 사용되어 왔다.

하나의 방법은 단어나 소리의 연쇄들이 단어인지 아닌지를 묻는 것이다. 피험자들은 자극이 실제 단어이면 한 버튼을 누르고, 그렇지 않으면 다른 버튼을 누름으로써 반응하며, 이로써 그들은 **어휘 결정**(lexical decision)을 한다. 이런 실험과 비슷한 실험을 하는 동안, 반응 시간이 측정된다. 이런 실험의 전제는 특정 과업에 반응하는 데 걸리는 시간이 길수록, 더 많은 처리과정이 관계된다는 것이다. 반응시간 측정은 어휘 접근이 어느 정도 단어 사용의 빈도수에 의존한다는 것을 보여 준다. 흔히 사용되는 *car*와 같은 단어에 좀처럼 접하기 어려운 *cad*와 같은 단어보다 더 빨리 반응한다.

어휘 결정 과업은 우리가 어휘 접근에 있어서 어떻게 음운론적 지식을 사용하는지에 관한 정보를 제공해준다. 연구에 따르면, 청자들은 '불가능한' 비단어(non-word), 가령 *tlat*, *mrock*에 보다 '가능한' 비단어, 가령, *floop*, *plim*과 같은 단어에 더 느리게 반응한다는 것이다. 청자들은 그들의 음소 배열론적(phonotactic) 지식에 근거하여 불가능한 단어들을 신속히 배제할 수 있으며, 그 결과 어휘 탐색을 하지 않아도 된다. 가능한 비단어와 불가능한 비단어가 다르게 처리된다는 것은 뇌 영상 연구로도 입증이 되는데, 이 연구에 따르면, 실제 단어와 가능한 비단어에 접근할 때는 뇌의 동일 영역이 관계되지만, 불가능한 비단어에 대해 뇌의 다른 영역이 반응한다는 것을 보여준다.

청자가 특정 단어를 회상하는 속도도 그 단어의 음운론적 '이웃'에 달려 있다. 이웃은 목표 단어(target word)와 음운론적으로 비슷한 모든 단어로 구성된다. *pat*과 같은 단어는 *bat*, *pad*, *pot*, *pit* 등과 같이 비슷한 단어가 많이 있기 때문에 밀도 높은 이웃을 갖고 있는 반면, *crib*과 같은 단어는 훨씬 더 적은 이웃을 가지고 있다. 더 많은 이웃을 가진 단어는 적은 이웃을 가진 단어보다 회상에 더 긴 시간이 걸리는데, 이는 더 밀도 높은 이웃에서 한 특정 단어를 선별하기 위해서 더 많은 음운론적 정보가 필요하기 때문이다.

심리언어학자들은 머릿속 사전에 있는 각각의 단어들은 '활성화 휴지 단계(resting level of activation)'와 관련이 있다고 믿는데, 청자가 단어에 접근할 때마다 이 시간이 늘어난다. 좀 더 빈번한 단어는 높은 수준의 활성화 휴지 단계를 가지고 있으며 청자들이 결정 과업에서 이 단어에 대한 빠른 반응속도를 보여준다.

단어는 의미적으로 관련 있는 단어를 들음으로서 활성화될 수도 있다. 이러한 효과는 **의미론적 점화효과**(semantic priming)로 알려져 있다. 청자는 의미론적으로 관련이 없는 *flower*와 같은 단어를 들었을 때보다 *nurse*와 같은 단어를 들었을 때 더 빨리 *doctor*라는 단어에 대해 어휘 결정을 한다. 단어 *nurse*가 *doctor*를 점화(prime)한다고들 한다. 우리가 점화 단어를 들을 때 관련 단어는 '깨어나고(awakened)', 짧은 순간에 더 수월하게 접근할 수 있게 된다. 이러한 점화 효과는 머릿속 사전에서 의미적으로 관련된 단어가 서로 가까이 있거나 서로 연결되어 있기 때문에 발생한다.

형태론적 점화(morphological priming)도 다형태소(multimorphemic) 중 한 형태소가 관련 단어를 점화하는 일종의 의미론적 점화이다. 예를 들면, *sheepdog*은 *sheep*의 결과로서 *sheep*이라는 단어를 통해 *wool*이라는 단어를 점화한다. 가령, *runner*에서처럼 한 형태소는 자유형태소이고 다른 하나는 의존형태소일 때, 자유 형태소 *run*이 *race*와 같은 단어를 점화한다. 이상하게 들리겠지만, *summer*와 같이, 'one who sums'을 의미하지 않는 유사 다형태소에서도 'sum'이라는 단어는 *paint*가 *painter*라는 단어에 의해 점화되듯이 점화된다. 이러한 사례들은 형태론적 분해(decomposition)는 그 단어의 의미와 상관없이 음성을 토대로 자동적으로 일어난다는 것을 보여준다.

어휘 결정 기법들은 어휘 접근 과정에 대한 더 세부적인 이해를 제공하는 뇌 연구 결과와 더불어 평가될 수 있다. 어떤 경우에는 피실험자에서 전기적 뇌 활동은 반응시간 측정이 일어나지 않는 동안에도 어휘 접근이 일어나고 있다는 것을 보여준다. 예를 들면, *teach*는 반응 시간 측정에 의해서가 아니라, 뇌 활동에 따라 관련된 어휘 *taught*를 점화한다. 이런 결과는 어휘 결정이 단계별로 일어나고, 반응 시간 측정은 초기 단계에는 둔감한 반면, 뇌 측정은 지속적으로 취해지며, 이른 단계와 나중 단계 둘 다를 반영한다.

어휘적 중의성은 청자가 어떻게 머릿속 사전에 접근하는지에 대한 중요한 통찰을 제공한다. 어떤 실험 과업에서 RT는 중의적이지 않는 단어보다 중의적인 단어에 더 길었는데, 이는 중의적인 단어가 더 많은 처리 자원을 요구한다는 것을 보여준다. 실제, 연구들은 청자가 중의적인 단어를 포함하고 있는 문장이 여러 의미들 중 한 의미로 기울었을 때조차도 중의적인 단어의 모든 의미를 회상한다는 것을 보여준다. 예를 들면, *The gypsy read the young man's palm*에서 *palm*이라는 단어를 들었을 때, RT에 따르면, 그 단어는 *hand*와 *tree*를 모두 점화한다. (*palm tree*에서처럼) *palm*의 다른 의미가 점화 문장의 의미의 일부분이 아님에도 불구하고, 그런 의미도 분명히 활성화된다. 처리의 후속 단계에서 (0.25초 후에) 청자가 문장의 나머지 부분의 정보에 근거하여 어느 의미가 의도된 의미인지에 관한 결정을 한다. 이것은 단어의 초기 접근은 엄격하게 상향식이고, 음운적 표시에 부합하는 모든 어휘항목들이 활성화된다는 것을 의미하는 반면, 맥락적으로 적합한 의미에 관한 후속 선별은 하향식이라는 것을 의미한다. 흥미롭게도 어린 아동들은 중의적 단어의 모든 의미를 점화하는 것은 아니며, 가장 빈번하게 사용되는 의미만을 점화한다. 이것은 아동들이 성인보다 더 제한된 처리 자원을 가지고 있기 때문일 것 같다.

통사론적 과정 Syntactic Processing

> Teacher Strikes Idle Kids
> Enraged Cow Injures Farmer with Ax
> Killer Sentenced to Die for Second Time in 10 Years
> Stolen Painting Found by Tree
> –AMBIGUOUS HEADLINES

문장을 이해하는 것은 문장의 개별 단어를 인지하는 것 이상을 포함한다. 청자들은 단어나 구들 사이의 통사적 관계 또한 결정해야 한다. 이런 내적 처리 과정은, **분석**(parsing)이라고 불리는데, 문법규칙에 의해 지배되고 또 언어의 순차적인 특성에 강하게 영향을 받는다.

청자는 문장을 들으면서 문장에 대한 구조적 표상을 적극적으로 형성한다. 그러므로 그들은 입력되는 각 단어에 대해 문법적 범주는 무엇이며, 어떻게 형성되고 있는 구조에 적합한지를 결정해야만 한다. 종종 문장은 둘 이상의 통사적 범주에 속하는 단어나 단어들처럼 '일시적인 중의성'을 드러낸다. 예를 들면, *The warehouse fires*…라는 구는 다음 두 방식 중 하나와 이어질 수 있다.

(1) … were set by an arsonist.
(2) … employees over sixty.

*fires*는 (1)에서는 명사이고, (2)에서는 동사이다. 이와 같은 문장에 관한 실험 연구는 주어가 중의적인 단어를 만날 때, 의미와 범주 둘 다 활성화된다는 것을 보여준다. 중의성은

통사적 의미적 맥락에 근거하여 금방 해결된다. 중의성 해소(disambiguation)는 보통 너무 빨리 그리고 순조로워서, 504쪽의 'AMBIGUOUS HEADLINES'와 같은 의도하지 않는 중의적인 신문 머리기사는 이런 것에 집중하는 언어학자들을 제외하고는 좀처럼 주목받지 않는다.

또 다른 중요한 일시적 중의성은, 다음의 예문에서 예시되듯이, 문법이 하나의 성분을 두 가지 다른 방식으로 문장에 끼워 넣을 경우에 생겨난다.

After the child visited the doctor prescribed a course of injections.

독자들이 *the doctor*라는 구를 접했을 때, 그들은 즉각적으로 동사 *visit*의 직접 목적어로 지각한다. 동사 *prescribed*를 뒤에서 접하게 되면, 그들은 '생각을 바꾸거나' 또는 다시 되돌아가서, *the doctor*를 주절의 주어로 분석한다. 독자가 읽는 동안에 그 시각의 움직임을 추적하는 정교한 실험 절차는 문장의 어려운 부분을 정확하게 보여주어서 언제 독자가 문장의 앞부분으로 회귀하는지를 알려줄 수 있다. 이 같은 회귀 효과를 유도하는 문장을 **정원길 문장**(garden path sentence)이라고 부른다. 이 장 서두에서 제시되었던 문장, *The horse raced past the barn fell* 또한 정원길 문장이다. 사람들은 자연스럽게 *raced*를 본동사로 해석을 하지만, 사실 이 문장에서 본동사는 *fell*이다.

사람들을 미혹하는 초기 구조적 선택은 통사적 모호성을 해결하기 위해 내적 분석자(mental parser)가 사용하는 일반 원칙을 반영할 수도 있다. 이런 두 원칙은 **최소 부착**(minimal attachment)과 **늦은 종결**(late closure)로 알려져 있다.

최소 부착은 "그 언어의 문법에 일치하는 가장 단순한 구조를 구성하라"라는 것이다. *The horse raced*…에서 더 단순한 구조는 *the horse*가 주어이고 *raced*가 동사인 구조이다. 덜 간단한 구조는 본동사 *fell*을 가진 *The horse that was raced*…와 유사하다.

늦은 종결은, 다음의 예문이 보여주듯이, "입력되는 요소를 현재 처리되고 있는 구에 붙이라"라고 나타낸다.

The doctor said the patient will die yesterday

독자는 종종 이 문장의 끝에서 정원길 문장 효과를 경험한다. 독자는 *yesterday*를 내포절 *the patient will die*에 가장 근접한 곳에서 만나게 되고, 이것은 *yesterday*에 가장 근접해 있고, 그는 즉시 이것을 의미로 변환하고자 한다. 그러나 이는 적절하지 않은데 왜냐하면 *yesterday*는 미래 표지 *will*과 충돌하기 때문이며, 그래서 독자는 앞으로 되돌아가서 *yesterday*를 본동사 *said*를 포함한 주절에 붙인다.

문장의 통사적인 분석은 여러 종류의 정보에 의존한다. 분석자는 어떻게 입력 단어가 서로 결합되어 잘 구성된 구성성분이 되는지를 알아내기 위해 문법에 의존한다. 중의성의 경우, 선택할 다양한 구조적 가능성이 있다. 최소 부착이나 늦은 종결과 같은 원칙들은 분석자를 안내하여 여러 문법적 가능성 중 계산상 가장 간단한 구조를 선택하게 한다. 정원길 문장 효과는 청자가 더 간단한 구조에 너무 몰입되어, 여러 유형의 부조화에 의해 그 구조와 알력이 있을 때 생겨난다.

The faithful people our church every Sunday.

*people*은 동사보다 명사로 더 자주 쓰이므로, 독자는 처음에 *the faithful people*을 하나의 NP로 분석하게 된다. 하지만 이것은 뒤의 단어들, 동사가 없는 것과 일치하지 않는다. 독자는 앞으로 되돌아가서, *people*을 '거주하다'를 의미하는 본동사로 재분석해야 한다.

운율, 어휘적 편향, 심지어 시각적 맥락과 같은 다른 요소들 또한 그 구조적 선택을 할 때 분석자에게 영향을 미치고, 심지어 분석 원칙들의 효과를 약화시킬 수도 있다. 예를 들면, 다음 문장은 중의적이다. 여배우나 하녀 중 어느 쪽이든 발코니에 있는 사람으로 이해될 수 있다.

Someone photographed the maid of the actress who was on the balcony.

늦은 종결은 *the actress on the balcony*를 선호되는 해석으로 한다. 연구는 *the maid* 다음에 억양 휴지를 두면, 청자가 이런 의미를 부여할 가능성은 매우 증가한다는 것을 보여준다. 한편, *the actress* 다음에 휴지를 두면, *the maid*가 *the balcony*에 있다는 해석의 가능성이 증가한다.

동사의 선택 또한 분석자의 구조적 결정에 영향을 미친다. (1)과 같은 문장에서 처리자(processor)는 *the problem*을 동사 *understood*의 직접 목적어로 분석하도록 유도되고 (최소 부착), 이어 *had no solution*을 접하면, 앞으로 되돌아가야만 할 것이다. 반면, (2)에서는 이런 정원길 효과는 있을 것 같지 않다.

(1) Tom understood the problem had no solution.
(2) Tom thought the problem had no solution.

이것은 동사 *understand* 뒤에 명사구와 문장이 올 수 있기 때문이다(*Tom understood the story, Tom understood the story was false*). 반면, 동사 *think*는 뒤에 명사구가 아니라 문장이 와야만 한다(*Tom thinks the story is crazy, *Tom thinks the story*). 문장 처리자는 동사의 어휘 목록에서 하위범주화(subcategorization) 정보와 특정 동사가 여러 맥락에 나타날 수 있는 빈도수에 민감하다(하위범주는 3장에서 논의됨).

놀랍게도 분석자는 비언어적(non-linguistic) 정보를 활용하여 구조적 선택을 하는 것 같지 않다. 예를 들면, 여러분은 정원길 효과가 (2)보다 (1)에서 덜 일어날 수 있다고 생각할 수 있는데, 왜냐하면 실제 세상 지식은 우리에게 공연자(performer)는 정기적으로 꽃을 받고, 꽃집 주인은 정기적으로 꽃을 보낸다는 것을 알려주기 때문이다.

(1) The performer sent the flowers was very pleased.

(2) The florist sent the flowers was very pleased.

하지만 사실은 그렇지 않다. 시선 추적(eye-tracking) 연구는 독자들은 타당성에 차이가 있음에도 불구하고 두 문장에 똑같이 호도된다는 것을 보여준다.

그러나 다른 과업에서 독자들이 두 문장을 다른 말로 바꾸어 표현하라는 요청을 받았을 때, 그들은 더 그럴듯하게 보이는 *performer sent the flower* 문장을 더 잘 수행하는데, 이것은 비언어적 맥락은 분석 단계(parsing stage)에서는 아니라하더라도 어떤 지점에서 이해를 촉진한다는 것을 나타낸다. 분석자에게 문제를 야기하는 문장들, 가령 정원길 문장은 문장 처리자가 어떻게 작동하는지에 관해 많은 것을 알려준다.

또 하나의 문장 처리 어려움을 보여주는 두드러진 예문은 Mother Goose 시를 다시 쓴 문장에서 예시된다. 이 시의 원래 형식은 다음과 같다:

This is the dog that worried the cat that killed the rat that ate the malt that lay in the house that Jack built.

이해에 전혀 문제가 없다. 이제 이와 동등한 표현에 도전해보자.

Jack built the house that the malt that the rat that the cat that the dog worried killed ate lay in.

전혀 이해할 수 없지 않은가?

비록 이 혼란스러운 문장이 관계사절 형성의 법칙을 따르고 있다고 할지라도, (여러분은 *the cat that the dog worried*에는 별 어려움이 없지만) 관계사절이 한 번이면 족하다고 여길 것이다. 여러분이 이런 과정을 두 번 적용하면, *rat that the cat that the dog worried killed* 라는 문장을 얻게 되는데, 이해가 꽤 어렵게 되겠지만, 그래도 가능하다. 만약 여러분이 이 과정을 세 번 적용한다면, *the malt that the rat that the cat that the dog worried killed ate*에서처럼 모든 희망을 잃게 된다.

이 같은 유형의 문장을 분석하는 데 어려움은 기억의 제약과 관련이 있다. 그 문장을 처리하는 데 있어서 여러분은 *the malt*라는 단어를 *ate*가 나올 때까지 내내 머리에 유지하고 있어야 하지만, 그것을 하고 있는 동안, 여러분은 또 *the rat*이라는 단어를 *killed*가 나올 때까지 내내 머리에 저장하고 있어야 하고, 또 그것을 하고 있는 동안…, 그것은 행하기 어려운 구조 곡예의 양식이다. 우리는 명백하게도 모든 정보를 파악할 수 있는 충분한 기억력을 가지고 있지 않다. 우리가 이런 문장들을 만들어 낼 수 있는 능력이 있을지라도 수행 한계가 이런 괴물 같은 것의 창조와 이해를 방해한다.

문장 이해를 연구하기 위한 또 다른 기법은 **따라 말하기 과제**(shadowing task)인데, 피험자들은 자신들이 들은 것을 가능한 한 지체 없이 따라하게 하는 방식이다. 대부분의 피험자들은 문장을 듣고 0.3~0.8초 후에 그렇게 해냈다. 빠른 따라 말하기 피험자들은 종종 말실수나 발음 실수도 무의식중에 수정하며, 굴절접미사가 빠진 경우에는 굴절접사를 추가하기도 했다. 심지어 그들이 따라해야 하는 말은 오류가 있으며, 그 오류 또한 그대로 따라해야 한다고 들었을 때조차도 그들은 좀처럼 그렇게 하지 않는다. 목표 단어가 이전에 들었던 것으로부터 예측될 수 있을 때 교정이 일어날 가능성이 더 높다.

이런 따라 말하기 실험은 하향식 정보를 매우 신속하게 사용한다는 것을 보여준다. 예측가능성의 차이는 1/4초 안에 영향을 미친다. 이런 실험은 우리가 얼마나 빨리 문법적 분석을 하는지 보여주는데, 이것은 수정된 오류들은, 가령 일치 굴절의 생략, 인접한 선행 단어의 구조적 관계를 알고 있는 것에 의존하기 때문이다.

말을 이해하는 능력은 내적 문법, 최소 부착, 늦은 종결과 같은 분석의 원칙들, 언어적 맥락, 동사의 하위범주와 같은 어휘 정보, 운율, 빈도 요소, 기억 한계 등을 포함하는 복잡한 심리적 과정이다.

말의 생성 Speech Production

앞서 보았던 것처럼 청자의 일은 화자에 의해 생성된 음성 신호로부터 메시지의 의도된 의미를 해독하는 것이다. 화자의 일은 그 반대다. 그는 언어의 문법적 구조에 맞게 조직화된 음성과 단어(혹은 신호)를 사용하여 생각을 발화로 기호화해야 한다. 화자가 어떻게 말하게 되는지에 관한 정보를 제공하는 실험을 고안하는 것이 청자의 과정에 관해 하는 것보다 어렵다. 대부분의 최상의 정보는 즉흥적인 말을, 특히 오류를 관찰하고 분석한 것으로부터 얻는다.

어휘 선택 Lexical Selection

이해에 관한 이전의 논의에서 우리는 어휘가 회상되는 동안 의미적으로 관계가 있는 단어들이 활성화되거나 점화된다는 것을 보았다. 표현에 있어서도 우리는 실언(slip of tongue)이나 말실수(speech error) (6장 참조), 특히 단어 대체 오류(word substitution error)에서 비슷한 효과가 있음을 알 수 있다. 단어의 대체는 무작위가 아니다. 그것들은 사고를 표현하는 시도에서 우리가 부분적인 유사성이나 의미적 연관성에 근거해 부정확한 어휘 선택을 할 수도 있다는 것을 보여준다. 이것은 다음 예문에 예시된다.

Bring me a **pen.** → Bring me a **pencil.**

It stays **light** out late here. → It stays **dark** out late here.

Please set the **table**. → Please set the **chair**.

Are my **tires** touching the curb? → Are my **legs** touching the curb?

I don't know what the term is in **German**. → I don't know what the term is in **Austrian**.

혼성어는 우리가 한 단어의 일부와 다른 단어의 일부를 결합하여 생성하는데, 사고를 표현하기 위해 둘 또는 그 이상의 단어를 어떻게 선택하는지를 보여주고, 또한 그것들 중 하나를 택하는 것이 아니라, Humpty Dumpty가 불렀던 대로, 'portmanteaus'로 생성한다. 이 같은 혼성어는 다음 오류에 예시된다.

1. splinters/blisters → splisters
2. edited/annotated → editated
3. a swinging/hip chick → a swip chick
4. frown/scowl → frowl

이러한 혼성어 오류들은 분절음들이 음절 내 목표 단어에서와 동일한 위치에 그대로 남아 있다는 점에서 전형적이다.

이해에 있어서 어휘 회상은 목표 단어와 음운론적으로 관련이 있는 단어의 수에 영향을 받는다. 다시 말해, 이것은 우리가 이전에 '음운론적 이웃'이라고 칭한 것이다. 표현에 있어서 화자는, 다음 예들이 보여주듯이, 목표 단어와 음운론적으로 관련이 있지만 의미에서는 관련이 없는 단어들의 대체와 관계되는 발화 오류를 종종 범한다.

Did you feed the **bunny**? → Did you feed the **banana**?

We need a few laughs to break up the **monotony**. → We need a few laughs to break up the **mahogany**.

The flood damage was so bad they had to **evacuate** the city. → The flood damage was so bad they had to **evaporate** the city.

단어의 발생 빈도 역시 이해에 있어 어휘 접근에 영향을 미친다는 것을 기억하라. 화자들은 더 흔하게 사용되는 단어를 끌어내는 데 더 빠르다. 표현에 있어서 빈도수가 높은 단어를 빈도수가 낮은 단어보다 더 쉽게 떠올린다. 그래서 화자들은, *bayonet*보다 *knife*를 좀 더 빨리 떠올린다. 이것은 화자의 머뭇거림, 휴지에 관한 연구에서도 볼 수 있는데, 이런 머뭇거림이나 휴지는 빈도수가 낮은 단어 앞에서 더 흔하다.

놀랄 것 없이, 이해에서 청자에게 영향을 미치는 동일한 요소(단어의 의미적 음운적 관련성, 단어 빈도)가 표현에서 화자에게도 영향을 미친다. 우리가 말하든지 듣든지 간에 우리는 동일한 머릿속 사전에 접근하고 있다.

규칙의 적용과 오용 Application and Misapplication of Rules

자연발생적 오류는 형태론과 통사론의 규칙이 우리가 말할 때도 적용(혹은 오용)된다는 것을 보여준다. 이러한 과정은 정상적인 오류가 없는 말에서는 보기 어렵지만, 누군가가 *grouping* 대신에 *groupment*를, *ambiguous* 대신 *ambigual* 혹은 *bloody* 대신 *bloodent*를 말할 때, 이것은 정규 규칙이 적용되어 형태소를 결합하고, 가능하지만 존재하지 않는 어휘를 형성한다는 것을 보여준다.

굴절에 관한 법칙 또한 표면화된다. **We swimmed in the pool*이라고 말을 한 UCLA 교수는 *swim*의 과거형은 *swam*이라는 것을 알지만, 실수로 정규 규칙을 불규칙한 형태에 적용하였다. 우리는 표현에 있어서도 형태음소(morphophonemic) 규칙의 적용의 증거를 볼 수 있다. 영어에서 a/an의 교체 규칙을 생각해보라. 의도된 *an early bird* 대신에 *a burly bird*라는 오류는 분절적으로 잘못된 어순으로 인해 모음으로 시작하는 단어를 자음으로 시작하는 단어로 바뀌었을 때, 부정관사 또한 문법적 규칙과 일치하도록 바뀐다는 것을 보여준다. 명백하게도 규칙은 *early*가 실수로 *burly*로 발화된 그 단계 후에 적용되며, 혹은 재적용된다.

비슷하게 의도된 *Big Ben* [bɪg bẽn] 대신에 [bĩn bɛg]으로 발음된 *bin beg*과 같은 오류(2012년 런던 올림픽에서 아나운서가 발화함)는 이음규칙이 음소가 잘못 순서화된 후에 적용(혹은 재적용)된다는 것을 보여준다. 만약 잘못된 순서화가 음소들이 비음화(nasalization)와 같은 이음규칙을 겪은 후에 일어났다면, 그 결과는 음성적 발화 [bɪn bẽg]가 되었을 것이다.

구성단위 계획 Planning Units

"U.S. Acres," Paws, Inc. All Rights Reserved

우리는 단순히 청자의 생각이 의미 지도 과정(semantic mapping process)을 거쳐 차례차례 단어로 변환된다고 전제한다. 문법적 형태소는 통사적 규칙에 의해 요구될 때 추가된다고 생각한다. 각 단어의 음성적 표상은 그것을 나타내는 음향적 신호를 생성하기 위해 차례차례 신경근육 명령어와 연결되어 조음자에 이르게 된다.

그러나 우리는 이것이 표현의 실제적 양상이 아니라는 것을 알고 있다. 비록 단어 안에 음이나 문장 안에 단어들이 선형적으로 순서화된다고 하더라도, 발화 오류나 실언은, 만화

U.S. Acres에서 보여주듯이, 사전발화 또는 계획 단계는 단일 음소 분절음, 심지어 단어보다 더 큰 단위와 관계가 있다는 것을 보여준다.

이런 오류는 **스프너리즘**(spoonerism)의 사례인데, 스프너리즘은 1900년대 초 옥스퍼드 대학의 저명한 학장이었던 William Archibald Spooner의 이름을 딴 것이다. 그는 빅토리아 여왕을 "That dear old queen" 대신 "That queer old dean"으로 지칭하였고, 또한 그는 자기반 학생들에게, "You have missed my history lecture. You have wasted the whole term." 대신 "You have hissed my mystery lecture. You have tasted the whole worm."이라고 말하면서 꾸짖은 것으로 전해진다.

실제로 발화 오류는 자질이나 분절, 단어, 구들이 말해지기 전에 개념화된다는 사실을 보여준다. 이러한 사실은 발화오류에 대한 다음의 예에서 잘 나타난다. (의도한 문장이 화살표의 왼쪽, 오류를 포함한 실제 발화는 화살표 오른쪽에 있다.)

1. The ***h***iring of minority faculty. → The ***f***iring of minority faculty.
   (의도된 *h*가 *faculty*의 *f*로 대체되고, 이것은 의도된 발화에서 나중에 일어난다.)
2. ***a***d h***o***c → ***o***dd h***a***ck
   (첫 단어의 모음 /æ/와 두 번째 단어 모음 /a/가 대체되거나 바뀌었다.)
3. ***b***ig and ***f***at → ***p***ig and ***v***at
   (자질 값이 바뀌었다. *big* [+voiced]에서 [–voiced]로, *fat* [–voiced]에서 [+voiced]로 바뀌었다.)
4. There are many ministers in our church. → There are many churches in our minister.
   (어근 *minister*와 *church*가 뒤바뀌었다. 문법적 복수 형태소는 구 구조에서 의도된 위치에 그대로 남아 있다.)
5. salute smartly → smart salutely (National Publick Radio(NPR)에서 2007년 5월 17일 방영된 *All Things Considered*라는 프로그램에서 녹취)
   (어근이 바뀌지만, 접사 *-ly*는 그 위치 그대로 남아 있다.)
6. Seymour sliced the salami with a knife → Seymour sliced a knife with the salami.
   (전체 명사구, 관사 + 명사가 뒤바뀌었다.)

이런 오류에서 음조 곡선(주 강세 음절 그리고 음의 높낮이 변화)은 단어가 재배열 되었을지라도 의도된 문장에서처럼 동일하게 남아 있다. (6)의 원래 문장에서 가장 높은 음도는 *knife*에 올 것이다. 잘못 순서화된 문장에서도 가장 높은 음도는 *salami*의 두 번째 음절에 온다. 이러한 음도와 증가하는 음의 크기는 개별 단어에 의존하는 것이 아니라 문장의 통사적 구조에 의해 결정된다. 통사적 구조는 그것을 차지하는 단어와 독립적으로 존재하고, 음조 곡선은 특정 단어와 연계되지 않은 채 이러한 통사적 구조에 의해 그려진다.

방금 인용된 것과 같은 오류는 흥미로운 방식으로 제약을 받는다. 분절음이나 자질들과 관계된 음운론적 오류는, (1), (2), (3)에 보듯이, 문법적 형태소가 아니라 내용어에서 주로 일어나는데, 이와 같은 어휘적 부류(lexical classes) 사이의 구분을 보여준다. 더구나 단어와 어휘형태소는 상호 교환되지만, 문법형태소는 그렇지 못하다. 우리는 *The boys are singing* 이라는 문장 대신에 *The boying are sings*라는 오류를 찾을 수 없다. 전형적으로 (4)의 예문이 보여주듯이, 굴절 어미는 어휘형태소가 교체되어도 그대로 남아 있으며, 그 이후에 이동된 형태소에 적절한 음운 형식으로 부착된다.

(1)~(6)과 같은 오류들은 표현이 문법에 존재하는 자질, 분절, 형태소, 단어, 구를 이용해서 실시간으로 작동한다는 것을 보여준다. 또한 우리가 이야기할 때 단어는 조음되기에 앞서서 선택되고 계열화된다는 것을 보여준다. 우리는 머릿속 사전(mental dictionary)에서 한 단어를 선택해서 말하고, 그런 후 다른 단어를 선택하여 말하지 않는다.

계획은 문장 단위에서도 계속된다. 실험적으로 통제된 상황에서 화자들은 (1a)와 같은 수동태 문장을 시작(발화를 시작)하는 데 (1b)와 같은 능동태 문장보다 더 오래 걸린다. 그들은 (2a)와 같이 주어-목적어 관계절(밑줄 1줄)을 말하기 시작하는데 (2b)와 같은 목적어-주어 관계절(밑줄 2줄)보다 더 오래 걸린다.

(1) a. The ball was chased by Nellie.
    b. Nellie chased the ball.
(2) a. The cat that scratched the dog climbed the tree.
    b. The cat that the dog chased climbed the tree.

이런 발견은 주어-동사-목적어 어순을 가진 문장보다 덜 흔한 어순을 가진 문장에 더 많은 계획(planning)이 들어간다는 것을 시사한다. 그러나 흥미롭게도 청자들은, 비전형적인 어순임에도 불구하고, 수동태를 듣고 난 이후에는 수동태 문장을 생성할 가능성이 더 높을 것이다. 통사적 점화 실험에서도 화자들은 관련 없는 능동태 혹은 수동태 문장을 듣고 난 후 한 장면을 묘사하라는 요청을 받았다. 실험의 결과에 따르면, 피험자들이 들었던 문장이 수동태이면 수동태를 사용하여 그 장면을 묘사할 가능성이 더 높을 것이라는 점을 보여준다. 연구자들은 특정 구조가 일단 세워지고 나면, 이것이 기억 속에서 '활성화' 상태로 남아 있고, 비슷한 구조의 후속 구성을 촉진한다고 믿는다.

화자들은 단문들을 결합하여 내포절, 관계사절 등을 포함하는 복문구조로 만드는 것이 틀림없다. 화자의 머뭇거림(hesitation)에 관한 연구는 복문구조를 위한 계획이 절의 시작부터 일어난다는 것을 보여준다. 예를 들면, 비록 두 명사구의 길이는 동일하지만(음절수에 따르면), 시작 시간은 (1)과 같은 단순 명사구 주어를 생성하는 것이 (2)와 같은 관계사절을 포함하고 있는 주어 명사구를 생성하는 것보다 더 짧다.

(1) The large and raging river…

(2) The river that stopped flooding…

휴지는 절의 중간보다는 절의 시작에서 더욱 자주 발생하고, 언어 단위의 교환과 관련된 발화 실수는, 위 (4)~(6)에서처럼, 절의 경계를 넘지 않고 절 안에서 발생한다. 이런 발견은 절 경계가 복문을 계획하는 중심지(locus)이며, 또 문장은 발화되기 전에 절 단위로 묶여진다는 가설을 지지한다.

언어의 이해와 표현은 우리의 언어지식의 많은 측면뿐만 아니라 특정의 처리 원칙들, 기억력과 같은 다른 인지적 능력에 의존하는 엄청나게 복잡한 과정이다. 통상의 대화 자료와 실험 자료 둘 다 심리언어학자들에게 여러 단위와 작동기제, 그리고 화자가 생각을 기호화하고, 청자가 음성 신호를 언어적 메시지로 해독하는 데 사용되는 단계에 관한 정보를 제공해준다.

뇌와 언어 Brain and Language

인간의 인지적 능력의 복잡성, 특히 언어의 습득과 사용을 이해하려는 시도는 역사 그 자체만큼 오래되었고 지속적이다. 뇌의 본질은 무엇인가? 인간언어의 본질을 무엇인가? 그리고 둘의 관계는 무엇인가? 철학자와 과학자들은 수세기 동안 이와 같은 문제로 고심해 왔다. 그러나 현대 연구자들은 뇌 과학의 발달에 힘입어 전에는 상상할 수조차 없었던 방식으로 연구를 수행하고 있다. 언어의 생물학적 신경학적 토대에 관한 연구를 **신경언어학**(neurolinguistics)이라 한다. 신경언어학 연구는 종종 비전형적인 혹은 손상된 언어에 근거를 두고 있으며, 또한 이런 자료를 이용하여 전반적인 인간언어의 특징을 이해한다.

인간의 뇌 The Human Brain

뇌는 인간의 장기 중 가장 복잡한 부분이다. 뇌의 표면은 **피질**(cortex)이며, 종종 '회백질(gray matter)'이라고 불리는데, 수십 억 개의 뉴런(신경세포)과 교세포(뉴런을 도와주고 보호하는)로 구성되어 있다. 피질은 결정을 내리는 신체기관이다. 그것은 모든 감각기관으로부터 메시지를 받고, 자발적·비자발적 행동을 시작하고, 기억의 저장고이며, 의식의 자리이다. 이것은 다른 동물들과 구별되는 가장 특별한 기관이다. 이 회백질의 어딘가에 언어의 지식을 나타내는 문법이 자리잡고 있다.

뇌는 좌반구와 우반구의 **대뇌반구**(cerebral hemisphere)로 구성되어 있고, **뇌량**(corpus callosum), 즉 200만 개 이상의 섬유(그림 10.2 참고)로 구성된 네트워크로 연결되어 있다. 뇌량은 뇌의 두 반구를 연결하여 서로 소통할 수 있게 해준다. 이러한 연결 체계가 없으면

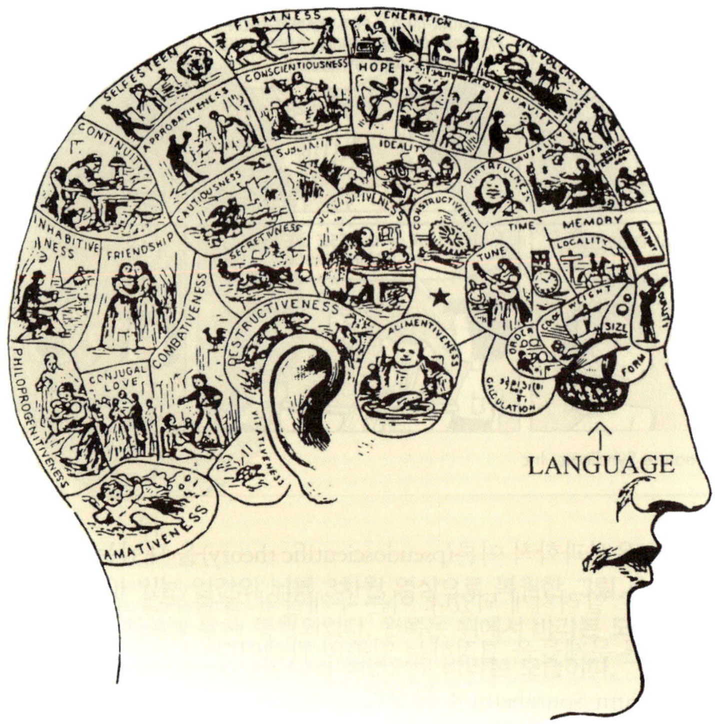

그림 10.3 | 골상학 두개골 모형(Phrenology skull model)

럼 보인다. 그림 10.4는 브로카 영역과 베르니케 영역을 보여주는 뇌의 좌측면 그림이다.

실어 증상의 언어적 특징

대부분의 실어증은 전체 언어의 상실을 보이지는 않는다. 대신, 언어의 여러 측면이 선택적으로 손상을 입고, 손상의 종류는 일반적으로 뇌 손상의 위치와 관련이 있다. 이러한 손상-결손의 관계를 통한 실어증 환자에 대한 연구는 우리 뇌에서 언어가 어떻게 조직되어 있는지에 대해 많은 정보를 제공해주었다.

브로카 영역에 손상을 입은 환자는, 오늘날 종종 불리는 것처럼, 브로카 실어증(Broca's aphasia)을 가지게 된다. 브로카 실어증은 말이 부자연스럽고, 적당한 단어를 찾는 것을 어려워하는 특징을 가진다. 이것은 주로 통사 규칙을 가지고 문장을 형성하는 능력에 영향을 미치는 장애이다. 브로카 실어증의 가장 대표적인 특징은 생성된 언어가 초문법적(agrammatic)이라는 점인데, 이는 관사, 전치사, 대명사, 조동사, 혹은 다른 기능어를 종종 결여한다는 것을 의미한다. 브로카 실어증은 전형적으로 과거형 접미사 –*ed*나 3인칭 단수형 –*s*와 같은 굴절을 생략한다. 다음은 의사와 브로카 실어증을 가진 환자의 대화에서 발췌한 것이다.

의사: Could you tell me what you have been doing in the hospital?

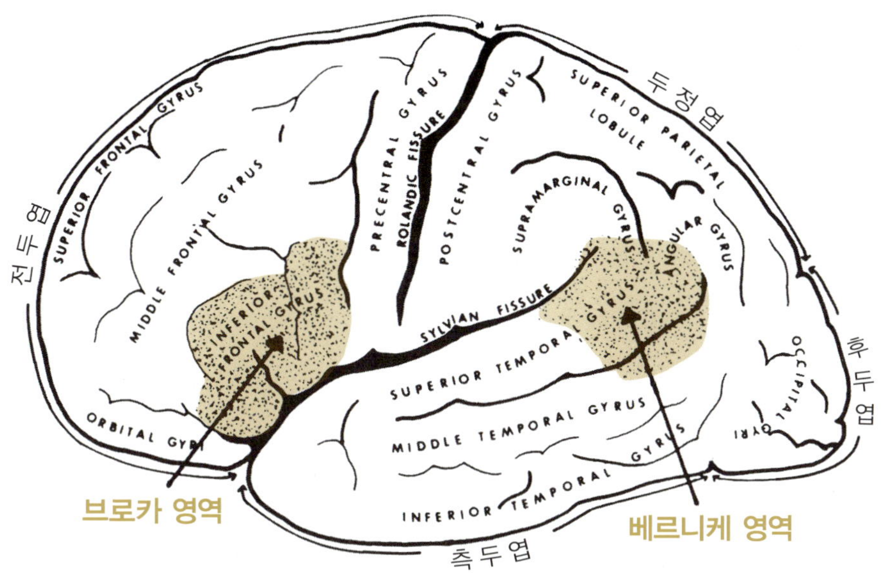

그림 10.4 | 좌반구를 측면(외부)에서 본 그림. 언어 처리와 관련하여 피질의 가장 중요한 두 영역인 브로카 영역과 베르니케 영역이 나타나 있음.

환자: Yes, sure. Me go, er, uh, P.T. [physical therapy] none o'cot,
speech . . . two times . . . read . . . r . . . ripe . . . rike .. . uh
write . . . practice . . . get . . . ting . . . better.

의사: And have you been going home on weekends?

환자: Why, yes . . . Thursday uh . . . uh . . . uh . . . no . . . Friday. . .
Bar . . . ba . . . ra . . . wife . . . and oh car . . . drive. . .
purpike . . . you know . . . rest . . . and TV.

브로카 실어증(종종 **초문법적 실어증**이라고 불림) 환자는 오직 통사적 구조에만 의존하여 이해할 수 있고, 또한 자신들의 세상 지식에 의존할 수 없는 복잡한 문장을 이해하는 데 많은 어려움을 겪는다. 예를 들면, 초문법적 실어증은 다음과 같은 질문처럼 '누가 누구에게 키스했는지를 아는 데' 어려움을 겪을 수도 있다.

Which girl did the boy kiss?

여기서 소년이나 소녀가 둘 다 키스를 했던 것이 이치에 맞다. 혹은 다음과 같은 수동태 문장에서 누가 누구를 쫓는지에 관해 혼동이 있을 수 있다.

The cat was chased by the dog.

이 경우, 두 동물 중 어느 하나가 다른 동물을 쫓아가는 것이 이치에 맞다. 하지만 그들은 다음과 같은 경우엔 어려움을 별로 겪지 않는다.

Which book did the boy read?

혹은

The car was chased by the dog.

여기서 그 의미는 비언어적 지식에 의해 결정될 수 있다. 책이 소년을 읽는다는 것, 혹은 차가 개를 쫓는다는 것은 이치에 맞지 않으며, 실어증 환자는 이런 지식을 이용하여 위 문장을 해석할 수 있다.

브로카 실어증 환자와 달리 **베르니케 실어증**(Wernicke's aphasia) 환자들은 훌륭한 억양으로 유창하게 말을 한다. 그리고 그들은 대부분 통사규칙을 고수한다. 하지만 그들의 말은 의미적으로 일관성이 없다. 예를 들면, 한 베르니케 환자는 자신의 건강상태를 묻는 질문에 다음과 같이 응답했다.

I felt worse because I can no longer keep in mind from the mind of the minds to keep me from mind and up to the ear which an be to find among ourselves.

또 다른 환자는 포크를 '계획의 필요(a need for a schedule)'라고 기술했다. 또 다른 환자는 그의 나쁜 시력에 관해 질문을 받았을 때, "내 전선은 잘 고용하지 못한다(My wires don't hire right)."라고 응답했다.

베르니케 영역에 손상을 받은 환자는 그들에게 제시된 물건의 이름을 대는데, 그리고 자연스런 발화에서 단어를 선택하는 데 어려움을 겪는다. 그들은 수많은 어휘적 오류를 범하여(단어 대체), 다음 예에서처럼 때때로 **전문용어**(jargon)나 **비의미어**(nonsense words)를 생성하기도 한다.

The only thing that I can say again is madder or modder fish sudden fishing sewed into the accident to miss in the purdles.

또 다른 사례는 실어증을 앓기 전에 내과 의사였던 환자로부터 얻은 것이다. 그가 의사였는지를 질문받았을 때, 그는 다음과 같이 응답했다.

Me? Yes sir. I'm a male demaploze on my own. I still know my tubaboys what for I have that's gone hell and some of them go.

브로카 실어증과 베르니케 실어증 환자에 의해 나타나는 언어적 결손은 뇌에서 언어가 **모듈식**(modular)으로 조직되어 있다는 증거가 된다. 뇌의 특정 부분의 손상은 특정 유형의 언어적 손상을 낳는다(예: 통사적 손상 대 의미적 손상). 이것은 뇌 그 자체로 정신문법

(mental grammar)은 구분되지 않는 체계가 아니라 다르게 기능하는 개별 구성소 혹은 모듈로 구성되어 있다는 가설을 지지한다.

실어증 환자가 생성하는 단어 대체의 유형은 어떻게 단어가 머릿속 사전에서 조직되는지에 대해 알려준다. 때때로 대체된 단어는 발음에 있어서는 의도한 단어와 유사하다. 예를 들면, *tool*은 *pool*로, *table*은 *sable*로, *crucial*은 *crucible*로 대체될 수도 있다. 때로는 그것들은 의미상 유사하다(예: *chair* 대신 *table*, *girl* 대신 *boy*). 이러한 오류는 정상적인 화자가 범하는 발화 실수와 유사하지만, 그것들은 실어증을 가진 환자에게 훨씬 더 자주 발생한다. 의미적으로, 음운적으로 관련 있는 단어의 대체는 의미적으로 서로 관련 있는 단어와 소리가 비슷하게 나는 단어들 사이에 신경 연결이 존재한다는 것을 알려준다. 단어는 단순한 목록으로 제시되어 있는 것이 아니라 조직된 연결의 네트워크로 제시되어 있다.

유사한 관찰은 읽기와도 관련된다. **난독증**(dyslexia)이라는 용어는 읽기 장애를 가리킨다. **후천적 난독증** 환자(뇌 손상으로 인한 읽기 능력에 장애가 있는 사람)는 다음과 같이 많은 단어를 대체한다.

자극	반응 1	반응 2
act	*play*	*play*
applaud	*laugh*	*cheers*
example	*answer*	*sum*
heal	*pain*	*medicine*
south	*west*	*east*

난독증 환자들은, 비록 반응이 목표 단어와 의미적으로 관련되더라도 카드에 제시된 자극 단어를 읽을 수 없었다.

초문법적 실어증 환자의 발화에서 기능어의 생략은 이 같은 부류의 단어가 내적으로 명사와 같은 내용어와 별개라는 것을 보여준다. 비슷한 현상이 후천적 난독증 환자에게도 관찰된다. 앞서 인용된 의미적 대체를 생성하는 환자도 초문법적이고 기능어를 전혀 읽을 수 없다. *which*나 *would*와 같은 단어가 제시되었을 때, 그는 "아니요" 또는 "나는 그런 단어들이 싫어요."라고 단순하게 말했다. 그러나 비록 의미적 착오가 있긴 하지만, 다음 예에서처럼 동일한 소리가 나는 명사나 동사는 읽을 수 있다.

자극	반응	자극	반응
witch	witch	which	no!
hour	time	our	no!
eye	eyes	I	no!
hymm	bible	him	no!
wood	wood	would	no!

이런 오류들은 내용어와 기능어가 뇌의 다른 영역에서 또는 다른 신경적인 기제에 의해 처리된다는 증거를 제공하며, 따라서 뇌와 언어는 둘 다 복잡하고 모듈식으로 구조화된다는 견해를 뒷받침한다.

일본 독자들은 반구상 특수화(hemispheric specialization)와 관련된 추가적 증거를 제공한다. 일본어는 두 가지 주요 쓰기 체계가 있다. 첫 번째 체계, *kana*는 일본어의 음성 체계에 근거한다는 것으로, 각 기호는 한 음절에 대응한다. 두 번째 체계, *kanji*는 표의적(ideographic)이라는 것으로, 각 기호는 한 개의 단어에 상응한다. *kanji*는 소리에 근거하고 있지 않다. 좌반구에 손상을 입은 일본어 화자들은 음성적으로 근거한 *kana*를 읽는 능력에 장애를 겪는 반면, 우반구에 부상을 입은 화자들은 표의 문자인 *kanji*를 읽는 능력에 장애를 겪는다. 정상 일본어 독자에 대한 실험은, 비록 좌반구는 두 체계(*kana*와 *kanji*)를 모두 읽을 수 있지만, 우반구는 좌반구보다 *kanji*를 더 잘 그리고 더 빨리 읽었으며, 반대로 좌반구가 *kana*를 더 잘한 것으로 나타났다.

우리 대부분은, 읽을 때는 아니라하더라도, Alice가 "Wonderland"에서 다음과 같이 말했을 때 그랬듯이, 말을 할 때 단어를 찾는 데 어려움을 경험한다.

> "And now, who am I? I will remember, if I can. I'm determined to do it!" But being determined didn't help her much, and all she could say, after a great deal of puzzling, was "L, I know it begins with L."

이런 **혀끝에 말이 맴도는 현상**(tip-of-the-tongue phenomenon)은 드문 현상이 아니다. 하지만 **건망성 실어증**(anomia)을 겪는 사람은 지속적인 단어 찾기의 어려움을 겪는다.

좌반구에 손상을 입은 청각 장애인도, 비록 수화가 시각-공간적 언어(visual-spatial language)라고 하더라도, 들을 수 있는 실어증에서 생기는 언어장애와 유사한 수화의 실어증을 보인다. 더구나 반구 활성화(hemispheric activation)를 측정하는 범례에서(이것 중 일부는 다음에 논의함), 청각장애인의 청각 피질(auditory cortex), 즉 청각장애인의 언어에서 가장 작게 반응할 것이라고 기대되는 바로 그 영역이 특정 조건하에서는 활성화된다는 것을 알았다.

브로카 영역에 손상을 입은 청각장애인들은 들을 수 있는 환자들에게서 나타나는 것과 똑같은 언어 결손, 이를테면 심각한 어눌함, 초문법적인 수화 표현을 보인다. 마찬가지로 베르니케 영역에 손상을 입은 환자들도 유창하지만 의미적으로 일관성이 없는, 만들어낸 신호로 가득 찬 수화를 보인다. 비록 청각 장애인 실어증 환자가 현저한 수화 결손을 보이지만, 그들은, 비언어적 제스처 또는 언어적 신호 둘 다 동일한 '조음기관'인 손과 팔에 의해 생성됨에도 불구하고, 비언어적 제스처와 비언어적 제스처의 연쇄를 생성하는데는 어려움을 겪지 않는다. 들을 수 있는 실어증 환자가 비언어적 청각 자극을 처리하는 데 어떤 문제도 없듯이, 청각장애 실어증 환자도 비언어적 시각적-공간적 관계(visual-spatial relationships)

를 처리하는 데는 어려움을 겪지 않는다.

실어증 환자가 겪는 언어적 어려움은 일반적인 인지적 혹은 지적 장애나 운동 근육의 소실이나 조음기관이나 청각 장치의 신경과 근육의 감각 통제력 상실에 의해 생겨나는 것이 아니다. 실어증 환자들도 음을 생성하고 들을 수 있고, 다른 인지적 능력은 온전할 수 있다. 그들이 겪는 모든 손실은 오직 언어능력(혹은 언어능력의 특정한 일부분)과 관련된다.

청각장애 실어증 환자에 의해 제공된 증거에 더하여, 수화 문법이 (구어 문법과 마찬가지로) 좌반구에 존재한다는 것을 보여주는 상당한 실험적 증거가 있다. 이러한 발견들은 중요한데, 왜냐하면 좌반구는 단순히 듣거나 말하는 데 측화된 것이 아니라 언어(상징과 규칙의 추상적 체계)에 측화되기 때문이다. 언어는 다른 양상, 즉 말이나 신호로 실현될 수 있지만, 이 양상에 관계없이 좌반구로 측화될 것이다.

실어증 환자에게서 발견되는 선택적 장애의 유형은 언어의 조직이나 뇌의 인지적 능력, 특히 문법이나 어휘 등에 관한 중요한 정보를 제공해왔다. 이런 사실은 우리에게 언어는 분리된 인지적 모듈이며(그래서 실어증 환자들도 언어 이외의 다른 점에서는 인지적으로 정상이다) 또한 언어 내에서 분리된 구성요소는 뇌의 손상된 부위에 따라서 차별적으로 영향을 받는다는 것을 알려준다.

실어증 환자의 뇌 영상

오늘날 우리는 뇌 병변을 찾기 위해 더 이상 수술이나 해부에 의존할 필요가 없다. **컴퓨터단층촬영**(Computer Tomography, CT)과 **자기공명영상**(Magnetic Resonance Imaging, MRI)과 같은 **비침습성 신경 촬영 기술**(Noninvasive Neuroimaging Technologies)은 뇌 속의 손상이 발생한 직후 바로 뇌 속의 병변을 찾을 수 있다. **양전자방출단층촬영술**(Positron Emission Tomography, PET)과 **기능적 MRI**(fMRI)는 뇌가 다양한 언어적 그리고 다른 인지적 과업을 수행하는 동안 여러 영역에서 나타나는 혈류나 산소의 활용(oxygen utilization)을 바로 측정함으로써 뇌의 활동을 알 수 있다. 이제 우리는 뇌 활동의 변화를 탐지하고 이런 변화를 국부적인 뇌 손상과 구체적인 언어적·비언어적 인지 활동과 관련시킬 수 있다.

그림 10.5와 10.6은 브로카 실어증 환자와 베르니케 실어증 환자의 뇌를 촬영한 MRI 스캔본이다. 검은 부분은 병변의 위치를 나타낸다. 각 그림은 뇌의 좌측면을 보여준다.

뇌가 차별화되고 구조화되어 있다는 극적인 증거는 브로카와 베르니케 영역 이외에 뇌의 다른 부위에 병변을 가진 환자의 연구에 의해서 알 수 있다. 어떤 환자들은 사람의 이름을 말하는 데 어려움을 겪고 다른 환자는 동물의 이름을 말하는 데 문제가 있고, 또 다른 환자는 도구의 이름을 말할 수 없다. fMRI 연구는 이 같은 환자들의 각 유형에 따라 뇌 병변의 모양과 위치를 밝혀왔다. 각 집단에 속하는 환자들은 좌측두엽에서 분리되고 서로 겹치지 않는 부위에 뇌 병변이 있었다. 후속 PET 촬영 연구에서는 정상적인 피험

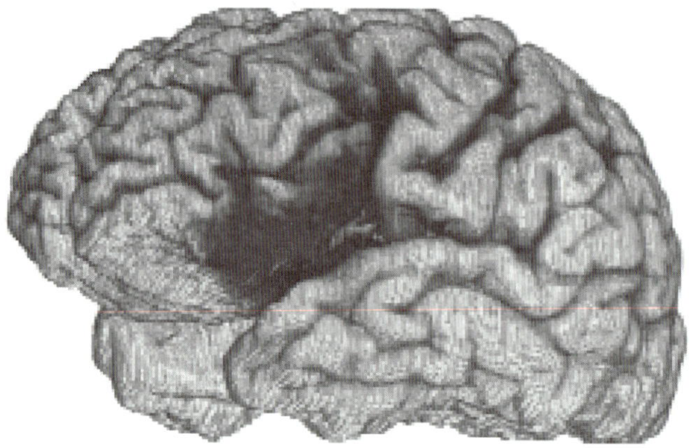

그림 10.5 | 브로카 실어증 환자의 뇌를 찍은 3차원 복원영상. 뇌졸중을 통해 발생한 좌전두골 영역(left frontal region, 그림에서 어두운 회색으로 표시된 부분)의 손상에 주목할 것.

Hanna Damásio의 허락하에 게재

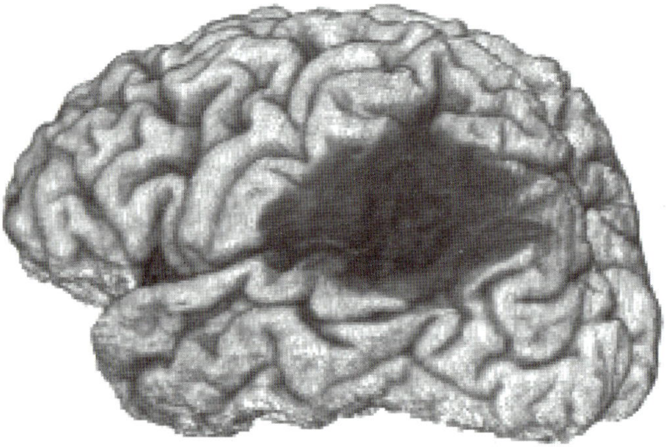

그림 10.6 | 베르니케 실어증 환자의 뇌를 찍은 3차원 복원영상. 뇌졸중을 통해 발생한 뇌의 왼쪽 후측면(left posterior temporal)과 정수리 아래쪽(lower parietal) 영역(어두운 회색으로 표시된 부분)의 손상에 주목할 것.

Hanna Damásio의 허락하에 게재

자들은 사람, 동물, 그리고 도구의 이름을 대도록 요청받았다. 실험자들은 사람, 동물, 도구의 이름을 대지 못하는 실어증 환자에서 손상된 바로 그 부분에서 정상인의 뇌에서는 차별적인 활성화가 있다는 것을 밝혀냈다.

인지 체계의 분리에 관한 추가적인 증거가 뇌 손상 이후 발생한 신경학적, 행동적 연구 결과로부터 제공되었다. 일부 환자들은 다른 기능은 모두 정상이지만 소리나 색깔, 얼굴을 식별하는 기능만 상실하기도 한다. 한 환자는 자신의 아내가 방으로 들어와 말을 시작할 때까지도 아내의 얼굴을 인식할 수 없었다. 이것은 시각적, 청각적인 처리의 여러 측면의 차별화를 시사한다.

우반구와 좌반구의 기능적 차이에 관한 다른 증거는 뇌에 정신적 외상을 입거나 어떤 의학적 조건에서 뇌수술을 받은 환자에게서도 찾을 수 있다. 예를 들면, 2011년 미국 국회의 한 의원이 암살 시도로 머리에 총을 맞았고, 총알이 좌반구를 관통하였다. 1년의 회복 시간 이후에도 언어 기능은 여전히 제 기능을 발휘하지 못하였고, TV 뉴스에 보도된 모습은 몸의 오른쪽이 불균형하여 우둔함을 현저히 드러내었다. 또한 뇌 장애가 없는 사람의 실험 조사, 가령, 양분 청취법(dichotic listening), 사건 관련 전위(Event-Related Potential, ERPs)는 언어에 대한 좌반구의 특별한 역할과 뇌에 의한 정보 처리의 대측성(contralateral)을 확인하였다.

분리 뇌 Split Brains

난치성 간질을 겪는 환자를 도와주기 위해 사용되는 극단적인 수단은 외과의사가 두 반구를 연결하는 섬유망인 뇌간을 절단하는 '뇌를 분리하는(splitting the brain)' 방법이다(그림 2.1 참고). 이 연결 통로를 절단하면 '두 뇌' 사이에 의사소통이 없어지고, 다른 한쪽의 간섭 없이 각 반구의 기능을 검증할 수 있다.

이 **분리 뇌**(spilt-brain) 수술을 받은 사람에게 있어서 두 반구는 독립적인 것처럼 보이며, 뇌에 전달된 메시지는 어느 쪽 뇌가 그 메시지를 받았는지에 따라 다른 반응이 나온다. 예를 들면, 분리 뇌수술을 받은 사람의 왼손에 연필이 쥐어지고, 그가 눈을 감은 채 연필을 적절하게 사용할 수 있지만 연필의 이름을 말할 수는 없다. 왜냐하면 오직 좌반구만이 말할 수 있기 때문이다. 우반구는 연필을 느낄 수 있지만, 뇌가 분리되어 있기 때문에 이 정보가 언어학적 이름을 담당하는 좌반구로 중계될 수 없다. 반대로 연필이 오른손에 쥐어져 있으면, 오른손으로부터 오는 감각 정보는 언어가 위치한 좌반구로 바로 연결되기 때문에 환자는 바로 연필에 대해 말하고 묘사할 수 있다.

이런 유형의 실험은 두 반구에 대한 상이한 능력들에 관한 정보를 제공한다. 우반구는 좌반구보다 패턴 맞추기 과제, 얼굴 인식, 공간에 관한 과제를 더 잘한다. 좌반구는 언어기능, 리듬 인지, 시간적 순서 판단, 산술 계산에 관해서는 우반구보다 우수하다. 심리학자, Michael Gazzaniga에 따르면 "우반구뿐만 아니라 좌반구도 감정을 드러낼 수 있지만 좌반구는 그 이유를 말해 줄 수 있는 반면 우반구는 그렇지 못하다."

분리 뇌 환자에 대한 연구는 반구 사이에 시각적 연결이 단절될 때, 좌우 시야로부터 들어온 시각 정보는 각각 좌반구와 우반구로 한정된다. 언어에 대한 좌반구의 결정적인 역할 때문에, 우반구로 전달된 쓰기 자료는, 분리 뇌 환자라면, 그 정보가 좌반구로 전달될 수 없기 때문에 큰 소리로 읽을 수 없다. 오른쪽 시야로 들어온 그림이나 이미지는 이름을 붙일 수 있다(그러므로 좌반구에 의해 처리된다). 그러나 그림이 왼쪽 시야로 들어오고, 따라서 우반구에 안착하면, 이름을 붙일 수 없다.

양분 청취법 Dichotic Listening

양분 청취법은 음성 신호를 사용하여 뇌의 개별 반구의 행동을 관찰하는 실험 기법이다. 피험자들은 이어폰을 통해 동시에 2개의 다른 소리 신호를 듣게 된다. 그들은 한쪽 귀로는 *curl*을 다른 쪽 귀로는 *girl*을 듣게 되거나 혹은 한쪽으로는 *cough* 다른 쪽은 *laugh*일 수도 있다. 그들이 각 귀로 들은 것을 진술하도록 하였을 때, 피험자들은 오른쪽 귀로 직접 전달된 언어적 자극(단어, 말이 안 되는 음절 등)을 보고할 때가 더 정확하고, 왼쪽 귀로 직접 전달된 비언어적 자극(음악적인 화음, 주위 소리 등)을 보고하는 데 있어 더 정확하다. 이런 실험은 측화의 강력한 증거를 제공한다.

두 반구는 두 귀를 통해서 신호를 받아들이지만, 대측성 자극(contralateral stimuli)은 **동측성** 자극(ipsilateral stimuli)을 압도하는데, 이는 대측성 자극이 보다 강하게 처리되기 때문이다. 대측성 길(pathways)은 해부학상으로 좀 더 넓고(이차선 도로와 사차선 고속도로를 생각해보라) 뇌량을 통과할 필요 때문에 지체되지 않는다. 피험자가 그들이 들은 것을 보고하는 정확성은 좌반구가 언어적 처리에, 우반구가 비언어적 정보에 더 우월하다는 증거이다.

이런 실험들은 또한 좌반구가 모든 소리를 처리하는 데 있어서 우반구보다 뛰어난 것은 아니며, 단지 언어적 소리에만 우월하다는 것을 보여준다. 앞서 논의하였던 수화 연구에서 보듯이 좌반구는 소리가 아닌 언어에 특화되어 있다.

사건 관련 전위 event-related potential

그런데 다른 실험 기법은 두뇌를 조사하고, 언어와 다른 인지적 체계의 독립성뿐만 아니라 언어의 여러 측면의 독립성을 조사하는 데 사용된다. **사건 관련 전위**(event-related potentials: ERPs)는 상이한 자극에 대한 반응으로 뇌로부터 방출되는 전기적 신호이다. 실험자는 전극을 두개골의 여러 영역과 연결하고, 다른 여러 유형의 지각적, 인지적 정보에 대한 반응을 측정함으로써 뇌의 ERP 반응을 조사할 수 있다. 뇌전도(electroencephalogram: EEG) 판독에 근거를 두고 있는 이 기법은 두뇌가 전기적으로 활성화되고, 이같은 전기적 활동은 시간의 경과에 따라 그 강도와 그 패턴에 대해 측정될 수 있다는 사실을 이용한다.

예를 들면, 피험자가 언어적 소리와 비언어적 소리를 대조적으로 들을 때 ERP의 차이가 발생하는데, 언어적 소리에 대해서는 좌반구의 반응이 더 크다. ERP 실험은 피험자가, 다음과 같이 의미 없는 문장을 들었을 때와 이와 반대로 의미 있는 문장을 들었을 때, 타이밍, 패턴 진폭, 반응하는 반구에 따라 변화를 보인다.

The man admired Don's headache of the landscape.
The man admired Don's sketch of the landscape.

심지어 알아들을 수 없는 문장(jabberwocky sentence), 즉 Lewis Carroll의 *'Twas brillig,* *and the slithy toves*처럼 문법적이지만 무의미한 단어를 포함하고 있는 문장은 대칭적인 좌반구 ERP 반응을 이끌어내는데, 이는 의미가 없을지라도 좌반구는 문법적 구조에 민감하다는 것을 입증한다. 더구나 ERP는 뇌가 언어를 처리할 때 뉴런 활동의 타이밍을 보여주기 때문에, 그것들은 두뇌가 밀리세컨드(1/1000초) 단위로 언어를 빠르고 효율적으로 처리할 수 있게 해주는 기제에 대한 통찰을 제공해준다.

이러한 연구는 음운적, 통사적 처리의 초기 단계는 피험자의 주의력을 요하는 것이 아니라 반사적인 반응처럼 자동적이라는 것을 보여준다. 또한 실험은 성인이 문장을 들으면서 동시에 전적으로 무관한 과업도 수행할 수 있다는 것을 보여주며, 이러한 과업은 상당한 주의집중을 요하지만, 뇌의 자동적인 초기 통사적 처리에는 영향을 미치지 않는다는 것도 보여준다.

문법 현상의 신경적 증거 Neural Evidence of Grammatical Phenomena

살펴본 바와 같이, 최근 두뇌에서의 언어적 기능과 그 외의 다른 인지적 기능을 연구하기 위해 비침습성 방법들을 제공한 많은 기술적 진보를 보아왔다. 이런 기법들은 정상적인 뇌가 어떻게 특정 언어적 자극에 반응하는지를 알려준다. 예를 들면, 연구자는 2개 혹은 그 이상의 소리가 같은 소리인지 다른 소리인지, 소리의 연속이 실제 단어를 구성하는지 아니면 가능한 단어를 구성하는지, 단어들의 연쇄가 문법적인 문장을 구성하는지 아니면 비문법적인 문장을 형성하는지를 결정하는 데 정상적인 뇌가 어떻게 반응하는지 관찰한다. 이러한 연구 결과는 언어가 좌반구의 특정한 영역에 존재한다는 초기의 연구 결과를 재확인하고, 언어학자에 의해 상정된 많은 언어적 범주나 제약들의 신경학적 반사를 보여준다.

음성의 신경언어학적 연구 Neurolinguistic Studies of Speech Sounds

이전 장에서 우리는 성인은(그리고 유아는) 말소리를 범주적으로 받아들인다는 것을 주목했다. ERP와 MEGs(뇌 자기도 기록: 뇌의 자기장을 측정한 것)를 이용한 몇몇 연구는 범주화 지각(categorical perception)의 신경적 반사(neural reflex)를 보여 준다. 두뇌는 음향적으로는 구분되지만 비음소적인 음(예: [p]와 [p^h])과 음소적으로 다른 음(예: [t]와 [k])에 대해 다르게 반응한다. 강도, 속도, 그리고 뇌의 위치에 있어서 전체적인 반응 패턴이 다르다.

음성 체계와 관련된 다른 ERP 실험은 음소배열로 허용된(phonotactically permitted) 개념(예: blick vs. bnick)에 대한 신경학적 반사를 보여 왔다. 프랑스어나 일본어 화자들은 각 언어에서 음소배열적으로 가능한 음의 연쇄를 대비하여 가능하지 않은 연쇄에 따라 신경학적으로 구별되는 반응 패턴을 보였고, 또한 음소배열적으로 올바른 계열에 더 빠른 반응 속도를 보였다. 다른 연구는 수화에서 음소배열적으로 허용 가능한 손의 배열과 불가능한 배열에 대한 신경언어학적 반응을 조사해왔는데, 그 결과는 유사했다. 이런 실험과 많은 다른 실험이 보여준 것은 사람들이 언어적으로 의미가 있는 음성적 차이들을 식별하는 방식이 언어적으로 관련이 없는 소리의 차이를 식별하는 방식과 인지적으로 그리고 신경적으로 달랐다는 것이다. 요약하면, 인간의 뇌는 언어를 비언어적 자극과 다르게 처리한다.

문장구조에 관한 신경언어학적 연구 Neurolinguistic Studies of Sentence Structure

현대 기술은 언어의 통사적 패턴에 대한 두뇌의 반응을 조사하기 위해 사용되어왔다. 예를 들면, 앞서 주목한 바와 같이, 많은 연구들은 말이 안 되는 문장과 실제 내용어를 사용한 문장에 대한 뇌의 반응을 비교했다. 이런 연구에서 일관적으로 나오는 결론은 문장들이 의미적으로 말이 되든 안 되든 상관없이 문법적으로 잘 구성된 문장에 뇌가 비슷한 반응을 보인다는 것이다. 이런 연구 결과는 언어학자에 의해 상정된 통사론과 의미론의 분리에 대한 신경학적인 증거를 제공한다.

다른 종류의 연구는 *wh* 의문문(3장 참조)에서 보였던 그런 통사적 의존성에 대한 뇌의 반응을 조사했다. 피험자들은 기저의 주어나 목적어가 구의 처음으로 이동한 문장을 들었다. 이동된 주어의 경우, *Who . . _ left the room?*에서처럼 이동은 더 짧다. 한편, *Which bagel . . . did Seymour slice _ ?*에서 보듯이, 목적어 위치로부터 이동은 이동된 요소(*which bagel*, 때때로 *filler*라고 불림)와 이동하는 위치(간극) 사이의 거리가 더 멀다. 많은 연구는 목적어가 이동된 문장이 주어가 이동된 문장보다 더 긴 반응시간을 유도했다는 것을 보였는데, 이는 다른 *wh*-이동 변형의 신경적 상관관계를 제공해준다(3장에서 논의된 대로).

wh-이동에 관한 다른 연구에서 연구자들은 문장에서 이동에 의한 빈 공간을 메우는 단어인 채움자(filler) (예: 전술한 “Seymour”의 문장에서 donut vs. sincerity)와 의미적으로 관련 있는 단어의 빈자리(gap site)에서의 뇌의 반응을 측정했다. 이러한 연구의 결과는 청자가 의미적으로 관련된 채움자를 들었을 때, 빈자리에서 증가된 전기적 활동을 일관성 있게 보여준다.

많은 신경언어학적 연구는 부정합 음성도(MisMatch Negativity: MMN)라고 불리는 ERP 패턴의 한 형태에 의해서 나타나는 비문법적인 문장에 대한 뇌의 반응을 연구해 왔다. 여러 실험은 여러 형태의 비문법적 문장, 예를 들면 구 구조, C-선택, 일치 위반 등에 의해 야기된 구별되는 파형을 찾아냈다. 주목할 만한 것은 누구나 이와 같은 다양한 유형의 추상적 언어 현상에 대해 매우 구체적인 신경적 ‘서명’을 입증하는 분명하고, 재현 가능한 신경언어학적 발견을 찾아낼 수 있다는 것이다.

또한 두뇌는 통사형태론적 위반(예: *a boys is running*)에 거의 즉각적으로 반응하고, 또 주의집중의 범위를 벗어나서도 그렇게 한다는 사실을 관찰한 것이 역시 관심을 끈다. 한 연구에서 실험자는 피험자를 세 집단으로 나누었다. 한 집단은 구를 단순히 듣기만 하도록, 다른 한 집단은 영상을 보면서 같은 구를 듣게 하였고, 마지막 한 집단은 구를 들으면서 복잡한 음향 과제를 수행하게끔 하였다. 통사적 위반에 관한 MMN 반응은 구를 듣자마자

0.1~0.2초 안에 거의 즉각적이었고, 반응 또한 피험자가 다른 과업을 수행하는지 여부와 관계없이 빠르고 강했다. 특히 놀랄 만한 것은 음향 과제를 해야 했던 피험자들의 반응이었다. 그들은 똑같이 강한 MMN 반응을 보였는데, 이것은 상당한 주의집중을 요하는 이 같은 복잡한 과제조차도 통사적 처리와 필적하지 못한다는 것을 보여주었다.

연구자가 비문법적인 문장에 대한 뇌의 반응을 중요하게 여긴다는 점을 고려해 볼 때, 비문법적인 연쇄가 그 문장이 비문법적이기 때문에 강한 MMN을 이끌어내는지 아니면 그 문장의 빈도수가 낮아서 그런 것인지에 관한 의문을 제기하는 것은 타당하다. 이 질문은 한정사-명사 일치를 흥미로운 통사적인 자질로서 사용한 또 다른 연구에서도 제기되었다. 연구자들은 다음의 세 가지 다른 조건에서 같은 단어에 대한 반응을 비교하였다. (1) 문법적인 한정사-명사 연쇄(예: *the car*, 빈번하게 사용됨), (2) 비문법적인 한정사-명사 조합(예: a gooses, 듣기 힘듦), (3) 문법적이지만 매우 드문 한정사-명사 조합(예: *an aardvark*). 만약 MMN이 빈도수에 반응한다면, 비문법적인 유형 2 조합과 문법적인 유형 3 조합은 동일한 반응과 반응의 동일한 수준을 이끌어내야 할 것이다. 그러나 만약 MMN이 문법성에 반응한다면, 비문법적인 유형 2 조합에만 반응이 일어날 것이다. 실험 결과는 문법적이지만 드문 구가 흔한 문법적 연쇄와 유사한 MMN을 이끌어냈으며, 그리고 둘에 대한 MMN은 매우 빨랐다는 것을 보여주었다(0.2초 이내). 따라서 MMN은 단순히 빈도가 아니라 '문법성의 자동적 지수(automatic index of grammaticality)'처럼 행동한 것을 알 수 있다.

이러한 다양한 신경언어학적 실험의 증거는 두뇌가 어떻게 언어를 처리하는지에 대해 상당한 통찰력을 제공하고 언어에 관한 추상적인 범주, 규칙, 개념, 제약에 대한 경험적 지지를 한다.

언어와 뇌 발달 Language and Brain Development

다양한 신경언어학적 연구는 두뇌가 성인의 언어와 문법을 조직화하는 방식이 언어가 활발하게 발달하는 시기에 접어들기도 전인 신생아나 영유아에게 이미 반영이 되어 있다는 것을 밝혀냈다. 이는 언어가 좌반구로 측화되는 생의 초기에 시작되는 과정이다. 예를 들면, 베르니케 영역은 26주 된 태아의 좌반구에서 시각적으로 드러난다. 게다가 영아들은 성인에게서 관찰되는 언어적 범주에 대한 신경적 상관을 보여주고 있다.

아동의 언어 좌반구 측화 Left Hemisphere Lateralization for Language in Young Children

누구나 웃는 아이를 사랑하고, 아이의 웃음은 방을 환하게 밝히는 이상의 것을 한다. 그들은 또한 어떻게 발달 중인 뇌가 언어에 조직화되는지에 대한 중요한 정보를 말해준다.

"Jump Start" copyright United Feature Syndicate

한 흥미로운 연구에서 연구자들은 5개월에서 12개월 사이의 웃는 아동과 옹알이하는 아동(*mamama*나 *gugugu*와 같은 음절 계열을 생성하는)의 영상을 촬영하였다. 이 영상을 관찰해보면 아동이 웃을 때는 아동의 입이 왼쪽(우반구에 영향을 받는)으로 더 벌어지는 반면, 아동이 재잘거린 때는 입의 오른쪽(좌반구에 영향을 받는)이 더 벌어지는 것으로 보이는데, 이는 옹알이 시기조차도 언어에 대한 좌반구의 관여가 더 크다는 것을 시사한다(9장 참조).

영아와 유아에 대한 다른 많은 연구들은 이 같은 결론을 뒷받침한다. 예를 들면, 생후 1주 된 영아들도 어른들과 유사하게 언어에 대해 좌반구에서, 음악에 대해 우반구에서 전기적 반응이 더 크다는 것을 보여준다. 생후 3개월 된 영아가 순서대로 된 말과 그 순서로 거꾸로 한 말을 들을 때, 깨어 있을 때와 자고 있을 때의 뇌의 활성화 반응을 측정하는 연구에 따르면, 뇌 피질의 다른 영역이 두 경우에 반응한다는 것이다.

앞 장에서 영아들이 성인과 같이 음성을 범주화해서 지각한다는 것에 주목했다. ERP 연구는 성인처럼 영아에서도 범주 지각에 관한 신경학적 상관성을 발견하였다. 이런 연구들은 영아의 뇌는 비음소적인 음향적 구분(nonphonemic acoustic distinctions)과 음소적 범주(phonemic categories)에 대해 성인에게서 발견되는 것과 동일한 패턴과 속도로 다르게 반응한다는 사실을 보여주고 있다. 흥미롭게도, 이 같은 신경적 패턴은 자고 있는 아이에게도 나타나는데, 이는 반응이 자동적이고 영아의 주의를 필요로 하지 않는다는 것을 보여준다.

이런 실험과 유사한 실험은 태어나면서부터 좌반구는 언어적인 음의 처리와 비언어적 음향의 처리를 구분하며, 성인과 똑같은 신경경로(neural pathway)를 사용한다는 것을 보여준다. 태어나면서부터 좌반구는 언어 처리를 하도록 점화되어 있으며, 성인의 뇌에서 찾아볼 수 있는 언어 기능의 특정 국부화에 따라 그렇게 하도록 도화선이 연결되어 있다.

뇌의 가소성 Brain Plasticity

좌반구는 생득적으로 언어에 특화되도록 되어있지만 언어 발달 초기에는 상당히 가소성(유연성)이 있다는 증거도 있다. 이것은 어떤 조건하에서는 통상적으로 좌반구에 존재하던 언어의 기능 중 많은 것을 우반구가 떠맡을 수 있다는 사실을 의미한다.

가소성에 관한 인상적인 실례는 한쪽 뇌를 외과수술로 절제하는 **대뇌반구절제술**(hemispherectomy)로 알려진 수술을 받은 아동에 의해서 제공된다. 이러한 수술은 난치성 간질을 치료하기 위한 방법으로 사용된다. 언어습득이 시작된 이후에 좌반구를 절제하는 경우, 아동은 초기에 실어증을 겪게 된다. 하지만 특정한 경우, 간질을 유발하는 기저의 질병에 따라 아동은 정상적인 아동과 실제 구분할 수 없는 언어 체계를 다시 습득하게 된다. 그들은 정상적인 언어습득의 발달 패턴을 그대로 보여준다. 이런 아동의 사례를 많이 연구해온 UCLA의 연구자들은 우반구에 잠재되어 있던 언어능력이 수술 전 강한 억제 효과를 가지고 있었을지도 모르는 병에 걸린 좌반구가 제거됨으로써 '자유롭게' 된다고 가정한다.

그러나 성인에 있어서 좌반구의 수술적 제거는 필연적으로 언어 기능의 심각한 손실을 가져온다(그러므로 생사를 결정하는 순간에만 이런 수술이 행해진다). 반면, 우반구를 절제당한 성인들(혹은 언어를 이미 익힌 아동들)은 일반적으로 언어기능을 보유한다. 전형적으로 우반구로 측화되는 다른 인지적 기능의 손실이 발생한다. 나이가 듦에 따라 뇌의 다른 반구와 영역으로 측화의 증가에 따라 뇌의 가소성은 감소한다.

대부분의 인간에게 좌반구가 언어 반구가 되도록 미리 정해져 있다는 강력한 증거에도 불구하고 일부의 연구는 우반구도 언어습득의 초기단계에서 역할을 한다는 것을 시사한다. 태아기, 분만 직전 시기, 아동기에 우반구에 뇌 병변을 가진 아동은 옹알이와 어휘 학습에서 지체나 장애를 보일 수 있다. 반면, 초기에 좌반구 병변을 가진 아동은 구와 문장을 구성하는 능력에서 장애를 보인다. 또한 2세 이전에 우반구의 대뇌반구절제술을 받은 많은 아동은, 좌반구를 여전히 가지고 있음에도 불구하고 언어를 발달시키지 못한다.

다양한 연구결과는 인간의 뇌는 원래 좌반구에서 언어를 특화하도록 설계되었지만, 우반구도 언어 발달 초기에 관계한다는 것으로 수렴된다. 또한 인간의 뇌는 놀라울 정도로 탄력적이고, 만약 좌반구 외상이 생의 초기에 발생한다면, 그 기능을 우반구가 넘겨받을 수 있다는 것을 보여준다.

결정적 시기 The Critical Period

정상적인 상황에서 아동은 태어나는 그 순간부터 언어를 접하게 된다. 성인들이 아이에게 말하거나 아이 앞에서 성인들이 서로 말을 한다. 아동은 언어에 대한 명시적인 설명은 필요 없지만 정상적으로 언어를 발달시키기 위해 언어에 대한 노출은 필요하다. 형성기에 언어 입력을 받지 못한 아동은 원어민과 같은 문법 능력에 도달하지 못한다. 더구나 행동기능검사나 뇌 영상을 통한 연구에 따르면 언어에 늦게 노출되는 것이 언어에 대한 뇌의 근본적인 구조 변화를 가져온다.

결정적 시기 가설(critical-age hypothesis)은 언어는 생물학적으로 기반을 두고 있고, 모국어를 배울 수 있는 능력은 태어나면서 아동기 중반까지 정해진 기간 내에 발달한다고 주장한다. 이 같은 **결정적 시기** 동안에 언어습득은 쉽고, 빠르게, 그리고 외부의 개입 없이 나아간다. 이 시기가 지나면 문법의 습득은 어려워지고, 대부분의 사람들에게 있어, 결코 완전히 성취될 수 없다. 이 결정적 시기에 언어를 박탈당한 아동은 뇌 측화의 비정형적인 패턴을 보인다.

많은 종들이 생물학적으로 유발된 특정한 행동에 대한 결정적 시기가 있다. 예를 들면, 부화한 후 9~21시간 동안에 오리 새끼들은 그들이 보는 첫 번째 움직이는 대상(오리처럼 꽥꽥거리거나 뒤뚱거리는지와 상관없이)을 따라간다. 이런 행동은 의식적인 결정이나 외부의 교수, 혹은 집중적인 연습의 결과가 아니다. 이것은 종에 걸쳐 보편적인, 성장 단계적으로 정해진 시간표(maturationally determined schedule)로 나타나는 것에 따라 진행된다. 비슷하게 1장에서 논의했듯이, 특정 종의 새들은 생물학적으로 정해진 시간의 창 안에서 그들의 노래를 발달시킨다.

사회와 완전히 고립된 환경에서 자란 아동의 실례는 결정적 시기 가설을 검증할 수 있는 '자연에서의 실험'을 구성한다. 가장 극적인 경우는 '야생의' 혹은 '야생으로 간' 아동으로 기술되는 사례이다. 유명한 사례는, François Truffaut의 영화, *The Wild Child*로 제작되었는데, 1789년에 발견된 Victor, '아베이론의 야생아(wild boy of Aveyron)'에 관한 것이다. 그는 아주 어렸을 때 숲 속에 버려져서 어떻게든 숲에서 살아남게 되었다. 1920년에 두 아이, Amala와 Kamala가 인도에서 발견되었는데, 늑대에 의해서 길러진 것으로 추정된다.

다른 아동들은 정상적인 사회적 교류와 언어로부터 고의적으로 고립되었다. 1970년 과학적 보고에서 Genie라는 한 아이가 발견되었다. 그녀는 생후 18개월에서 14세가 될 때까지 신체적 속박하에 작은 방에 감금되었으며, 최소한의 인간 접촉만 받았다.

고립의 이유가 무엇이건 간에 그들이 다시 사회로 돌아왔을 때, 이 아동 중 어느 누구도 말을 할 수 없었으며 언어를 알지 못했다. 이런 언어적인 불능은 아동이 어떠한 언어적 입력도 받지 못했다는 사실에 의해 쉽게 설명이 되는데, 이는 비록 언어가 생득적이고 신경학적으로 토대를 둔 능력임에도 불구하고, 언어습득은 환경으로부터 언어 입력에 의해 촉발되어야 한다는 것을 보여준다. 그러나 Victor와 Genie에 관한 기록된 사례에서 이 아동들은 수년간 노출된 이후에도 또한 많은 단어를 배울 수 있는 능력이 있음에도 불구하고 문법을 습득할 수 없었다.

Genie는 색깔, 모양, 물체, 자연의 범주, 구체적이고 추상적인 용어를 포함하여 많은 어휘를 학습할 수 있었지만, 문법적 기술은 결코 완전히 발달되지 못했다. 수년 동안 Genie와 함께 일을 하였던 UCLA의 언어학자 Susan Curtiss의 보고에 따르면, 대부분의 경우, Genie의 발화는 종종 풍부하고 명확한 표현도 쓰지만, 문법적인 구조는 거의 없는 '내용어 연결'이었다. 15세 또는 그 이후에 Genie가 생성한 발화는 2세 아동의 말과 비슷했고, 브로카 실어증 환자의 발화와 특정 언어 장애가 있는(SLI, 아래에서 좀 더 논의) 사람의 발화와 크게 다르지 않았다. 몇 가지 그런 발화를 보자.

Man motorcycle have.
Genie full stomach.
Genie bad cold live father house.
Want Curtiss play piano.
Open door key.

Genie의 발화에는 관사, *will*이나 *can*과 같은 조동사, 3인칭 단수를 나타내는 *-s*, 과거시제를 나타내는 *-ed*, *who*, *what*, *where*와 같은 의문사, 대명사 등이 빠져 있다. 그녀는 의문문과 같은 더 복잡한 문장(예: *Are you feeling hungry?*)을 구성하는 능력이 없었다. Genie는 결정적 시기 이후에 언어를 배우기 시작했고, 따라서 영어의 문법적 규칙을 완전히 습득할 수 없었다.

측화에 관한 실험(양분 청취법이나 ERP실험)은 Genie의 언어는 우반구에 측화되었다는 것을 보여주었다. 그녀의 수행 결과는 뇌가 손상되지 않았음에도, 분리 뇌(split brain)나 좌반구를 절제한 환자에서 발견되는 것과 유사했다. Curtiss는 결정적 시기 이후에는 불충분한 언어적 자극으로 인해 통상적인 언어의 영역은 기능적으로 쇠퇴된다고 추측하였다. Genie의 사례는 언어가 의사소통과 동일한 것이 아니라는 것을 보여주었다. 왜냐하면 Genie는 언어를 습득하는 제한된 능력을 가지고 있었음에도 불구하고, 뛰어난 비언어적 의사소통자였기 때문이다.

또 하나의 언어적 고립 사례인 Chelsea는 결정적 시기 가설을 반영한 상황에 있었던 여성이었다. 그녀는 청각장애를 가지고 태어났지만 정신지체라고 잘못 진단이 내려졌다. 그녀가 서른한 살이 되었을 때야 비로소 그녀의 청각장애가 바르게 진단되었고, 청각 보조기구가 맞춰졌다. 수년간 그녀는 집중적인 언어훈련과 치료를 받았고 방대한 어휘를 습득하게 되었다. 하지만 Genie와 같이 Chelsea도 결국은 문법을 발달시키지 못했다. Chelsea의 뇌에서 언어의 측화에 관한 ERP 실험에서 Chelsea의 좌우반구 모두 언어에 대해 동일한 반응을 했다. 달리 말하면, Chelsea는 언어에 대한 정상적인 비대칭적인 조직을 보이지 않았다.

청각장애를 가지고 태어났거나 혹은 언어를 배우기 전에 청각장애를 가진 아동의 90퍼센트 이상은 정상적인 부모에게서 태어난다. 이런 아동 또한 언어습득에 관한 결정적 시기 가설에 대한 정보를 제공한다. 대부분의 부모들이 아동이 태어날 때 수화를 알지 못하기 때문에 대부분의 아동은 언어 노출이 지체된다. 몇몇 연구는 상이한 연령에 미국 수화(ASL)에 노출된 청각 장애 수화자의 언어습득을 조사하였다. 비록 모든 피험자들은 20년 넘게 수화를 사용해왔음에도 불구하고, 출생부터 6세까지 ASL 입력을 받은 조기 학습자들이 12세 이후까지 수화에 노출되지 않은 후기 학습자들보다 복잡한 수화와 수화 문장을 표현하고 이해하는데 더 잘 수행했다. 하지만 단어와 어순에 관한 지식에는 큰 차이가 없었다.

다른 연구는 성인 영어 모국어 화자, 성인 모국어 수화자, 수화에 노출된 적이 없는 성인 청각 장애인들의 두뇌에서 측화의 패턴을 비교하였다. 비수화 청각 장애 성인은 들을 수 있는 성인이나 청각 장애인 수화자와 동일한 대뇌의 비대칭성을 보여주지 못했다. 최근에 수화를 늦게 배운 학습자에 관한 많은 연구가 진행되었는데, 그 결과는 모두 비슷하였다.

Genie와 다른 고립된 아동과 ASL에 늦게 노출된 청각 장애인의 사례에 따르면, 아동은 결정적 시기 안에, 즉 뇌가 언어를 발달시킬 준비가 되어 있는, 생물학적으로 결정된 기회의 창 안에, 언어에 노출되지 않는다면, 언어를 완전히 습득할 수 없다는 것이다. 더구나 결정적 시기는 뇌의 측화와 연결되어 있다. 인간의 뇌는 좌반구의 특정한 영역에서 언어를 발달시킬 준비를 하지만, 이러한 뇌의 특수화의 정상적인 과정은 언어에 대해 조기의 또 체계적인 노출에 달려 있다. 언어습득은 단순히 언어뿐 아니라 일반적인 고등 인지적 기능의 실현에 결정적 역할을 하며, 그리고 심지어 바로 그 촉발자일 수도 있다.

결정적 시기를 넘어서면, 인간의 뇌는 비록 실질적인 언어적 훈련이나 수년간 언어에 노출된다 할지라도 언어의 문법적 측면은 습득할 수 없는 것처럼 보인다. 그러나 이 시기 후에도 단어와 다양한 대화 기술을 배우는 것은 가능하다. 이러한 여러 증거들은 결정적 시기가 문법적 능력 습득에 관계되지만, 언어습득의 모든 측면과 반드시 관계있는 것은 아니다라는 것을 암시한다.

결정적 시기를 지나서 일어나는 언어의 특정 구성요소에 관한 선별적 습득은 여러 언어 장애를 가진 사람에게 나타나는 선별적인 장애를 생각나게 하는데, 이 경우 특정 언어 능력이 결손된다. 이는 다양한 언어 장애를 떠올리게 한다. 언어습득과 장애의 선별성은 강하게 모듈화된 언어 기능을 시사한다. 언어는 다른 인지적 체계에서 분리되어 있고 그 자체도 여러 구성요소를 갖고 있는 자립적인 복합 체계이다.

모듈식의 사고: 언어와 인지의 분리 The Modular Mind: Dissociations of Language and Cognition

인지에 관한 모듈식 견해는 어떤 인지 영역에서는 결핍이 있으면서 동시에 다른 영역에서는 정상적이거나 또는 우월한 능력을 보이는 예외적인 개인에 대한 여러 사례 연구에 의해 뒷받침된다. 다음에서 논의할 개인들은 언어적 능력과 다른 비언어적 인지적 능력 간의 분리(dissociations)를 보인다. 어떤 경우에는 그들의 언어적 능력은 다른 영역을 앞지르기도 하고, 또 다른 경우 그 반대인 경우도 있다.

언어적 천재 Linguistic Savants

어떤 영역에서는 무능력하지만, 다른 영역에서는 놀랄 만한 재능을 보이는, 지적으로 장애가 있는 개인에 관한 수많은 사례가 있다.

자신을 돌보는 데 필요한 간단한 능력조차도 없는 뛰어난 음악가나 예술가가 있다. 이런 사람들을 **서번트**(savants)라고 부른다. 가장 유명한 서번트 중 몇 명은 엄청난 속도로 산수 계산을 할 수 있는 인간 계산기 혹은 지난 세기나 다음 세기의 어떤 날이 무슨 요일인지 바로 알려줄 수 있는 달력 계산기이다.

최근까지 대부분의 서번트는 언어적인 장애를 겪는다고 보고되어 왔다. 그들은 앵무새와 같이 말을 잘 따라할 수는 있지만, 미약한 창의적인 언어능력을 보여준다. 반대로 언어의 아주 복잡한 문법(일부의 경우 다른 언어까지)을 습득하지만, 동일하게 복잡한 비언어적인 능력을 결여한 언어 서번트의 사례도 있다. Laura와 Christopher는 이런 두 사례이다.

Laura는 비언어적 IQ가 41에서 44인 정신 지체 소녀다. 그녀는 수를 세는 기초적인 원리를 포함한 거의 모든 수 개념을 결여하고 있고, 그림도 유치원 수준으로만 그릴 수 있다. 그리고 청각 기억 범위도 세 단위로 제한되어 있다. 그러나 열여섯 살에 과일의 이름을 대도록 요청받았을 때, 그녀는 배, 사과, 석류로 반응하였다. 또 같은 기간에 그녀는 *He was saying that I lost my battery-powered watch that I loved, and She does paintings, this really good friend of the kids who I went to school with and really loved, and I was like 15 or 19 when I started moving out of home...* 같은 통사적으로 복잡한 문장을 생성하였다.

Laura는 2에 2를 더할 줄 모른다. 그녀는 자신이 몇 살인지, 15가 19 앞에 오는 수인지 뒤에 오는 수인지 모른다. 그럼에도 불구하고 Laura는 복합구와 내포문이 있는 문장을 생성했다. 그녀는 수동태 문장을 이해하고 사용할 수 있으며, 수와 인칭에 따라 동사를 굴절하여 문장 주어와 일치시킬 수 있다. 또한 그녀는 과거의 시간을 지칭하는 부사와 일치하게 과거시제를 형성할 수 있다. 그녀는 이 모든 것을 하고 그 이상도 할 수 있지만 글을 읽거나 쓸 줄 모르고, 시간을 알지도 못한다. 그녀는 미국의 대통령이 누구인지, 그녀가 어느 나라에 사는지도 모른다. 그녀가 그린 사람은 막대기 팔과 다리를 가진 감자와 닮았다. 하지만 문장 모방 과업에서 그녀는 문법 오류를 탐지하고 바르게 수정하였다.

Laura는 잘 발달된 문법적 능력을 보여주지만, 언어적 표현을 그것이 지칭하는 대상과 연결시키는 데는 미 발달된 능력을 보이며, 그리고 비언어적 인지에 있어서는 심각한 결핍을 보이는 많은 사례의 아동 중 하나이다.

또 다른 언어적 서번트인 Christopher는 60에서 70 사이의 비언어적 IQ를 갖고 있다. 그는 스스로를 돌볼 수가 없어서 보육시설에서 생활한다. 셔츠의 버튼을 채우는 일, 손톱을 깎는 일, 혹은 진공청소기로 카페트를 청소하는 일은 그에게 너무 어려운 일이다. 하지만 그의 언어적 능력은 그 어떤 모국어 화자만큼이나 풍부하고 세련되었다. 게다가 약 15개나

20개의 언어로 쓰인 글이 주어졌을 때, 그는 그 언어들을 재빨리 거의 오류 없이 영어로 번역한다. 이 언어들은 덴마크어, 네덜란드어, 독일어와 같은 게르만어, 프랑스어, 이탈리아어, 포르투칼어, 스페인어와 같은 로망스어, 폴란드어, 핀란드어, 그리스어, 힌두어, 터키어, 웨일즈어를 포함한다. 그는 자기 앞에서 이런 언어를 사용하는 화자나 문법책을 통해 이 모든 언어를 배웠다. Christopher는 언어를 공부하고 학습하기를 좋아한다. 그 밖의 것에는 거의 관심이 없다. 이런 상황은 그의 언어적 능력이 다른 일반적인 지적 능력과 독립된 것이라는 점을 시사한다.

언어능력이 별개의 인지 체계인지, 아니면 보다 일반적인 인지 기제의 파생물인지에 관한 질문은 논쟁의 여지가 있으며, 또한 언어학자, 심리학자, 신경심리학자, 인지과학자들 사이에서 많은 관심과 논쟁의 대상이다. Laura와 Christopher 사례는 언어능력이 일반적인 지능에서 파생된 것이라는 견해를 반박한다. 왜냐하면 두 사람은(그리고 이와 같은 다른 사람들) 다른 깊이 스며든 지적 결핍에도 불구하고 언어를 발달시켰기 때문이다. 증가하고 있는 이런 증거로 인간이라는 동물은 태어나면서부터 매우 구체적이고 그리고 일반적 인간의 지적 능력에서 파생되지 않는 자립적 언어능력을 생물학적으로 갖추고 있다는 견해를 지지한다.

특정 언어 손상 Specific Language Impairment

Laura와 Christopher와 같은 사람들은 다른 영역의 능력은 매우 제한적이지만, 언어 기술에 있어서는 일반적이거나 혹은 매우 뛰어난 능력을 보인다. 하지만 이와 정반대의 모습을 보여주는 개인들이 있다. 바로 **특정 언어 손상**(Specific Language Impairment: SLI)을 가진 아동이다.

SLI를 가진 아동은 뇌에 손상은 없지만 언어를 습득하는 데 어려움을 겪고 있거나 평균의 아동보다 훨씬 느린 속도를 보인다. 그들은 다른 인지적 결핍도 없고 자폐도 아니고 정신지체도 아니며 지각의 문제도 없다. 단지 언어적 능력만이 영향을 받으며, 종종 문법의 특정 영역이 손상을 입는다.

SLI를 가진 아동은 관사, 전치사, 조동사와 같은 기능어를 사용하는 데 문제가 있다. 그들은 또한 복수나 시제를 표시하는 명사나 동사의 굴절 접미사(inflectional suffixes)에 어려움을 겪는다. SLI를 가진 네 살 소년으로부터 얻은 다음 사례는 이런 것을 보여준다.

Meowmeow chase mice.
Show me knife.
It not long one.

SLI를 가진 몇몇 아동에 관한 실험 연구에 따르면 그들은 실험 기간 동안 약 27퍼센트의 경우에만 동사에 과거형 표시(danc**ed**와 같이)를 생성했는데, 이는 정상의 통제집단이 95퍼센트를 생성한 것과 대조된다. 비슷하게, SLI를 가진 아동은 겨우 9퍼센트의 경우에만 복수 표지 –*s*(*boys*와 같이)를 생성했는데, 이는 정상 아동이 95퍼센트를 생성한 것과 대조된다.

다른 연구는 광범위한 문법적 장애를 밝혀냈는데, 이는 문법적 구조와 운용(operation)에 관한 어려움과 관계된다. 그러나 SLI 아동에 대한 대부분의 조사에 따르면, 그들은 동사의 굴절, 특히 시제 동사(예: *walks*, *walk**ed***)를 생성하는 데 어려움을 겪으며, 또한 *It is hard to please Mother*를 재배열한 문장, *Mother is hard to please*와 같은 특정 유형의 변형 작동과 관련된 통사 구조에도 어려움이 있다. 많은 점에서 이런 어려움은 실어증 환자에게서 드러났던 장애와 닮았다. 특히, 지속적인 SLI를 가지고 있는 개인은 특히 *wh*-이동에 문제가 있는 것으로 드러났는데, 많은 초문법적(agrammatics)인 것과 다르지 않았다.

SLI 아동에 관한 최근의 연구는 언어의 다른 영역(음운론, 통사론, 어휘)이 선택적으로 손상되거나 손상을 면하기도 한다는 것을 보여준다. 예를 들면, SLI 아동의 ERP 연구는 그들은 통사적인 처리에 관해 기대된 수준의 반응을 보여주지 못하는 것으로 드러났는데, 이는 정상적으로 많은 통사적 구조를 처리하지 못하는 그들의 무능력과도 일치한다.

실어증의 사례에서와 같이, SLI의 연구는 언어의 본질에 관한 중요한 정보를 제공하고, 언어학자들이 언어와 아동 언어 발달의 내재된 특성에 관한 이론을 발전시킬 수 있게 해준다. SLI 아동들은 일반적인 지능이 온전하게 유지되면서 언어가 손상될 수 있음을 보여주는데, 이는 다른 인지 체계와 분리된 언어능력에 대한 견해를 지지한다.

언어의 유전적 토대 Genetic Basis of Language

유전적 장애에 관한 연구는 한 인지 영역이 정상적으로 발달하면서 다른 영역에서 비정상적인 발달을 수반할 수 있다는 것을 보여주고, 또한 언어의 강력한 생물학적 근거를 강조한다. 터너 증후군(Turner syndrome: 염색체 이상)을 가진 아동은 정상적인 언어와 상급의 읽기 기술을 가지고 있으면서 동시에 심각한 비언어적(시각적 그리고 공간적) 인지 결핍을 수반한다. 비슷하게, 윌리엄 증후군(Williams syndrome)을 갖고 있는 아동과 청소년의 언어에 관한 연구는 독특한 행동적 양상을 보여주는데, 이 경우 시각적이고 공간적인 인지력 결핍과 보통 수준의 정신 지체에도 불구하고, 특정 언어적 기능은 상대적으로 보전될 수 있는 것처럼 보인다. 게다가 발달성 난독증과 SLI도 유전적인 토대를 갖고 있는 것처럼 보인다. 클라인펠터 증후군(Klinefelter syndrome: 또 다른 종류의 염색체 이상)에 관한 최근의 연구는 온전한 지능을 수반하고 있지만, 선택적인 통사적, 의미적 결핍을 보여준다.

역학적이고 유전적인 집합체에 관한 연구에 따르면 SLI는 세대로 유전된다는 것을 보여준다. 이런 연구 중 하나는 다세대 대가족에 관한 연구인데, 가족의 절반이 언어 장애를 가지고 있다. 이 가족의 장애 구성원은 매우 구체적인 문법적 문제를 갖고 있다. 그들은 믿을 수 없을 만큼 동사의 굴절이나 '불규칙' 동사를 정확하게 쓰지 못했다. 그들은 판에 박힌 듯이 다음의 예와 같은 문장을 만들어냈다.

> She remembered when she hurts herself the other day.
> He did it then he fall.
> The boy climb up the tree and frightened the bird away.

이러한 그리고 유사한 결과는 SLI 아동들의 상당수가 언어 장애가 있는 가족 구성원을 갖고 있다는 것을 보여주는데, 이는 SLI가 유전적 장애임을 시사한다. 연구들은 역시 일란성 쌍생아들은 이란성 쌍생아들보다 둘 다 SLI를 겪을 가능성이 더 높다는 것을 보여준다. 따라서 SLI, 다른 유전적 장애, 언어적 서번트의 비대칭적인 능력에서 얻은 증거는 언어능력은 자율적이고, 유전적으로 결정된 두뇌의 모듈이라는 견해를 뒷받침한다.

요약

심리언어학은 언어 표현과 이해에 언어 지식을 사용하는 언어수행이나 언어처리과정(processing)을 다룬다.

이해(comprehension)는 발화를 이해하는 과정으로 발화에서 단어와 그 의미를 맞추기 위해 머릿속 사전에 접근하는 능력을 요한다. 이해는 음향적인 음성 신호를 지각하는 것에서부터 시작한다. 음성 신호는 음의 높낮이로 인식되는, 기본 주파수, 음의 크기로 인식되는 강도, [i]와 [a] 같이 음성 신호의 차이로 인지되는 질에 의해 기술된다. 음파는 때때로 성문이라고 불리는 스펙트로그램에 의해서 시각적으로 나타낼 수 있다. 스펙트로그램에서 모음은 빈도 강도가 가장 큰 어두운 띠를 나타낸다. 이것을 형성음이라 부르며, 기본 주파수의 특정 배음의 강조에서 비롯된다. 각각의 모음은 독특한 형성음 패턴을 가지고 있다.

음성신호는 음의 연속적인 흐름이다. 그 언어를 아는 청자는 그 흐름을 언어적 단위로 분절하고, 또 음향적으로 구별되는 소리들을 동일한 언어적 단위로 인식할 수 있는 능력이 있다.

말을 이해하기 위해서 음성 신호를 지각하는 것이 필요하지만 지각하는 것만으로 충분하지는 않다. 발화의 완전한 의미를 얻기 위해 우리는 머릿속 사전에 접근하여 단어를 인출하고, 그 연쇄를 통사적 구성성분으로 분석해야 한다. 왜냐하면 의미는 각 개별적인 단어의 의미에 더하여 어순과 구성성분 구조에도 의존하기 때문이다. 이해 과정에서 하향식 처리와 상향식 처리를 모두 사용할 것 같다. 하향식 처리는 감각 입력으로부터 오는 어휘적, 음성학적 정보에 더해 의미적, 통사적인 정보를 사용한다. 상향식 처리는 감각 입력에 포함된 정보를 우선한다.

심리언어학은 언어적 수행과 관계된 단위, 단계 그리고 과정을 밝히는 것에 목표를 두고 있다. 몇 가지 실험적 기법은 어휘 접근을 이해하는 데 도움이 되는 것으로 입증되었다. 어휘 결정 과업에서 피험자는 그 자극이 단어라고 생각하면, 버튼을 눌러 구어와 문어 자극에 반응하도록 요청받았다. 반응 시간, RTs의 측정은 더 흔한 단어보다 덜 흔한 단어를 회상하는 데 더 오래 걸리고, 불가능한 비단어보다 가능한 비단어를 회상하는 데 더 오래 걸리고, 음성학적 이웃이 더 작은 단어보다 더 큰 단어를 회상하는 데 더 오래 걸리고, 어휘적으로 중의적이지 않은 단어보다 중의적인 단어를 회상하는 데 더 오래 걸린다는 것을 보여준다. 후자와 관련하여, 연구들은 중의적 단어의 의미는 처음부터 활성화되고, 이어서 의미적, 통사적 맥락과 양립할 수 있는 의미가 선별되면, 이 모든 것들이 회상 시간을 늘리는 데 함께 관여한다는 것을 보여준다.

단어들이 의미적으로, 형태적으로 혹은 음성적으로 서로 관련된다면, 한 단어는 다른 단어들을 점화할 수 있다. 의미적인 점화 효과는 실험에 의해서 나타났는데, 이 실험에서 *nurse*라는 단어가 문장에서 언급되고, *doctor*와 같이 *nurse*와 관련 있는 단어는 어휘 결정 과업에서 더 낮은 RT를 가진다는 것이 밝혀졌다. 비록 *mouse*와 같이 중의적인 단어가 *My spouse has been chasing a mouse*와 같은 비중의적인 맥락에서 사용된다 할지라도, *mouse*의 두 의미와 관련 있는 단어(*rat*, *computer*)는 모두 점화된다. 반응 시간과 같은 행동적인 자료에 더해 연구자들은 이제 전기적 두뇌 활동성과 같은 수단을 사용하여 언어 처리에 관해 알 수 있다.

문장을 이해하기 위해 청자들은 입력 자료를 통사적인 단위로 나누거나 분석해야 한다. 이것은 언어의 문법규칙에 따라 또한 간단한 구조를 선호하는 구조 분석 원칙에 따름으로써 이루어진다. 두 가지 원칙은 최소 부착과 늦은 종결이다. 운율, 발생 빈도, 그리고 어휘 편견과 같은 다른 요소들도 분석자가 구조를 선택하는 데 영향을 미친다.

언어는 일시적 중의성으로 가득 차 있는데, 이는 단어 범주의 중의성이나 여러 구조적 가능성으로 인해서 문장은 한 가지 이상의 방법으로 이어질 수 있다. 보통 이런 중의성은 빨리 해결되고, 실험적 조건을 제외하면 알아채지 못할 수 있다.

종종 독자들은 일종의 구조적으로 잘못된 분석인 정원길 문장에 빠질 수 있는데, 이 경우 그들은 앞으로 되돌아가서 분석을 다시 해야 한다. 시선 추적 기법은 독자가 그런 어려움을 겪는 문장의 지점을 확정할 수 있다. 이러한 실험들은 분석자가 어떻게 문장 구조를 구성하는지에 대한 선호를 갖고 있다는 강력한 증거를 제공한다. 다중 중앙 내포문과 같은 문장들은 기억 한계 때문에 분석하기가 어렵다.

다른 기술은 따라 말하기인데, 피험자가 자신들이 들은 것을 가능한 한 빨리 반복하게 하는 것이다. 피험자는 제시된 문장의 오류를 고치기도 하는데, 이는 그들이 단순히 들은 내용을 따라 하기보다는 언어적 지식을 사용하고 있다는 것을 시사한다. 따라 말하기 실험은 문장 처리에 있어서 하향식 정보 사용의 강력한 증거를 제시한다.

화자가 어떻게 문장을 생산하는지에 관한 최고의 정보는 화자의 자연발생적인 말, 특히 발화 실수를 관찰하고 분석하는 것에서 나온다. 이해에서 청자에게 영향을 미치는 많은 요소들이 표현에서 화자에게 똑같이 영향을 미친다. 어휘 접근은 표현과 이해 두 경우에서 단어의 의미적이고 음운적인 관련성과 단어의 빈도수의 영향을 받는다.

비문법적인 발화의 표현은 형태론적, 굴절적, 통사적 규칙이 잘못 적용되거나 우리가 말을 할 때 적용하지 못한 것을 보여주지만, 동시에 이런 규칙들이 실제 표현과 관계된다는 것을 보여준다.

발화 표현을 계획하는 데 사용되는 단위와 단계들은 자연스럽게 생성된 발화 실수를 분석함으로써 연구됐다. 발화 실수, 가령 음이나 단어를 교환하거나 뒤바꾸는 스푸너리즘은, 자질, 분절, 단어, 구는 발화되기 전에 개념화되고, 잘 계획된다는 것을 보여준다. 비슷하게, 음이 의도된 발화에서보다 더 이르게 생성되는 기대 오류는 우리가 한 음, 한 단어, 한 구를 단번에 말하는 것이 아니라는 것을 보여준다. 오히려 우리는 통사적 구조가 구체화되도록 하면서 더 큰 단위를 구성하고 저장한다.

머뭇거림, 발화 개시 시간에 관한 연구는 특정 유형의 복잡한 문장은 더 많은 계획과 더 많은 처리 자원을 요구 한다는 것을 보여준다. 또한 이런 연구는 절의 경계가 계획의 장이며, 문장이 생성되기 전에 절 단위로 묶여진다는 사실을 보여준다.

무엇이 언어의 습득과 사용을 가능하게 하는지를 이해하기 위한 시도는 뇌-마음-언어의 관계에 관한 연구를 이끌었다. 신경언어학은 언어능력과 언어수행의 기저에 있는 두뇌의 작동원리와 해부학상의 구조에 관한 연구다.

두뇌는 몸의 장기 중 가장 복잡한 기관이고, 운동 근육과 감각 활동, 사고 과정을 통제한다. 한 세기 이상 수행된 연구에 따르면 뇌의 다른 부분은 각각 다른 신체 기능을 통제한다. 뇌 표면을 형성하는 신경세포는 피질이라고 불린다. 이것은 지적인 결정자 역할을 하며, 감각기관으로부터 메시지를 받고, 자발적 행위를 시작한다. 고등 동물의 뇌는 모두 2개의 대뇌반구로 나뉘어 있는데, 이 두 반구는 좌우 반구가 의사소통할 수 있도록 하는 일종의 네트워크인 뇌량에 의해 서로 연결되어 있다.

각 반구는 기능의 대측성 통제를 보여준다. 좌반구는 몸의 오른쪽을 제어하며 우반구는 왼쪽을 통제한다. 인간의 신체는 일반적으로 좌우 대칭임에도 불구하고, 뇌는 좌우 비대칭이며, 좌·우반구는 각기 다른 기능에 특화되어 있다는 많은 증거가 있다. 측화는 기능이 뇌의 한쪽 반구로 국부화되는 것을 지칭하는 용어이다.

언어는 좌반구에 측화되어 있고, 좌반구는 유아기 때부터 언어 반구인 것으로 보인다. 언어 측화의 많은 증거들은 실어증 연구에서 나왔는데, 실어증은 병이나 외상으로 인해 후천적 뇌 손상으로 생겨난 언어 장애에 대한 신경학적 용어이다. 예를 들면, 브로카 영역이라고 불리는 좌반구 부분에 병변이 있으면 브로카 실어증을 겪을 수 있으며, 결과로 손실된 통사와 초문법성이 생긴다. 또한 좌반구에 위치한 베르니케 영역의 손상은 베르니케 실어증을 초래하게 되며, 이 경우 말은 유창하게 하지만, 의미적으로 변칙적인 발화를 생성한다. 뇌의 또 다른 곳의 손상은 건망성 실어증을 일으킬 수 있으며, 건망성 실어증 환자는 사물의 단어를 찾는 데 어려움을 겪는다.

좌반구에 손상을 입은 수화자는, 수화가 시각적-공간적 언어임에도 불구하고, 들을 수 있는 실어증에서 언어 손상과 유사한 수화에서의 실어증을 보인다.

기능의 대측성 통제와 언어의 측화에 관한 증거는 양분 청취법 실험, 갈라진 뇌 환자, 문법 현상의 신경언어학적 연구에서 찾을 수 있다. 많은 신경언어학 연구는 손상되었거나 비정상적인 언어를 가진 사람의 실험적, 행동적 데이터에 중심을 두고 있다. 실어증 환자, 뇌 변환 환자에 대한 연구를 함으로써 뇌의 국부화된 영역이 특정한 언어 기능과 연계될 수 있다.

기술의 발달은 뇌가 언어를 처리하는 그대로의 살아 있는 뇌를 연구할 수 있는 다양한 비외과적인 방법을 제공했다. 뇌의 전자기적 활동을 측정함으로써(ERP와 MEG), 또 CT, MRI, fMRI, PET 촬영과 같은 영상 기법을 통해 손상을 입은 뇌와 정상적인 뇌가 관찰되고, 평가될 수 있다. 이런 연구들은 좌반구로의 언어의 측화 현상에 관한 이전의 연구 결과를 확증해줄 뿐 아니라 범주의 지각, 음소배열 제약, *wh*- 이동과 같은 다양한 언어적 범주나 제약에 관한 신경 반사의 증거를 제공한다. 이런 연구는 또한 문법 처리가 반사 작용처럼 자동적이고 주의집중이 필요가 없다는 것을 입증한다.

언어의 좌반구 측화는 인생의 초기부터 시작되는 과정이다. 다양한 신경언어학적 연구는 성인에 있어서 두뇌가 문법과 언어에 대해 조직되는 방식이 신생아나 영유아의 뇌에도 이미 반영되어 있다는 것을 보여준다. 유아들은 성인들에게 관찰되는 만큼 많은 언어적 범주에 대한 신경상관체의 증거를 보여준다.

좌반구가 언어 기능을 특화하도록 생득적으로 정해져 있다 하더라도, 언어 발달의 초기 단계에서 상당한 가소성이 있다는 증거가 있다. 대뇌반구절제술을 받은 아동은 초기에 실어증 시기를 경험하지만, 몇몇의 경우에 정상적인 아동과 같은 언어 체계를 재습득할 수 있다. 이런 뇌의 가소성은 나이가 듦에 따라 또 두 반구와 뇌의 다른 영역의 특화가 증가함에 따라 줄어든다.

결정적 시기 가설은 출생과 중간 아동기 사이에 제1언어를 학습하기 위한 기회의 창이 있다고 주장한다. 이 시기 후에 언어에 노출된 사람의 불완전한 언어 학습은 이 가설을 지지한다.

언어기능은 모듈이다. 그리고 언어기능은 그것과 상호작용하는 다른 인지적 체계로부터 독립되어 있다. 이런 모듈성에 관한 증거는 실어증 환자의 선별적인 언어 손상, 특정 언어 손상, 언어적 서번트, 결정적 시기 이후에 언어를 배운 아동에서 찾을 수 있다. 독립적인 언어 모듈에 관한 유전적 증거는 SLI 가계 및 쌍둥이에 관한 연구와 언어 장애와 관련된 유전적 변이에 관한 연구에 의해 지지된다.

참고문헌

Ahlsé, E. 2006. *Introduction to neurolinguistics*. Amsterdam: John Benjamins.

Caplan, D. 2001. *Neurolinguistics: The handbook of linguistics*, M. Aronoff and J. Rees-Miller (eds.). London: Blackwell Publishers.

______. 1987. *Neurolinguistics and linguistic aphasiology*. Cambridge, UK: Cambridge University Press.

______. 1992. *Language: Structure, processing, and disorders*. Cambridge, MA: MIT Press.

Carroll, D. W. 2007. *Psychology of language, 5th ed.* Belmont, CA: Wadsworth.

Curtiss, S. 1977. *Genie: A linguistic study of a modern-day "wild child."* New York: Academic Press.

Curtiss, S., and J. Schaeffer. 2005. Syntactic development in children with hemispherectomy: The I-, D-, and C-systems. *Brain and Language* 94: 147–66.

Damáio, H. 1981. Cerebral localization of the aphasias. *Acquired aphasia*, M. Taylor Sarno (ed.). New York: Academic Press, 27–5.

Fernandez, E.M and Cairns, H.S. 2010. *Fundamentals of psycholinguistics*. Oxford, UK: Wiley-Blackwell.

Fromkin, V. A. (ed.). 1980. *Errors in linguistic performance*. New York: Academic Press.

Gazzaniga, M. S. 1970. *The bisected brain*. New York: Appleton-Century-Crofts.

Geschwind, N. 1979. Specializations of the human brain. *Scientific American* 206 (September): 180–99.

Ingram, J. 2007. *Neurolinguistics: An introduction to spoken language processing and its disorders*. Cambridge, U.K.: Cambridge University Press.

Johnson, K. 2003. *Acoustic and Auditory Phonetics*, 2nd ed. Oxford, UK: Blackwell.

Ladefoged, P. 1996. Elements of acoustic phonetics, 2nd ed. Chicago: University of Chicago Press.

Lenneberg, E. H. 1967. *Biological foundations of language*. New York: Wiley.

Obler, L. K., and K. Gjerlow. 1999. *Language and brain*. Cambridge, UK: Cambridge University Press.

Patterson, K. E., J. C. Marshall, and M. Coltheart (eds.). 1986. *Surface dyslexia*. Hillsdale, NJ: Lawrence Erlbaum.

Pinker, S. 1994. *The language instinct*. New York: William Morrow.

Poizner, H., E. S. Klima, and U. Bellugi. 1987. *What the hands reveal about the brain*. Cambridge, MA: MIT Press.

Searchinger, G. 1994. The human language series: 1, 2, 3. Videos. New York: Equinox Film/Ways of Knowing, Inc.

Smith, N. V., and I-M. Tsimpli. 1995. *The mind of a savant: Language learning and modularity*. Oxford, UK: Blackwell.

Springer, S. P., and G. Deutsch. 1997. *Left brain, right brain, 5th ed.* New York: W. H.

Freeman and Company.

Stromswold, K. 2001. The heritability of language. *Language* 77(4): 647–21.

Traxler, Mathew J. 2012. *Introduction to psycholinguistics*. Oxford, UK: Wiley-Blackwell.

Yamada, J. 1990. Laura: *A case for the modularity of language*. Cambridge, MA: MIT Press.

연습문제

1. 발화 오류(실언이나 말 실수)는 언어능력과 수행 사이의 차이를 보여준다. 왜냐하면 이런 것들을 오류로 인식한다는 것은 우리가 잘 구조화된 문장에 관한 지식이 있다는 것을 보여주기 때문이다. 더구나 오류는 문법에 대한 정보도 제공한다. 다음의 문장은 5,000개 이상의 영어 말실수를 모은 UCLA 코퍼스 중 일부이다. 이 중 대부분은 실제로 관찰된 것이다. 하나는 Dr. Spooner의 것으로 추정된다.
   a. 각 발화 실수에 대해 어떤 종류의 언어적 단위나 규칙이 관계되는지 서술하라(예: 음운론적, 형태론적, 통사론적, 어휘적, 혹은 의미론적인 규칙). (16)에서 (18)까지 어떤 비언어적인 영향이 추가로 있는가?
   b. 여러분의 능력을 최대로 발휘하여, 오류의 본질과 오류를 생성한 기제에 대해 서술하라.

   (유의: 의도한 발화는 화살표 왼쪽에; 실제 발화는 화살표 오른쪽에 있음)

   예시: ad hoc → odd hack
   a. 음운론적 모음 분절(phonological vowel segment)
   b. 분절의 전도 또는 교환(reversal or exchange of segments)

   예시: she gave it away → she gived it away
   a. 굴절 형태론(inflectional morphology)
   b. 규칙적인 과거시제 규칙을 예외적 동사에 부정확하게 적용(incorrect application of regular past-tense rule to exceptional verb)

   예시: When will you leave? → When you will leave?
   a. 통사 규칙(syntactic rule)
   b. 의문문 구성을 위한 조동사 이동 실패(failure to move the auxiliary to form a question)

   (1) brake fluid → blake fruid
   (2) drink is the curse of the working classes → work is the curse of the drinking classes (Spooner)
   (3) I have to smoke a cigarette with my coffee → . . . smoke my coffee with a cigarette
   (4) untactful → distactful
   (5) an eating marathon → a meeting arathon
   (6) executive committee → executor committee
   (7) lady with the dachshund → lady with the Volkswagen

(8) are we taking the bus back → are we taking the buck bass
(9) he broke the crystal on my watch → he broke the whistle on my crotch
(10) a phonological rule → a phonological fool
(11) pitch and stress → piss and stretch
(12) Lebanon → Lemadon
(13) speech production → preach seduction
(14) he's a New Yorker → he's a New Yorkan
(15) I'd forgotten about that → I'd forgot abouten that
(16) It can deliver a large payload → It can deliver a large payroll (spoken by a congressional representative)
(17) He made headlines → He made hairlines (referring to a barber)
(18) I never heard of classes on Good Friday → I never heard of classes on April 9 (spoken by a student when Good Friday fell on April 9 that year)

2. 다음의 중의적인 문장을 살펴보라. 각 중의성을 설명하고, 가장 가능성이 높은 해석을 제시하라. 그리고 그 해석에 이르기 위해 컴퓨터는 그 지식 기반에 무엇을 가지고 있어야 하는지 서술하라.

예시: A cheesecake was on the table. It was delicious and was soon be eaten.

a. 중의성: "It"이 *cheesecake*를 지시할 수도 있고 *table*을 지시할 수도 있다.
b. 가능성 있는 해석: "It"은 *cheesecake*를 지시한다.
c. 지식: *table*은 보통 먹을 수 있는 것이 아니다.

(1) For those of you who have children and don't know it, we have a nursery downstairs. (Sign in a church)
(2) The police were asked to stop drinking in public places.
(3) Our bikinis are exciting; they are simply the tops. (Bathing suit ad in newspaper)
(4) It's time we made smoking history. (Antismoking campaign slogan)
(5) Do you know the time? (Hint: This is a pragmatic ambiguity.)
(6) Concerned with spreading violence, the president called a press conference.
(7) The ladies of the church have cast off clothing of every kind and they may be seen in the church basement Friday. (Announcement in a church bulletin)
(8) She earned little as a whiskey maker but he loved her still.
(9) The butcher backed into the meat grinder and got a little behind in his work.
(10) A dog gave birth to puppies near the road and was cited for littering.

8. a. 일부 실어증 환자들은 단어 목록을 읽으라고 했을 때, 인쇄된 단어 대신 다른 단어로 대체한다. 많은 경우에 있어서 인쇄된 단어와 대체된 단어는 유사하다. 다음 자료는 실제 실어증 환자에게서 얻은 것이다. 각 경우에 있어서 두 단어는 어떤 공통점을 갖고 있으며, 또 어떻게 다른지 서술하라.

	인쇄된 단어	실어증 환자가 말하는 단어
i.	liberty	freedom
	canary	parrot
	abroad	overseas
	large	long
	short	small
	tall	long
ii.	decide	decision
	conceal	concealment
	portray	portrait
	bathe	bath
	speak	discussion
	remember	memory

b. 어떻게 단어들이 뇌 속에서 저장되는지에 관해 (i)과 (ii) 그룹의 단어들을 통해 무엇을 알 수 있는가?

9. 실어증 환자가 생성한 다음 문장은 Harry Whitaker 박사가 수집하고 분석하였다. 각 경우에서 제시된 문장은 정상 비실어증 언어로부터 어떻게 벗어나 있는지 서술하라.

a. There is under a horse a new sidesaddle.
b. In girls we see many happy days.
c. I'll challenge a new bike.
d. I surprise no new glamour.
e. Is there three chairs in this room?
f. Mike and Peter is happy.
g. Bill and John likes hot dogs.
h. Proliferate is a complete time about a word that is correct.
i. Went came in better than it did before.

10. 뇌 손상을 입은 개인에 대한 조사는 언어의 신경학적 기초와 다른 인지 체계에 관한 정보의 원천이 되고 있다. 혹자는 이것을 고장 난 엔진을 살펴봄으로써 자동차 엔진이 어떻게 작동하는지 이해하는 것과 같다고 말한다. 이것이 좋은 비유인가? 만약 그렇다면 그 이유는 무엇인가? 또한 그렇지 않다면, 그 이유는 무엇인가? 여러분의 답에서 고장 난 시스템이 어떻게 정상 시스템에 관한 정보를 제공할 수 있는지 혹은 제공할 수 없는지 논하라.

11. 뇌에는 2개의 독립된 부분이 있다는 개념을 지지하기 위해 제시될 수 있는 주장과 증거는 무엇인가?

12. 다음 진술에 관해 논의하라.

It only takes one hemisphere to have a mind.

13. 이 장에서 양쪽 귀에 다른 소리를 들려주는 양분 청취법 테스트(dichotic listening test)가 논의되었다. 이 실험에 따르면, *pa, ta, ka*와 같은 음절을 이어폰을 통해서 오른쪽 귀로 들었을 때, 언어적 자극을 보고하는 데 더 적은 오류를 범했다. 경찰차 사이렌 소리와 같은 비언어적 소리도, 왼쪽 귀에 들려준다면, 더 적은 실수로 처리되었다는 것이다. 이것은 뇌의 대측성 통제의 결과이다. 또한 시각적 자극이 오른쪽 시각역(visual field)으로, 즉 오른쪽 눈으로만(바로 좌반구로 가는) 받아들여지도록 하거나, 아니면 왼쪽 시각역(바로 우반구로 가는)으로만 받아들여지도록 하는 기법도 있다. 언어의 측화를 더 심도 있게 검증하기 위하여 실험에서 사용될 수 있는 시각적 자극에는 어떤 것들이 있는가?

14. 다음은 브로카 실어증 환자나 베르니케 실어증 환자가 생성한 발화이다. 어떤 환자 것인지 구분하여 문장 옆에 "B"나 "W"로 표시하라.

a. Goodnight and in the pansy I can't say but into a flipdoor you can see it.

b. Well . . . sunset . . . uh . . . horses nine, no, uh, two, tails want swish.

c. Oh, . . . if I could I would, and a sick old man disflined a sinter, minter.

d. Words . . . words . . . words . . . two, four, six, eight, . . . blaze am he. Exercises 491

15. 셰익스피어의 햄릿은 틀림없이 문제점을 갖고 있었다. 어떤 사람은 그가 과체중이 되는 것에 집착했다고 말한다. 왜냐하면, 연극에서 그가 2막 2장 독백 무대에 있을 때, 첫 대사를 다음과 같이 말했기 때문이다.

O! that this too too solid flesh would melt,
Thaw, and resolve itself into a dew;

다른 사람들은, 2막 2장에서 다음 구절로 입증되듯이, 햄릿이 베르니케 실어증 환자일지도 모른다고 주장한다.

> Slanders, sir: for the satirical rogue says here that old men have grey beards, that their faces are wrinkled, their eyes purging thick amber and plum-tree gum and that they have a plentiful lack of wit, together with most weak hams: all which, sir, though I most powerfully and potently believe, yet I hold it not honesty to have it thus set down, for you yourself, sir, should be old as I am, if like a crab you could go backward.

햄릿이 실어증인지 아닌지 두 경우에 관해 논증하라.

16. 연구문제

a. 최근 '절대 음감(perfect pitch)'을 갖고 태어난 사람도 어린 나이에 연습할 필요가 있으며, 그렇지 않으면 성인이 될 쯤에 없어진다는 주장이 있다. 이 주제에 관해 무엇을 할 수 있는지 찾아내고, 여러분이 조사한 것을 한 페이지(혹은 더 길게) 분량의 논문으로 써보라. 먼저 절대 음감을 정의하는 것으로 시작하라. 여러분이 발견한 것을 이 장에서 논의한 결정적 연령 가설과 관련지어 보라.

b. 이 장에서는 논의된 PET 영상, fMRI, MEG와 같은 뇌를 탐구하는 데 사용된 첨단 기술을 고려하라. 이러한 기술을 건강한 환자에게 사용하는 것의 긍정·부정적인 점은 무엇인가? 이런 연구로부터 얻는 지식에 대비하여 비용, 강제성, 사람의 뇌를 탐구하는 윤리 의식을 심사숙고해 보라.

c. PET 영상이 묵독과 음독이 좌반구의 상이한 부분과 관계된다는 것을 보여준다는 주장을 조사해 보라.

17. 논문 리뷰 프로젝트: 다음과 같은 학술지에 나온 논문을 읽고, 요약하고, 비판적 시각에서 논평하라.

Science, Volume 298, November 22, 2002, by Marc D. Hauser, Noam Chomsky, and W. Tecumseh Fitch, entitled "The Faculty of Language: What Is It, Who Has It, and How Did It Evolve?"

18. 이 장에서 논의된 바와 같이, 비문법성 실어증 환자는 사실적인 내용이 거의 없는 기능어를 읽는 데 어려움을 겪지만, 명사, 동사, 형용사와 같은 내용어는 읽을 수 있다.

a. 이런 사람에게 다음 중 어느 단어가 어려울 것으로 예측되는가?

ore	bee	can (be able to)	but
not	knot	may	be

may	can (metal container)	butt	or
will (future)	might (possibility)	will (willingness)	might (strength)

b. 기능어와 내용어가 뇌의 상이한 곳에 저장되고 처리된다는 세 가지 근거를 논의하라.

19. 중국어의 전통적인 쓰기 체계는(예: 만다린, 광둥어) 표의 문자 체계(한 개의 개별 철자로 각 개념이나 단어가 표시됨)이다. 최근 중국 정부는 *pinyin*이라고 불리는 쓰기 체계를 도입했다. 이는 로마 알파벳을 기반하고 있으며, 각 철자는 하나의 음을 나타낸다. 다음은 한자와 *pinyin*형식으로 나타낸 중국어 단어이다. (*pinyin*으로 나타낸 로마자 옆의 숫자는 성조 표시이며, 무시할 수 있다.)

木	mu4	tree
花	hua1	flower
人	ren2	man
家	jia1	home
拘	gou3	dog

이 장에서 제공한 정보를 토대로 중국어 화자들이 두 체계로 읽을 때 신경활동의 위치는 동일할 것인가? 아니면 다를 것인가? 그렇게 생각하는 이유를 설명하라.

20. 연구문제: 영국의 전 수상이었던 Dame Margaret Thatcher는 다음과 같은 문구로 유명하다. "무엇인가를 말하게 하고 싶으면, 남자에게 요구하라. 무엇인가 이루지게 하고 싶으면, 여성에게 요구하라." (그녀는 2012년 여러 상을 받은 *The Iron Lady*라는 제목의 중요한 영화의 모델이기도 하다.) 그녀의 논평은 남성과 여성은 아마 정보를 다르게 처리한다는 것을 시사한다. 이 연습문제는 다음과 같은 논쟁으로 시작하고자 한다. 남성과 여성이 어떻게 언어를 처리하고 사용하는가와 관련하여 뇌에 성의 차이가 존재하는가? 여러분은 SLI, 난독증, 소년과 소녀의 언어 발달의 차이점에 관한 사례에 관한 의문에 대해 해답을 찾음으로써(인터넷으로 시도하라) 연구를 시작할 수 있다.

21. 연구문제: 언어의 출현(emergence)의 개념, 다시 말해, "언어의 발달에서 주요한 단계는 아마도 뇌의 진화론적 변화와 관련이 있다"는 개념에 대해 논하라. 그리고 Pinker와 대조적으로 Chomsky와 Gould의 견해를 대조하는 다음에 인용된 자료와의 상관성도 논하라.

언어학자 Noam Chomsky는 다음과 같이 견해를 피력했다.

뇌가 일정한 수준의 복잡성에 도달했을 때, 뇌는 특정한 속성을 자동적으로 가지

> 게 되는데, 이는 10^{10}의 뉴런을 압축해 농구공만 하게 만드는 과정에서 일어나는 것과 비슷하기 때문이다.[1]

생물학자 Stephen Jay Gould도 비슷한 견해를 밝혔다.

> 진화론 모델은 언어에 대해서 다른 복잡한 유기체와 비슷하게 한 단계씩 진화해왔고, 각 단계는 적응의 결과라고 설명한다. 하지만 언어는 통합적인 "전부냐 전무냐"의 문제라서 언어가 그런 방식으로 진화해 왔다고는 생각하기 어렵다. 아마도 뇌의 크기는 점점 커져왔을 것이고 원래의 속성 중 일부가 아니었던 많은 종류의 것들도 할 수 있게 되었을 것이다.[2]

하지만 언어학자 Stephen Pinker와 같은 다른 언어학자들은 좀 더 다원적인 자연 선택 발달, 때때로 '언어 본능'이라고 불리는 것을 지지한다.

> 많은 증거들은 언어를 가능케 하는 것은 뇌 속 마이크로회선의 정교한 배선이지, 전체 크기나, 모양 그리고 뉴런의 압축 때문이 아니라는 점을 보여준다.[3]

---

1 Chomsky, N., in Searchinger, G. 1994. The human language series 3. Video. New York: Equinox Film/Ways of Knowing, Inc.

2 Gould, S. J., in Searchinger, G. 1994. The human language series 3. Video. New York: Equinox Film/Ways of Knowing, Inc.

3 Pinker, S. 1995. The language instinct. New York: William Morrow.

찾아보기

ㄴ

ㄷ

ㅁ

ㅇ